世界传世藏书 图文珍藏版

世界上下五千年

马博⊙主编

线装书局

细菌传染原理之前

我们知道,微生物学的建立是同进化论一样伟大的成果。它不仅使人们知道大量的微生物存在,而且揭示了微生物导致的传染疾病之病因。

在巴斯德学说建立前的二、三十年,有一位医生认识到了无法解释但很有效的消毒方法,他名叫塞麦尔维斯。

19世纪下半叶以前,人们的伤口是很难对付的。在英国,有很多外科手术的病人死于术后,原因是伤口发炎溃烂。在欧洲,流传更广的一种病是"产褥热"。

产褥热是一种产妇的产后并发症。很多妇女生完孩子后,高烧不退,最终死亡。

那时,医生们不知道什么是消毒,谁也不知道什么是病菌,这个问题很简单但却千年来无人解决。医生们接生从来不洗手消毒。

1847年,奥地利医生塞麦尔维斯又经历了一场痛苦,工作多年的他又一次目睹产妇得了"产褥热",这健康粗壮的人不久就死了,留下了刚出生十多天的婴儿和愁苦的丈夫。

他的心再一次被揪紧,感到十分的痛惜。这是怎么回事呢?死亡率是12%,这是多么不幸的数字啊!

他一直在思考这个问题,可是什么也没发现。

一次偶然的事件震动了他。

医院里死了一名医生,他也是持续几天高烧不退,和得产褥热的妇女症状相同。塞麦尔维斯注意到,这位医生是在解剖患产褥热死去的病人尸体之后而得病的。在解剖时,他不慎割破了自己的手指。

难道说是尸体上的什么"东西"进入到医生的身体里了?突然,他眼前一亮:难道说医生手上有什么"东西"传染给产妇了?

于是,塞麦尔维斯决定试验。当时,他已经发现了"杀菌"药物漂白粉,但是细菌传染的观念却没有建立。

他用漂白粉洗手,为一个产妇接生,这个产妇不幸也得了产褥热。可是她只是轻微发了点烧,就恢复了健康。

这下可有办法了!塞麦尔维斯加大了漂白粉的用量,并且把所有能接触到的器具包括地面、墙壁,全喷上了漂白粉溶液。奇迹发生了,他的接生病例中,只有百分之一死于产褥热。

但是人们的观念相当顽固，很多人不正视医生传染这一现象。结果当塞麦尔维斯据理力争并企图推广使用时，被医院驱逐出来，他失业了。

1850年，塞麦尔维斯来到了他的家乡匈牙利布达佩斯，这里的一家医院十分欢迎他的消毒方法，结果塞麦尔维斯的名声大振。

1855年，塞麦尔维斯出版了《产褥热的病原、实质和预防》一书。保守的旧势力权威专家们纷纷反对，只有美国医生霍耳姆斯支持他，并写文章公开发表。

早在18世纪末期，施旺就发现了细菌，他还建议加热，这样可以杀菌，避免有机物的腐败。但是他受到攻击后就不敢坚持发现了。

到了巴斯德，建立了微生物理论，才攻破庸医的阵地。

塞麦尔维斯没能等到这一天，1865年他与世长辞，年仅47岁。而巴斯德的学说刚刚发展。

"损己利人"又一人

在为人类造福的各项研究中，无论是物理还是化学，以及各种技术实验等等，都有很多人献身科学，献身为人类造福的事业，这种精神是很伟大的，历史上也举不胜举。

这里有一个用蚊子叮咬自己而得上传染病的人。他名叫卡洛斯·胡安·芬利。

黄热病是一种很可怕的传染病，在美洲大部分地区，肆虐蔓延，夺去了无数人的性命。在19世纪下半叶以前，人们不知道怎样有效地治疗，更没有办法找到传染源，以防患于未然。

芬利是古巴人，1833年12月3日出生在古巴的普林西佩。

他的命运很不幸，很小就被霍乱传染，侥幸捡回了一条命，但是留下了终生口吃、迟钝的病症。后来他长大了，又被伤寒传染。

芬利受到疾病的折磨，他决心习医，为人类造福。就这样，他进入了美国费城的杰斐逊医学院。

1855年，芬利毕业回国。导师对他说："你留在美国吧！这儿条件很好，有利于你的生活和研究，而且我们很想让你留下来，你有出色的才能。"芬利婉言谢绝了导师的邀请，他要回到哺育他的祖国古巴去。他知道，古巴的传染病十分猖獗，他一定要赶回去。

芬利回到古巴，开始研究黄热病。他想，黄热病的治疗方法还不是最有效，目前来看,最好的办法是找到传染途径。可真是奇怪了,它是怎样传染的呢? 如果说是喝水,为什么患者与健康的人在同一地区均喝同样的水却各不相同呢? 如果是空气,那也不可能。但这实在是太不可思议了,因为我们什么都没发现。

芬利把可能出现的途径一一列举出来,又一一地加以否定。1867 年,哈瓦那又发生了黄热病的大规模蔓延。医生们都利用这个机会,不惜冒传染的风险观察试验,可谁也没有得出结果。

一个偶然的机会,芬利看到了空中飞来飞去的蚊子,他忽然想到了,只有蚊子是流动的叮人机器,它叮咬患者之后,带到健康人的身上,极有可能传染!

为了验证是否蚊子所为,芬利赤着上身,站在丛林旁边,等候叮咬。人们看到这个奇怪的现象,纷纷过来询问:"医生,请问您需要帮助吗?"

芬利说道:"不,谢谢。我是在等候蚊子。""什么? 等候蚊子?""是呀,让它来叮我。"人们更加觉得不可思议了,围上来问长问短。芬利告诉大家,他想试一试,蚊子是否是传染黄热病的元凶。

人们被医生的精神感动了,向芬利提出请求,希望能拿他们做试验。当地普通居民、神父、士兵还有男女老少数不清的人成了志愿者。

就这样,芬利在自己身上,也在健康的志愿者身上共做了上百次试验,终于证明了蚊子是传播黄热病的凶手,杀死蚊子,可以有效地预防黄热病。

1881 年 8 月 14 日,芬利参加古巴的哈瓦那自然科学院学术报告会。会上有数万名科学家,规模空前。

轮到芬利发言了,芬利宣读《关于蚊子是黄热病传播媒介的假想》的论文。刚一听到题目,人们就沸腾了,会议大厅里像开了锅似的。这可是多少年来没有发现的事情,怎么会这么简单呢?

大多数人表示不信,这么困难的问题,怎么可能是小小的蚊虫造成的,那么医生还干什么? 都去灭虫好了!

芬利不怕人们的嘲笑,他一往无前地坚持研究,并采取有效的措施防范。1898年,美西战争爆发了。美军进驻古巴后,受到了大规模的黄热病袭击。战士们还没有出征作战,却先被疾病夺去生命,这是多么令人心痛的事情。这无疑使战争的创伤更加严重。白白地浪费了生命,徒劳无益地增加了死亡量。

美军听到了芬利医生的名字,出面请求他帮忙。芬利向大家讲明了蚊子的危害,提议灭蚊驱虫。果然,黄热病患者大大减少。

巴拿马运河正在修建,大量的工人也受到了黄热病的侵袭。芬利向有关方面提交了"清洁卫生计划"。由于帮助美军灭蚊防病,芬利的名声远播,人们认识到了他的正确性,所以很快接纳了他的建议,到处开展了灭蚊灭虫的运动,洒石灰,填坑洼,杀死蚊子,消除寄居场所,取得了很大的成效。

人们不相信芬利的时候,曾经叫他"蚊子医生",现如今,芬利成为世界名人,他的方法被世界各国所采用并推广实施。

1915 年 8 月 20 日,82 岁的芬利逝世了。

这个既热爱祖国又热爱人类,甘于献身自己为他人造福的人得到人们永世地纪念。

苯环的由来

化学的历史上,也充满许多传奇故事。一个又一个的自然之谜,在化学家的头脑中长期思考,有时会以哈密顿发现"四元数"一样的灵感闪现在眼前。

苯是一种特别有实用价值的物质,它是芳香族的化合物。人们在 19 世纪中叶提炼煤焦油时发现了这种物质。

那么它到底是什么样的呢?它的结构如何?它的反应怎样?

这一系列的谜有待人们去揭开。可是这时人们发现事情没有这么简单。研究苯是有机化学的领域,那么有机化学的发展是个什么状况呢?

维勒和李比希是有机化学的创始人。维勒是世界上第一个人工合成尿素的人,他打破了无机物和有机物之间不可逾越的鸿沟。

但是就在 1835 年,维勒放弃了自己的有机化学研究,他对自己的老师贝采留斯说:"有机化学的研究使人异常恐惧,举步维艰。有机化学的领地是原始森林,但是这片森林面目狰狞而阴暗,荆棘丛生,毒蛇猛兽无处不在无处不有,让人无法进入,甚至都跑不出去。有机化学的研究太可怕了!"

这是维勒作为先行者对后来者的警告。在困难面前,维勒退却了。他的朋友、真正的有机化学领域之父李比希,在困难面前毫不退缩,奋然前行。

继李比希之后,许多化学家前赴后继,建立了有机化学领域内的一个又一个基础理论,这些都成为后来者前进的基石。

李比希研究了有机化合物的分子结构,把拉瓦锡、贝采留斯等人的原子团思想得以发展完善;法国化学家提出了有机化合物的同系列概念并且提出一种分类法,依照这种分类方法,可以发现很多未知的化合物。

德国人霍夫曼以及英国科学家威廉逊进一步加以分类,把已知的有机化合物分为水、氢、氯化氢、氨四种类型,这样使有机化合物得到了系统整理。英国人富兰克林提出有机化合物的原子价,德国化学家肖莱马解释了同分异构的产生。

这些成就都是勇敢和坚持不懈的人才能取得的。

其中要提到一名早期的胜利者,他就是 1847 年出生的德国化学家凯库勒。

前面我们提到,化学家们在探索苯的规律。从富兰克林开始,提出了原子价学说。利用这个学说,凯库勒研究碳的化合物。他认为,碳原子可以用它的价和其他元素的原子相结合,而且还可以结合自身,也就是说碳元素自身的原子也可以结合,形成或简单或复杂的碳链。

凯库勒成为第一个提出化学键概念并且第一个提出碳链说的化学家。

由于这样的想法,人们用碳链说研究苯结构。但是问题发生了,穷尽所有的结构排列方法,没有一个结构式能够使链状的排列满足已检测出的苯的组成:既要有 6 个碳原子和 6 个氢原子,还要保证碳为 4 价、氢为 1 价。

这是怎么回事呢?

凯库勒夜不能寐,冥思苦想。一个又一个的链状方案都被提出,又被一一否定。这些都不符合已知的检测条件,即 6 碳 6 氢而且化合价分别为 4 价、1 价。

这一天,凯库勒早晨早早地起来,翻了几本书,脑子里又浮现出苯的分子原子排列。这个问题萦绕来萦绕去,回旋往复。他不得要领,渐渐地,伏案睡着了。他的身体飘了起来,似乎柔软平滑地摆动,和苯的长长的链飞在一起,轻舞轻飘。

飘着飘着,只见那"苯链"似乎被风吹得摆动弯曲,回环转动。他突然意识到了:回环转动!

后来凯库勒说,那长长的链"抓住自己的尾巴,形成一个环状,在我面前嘲弄般地旋转不止。"

凯库勒大吃一惊的时候,就睁开了双眼,却原来是南柯一梦。然而这个梦却具有重大的意义。凯库勒对梦中的情景记忆深刻,历历在目。

他解开了一个缭绕在多少有机化学家脑海和心头的大谜团呀!那就是,苯的测量并没有错误,确实是 4 价的碳原子,个数为 6,一价的氢原子,个数也为 6,它们的排列却不是直线形状,而是环状!凯库勒把环状的闭合式六边形结构图清晰地画出。

1865 年 1 月,一条惊人的发现被公布了。凯库勒的《论芳香族的化合物结构》构建了苯的分子结构:单双键互相交替,六边形平面环状。于是环状的碳链理论诞生了。

之后,网状的、立体状的理论不断涌现。从此突破原来习惯的发散思维,人们开始探索神奇的有机大分子和生命奥秘。

人类思维发展的里程碑

我们知道,欧几里得就提出过普遍适用于各种情况的公理:整体大于部分。

然而却有人提出:部分等于整体!

这是谁呢? 他是不是疯子?

是的,康托尔提出这个思想的时候,人们也说他疯了。然而就是这个思想,成为近代以来人类整个思维的大革命之一。

集合论的最中心难点就是无限集合概念。从希腊时代,数学家们与哲学家就意识到这种无限集合。

无限集:两个集合的元素之间如果能建立一一对应关系,这两个集合就叫作等价的。如果一集合能与它的真子集等价,这个集合就是无限集。

哲学家亚里士多德曾经考虑过无限集合,但是长期不能理解,最后他认定:一个无限的集合不可以作为固定的整体而存在,他不承认无限集合。

首先探讨到无限集合本质的是大科学家伽利略。他想出两组数,一组是1,2,3,……,这样无限排列的自然数。一组是将这些数都平方,形成1,4,9……,这样的组数连线,那么1可以和1相连,2可以和4相连,如此下去,一一对应,无穷无尽。

但是问题出来了,自然数平方之后的数是1,4,9,这样的数,绝不会出现3,7,5,6,8,11等这样的数,这就说明,第二组数是自然数的一部分,可是部分的个数与整体的个数却一一对应,如此一来,岂不成为"部分等于整体"了?

人们把这个问题叫"伽利略悖论"。

数学王子高斯为此曾经说:"我反对把无限量当成实体,这在数学中坚决不允许。无限只能是说话的一种方式,当人们确切地说到极限时,是指某些值可以任意地趋近它,而另一些则允许没有界限地增加。"

柯西也认为,无限集合不能存在,因为他认为,绝对不能让"整体等于部分"。

1845年3月3日,俄国彼得堡犹太富翁的家里,诞生了一个男孩,他就是康托尔。

1856年,小康托尔跟着父母去了德国,在法兰克福定居。

在康托尔15岁那年,就要做一名数学家。

他很小就被数学迷住了,以至考入威斯巴登大学预科学校时,下定了从事数学研究的决心。1863年,康托尔进了柏林大学,专门学习数理科学。柏林大学是德国具有盛誉的大学,在欧洲也是一座名校。善于思辨的传统在这里更加表现为理论上的无比艰深和考虑问题的复杂性与深刻性。

1867年，康托尔获得博士学位。两位导师之中，一为魏尔斯特拉斯，是著名的数学分析大师；一为克罗奈克。

据说，康托尔的论文独到性不是很强。为此，他的导师克罗奈克对他说："柏林大学的数理科学在欧洲学术界举足轻重，人才辈出，你作为一名最高学位的获得者，一定要勤加努力，要为柏林大学争光。我为你的创见感到担心。"

另一位老师魏尔斯特拉斯对他说："个人的努力总会换来成绩，要上进深思才可以成就辉煌的理论。"

结果，没有想到的是这位学生做出了太富有创见性的成果，以至于高出了人们的认识水平，他们做老师的也接受不了。

1869年，康托尔在哈勒大学做讲师，但是他只谋得了带课而不拿钱的职位。尽管如此，康托尔还是开始研究。1872年，康托尔把数论中的一个定理推广到了无穷集合的研究中，这使他走上了"一去永不回"的风雨之路。

1874年，康托尔发表了第一篇关于集合论的论文。在这篇文章里，康托尔引入了基数的概念，建立了以后被称为"康托尔公理"的实数连续性公理。他证明超越数大大多于代数数，这一成果举世震惊。

欧拉说过，超越数"超越了代数方法的能力之外"。康托尔证明，全体代数数是可以数清的，因而是有限的，而因为实数集是不可数的，所以数轴上几乎全部的数都是超越数。这太令人惊奇了！

对于超越数，直到现在人们的研究仍处于落后状态，比如说人们只知道什么是超越数，但超越数的加减法怎么样？两个超越数相加能不能是超越数？这一切就有待于后人去研究了。

1878年，康托尔发表了第二篇论文。之后6年内，他又发表了一系列论文。提出了"集合的势"等概念，建立了集合的等势理论。此外，他还奠定了由基本序列建立实数理论的基础。康托尔还是维数理论的开拓者，这一理论为拓扑学空间理论提供了新的发展道路。

在1879~1905年，康托尔担任了哈勒大学的教授。然而，人们对他的惊人设想感到古怪离奇，从第一篇文章发表，所有的人就几乎找不出能与他对话的。

涉及理论与概念时，人们就发现康托尔的思维和所有传统的方法、思路都不一样，当然和大家更是大相径庭了。人们不理解康托尔，认为他真是一名"妄想型的精神病患者"。

是啊，这些观念多么"荒谬"：

一个短短的线段所包含的点与整个宇宙包含的点一样多。

任何两组东西，只要是一一对应，就是一样多，部分小于全部只在有限情况下适用，而在无限情况下，部分可以等于全部。

康托尔发现了有限集、无限集之间的区别在于：有限集不可能与真子集等价，而无限集却可以与真子集等价。

这一切一切，既不符合公理，也不符合常识，不是"疯子"又是什么呢？康托尔的老师没想到，他们的学生竟然"天才"地离了谱！

人们攻击康托尔，却忽视了康托尔论点的严密推理和逻辑证明。1891 年，康托尔的老师之一，数学家克罗奈克去世了，他至死都认为他的学生为他自己丢了名誉，这还不算什么，更严重的是，全欧洲都知道是柏林大学培养了一名疯子！

1884 年，在严重的打击下，康托尔精神失常了。过了八、九年，康托尔的论点引起了人们的重视。魏尔斯特拉斯也开始支持自己的学生了，康托尔似乎恢复了健康，他没有了怪异的行为，逐渐镇静和清醒。

真是公理的恩赐呀！

1897 年，苏黎世举行国际数学家第一次大会。在这之前，瑞典数学的最高权威——莱夫勒已经将康托尔的论文译成法文在《数学学报》上发表。

国际大会重点宣读了康托尔的集合论。而此时，他已经成为德国数学家协会和国际数学家大会的筹建人之一。

进入 20 世纪，康托尔已经成为享有国际盛誉的数学大师，他是集合论的开创者，他做出了"这一时代最使人类引以为荣的工作"。

他是人类思维的重大变革者，昭示了科学的创新精神。

1918 年，康托尔病逝。

大陆漂移学说

魏格纳出生在一个德国天主教家庭，父亲是一位虔诚的天主教信徒，他担任一家孤儿院院长。

1880 年 11 月 1 日，是魏格纳的生日，他从小就十分富于冒险气质。为了能冒险去跋山涉水，魏格纳认真地锻炼身体。他经常在风雨天站在外面让风吹雨淋，大雪天在外面挑战严寒，徒步旅行，长距离竞走等等，都是他的拿手好戏。

他准备去北极探险，但父亲坚决反对他的计划，并且希望他能考入神学院，找一个稳稳当当的工作。父亲很愿意让魏格纳接自己的班。父子二人经过互相让步,最后魏格纳上了大学的气象学专业。1905年,魏格纳以优异的成绩取得了气象学博士学位,主攻高空气象学。

他的求学经历就仿佛他的历险性格一样,他先后在柏林大学、海德堡大学、因斯布鲁克大学求学,1908年到马堡物理学院任教,讲授天文学和气象学。

第一次世界大战爆发了,魏格纳应征入伍,1915年受伤,便回到家里。之后在汉堡大学和格拉兹大学担任教授职务。

1906年时,魏格纳冒险的性格使他与弟弟二人共同驾驶高空气球,连续飞了52个小时,创下了一项新的世界纪录。北极虽然没去成,但是他还是参加了探险队,去了格陵兰岛,他对那里的冰山赞叹不已,这是在1912年。

1910年,魏格纳看世界地图时,就发现了大西洋两岸的海岸线轮廓十分相似,但他并没有认识到这点的重要性。到了第二年的秋天,魏格纳在一本著作中得知了有人认为大陆相逢这个观点,不过文章作者只认为巴西和非洲曾经有过陆地是相连接的,并且从古生物学角度找到了证据。

这一下魏格纳被启发了,他到处搜集资料,利用业余时间专攻地理。在他的脑海中,有一个景象深深地刻印着:格陵兰的冰山,慢慢地移动。由此他想到大陆会不会也是在移动的呢?

在这个思路下,他查看地图,发现几块大陆之间有互相吻合的海岸线。1912年1月6日,在法兰克福地质学会上,魏格纳宣读了论文,做了关于"大陆与海洋起源"的演讲,第一次提出了大陆漂移假说。

一战的爆发打断了魏格纳的研究,负伤回家后,他反而有了充足的时间。整理好资料后,他写成《海陆的起源》,系统提出了大陆漂移的假说。

大陆漂移说认为:

在距今约两、三亿年前,即古生代时期,大陆是一个整体,称泛大陆,渐渐地,经过地球自转产生的离心力以及潮汐力的影响,原始大陆分崩离析。破裂的块像漂浮在水面上的冰山一样逐渐分离移动,花岗岩层在玄武岩层上做水平漂动,过了很长时间,就是我们现在所见的大陆样子。魏格纳说:"这个学说的最重要部分是设想在地质时代的过程中大陆块有过巨大的水平移动,这个运动即使在今日还可能在继续进行着。"

大陆漂移说的缘起,是南大西洋海岸线的惊人的相似,1858年斯乃德尔的想法就是把非洲、美洲连在一起,他绘制了一幅大陆复原的地图。

光提出观点还不够,关键在于证据。

魏格纳在古生物学、地质学以及古气候学三个方面寻找大陆原本是连在一起而后分开的证据。

首先从古生物学看,被大海大洋分开的大陆生物,有着久远的亲缘关系。生物学证明,相同的生物品种不可能独立在两个不同的差异较大的地区形成,而是起源于同一地区,然后再传播。例如大约2亿至3亿年前,印度、非洲和南半球发现的植物化石都是舌羊齿类,这些植物跨越万里大洋进行分布是十分可能的,而只有原先在一起,尔后被分开才是我们现在发现的情况。

从地质学上看,各大陆地质构造的吻合也是强有力的证据。魏格纳采用拼接的方法,发现两岸的岩石、地层可以接起来。

魏格纳是专业学习气象的,所以提出了古气候的证据。主要指出了两极地区曾有热带沙漠,而赤道地区有冰川痕迹。

这个道理像把一张撕碎的报纸按其参差不齐的断边拼凑拢来,如果看到印刷文字行列恰好相吻合,就只能认为是连接在一起的。

魏格纳学说提出之后,引起朝野震动。

因为那时人们信奉的是大陆固定学说,魏格纳的学说对于人们来说简直是"天方夜谭"。

大多数老一代地质学家都表示反对,的确,魏格纳这种不成熟的大陆漂移说遇上很多困难:

其一,大陆漂移的动力。

地球自转产生的离心力以及潮汐力不足以驱动大陆移动。魏格纳自己也认为,"形成大陆漂移的动力问题一直是处在游移不定的状态中,还不可能得出一个能满足各个细节的完整答案"。

其二,从力学原理来看,玄武岩的熔点高于花岗岩。这样,魏格纳提出的玄武岩在花岗岩上漂移就行不通。因为大陆漂移,地温高到使岩层变软,有流质出现,而在下层的花岗岩先熔化,固态的玄武岩仍在花岗岩上,从力学上看,不能产生漂移。

1926年,美国召开了一次大陆漂移的理论讨论会,共14名著名地质学家进行了投票。结果是2人弃权,7人反对,5人赞成。作为业余出身的地质学人物,魏格纳被否定了。

魏格纳的理论没有完全被否定,他的《海陆起源》再版三次,被抢购一空,翻译成英、俄、日、法多种文字,学术界都得知了大陆漂移的思想。

魏格纳再度考察格陵兰岛,他已经测出了格陵兰岛仍在漂移。

1930年11月2日,魏格纳第四次考察格陵兰岛,没想到,他竟然一去不返了。

在大风雪中,他累倒在地上,长眠于冰雪之中。人们纷纷寻找这位令人尊敬的勇敢的探索者,直到第二年的 4 月份,才发现了他的遗体。

魏格纳去世以后,由于这位中坚力量的消失,再加上传统观念过于强大,大陆漂移说暂时消沉,失去了声音。

然而真理终有复出时,后人完善了魏格纳的理论,从 20 世纪 50 年代起,由古地磁学起,大陆漂移说复兴,成为目前的主导学说之一。

迷人的"第五公设"

欧几里得的《几何原本》如同牛顿的经典力学一样,确立了古典几何学的辉煌大厦。

人们称传统的几何学为欧氏几何学。欧氏几何统治了几何学两千多年,它建立了一个逻辑的演绎体系:由公理出发,推出各种定理从而得出结果。

公理就是欧氏几何中的公设。严格来说,欧几里得并不是这样规定的。他把公理定义为适用于一切科学的真理和基础。在《几何原本》中,欧几里得提出五条公理。比如:等量加等量,总量相等;彼此重合的东西是相等的;整体大于部分;两物与中间物相等则两物相等;等量相减仍为等量。这五条公理不仅适用于数学,而且在大自然中也同样适用。因此称之为公理。

而公设则是只在几何学中存在的真理。同样,欧几里得提出五条公设:

其一至其四为:从任一点到任一点可能作直线;有限直线沿直线延长是可能的;以任一点为中心和任一半径作圆是可能的;所有直角彼此相等。

第五公设为:若一直线与两直线相交,且若同侧所交两内角之和小于两直角,则两直线无限延长后必相交于该侧的一点。

公设是欧氏几何学的基础,它是不证自明的。也就是说,除非你推翻欧氏几何学,否则的话,就必须在这五条公设下进行推理。欧氏几何和我们所见的空间是那样的吻合,如平滑的面、平直的线、弯曲的线以及相交的斜线等等,看起来都是自然而真实的。

人们发现,第五公设是那样的特殊。一是它远不如前面四条公设清楚而简明确定,而是语句冗长,含义似乎意犹未尽;二是连欧几里得本人也很少使用第五公设,经常避免第五公设的发生,在《几何原本》中,直到第 29 个定理时,才使用了第五公设。

总之,把第五公设作为不证自明的道理,人们不易接受。人们纷纷探索,有两

·近代欧洲科技文化·

图文珍藏版

种思路成为主流：一是找寻等价命题，也就是说，换一个说法；二是企图证明第五公设是一个定理，把它从公设中排除。

不管怎样，等价命题是需要提出的。

1741年，法国克雷洛提出："如果四边形的三个内角是直角，那么第四个角也必是直角。"

1769年，芬恩提出："两相交直线不能同时平行于第三条直线"。

1795年，苏格兰的普雷菲文提出："过直线外一点，有且只有一条直线与该直线平行"。这就是我国课本中通用的"平行公理"，各国目前都采用这种叙述方式。

也就是说，以上数学家提出的命题和原来的第五公设是一回事，完全等同，都是第五公设的等价命题。提出等价命题这一想法实现了，但是为什么对公设还表示怀疑呢？

自从公元前3世纪开始直到19世纪上半叶，有很多大数学家投入到第五公设的研究中去。人们大多认为，第五公设可能是定理，能够被证明出来。尤其是18、19世纪，证明第五公设的方案一个又一个地提出，进而一个又一个地被否定。

人们把证明第五公设视为一大难题，尽管无数人都失败了但仍然有无数人投身进去。人们证明第五公设，主要是证明与之等价的"平行公设"。

1802年，玻约伊出生在匈牙利的柯罗日瓦尔。小玻约伊的父亲老玻约伊是高斯的同桌好友，也是一位很有才华的数学教授。

很小的时候，小玻约伊就听父亲讲各种各样神奇的定理、伟大的发现，他深深地爱上了数学。第五公设的问题更加使玻约伊倾心向往。

中学毕业后，玻约伊成绩优异，考入了维也纳皇家工程学院。18岁时，他是这里的一名大学生，他立下心愿，要研究第五公设。

老玻约伊知道后，并没有感到高兴，而是很恐慌，他写了一封信给玻约伊，信的意思是这样的："希望你再也不要做证明平行公理的尝试。因为你把一辈子花到这上面，也不可能证明得出这个定理。在这方面，我自己埋没了一切亮光和欢乐。上帝啊！希望你放弃这个问题，对它的害怕应该多于感情上的留恋。因为它会剥夺你生活中一切时间和健康以至休息与幸福。这个无希望的黑暗能够使上千座牛顿那样的灯塔沉没，这个黑夜任何时候都不可能见到大地光明"。

这样可怕的预言从何而来呢？原来，老玻约伊的一生就是花在第五公设上了。和高斯不一样，他更加迷恋第五公设。高斯也研究第五公设，但在其他方面建树很高，老玻约伊虽然是一位数学教授，但沉溺于第五公设却没有什么进展，所以很后悔，认为自己虚度了一生。

他苦心规劝儿子,希望儿子不要重蹈覆辙。但是小玻约伊并没有被父亲的劝告吓倒。1822 年,玻约伊留校从事研究,他终于取得了进展。1832 年,老波约伊出版了一本著作。在这本书的最后,发表了小玻约伊的一篇论文《关于与欧几里得的第五公设无关的空间的绝对真实性的学说》。

其实,在小玻约伊只是 21 岁左右的青年人时,这个天才的萌芽已经出现并取得进展。他证明了:"第五公设确实是一个欧氏几何体系中独立的公设,企图用欧氏几何的其他公设来证明第五公设是不可能的。"

而 1832 年发表的论文,是小玻约伊的进一步发展。在改变第五公设的情况下,一种新的几何诞生了。他提出,规定一个新公设,即"过已知直线外一点可以引无数条直线与已知直线平行。"

这太离奇了,连小玻约伊的父亲也不能理解。1826 年起,小玻约伊到处请人们就他的新成果发表意见,人们都摇头表示不可理喻,也没有研究会帮他出版。后来,玻约伊请求高斯的支持,可是高斯却只是赞扬了几句,没有投入更大的热情。

玻约伊十分失望。

其实,早在数年前,高斯在研究第五公设的时候就已敏锐地意识到了转向问题。1824 年,47 岁的高斯在给朋友的信中就说:"三角形的内角之和可以小于180°,这种几何和我们现在的几何完全不同,但却自足,我发现了它们并有一些见解。"

高斯为什么不发表新的观点呢? 原来,高斯历来小心谨慎,甚至有些顾及名誉和利益而瞻前顾后。他既要独立系统地研究和证明,又怕发表的成果观念太过新颖,人们会嘲笑他妄想而失去权威的地位。这使得高斯一直没有公开发表,但他在暗地里却一直在研究,并且得出很多有价值的理论。

小玻约伊没有得到任何支持,后来又知道高斯也发现了这一新几何,只是没有发表,而突然间又得到罗巴切夫斯基发表了与自己想法相同的几何研究,心情十分沉重,郁郁寡欢。1860 年,天才的玻约伊去世了,没能目睹这门学科最终创立。

1840 年,俄国的罗巴切夫斯基勇敢地、完整明确地指出新几何的存在。

罗巴切夫斯基 1792 年生于高尔基城,父母都是穷职员。15 岁时就以高才生的身份进入喀山大学,毕业时获硕士学位,最后担任喀山大学校长。1826 年,罗巴切夫斯基首先指出第五公设的不绝对性。1830 年左右,罗巴切夫斯基发表《论几何基础》,成为世界最先论述非欧几何的文献。1840 年,他用德文写成《平行理论的几何研究》。

罗巴切夫斯基的遭遇果真如高斯所料,尽管罗巴切夫斯基是很有声望的科学家,但是他也遭到了攻击,为此还被免去了职务。人们攻击他,说他违反"常识"地胡言乱语,是"疯子"所为。大多数科学家也说罗巴切夫斯基是"伪科学",荒唐透顶。

罗巴切夫斯基面对各种责难,以顽强的斗志捍卫新的发现。在他双目失明后,仍然口述了非欧几何的著作《泛几何学》。

虽然同时有高斯、玻约伊发现了新几何学,但是只有罗巴切夫斯基勇敢地全面发展并证明,坚持不懈地捍卫了这种新发现。所以,人们命名这种新几何学为"罗氏几何"。

欧氏几何中,三角形内角和是 180°;而在罗氏几何中,三角形内角和却是小于 180°。这都是建立在第五公设的不同之上的。

1854 年,高斯的学生德国数学家黎曼提出了另外一种几何,这种几何中,三角形的内角和是大于 180° 的。

黎曼几何与罗氏几何就是我们现在所见到的"非欧几何"。罗氏几何与黎曼几何同传统的非欧几何相比,重要区别就在于第五公设的不同。

自"非欧几何"提出,人们一直认为这些不过是推理中的体系。20 世纪到来,在新的突破中,在遥远宇宙的大尺度观测和原子微观领域研究中,发现了真正存在的非欧空间。

就空间所依托的平面不同来看,罗氏几何的面近似于马鞍,而黎曼几何的面是球面,球面三角形的内角和是大于 180°。1868 年贝特拉《非欧几何解释的尝试》中证明了非欧几何可以在欧氏空间的曲面上实现。德国数学家克莱因把欧氏几何叫"抛物几何",把罗氏几何称为"双曲几何",把黎曼几何叫"椭圆几何",三者区别在于"曲率"不同。

非欧几何是构成相对论的重要数学基础。

这就是第五公设的无穷魅力。

《夜巡》是福还是祸

1642 年,荷兰最伟大的艺术家伦勃朗受一群军人的委托,创作一幅集体肖像画,名为《夜巡》。伦勃朗一反常规,没有像哈尔斯画的军官群像那样,每个人都很完整;也不像他早先画的《杜普教授讲解剖课》那样,每个人都显现在同样明亮的光线下。伦勃朗把这张群像画成一幅具有戏剧性的风俗画。一群军人正在长官带领下出发巡查。伦勃朗选择了大尉班宁·柯克下令连队出发的瞬间。军人们正从兵营中急急忙忙赶出来。队伍还没有站好,乱哄哄地聚在一起。有的人正在走动;有的人正准备武器;有的人正要举起旗帜;还有几个孩子在其间嬉戏。伦勃朗采用了明暗法,使造型更为厚实。这加强了戏剧效果,同时也显示出一种高昂的战斗热情。伦勃朗把两个普通的战士放在最前面光亮处,突出了这种风俗画的戏剧性。他们都在手忙脚乱地准备着。其中的几个孩子也比较突出。尤其是其中那个正快步跑着的小姑娘,她被强烈的光照着,甚至可以说她自身就是一个散发着光的小天使,在光线的对比中,更显出孩子们的纯洁、娇憨。而其他的人物都退居在黑暗中。应该说,这幅画是很不错的。但是,因为军人们要的是肖像画,许多军人都不满意被放在阴影中,因为,他们都出了相同的价钱。但向来正直、自由,一心要维护艺术的职业尊严的伦勃朗,拒绝修改作品。结果,雇主们提出抗议,把他告上了法庭。最终,在那个日益商业化的社会中,伦勃朗被迫交了大笔的赔偿金,而且他的名声大损,订画的顾客大为减少。从此,伦勃朗失去了经济来源,生活每况愈下。这可真称得上是伦勃朗一生的大祸。此后,不幸的事情又接连而来,伦勃朗在贫困中度过了自己的晚年。

但是,在这接二连三的打击与挫折的过程中,伦勃朗参透了世事,开阔了眼界,对社会有了更为深刻的理解,在缺少生意的日子里,伦勃朗可以安下心来作自己喜欢的画了,不会再受制于那些顾客们无理的要求与打扰。从此,伦勃朗的艺术水平更进一步达到了精纯的境界。他这一时期创作的作品多为优秀之作;例如《圣家族》《牧人来拜》《一个犹太商人》《对镜理装的少妇》《荷马》《浪子》等等,体现了画家强烈的现实主义精神。

其中《圣家族》一画明显地体现了画家注重劳动人民的倾向。这幅《圣家族》完全没有先辈作品中那种神圣的气息。画面上除了左上角从窗户上飞进来几个小天使,表明这是一件有关宗教"神迹"之外,完全是一家穷苦的荷兰农民日常生活的真实写照:一位穿着粗布长袍的农家少妇,腿上盖着一件厚衣,脚踏暖炉,正对着一堆燃烧着的木柴读书。天气变为暗淡,火焰也微弱下来。少妇转过身关切地掀开盖着摇篮的衣服,看看她初生的小宝宝是否睡得安稳。尽管她的丈夫在一旁不停地挥斧劈柴,在微暗的光线下,孩子依然睡得十分香甜。伦勃朗在这幅画中,把基督耶稣一家描绘成普通的劳动人民。他根本不愿意为了附庸高贵,而画上那几个"神圣的光环"。因为,伦勃朗知道,假如《圣经》上所述的基督的身份也是真实的话,耶稣一家就应该是这种平凡的人,过的也就是这种平凡的生活。马克思说:"伦勃朗是按照荷兰农妇来画圣母的。"我们在这幅画中直接感受到的是:北欧冬日里一个贫苦的农民家里,人们过着勤劳简朴的生活,洋溢着亲子之间的温情以及一家人的幸福。

此外,伦勃朗还画了一系列自画像,其中,在这一时期的最后一幅被人们称为美术史上的奇特之作。笔法十分苍劲,厚涂的色彩犹如铸铜一样闪闪的发亮。身披旧衣的伦勃朗,眯着眼睛,嘴巴微张,好像在哀哭,又似乎是在冷笑。这时的伦勃朗已是孑然一身了。

晚年的伦勃朗十分悲苦,妻子早亡,儿子也已夭折,他原来精心收藏的艺术珍品早已被教会没收。伦勃朗亲身体会着劳动人民所受的灾难,使他的思想更为深刻,直到他临终的前几天,仍拿着画笔,在辛劳地创作。他最后的一幅作品就是《浪子》。

1669年,这位伟大的现实主义艺术家凄苦地走完了自己辉煌的一生。

伦勃朗出生于1606年7月15日。他是莱顿市一个磨坊主的儿子。早年师从鹿特丹的一位大画家学画,后来又进入阿姆斯特丹的画家皮特拉斯特曼的画室学习。最终,他离开了老师开始自学。他早期的作品主要有《正在读圣经的母亲》《杜普教授讲解剖课》《一位东方人的肖像》《瞎子》等。

1634年,伦勃朗与一位有钱的画商的亲戚——莎斯基雅小姐结了婚,在他自绘的《画家同他的妻子莎斯基雅》中,他把自己打扮成武士,举杯庆祝,他的妻子坐在他的膝上,也回头向观众致意。画面充满了欢乐、幸福的气氛以及画家对生活充满自信的豪气。

这一时期,是伦勃朗最为幸福的一段美好时光。他高超的画技,为他引来大量的雇主。但是,由于他对于收集艺术品的嗜好,使他没能积蓄钱财。伦勃朗不但收集古今的名作珍品,也购买一些无名画家的作品。而且常常是他自己把价钱抬得很高,他说道:"这是为了维护艺术职业的尊严。"

伦勃朗是17世纪荷兰画派中最伟大的现实主义艺术家,也是17世纪整个欧洲艺术的杰出代表。他是肖像画、风俗画、历史画及风景画的一流大师,几乎擅长绘画艺术的一切表现形式,油画、版画、素描尤为精到。最应该提到的是,伦勃朗在铜版画方面为后代留下了重要的遗产。丢勒是木刻版画的先驱,伦勃朗则是腐蚀铜版画的更加伟大的先驱。

杰出的伟大艺术家伦勃朗勤奋一生,留下了大量杰作。他死后声誉更是与日俱增,伪作遍布全球。在西方美术界有个笑话:"伦勃朗一生画了600张油画,其中有3000张在美国。"但是,这历来被人们公认为真迹的600张油画,近年来又引起争论。1968年,在伦勃朗逝世300周年纪念的时候,荷兰的6位艺术学者组成一个调查团,访问了世界各博物馆及私人收藏家。经过对600张原作进行审查后,调查团得出结论：其中大约只有 350 张是靠得住的。因此，现在说伦勃朗的作品，就是油画 300 多件，铜版画 300 件，还有许多素描的珍品。

伦勃朗

不仅伦勃朗作品的真伪成为专家们研究的重大课题，而且伦勃朗作品的被盗也成为轰动世界的新闻。70 年代初，邦奈博物馆珍藏的一张名为《拉比的头像》的作品被盗，惊动了欧美两大洲的警务人员。这张只有 9 英寸高的小画，当时估价至少数十万美元。而在拍卖会上，伦勃朗作品的价格仍然在不断上升。

想想当年伦勃朗凄苦的生活，再对比一下他身后巨大的声誉，当年那幅成为他不幸起点的《夜巡》，对他来说，究竟是福？还是祸？对于我们欣赏者来说，又究竟是福？还是祸？我们不知如何去回答。

难道说，伟大的成功，必须要以艰难困苦中走过的路程为代价？

面对伟人，我们陷入了沉思。

狂妄自负的"舞蹈上帝"

一天，在一条繁华热闹的街上，高贵的先生与优雅的妇人们正怡然自得地在街上慢慢散步。这时，从街的另一端急急忙忙冲过来一位妇人，她身材很胖，但一脸焦急的神情使她脚下沉重的步伐加快。人们都惊奇地望着她，纷纷为她让路。突然一位年轻的先生躲闪不及，只听他"哎哟！"一声大叫，蹲在了地上，原来那位行色匆忙的胖妇人踩了他的脚，妇人再着急，也还是懂礼貌的，她连声不迭地道歉，希望没踩伤他的脚。年轻的先生慢慢站起身，用一种嘲讽的语气说道："我高贵的夫人，您这轻轻的一脚已经使整个巴黎陷入了两周之久的黑暗之中！"妇人满脸通红，她知道这位先生的鼎鼎大名后，更加不安。还好，年轻人并没有继续纠缠下去。妇人又急匆匆地走了。年轻人也迈着轻快的脚步离去。其实那一脚根本没有伤着他，他只想让别人注意一下他的脚。

他的脚有什么特别之处吗？值得如此兴师动众？其实更让人惊讶的还在后面。有一次，他的一位学生对他大放赞美、景仰之词。这位先生大为满意，他突然脱下他的皮鞋,把脚伸到学生的面前,说:"既然你这么崇拜我,就让你当第一个幸运者吧!"那个学生一脸犹豫之情。"难道你不愿意吻一吻它吗?"先生一脸不悦,那位学生无力地辩解道:"我是怕弄伤了您的脚。"然后不得不双手捧着这只大脚,假装受宠若惊的样子吻了几下。先生满意而去。学生却大为不满,本来想与他亲近亲近,没想到却吻了一只脚丫子,而且是男人的脚丫子。

是谁这么狂妄自负?竟把他的脚当作了圣物,炫耀于天下?

他就是18世纪的三位巨人之一。那个时代产生了三位巨人。一位是普鲁士的腓特烈大帝,一位是法国大启蒙思想家伏尔泰,另一位就是这位狂妄自负的意大利舞蹈家加埃里·维斯特里。当然,这顶"时代巨人"的桂冠是他自己给自己加封的,别人并没有把他抬得如此之高。

但是,在当时的舞蹈界,他那完美的舞步,几乎无人能够企及,他这双神奇的脚为他带来另一顶桂冠——"舞蹈上帝"。

如埃里·维斯特里于1728年4月18日,在意大利名城佛罗伦萨降生。这是一个音乐舞蹈世家,在其小时候,父母带着姐弟8个四处流浪,漂泊不定,当加埃里·维斯特里进入巴黎歌剧院舞蹈学校接受正式训练时,他已经是20岁的大小伙子了,按说他已经不可能在舞蹈方面有什么作为了。但是,因为他遇到一位出色的老师杜普雷,再加上他的刻苦、聪慧,这个问题轻而易举地解决了。他的艺术水平超过了所有的同学。1751年,加埃里第一次登台,与姐姐泰蕾兹同台表演了一段双人舞,立刻名声大振。不久,他的老师杜普雷退休。加埃里就替代了老师在剧团里的位置。

加埃里·维斯特里的舞蹈风格优美、典雅而且精致。他的舞步透露着一种炉火纯青的单纯与高贵。人们称之为得到了诗艺之神阿波罗的灵魂。在舞台上,他确实是一位高贵无比的神的化身。

但是,台下的加埃里·维斯特里却完全是另一种样子:没有修养、鲁莽粗暴、骄傲、嫉妒,除了舞蹈他几乎什么也不懂。他在巴黎歌剧院担任首席芭蕾男主演时,曾几次与领导、长辈们大吵大闹,为谋得一点私利吵得天翻地覆。几次被驱逐出门,关入监狱。但由于他那完美的舞技,领导们很快做出让步,把他请回去。这使得他更为得意扬扬、自命不凡。

当时,剧团里还有一位著名女演员安娜·海涅尔。她以独具风采的单脚旋转赢得了广大观众的心,成为与加埃里·维斯特里一争高低的"舞蹈女神"。这使得加埃里·维斯特里妒火万丈,他经常暗地里阻挠这位女演员登台演出。有一次,在一个很重要的剧目中,加埃里·维斯特里又成功地用别人替换了安娜·海涅尔。

这位小姐独处台下暗自垂泪。她再也不能忍受这个趾高气扬的自以为高贵、优雅的大男人了。安娜·海涅尔勇敢地向观众述说了自己的委屈与不满。观众了解真相后都愤慨万分，当加埃里·维斯特里又在台上展示他那高贵、美妙的身姿时，观众们大声地起哄抗议，为那位受委屈的小姐叫不平。一曲终了，那高贵的阿波罗立刻变成了一位"男性泼妇"，他走下台来当众大声辱骂安娜·海涅尔，由此这位男士的人品尽为人知。

1779 年，发生了著名的"歌剧院造反"，在这次造反中，加埃里·维斯特里却又对高贵、美貌的安娜·海涅尔大献殷勤，而奇怪的是安娜·海涅尔竟好像忘记了他对自己的侮辱，安心成为加埃里·维斯特里的爱情俘虏。1782 年 5 月 12 日，两人双双退出舞台，同居一处。

1792 年 6 月 16 日，两人正式结婚，这时他们的儿子已经一周岁了。若干年后，当他们两人安稳地度着晚年的时候。

这时在舞台上星光四射的新人是加埃里·维斯特里与另一位妻子的杰作——玛丽。让·奥古斯特·维斯特里。这位年轻的男演员比他父亲的演技更高一筹。他不仅擅长父亲的骄傲——古典舞，而且能跳性格舞，而这是加埃里·维斯特里所不能的。玛丽·让·奥古斯特最为拿手的是又高又轻盈的跳跃。这位儿子一直让加埃里·维斯特里引以为豪。青出于蓝嘛！不但舞技青出于蓝，而且人品也比其父有过之而无不及！

1800 年 3 月 1 日，维斯特里家族在巴黎歌剧院写下辉煌的一页。已经 72 岁的祖父加埃里·维斯特里，40 岁的父亲玛丽·让·奥古斯特·维斯特里与 14 岁的阿尔芒·维斯特里同台共舞。老的雄风依在，小的也渐露锋芒。每个人的表演都独具特色，又融为一体。

1808 年 9 月 23 日，加埃里·维斯特里在巴黎逝世。

加埃里·维斯特里一生有许多杰作。例如他最为拿手的《夏空舞》，其他的如《罗朗》《达耳达诺斯》也非常有名。尽管加埃里·维斯特里的人品为人所不齿，但他那优美的舞姿依然被人们怀念。

维也纳古典乐派的奠基人——海顿

1741 年秋季的一个傍晚，寒叶飘飞着，风在维也纳的大街小巷刮来刮去。一个瘦弱的男孩沿着街边默默地走着，抬头看看惨淡的夕阳，不由得紧了紧身上单薄的衣服。他看上去只有八九岁的样子。一年前他被选入这里的圣斯蒂芬大教堂的唱诗班，由一个平民的孩子变成了神圣的唱诗班成员。这得益于他对音乐的灵感和那副天生造就的好嗓子。这令他和他的家人着实高兴了一阵子。然而不幸的是，不知是什么原因，他的嗓子在一个月前就感到不好受，逐渐的，原来那清脆嘹亮的声音消逝了，代之以毫无光彩的暗哑之音，而且丝毫没有回转的希望。不能再放声歌唱的他，被唱诗班毫不客气地淘汰了，他被圣斯蒂芬大教堂赶了出来，流落街头。然而，一年多的唱诗班生活已在极具天赋的他的心中播下了音乐的种子。这个小男孩不仅意识到，他要用音乐来为自己谋生，而且隐隐地感觉到，音乐已经融入了他的生命。

海顿

1808年，又是在奥地利维也纳，一场场面壮观的音乐会正轰轰烈烈地进行着，这是专门为庆贺一位音乐大师的76岁生日而召开的。在会场里山呼海啸般的欢呼浪潮中，一位华发苍颜的老人向人们频频致意。他接受了一只熊熊燃烧的三足火炉，是由140名法国音乐家联名赠送给他的。这只火炉象征着这位音乐大师的作品如同启蒙的火炬一样照耀着整个乐坛。不仅如此，他还悉心地指导和提携过贝多芬、舒伯特、莫扎特这一批划时代的音乐大师，这位老人是"大师的大师"。在依稀的火光中，他似乎又看到了若干年前那个凄冷的傍晚，那个孤独但有志气的小男孩，那是他童年的影子。大师不禁欣慰地笑了。

他就是海顿，交响乐之父，维也纳古典乐派的奠基人。

1732年3月31日，海顿出生于奥地利的罗瑙镇——一个靠近匈牙利的多民族居住的地区。他的父亲是一名马车制造匠，家境贫苦。但海顿很早就接受了音乐教育。

而音乐的殿堂真正向他开启大门是在1761年。他成为维也纳郊外一位匈牙利贵族——埃斯特哈齐公爵的乐队之长。在优越的条件下，他写下了包括交响曲和奏鸣曲在内的大量作品，占他一生创作的大多数。

直到90年代，在度过了30多年的宫廷乐师生活后，海顿开始了游历的生活。在英国，他创作了著名的《伦敦交响曲》12部、清唱剧《创世纪》以及《四季》等。当时他仍定居于维也纳。1791年,海顿以一曲《牛津》交响曲获得了英国牛津大学颁发的音乐博士学位证书。

海顿一生创作十分丰富,仅交响乐就达107部,弦乐四重奏68首,三重奏20多首,钢琴奏鸣曲60首,意大利式歌剧13部,等等。其中,完美的古典交响乐和四重奏形式是最重要的贡献。而且,他善于把民间舞曲有机地吸收到交响曲这种高级的音乐品种中来。其作品的基调健康明快、结构匀称、旋律朴实,和声明晰,充满了风趣和幽默之感。

12部《伦敦交响曲》是海顿最优秀的作品,晚年的海顿创作了《帝王四重奏》,这支曲子曾被当作奥地利的国歌演奏了长达一个世纪之久。他的成就无愧于"维也纳古典乐派的奠基人"的地位。

"海顿老爹"是他的又一美称,表达了人们对他的普遍尊重,因为海顿不仅拥有卓越的音乐才能,还时时保持平易近人,谦虚和善的美好品德。他对贝多芬、舒伯特、莫扎特等杰出音乐家的悉心指导,更是立下了不朽的功勋。正如俄国著名音乐家柴可夫斯基所说,如果没有海顿,也就没有莫扎特,没有贝多芬了。海顿树立的人格旗帜威信远播。即使是拿破仑的军队占领了维也纳之后,部队的司令官非但对他没有丝毫轻举妄动,反而在他的家门口布置了豪华的仪仗队,以示对这位老人的尊敬。

海顿于1809年安然辞世,享年77岁。由于海顿生前是一个富于幽默感的人,因而他总是乐观向上地面对生活中的波折,他常常巧妙地利用音乐来解决人生中的烦恼,让人感到生命中充满乐趣。因此,海顿身后留传下许多动听有趣的故事。

比如有一年,海顿还是身为宫廷乐师的时候,公爵要去避暑,还想带上乐队一起去。可是疲惫的乐师们急不可待地要回家同亲人团聚。此时,富于幽默感的海顿想了个别出心裁的主意。当一首交响曲即将结束时,音乐绵延不止,奏出的是轻缓的柔板。瞬间,乐师们逐个熄灭了蜡烛后退席而去,只剩下两名小提琴手哈欠连天地疲惫地结束了演奏。海顿的安排使寓意明显地表露出来。公爵领会其意之后,也不再强人所难,便宣布全体休假了。而这次演奏留下了一首著名的交响曲——《告别》。

另外一支交响曲《惊愕》也有一个有意思的背景故事。海顿的乐队给达官显贵们演奏时,那些附庸风雅的阔人常常一边听一边打瞌睡,直到进入梦乡。于是海顿决心教训他们一顿。一支交响曲开始了,音调非常轻柔,而且越来越慢、越来越低,在这催眠曲一般的音乐中,那些达官显贵们很快便昏昏地欲睡了。突然间,雷鸣般的音响奏了出来,那些昏睡的人全都被惊吓得跳了起来,虽然怒气冲冲,却又都是有口难言,海顿和乐师们则偷偷地乐了。

1787年的一天,伦敦出版商布兰特先生来拜访海顿。当时音乐家正拿着一把不好使的剃刀在剃胡须,于是他开玩笑地对布兰特说:"我愿意写一部最好的弦乐四重奏来交换一把好剃刀。"布兰特听到后,大喜过望,马上将一把随身携带的上等剃刀赠给海顿。海顿也履行了自己的诺言,将一首弦乐四重奏回赠给布兰特。这就是《剃刀四重奏》。

最后,再讲一个富于传奇色彩的故事。海顿的《第九十六交响曲》在某次公演时,音乐家亲临舞台,准备指挥乐队。狂热的听众为了一睹作曲家的尊容,不禁都争相离座,向前台拥挤过去。就在这时,在人群背后发出"哗啦"一声巨响,屋顶的大吊灯突然掉了下来,摔得粉身碎骨,顿时引起人群的一片混乱。然而,人们事后发现居然没有一个人被砸着。人们稍稍安定下来之后,都深以为幸,发自内心地喊道:"奇迹!奇迹!"海顿也深受感染,随即把《第九十六交响曲》改名为《奇迹交响曲》。

真不知这位音乐家身上还有多少动人的故事。总之,海顿是一位耐人寻味的艺术大师。

音乐史上的奇才——莫扎特

提到莫扎特,恐怕无人不知,无人不晓。这个名声远扬的音乐家是星汉灿烂的乐坛上一颗耀眼的巨星。他的自身卓越的天才在群星中傲然而立,被公认为稀世之才。

莫扎特出生于奥地利的萨尔茨堡一个乐师的家庭,自幼便显示出非凡的音乐才能。他在三四岁时就会弹钢琴,5岁学会作曲,6岁时初次参加维也纳的演出,8岁就写出了两部交响曲,10岁成为小提琴和钢琴的演奏明星,12岁时成功地写成他的第一部歌剧《本都国王米特里达特》。这样的早慧和神速的进步,令世人为之惊叹。因此,人们称誉他为"音乐神童"。

这位"音乐神童"确实名不虚传。至今人们还在念念不忘那些发生在他身上的奇闻逸事。从这些传闻中,人们真实地感受到了莫扎特的天才带来的震撼。

小的时候,有一次莫扎特的父亲偶尔走进他的房间,只见这个不丁点儿的小孩儿正趴在椅子上,专心致志地在一张五线谱纸上写着什么。父亲出于好奇,凑近一看,不禁吃了一惊,原来他看到了一首钢琴协奏曲,虽然笔迹稚嫩,但却完全合乎规格!这不禁令他惊喜不已。但他故意说:"这个曲子不成熟,不能拿去演出。"小莫扎特显出很有经验的样子说："哪个曲子在演奏前不得认真地练习和修改呢？"

这是一例，还有：

一次，莫扎特的父亲应朋友之约，写了一首曲子，由于事多忙碌，抽不开身，他便叫小莫扎特送去。因为朋友家离得不远，只是中间要经过一条河，父亲叮嘱他要小心。莫扎特与一位小伙伴一起出行。走到桥上，忽然刮起一阵风，把他手上的曲谱吹走了。眼看着那张纸飘飘荡荡地落到了河里，莫扎特和他的小伙伴都着了慌。慢慢地，莫扎特镇静下来，他迅速地掏出纸和笔来，趴在桥头上埋头进入创作。不一会儿，他便和小伙伴快快乐乐地上路了。一天，父亲的朋友兴冲冲地来拜访，他极力夸赞这一作品，并在钢琴上非常投入地演奏了起来。莫扎特的父亲一听便说："这不是我那支曲子。"最后，真相大白了，小莫扎特不但未受批评，反而被大大夸赞了一番。

14 岁时，莫扎特报考奥地利著名的波伦亚音乐学院。但该院历来有个规矩："凡年龄不足 20 岁的人，不能从这所学院领取荣誉学位。"鉴于莫扎特的出众表现，校方决定给他一个机会。几位教授在一起共同谋划了一道高难度的钢琴曲题目，限莫扎特在两小时内创作出来。不想，才过半个小时，一张出色的答卷便摆在他们面前。教授们不禁啧啧称奇。于是，莫扎特获得了学校破格颁发给他的学位证书。

随着年龄的增长，莫扎特的艺术修养愈发高深，演奏技艺愈发精湛。据说有一次在伦敦的一场音乐会上，莫扎特同老巴赫的儿子J.O.巴赫并肩坐在一架古钢琴旁。他们要表演一项特殊的节目。两个人轮番即兴弹奏，听起来却是一首连缀得天衣无缝的绝妙乐曲，令在场的听众瞠目结舌，掌声经久不息。

以上的趣闻可以使我们对莫扎特的天才窥一斑而知全豹。但是，正如爱迪生所说：天才等于勤奋加汗水。莫扎特辉煌的背后，不知凝聚着多少心血和汗水。他也曾表露过："没有谁能比得上我这样用功，没有一位大音乐家的作品是我不曾反复认真钻研过的。"

莫扎特在短暂的 35 年生涯中，创作出 600 多部不同类型的音乐作品，其中有交响曲 52 部、奏鸣曲 77 首、歌剧 22 部，几乎涉及了音乐的所有领域，尤其以歌剧、交响乐、器乐和室内音乐的贡献为最大。

他最杰出的成就还是在歌剧方面。代表作品有《克里特国王伊多美纽》《诱出后宫》《费加罗的婚礼》《唐璜》和《魔笛》。他善于在作品中渗入意大利正歌剧、喜歌剧和德国与奥地利民间歌唱剧的优点，创作出真正具有民族风格的歌剧是这位音乐家至高的理想。

莫扎特的作品越到后来越成熟，写作技巧令人叹为观止。在上述歌剧作品中，最杰出的是后三部,《费加罗的婚礼》作于 1786 年,《唐璜》作于 1787 年,《魔笛》作于 1791 年。最后的《魔笛》主要采用民歌形式,用德文写词,唱白结合。

在其他体裁的作品中,莫扎特也表现了自己的独特风格和融合先行者成就的能力,并因此而为后来者开拓了更为广阔的道路。例如,他的室内乐作品明显有海顿的影响,但表现力要比海顿强;他的交响乐,特别是后期的作品,表现出激愤不安的情绪,仿佛是对贝多芬风格的到来做出的预示。莫扎特也因此成为维也纳古典乐派的承前启后的大师。

《安魂曲》是莫扎特的绝笔。受人之托,当时他已病入膏肓,但还是接受了。这一天,一个身着黑衣的仆人前来取稿,他高声地叫道:"准备好了吗?已经到期了。"这不祥的话语使病榻上的莫扎特认定,那个黑衣人就是天国为他派来的使者,自己马上就要启程向天国进发了。

莫扎特于 1791 年 12 月 5 日英年早逝。这前一天,永世流传的《安魂曲》已创作出来,恰恰它安抚的第一个灵魂就是这个音乐的精灵。

"西班牙第一画家"——戈雅

1800 年,杰出的西班牙画家戈雅完成了查理四世让他画的《查理四世全家像》。戈雅小心地把这幅画呈献给查理四世,查理四世看后极为满意,于是,他正式授予了戈雅一个"西班牙第一画家"的称号。本来戈雅就是当之无愧的西班牙的伟大画家,现在竟然成了"名副其实"的西班牙第一画家了。戈雅在高兴之余,禁不住暗自窃喜。这个称号可完全出乎意料啊!

在这幅《查理四世全家像》中,戈雅可算是费了不少心机。如今成功了,他怎么能不高兴呢?画面之上,戈雅故意以单调的色彩配以有点呆板的构图。国王一家人分列国王的左右,都自负地、官气十足地排列在艺术家面前。戈雅巧妙地表达出节日的衣服、勋章、珠宝的鲜艳色泽,这些东西都透过整个背景的金黄色的烟雾闪着光,整个炫目的色调特别表现着国王与王后的面貌的猥琐与庸俗。胖胖肥肥的愚蠢的国王,得意扬扬地昂着头,蠢笨地看着前方,活像一只大雄鸡。而旁边的王后扭动着自己的头,以她那庸俗、贪婪与凶狠的眼睛警惕地望着四周。其他的人有的傲慢自负,有的手足无措,有的疑神疑鬼,都或多或少地继承了一些国王与王后的丑恶的相貌及丑恶的精神。查理四世竟然对这样一幅作品满意,由此可以看出这些统治者如何的愚蠢与自我欣赏了。而那个"作恶得福"的戈雅,在人民心目中的地位更加伟大了,谁还会去稀罕那顶"西班牙第一画家"的荣冠呢?如果戈雅

戈雅油画作品

是凭这样的作品得到如此高的称誉,那才成为一个杰出的笑话啦。

但是,这个喜欢"作恶",喜欢与统治阶级对着干的戈雅大部分时间却是在统治阶级的上层社会中度过的。这样,戈雅对统治阶级的愚蠢与残暴才有了更为深刻的认识。他举起自己犀利的画笔,用自己的一生在与罪恶的势力斗争。

佛朗西斯果·鸠塞·德·戈雅是一个农民的儿子。1746年3月30日,他出生于萨拉果沙城。童年的戈雅是在当牧童中度过的。大约在1760年,小戈雅14岁的时候,一位牧师发现了他的绘画才能,便把他送到当地著名画家荷塞·路桑·马蒂尼的画室中学习,这成为小戈雅的启蒙课。但是,年轻的戈雅总是不安分地待着,他从小喜欢斗牛打架,喜欢处在一种战斗的激情中。1765年,戈雅参加了反宗教的斗争,成为其中很活跃的一分子。斗争失败后,他被宗教组织四处追捕,戈雅不得不逃到了马德里,并隐居下来。在这里,他深入地研究了著名艺术大师们的作品,他的风格渐渐形成。但是,戈雅总是不安分的,他在一次争斗中刺伤了一位国王聘请的画师,戈雅不得已又流浪到意大利。

在罗马,戈雅的艺术水平开始显露出来。他在帕尔马画了一幅油画《汉尼拔登临阿尔卑斯山》,获得了该城美术学院的二等奖。但忘乎所以的戈雅又惹了一身麻烦,费了很大的力气,在西班牙大使的帮助下,这个惹是生非的小伙子才逃回了家乡。

1775年,戈雅又回到了马德里,开始为宫廷工作,戈雅创作了两小组木板油画,为他赢得了声誉,其中较出色的有《阳伞》《陶器市场》《春》《受伤的石匠》《葡萄熟了》等,画面充满了生活气息。

1780 年,戈雅被批准为皇家画院会员,杰出的戈雅不久便成为画院副院长。1789 年,戈雅成了宫廷的首席画师。这期间,他对统治阶级的丑恶面目认识得越来越深刻。虽然他遭受了两耳失聪的打击,但他以更为尖锐的画笔同封建宗教统治阶级展开了斗争。这一期间,他便创作了那幅《查理四世全家像》。此外,他所做的《法国大使费迪南·吉尔马德》也表现了戈雅对于革命人物的同情与敬爱。还有最让人争论不休的《着衣的马哈》与《裸体的马哈》。这是两个姿态与面貌完全相同的少妇。曾经有人说这个少妇就是与戈雅相好的阿尔巴女公爵,从而被人编造了许多恋爱插曲。但是近来有证据表明,这个少妇与阿尔巴女公爵的身材很不相同。戈雅在这两幅画中展示了女性的纯洁、善良与文雅。尤其是《裸体的马哈》更是对禁欲的封建天主教的直接宣战。后来,戈雅曾因这幅裸体女人画受到宗教裁判所的质询。

西班牙的宗教裁判所,历来以严酷闻名于世。有人统计过,到戈雅时代的查理四世统治期间,300 多年间,宗教裁判所烧死了 34 万人之多,许多追求真理者被当作异端而投入到烈火之中。

但是,戈雅并不惧怕他们,这一期间,他又创作了一套为数达 80 幅的腐蚀铜版画,名为《加普里乔斯》,又称《狂想曲》,严厉地揭露批判了宗教的伪善、残忍,以及僧侣们的贪欲愚蠢,表达了人民在宗教统治与封建专制下的苦难与不幸,例如其中的一幅,一个驴子医生正在为一个垂死的病人摸脉,上面写道“是什么要了他的命。”又如两个人背上各压着一匹驴子,题为“你自己不会?”再如,画面上一个树桩穿着一身僧侣袈裟,伸着双手,头巾下露出一副似脸非脸的黑影,前面跪着一群受惊吓而哭泣的妇女儿童,题为“那是裁判所能办到的。”它揭露了教会僧侣对人民的残暴及自身的空虚无能。又如一幅画面,几个驴子学生在驴子老师面前听讲,书本上全是写的“A”字,题为“学生能否知道得更多一点”。此外,还有一幅,一个人俯桌而睡,背后许多妖魔在飞舞,题为“理性入梦则群魔丛生。”人民在睡梦中也不得安宁与幸福。

这一组高达 80 幅的作品是对宗教统治的强烈的揭露与控诉。刚陈列出去,立刻遭到宗教裁判所的干预与禁止,戈雅也被宗教裁判所所注意,后来,戈雅伪称是献给查理四世的,才免遭迫害。

1808 年,法国拿破仑的大军侵入马德里,西班牙人民奋起反抗,但终因寡不敌众,鲜血浸染了马德里大街。戈雅心中充满了愤怒。这一期间,戈雅创作了《普埃尔塔·德里·索里之战斗》(即《1808 年 5 月 2 日之巷战》)与《法军枪杀起义者》(即《1808 年 5 月 3 日之屠杀》),此外还有一组 80 多幅的腐蚀铜版画《战争组画》,

表达了对西班牙人民英勇斗争精神的赞扬及对侵略者的残暴的揭露。

例如《1808年5月3日之屠杀》更体现了西班牙人视死如归的英雄气概及法国侵略者的残暴。侵略者只敢在深夜来杀害起义的爱国者。地上已经倒下了一批被枪杀者,死状惨不忍睹,这一批中有神父、僧人、市民与农民们。他们表现出愤怒、不屈与仇恨及面对死亡的哀痛。一个对着枪口的白衣黄裤的起义者,像受难的基督一样,把双臂张开,似乎要保护与他一起受难的人,又像是高喊着口号或对侵略者的痛恨的咒骂。那种宁死不屈的眼神表现出一个爱国者的高贵品质。在地面的方形灯的照射下,地面上已经被触目惊心的鲜血染红,那种红白的强烈对比,烘托出惨烈的氛围,而处在阴影中的侵略者,只是一排黑乎乎的"杀人机器"的象征。背景是马德里皇宫附近的太子山,表达了戈雅对勾结外敌,引狼入室的统治阶级的罪恶行径的揭露与批判。

1824年,戈雅为了躲避新国王费迪南七世(查理四世之子)的迫害而侨居法国的波尔多城。晚年的戈雅仿佛又回到了童年,他回忆起下层劳动人民的勤劳、正直、善良的优秀品质。其中他的名作《卖水少女》中那个怀抱瓦罐,衣衫破旧的农民姑娘,以其纯朴健康的生命力与青春的活力,压倒了他曾画过的所有宫廷贵妇。戈雅感受到生活的希望。

1828年,戈雅在波尔多去世,终年82岁。临死前不久,他所做的最后一幅作品《波尔多的卖牛奶女子》,成为他的最后的名作。其中的技法,已经是印象派的笔法了。

戈雅逝去了,他以自己一生的斗争激情与高超的技艺为人们留下了无比珍贵的杰作。他忠实于现实,并以其不屈的精神对统治阶级封建宗教势力的罪恶进行了深刻的揭露与批判。而且以极大的热情赞颂了劳动人民的优秀品质及无比坚强的生命力。人们尊之为近代现实主义艺术的伟大奠基人。

"近代欧洲的绘画从戈雅开始。"美术史家们如是说。

艺术歌曲之王——舒伯特

艺术歌曲是由德国民间声乐曲发展而来的,同时也是浪漫主义运动的产物。它由音乐和诗歌结合而成,使音乐和诗歌融为一体,着重表现诗词的含义,抒情色彩很浓。艺术歌曲主要由钢琴来伴奏,而且钢琴伴奏在整个艺术歌曲中有很重要的位置。钢琴伴奏或以和弦,或以歌曲旋律同独唱一同进行,并适当加入一些间奏。当然,为表现和丰富艺术歌曲的内涵,有时钢琴伴奏也可独立于独唱部分,自由进行。总之,诗词,歌曲旋律和钢琴伴奏共同组成一首艺术歌曲。艺术歌曲规模不大,却是一种极为精致的艺术形式,它的写作需要很艰难的技巧,艺术歌曲除了独立的之外,还有由若干首连在一起组成的声乐套曲。一般来说,一部声乐套曲每首歌曲都有内在的联系。但也可以单独演出。比如舒伯特所做的《美丽的磨坊女》《冬之旅》,舒曼所做的《诗人之恋》等,都是这种形式的声乐套曲。

舒伯特

在浪漫主义艺术歌曲的创作中,德国是最为突出的。而在德国的艺术歌曲创作中,又是舒伯特使之达到顶峰。人们把舒伯特艺术歌曲中的美妙称作"神秘的蓝色花朵"。人们还称舒伯特为"歌曲之王"。

舒伯特于 1797 年 1 月 31 日生于维也纳近郊一个普通的家庭。同莫扎特一样,舒伯特在音乐上也可以说是一个神童。但舒伯特小时候并未接受正规的音乐教育。好在他有一个音乐氛围非常浓厚的和谐家庭。从小对音乐耳濡目染,对小舒伯特产生了很大的影响。在家中,父亲和哥哥分别教他小提琴和钢琴。另外,当地教堂合唱团的指挥霍尔策教他音乐理论。在这时,小舒伯特就表现出了他对音乐的天才领悟,这令他的老师霍尔策都惊讶万分:"当我想介绍一点儿新东西的时候,却发现他已经知道这个了。""这样,我并没有教他什么,而仅是一面和他谈话,一面暗暗地惊讶。"

在音乐创作上,舒伯特很年轻时便显示出了惊人的天赋。《魔王》是艺术歌曲中的一朵奇葩,而舒伯特创作这首歌曲时才 18 岁,这首歌曲的创作他仅用了几个小时。他在一年前根据歌德的诗谱成的《纺车旁的玛格丽特》,也同样是艺术歌曲中的珍品。这样,从他 17 岁起直至他 31 岁英年早逝,作曲家在 10 多年里就为后人留下了大量的艺术歌曲。除此而外,在钢琴音乐,交响音乐的创作上,舒伯特也取得了令人瞩目的成绩。

而在这些天才作品的背后,却是一个饥寒交迫,贫病潦倒的舒伯特。

由于家中贫穷,舒伯特在自己 11 岁时被送进一所免费的神学学校。在这里,他过着食不果腹的日子。但就是在这样的日子里,他奠定了自己以后成为一个天才音乐家的基础,并开始了最初的创作活动。

当舒伯特 16 岁离开神学学校时,为生计所迫跟随他的父亲做了一名小学教师。但这种枯燥的工作又与他的性格格格不入。而当他中止自己的教师生涯,决心去做一名自由音乐家时,盛怒之下的父亲与他断绝了关系。他刚走上自由音乐家之路,他心爱的姑娘便因他的出走嫁给了一个世俗的商人。

而最大的打击却莫过于那个黑暗的时代对天才音乐家那伟大事业的打击。在当时的奥地利乃至整个欧洲,浪漫主义运动才刚刚开始。这需要有一个逐步渗透的过程,而当时上层社会的圈子中,充斥的是轻浮、无聊、乏味的艺术,舒伯特的音乐是被排斥在主流之外,得不到承认的,而出版商的剥削,又加剧了他的贫困。在自己的作品出版之后,他所得到的只是一点微薄的收入,有时仅仅是一顿饭钱。

而这种贫困的生活在某些方面也促进了他的创作。迫于生计,舒伯特不得不夜以继日地进行他的创作。一首接一首地完成他的那些作品。在他 18 岁那一年就完成了 144 首歌曲。

当然,舒伯特的创作与"舒伯特小组"对他的理解与支持也是分不开的。

舒伯特小组指以舒伯特为中心的一个由青年人组成的文艺圈子。在这个小集体中,人们相互帮助、相互接济、关系融洽。他们同吃同住,常常一同去维也纳郊外散步谈心。对各式各样的文艺作品展开广泛地讨论,并积极进行创作。他们以舒伯特为中心,还常开舒伯特作品的沙龙晚会。在舒伯特穷困潦倒时,正是他们一次又一次的接济,才使他屡度生活的难关,进行深入的创作。但更重要的是他们给以舒伯特的精神上的支持,这使得舒伯特在创作上坚守自己的创作理想,做出了伟大的成绩。

舒伯特的气质和当时的浪漫主义是相当契合的。所以,舒伯特的作品优美、流畅,情感细腻、充沛。并且,他的许多声乐作品都是根据浪漫主义大师的诗歌谱写的,比如席勒、海涅,尤其是歌德。像著名的《纺车旁的玛格丽特》《魔王》《野玫瑰》等。这里面最出色的歌曲要数那首《魔王》。

《魔王》是一首叙事歌曲。说的是一位父亲抱着他生病的儿子在林中骑马飞奔。但林中的魔王却想要走父亲手中的儿子。他幻化成各种形式,引诱、哄骗、威胁孩子跟他同去。孩子对此惊恐万分。焦急万分的父亲却无法看见魔王幻化出的这一切。当他疾驰回家之后,"怀里的孩子已经死去!"

在这首歌曲中,钢琴伴奏是匠心独运的。钢琴中丰富的和声极好地衬托了歌曲的意境和戏剧性。钢琴的右手部分以沉重的三连音八度描绘了疾驰的马蹄声,左手上下起伏的底音描绘了狂风的呼啸。它们合在一起,刻画、渲染出了一种极为恐怖、阴森的气氛。并且这种气氛贯穿了歌曲的始终。这首歌曲中一共有四个角色,即叙述者、魔王、父亲和儿子。在演唱过程中,需要演唱者以四种不同的音色把他们加以区分。同时,对各种不同人物的语言,哪怕是同一个人物不同环境下的语言,钢琴都以不同的载体去描述,显示出了舒伯特对诗歌语言的深刻领悟和对音乐创作技巧的巧妙运用。歌曲在最后如丧钟般的沉重的和弦上结束。

另一位令舒伯特极为崇敬的人物是贝多芬，但他们两人只有一面之缘。

舒伯特对伟大的贝多芬总有一种莫名其妙的敬畏。所以，尽管他的朋友多次鼓动他去见贝多芬，让贝多芬指点他的作品，都未能成行。在1826年冬季，当朋友再度鼓动之际，舒伯特便硬着头皮去找贝多芬。可是正赶上贝多芬不在。舒伯特只得把他带的歌曲集放在贝多芬的桌上，沮丧地离开了。而贝多芬回来之后便病倒在床。百无聊赖的他随手拿起一本集子让仆人弹给他听，却不料正是舒伯特那一本。贝多芬听完后被深深震惊，他知道这是又一位天才，便告诉仆人说他想见见舒伯特。话传到舒伯特耳中，他一阵惊喜，立刻赶赴贝多芬的住处，开始了一次倾心长谈。不料就在这次见面之后的第八天，贝多芬便与世长辞。

悲痛无比的舒伯特在贝多芬的葬礼上手持火把，护送灵柩。从葬礼上回来后，他与一帮朋友在一个小酒馆中端起酒杯说："来，为我们之中的先死者干杯！"又有谁能料想，席上的先死者却正是他自己。1828年11月19日，年仅31岁的舒伯特走完了他短暂的人生之路，与世长辞。

舒伯特死后，人们遵照他的遗愿，把他葬到了贝多芬的墓旁。他墓碑上的题词是这样的：

死亡把丰富的宝藏，以及更加美丽的希望埋葬在这里。

帕格尼尼的手指

帕格尼尼，一个享誉世界的作曲家和小提琴演奏家，生有一头傲立不驯的乱发，宽宽的额头下嵌着两只时时透露出不屑神情的小眼珠，一只高耸着的鹰钩鼻俯瞰着下面的两片抿在一起的薄嘴唇。脸庞瘦削，颧骨突出，神情冷漠，帕格尼尼的一副尊容实在不值得人们去恭维，但他那一双瘦长的手却引起世人极大的兴趣。

世界上有人对他的手进行过专门研究。研究者之一的美国人申费利特医生认为，帕格尼尼生前患有一种叫"马凡氏综合征"的疾病，这种病也叫"蜘蛛指征"或"肢体细长症"。这种病造成的四肢边端部分细长，关节延伸力强等症状，使他的手具有特殊的灵活性和柔韧性。

这种说法听起来言之凿凿，可实际上却是荒谬可笑的。很难想象，帕格尼尼所具有的出神入化的演奏绝技居然是由生理上的畸形而造就的。但无论怎么说，帕格尼尼确实可以演奏出令人叫绝的梦幻般的音乐，也难怪有人要怀疑他的手指是否正常了。那是许多具有高度艺术造诣的音乐家梦寐以求的手指，事实上，只有经过千锤百炼反反复复锻造,才会出现这样的奇迹。

1782 年 10 月 27 日,帕格尼尼出生于意大利热那亚的一个小商人家庭。据说他母亲在生他之前,曾梦见一位白衣天使下凡,告诉她说将来她的儿子会成为举世闻名的小提琴演奏家。她把这个美妙的梦告诉了她的丈夫,一位优秀的曼陀林琴手,他自是欣喜不已。待到帕格尼尼一出生,他的身上便寄予了一家人的深切的希望。于是当帕格尼尼刚刚长到能拿起琴的年纪,他父亲就毫不怜惜地逼他进入了练琴的生涯。帕格尼尼以他的天资加勤奋迅速地进步着。在一名提琴师的指导下,帕格尼尼不仅具有了坚实的基本功,而且在技艺上也日新月异。

1793 年,11 岁的帕格尼尼首次参加公演,便立刻以他幼小的年龄和高超的演技震惊乐坛,获得成功。随后,他那有远见的父亲没有沉醉在儿子暂时的成功里,而是把他送到帕尔马深造去了。1797 年,帕格尼尼跟从父亲到伦巴第进行旅行演出。

在一次音乐会上,正当帕格尼尼演奏着那才情盎然、魅力无穷的乐曲在全场中弥漫着的时候,一根蜡烛倒下来,把谱架上的乐谱点着了。然而所有的人都正沉浸在如痴如醉的圣境中,没有人发现这一变化。直到刺鼻的焦烟味儿缭绕着飞散开,一位听众才及时地醒悟过来,唤醒了沉醉的人们,从而避免了一场可怕的火灾。

此后,帕格尼尼经常在欧洲各地巡回演出,并于 1801 年开始作曲。他那梦幻般的小提琴演奏技巧的秘诀在于,更多地采用和声和拨奏法,并加强手指力度,以奔放不羁、富于即兴性和擅长发挥乐器特性著称。

成名后的帕格尼尼,却染上了酗酒、赌博的恶习,一个天才眼看刚刚出水便又滑向毁灭的泥沼边缘。随后的几年中,他在乐坛突然销声匿迹了。原来,时年只有 19 岁的他与一位至今也不清楚真实姓名与身份的贵夫人相爱了。他随那位贵族太太到了一座乡下的庄园里,在她的帮助支持之下,帕格尼尼摒弃了从前的恶习,重新审视自己的前途,这使他更加热爱他的艺术,于是帕格尼尼在那里潜心钻研他的演奏技巧。这一段生活,使帕格尼尼的技艺完成了质的飞跃。

1805 年,帕格尼尼复出乐坛。应当时的法皇拿破仑一世之妹艾利莎之邀,他在皮翁比诺任音乐总监。

1828 年到 1832 年,帕格尼尼在维也纳、巴黎和伦敦等地的巡回演出均获得轰动效应。为了炫耀自己高超的技艺,他时常故意弄断小提琴上的一两根弦,然后在剩下的琴弦上继续演奏。肖邦于 1829 年在华沙听了他的音乐会,大为惊讶地称赞他是"理想的化身"。其技艺影响了后世的管弦乐和钢琴的演奏,更奠定了现代小提琴的演奏技巧。作为演奏家,帕格尼尼在音乐史上的地位可称"至尊无上"。

另外,帕格尼尼也是一位出色的作曲家。作品有小提琴协奏曲6部、随想曲24首及小提琴和吉他奏鸣曲12首等。其中那24首《随想曲》是一组技巧高深的小提琴练习曲,堪称乐坛杰作。帕格尼尼最受推重的作品是《D小调第一小提琴协奏曲》。

由于帕格尼尼神秘的个性和奇幻的演奏,致使社会上始终流传着他的各种轶闻,多数人怀疑有魔鬼附在他的身上,否则不可理解他怎能拉出那样不可思议的音乐。这致使教会在帕格尼尼死后,拒绝把他葬在圣地。

1840年5月27日,法国尼斯城,奄奄一息的帕格尼尼出人意料地从病榻上爬起来,拿起他心爱的小提琴,又开始了一次即兴演奏。突然,乐声终止了,琴弓"哗"的一声掉到了地上,惊醒了的人们发现,帕格尼尼已经魂归天国了。

第一位赢得世界声誉的北欧作家——安徒生

喜欢童话的孩子们一定都熟悉一位伟大的作家。他每年都送给孩子们一本童话故事集作为新年礼物。他就是丹麦的童话大王安徒生。

汉斯·克利斯田·安徒生于1805年出生在丹麦一个贫苦的家庭。父亲是个鞋匠,母亲是个洗衣工。贫苦的童年使安徒生对劳动人民的生活有深切的感受,同时也使安徒生具有了丹麦劳动人民的优良品德。他从很小时就帮助家里干活,尽量减轻父母的负担。爱幻想的安徒生常常能编出美妙的故事令邻居们惊奇。安徒生期望有一天能够赚好多钱,让父母与穷苦人都过上幸福的日子。但他的期望还遥遥无期时,他的父亲病故,母亲一人无法支撑家庭,不得已改嫁他人。安徒

童话大王安徒生

生渐渐长大了。不久,安徒生独自来到京城谋生。这个鞋匠的儿子在街上一边干着零活,一边幻想着成为艺术大师。他用微薄的工资来学习绘画、舞蹈、歌唱等,但因为钱实在不够填饱肚子,他只好放弃。一次偶然的机会,这个鞋匠的儿子碰到一位善良的富翁。在谈话中,这个富翁看出了安徒生将是一个有作为、有才华的人。于是,在他的资助下,安徒生进入了哥本哈根大学学习。这可是这个鞋匠的儿子原来想也不敢想的。他知道学习的机会来之不易。在大学中,安徒生拼命地学习,每

天待在图书馆中,那样子好像要一下子把所有的书都吃到肚子里。安徒生博览群书,阅读了大量古典名著,为他以后的文学创作奠定了基础。不久,安徒生开始试着进行文学创作。他写诗歌,写戏剧,还写小说。1827年,安徒生的长篇幻想游记《阿尔格岛漫游记》与喜剧《在尼古拉耶夫塔上的爱情》终于获得了成功。这个鞋匠的儿子终于出名了。但他的父母都已去世了,不能分享儿子获得的荣誉,安徒生一直引为憾事。此后,安徒生开始试着为儿童写童话。他要教育孩子们,让他们继承丹麦人民优良的品德。安徒生的童话不仅仅是教育儿童,他说:"我用我的一切情感与思想来写童话。但是同时我也没有忘记成年人。当我为孩子们写一篇故事的时候,我永远记住他们的父亲和母亲也会在旁边听。因此,我也得给他们写一点东西,让他们想想。"

1835年,安徒生出版了第一本童话集《讲给孩子们听的故事》,包括《打火匣》《豌豆公主》《小克劳斯与大克劳斯》与《小意达的花》等四个童话故事。安徒生以真挚的情感,优美的语言,新奇的故事情节一下子抓住了孩子们的心,甚至连大人们也为之着迷。安徒生一下子成为世界著名的童话作家,无数的儿童纷纷给安徒生写信,甚至由父母带着来看一看这位脑袋里装满故事的叔叔。安徒生为了报答人们的关爱,几乎每年他都要发表一个集子,作为新年礼物送给孩子们。安徒生一共发表了156篇童话故事,其中许多佳作为世界各国儿童所熟知。安徒生是19世纪第一个赢得世界声誉的北欧作家。

安徒生一生写了如此多的作品,其中很多表达了对社会贫富悬殊的控诉,如《卖火柴的小女孩》。圣诞之夜,一个衣着单薄的赤脚的小女孩在风雨中瑟瑟发抖,她是来卖火柴的,家里跟街上一样冷,父母等着她卖些钱回去弄点吃的。小女孩笼着手,在这寒冷的欢乐的圣诞之夜,谁会来买火柴呢?小女孩慢慢走着,手脚已冻得麻木。她看见人家窗子里映出一家人围着丰盛的晚餐,孩子们依偎在母亲的怀里,她听见房子里传出欢乐的笑声。她看见橱窗里摆放着热气腾腾的烧鹅,她仿佛闻到了那香喷喷的气味。小女孩划着了一颗火柴,在这微弱的火光中,小女孩感到莫大的温暖,小女孩又划着了一根火柴,她看见了她慈祥的奶奶,小女孩划着了第三根火柴,她随着奶奶离开了这个罪恶的世界。第二天清晨,人们发现一个小女孩躺在雪堆旁,身体已经僵硬了。她手里拿着一把火柴,脸上露着幸福的微笑。在《她是一个废物》中,作者描写了一个洗衣女工,她受尽凌辱、贫穷,她在劳动中挣扎生存,在劳动中死去。

安徒生的另一些作品是赞美自然,赞美劳动人民,对统治阶层的愚昧无知进行了尖刻的讽刺。如《园丁与主人》中,以剥削为生的主人把自己园子里生产的水果

世界上下五千年

·近代欧洲科技文化·

图文珍藏版

当作是外国进口或皇宫中生产出来的,因为,他们自以为是地不相信下层人可能种出这么好的东西。他把"印度莲花"送进王宫,献给公主。那位据说对植物学很有研究的公主,竟也不认识这种最普通的睡莲。她非常喜欢这种"印度莲花",大大赏赐了这个园丁的主人。而更为愚蠢的是《皇帝的新装》中的皇帝,这位皇帝喜爱新衣。如果要找他,到更衣室中肯定能找到。但这位皇帝不爱处理国事。他只喜欢每天穿上新装去街上游行。谁要向他提正事,他就烦,谁要给他介绍几个好裁缝,他就异常高兴。这一天,外国来了两个骗子。说他们能够做出世界上最华美的衣服,并且这件衣服能测出谁在说谎。皇帝果然大为高兴,重重赏赐了两个骗子。两个骗子故意架起几架空的织布机,向皇帝要大量的金钱。等他们捞足之后,假装以不存在的布给皇帝做了一件不存在的衣服。皇帝赤身裸体地在大街上游行,向居民展示他这件"神奇的衣服"。所有的人都不愿承认自己看不见这件衣服,只有一个童稚未消的小孩说出了真话:"皇帝什么也没穿呀!"

安徒生许多作品赞扬了劳动人民的勤劳、智慧与高尚的品德。如最为著名的《丑小鸭》的故事,在一个森林里有一间小草房,里面住着一个老婆婆,一只母鸡在角落里孵小鸡。当所有的小鸡都破壳而出之后,母鸡妈妈的怀里仍有一个比其他的蛋大得多的蛋还没有动静。母鸡妈妈想放弃这个孩子,但终于因为母爱,母鸡妈妈坚持下来,这个特殊的蛋终于破壳了,但出来的不是一个又高又壮的漂亮的孩子,而是一只又蠢又笨的大个子。屋子里所有的居民都认为她是一只丑陋的鸭子,全都不喜欢它。其他的小鸡叽叽叫着斥责她,老婆婆的猫、狗也常常欺负她。渐渐地,母鸡妈妈也不喜欢她了。这只丑小鸭只好缩在角落里,默默地忍受着侮辱,独自流泪。春天终于来了。丑小鸭偷偷地逃了出去。她独自在寒冷的水上游呀游呀!想洗掉自己身上丑陋的外衣。她偷偷地看了一眼水里,那里有一只漂亮的白天鹅也在望着她。她羞怯地低下头,那个高贵的客人也低下头。她突然明白了,那就是自己,自己就是漂亮的白天鹅啊!她兴奋地挥舞着臂膀,飞上了天空,去寻找自己的伙伴。除此之外,安徒生这一类作品还有著名的《海的女儿》,讲述了美人鱼的故事。至今,在丹麦哥本哈根的海滨公园中,仍塑有那位美丽、善良的美人鱼的青铜雕像。是著名雕刻家爱德华·埃里克森的名作。她让整个丹麦闻名世界。其他的还有《野天鹅》《光荣的荆棘路》《老头子做的事总是对的》等数篇杰出的作品。

1875年,安徒生在哥本哈根逝世,世界上无数儿童、大人们为之哀悼。安徒生以勤劳的一生,为世界人民留下了闪光的作品。他是丹麦人的骄傲,也是世界人民的骄傲。

钢琴诗人——肖邦

每一个民族都有自己灵魂似的人物。在这个人物身上，一个民族的精神气质、优秀品德都被集中展现。在波兰，这样的人物是肖邦，也就是说，肖邦是波兰的灵魂。

如果你去过波兰，到过华沙，你就会感觉到，肖邦是无处不在的：你在街上，走过广场、剧院，会发现那里有肖邦各种姿态的塑像、雕像；你去听音乐会，发现哪里都会有肖邦的作品在演奏，而且很多时候，还是专门的肖邦作品音乐会；你去商店，会见到各式各样以肖邦为主题的纪念品；你打开收音机，收听到的是肖邦的琴声；你去音像店，会看到各种版本的肖邦作品专辑……这一切或许会使你产生这样一种想法：如果不是曾经有过肖邦，真不知这个国家会怎样！

所有这一切当然是有来的。肖邦的伟大，是因为他作品的伟大，但更是由于其人格的伟大，于是肖邦便是波兰人心中一座永恒的丰碑。

肖邦

弗雷德里克·肖邦于 1810 年 2 月 22 日生于华沙近郊的一个村庄。他的父亲原籍洛林，是一位有教养的法国人。他的母亲是一位波兰人，虽没有受过高等教育，但也颇有教养，热爱音乐，钢琴弹得不错，而且爱唱波兰民歌，小肖邦就常常在母亲的民歌声中甜蜜地睡去。母亲是肖邦的启蒙老师，尤其是母亲的那些民歌，对他以后钢琴民间舞曲的写作产生了很大影响。

肖邦 6 岁学琴，7 岁开始作曲，8 岁登台演出就受到了人们的赞赏。他从 17 岁开始，便在欧洲巡回演出，成就了优秀钢琴家的声誉。肖邦对音乐是非常敏感的，有时会被一些曲子感动得掩面而泣。

也是这种出色的感觉成就了一位伟大的钢琴作曲家。肖邦在小的时候就常常在半夜里为一些突然涌来的乐思披衣下床，摸索着弹奏。在他 1826 年考入华沙音乐学院之后，其创作天赋更是得以很大程度的展现和发挥。由于肖邦作品的风格和那时社会流行的风格迥然有异。所以，华沙音乐学院的一些老学究们对肖邦不以为然并纷纷加以指责。但当时肖邦的作曲老师、华沙音乐学院的院长埃斯耐尔却认同了肖邦的作品。

为了求学，肖邦于 1830 年 11 月 1 日离开华沙，来到音乐之都维也纳，并在一年以后来到巴黎，在那里度过了他剩下的岁月。

在巴黎，对肖邦生活与创作影响最大的就是乔治·桑了。乔治·桑是一位作家，女权主义者，经李斯特的介绍与肖邦相识。由于肖邦那高贵的气质，乔治·桑疯狂地爱上了他。后来，由于乔治·桑对病中的肖邦无微不至的关怀，两个人逐渐产生了感情。肖邦是一个面容白皙、举止文雅、气质高贵、自尊心很强的人，而乔治·桑是一个激进的女权主义者，她的许多行为在当时看来都是有逾常规的。所以，尽管他们的结合曾经对肖邦的创作有很大促进，但由于两人天性上的矛盾，他们的关系最终必然会破裂，并给脆弱多病的肖邦带来伤害。

在他们结合之后，肖邦的家中便自然成了巴黎许多艺术家们经常聚集的地方。作为女权主义者的乔治·桑善于社交，并喜欢让人围绕着自己。而肖邦天性孤独，特别讨厌和许多人在一起。并且只有在人少或独处的时候，才能乐思泉涌，佳作不断。

种种矛盾使他们的关系逐步破裂，在 1847 年，他们的关系彻底破裂。而在此时及以后，肖邦的病情逐步加重，并且更为可怕的是，作为作曲家的肖邦感觉自己再也写不出优秀的作品来了。这一连串的打击使得肖邦终于在 1849 年 10 月 17 日的凌晨忧郁而死。葬礼在 10 月 30 日举行，但乔治·桑没有出席。

尽管久居国外，但肖邦心中只有音乐与波兰。在长期离开自己的祖国之后，肖邦成了一个怀乡病者。

在肖邦离开华沙的时候，他的朋友们送给他一只装满波兰泥土的银杯。于是，在远离祖国的肖邦心中，这杯泥土就是祖国，就是他魂牵梦绕的故乡。无论走到哪里，肖邦都把它带在身上。肖邦死后，他的遗体葬在拉雪兹公墓贝里尼的旁边，他的朋友把他终生随身携带的泥土洒在了他的身上。他死后，嘱咐他的姐姐把他的心脏带回波兰。后来，人们把他的心脏带回波兰，安放在庄严的圣十字大教堂。

早在他第一年客居维也纳时，听到波兰华沙起义的消息便激动不已，想立刻回国参加革命，但由于种种原因未能成行·在去巴黎的路上听到华沙起义失败被镇压的消息后，他悲痛万分。创作了《C 小调"革命"练习曲》等一批激昂澎湃的作品。后来，肖邦又与许多华沙起义后来到巴黎的幸存者交往甚密，向他们打听祖国的消息。

客居他乡,任何来自祖国的消息都会令肖邦热泪盈眶,激动不已。当他和来自波兰的朋友在一起时,常常一言不发,为他们一刻也不停地弹琴,他们在琴声中思念祖国、体会祖国。他和参加华沙起义后流亡巴黎的浪漫主义诗人密茨凯维支关系甚密。他常常去肖邦那里,听肖邦弹琴。肖邦曾经记载过这样一件事情:

"我又看见了密茨凯维支……我知道他是为什么来的,便立刻坐下弹琴。这一次我弹得很久,但我不敢回头,我听见他在哭。他走的时候,为了不让佣人看见他的眼泪,我亲自帮他穿上大衣。密茨凯维支温柔地抱着我的头,在前额上吻了一下。说出了整个晚上的第一句话:"谢谢你,你把我带到……"话还没说完,呜咽又塞住了他的喉咙。就这样,他抑制着呜咽走了。

离开祖国的时间越长,就愈是思念。而思念祖国在肖邦的脑海中成为一种天堂般神圣的记忆。而这种记忆愈是深刻,对祖国也越是思念。这种往返不断地重复,使得祖国波兰、故乡华沙成为肖邦脑海中的一个美好的梦想,一种不容玷污的圣洁。这样,就成了心头的一个情结。而正是这种情结极大地促进了肖邦的创作,使他的各种作品从幻想中又走向更加缥缈的幻想,充满了诗意。

肖邦一生都专注于钢琴作品的写作,这区别于其他许多作曲家。但使他与许多作曲家区别更加明显的是他的作品的独到性。无论从和声上、旋律上、还是体裁形式上,肖邦的作品都是与众不同,也无法模仿的。在肖邦的后来者中,许多人都刻意模仿他,但都不成功。倒是肖邦作品的精神实质,影响了后代的许多作曲家。

肖邦的创作是极有特色的,也是极严谨的。他具有不可思议的天才能力,但更具有艰苦卓绝的精神。乔治·桑在写到肖邦时这样说:"他的创作能力是自然而又不可思议的,他无需努力或是预先准备即可获得它。""但他的创作却是我所见过的最伤神的劳动,为了修饰某些细节,他不断地尝试,犹豫不决和发些脾气。他会一连几天把自己关在屋子里,走过来,走过去,折断他的笔,100次地重复和更改一小节。……他会在一页乐谱上花上六个星期,但最后写下来的还是最初草稿上的东西。"正是这种天才与勤奋成就了伟大的肖邦。

对祖国的回忆、幻想成了肖邦创作灵感的源泉。肖邦一生写作了大量的舞曲和练习曲、夜曲。在肖邦的舞曲中以波罗乃兹和玛祖卡为主,而这些大都是来自童年时对祖国,对民间,对母亲的记忆。

波罗乃兹就是波兰舞曲,它原是一种三拍子的比较庄严的宫廷舞曲,后来被一些作曲家移到钢琴中。而肖邦的波罗乃兹已脱离了贵族气息,成为具有世界意义的艺术形式。早期的波罗乃兹是比较华丽的,而肖邦的波罗乃兹已具有了一种悲壮、宏伟的气质。比如他描述 17 世纪波兰英勇抗击侵略的英雄性作品《bA 大调波罗乃兹》和史诗式的《C小调波罗乃兹》等。肖邦对波罗乃兹的改造不光是气质上的,在内容和艺术结构上也达到了很高的水平,如《幻想波罗乃兹》等。

肖邦一生还写作了大量的玛祖卡。玛祖卡也是一种源自民间的三拍子舞曲。肖邦笔下的玛祖卡主要有两类,一类是具有浓厚的民间风格的,另一类具有更多的城市气息。玛祖卡是一种比较柔美的舞曲,但它是来自波兰的,在当时的社会条件下,这种民族性便得以凸显。所以,舒曼曾经这样评价肖邦的玛祖卡:"如果北方的强国和专制暴君知道,在肖邦的创作里,在他的玛祖卡舞曲质朴的旋律里,蕴藏着多么危险的敌人,他一定会禁止这音乐,肖邦的音乐乃是遮掩在鲜花中的大炮……"

除了舞曲,肖邦还写了许多练习曲。钢琴在19世纪已逐渐普及,所以,许多作曲家、音乐教育家都写了不少钢琴练习曲,如车尔尼、克里门蒂等。而这些练习曲大都只注重技巧上的训练,比较枯燥。但肖邦的练习曲与这些不同,他的练习曲已经把艺术性、思想性、技巧性完美地结合起来,成了精致、深刻、用于音乐会演奏的艺术品。比如他的练习曲第十二首《C调"革命"练习曲》。这部作品写于肖邦从维也纳到巴黎的途中。在他听到华沙起义失败后的消息后,悲痛万分,于是写下了这部作品。在作品中,他写出了自己的不安与惶惑,对祖国前途的忧虑,对侵略者的仇恨等许多复杂心情,成为肖邦练习曲的经典之作。

肖邦的作品是丰富多彩的。有人认为肖邦的作品过于柔美、细腻。但肖邦并不总是这样,他也有许多宏伟、刚强的作品。并且,肖邦的柔美与细腻由于其民族性,便成了一种更为内在的深刻的作品,这岂不是比那些表面轰轰烈烈的作曲家强上百倍吗?

我们称肖邦是钢琴诗人,不只是因为他那白皙的面容、高贵的气质,更是因为其钢琴作品和诗的内在契合。正如海涅所说:"(肖邦)既不是波兰人,也不是法国人,更不是德国人,他有着更高贵的血统,他来自莫扎特、拉斐尔和歌德的国土,他的真正的祖国是诗的国家。"

德艺双馨——李斯特

在乐坛上,弗兰茨·李斯特的大名对任何一个人来说,都是如雷贯耳的。这位天才的艺术家以其杰出的成就,素有"钢琴之王"的美誉,在品德修养上,他的高尚的情操散发出无比的人格魅力,堪称"德艺双馨"的一代艺术大师。

1811年,李斯特出生于匈牙利西部肖普郎的莱丁村。自幼随父亲——一名业余音乐家学习钢琴演奏。9 岁时他在厄登布尔格举办了第一次公开演奏会,获得了初次成功。1821 年,10 岁的李斯特获得匈牙利贵族的资助,奔赴维也纳深造,跟从名师车尔尼和萨列里学习钢琴演奏和作曲。

1822 年 4 月的一天,发生了一件令李斯特终生难忘的事情。他的第二次音乐演奏会在这一天举办,地点是奥地利维也纳的音乐厅。令 11 岁的李斯特倍感不安的是,台下的观众中有一群不同寻常的人物,他们都是当时乐坛上的精英,其中还有那个举世闻名的乐圣——贝多芬。演奏开始后,李斯特收敛心神,全神贯注地投入进去。他的演奏倾倒全场的观众,也包括那些大师们。在雷鸣般的掌声和欢呼声中,贝多芬站起身来走向舞台,他轻轻抱起李斯特,并在他的小脸儿上亲吻了一下。他的赞赏令李斯特受到莫大的鼓舞,李斯特的老师也十分激动地宣称:"只要你不断地努力,将来可以跟贝多芬和莫扎特比肩!"

这次演奏会后,李斯特开始接触许多乐坛上的顶尖高手。1823 年至 1835 年间,他在巴黎与音乐家肖邦、柏辽兹、帕格尼尼,画家得拉克洛瓦交往,思想上深受浪漫主义文学家拉马丁、雨果、海涅、乔治·桑,哲学家拉门内的濡染和圣西门的空想社会主义思想的影响。他的思想和艺术逐渐成熟。

名声远扬的李斯特身后总有大批的崇拜者和追随者,在他身上有着惊人的凝聚力和号召力。正如德国音乐家舒曼对他的选择:"这位艺术家像统率着一支管弦乐大军,欢欣地领他们前进。他像统帅一样威武,群众对他的喝彩声完全不亚于士兵对拿破仑的欢呼。"

事实的确如此。比如他在普莱斯堡演奏时,市政会专门休会一天,以便议员们可以赶上他的演奏会,再如他在柏林的演奏会结束后,无数痴迷的崇拜者对他夹道欢送,就连国王和王妃也亲自乘着马车在市区巡视一周,场面激动人心,可谓万人空巷,盛况空前。

李斯特之所以受到如此无上的崇拜,恐怕不只是他的音乐艺术的功绩,也在于他的人格魅力。

李斯特心地善良,胸怀宽广,而且极其热心于提携后进,慧眼识英才。这里有两个流传甚广的故事。

一位刚从音乐学院毕业的小姑娘迫于生计而要开办一次演奏会。海报贴出后,由于她毫无名气,所以观众寥寥。小姑娘想来想去,便在海报上显眼的地方写上"李斯特的学生"的字样,立刻获得了良好的票房收入。可是,没料到,在演奏会召开的当天,李斯特本人到达了那个城市。小姑娘惊慌失措,生怕自己的欺骗行为被揭穿。她最后哭诉到李斯特门下,向他说明事情的缘由。李斯特宽容地原谅了她,并且还帮助她想了个补救的办法。他让小姑娘给他弹了几曲之后,进行了认真的指点,并且说:"好了,孩子,放心地登台演出吧,因为你现在确实已经是我的学生了。并且,你可以在你的海报上再加一条:由你的老师李斯特亲自为你伴奏。"那事情的结果自然可想而知了。

再有一桩,充分体现出李斯特的伯乐眼光。1831 年,一名年轻的流亡者到了巴黎之后,潦倒不堪。当他结识了李斯特之后,他身上的音乐才华令李斯特十分钦佩。李斯特不愿看到这样一位杰出的人才被埋没,可又如何才能让这默默无闻的人得到大家的承认呢? 他想出一个绝妙的办法。在李斯特的一场演奏会上,在雷鸣般的欢呼声中,李斯特出现在舞台上,并平静地走到钢琴旁坐下。这时全场的灯光都按照惯例熄灭了,李斯特迅速地与那位准备充分的年轻人换了位置。演奏开始了,那高超的技艺,美妙的旋律再一次令人们沉醉。不料当灯光再度亮起来时,从钢琴旁走出来向人们致意的竟是一个陌生的年轻人。人们沉吟片刻后,便很快明白了这一"掉包计"的精神内涵,他们欢呼雀跃,为李斯特的奉献精神,也为一颗新星的冉冉升起而兴奋不已。

这个故事中的年轻人,就是肖邦。

1830 年法国七月革命爆发,李斯特深受鼓舞,写出了《革命交响曲》,后于 1850 年修改成交响诗《节日之声》。1834 年,他创作了表现里昂工人起义的钢琴曲《里昂》。从 1839 年起,李斯特开始了为期十载的巡回演出,足迹踏遍匈、奥、德、英、法、罗、俄等欧洲国家。与此同时,他创作了大量爱国主义作品,如:《匈牙利英雄进行曲》《匈牙利风暴进行曲》,编写了民歌集《匈牙利民族曲调》,并在此基础上创作了著名的第一、第二首《匈牙利狂想曲》,以及具有民主思想倾向的男女合唱曲:《铁匠》《士兵》《农夫》《水手》等。李斯特还对大批钢琴曲进行改编,以《魔王》《拉科奇进行曲》为代表。

1860 年,李斯特移居德国魏玛,并担任魏玛宫廷乐长兼剧院指挥。在此期间,他为了表达对匈牙利革命的支持和革命烈士们的深切悼念,创作了《匈牙利康塔塔》、钢琴曲《送葬的行列》、交响诗《英雄的葬礼》。这一时期还诞生了众多的名作,如《但丁交响曲》《浮士德交响曲》《第一钢琴协奏曲》《第二钢琴协奏曲》、13 首《匈牙利狂想曲》《b 小调奏鸣曲》。

李斯特这 1000 多首钢琴曲可谓蔚为大观。在音乐史上,他首创了单乐章的标题交响诗和钢琴独奏会的表演形式,奠定了现代钢琴音乐写作技巧的基础,使钢琴音乐获得了管弦乐队式的效果。他是近代音乐的开拓者。

1861 年,年届 50 的李斯特来到罗马,他的思想不再似年轻时那样积极进取,而是走向消极悲观。他接受了罗马教皇的接见,并于1865年在梵蒂冈受剪发礼,封了一个低级神职,成为一名身着黑色长袍的修士。

1875年李斯特创办了举世闻名的布达佩斯音乐学院,并亲自担任院长。

1886年7月31日,75岁的音乐巨星悄然陨落了。

挪威戏剧大师——易卜生

亨利生·易卜生于1828年3月20日在挪威一个小城希恩出生。他父亲是一个富裕的木材商。父亲与母亲特别喜爱这个宝贝儿子。在幸福的童年,易卜生有许多梦想,他喜欢美术,幼时学习绘画,立志要做一名艺术家。不幸的是,在他童年的梦还没有醒时,父亲突然破产了。生活一下子从小康水平跌落到温饱线上。易卜生为了减轻家庭负担开始独立谋生。16岁时,他在一个药店当学徒工。工资勉强度日,但易卜生终于有了一处落脚的地方。他童年的梦想又在召唤着他。他在艰苦的生活环境中开始勤奋学习,并学习写一些诗歌。

1848年欧洲革命的浪潮波及挪威。少年的易卜生非常兴奋,他创作诗篇歌颂起来反抗压迫、要求独立的民族。在创作热情的鼓舞下,完成了他第一个剧本《卡提利那》。1850年,易卜生来到挪威首都奥斯陆参加了工人学生的革命运动,易卜生发挥自己的特长,帮助工人运动领袖做宣传工作,并担任学生刊物的编辑工作。不久,运动失败,易卜生离开了政治斗争,专门从事创作活动。以文学为阵地,与社会上的不合理现象做斗争。开始,易卜生从历史传说中取材,创作了一系列富于浪漫色彩的历史剧,有《厄斯特

易卜生

罗的英格夫人》《觊觎王位的人》《爱的喜剧》等,主要是以古代英雄的英勇行为激发人民的爱国激情。易卜生的戏剧一经上演就深受人们欢迎。早期创作就为易卜生赢得了很大声誉。先后被卑尔根剧院与挪威剧院聘为经理与艺术指导。1864年,普奥联军侵略丹麦。易卜生对挪威的中立态度十分失望。他一怒之下离开祖国,侨居国外达27年之久。在国外,易卜生清醒地看到了各国官僚政客在民主、自由、解放的幌子下的钩心斗角。易卜生把视线转移到现实社会中的法律、道德、妇女与教育问题上,他要揭穿资产阶级虚伪的面纱,把他们那种种丑恶的灵魂暴露于

大庭广众之下，使人们警醒，以此来提高人民的素质水平。

1866 年至 1867 年，易卜生创作了两个哲理诗剧《布朗德》与《彼尔·金特》。后者描写了一个普通无赖汉的冒险故事。彼尔·金特是个整日无所事事的无赖汉。他东游西逛，做一些偷鸡摸狗的勾当。在一次乡村婚礼上，彼尔·金特诱拐了朋友的新娘，后来，他又厌倦了这个漂亮的女人，抛弃了她。他无意间闯入山妖的王国，经历了一次次险境、奇遇，得到了很多财宝。后来，他因想念自己的母亲，于是衣锦还乡。但母亲已经逝去，他痛哭流涕，倒在母亲的灵前。不久，由于他的财产没有登记全部被充公，他又身无分文地离家而去。他在各地流浪，经历了不少事情，当过富翁，也冒充过先知，他随波逐流，只知酒色享乐。到了晚年，他落魄回乡，最终回到一直深爱他等他归来的索尔薇身边。在索尔薇的爱情的感染下，彼尔·金特终于悔悟，重新做人。易卜生以彼尔·金特作为代表，揭露出人性的弱点。

1868 年，易卜生迁往德国。在德国，他写出了一系列以社会家庭问题为内容的现实主义戏剧。有《青年同盟》《社会支柱》《玩偶之家》《群鬼》《人民公敌》《野鸭》《罗斯默庄》《海上夫人》《海达·加布勒》等 9 部，其中《社会支柱》《玩偶之家》《群鬼》《人民公敌》称为四大问题剧。这些剧本为易卜生带来世界声誉。《社会支柱》以一个"城市第一公民"卡斯腾·博尼克为主角，博尼克是个造船场的老板，他用自己的钱财干了许多光明正大的善事，被人们尊为慈善家。他自己也吹嘘为当地的繁荣兴盛做出了巨大贡献，自命为"社会支柱"。但随着剧情的发展，他的丑恶面目被一层一层揭露出来，他自己所谓的模范家庭只不过是他出卖爱情的结果，他为了得到一笔遗产，抛弃了深爱他的未婚妻，而去追逐她的姐姐，最后使尽手段终于跟她姐姐结了婚，如愿以偿地得到了遗产。幸福的家庭生活只不过是他的伪装的幌子，在他看来，有了钱就是幸福的事。后来他诱奸了一位妇女，为了维护自己的声誉，他迫使妻子的弟弟去为自己顶罪，后来暗暗地送妻子的弟弟去外地避难，把他送上一艘破船，希望妻弟遇上风暴永葬海底，以免毁坏自己的名声。而本城的市民却仍旧被博尼克的虚伪形象所迷惑，在博尼克门前高呼："博尼克万岁！社会支柱万岁！"易卜生尖刻地讽刺了资产阶级的伪善。

《人民公敌》以斯多克芒为主人公，他是一个普通医生，在治疗病人的时候，他了解到本城浴场中含有一种致命的传染病菌，他告知了他的哥哥——本城市长、浴场委员会主席，要求封闭浴场，进行消毒改建，但这样一来必然影响浴场的收入，遭到了他哥哥的反对。斯多克芒气愤之极，他要举办一次集会，向市民揭露事情的真相，这同样能达到关闭浴场、维护公众利益的目的。但市长、报界、房产主几乎所有有关的人都得知消息，策划了一场阴谋，在斯多克芒的领导下，集会居然顺利地召开了。但当他正要宣布真相,斯多克芒的哥哥——市长大人到了。他们利用自己素有的威望,操纵会场,煽动听众,最后以所谓"民主表决"的方式,宣布斯多克芒为"人民公敌",斯多克芒再辩解也没有作用,只有带着妻子、儿女孤单地离开了家乡。易卜生以鲜明的对比,揭露了资产阶级在"一切为人民"的幌子下,愚弄、欺骗群众,为自己谋私利。

《玩偶之家》是易卜生关注妇女解放问题的杰作,也是易卜生剧作中最优秀、影响最大的一部。

主人公娜拉是个活泼热情、天真可爱的少妇。她有一个幸福的家庭,有三个天真纯洁的孩子。丈夫原来是个律师,现在升为银行经理。他对娜拉十分喜爱、体贴,常常向娜拉说:"常常盼望着有桩危险事情威胁你,好让我拼着命,牺牲一切去救你。"娜拉感到非常幸福,想想自己曾经的壮举,真是值得,她对丈夫温柔、顺从。

圣诞节这天,娜拉的老朋友林丹太太来访。两人分别讲述了离别后的际遇,娜拉自豪地讲出她曾救过丈夫的性命,现在有一个幸福的家庭。原来,海尔茂曾得过一场重病,但没有钱治疗。娜拉背着丈夫向银行职员柯洛克斯泰借了一笔钱。娜拉不想打扰病中的父亲,也不想让丈夫海尔茂着急,于是她伪造了父亲的名字作担保人,丈夫的重病治好了。娜拉一直俭省家用,克扣自己,甚至熬夜替人抄写东西挣钱还债。如今只剩下最后一点没有还清了。林丹太太非常羡慕娜拉一家,请娜拉帮忙在海尔茂的银行里为她找个职位。娜拉答应了。海尔茂也爽快地让林丹太太去顶替柯洛克斯泰的职位。柯洛克斯泰找到娜拉求情,又以娜拉制造假签字的事为要挟,只求保住职位不失业。娜拉怕事情传出去既有损家庭荣誉道德,又触犯法律,转而替柯洛克斯泰求情。海尔茂编了一大通损害柯洛克斯泰名声的冠冕堂皇的理由,在娜拉再三地求情下,海尔茂终于说出了辞退柯洛克斯泰的真正理由:因为柯洛克斯泰不尊重上司,曾经当众与海尔茂开玩笑。海尔茂为报私愤终究把辞退柯洛克斯泰的信发出去了。柯洛克斯泰失望之极,向海尔茂揭发了娜拉伪造父亲签名,做假担保的事,海尔茂知道后,勃然大怒,指责娜拉是个下贱女人,他不考虑娜拉的名誉,以及事情该怎么处理。他首先想到自己的名誉和地位,责骂娜拉这个下贱女人为自己惹了大祸,他撕下温柔的面纱,说什么以后夫妻表面上照样过日子,但别谈什么幸福不幸福的事,并且孩子也不让娜拉教养了。娜拉想不到自己一片好心,竟换来这样的结局。她终于认清了海尔茂虚伪、自私的面目。后来,柯洛克斯泰在林丹太太的劝说下,为了娜拉的名誉,把当初签字的借据还给了娜拉。海尔茂一下子转怒为喜,高呼:"我没事了,我没事了!"转身又来哄娜拉,说什么"别害怕,一切事情都有我,我的翅膀宽,可以保护你"等等诸如此类的甜言蜜语。

但娜拉早已认清了他本来面目,要求回家去。海尔茂一下子又拿出冠冕堂皇的理由,说什么母亲、妻子的神圣责任。又以法律相威胁,最后才低三下四地以情感来打动娜拉,但娜拉心已死,她拉开门,义无反顾地冲出了家门。易卜生以生活上的细节深刻揭露了资产阶级自私自利的虚伪面目,提出了一个妇女解放的问题。剧本一上演,遭到资产阶级评论界的非难,易卜生又写了《群鬼》,依然以妇女问题为主题,对那些反对者给予驳斥,指出妇女如果不求解放,终将成为悲剧。

1891年,易卜生载誉而归,定居在挪威首都奥斯陆。这时,他已成为世界著名的戏剧大师了,社会名流纷纷前来拜访。此后,他又写了《建筑师》《小艾友夫》《约翰·盖勃吕尔·博克曼》《我们死人醒来的时候》等4个剧本。其中《建筑师》是他对自己一生的回顾。

1900年,易卜生中风瘫痪,1906年5月23日病逝。

诺贝尔文学奖第一人——苏利

"世间所有的丁香都枯死,所有的鸟声都短暂;我梦想夏日永驻……

世间所有的双唇都微颤,没有留下任何印记;我梦想亲吻永驻……

世间所有的人都哭泣,伤悼他们的友情或爱情;我梦想情侣永驻……

这是《世间》中的句子。

作者是苏利·普吕多姆,第一位获得诺贝尔文学奖的人,1901年获奖。

在20世纪,苏利·普吕多姆的诗似乎已经被现代主义的诗歌大潮淹没,但在当时他确实是法国诗坛杰出的代表人物之一。

即使到现在,人们仍然从他的诗中读到古典主义的味道,别有哲学和艺术情趣。

苏利是法国诗人,原名勒内·弗朗索瓦·阿芒·普吕多姆。1830年3月16日,他出生在巴黎的一个工商业者家庭,父亲是一名工程师,家境很好。苏利的智力成熟很早,中学时成绩优异,但由于健康原因,他未能进大学深造。

他后来随父亲投身于实业界,经营自己兴办的企业,很快使企业效益大幅度上升,利润不断上涨。父亲十分高兴,希望子承父业。但是此时的苏利开始对法律感兴趣,他放弃了原来的职业,研究法律。他自学各种法典,那些枯燥的东西在他的头脑里井井有条。同时,他开始广泛阅读社会科学及自然科学著作。

他的法律学习卓有成效,很快成为精通法律的专业人员,在别人的邀请下,他在一个法律公证人的办公室里当律师。

扎实的科学修养使他想沟通诗与科学,此时的他已经对诗歌发生了兴趣。而他对哲学的热爱,又使他的诗具有哲学味道。

苏利把法律专业也抛弃了,开始投入到诗歌创作之中。1865年,苏利·普吕多姆发表第一部诗集《韵节与诗篇》,这部诗集分为《家庭生活》《青年女郎》《妇女》和《杂集》几个部分,表现了法国年轻一代热爱生活,追求崇高理想和变革社会现实的精神。诗集还描写了他们的感伤、疑虑、爱情、无止境的追求和对故乡的怀念。

这部诗集受到诗坛重视。此后发表的诗集《孤独》《徒劳的柔情》,是抒情气息浓厚的两部代表作,主要抒写孤寂的心情和忧郁的思想。

知识界对他的哲理诗集《正义》和《幸福——12首诗歌》更加称赞。因为他用诗的形式探讨了人类意识与现代社会的冲突。但是说教成分很重,而且晦涩难懂。

在19世纪60年代前后,苏利曾参加帕尔纳斯派诗歌运动,并成为该派的代表人物之一。帕尔纳斯派是由一些标榜"为艺术而艺术"的高蹈诗人组成,是象征派的先驱。他们主张艺术要远离现实,冷静、客观,并且要理智地抑制个人感情抒发。

苏利·普吕多姆体弱多病,多愁善感,而早年爱情生活的不顺利又给他的心灵造成终生的创伤。所以,他的诗歌总是或隐或现地充满着忧伤、低沉的情调。

在青少年时期,他有着良好的自然科学和哲学素养,这就使得他善于质疑发问和深入分析。他是一个思考型的诗人,平生最大的雄心便是"试图将他广博的科学及哲学知识溶入诗歌之中。"

让我们看《碎瓶》:

"花瓶由于扇子的一击而生裂隙,瓶上的美女樱便凋谢了;仅仅是轻微一碰,并未听到任何声响。

裂隙虽很轻微,却日日侵蚀着瓶体,眼睛并没看到什么变化,却慢慢向四周扩及。

瓶中的清水滴滴流尽,花儿的汁液逐渐枯竭;人们尚未经心,切勿碰它,瓶儿就已经碎裂。

爱人的手也往往如此,偶尔轻触心头,便碰伤了心;此后心儿自然破碎,爱情如花儿随即夭折。

世人看来似乎依然完好,岂知伤口正在扩大,心儿为此低声饮泣。它已经破碎,切勿碰它。"

这首诗从心灵深处出发,描写了虽然是常见的,但往往被忽视的心灵世界的创伤。诗人巧妙地借一只碎瓶来表达自己内心的伤痛感受和思考,令人感到他的疑虑、哀伤。

他的诗中有化不开的忧郁和玄奥的冥思。

他的追求是高远无边的,他注重挖掘心灵世界最隐晦微妙之处,捕捉神经最轻微的颤动。在 1870 年以后,诗人常常失眠,他在孤独的夜晚,格外敏锐地感受和分析人生与宇宙的冥冥不可知。

他把孤独带给宇宙。

孤独不仅仅是人生存在的基本特征,也是宇宙中一切星体存在的特征。在《祈祷》一诗中,诗人为自己和意中人的相知相爱而祈祷。他发现天空中的无数群星,是和人在对话,诉说痛苦:

夜里,我对星星说:"你们看起来并不快乐;在广袤无边的夜色里,你们的微光,带有苦恼的柔情。……

她们对我说:"我们形单影孤。……

"我们之间迢迢相隔,你别以为我们姊妹们紧相比邻,我们每人的柔美之光,在自己的国度里无人相顾;

"而这光辉的内在热情,被冷漠的天宇徒然耗尽。"我对她们说:"我明白了,因为你们的灵魂彼此相像"。

"跟你一样,每一位姊妹都是永恒的孤寂者,看似比邻却相隔迢遥,静静地在夜空里燃烧。"

以上是诗人《银河》中的诗,表现了他对广袤宇宙的感情。

在 19 世纪 70 年代前后,欧洲文坛杰出的评论家圣勃夫曾说过,苏利·普吕多姆是"法国最年轻、格调最高、韵味最雅的诗人。"

瑞典学院颁奖时公开宣称:"瑞典学院喜欢他那些小巧玲珑、晶莹剔透的抒情诗,远甚于那些篇幅较长的教化诗与玄理诗,因为它们充满了感触和冥想,在极其珍贵的感性与知性结合中呈现出无比的高贵与尊严。"

苏利·普吕多姆还有诗集《考验》(1866)、《战争印象》(1870)、《法兰西》(1874)、《诗的遗言》(1901)和散文《散文集》(1883)等等。总之,作品集中在 1900 至 1901 年出版的《苏利·普吕多姆诗文集》里。

苏利·普吕多姆的诗歌擅于揭示人心灵深处的隐秘、幽微的感受和体验,尤其在分析上独具深刻性,他的诗难免带有形式化后的弊病,但是在内容和形式上都表达了人类意识与现代社会的冲突,诗人在探索的也是这个问题。

诗人进一步表达了内心多姿的波澜。他对外界不称道他的玄奥哲理诗感到遗憾和伤心失望。1907 年,身体瘫痪的诗人离世而去。

但是,他终究表达了优雅的美和丰富的心灵以及崇高的探索。诺贝尔奖颁奖辞中说:"特别表彰他的诗作,它们是高尚的理想、完美的艺术和罕有的心灵与智慧结晶的实证。"

圆舞曲之王——施特劳斯

1844年10月5日,在维也纳的德姆玛雅舞厅,正举行一场乐曲演奏会,只听见厅内掌声雷动。那位年轻的演奏家不得不重复19次演奏他自己创作的圆舞曲,他一次又一次地谢幕致意。但是狂热的听众早已为之痴迷,依然掌声不断,这种现象在素有音乐之都的维也纳,可真是少见。是谁具有这么大的魅力,能让向来比较挑剔的维也纳人如此倾倒?他就是老约翰·施特劳斯的长子小约翰·施特劳斯。这一天小约翰·施特劳斯带领他组织的15人乐队进行他的首演,没想到竟如此成功。第二天,维也纳报纸上以"晚安,老约翰·施特劳斯!早安,小约翰·施特劳斯!"为题报道了这次首演的盛况。小约翰·施特劳斯俨然已取代了他父亲的位置,成为维也纳人新的崇拜偶像。这一年,小约翰·施特劳斯仅仅19岁。

小约翰·施特劳斯出生于1825年10月25日,他的父亲就是著名的"圆舞曲之父"老约翰·施特劳斯。

圆舞曲,也称为华尔兹,是一种三节拍的快速活泼的舞曲。起源于奥地利阿尔卑斯山山区村民中盛行的"兰得那舞"。后来传入宫廷,又流行于欧洲世界。老约翰·施特劳斯为圆舞曲作了巨大的贡献。当时,他是奥地利皇宫的舞蹈主任乐师,他凭自己的天赋创作出许多优美、典雅的圆舞曲,从而使圆舞曲名声大振,开始在欧洲各国流行起来,老约翰·施特劳斯在他45年的生涯中创作了251首音乐作品,其中以《多瑙河之波》与《水妖——莱茵河上的传说》尤为著名。

在老约翰·施特劳斯的音乐熏陶下,小约翰·施特劳斯及他的两个弟弟从小就表现出对音乐的偏爱。但是,因为老约翰·施特劳斯作乐师一生清贫,他不想让儿子们也学音乐,以免也走自己的路。但是他越阻止,孩子们对音乐越有一种浓厚的兴趣。尤其是小约翰·施特劳斯,曾多次与父亲发生争执,坚持要学习音乐。他不想听从父亲的劝告去学习法律,他偷偷地把所有的法律课本都画上了五线谱。老约翰·施特劳斯一气之下丢下全家,自己去安然享乐,再也不管这些不听话的孩子了。这样,小约翰·施特劳斯与弟弟们便义无反顾地走上音乐之路。经过19年的努力,小约翰·施特劳斯终于一举成名,从此更是一发不可收拾,接连创作出许多著名的圆舞曲,有些圆舞曲甚至超过了他的父亲。

老约翰·施特劳斯这时已经40岁了。但他并不认为儿子比自己强，于是，老约翰·施特劳斯老年努力，要跟儿子争夺"圆舞曲之王"的称号。父子两人的这场争斗在音乐界持续了4年多。直到老约翰·施特劳斯逝世的前几天，经朋友的调解、劝说，这场争斗才结束，老约翰·施特劳斯不得不承认儿子小约翰·施特劳斯在圆舞曲上的艺术成就确实超过了自己。老约翰去世后，小约翰接管了他的乐队，于1868年带领乐队到西欧各国巡回演出。1872年，小约翰·施特劳斯又横跨大西洋去美国演出，取得了巨大的荣誉，圆舞曲跟随小约翰·施特劳斯走向了世界。

小约翰·施特劳斯一生创作了400多首圆舞曲，其中以《蓝色多瑙河》《维也纳森林的故事》《皇帝圆舞曲》《春之歌》等最为著名。小约翰·施特劳斯还创作了很多轻歌剧，最著名的有《印地果》《蝙蝠》《吉卜赛男爵》等，这些作品为欧洲19世纪后半期的轻歌剧高潮奠定了基础。

1899年6月3日下午，维也纳公园里正举行音乐会，有个人轻轻地走到乐队指挥身边耳语了几句，指挥默然片刻，让首席小提琴手通知管弦乐手们，迅速装上弱音器，奏起了小约翰·施特劳斯的《蓝色多瑙河》。那低沉的旋律让听众感到淡淡的哀伤，人群中慢慢传递着那个悲哀的消息：奥地利著名作曲家、圆舞曲之王小约翰·施特劳斯刚刚去世。听众感到深切的哀痛，他们在那低缓的旋律中为自己所崇敬的作曲家哀悼。

追逐阳光与生命的人——梵·高

"我所描写的，第一是人道，第二是人道，第三还是人道。"

梵·高就是带着这种纯洁的心愿加入画坛之中的。最终，成了后期印象派的大师之一。

温桑·梵·高于1853年出生于荷兰，他的父亲是一位牧师，梵·高从小就特别敏感，对一只小蚂蚁的死也怀有深切的同情。他上学时学的是法律，本想找个工作待一辈子就算了。这是父亲与他的弟弟蒂奥对这个敏感的亲人的唯一愿望，只希望他能好好活着。但是，梵·高总是性情变得特别快。学了法律之后，梵·高并不愿意去律师事务所做小职员。他突然喜欢上画画。开始时他在家里自学，后来又进入安特卫普美术学校学习。但没有几天，他便退学了，因为他受不了那里的环境。于是，在他弟弟蒂奥的介绍下，梵·高在一个画店里当了店员。这使他有机会接触世界各地、各流派的作品。梵·高非常欣赏日本葛饰北斋的"浮世绘"，他深入地学习了东方艺术中线条的表象。而西方画家中，他从伦勃朗、杜米埃及米勒这些关心下层劳动人民疾苦的现实主义大师那里得到更多悲天悯人的人道主义精神。他为了"抚慰世上一切不幸的人"的理想,便自费去当了一个教士。

梵·高要求来到一个矿区做教士工作。因为这样,他才能以直接的行为去关怀这些贫苦的劳动人民。他跟矿工们一样吃最坏的伙食,一起睡在冰冷的地板上。有一次矿坑发生瓦斯爆炸,他冒死救出了一个重伤的矿工……他的这种过分认真的牺牲精神,引起了教会的不安,终于撤了他的职。这一期间,梵·高的心情是非常沉闷的,他亲身感受到下层劳动人民的辛酸与贫苦。他这一时期创作的作品,如《教会的修士们》《机织人》《农妇》《吃土豆的人》都充满了现实主义的低沉与黑暗的调子。例如《吃土豆的人》这幅画,梵·高用黑棕的色彩画出幽暗的灯光下,贫苦的农民家庭在吃着粗劣简单的晚餐。梵·高以深邃的思想体察出生命的艰辛。当他父亲去世时,他冷静地说:"死亡是冷酷的,但人生更冷酷无情。"

1886年,梵·高来到巴黎。他的弟弟蒂奥是巴黎一个画店里的画商,这里聚集了许多画家朋友。在他的表兄莫威的介绍下,梵·高结识了印象派、主要是后期印象派的一些大画家,如高庚、塞尚等,并成为朋友。在这些人的指导下,梵·高接受了印象派的风格与技法。他重新投入到艺术家的行列。只是这时他的画风一改阴暗的调子,充满了太阳般的金子的色彩,明亮而又饱含生命力。好像要用欢快的歌声来慰藉人世的苦难,以表达他强烈的理想与希望。这时期,他的作品主要有《卡士桥》《克利西之街道》《餐厅》《桃花》等。

《桃花》是梵·高为了纪念他去世的表兄莫威而作的,那盛开的桃花在强烈的阳光下怒放。梵·高题诗道:

"不要以为死去的人死了。

只要活人还活着,死去的人总还是活着。"

这就是梵·高追求明亮的色彩,追求旺盛的生命力的原因;只是生命仍在,希望、理想总是会实现的。正因为此,梵·高抛弃了身上沉重的黑暗现实的包袱,对未来充满了信心。

梵·高的画面充满了最简单、最纯洁的事物。他不仅描绘了阳光下鲜艳的色彩,而且还不止一次地正面去描绘那令人难以逼视的太阳本身。在他的《日出》中,那闪亮耀眼的金色阳光布满天空,撒满大地,这个纯净明亮的世界也正是梵·高的理想。

1888年2月,梵·高到法国南部的阿尔去写生。在那里,梵·高想找到德拉克洛瓦的色彩系统、日本版画的锐利轮廓线与塞尚的风景。在这年夏天,梵·高创作出大量优秀的作品,如《自画像》《向日葵》《邮递员鲁兰像》《阿尔风景》《咖啡店之其中《向日葵》最为著名。他妹妹说，梵·高从小就理解花魂。他的《鸢尾花》《石竹花》等都体现出了花的生命力。而《向日葵》则更是以有力的笔触、丰富的黄色表现出花朵飞动的神态与秋天成熟了的葵花籽饱满沉实的质感。那飞舞的花瓣正如一轮轮金色的阳光，旋转、旋转，在生命与力之中得到永生。而且，淡蓝色的背景与黄花相衬，更增强了欢快嘹亮的调子，正如金色的太阳在蓝天下自由地转动一样。凡·高要用自己的艺术去服务于劳动人民，不管他如何采用抽象、夸张的外形，我们总能发现那顽强的向往阳光的内在生命。梵·高依然以强烈的人道主义关爱着世人。他画的邮递员鲁兰，尽管有一脸粗硬的大胡子，还是令人感到他善良忠诚的个性。他的自画像，大都是严峻忧郁的、反映出内心深处无法驱除的悲愤之情。不为世人苦，哪得如此多的哀痛？

这年 10 月，高庚也来到阿尔与梵·高一起生活与作画。尽管两人是朋友，但终因性格气质不同，而经常争吵。本来就敏感而忧愤的梵·高，终因受不了刺激，导致精神失常，最后用刀把自己的耳朵割了下来，吵着要去送给一位妓女，高庚不得已，在送他去医院的路上在妓院停了停，梵·高满身满脸是血污，拿着血淋淋的耳朵去找那位妓女，那位妓女一见之下，当然吓得拼命奔逃，梵·高昏倒在地上。高庚急忙把他送到医院，并叫来了他的弟弟蒂奥来护理梵·高，他自己随即回到巴黎去了。

在梵·高清醒的时候，他告诉了弟弟关于耳朵的故事。原来。凡·高由于对下层人民充满同情，对妓院里的妓女更是非常关心。他不要妓女陪他，而只是到那坐一坐。有一次，一个妓女开他的玩笑说："你来这儿坐，又总不肯花钱，你舍得把耳朵送给我吗？"于是，重病中的梵·高便真的割下了耳朵送她。但把那个妓女给吓跑了。他心里时时刻刻都装着别人，由此可见一斑了。

但是，那个妓女的拒绝又使他的病情雪上加霜。他彻底地绝望了，仁爱之心却不被接受，这让梵·高非常痛心。在他病情好的时候，他也会清醒地认识到自己的行为很荒唐。于是，他又陆续作了一些画。如《阿尔之妇女》《打绷带的自画像》《放风》等。但是，梵·高的病情发作起来越来越频繁、越激烈。

1890 年 5 月，弟弟蒂奥把梵·高带到奥维尔，想依靠优美的环境把他疗养好。但是，终因病情复发，他不愿再增加弟弟的负担，于 1890 年 7 月 23 日自杀身亡。留下了最后的遗作《奥维尔风景》，依然是极为单纯而鲜明有力的作品。

不久，曾经把自己全部热爱与物力都献给梵·高的蒂奥也死去了。人们说，蒂奥是为了照顾梵·高而生的，因而把兄弟二人合葬在一座坟墓里。四周种满了象征梵·高理想的向日葵。

"不要以为死去的人死了。

只要活人还活着，

死去的人总还是活着。"

我们依然活着，梵·高也将依然活着。那梵·高所追求的纯洁的太阳，每天清晨，依然把金色的阳光撒满天空与大地。

生命不息，理想不灭。

在哲学和宗教上舞蹈——马勒

当大地上还有别的生灵在遭到苦难，我又怎么能幸福呢？——陀思妥耶夫斯基。

马勒

马勒，在音乐创作思想上所表现出来的人道主义作曲家，是欧洲后期浪漫派的代表人物之一，其在现代交响曲史上的地位曾被长期地轻视而且被故意置之不理，但从现在来看，这显然是单纯历史意义上的一个美丽的错误。

被莫里斯·拉威尔称作"天才的业余爱好者"的马勒，作为指挥家，他使维也纳皇家歌剧院迅速崛起，并在欧洲占据重要的一席之地；作为交响曲的作者，其作品既是前人成就的终结和总结，又是走向未来的开端，是介乎19世纪如贝多芬、勃拉姆斯等音乐家那种"结构主义"和20世纪柏尔格甚或布雷等人体系之间的枢纽人物；而其组织的管弦乐队，则以表演上的宏伟性（包括人物及乐器的配置等）、内容思想的深刻性而著称。

古斯塔夫·马勒（1860~1911）出生在捷克的小城镇卡里希特的一个犹太人家庭。马勒自幼家境贫寒，兄弟姐妹14人，大都因贫困而夭亡。再加上其特殊的倍受歧视的犹太人的社会地位，就在他幼小的精神上投下了悲观主义的阴影。早年的马勒就表现出了其音乐上的天赋，6岁学钢琴，8岁就可指导别人练琴，15岁入维也纳音乐学院接受正规训练，并因学习成绩优异而多次获奖，1877年进维也纳大学学习历史、哲学和音乐史,这使他的艺术修养得到了全方位的充实和提高。在马勒37岁时,其事业达到了高峰,由于其独特的指挥风格(热情洋溢而又精益求精,对乐曲的独到见解及处理,及对艺术传统的突破和发展),再加上其犹太血统的身份,引起了维也纳上层社会的不满,并受到诽谤和攻击,于是为艺术而献身的他愤然辞去皇家歌剧院的一切职务。1910年11月20日,他在慕尼黑指挥了号称"千人交响曲"的演出,轰动一时。但是19世纪末20世纪初资本主义社会深刻的内部矛盾与残酷的现实,反对派对他的攻击,再加上小女儿的夭折,此时的马勒身心疲惫、痛苦万分,不久患上了心脏病。1911年,心力衰弱已病入膏肓的他回到维也纳。在病床上,临终的他仍用一个手指在被子上指挥着,嘴里嗫嚅着一个音乐家的名字——莫扎特……

作为19世纪后期浪漫派的重要作曲家之一,马勒创作了包括交响曲在内的大量交响音乐。要了解马勒的作品,首先就要了解他的精神世界,要了解他的精神世界,就要清楚他所处的社会背景、时代背景及文化背景。

1848年资产阶级革命失败后,欧洲各国的贵族重新取得政治、经济的统治权,而民主思想则受到更为残酷的压制,失望、彷徨、消极、低沉的情绪笼罩了整个欧洲。政治、经济的动荡引起了思想的变化与矛盾,导致19世纪末文化领域上的错综复杂。晚期的浪漫主义音乐则被怀疑、失望、消沉的情绪所主导。

生活在奥匈帝国的马勒,他的国家经常受到德意志帝国的欺凌,而在本国的内部,潜伏着社会矛盾与民族矛盾的危机,作为一个犹太人,更因民族压迫而备受歧视。马勒同情弱者,酷爱自由。他对社会有看法,却无力反抗;虽才华横溢,却无出路。这种处于极端矛盾与痛苦之中的思想反映在作品中就会看到:一方面表现了他对美好事物的追求和对生活理想的憧憬,以及对大自然、对人生的赞美;另一方面又时常流露出暗淡的情调、失望与孤独、生活的烦恼以及对死亡的联想。在他的作品中常出现荒诞的形象,痉挛的节奏,尖锐的、喊叫般的音响和极不和谐的音程。

马勒是属于在奥—德文化背景中成长起来的一个人,在主观上接受认同这一文化的犹太知识分子。他们放弃了自己民族特有的宗教信仰,试图与他们赖以生存的人文环境相融合。在去维也纳歌剧院任职的时候,他接受了天主教,而这却并不能消解对他的民族歧视。马勒说过:"从三重意义上来说,我没有祖国","作为一个波希米亚出生的人却住在奥地利,作为一个奥地利人却生活在德国人中间,作为一个犹太人则只属于整个世界"。他将自己的民族感情上升到全人类的层面上。对于马勒而言,"创作一部交响乐就是建造一个世界","当大地上还有别的生灵在遭受苦难,我又怎么能幸福呢?"在他的音乐中,表达了对民族苦难的同情,对社会不公正、大多数人所受的剥削不满,寄希望于道德和宗教的力量。

马勒作品还时常从哲学角度出发对人生的问题进行探索。在大学期间对文学和哲学的广泛阅读与思考,对叔本华、哈特曼·丹哲学的研究以及对当时社会现状的思索,使他认识到人生是一场噩梦,是一场悲剧。同时,他也受到俄国文学家陀思妥耶夫斯基宣扬的"灵魂净化、服从命运"的说教影响,在繁纷杂乱的现实中找不到出路,只得在宗教中寻求解脱,最后得到的消极结论是:人生是虚幻的,人们只有在天国中才能得到安息。

作为19世纪末的作曲家,马勒也是一个同性恋者,同大多数艺术家一样,他生性敏感、性格内向、感情脆弱;他厌恶附庸风雅、虚伪做作的社交场合与礼俗;因自我怀疑、信心不足而反复修改作品;其交响曲也在不同程度上带有自传色彩。作为一个犹太教徒,在他的第二交响曲中,马勒就悟出唯有灵魂的复活才能超越肉体的死亡。他的音乐,总有一种近乎中世纪的对上帝的神秘向往。他怀着修道士般虔诚之情试图把世纪末的希望与困惑、欢乐与痛苦、生命与死亡等一切矛盾的直接感受化为具体的音乐形象。他也悲观厌世,怀旧思乡,害怕永别的痛苦,但他时时都有基督在客西马尼园主动要求饮尽那杯苦酒的感觉(我不下地狱谁下地狱)。因此,他的离愁别绪在凄恻动人之外,又显得高洁庄重。马勒的音乐可以使人从苦难中体验幸福,体验到以个人之苦难净化世界的众生的那种静穆的内心喜悦。在生命与死亡的哲学与宗教的探索中,他的音乐忽而是极端的欢乐愉快,忽而是极端的深沉阴郁;而在这两个极端之中,经常会有无数的幽灵鬼影出没、恐惧痛苦的喊叫。仿佛他的灵魂在尘世、天堂和地狱之间不停地游走。在马勒的作品中,一切都是开始,而没有结束,哪怕是死亡与生命。

《大地之歌》是马勒的代表作,在其创作的一系列交响曲及歌曲中属于第九交响曲,由于贝多芬、舒伯特、布鲁克和德沃夏克都在完成了他们的第九交响曲后便去世了,因此,对于"九"这个数字,他是非常忌讳的。最后,把这部作品称为"为男高音、女低音(或男中音)独唱和管弦乐队而写的交响曲"。

《大地之歌》是马勒的代表作,是以中国唐诗为歌词而创作的。它包含了马勒创作中多方面的内容:深邃的哲学构思、对生活和理想的期望、与大自然的融合以及最后告别俗世的热情与烦恼等等。他把六个乐章贯穿成一个统一的整体。整个作品基调是悲观的,但其中却并不缺少充满激情的抒情表述。音乐富于幻想和诗意,写作技巧可以说达到了马勒创作的顶峰。

《大地之歌》唱词共七首,都是我国唐代大诗人李白、钱起、孟浩然和王维的诗作。

第一乐章:咏世人悲愁的饮酒歌。以李白的《悲歌行》中的部分章节为歌词。这首诗被马勒分为三段,每一段结尾重复"生是黑暗的死也是黑暗的",以此来表现天国永恒、大地永恒而人生短暂这一主题。总的情绪是激越、热烈和惊心动魄的。乐始时的法国号和弱音小号凄厉的音响,暗示原诗对待悲愁所反映出的反抗和呐喊。乐中时,对爱的憧憬与孤独忧伤交织在一起,在随男高音唱出:"请看那边,在月光照耀的墓地上,蹲伏着一只狰狞的鬼影"的同时,乐队奏出了令人寒战的音响,渲染出一种阴森可怖的气氛。

第二乐章:寒秋孤影。这一乐章描绘了秋雾弥漫中的自然景色。生命的火焰奄奄一息,诗人愁绪满怀,祈求长眠。这一乐章的音乐充满了凄凉和幽暗的气氛。

第三乐章:咏少年。表现出明快欢乐的气氛,充满青春活力。

第四乐章:咏美女。采用李白《采莲曲》为歌词。描绘了情人们在醉人的风景中漫游的情景;但厌世观再度出现。

第五乐章:春日的醉翁。用李白的《春日醉起言感》为词。这一乐章小而欢快,是一幅春意盎然的醉酒图。

第六乐章:告别。取词于孟浩然和王维的诗。这一乐章是整部作品的核心段落,占全曲的一半。表现了自然界永恒存在的思想,诗意地体现了同命运的和解,对宿命论的屈从,以及同生活的告别等内容。音乐时而尖锐刺激,时而转入葬礼进行曲般的沉重和暗淡,表现了即将生离死别的友人们内心剧烈的痛苦。音乐中出现了不谐的和弦,犹如好友挥泪告别的呜咽、抽泣声。然而,当唱到"当春日返回可爱的大地,百花怒放,遍地新绿"时,旋律变得优美动人起来,暗示作者对来世的幻想,虽美好,但虚无缥缈。最后在极弱的力度中结束,好似主人公也哀伤地走到了人生的尽头,永远消失在天涯海角。

马勒是浪漫主义代表者柏辽兹、李斯特、瓦格纳、贝多芬、舒伯特及勃拉姆斯的后继者,他将浪漫主义的交响乐发展到了极点。他也预示了一个新纪元的到来,对新维也纳乐派的勋伯格、贝尔格和韦伯恩产生了巨大影响。

马勒的音乐代表着 20 世纪,虽然他也延续了一个颓废的晚期浪漫主义传统,但他怀着一种英雄的没落希冀建造了一座纪念碑。是他率先把沉重的悲剧与轻松的消遣合为一体。浪漫主义的传统在他的手上由承结、扩张到毁灭、死亡,而表现主义的新风则在他的音乐中闪烁着微光。

第二十章　近代美国

——走向独立

独立前的英属北美殖民地

北美大陆较之中南美洲,金银资源缺乏、印第安文化相对落后、人口稀少。在西班牙、葡萄牙抢占西半球较富庶的地区以后,英、荷、法等国才步其后尘,开始在北美东海岸拓殖。英国对北美的殖民拓殖开始于 16 世纪末。1607 年,伦敦公司组成 120 人的船队来到这里,建立了第一个永久性移居地——詹姆斯敦。英国人之所以能站住脚跟,多亏印第安人的帮助。当殖民者徒劳地寻找黄金并陷于绝境时,印第安人教会他们清除荒林、种植玉米和红薯。英国移民向印第安人学会了种植烟草的技术。烟草的经济价值相当可观,是粮食贸易的 5 倍,后来成了弗吉尼亚等英属南部殖民地的经济支柱。

1620 年,"清教徒移民先祖"共 102 人,为逃避宗教迫害,搭乘"五月花号"船来到北部的马萨诸塞湾,建立了普利茅斯移居地。

1664 年,在英荷战争中,约克公爵在北美打败了荷兰人,并将夺得的新尼德兰殖民地改为纽约。此为第一个中部英属殖民地。1681 年,查理二世为偿还债务,将一块王室领地赐给了海军上将威廉·宾恩,翌年,宾恩的儿子建立了业主殖民地——宾夕法尼亚。直至 1733 年,乔治二世在位时建立佐治亚。这样,从 1607～1733 年,英国在北美大西洋沿岸的狭长地带陆续建立了 13 个殖民地。

以英国移民为主的白种人,在北美殖民地为自由和民主而奋斗,但对印第安人却恩将仇报,千方百计以骗取其土地,并对其实行驱逐和屠杀政策;同时从非洲贩进黑人奴隶,兴建种植园,形成近代黑奴制度。

英属北美殖民地的社会经济成分呈多样性:以资本主义为主,同时存在半封建租佃制和奴隶制。北部新英格兰地区(马萨诸塞、新罕布什尔、康涅狄克、罗德艾兰四个殖民地)资本主义工业突出,造船、冶金、纺织、面粉加工及玻璃制造业等较为发达,18世纪中期,英国的船只有1/3是在这里制造的。半封建租佃制主要存在于中部四个殖民地(纽约、宾夕法尼亚、新泽西、特拉华)。纽约的领主地产田连阡陌,80%的农民是他们的佃户。这里不仅存在封建地租,还实行长子继承法和限定嗣续法:禁止土地自由买卖,禁止没有身份的人继承土地和财产。不过这种封建制发展不起来,由于劳动者抵制封建剥削,可以用"强行移住"的方式向西部拓居。奴隶制包括早期的白人契约奴制和南部盛行的黑人奴隶制,在南部五个殖民地(弗吉尼亚、马里兰、南、北卡罗来纳和佐治亚),种植园主往往兼地主、奴隶主和资本家于一身。他们把奴隶种植的烟草、蔗粮、蓝靛等大量外销,收入的主要部分用于扩大经营。这种奴隶制不是古代奴隶制的简单重复,而是资本主义的孪生物,在当时尚未严重阻碍经济发展。

在政治上,殖民地具有多重管理机构。一是英国的殖民贸易局,二是英王任命或认可的总督以及由总督推荐、英王认可的参事会,三是民选产生的议会及市政机关。前两者代表英国的统治,具有外交、外贸权力;民选议会和市政机关则具有立法和行政实权。美国独立前,八个王室殖民地的总督直接由英王任命派遣;三个业主殖民地(宾夕法尼亚、马里兰、特拉华)由业主任命总督,两个自治殖民地(康涅狄克、罗德艾兰)的总督由有产者选出,但均要报英王批准。部督具有解散议会的权力,但总督及其参事会成员的薪金又由议会决定,相互制约。这种特殊的政治结构,有利于殖民地形成较为民主和自由的社会风气。

美利坚民族的形成

北美13个殖民地虽各自为政,但居民均以英王为君主,而且地理上相连,海运发达,驿车不断,交通方便。北方的工业品南销,南部的农产品北运,逐渐形成统一的经济市场。独立前夕,移民总数超过250万,除2/3的英国人外,还有爱尔兰人、法国人、德意志人、荷兰人等。绝大多数人都以英语为交际工具,并适应了英国式的、又具有美洲特点的法律、风俗和习惯。

一系列的大学在北美先后创立。哈佛(1636年)、耶鲁(1701年)、普林斯顿(1746年)、宾夕法尼亚(1751年)以及哥伦比亚大学(1754年)等的生源均超越其所在殖民地的界线。各城市的出版社、图书馆纷纷涌现,促进了文化的发展和交流。

英国对北美的统治与掠夺

政治上，英国视北美殖民地为其海外行省，要求人民绝对效忠英王、安于君主制；经济上，力图将北美作为其原料供应地和产品市场，极力限制殖民地经济发展。1650~1660年，英国推行《航海条例》，不许北美与其他国家直接通商，一切商品都须经伦敦等英国港口，才能进出殖民地。1699年，英国颁布法令，禁止各殖民地之间运销羊毛、毛织品及棉纱等。1750年的法令禁止殖民地建立铁切削厂、铁板厂、炼钢厂等。但在1763年"七年战争"结束前，英国需要殖民地配合反法，殖民地商人往往用走私、贿赂英国官员等方式逃避宗主国的各种限制，矛盾尚未激化。

英法"七年战争"结束后，英国加强对殖民地的统治，殖民地与宗主国之间的民族矛盾骤然上升。1763年10月英国颁布"山禁政策"，规定从法国手中获得的阿巴拉契亚山以西、北至加拿大的大片领土为王室地产，禁止13个殖民地的发展越出山界。这不仅堵住了广大劳动者谋生之路，也损害了土地投机家和种植园主的利益，引起殖民地各阶层的强烈反对。为了把战争债务转嫁殖民地，1765年3月英国政府颁布"印花税法"，规定所有的文件证书、书刊报纸、契约执照等印刷品都须贴上英国的财政印花票，才能有效。这是第一次向北美人民征收的间接税，引起各界人民普遍不满，因而形成了第一次反英高潮。"自由之子"成员领导人民捣毁印花税局，在英国税吏身上涂柏油、粘羽毛，拉着游街示众。同年10月，来自9个殖民地的代表在纽约举行反印花税大会，拒绝承担向英国纳税的义务，并要求取消一切限制工商业发展的法令，号召人民抵制英货。

波士顿惨案及波士顿倾茶事件

1766年，英国取消了"印花税法"，但仍坚持在殖民地有征税权利。1767年6月，英国议会通过了财政大臣唐森提议的新税法：决定对输入北美的纸张、玻璃、茶叶、颜料等征收新关税；用征来的税收维持一支治安部队。随后在波士顿建立海关总署。围绕"唐森税法"，北美欣起第二次反英高潮。1770年3月，英军在波士顿开枪打死群众5人，打伤若干人，造成流血惨案。马萨诸塞"自由之子"的活动家塞缪尔·亚当斯组织"通讯委员会"，与各地联络，展示惨案中遇害者的血衣；各地的市镇会议上，人们义愤填膺，纷纷慷慨陈词。在殖民地一片抗议声和抵制英货的打击下,英国不得不宣布废止"唐森税法",仅保留其中的茶叶税。

1773年,英国东印度公司获得向北美倾销其积压的茶叶的特权。11月,当该公司的船队抵达北美时,许多口岸的群众反对其卸货。12月16日,波士顿的"爱国者"冲上三艘茶船,把340余箱、价值1.5万英镑的茶叶全部抛入大海,这就是著名的"倾茶事件"。

为了报复波士顿倾茶事件,英国在1774年初颁布了五项高压法令:(1)封锁波士顿港,绝对禁止它与外界的一切往来;(2)取消马萨诸塞殖民地自治权,由英王派总督直接管辖,任命驻军总司令盖治为新总督,(3)英国人在当地犯罪,应送往英国或其他王室殖民地审判;(4)强化驻军,英军可以占用民房;(5)实行《魁北克法案》,规定俄亥俄河以北地区归加拿大魁北克省管辖,任何公司和个人所占土地一律无效。这一法令引起资产阶级、种植园主和广大劳动者的极大愤慨,史称"不可容忍的法令"。

第一届大陆会议

1744年9月5日,在弗吉尼亚议会的倡导下,除佐治亚外,12个殖民地选派55名代表在费城举行会议,共同商讨对付宗主国的统一行动,史称第一届大陆会议。

在会议上,民主派代表帕特里克·亨利表示:"英国的暴政,抹去了我们之间的界线;我已不是一个弗吉尼亚人,而是美利坚人了。"多数代表主张将大陆会议作为行政机关,争取自治权。温和派却主张设立北美议会,与英国国会共同管理北美事务,经过激烈反复的讨论,否决了温和派的调和主张,通过了民主派提出的《权利宣言》,共同谴责英国的暴政,要求取消五项高压法令;全面抵制英货,要求实行内部自治。根据这些要求,会议向英国发出了请愿书,其中仍表示效忠英王,没有提出独立问题。

但是英国拒绝了这一温和的要求,英国国王乔治三世表示:"必须以战斗来决定他们是隶属于这个国家,还是独立"。至此,战争已不可避免。

战争爆发与美国独立

当大陆会议对进行武力反抗犹豫不决的时候,美国人民趁英国政府和殖民地当局尚未做好镇压起义的准备工作之前就行动起来了。新英格兰人民纷纷组织民团,并在某些地方贮藏军火武器。马萨诸塞总督托马斯·盖奇闻讯后,即于1775年4月18日派遣800名英军前往康科德和莱克星顿搜索。这个消息为技工组织的情报队获悉,银匠保罗·雷维尔和工人威廉·德维斯骑马向当地爱国者报信。翌日黎明,英军路经莱克星顿和抵达康科德时,都遭到民兵和农民伏击。英军在返回波士顿途中,万余民兵从四面八方对准英军射击,英军溃退。莱克星顿和康科德的战斗,发出了"声闻全世界的枪声",揭开了美国独立战争的序幕。

反英的枪声既打响,蕴藏在人民中间的反英力量逬发出来,战争的烈火到处燃烧。一支号称"绿山少年"的84人志愿部队由佛蒙特北上,向加拿大进军,夺得了香普冷湖附近提康德罗加英军炮台,控制哈得逊河北段。在志愿部队胜利的基础上,一支陆上远征队北上向加拿大境内出击,虽然最后失利,1776年初被迫撤退,但英军不得不以半数留驻在加拿大,因而加拿大的出击,在一定程度上起了削弱英军战斗力的作用。

莱克星顿战斗后,英军退到波士顿城内。为了夺回波士顿,1200名大陆军和民兵在普雷斯科特上校率领下,于1775年6月16日夜偷袭驻在波士顿的查理士顿区内的英兵。美军占领了波士顿附近的邦克山高地,在布里德山顶修筑了工事。次日,新英格兰民兵一日之内打退英军三次向布里德山顶冲锋。只是最后在英军炮火猛烈威胁下,美军才撤退,这就是著名的邦克山战斗。美方伤亡400余人。英方虽保住了山头,但伤亡达1000余人,极大地消耗了有生力量。邦克山战斗后,民兵包围了波士顿。

在人民反英武装斗争的推动下,1775年5月10日,第二届大陆会议召开。它在1781年联邦政府组成以前,一直执行着国家政权的职能。代表共66人,都是富有的上层人物,新当选的代表有本杰明·富兰克林和托马斯·杰斐逊。在独立问题上,保守派和进步派展开了激烈的斗争。为调和两派矛盾,7月6日大陆会议委托杰斐逊(进步派)和迪金逊(保守派)共同起草了一份《关于拿起武器的原因和必要性的公告》,措词激动人心。与此同时,在保守派的坚持下,大陆会议呈递给英王一份和平请愿书(7月8日)。8月遭英王拒绝,英王并宣布殖民地进行公开的叛乱。保守派的指望落空了。

由于前线军情紧急,1775年6月初,第二届大陆会议通过决议组织大陆军,任命乔治·华盛顿为大陆军总司令,接管包围波士顿的民兵,改组为大陆军。华盛顿是弗吉尼亚的大种植园主,1754~1758年曾参加对法战争,因而具有军事指挥才能。他在独立战争中做出了重大贡献。6月23日,华盛顿赴前线途中,即得知邦克山战绩。7月3日就职后,奉命率新军对波士顿英军采取包围态势。1776年3

月，夺取了波士顿南面的道尔切斯特高地。设置大炮以控制波士顿全城。3月17日，英军被迫撤离波士顿。

1776年1月，托马斯·潘恩代表殖民地人民要求独立的呼声，写出《常识》这一小册子，用通俗的语言，指控英王乔治三世对殖民地的种种暴行，揭露英国君主制的腐败。它还深入浅出地阐述天赋人权的哲理，鼓吹独立的迫切性和同英国做彻底分裂的必要性，号召人民起来建立民主共和国。这篇革命檄文，是进行独立战争的响亮号角。

1776年6月，英军在南卡罗来纳建立基地的计划未能得逞。在北部，英舰队司令豪率舰驶回哈利法克斯进行增援。由于美国人民组成游击队，此出彼没地到处打击和牵制英军，迫使驻美英军无力发动新攻势。在这大好革命形势下，7月4日第二届大陆会议通过《独立宣言》。《独立宣言》第一部分阐述和发展了天赋人权和社会契约说，宣称人人有生存权、自由权和追求幸福权，人民有变更或废除旧政府、建立新政府的权利，这是资产阶级的革命原则和理论的依据。第二部分历数英王27条罪状，痛斥英王对殖民地的暴政，说明殖民地人民被迫行使天赋权利进行反抗的理由，向全世界庄严宣告北美13个殖民地脱离英国独立。马克思认为它是世界上"第一个人权宣言"。《独立宣言》起草人是资产阶级民主派托马斯·杰斐逊。约翰·亚当斯和富兰克林参加了起草委员会。《独立宣言》的发表是对英国高压政策的总答复，这显示了美国各阶层人民要求独立自主的决心和信心。

由于英军实力强大，1776、1777年大陆军在军事上面临严峻的态势，但国际环境对美国是有利的。首先，法国是英国的劲敌，七年战争结束后，法国势力全部被逐出北美，两国关系更加恶化。其次，英国夺取了西班牙的佛罗里达和直布罗陀，英西关系也很紧张。英荷商业竞争从17世纪就很激烈。这些国际间对英的矛盾，都是对美潜在的有利因素。但法国仍垂涎北美广大市场，西班牙占有美国西部广大领土与墨西哥，也是虎视眈眈地观察着北美形势的变化。

从军事力量对比来说，当时敌对双方的力量悬殊。英国本土有750万人，经历了资产阶级革命，并开始向工业革命迈进，拥有一支训练有素的陆军和海上无敌的强大舰队，装备优良，海陆军配合，可以先发制人。它在亚洲、非洲、美洲都占有殖民地，是当时最强大的殖民帝国。英国在美侵略军约3万余人。而北美13州资本主义经济尚处于萌芽阶段，财政困难，没有正规军，也无舰队，兵力薄弱，武器落后，弹药缺乏，处于劣势。美大陆军在1776年长岛战役前为1.8万人，1776年底曾降到5000人。但英军劳师远征，不谙地理情况，利于速战速决，不能旷日持久。而美国人民在自己本土上作战，熟悉地形，利于开展广泛的游击战，不断袭击英军，消耗其有生力量。只要美军能坚持作战,就可以逐渐变劣势为优势,取得最后胜利。

在反英战争过程中,美国人民不仅要同强大的英军作战,还要同效忠派做斗争。效忠派是指那些在经济上、政治上、思想上与英王室有千丝万缕联系,丧失民族立场,在强敌压境时甘心充当奸细进行反革命活动的人。也有暗藏的效忠派,伪装爱国者,进行反革命阴谋活动。效忠派除在纽约、宾夕法尼亚和南卡罗来纳占多数外,在其他各州人数较少。从1775年马萨诸塞议会成立安全委员会以后,各州、各城镇都设立了安全委员会,没收"效忠派"的财产,限制他们的言论、出版权利。在13州宣布独立后,效忠派活动日益猖獗,自己组织武装,残杀本国人民或协同英军作战。由于资产阶级和奴隶主通过大陆会议掌握着领导权,未能放手发动群众起来制止效忠派的反革命活动,致使安全委员会没有充分发挥对效忠派实行专政的职能。对效忠派的镇压不力,妨碍了殖民地内部革命秩序的稳定,影响着美军作战的顺利进行。这对独立战争走向胜利来说,是一个消极因素。

1776年3、4月,英军自波士顿和纽约撤退,即赴加拿大境内哈利法克斯补充人员、给养,不久又发动强大的海陆军攻势,入侵纽约。1776年7月占领纽约的斯塔坦岛作为英军大本营。华盛顿驻在长岛的布鲁克林高地上。8月27日,英军在长岛登陆。9月15日占领纽约城,直到1782年为止。11月,美军又失去哈得逊流域的两个要塞。华盛顿的军队不得已向新泽西退却。当时英军利用效忠派进行骚扰,美军险象环生。华盛顿率领的大陆军只剩下5000人。华盛顿军向新泽西退却时,士气低落。文化战士潘恩随军前进,为了激励士气,写出了《美国危机》,以鼓舞士兵斗志。华盛顿军成功地躲过英军康华里主力军的攻击,12月,在渔民的帮助下,偷渡特拉华河,袭击特伦顿英国黑森雇佣军1000余人;次年1月3日,向普林斯顿进军,华盛顿先遣部队的默塞尔将军被杀。华盛顿重整旗鼓,以少数士兵钳制附近敌军,突袭驻扎在普林斯顿的英军3个团5000人。突袭的胜利挽回了一些颓势。1777年9月26日,费城又陷落于英军之手。华盛顿被迫率领大陆军撤退到费城西北的福吉谷过冬。

英国政府被上述胜利冲昏了头脑,从渴望尽快结束战争的意图出发,采取了一个笨拙的冒进计划——三路大军进攻奥尔巴尼。第一路军由柏高英率领驻香普冷湖畔及哈得逊河畔的英军南下;第二路军由巴里·圣莱杰率领的杂牌军向安大略湖南下;第三路军由豪将军自纽约北上支援。但豪将军未配合行动,圣莱杰中途遭民兵击溃,退回加拿大,致使英国政府企图以钳形攻势切断新英格兰与其他各州的联系的计划落空。三路大军中只有柏高英率部孤军深入。他派驻佛蒙特的一支1000人的分遣队,在本宁顿被民兵英雄约翰·斯塔克率领的佛蒙特绿山少年义勇军全部歼灭。新英格兰民兵四起,柏高英军队陷入重重包围之中。1777年10月7日,他在萨拉托加率6000名英军向美国投降。萨拉托加大捷是美国独立战争的转折点,大大增加了北美13州人民抗英必胜的信念,也促进了国际形势向有利于美国的方面转化。

萨拉托加大捷,促成美法于1778年2月订立美法同盟条约,这是独立战争中的一件大事。早在《独立宣言》发表前,1775年底第二届大陆会议秘密通讯委员会,曾通过法国著名剧作家博马舍取得了法国政府的一些援助。大陆会议1776年3月曾派遣锡拉斯·狄安,9月又派遣特使本杰明·

萨拉托加大捷

富兰克林出使法国,争取与法国签订同盟条约。富兰克林是美国著名的政治家、科学家和外交家,他卓有成效地利用当时英法之间的矛盾进行外交活动。法国舆论主张援助美国,但法国专制王朝顾虑援助美国人民反英战争,将刺激本国人民的革命运动,举棋不定,仅暗地里供给美国一些军火。萨拉托加大捷顿使美国战事全局改观,胜利在望,这时法国政府才下决心和美国缔结同盟条约。

根据美法同盟条约,法国参加反英战争,其舰队开往西印度群岛和美国海岸,支援美国人民作战。1779年法西缔结联盟,西班牙以法国同盟者身份在海上参加反英战争。荷兰于1780年也参加反英战争。北欧的丹麦、瑞典在俄国和普鲁士倡导下发起"武装中立"。欧洲一些国家陆续参加,抗拒英国拦截中立国船只的行为,进一步孤立了英国,并且大大分散了英国的兵力。同时,美国还从法、西、荷诸国取得了大量的经济援助。自1777年到1783年,美国获得法国贷款635万美元,向西班牙借款17万美元,向荷兰贷款130万美元。美国革命的领导者善于利用国际矛盾,推行正确的外交政策,取得了大量的国际援助,也是美国对英作战终能取得胜利的原因之一。

由于美国人民进行的是反侵略的民族解放战争,是进步的正义战争,美国得到了欧洲进步人士的支持。他们共筹集了200万英镑来支援美国人民的斗争。欧洲有7000余名志愿军参加了美国独立战争。法国的空想社会主义者圣西门,法国革命者拉法耶特,波兰志士科希秋什科和普拉斯基都同情美国革命,到美国参加了独立战争。普拉斯基于1779年10月9日光荣地牺牲在保卫查尔斯顿(在南卡罗来纳)的战斗中。当时来美参战的还有法国罗尚博伯爵和德国军官斯徒本等人。罗尚博曾率领5500名志士到美国参战,斯徒本为美国训练了大陆军,使之正规化。国际友人的援助,在美国独立战争中起了一定作用。

1778~1781年是美军由挫败转向胜利的岁月。1778年英国豪将军奉召回国,由柯宁顿继任,驻扎在弗列得费亚城。1778年6月,第一批法国军舰驶抵美国的特拉华河口,打破了英国的海上封锁,形成对英军的威胁。英军担心法国舰队封锁特拉华河,切断英军退路,于是撤出费城,退守纽约。华盛顿军队乘机截击英军于马默思,未获胜利,驻扎在白平原,与英军形成对峙局势。1778年7月,英舰击败法舰于新港(在罗德岛西南);11月法舰撤到西印度群岛。

这一年,英国海军大部分转移到地中海、加勒比海、非洲和印度沿岸对法、西舰队作战,英军用以封锁美国海岸和在北美作战的兵力锐减。美国私掠船频繁出动,击沉英舰。英军在北方战场已无力发动新攻势,即采取骚扰政策,洗劫马萨诸塞、罗德岛、康涅狄格沿岸城市,将主攻方向转向南方战场。1778年12月29日,英军占领佐治亚重要沿海城市萨凡纳,蹂躏佐治亚大部地区,并建立了亲英政权。萨凡纳易帜时,美军5000人被杀,这是美军最严重的损失。这时美大陆军处于困难时期,只有游击队在南方战场英勇苦战,袭击英军。

1780年5月,英军海陆联合远征,攻陷南卡罗来纳沿海重要城市查尔斯顿(占领到1782年12月14日为止)。英军总司令柯宁顿错误地认为南方战场胜利局势已定,令部下康华里防守查尔斯顿,自己率部队返回纽约。大陆会议先派霍雷肖·盖茨指挥南方大陆军。盖茨大败于坎登。大陆军副总司令纳撒内尔·格林将军接替盖茨。格林系铁匠出生,亲自指挥南方战线,他重新组织、调配南部军队。在他的正确领导下,游击队十分活跃,灵活机智地打击敌军。美军在南方从劣势变为优势。1780年8月,托马斯·萨木特在南卡罗来纳北部石山及悬岩,以游击战术击溃英军与效忠派的联军,截获英军的供应,并切断了康华里的交通线。10月7日,游击队在绰号"沼泽狐"马润的领导下,在王山(位于石山及悬岩的西北部)地区重创英侵略军和效忠派。1781年1月17日,劳动人民出身的丹尼尔·摩根将军在王山附近考彭斯苦战英军,诱敌深入,取得辉煌胜利。摩根急行军,与格林将军汇合于北卡罗来纳西北部吉尔福特法院,同英军恶战,美军伤亡很重。但康华里远离英军补给线,未敢恋战,撤退到最近的港口威明顿(在南卡罗来纳境内)。经过吉尔福特战斗,北卡罗来纳境内英军全部撤出。

游击战的辉煌胜利,使美军转入优势,利于进行战略反攻。英军至此已失去锐气,士气不振。而康华里主观盲目,于 1781 年 4 月贸然北上,8 月占领弗吉尼亚的约克镇,自以为得计,实际上已龟缩一地,陷于被动。果然,最后决战的时刻到来。格林将军回师南卡罗来纳,与南方各游击兵团配合,收复广大腹地,利用熟悉地理和群众拥护的有利条件,从南方对康华里军进行战略包围。华盛顿率领大陆军,与罗尚博和圣西门率领的法军组成美法联军挥师南下,直捣弗吉尼亚,包围约克镇。拉特耶特也参加包围约克镇的战役。法国海军司令格拉斯伯爵率领 28 艘法国战舰,由西印度群岛驶来接应,进入切萨皮克湾,切断康华里由海上逃跑的退路。战斗于 10 月 17 日开始,康华里突围失败,走投无路,于 10 月 19 日投降,8000 人放下武器。1782 年,在美国本土上,只有西部还有战争。弗吉尼亚人克拉克早在 1778 年向西部进军,进入英军占领地俄亥俄地区,肃清了当地的英军,占领了文森斯。他在与英国作战中,肆意焚烧印第安人村庄,屠杀印第安人,使这次正义战争蒙上了灰尘。

1782 年 10 月,美国、英国、法国、西班牙代表在巴黎谈判议和。由于法国和西班牙索酬太奢,美国单独与英国议和,签订巴黎和约草案。次年换文,英国正式承认美国的独立,划定美国国界,同意美国占有密西西比河以东的土地等。持续 8 年之久的独立战争到此胜利结束。

大陆会议是独立战争的领导机构。大陆会议于 1777 年 11 月 15 日通过了《邦联和永久联合条例》,简称《邦联条例》。1781 年大陆会议根据《邦联条例》,组成了邦联政府。它集中行使的权力极为有限,实际是一个松散的州际联盟。1786 年,马萨诸塞州发生了由独立战争退伍老兵丹尼尔·谢司领导的农民起义,起义虽然被镇压下去,但资产阶级和奴隶主对此心有余悸,决心强化中央政权。

1787 年,以修改邦联条款为名,召开了费城制宪会议,自 1787 年 5 月 25 日到 9 月 17 日,秘密地进行讨论。资产阶级和奴隶主在蓄奴制问题上作了妥协,使奴隶制延续下来;大小州的矛盾也得到调和。会议制定了联邦宪法。根据新宪法,1789 年美国建立了实行三权分立的联邦制共和国,正式接管了邦联政府。广大人民群众对宪法不附载保障人民权利的任何条款表示不满,掀起抗议运动。结果,宪法正文后面增加了 10 项修正案,在美国政治史上,以"人权法案"著称。补充了人权法案之后的美国宪法,在当时是一个进步的政治文献。从此美国进入了资本主义的发展阶段。

美英战争

美国在独立战争中打败英国赢得了独立,但仅仅过了 30 年左右的时间,两国又大动干戈,1812 年爆发了"美英战争"(又叫"第 2 次独立战争"或"经济独立战争")。这场战争对美国的经济发展及美英两国的关系均具有特殊的意义。

这场战争具有深刻的历史背景,它是独立战争后美英两国关系发展的必然产物。

独立战争以后,英国一直耿耿于怀,不甘心失败,时刻想使美国重新沦为英国的殖民地。因此,从 1783 年以来,英国一直采取敌视美国的政策,8 年不派驻美大使,并对美施加政治、经济和军事压力。在军事上,英国仍占据着同美国接壤的西北边境地区的 7 个据点,迟迟不按《巴黎和约》的规定撤出。1793 年英国首相声称:英国打算永远占领西北地区。英国之所以保留几个据点,其目的是想控制皮毛贸易及西北地区的印第安人,并且染指路易斯安那。英国还在加拿大集中军队威胁美国的安全。战后美国政府曾多次要求英军撤军均遭拒绝。直到 1796 年两国签署了《杰伊条约》,英军才全部撤走。但是英国仍在挑拨策动印第安人不断地袭扰美国的西部边境。

在经济上,英国通过不平等的贸易关系使美国在经济上依赖英国,成了英国的"经济殖民地"。美国出口商品的 3/4 输往英国,主要是原料。英国商品则控制了美国市场。1790 年美国共输入 1500 万元的货物,其中有 1200 万元是英国产品。1789 年英国自称对美出口已达到独立战争前的规模,出口比 1772 年还高。

在欧洲,美国的中立国地位受到英法两国的藐视和破坏。两国任意搜查、扣留美国商船,征用美国水手,没收船上的货物,使美国蒙受了巨大损失。19 世纪初以前,美国主要同法国的关系紧张,对英国则试图通过外交途径解决问题。华盛顿说过:"我的目标是防止一场战争。"后来英国造成的损失越来越严重。在整个拿破仑战争期间,英国共捕获美国船只 1700 余艘。1807 年 6 月 22 日,英国军舰无端攻击美国"切萨皮克"号军舰,使美方伤亡 21 人,引起美国朝野的震惊,向英国提出了强烈的抗议,两国关系日趋紧张。但英国视美国的克制为软弱可欺,继续变本加厉地打击美国的航运业,强逼美方船只向英国纳税,强征美国水手在英船服务。"切萨皮克事件"以后的 3 年中,英国征用美国海员的事件达 6057 起。英国的海盗行径沉重打击了美国的经济。

战争的另一个重要原因,是美国资产阶级和奴隶主集团早就对富饶广袤的加拿大和西部地区垂涎三尺。他们想通过战争把英国人赶走,把这两个地区并入美国,同时顺手牵羊夺取佛罗里达。美国国会中的好战派"战鹰"集团为扩张领土而鼓噪。众议员哈尔柏声称:"造物主已经确定了我们的疆界:南边是墨西哥湾,北边是永世冰盖的地方。"宣战前,参议院还提出一项法案,要求授权总统占领佛罗里达、加拿大等地,但未获通过。1812年6月18日,国会批准麦迪逊的咨文,正式对英宣战,"第2次独立战争"爆发了。

战争爆发时,美英双方的力量对比仍然是悬殊的。美国第4位总统麦迪逊(1809~1813年)上台时,美国的军事力量远远不能满足国防的需要:1809年仅有正规军3000人。这时正值美英关系日趋紧张,麦迪逊便加紧进行军事准备。1810年他要求国会再征召2万名志愿兵,国会没有批准,后经他再三努力,国会才同意扩军。到1812年6月,美国已有陆军1.1744万人(内有5000人是当年招募的补充部队)。陆军指挥系统进行了改组。原来陆军后勤供应归国会掌管,由财政部的公共供应承办局负责与厂商签订合同订购,由陆军部的军事仓库管理局负责储存和分配。这种制度效率不高,花费也大。为此,1812年3月设立军需部取代了上述机构。陆军部中还设立了采购军粮局,受陆军部长领导。经过改组,后勤供应从文官领导转归军队直接控制之下。国会则成立了军械部,负责军事装备的研制和生产。扩建了工兵、炮兵等技术兵种,新设立了坑道工兵和地雷工兵,扩充了西点军校,并囤积了大批军火。海防建设这时也初具规模。经20多年建设,沿大西洋岸已修建要塞24个,计划配置750门大炮,但战前仅配置了不到一半。在海军方面,有了新型快速战舰6艘,还有十几艘较小的军舰和150艘快艇,以及318艘私掠船。

宣战后,美国国会授权把陆军增至13个团2.5万人,再征5万民兵服现役;还拨款建造4艘战列舰,6艘重型快速战舰。但是这些战舰还未等建成投入战斗,战争便结束了。

在战争中美国动员的部队为:1812年年底,正规军1.5万人,志愿兵近5万,总数6.5万人。1814年,正规军3.8万人(国会批准了6.2万人)。这是美国迄今为止动员的最大规模的军力。

这次战争同独立战争不同的是:"经过几十年的和平时期,美国经济实力已今非昔比:全国人口770万,土地面积扩大4倍,工业革命正拉开序幕。因此,能够动员更多的人力物力从事战争。

在英国方面,有人口1800万,工业革命正在深入展开,经济实力世界第一。陆军总兵力近10万人,海军有15万水兵,800艘军舰,其中有230艘超过了美国最大的军舰,英国军舰总数甚至比美国军舰的大炮总数还要多。但是,英国当时正同法国在欧洲打得难分难解,能够投入这场战争的兵力并不多。战争期间,加拿大人口才 50 万,驻加英军仅有 7000 人,民兵 1 万人,战争开始时海军在北美海域也仅有 1 艘战列舰和 7 舰快速战舰。战争期间,英军最高兵力 1.65 万人,另得到 800 名加拿大民兵和 2500 名印第安人支持。所以,以双方力量对比来看,英国兵力处于劣势,美国在人力方面占绝对优势,并拥有天时地利人和等有利因素。

英国的有利条件是:海军占有绝对优势。战争开始不久,英国便调来大批海军掌握了制海权,全面封锁了美国海岸。在海军提供的掩护和运输支援下,英军可以随心所欲地调动部队,选择美军防线上的薄弱环节进行袭击,取得了战略主动权。此外,英军的训练和装备均高出美军一筹,指挥人员富有经验,部队战斗力强。而美国民兵虽多,但是装备差,素质低。如纽约州 7.6 万民兵总共只有 3.9 万支枪;弗吉尼亚州 6 万民兵,共有枪 1.4 万支。美军指挥人员腐败无能,没有战斗经验。陆军少将迪博恩 60 多岁了,从未指挥过团以上的部队。陆军部长尤斯蒂斯是文官,毫无军事知识。因此在战争中,美军遭到许多不应有的挫折。

第 2 次美英战争从 1812 年 6 月起到 1815 年 1 月止,共打了两年半。战争从 4 个方向展开:美加边境、大西洋沿岸、墨西哥湾沿岸和海上。以美加边境为重点。战争过程可分为 3 个阶段:

美国进攻阶段(1812.6~1813) 在此阶段,北美的英军兵力空虚,仅在加拿大驻军 4500 人,对美军来说形势十分有利。早在 1812 年年初,美国陆军部便拟定了战略计划。美国的战略目标只有一个:夺取加拿大,但具体作战计划却十分混乱。陆军部计划:攻占加拿大,要动员四、五万兵员。分 3 路进攻:东路沿传统的老路进攻加拿大首府蒙特利尔;中路从安大略湖两侧北进;西路从伊利湖以西的底特律向加拿大进攻。但开战后,边境各州不愿参战,消极对抗,使征兵数额一直未达到额定的 4 万人,计划被迫改变。麦迪逊总统决定沿传统路线进攻蒙特利尔,新英格兰各州怕把战火引到自己身边,坚决反对开战。西部地区则力主从大湖区进攻。最后,美放弃了 3 路同时进攻的计划,选择先向西部地区进攻的计划。这样,美国战略计划一开始就埋下隐患:它不是抓住"树干"——圣劳伦斯河——进攻蒙特利尔,把加拿大一分为二,最后截断"树根"——通向大西洋的海路,迫加拿大英军投降。而是舍本逐末,进攻"树枝"——圣劳伦斯河支流及五大湖区,从而酿成败局。而英军一开始毫无准备,采取被动防御战略,偶尔反击。

这一阶段的战略集中在美加边境的西北部。美军从西路发动攻势,企图入侵加拿大。英将布罗克指挥军队在民兵和印第安人支援下,于 7、8 两月击退了美军进攻,并攻占了美国西部几个重要的堡垒。8 月 15 日,迪尔本堡美国守军 35 人在撤退途中遭印第安人伏击,被全歼。8月16日,密执安准州州长威廉、赫尔在防守底特律时,一枪未发,竟率领2500名守军向700名英军缴械投降。接着,英军转移到中路。10月12日晚,在尼亚加拉河以1000人击退了3000名美军的进攻。在这次战斗中,美正规军还未同敌人交火便四散溃逃,而纽约民兵则按兵不动。东路,美军11月份向蒙特利尔进发,但因民兵拒绝进入加拿大,美军只前进了20公里便班师回营。美军3路攻势均告失败,西北地区的印第安人开始纷纷参加英军对美军作战。美军在战略上处于劣势。

在海战方面,美海军全面出击,战舰和私掠船神出鬼没,遍及大西洋。美舰在同英舰的交锋中屡占上风,仅在战争的头几个月,美海军便击沉英舰3艘,俘获英舰船500艘以上,使海上霸王英国大为震惊。当英舰"战斗"号被击沉之后,英国《泰晤士报》称:"阴郁的气氛笼罩了全城,要对此做出评价都是一件痛苦的事"。由于海军的胜利抵销了陆地上的惨败,以致许多美国人都认为战争已经打赢了。

纵观这一阶段战事,美军陆败海胜。陆败原因是:陆军指挥人员无能。麦迪逊总统缺乏军事才能,陆军部长尤斯蒂斯指挥也不得力,如宣战的当天让赫尔赶到底特律却不告他战争已经开始,结果使他措手不及而失败。当迪尔博恩任西北战区司令时,却认为底特律不在他的辖区,对赫尔不管不问。尤斯蒂斯对此几周内不去纠正。更令人难以置信的是这位迪尔博恩年已60岁还从未指挥过1个团以上的军队。此外,美军还缺乏训练,部队纪律涣散。民兵本位思想严重,只想守家卫土,不愿支援正规军作战。同时,1812年改建的后勤供应系统效率低下,部队时常得不到及时的供应,大大影响了战斗力。哈利逊率军在西北地区作战时,就主要靠老百姓制造子弹和衣服来支援战斗。结果,美军丧失了赢得胜利的大好时机。

英军转守为攻,夺取主动权(1813~1814) 进入1813年,英军抽调大批海军赶到北美,掌握了制海权,从而夺取了战略上的主动权。只是陆军还难以从欧洲抽出更多的兵力,无法扩大战果。

美国吸取了前一阶段的经验教训,迅速改组了指挥机构。由约翰·阿姆斯特朗取代了尤斯蒂斯任陆军部长。国会设立了总参谋部,协助陆军部长指挥部队。总参谋部下设:军械部、军需部、采购部、军法署、军医署、副官、监察长、测绘部队、军需部队、牧师、西点军校和9大军区。这一改组,大大提高了部队的指挥能力和作战效率。

这一阶段美国的作战计划是:收复底特律,加强五大湖区的水上力量,越过安大略湖进攻加拿大。作战范围扩大到东海岸和墨西哥湾沿岸,主战场是五大湖区。

在底特律方向,1813年初,美军在哈利逊指挥下,兵分3路进攻底特律。布罗克指挥英军,不等3路美军会师,便将其中2路击溃。美军有900人被俘,受到印第安人的屠杀。尔后战事便转到五大湖区。

五大湖区是通往加拿大的门户,五个大湖彼此贯通,以安大略湖最为重要。1813年4月美军在安大略湖海军的支援下,攻占了上加拿大首府约克(今多伦多),焚毁此城后撤出。为争夺对五大湖的控制,双方开展了造舰竞赛。9月10日,美军司令佩利率领由9艘舰艇组成的小舰队,同英舰队在伊利湖的普特因湾激战,迫使拥有6艘军舰的英国舰队扯起白旗,这是英国海军史上唯一的一次整个舰队投降的事件。美军控制了伊利湖,打开了通往安大略湖的门户,切断了英军的后勤供应线,迫使英军撤出底特律。美军哈利逊部3500人乘机追击,10月5日在泰晤士河畔的莫拉维安镇追上了英国与印第安人联军约1600人,将其击败。英军被歼500多人,被俘600余人,印第安人著名领袖特库姆塞被杀。美军残酷地将特库姆塞的尸体肢解,将皮剥下制成了剃刀皮带。这一仗是1813年在陆战中美军取得的唯一一次胜利。此役具有重大意义:它使英印联盟瓦解,加强了美国对西北地区的控制。10月,美军兵分两路,共1.3万人向蒙特利尔发起钳形攻势,但在离蒙特利尔70英里处被2000名英印联军击退。到了年底,英军举行反攻,把美军赶出乔治堡。在"比伏坦之战"中,印第安人歼灭了一支美军小部队。不久,英军又攻占了尼亚加拉,确立了对美加边境的控制。

在其他战场上,英军占尽上风。在东海岸,1813年春天,英国海军对从缅因到弗吉尼亚的整个东海岸炮击、骚扰,烧毁了一些工厂和村庄。沿岸军民进行了顽强抵抗。如6月22日诺福克保卫战,美军以寡敌众,击退了敌军2000人的海陆攻击,使英军伤亡81人,美军毫无伤亡。在墨西哥湾沿岸地区,美军主要是在佛罗里达同受英国煽动的克里克印第安人激战。在米克斯堡之战中,克里克人击败美军,美军400多人被击毙,500人被俘。

在海战方面,英国增派大量舰艇封锁了美国海岸,迫使美国舰泊于港内,其中一部分舰只在以后的战争中再没敢露面。英国还加强了对商船的护航,有效地防止了美国私掠船的攻击。仅在1813年,英海军便捕获美国船只200艘,使新英格兰地区的美国船只几近绝迹。仅有个别美国军舰敢于突破英国封锁到外海作战,如"厄塞克斯"号战舰曾绕过南美洲合恩角进入太平洋,6个月捕获了价值2500万元的大批英船。"大黄蜂"号也曾俘获英国"孔雀"号战舰,而美国的"切萨皮克"号战舰则为英军俘获。

这一阶段的战局同上一阶段正好相反。美国在陆战中占优,海战中处于劣势。陆战的改观是领导机构改组的结果,海战失利则是敌我力量发生逆转所致。总的来讲:英国掌握了战略主动权。

美军打破英军进攻(1814~1815.1) 美军鉴于上一阶段的战况,进一步实行军事改组,大胆起用年轻军官以取代老朽无能的将领。如提升立有军功的雅各布·布朗为少将,指挥尼亚加拉前线的部队;提升39岁的乔治·伊泽比为尚普兰湖前线的司令,还提升了斯科特、安德鲁·杰克逊等6名立有战功的指挥官为准将军衔。经过改组,高级指挥人员的年龄平均从60岁降至36岁,进一步提高了指挥效率和活力。此外,美军还加紧对部队进行军事训练,以提高部队战斗力。其中以北部战区副司令斯科特的做法最有代表性。斯科特认为:战胜英国,唯一有效的补救方法就是军训。军区司令布朗授权他组建1个训练营,他便从1814年3月至6月培训了3000名官兵。他以斯图本为榜样,用教范严格进行训练。他还亲自给军官讲课,教授步枪、刺刀的战术应用,再由军官回去教士兵。他每天要求进行10小时的操练。为严明军纪,还处决了4个逃兵。经过短期紧张的军训,美军的战术能力有了很大提高。

这期间,英国脱身于欧洲战火。开始大举增兵北美和封锁美国的东海岸。英国掌握了战略优势,一方面在东部沿海地区选择美军防线的空隙,发起了一系列攻击;一方面计划从尼亚加拉、尚普兰湖和新奥尔良3个方向南北夹击,并进袭切萨皮克湾。美国一度处于困境:由于英国的海上封锁,出口大幅度下降,从1807年的1.083亿美元降到1814年的1000万美元,沿海的航运和渔业几乎全部中断。当时的报纸曾哀叹:"我们的海港被人封锁,我们的船只腐烂生锈,只有青草欣欣向荣,蔓生在公用码头。"美国海军龟缩于港口内,很少出海作战。英国的海上封锁一直持续到战争结束。

在陆战方面,双方展开了更为激烈的拉锯战。在大湖区,双方竞相建造更大的战舰,以夺取主动权。在尼亚加拉方向,7月3日,美军攻占重镇伊利堡。7月5日,双方在奇普瓦一线展开激战。4000名美军经斯科特训练后,战术素质有了很大的提高,第1次与2400名英军面对面交锋,展开白刃格斗,击退了英军。英军为美军战斗力的提高十分震惊,大叫:"啊,这是正规军!"此次交战美军伤亡335人,英军伤亡604人。7月25日,美军在隆迪斯兰与英军激战后撤出,2000名美军中伤亡了853人,英军也伤亡了878人。奇普瓦之战和隆迪斯兰之战显示美军的战斗力有了很大提高。1814年8月中旬,普雷沃斯特率英军准备沿传统的尚普兰湖——哈得逊河一线入侵美国。9月11日,麦克多诺指挥美14艘军舰与2倍于己的英国舰队英勇奋战,击退了英军的进攻,击毙英舰4队司令,并俘获英舰4艘,迫英军退回加拿大。"麦克多诺大捷"(又叫"普拉茨堡战役")解除了英军从加拿大入侵纽约和佛蒙特的威胁,并对双方正在比利时的根特举行的会谈起了重大影响,迫使英国放弃了强硬立场。

在东海岸,8月19日罗斯率领4000英军在切萨皮克湾沿岸登陆,其中2000人直驱华盛顿。美军集中正规军和民兵共7000人阻击,但在300名英军面前却溃不成军。麦迪逊总统及政府成员仓皇逃往弗吉尼亚山区。8月24~25日英军占领华盛顿,为报复美军年前对约克镇和纽瓦克的破坏,放火焚毁了白宫、国会大厦以及除专利局以外的所有政府建筑物。由于华盛顿的失守,阿姆斯特朗引咎辞职,由门罗接任。9月12日至14日,英军从海陆两方面进攻巴尔的摩。美正规军和民兵奋力抗击,击毙了英军司令罗斯将军。在麦克亨利堡要塞,美军冒着枪林弹雨英勇战斗,律师弗朗西斯·斯科特·基在英军集中营中,看到堡垒上空迎风招展的星条旗,激动万分,谱写传世之曲《星条旗永不落》,这首歌后来成了美国国歌。在华盛顿地区的战斗中,英军伤亡294人,美军伤亡200余人。

在墨西哥湾沿线,杰克逊率2500人及印第安军从1813年11月至1814年4月向克里克人发动6次攻势。经过6次战斗,最后在亚拉巴马州的马蹄湾打败了克里克人,屠杀了557名克里克印第安人,迫使克里克人割地求和。杰克逊军损失不到50人。1814年8月,英军又唆使克里克人挑起战端。杰克逊又率军于11月7日攻陷了彭萨科拉,打败了克里克人,粉碎了英军的牵制企图,并使英国失去了克里克人这个强有力的同盟者,美国控制了亚拉巴马的绝大部分。1814年12月,英国50多艘战舰和7500名士兵企图攻占美国南方的战略重镇新奥尔良,进而夺取墨西哥湾沿岸地区,以便作为和谈中讨价还价的筹码,同时英国还企图使路易斯安那与美国分离。当时防守新奥尔良的美军只有6000人,其中3/4是民兵,海军仅有2艘小军舰及几只炮艇。美军城防司令杰克逊下令构筑坚固工事,精心严密地组织防御。1815年1月8日,帕克南爵士指挥5300名英军向新奥尔良发起进攻。早已森严壁垒的美军以坚决猛烈的炮火打退了英军。英军伤亡被俘达2000人左右,帕克南也在此役毙命,美军仅伤亡71人。这是这场战争中的最后一仗,美军取得了辉煌胜利。此战对战争结局并无多大影响,因为《根特和约》早在半个月之前就已签字了,由于通信设备落后,这一消息姗姗来迟。但"新奥尔良大捷"仍作为美国赢得第2次美英之战的重要标志而载入史册。

谢同起义

什么是国家? 国家究竟是干什么的? 马克思认为国家是统治阶级统治人民的

一种暴力工具,这是从既存的历史现象中得出的结论。虽然马克思用发展的观点分析了将来的国家全由无产阶级掌权并实现社会主义,进而发展成为没有国家的共产主义社会。国家是一种机构,国家机关中所有工作人员特别是领导成员均应是人民的真正代表,人民对其具有绝对权力,可以随时撤换而不应受到任何外来干涉,军队应直接掌握在人民手中,其余政府部门截然分开,不接受任何行政部门的领导或管辖。

当然以上也仅是设想,即便有些国家宣称自己主权在民,其真正在谁手里,一看便知,美国《独立宣言》对人权的规定设想可谓是有史以来(截止到《独立宣言》发表)最为明确完美了,但结果呢?美国脱离英国后,资产阶级和种植园奴隶主等富人获得了真正的独立和解放,解放战争中的主力军——贫苦大众的处境不但没有得到改善反而每况愈下,广大人民群众被剥夺了普选权,60多万成年男子中只有10万人享有选举权,人民群众并未迎来自己当家做主的日子,走投无路的平民百姓只好又拿起了武器。

1786年秋,爆发了美国历史上第一次大规模的农民起义——谢同起义,历时半载,对美国的历史产生了深远的影响。丹尼尔·谢同(1748~1825)出生于贫苦的农民家庭。独立战争中多次立功,被授为陆军上尉,并受到支援美国的拉法叶特将军的赞赏,拉法叶特将军特地送给他一把宝剑。退伍后,回到家乡一贫如洗的他不得不把将军的宝剑卖掉。他认为土地是依靠人民力量从英国手中夺回来的,因此就应合理地分配给农民,并且要免除土地税,废除一切公私债务,取消惩罚穷人的法庭,打倒社会的吸血鬼——资产阶级的辩护者和律师。他号召曾为民主、自由、独立而战的人们拿起武器,为了保卫独立战争的胜利果实而继续战斗。谢同的革命主张得到了广大人民群众的支持。马萨诸塞等地的农民、手工业者和退伍军人600多人,在谢同和他的伙伴鲁克·佳的领导下举行了起义,谢同起义的烈火迅速燃遍了康科佳。

一个奴隶的暴力现身说法

道格拉斯本是一个逃亡的奴隶,后来学会文化,写了一本自传介绍了他的前半生,书名曰《一个奴隶的自述》,内有这样几段:

"我生于马里兰州塔尔波县。我不知道自己生于何年何月何日。大部分的黑奴在了解自己生日这个问题上并不比马或牛高明,因为奴隶主不愿意把黑奴的生日告诉奴隶本人。……这件事从小就给我带来了痛苦,因为周围的白人小孩都能说出自己的生日,而我却茫然不知所对,尽管我的年龄要比他们大。我也不敢向我的主人打听我的生日,我只能对自己做估计。在 1835 年时,我在无意中听我主人在别人面前说我 17 岁了,因此,我估计我生于 1817 年。"

"我母亲是一个血统黑人,我父亲是一个白人。这是我从小听人家这样说的,另外我本人的相貌也有白人的痕迹。有人说这个白人不是别人,就是我的主人,但我无法肯定也无法否定。在我孩提时期,我与母亲就被拆开了。小黑奴与母亲被从小拆开是奴隶主们惯用的一种做法。通常在孩子满一周岁前母子就要被分开,婴孩交给农场上的老年女奴看管,因为她们已年迈力衰,反正干不了多少活,而母亲一般正届壮年,若让她兼管孩子,势必影响她的劳动。"

"在我一生中,我与我妈(从我意识到她是我妈算起)一共见过四次面,每次只是几个小时,而且都在夜间。她那时在一个名叫史蒂华的主人那里干活,离我住所有 15 英里。她必须在晚饭后出发,而又必须在第二天日出以前准时出工,因此不能在我那儿多留一个小时。如果她回去赶不上日出,那就要挨一顿鞭子毒打。我从来没有与我妈白天见过面,她晚上来,一来就哄我睡,到我醒来的时候,她早已不在了。没几年,她就病死了。那时我约 7 岁。她患病时我从来没有被允许去探望过她,入葬时我也没有被允许去参加葬礼。当听到她死去时,我没有什么感觉,因为那时我并不了解母亲的爱抚。对我来讲,母亲与陌生人没有什么区别。"

"我的第一个主人名叫安东尼,他是一个十分残忍的人,他似乎把鞭打奴隶作为一种乐趣。我时常在清晨被姨母的惨叫声所惊醒,因为我的主人时常把她吊起来鞭打,即使血流满背也不肯罢休。姨母愈叫得厉害,他的鞭子抽得愈凶;哪儿的皮肉愈烂,他的鞭子抽得愈紧。唯一使他放下鞭子的原因是他的力气用完了,抽不动了。"

道格拉斯在书中还写了他姨母被打的原因及情景。安东尼不准姨母晚上出去,尤其不许她与一名叫罗伯兹的年轻人在一起,因为姨母是个美貌女郎。一天晚上,姨母不仅夜出且与罗伯兹在一起。安东尼残暴地鞭打姨母的主要原因是吃醋。在这个流氓人物的头脑中,一个男子与一个女子在一起时,除了幽会以外,就不可能有其他任何理由。

"他先把姨母拖到厨房内,把她上衣剥个精光。然后命姨母双手交叉,他用一根绳子把姨母双手捆了起来,狠狠地骂她是一个不要脸的婊子。他叫她站到一个木板凳上,他把绳子套在横梁上的一个铁圈内,然后收紧绳子,使姨母的足尖刚好可以接触凳面。接着主人走到姨母面前,把裤子也剥了,然后拿起皮鞭,没头没脑向姨母身上抽去,我看到姨母的血一滴滴往下流,真是惨不忍睹。我不敢看下去,急忙躲进我自己的木屋子里去哭了。我当初不了解主人为什么要剥光衣服鞭打，后来才体会这是主人的'节约'，因为衣服是主人提供的，打烂了衣服等于打烂了主人的财产，衣服要比奴隶的生命珍贵得多。"

"奴隶们没有床，睡在所谓地板及泥地上，每人发一条粗毯子。但对奴隶来讲，最缺少的倒不是床或毯子，而是睡觉的时间。奴隶一下工就忙着洗澡、洗衣服等等，这一切做完后已精疲力竭，就一个个带着毯子，不分男女老少，躺在冰冷的泥地上。

道格拉斯

第二天早上号子一响就得马上起床，第二声号子一响就得马上出发上工，迟到的人就给以一顿结实的鞭子。"

"我们的监工名叫薛维尔，真是名副其实。与其说他的工作是监工，不如说他的工作是鞭打。从早上号子声一响，他就开始抽打，一直打到下工为止。"

"我的第二个主人名叫劳埃德，他有一个很大的庄园。他家备有三套马车，养了20来匹马。看马的奴隶是巴奈父子。劳埃德是一个凶狠的主人，巴奈父子整日生活在恐惧中。主人对任何一匹马有任何一点不满，就意味着对巴奈父子，特别是对巴奈的一顿毒打。满意不满意并不取决于马的保养情况，而取决于主人那时刻的心情。哪匹马跑得慢，巴奈要挨鞭子；哪匹马头昂得太高，巴奈要挨鞭子；哪匹马嘶叫不合时宜，巴奈也要挨鞭子。主人舍不得抽马，却舍得抽奴隶。不管主人说得是对是错，奴隶必须毕恭毕敬表示接受，甚至不能在脸色之间表示任何反抗，否则又是一顿鞭子。有一次我看到老巴奈为了一项根本不存在的罪名而罚跪在地上，主人一连给了他30大鞭。"

"劳埃德有三个儿子也是虎狼心肠，是抽奴隶的嗜好者。有一次，我看见他们叫马车夫威尔基站在四、五公尺外，令他脱去上衣，然后他们三人各用马鞭，赛谁能在威尔基背上打起最大的疙瘩。"

"劳埃德的狗腿子戈雷也是一个杀人不眨眼的家伙。有一次，他要抽打黑奴邓比，刚抽上几鞭，邓比受不了，拔腿跑了，一直跑到一条小河边。他不顾河水一直跑到河中央，河水及肩。戈雷追了过来，命令他出来，他不肯。于是戈雷拔出手枪威胁说:我喊一、二、三,如果喊到三你还不动,我就要开枪。数完后,邓比仍然不动。于是,二话不说,戈雷就砰砰两枪,把邓比活活打死在河中央。"

"我亲耳听见戈雷向主人汇报说:'我不能不打死他。我要不打死他,我这碗饭就没有办法吃下去了,因为别的奴隶再也不会听我指挥了。'我的主人竟然同意他的结论,于是这条人命案就当狗命案似的了结了。"

"我顺便说一下,在蓄奴州杀死黑奴或任何黑人都不算犯罪的,不但法庭不论罪,社会也不论罪。"

"我七、八岁时,被送到巴尔的摩服侍新主人奥尔德。我初到时,正值奥尔德先生到外地公干去了,由奥尔德太太接待我。她待我很客气,而且还问寒问暖,我当初觉得她真是一个和善的主人。我的任务是陪小主人,特别是陪他上学。奥尔德太太见我不识字,还抽空教我读书识字,我开始感到了人生的幸福。"

"一个多月后,奥尔德先生回家了。他发现他太太教我读书识字,就把她狠狠地训了一顿。我躲在门外听见他斥责太太说:'你怎么能教奴隶识字,我们所以能叫奴隶安心当奴隶就是因为他没有知识。奴隶一识字就有了知识,一有知识他就不可能甘心当奴隶。不仅如此,奴隶有了知识他就会找到摆脱奴隶地位的方法和途径。更坏的是,他还可能在奴隶中间煽起不满,实行叛乱。'"

"从此以后,我的女主人就变了一个样子,我再也看不到她的和颜悦色了,当然更谈不上教我读书识字了。但我从奥尔德先生那里得到了一个很大的启发:奴隶有了知识就懂得摆脱奴隶地位的方法和途径。那天晚上,我就跪下向上帝发誓,我一定要读书识字,获得知识。"

"有了决心就有办法。虽然女主人不再教我,但她已教会我初步的识字本领。我利用每天送小主人上学的机会,在路上引导小主人把学校中所学的东西透露给我。我还经常注意路上的破旧报纸,捡起来念。这样,我终于学到了不少东西。"

道路拉斯在书中还记载了他的第三位主人柯维先生。柯维先生是一个更为狠毒、更为刻薄、更为虚伪的家伙。他满口仁义道德而实际行动上却恰恰相反。他有一女奴卡洛琳,她的任务就是多生小奴隶以增加他的财产。在书中作者这样描写:

"如果说我一生中尝到过最苦的奴隶滋味,那就是在柯维先生家中尝到的。一年到头,不管天寒地冻,下雨落雪,我们总得下地,从早到晚不得休息。最长的白天,在柯维先生看来,还嫌太短;最短的夜晚,在柯维先生看来,还嫌太长。……我曾起过一个念头,打算把柯维先生杀了然后自杀,只是由于迟疑才没有下手。"

"我现在深切体会,南方的宗教是最虚伪的东西,是用来掩盖其最可耻的罪恶的。奴隶主最残酷、最下流、最不可告人的罪恶都可以在宗教的外衣下获得庇护。

假如我现在再要落入奴隶主之手,那么,我最大的不幸是落入一个自命信教的奴隶主手中去。"

1835 年,道格拉斯又重新回到奥尔德家去做工。他找到一个时机,在黑人朋友的帮助下,在 1838 年 9 月 3 日逃出了巴尔的摩到达纽约,获得了自由。从此也开始了他积极地反对奴隶制的斗争。

不久,波士顿《解放报》社长、废奴主义者葛里逊找到道格拉斯,并带他到各大城市公开演讲,诉说他的生平遭遇。道格拉斯的演讲影响之深,未可估量。但葛里逊是一个和平主义者,企图用宪法手段来废除奴隶制度。他不许道格拉斯在台上发表评论。

道格拉斯非常疑惑:为什么不许他本人下评论呢? 难道这不就是禁止黑人造反吗? 难道这不就是黑白不平等的另一种表现形态吗? 他在 1848 年前往斯普林菲尔德找约翰·布朗。在布朗的指点下他看到了黑人解放的真正道路。但葛里逊根本不同意道格拉斯的建议,仍一意孤行。他们的分歧越来越大,道格拉斯终于毅然造了葛里逊的反,独自出版了刊物《北极星》,指引人们的废奴斗争。

道格拉斯号召奴隶以武力对付奴隶主的武力。他指出:"杀死追捕者是否做得对呢? 对! 把他杀死是不能算犯罪的,因为这等于杀死一条咬住一个婴儿的豺狼。"

道格拉斯的号召引起了奴隶主的恐慌。这位在艰苦环境中成长起来的英雄,以他坚定的立场、昂扬的斗志领导着反奴运动。他用自己的实际行动向人们说明了解放黑奴的正确道路。

由小律师到总统——林肯

在 19 世纪上半叶,美国的政治操纵在民主党和共和党两党手中,随着蓄奴问题的尖锐化,政党的衰弱重组,最后成为民主党和共和党联合控制局势。在 1860 年的选举中,代表反蓄奴势力的共和党取胜,党员林肯就职总统。

林肯于 1809 年 2 月生于肯塔基州一个贫困的家庭,幼时只上过一年学,但他喜好自制木船并用它旅行。旅行中林肯目睹了拍卖奴隶的场景并决心为打垮这一制度而奋斗。在 1830 年以后,林肯曾在商店做小职员。他对工作认真负责,曾为多收了一顾客一角二分钱而专门跑了三英里的路还钱。林肯的这种态度深受人民喜爱,于是有了"诚实的林肯"这一称号。有学问、有智慧、心地善良的林肯不久就被人们推选为伊利诺伊州的州议员。在此期间,爱好法律的林肯开始学习法律。

1836 年他通过了律师考试成为一名真正的律师。

林肯断案不靠引经据典,而是善于利用他丰富的生活经历,以西部农民所熟悉的生活实例来说服对方。林肯很爱学习,甚至还看欧基米德几何学,他在法庭上的机智更是有口皆碑。

一次,一位原告律师在庭上把一个简单的论据翻来覆去重复了两个小时,讲得听众都不耐烦了。接着是林肯上台替被告辩护。只见林肯走上讲台,先把外衣脱下,放在桌上,然后拿起玻璃杯喝了一口水,然后把玻璃杯放下,重新穿上外衣。然后又把外衣脱下,又喝水。这样循环了五、六次。堂上的听众都已笑得死去活来,而林肯一言不发,在笑声中走下了讲台,他的对手就这样被笑输了。

但使林肯取得全国声誉的则是阿姆斯特朗案件。林肯当年初到纽萨拉姆时,曾经同当地第一个角力手阿姆斯特朗进行过较量,林肯的劲儿很大,居然把对方摔倒了。从此他们两人交了朋友。不幸阿姆斯特朗得病早死,遗下一妻一子,生活相当艰苦。

有一天,林肯忽然在报上看到一条消息说:小阿姆斯特朗被控犯谋财害命案,已被初步肯定有罪。林肯知道这孩子性格纯良,决不会干杀人之事。他马上写了一封信给阿姆斯特朗夫人,信中这样写道:

"我刚刚获悉你儿子被控谋杀罪的噩耗,我不能相信他会犯被控告的罪。这看来是不可能的。我希望获得一次公正的审判。当年我落难的时候,你的家曾经给我以温暖,因此我冒昧要毛遂自荐来免费帮你打这一场官司。"

"当年你已故的丈夫曾不嫌我的穷酸,免费给我安身之处,现在我希望或多或少能偿还这一笔若干年来的人情债。"

不久,林肯就到阿姆斯特朗家,那孩子的妈噙着眼泪向林肯诉说冤情,林肯更深信这是一件冤案。他以被告律师的资格,向法院查阅了全部有关案卷,进行仔细研究,直到心中有数,才要求法庭复审。

复审开始了。全案的关键在于原告方面的一位证人福尔逊,因为福尔逊发誓说他在月光之下清楚地目击小阿姆斯特朗用枪击毙了死者。

按照法庭的惯例,林肯向福尔逊进行了一场面对面的交叉对问:

林肯:你发誓说你认清了小阿姆斯特朗?

福尔逊:是的。

林肯:你在草堆后面,阿姆斯特朗在大树后面,两者相距二、三十米,能认清楚吗?

福尔逊:看得很清楚,因为月光很亮,完全可以在二、三十米内认清目标。

林肯：你肯定不是从衣着方面认清的吗？

福尔逊：不是的。我认清了他的脸蛋，因为月光正照在他脸上。

林肯：你能肯定时间在 11 点吗？

福尔逊：完全肯定，因为我回屋看了时钟，那时是 11 点 1 刻。

林肯：你担保你说的全是事实吗？

福尔逊：我可以发誓我说的全是事实。

林肯：谢谢您，我没有其他问题了。

接着林肯容光焕发地发表了一席惊人的谈话："全体女士和先生们，亲爱的陪审官先生们，我不得不告诉你们，这个证人是一个彻头彻尾的骗子。他一口咬定 10 月 18 日 11 点在月光下认清了被告的脸。请大家想想，10 月 18 日那天是上弦，11 点时月亮已经下山了，哪里还有月光？

"退一步说，也许他时间记得不十分精确。假定说，时间稍有提前，那的确有月光。但那时月亮应当在西方，月光从西往东照射，草堆在东，大树在西，如果被告的脸对着草堆，脸上是不可能有月光的，证人怎么可以从二、三十米外的草堆看清被告的脸呢？"

整个法庭都轰动了，原告证人当场出了洋相，在众人咒骂声中承认了自己是被人收买来陷害被告的。

林肯打赢了这场官司使他成为全国最有名的律师。

共和党主席从此看中了林肯，请他出来担任伊利诺伊州的联邦参议员候选人，与在职届满的民主党参议员陶格拉斯进行竞选。

在竞选之前，双方进行了明争暗斗及各式各样的人身攻击。例如：

一次，陶格拉斯奇怪地搬出一套逻辑说："林肯若真心主张黑白平等，为什么他不娶黑人做老婆而娶白人做老婆？他既然只爱他的白人老婆，可见他所谓黑白平等全是欺人之谈，他本人不过是一名哗众取宠的骗子罢了。"

林肯

林肯答曰："我年纪大了，我不想离婚重新娶妻子。但即使我还没有结婚，我也不准备娶黑人妻子。我认为应当让黑人姑娘自由地嫁给黑人男子或白人男子,白人男子也可以自由地娶白人姑娘或黑人姑娘做妻子。不应当在这种事情上去进行干涉,这就是平等。"

但当时的总统是民主党人,且民主党人在计票中搞了小动作,终于使林肯以数票之差输给了陶格拉斯。于是,满怀总统美梦的陶格拉斯继续连任了参议员,但真正的政治胜利还是属于林肯,因为一场辩论使全国人民了解了林肯的观点并群起拥护之。

终于,在1860年的总统竞选中,林肯以他正义的立场、机智的头脑、雄辩的口才赢得了选民的支持,当选为美国第十六届总统。

当时,存蓄还是废除奴隶制度是南北方的斗争焦点,当时矛盾异常尖锐。林肯不希望发生内战,他在宣誓就职时还以委曲求全的口吻说:

"只要你们不动手,内战是打不起来的。你们没有任何合法的权利可以推翻政府,而我却有庄严的责任来维护政府。

"我们不是敌人而是朋友,我们不应当成为敌人。感情可以冲动,但不应冲破友情。"

然而内战还是爆发了,林肯不得不领导人们进行了为期四年的南北战争。战争最终以南方的失败而告终。林肯接到敌人投降的消息后,就表示要对敌宽大;然而南方奴隶主阶级对林肯却一点也不感恩戴德,他们老早就决心要从肉体上消灭林肯。对此林肯满不在乎。但由于白宫的一时疏忽,使林肯在1865年4月12日,也就是南军投降后的第五天在华盛顿福特剧院被刺。

林肯的死讯传出后,天下识与不识林肯的人,莫不举哀。诗人惠特曼的妈妈正为惠特曼准备早餐,但门外忽然响起"号外"之声,惠特曼立即奔向门外买了一份"号外"。妈妈和儿子读报后纵声大哭,这一顿放在餐桌上的早饭就此无人理睬,一连竟放了三天,因为在这三天之内,惠特曼和他妈妈终日啼哭,没有举火烧过一顿饭。以后每年逢林肯忌辰,他就要在林肯逝世纪念会上发表演说,介绍林肯一生的艰苦事迹,讲到林肯被刺时,总是禁不住落泪,有时不免纵声大哭,听者无不泪流动容。

这位出自贫苦农家的林肯,他的一生不断学习、积极进取、力求上进。他以他的诚实、机智、友爱、宽容赢得了人们的尊重和爱戴。他不仅是美国人民衷心爱戴的总统,而且也是世界各国人民心目中的英雄。

爱迪生眼中的科学与金钱

自从美国确立资本主义制度以来,资本家之间的"商战"一直很激烈。19 世纪下半叶,资本家古尔德在哈里斯被摩根击败,但实力未损,不久他就钓了一条特大鲤鱼——托马斯·爱迪生。

1847 年 2 月 11 日,爱迪生生于俄亥俄州米兰城,家庭贫困,只上了不到一年的小学。他的学习成绩虽然平平,但却已显示出喜欢试验的个性。

一日夜间,小汤姆的妈妈腹部剧痛,急延医视之,断定为阑尾炎,需要马上动手术。当时电灯还有待发明,汤姆家中只有煤油灯,不足以照明。医生和汤姆全家都感到万分为难,束手无策。

忽然,小汤姆跳了起来说:"医生叔叔,请稍等,我将设法补救。"只见小汤姆夺门而出,直奔邻居小杰米家。小杰米的爸爸是家具商,店铺中有穿衣巨镜四块。汤姆征得杰米爸爸的同意,就把四块巨镜搬至家中,放于手术台四周,然后在镜前各放一盏煤油灯,顿时全室照明如昼,手术乃得以顺利进行。

一次,汤姆的爸爸和妹妹往外地探亲戚,定于下午 5 点乘火车返家。到下午两点,忽起狂风暴雨,汤姆对妈妈说:"如此风雨,路桥可能不保,让我前往观察一番。"他跑到郊外桥边,果然大事不好,桥已经断了。这时,时间已过四点半,回车站报告已经来不及了,怎么办呢?

汤姆发现离桥不远有一座小工厂,乃心生一计,直奔工厂(那时电话还没有发明),向厂长说明原委,乞借工厂汽笛一用,厂长允之。

汤姆的妹妹丽莎,平日惯与哥哥作电报之游戏,所以熟悉电报收发。她坐在火车上忽然听见有电报叫她:"丽莎,丽莎,我是汤姆,我是汤姆,前面铁桥断了,前面铁桥断了,快请车长停车,快请车长停车。"

那小姑娘听得字字真切,没有漏掉一个字。她马上报告车长,请他停车。车长看这么一个小姑娘,有点半信半疑,但竖起耳朵一听,真的听见在汽笛声中带有电报。于是决心下令急刹车,一场灾祸得以幸免。车子完全停下时,距断桥不到100 米。

但小汤姆最闻名的一段故事则是车下救婴。有一次,正当一列货车已经开始进入车站之际,站长的 3 岁小儿子突然跑进了车轨,站台上的人以及货车司机见状,全都傻了,不知如何是好。在这千钧一发之际,只见小汤姆从站台上鱼跃而下,抱着小孩,滚出铁轨,仅以十分之三秒之差,避过了一场灾祸。小汤姆只有轻微的擦伤,小孩则安然无恙。四周的人没有一个不捏一把冷汗的。

站长为了报恩,特许小汤姆在列车上卖报。这时,汤姆已搬到密契根州,此故事发生于密契根的格兰屈伦克,时为 1859 年。

汤姆在列车上卖报时,逐渐感到报纸消息送到读者手上时,已不够新鲜,乃自己收电报、自己编辑、自己刻蜡版、自己印刷,在列车上发行了一份《先锋报》,时为 1862 年。这是世界报业史上第一名最年轻的报纸发行人。

爱迪生用卖报赚来的钱购置化学品,在一个车厢的一角设了一个实验室。不料这个实验室却给他带来了一场飞来横祸。

当时的火车行车条件远非现在可比,车子在转弯时车身必猛烈震荡。有一次,在车子震荡时,爱迪生的一瓶化学品被震下了地,在车厢内着起火来。爱迪生用尽全力才把火扑灭,这时,车长已闻讯而至。他怒气冲冲,不问青红皂白,把爱迪生的全部印刷设备和化学品甩下车厢,最后一手抓住爱迪生,一手向爱迪生右耳掴了一猛掌,把爱迪生也甩下了车子。爱迪生的右耳从此失聪。

回家后,他转业为铁路电报工作,并在业余时间进行化学实验。他每天要干 14 个小时而不以为累。

1869 年,爱迪生发明的交易所计票机问世,这是他第一起公认的发明,也是第一次获得金钱报酬的发明。他领到了专利证第 90646 号。当他到专利局领取奖金的时候,他没有带皮包或布袋,致使他把所有的口袋都塞满了,又抱着一堆钱回家。当时报纸都刊载了爱迪生钞票为患的一幅漫画像,成了这位发明家的一则佳话。

从 1869 年的计票机算起,爱迪生的大大小小的发明一共有 1300 多宗。特别重要的有:1876 年的电话机、1877 年的留声机、1879 年的电灯、1880 年的电车、1882 年的电台、1891 年的活动电影。

现在人们只知道电话机是贝尔发明的,但真相却是:爱迪生当初发明的电话机只适合实验室之用,而贝尔却在同期发明了较适用于商用的话机,因此贝尔就占了上风。

爱迪生的原始留声机是用大喇叭发声的。他把自己的讲话录了下来,在大喇叭内重新放出。有一批宗教界人士看了大惊,硬说这个喇叭闹鬼,就不由分说,把喇叭砸烂了。甚至有人说爱迪生本人就是魔鬼化身,要用火把爱迪生活活烧死。

爱迪生经此打击,并不灰心。他回去又制造了第二个喇叭。这一次,他不敢录人的声音了,而是把狗叫的声音录下来,在喇叭里播放。人们终于相信他这一项发明的巨大意义。

现在美国最大的唱机垄断公司"美国收音机公司"的商标,仍然是一个大喇叭和一条狗,这个商标就是纪念爱迪生造第一架留声机的故事的。

爱迪生最动人的一项发明,也是他本人感到最满意的一项发明,则是电灯。在古代希腊神话中,有一个名叫普罗米修斯的神把上帝的天火偷给了人间,所以人们惯于把爱迪生称为当代的普罗米修斯。

为了找到一种能够耐久燃烧的灯丝,爱迪生及其实验室的全班人马,走遍了整个世界,试用了他们认为可能成功的每一种材料。当然,他们也曾到过中国,在湖南采购了湘妃竹。

经过1300多次的实验,最后终于找到了当时比较理想的材料。在最后开始试用的那天晚上,每个人的精神都紧张到了极点。爱迪生站在灯泡旁边,下令开灯,全室鸦雀无声。只听得开关扑的一响,电灯照亮了整个实验室。人们惊喜若狂,他们抬起爱迪生,发疯似的走上大街,欢呼"人类已偷来了天火"。

爱迪生即威名大振,自有一批吹捧家给他戴上了一顶天才的帽子。为此,爱迪生召开了一个记者招待会。他说:"我以科学家的良心告诉你们,我对天才进行了分析,结果是:天才的成分百分之九十九是辛勤的劳动。"

他顺便说:"我对工人的八小时工作要求是支持的。但我要说,若有人把八小时工作当作放之四海而皆准的标准,那就荒唐了。你难道能叫一个革命家、一个科学家、一个作家、或一个作战的士兵每天只工作八小时吗?我从14岁开始每天的工作时间就一直超过12小时,现在也仍然这样。我不反对社会上的8小时工作运动,但我坚决反对我个人每天只工作8小时。"

美国当时在电报行业处于垄断地位的是西联电报公司。古尔德为了争取西联,花了100万美元建了一条新线路,名曰太平洋大西洋电报公司。西联对此非常敏感,旋即派人与古尔德谈判,买下了这条线路。然而当太平洋大西洋公司并入西联之时,其主要人马也转入了西联,其中就有西联的总工程师艾克特。

爱迪生发明了四重发报机,比原来的电报效率翻了一番。西联公司乃派艾克特与爱迪生进行谈判,表示愿以5万美元收买他的专利。然而,当日夜间10点,古尔德和艾克特就把爱迪生拉到古尔德公馆进行谈判。作为科学家的爱迪生不熟悉生意经。当古尔德提出愿以10万美元收买他的专利权,并请他出任马上成立的公司的总工程师的条件后,爱迪生与艾克特和古尔德签了合同。

这样,古尔德在一个小时内成立的美联公司就出笼了,而且掌握了爱迪生这张王牌。西联感到束手无策,只好同意美联并入西联,而由古尔德任总经理。

爱迪生在古尔德手下工作,屡受古尔德专制。有一次,言明要建一个实验室,但古尔德出尔反尔,以无利可图为理由,收回了诺言。爱迪生大怒,乃挂冠而去。

他向报界发表谈话说："古尔德一心想钱,心灵萎缩,他对科学本身根本没有兴趣,他要把科学作为生意的奴隶,我已不能跟他共事。"

在美国一般历史书中,古尔德被认为是品质最恶劣的垄断资本家。历史学家詹姆斯·基恩说:"古尔德是基督纪元以来世界上最无耻的人。"但另外一些历史学家认为古尔德无非是许多典型垄断资本家之一而已,既不比坏人好些,也不比坏人坏些。他们这样分析:"少年古尔德看到:社会对贫穷的人绝不会同情。贫穷的生活就是一片黑暗,即使不生病,不年老,也是一无希望。唯一的出路就是取得财富,安全的唯一保证就是财富。"

"社会上的上层阶级可能在口头上为贫穷祝福,也可能写漂亮文章到处散发,说诚实的贫穷是一种美德。但所有这一切都是十足废话,活生生的事实是穷人被压在地下喘不过气来。古尔德仅仅是为了摆脱贫穷而使用了一切手段。古尔德不是他个人创造了自己,他是一种制度的产品。"

但这些话总比不上被古尔德击败了的一位资本家的自白有力量。这位资本家是太平洋邮船公司前老板斯托克维尔。他说:"我当初到纽约的时候,买进了 500 股股票,人们称我为斯托克维尔。后来我买进了 5000 股股票,人们称我为斯托克维尔先生。后来我买进了 50000 股,人们改称我为斯托克维尔少校。最后我控制了太平洋邮船公司,人们又改称我为斯托克维尔上校。然后,古尔德把我击败,把我从太平洋邮船公司撵走,于是,人们就叫我那个从西海岸来的狗婊子养的赤鼻头。"

这就是当时科学与金钱对立关系的体现。

美国的《镀金时代》

马克·吐温的《镀金时代》揭示了美国 19 世纪 70 年代繁荣背后的隐患,早在《镀金时代》问世以前,英国的资产阶级文豪查尔斯·狄更斯就作过一篇旅美札记,点穿了"镀金时代"的实质。

其中记载了这样一种特别普遍的现象:某某先生用最缺德、最卑鄙的手段获得了庞大的财产;他犯有各式各样的罪,而国人竟对他熟视无睹,且有鼓励之意;他曾是个被人控告过的骗子;他一度挨群众的打,是一个十足的流氓;但他却又有很了不起的东西,那就是:他做事漂亮。究竟什么才是"做事漂亮"?这在《镀金时代》中有所显现。

马克·吐温的家是一个西迁户,他们到密苏里的目的就是想发洋财,但事与愿违,结果并没有发到财。故马克·吐温在年轻时不得不只身前往西部,想在开矿事业中一显身手,以完成其父亲所未完成的发财美梦。但他的命运也并不比他父亲稍好些。相反地,马克在矿场中牵连进一宗决斗案件,内华达州政府下令要逮捕他,于是他只好三十六计走为上策,溜到圣弗朗西斯科去了。

他在圣弗朗西斯克无以为生,乃写了一篇稿子,投给了报社,作为一种碰运气的玩意儿。不料报社居然采用了他的文章,于是马克·吐温劲儿上来了,信心也增大了,一不做,二不休,就索性专门写起文章来了。

由于他生活体验多,观察力强,故所写文章多能击中时弊,为人推崇,而终于成了美国内战后的第一代资产阶级大文豪。

马克·吐温不但揭露了丑恶的美国社会,同时也公开他本人的过失。

马克·吐温的名字打响后,就有一家出版公司同马克·吐温相商,愿同马克·吐温订立合同,出版马克·吐温的著作。马克·吐温要求合同明文规定,作者可得净利的二分之一。与马克·吐温谈判的代表叫布利斯,他当场不敢作答,约定日后再谈。

过了两天,布利斯先生拿了一份已经写好的合同,叫马克·吐温签字。马克·吐温拿起合同一看,上面没有二分之一字样,不胜诧异。布利斯先生乃笑容可掬地解释说:我们董事会研究了你的要求,决定让你拿百分之七的劳厄尔滴,因为百分之七的劳厄尔滴要胜过二分之一的纯利。

马克·吐温不懂商业名称,不了解劳厄尔滴是怎么一回事,经不起布利斯先生如簧之舌的吹嘘,就糊里糊涂在合同上签了字。

过了两年,马克·吐温才知道上了当。在这两年之内,他已吃亏了10多万元。至此,马克·吐温大为生气,乃上布利斯处兴师问罪。哪知布利斯早有准备,当马克·吐温气冲冲地斥责一通后,布利斯不予解释,却率领出版公司的全体董事,在马克·吐温面前低首道歉,齐声说,"不瞒你说,我们这些人以及我们的家人就是靠你养活的,你还是发发慈悲吧!"马克·吐温弄得哭笑不得,他上了有生以来最生动的一堂课,只得以慈悲为怀,不予追究。

经此周折,马克·吐温决定自组出版公司,布利斯闻讯乃自告奋勇,愿与合资。于是他又拟了一个合作合同,内容明文规定:"本公司之一切净利,二分之一归马克·吐温先生,另二分之一归布利斯先生等一方。"马克·吐温认为这次非常保险,欣然签了字。

这时,前总统格兰特要出版自传,马克·吐温闻讯,乃亲自去见格兰特将军。

格兰特在当总统时积攒了一些钱,并收了一些贿赂。他退职以后,这些钱和财物被一个自称为银行家的大骗子骗走了。于是格兰特成了一文不名的穷光蛋。朋友们凑了一点钱让他维持生活，而他则不得不花了两年时间写了本自传，以便卖钱。

事有凑巧，当马克·吐温到达格兰特家时，有一名纽约的出版商正在与将军谈判回忆录出版事宜，只见那人劝将军说："我们准备给你百分之七的劳厄尔滴，这是对你最有利的方案。"马克·吐温在旁一听，怒上心来，用左手抓住那商人衣领，把他推到门口，然后飞起右脚，向那商人的屁股踢去。那商人也很明智，看到形势不妙，立刻抱头鼠窜了。

马克·吐温回来，余怒未消，口中还在大骂："滚他妈的劳厄尔滴。"

见格兰特将军疑惑，马克·吐温便把自己的经历向格兰特讲述一遍，格兰特才恍然大悟。接着马克·吐温解释，他本人组织了一个书店，可以出版将军的书，将军可拿纯利二分之一。

马克·吐温的书店一面出版格兰特的书，一面又出马克·吐温自己的书，营业利润百倍。不料那布利斯集团，拿了书店的钱，以书店的名义在股票市场上大做投机，输了个精光。

法院出来接收马克·吐温的书店，财债两抵，书店该赔 10 万元。马克·吐温先生只好自认晦气，乃把布利斯一伙找来，说道："你们搞鬼，我倒了霉，但你们自己也好不了。根据合同，10 万元我赔 5 万，你赔 5 万。"

只见那布利斯先生装出一副万分诧异的口吻说："克莱门先生，我们哪有这样的合同？"

马克·吐温说："这一回你赖不了，有白纸黑字在，合同就在我抽屉内。"

布利斯说："好，好。"

布利斯先生一边念合同，一边嬉皮笑脸地说："克莱门斯先生，合同上明文规定，净利是对分，可没有说赔钱是对分，这份债我们这一方是万万不能负担的。"

马克·吐温知道自己又上了当，早已怒火万丈，没有心思跟流氓争辩，他随手拿起一瓶蓝墨水，向布利斯打去，布利斯马上扭转屁股就跑，逃得无影无踪。

马克·吐温卖了全部家产，还不够抵债，乃埋头写作《镀金时代》，其意何在？大家都知道，中国杭州灵隐寺内有一具顶天的大菩萨，大腹便便，金碧辉煌，煞是神气。但戳穿它的肚子，里面却只有烂泥和干草。美国的镀金时代也是一具泥塑菩萨，表面上繁荣昌盛，肚子里全是黑咕隆咚。

马克·吐温的《镀金时代》，是按他本人耳闻目睹的模特儿写的，没有一句是空话。姑引一段，以观马克·吐温笔下的华盛顿：

"华盛顿这个地方对我们任何人来说都是个有趣的城市。你刚由车站出来,走向人行道的时候,就有一长排出租马车的车夫举起鞭子在你面前挥动,向你进攻。于是你就踏进首都的'马车',你随即到了旅馆。"

"第二天早晨你起床的时候,外面到处是雾。你当然愿意游览这个城市,于是你就带着一把雨伞、一件大衣和一把扇子出门去了。你不久就找到了主要的景物,很快就熟悉了。首先,你瞥见一长排高耸在一个矮树林之上的雪白的宫殿顶上的装饰建筑,还看到一个高高的、优美的白色的圆屋顶。这个建筑就是国会大厦。"

"你站在国会大厦背后,想看看风景,饱一饱眼福:这儿的景色可真是了不起。你知道吧,国会大厦在一片高地的边缘,地势很好,可以看得很远,可是你却看不见什么城市。因为在国会大厦附近决定扩建市区的时候,附近的地产主人马上就把地皮的价格涨到不近人情的地步,以致大家都到下面去了,在自由神殿后面的泥泞低湿地带盖起这座城市来了。因此,从大厦门前向外展望,只能看见一些卑陋的公寓所组成的小小的一片可怜的荒凉景象。"

"如果你再多到各处去访问一下,就会发现华盛顿每一平方英里的土地上,公寓的数目要多过全国其他任何城市。如果你到一个公寓里去要求寄宿,女主人就会用严厉的眼光打量你,随即问你是不是国会议员。也许你为了开玩笑,故意说是的。那么她就会对你说,她那儿已经客满了。"

"如果你是老老实实地当一个老百姓,他会让你住进去,因为你的行李可以做担保。你若探听仔细,女主人就会大发脾气说,国会议员的人身和财物是不许扣留的,她曾经几次眼睁睁地含着泪看着几位议员老爷赖了账各自跑回他们的老家,还把她那些没有填号收据的房租和伙食账单装进口袋里去做纪念品。你在华盛顿还不用住上几个星期,就不由得不相信她的话了。"

"你首先发现的,最使你吃惊的事情之一,就是你在华盛顿这个城市里所碰到的人并不多,但个个都有几分来历——给公家做事的人简直是个个都没有例外。上自最高级的局长,下至给各部的大厦擦洗地板的女仆,以及那些给公家的大楼守夜的人和那些给各部洗痰盂的黑人,没有一个不是靠政界人物的人情找到差事的。除非你能有一位参议员或是众议员以及某局某部的长官倾听你的请求,替你说情,否则你就休想在华盛顿获得一个即使是最卑微的职务。你要是没有人情,光有品德和才能,那对你徒然是一种包袱,一点用处也没有。"

《镀金》发表后,有记者就"镀金"议员的真实性咨询于马克·吐温。马克·吐温在酒席上再度表明态度曰:"美国国会中的有些议员是狗娘子养的。"

那记者把马克·吐温之言公之于报,华盛顿议员大为激动,纷纷要求马克·吐温澄清或道歉,否则,将以法律手段对付之。马克·吐温一辈子吃法律之亏,知道法律这玩意儿不好对付,乃答应登报道歉。

数日后,在《纽约时报》上出现了马克·吐温向联邦国会议员道歉启事一则,全文如下:

"日前小的在酒席上发言,说有些国会议员是狗娘子养的。事后有人向我兴师问罪,我再三考虑,觉得此言是不妥当,而且不合事实,故特登报声明,把我的话修正如下,幸祈谅鉴。即:美国国会中的有些议员不是狗娘子养的。"

马克·吐温启事既出,议员老爷们之愤怒稍息,乃撤销对马克·吐温之法律诉讼。

进化论的种种说法

英国科学家达尔文的进化论刚出世的时候,曾遭到基督教的围攻,不论天主教也好,新教也好,都现出一副青面獠牙,手持狼牙棒,必欲置进化论于死地而后已。而一般盲从之徒,也纷纷叫嚷要油炸达尔文。达尔文何以引起这样的"众怒"呢?其原因是他拆穿了上帝造人的骗局和谎言。正如一位作家所说,达尔文的进化论在一夜之间把上帝从奇喔啼变成了啼喔奇。人们不能不对英国造字学家的卓越见解表示敬佩,因为他一针见血地指出,上帝无非是狗的倒立。不错,上帝不仅在名字上与狗是一而二、二而一,它在实际上也是与狗一而二、二而一的,因为两者都是由主子喂养的,从而都是忠实地为其主子服务的。

不到半个世纪,曾经痛骂达尔文的基督教忽然摇身一变,成了达尔文的拥护者和宣传者,岂非咄咄怪事!曰:不怪,不怪。这正好说明了实用主义的应用。

达尔文认为,现今世界上所存在的物种,都是几千万年来竞争的结果,不适合生存的逐渐被淘汰,适合生存的被保留了下来。

基督教理论家既然看到他们的反对不能制止达尔文学说的传播,乃因时制宜,把进化论接了过来,并扩而大之。他们说,进化论不仅是自然界的规律,而且也是人类社会的规律,在人类社会中,适者就生存下去,不适者就被淘汰。

在这一批传教士中,最卖力的一个就是亨里·比契牧师。他为了宣传"社会达尔文主义",特地办了一个杂志,名叫《基督教联合报》。他还独创了一门新课程,叫"基督教社会经济学"。他认为:

人是一个为欲望所驱使的动物,他普遍地受自我利益的指引而进行活动。道德发展的基本原则就是使人的性格适应于其生活条件。能适应的就是善,不能适应的就是恶。

竞争是上帝指定的原则,它是宇宙的规律,是生物的规律,也是人类社会的规律。自然的法则就是要求消灭不适合于生存的人,以便腾出地方给那些较适于生存的人,而整个社会的进化就是靠这一条原则进行的。

社会科学应当是一门从反面起作用的科学,它不应当制造任何设想来规划社会的自然演变,而应当设法证明任何这种企图都是白费力气。它应当证明,最好的有系统的知识就是教导人们心甘情愿地受制于自我发展的推动力。最大的善莫过于让社会自然发展而不要去稍加干涉。任何一种正确的社会科学理论都应当承认生物学的真理,而不应当用任何人为的努力去保障那些毫无能力自力更生的人,因为这是破坏适者生存的原则的。

他说,他所创立的这条原则本身是客观存在的,人没法躲过它,它没有替代它的东西。这一法则对某些人来说严肃了点,但对整个社会来讲还是好的,因为它保证使社会的各个领域内出现最适合的人。

有一次,一位记者向比契尼列举纽约坦慕尼大厦的罪恶活动及纽约贫民窟的悲惨镜头,并问"牧师有何评论?"

比契尼回答道:"你和我都不能做什么,这一切都是一个进化问题,我们只能等待进化。也许在 4000 年或 10000 年后,人们会摆脱目前这种不愉快局面。"

1877 年,当全国铁路工人大罢工的时候,比契尼牧师乃赤膊上阵,在纽约布鲁克林区的普利毛斯教堂发表气势汹汹的演说:"不错,每天一块钱的工资不足以养活老婆和孩子,如果他既不吸烟又不喝酒的话。一块钱难道不够买一天的面包吗?水有的是,不用花什么钱。不错,人不能光靠面包活下去。但一个人如果不能靠面包和水活下去,那就不适于生存规律了。一家人可以在早餐用好面包和水,在午餐用水和面包,在晚餐用好水和面包。

"经济萧条是自然的经济法则,有能耐的人就能顶过去,不能顶过去的人还不如让他们消亡为好。"

他认为广大工人的苦是上帝决定的,上帝决定穷人应承受由于他本人低能而带来的不幸。

他说:"如果警察的棍子打在骚扰分子的脑袋上可以使他们清醒,那就谢天谢地,阿弥陀佛。万一棍子不足以立刻收到效果,那只有靠子弹和刺刀了。拿破仑教导我们,对待乱民的最好办法就是消灭他们,他的话对得很。"

从此,工人们都把他们食用的饭叫"亨里·比契式简餐"。

同时,有一个名叫威廉·苏奈尔的名闻欧美的大学教授与比契尼唱的是同一个调子。

他说:"我们应当明白,我们只有在下列二途中选择其一,别无他法:或者是自由、不平等、适者生存;或者是不自由、不平等、不适者生存。前者会推进社会发展而造福于其最优秀的人员;后者会促使社会后退而适便于其最劣等的人员。"

当有个学生问他,政府是否应当给劳工以帮助时,他很干脆地答不,并比喻说,猪必须自己去找白薯,找不到就是该死。学生说猪也应有吃白薯的权利,苏奈尔则答,世界上没有权利二字,世界并没有欠谁的活命债。我只相信一种制度:竞争制度——这一唯一健全的经济制度。

他还写了一卷又一卷的社会进化论,为资本进行辩解。

他写道:"资本是刻苦的产物,如果资本之获得并不给所有者较优越的条件,那就不会有人愿意自找苦吃去积累资本。"

有人问他,遗产不是不劳而获的吗? 得遗产的人吃过什么苦呢?

他回答道:"财富是努力的奖赏,它给有创造力的人一种保证,使他可以把自己靠努力所得的东西传之于后代。达尔文学说的一个关键就是生物会把自己适于生存的特性遗传下去。就社会而言,取得财富的人就要把自己的经济才能传之后代,而在社会的生存竞争中,经济才能的代表就是金钱。因此,政府不应该多管闲事,它的主要任务应当只有两项:保护男人的财产和保护女人的名誉。"

与社会进化论同样时兴的还有实用主义。它被宣布为美国的"国家哲学"。这种理论的祖师爷是威廉·詹姆士,其第一代的徒弟叫约翰·杜威,第二代在中国的徒孙就是洋奴胡适。那胡适本来不叫胡适,他为了决心做洋奴,发誓忠于实用主义,所以改名为适,取"适者生存"之意。

威廉·詹姆士,生于 1842 年,是美国哈佛大学教授。他本来是学医的,后来又学心理学,心理学是讲究实验的,他把实验法搬进了他自己所发明的实用主义,所以实用主义有时也可以叫实验主义。

詹姆士下了一个实用主义的经典标准,他说:凡是行得通的东西就是真理。

有一次,杜威举行记者招待会,就关于真理的某些问题进行下面这样的阐述:

问:按照你们对真理的了解,那强权就是真理了,对吗?

答:不对。我们所谈的真理是一种理论范畴内的东西,不是伦理范畴内的东西。我们的真理标准是效验,凡主观设想与客观实验相一致的就叫真理。强权本身是不是真理是无从谈起的,这要看使用强权的那个人或集体的主观愿望而定,如果实现了愿望,那就是真理,否则就不是真理。

问:照这样说,真理是没有绝对标准的了。

答：不对，真理有绝对标准，那就是它行得通行不通，或者叫作主观与客观是否一致。

问：这样说来，穷人总是没有真理的了。

答：不对。在发财问题上这是对的，因为穷人发了财就不再是穷人了。但如果穷人的目的不在发财，而在革命，而且革成了，那也是掌握了真理。

问：那么，小偷想偷东西，偷成了，也叫作掌握真理。

答：可以这样说，但这里有一个情况要补充说明一下，真理的验证需要时间，这个时间短的可以是无穷小，大的可以是无穷大。

问：但有一点似乎可以肯定，在你们看来，胜利者就是真理。

答：是这样。但仍然要注意验证问题。二千年前，人们把元素看作是物质的最低形式，在当时这是真理，但过了一千年发现分子，原来的真理成了谬误。一个时期分子论成了真理，到发现原子时，分子论又成了谬误。这还算是好的，在另外一些问题上，情况更复杂，譬如说，宇宙间除地球以外有没有其他有人类的星球呢？我们假定是有的，但它只能是假定，而不是真理，因为你还没有验证，而且我们也不知何年何日才能验证。所以说，验证是一个关键。

实用主义看起来很公平，但在资本主义世界内，谁能实现其主观愿望呢？当然只有拥有资本的那些人。而实用主义大师们就不敢深入谈论这一点。

达尔文的进化论就这样被资本家歪曲着，企图维护他们的统治。然而历史是向前发展的，不合理的社会制度终将被推翻。

资本主义的痼疾——经济危机

资本主义出世以后，经济学的词汇中又多添了一个新名词，叫作经济危机。当然，奴隶社会、封建社会中，经济也是有危机的，但古代的危机都是由于生产不足产生的，而资本主义的经济危机却反其道而行之，而是由于生产过剩，这种过剩又是相对的过剩。

当然，过剩是对作为谋求利润的资本家而言的，因为资本主义生产的目的就是追求利润，而不是为了自我享用。当生产品找不到销路的时候就叫作生产过剩。找不到销路倒也不是因为没有人想买，而是因为想买的人没有钱。可见这个过剩并不是对整个社会而言，社会上没有吃没有穿的人有的是，产品不可能过剩。所以说这是一种相对的过剩。但资本家生产的东西卖不出去，对他来讲，这就是生产过剩了。

这种危机是资本主义所固有的,想逃避也逃避不了的。用术语来讲,这是生产资料私有制和生产方式社会化发生矛盾的必然结果。

经济危机既然是资本主义所固有的,因此,在美国内战以前,它已经就有,只是程度有轻重之分,规模有大小之别。内战结束以后,19世纪70年代、19世纪80年代、19世纪90年代都发生了经济危机,而19世纪90年代这一次比以前各次尤为严重。

这次危机是以1893年5月4日国民制索公司之倒台为引线的。由于这一家公司的倒台,股票市场上立即掀起一股跌风。工商企业纷纷倒闭,工人失业猛增。

7月4日,正当美国国父纪念日之际,纽约报纸上刊登了一条惊人的自杀新闻。有查利·哈格蒂者,年方30,为商店店员,因失业无法维持生活,全家饮煤气自杀,包括哈格蒂本人、其妻及二幼女。

哈格蒂留有一份遗书说:"我从10岁到美国,因为我相信美国是一个公平的国家,任何一个有强壮身体、勤劳双手和一颗诚实的心的人都可以在社会上立足并取得发展。现在我知道情况并非如此。我从10岁起就做童工,我一直辛勤劳动了20年,我从来没有欺骗过任何人,但我却找不到工作。我不能去当要饭的,因为我不愿接受要饭这种生活方式。因此我唯一的选择是自杀。"

这一条"煞风景"的消息震动了整个社会。不仅是一般工人,即使是贡泼斯治下的劳联工人也纷纷起来要求有所作为。贡泼斯没有办法,只好答应召开一次劳联集会来讨论工人失业问题。会上群情激愤,要求贡泼斯表态。

贡泼斯不得不当众发表了一篇即席讲话。他说:"在这样一个生产不正常状态的社会中,其基本结构一定有某种不合理的东西。人们不用引经据典就可以得出这样的结论:生产工具由私人公司占有和控制乃产生今日人们之痛苦和灾难的根源。"听众对他的讲话表示满意,大会结束。

然而,时间一天天过去,贡泼斯却没有采取任何行动,本来他就不打算采取什么行动。

这时,有一个小商人叫雅各勃·柯克赛的在报上登了一个广告,要求大家到华盛顿去请愿。他这个建议立即获得了全国失业者的支持。全国各地自发地建立了"向华盛顿进军服务站"。这些服务站设在主要交通路口,为过路的进军者免费提供面包和茶水。

在那个时候,汽车还没有问世,人们到华盛顿不是乘火车就是乘马车。而较多的进军者是乘马车的,他们晚上就宿在车内。这样,在通往华盛顿的大车道上,就出现了蔚然壮观的马车队。

1894 年 5 月 1 日，进军者在华盛顿集合，他们沿宾夕法尼亚大道举行了一次自动组织起来的示威游行。他们高呼："我们要工作"，"我们要劳工立法"，"要就业不要失业"。

尽管这次游行是非常明显的和平游行，但华盛顿政府还是吓得发抖，他们叫嚷："这是一次起义，也是一次叛乱。"

游行结束后，柯克赛把一份请愿书交给了国会，书内要求制定解决失业问题的法案。接着，他又在国会大厦门前的草坪上发表了讲话。

他说："我们来自合众国的四面八方，今天聚集在这里。这不是因为我们游手好闲乘机会来逛华盛顿，也不是因为有什么人在背后怂恿我们来闹事。我们素未谋面，各不相认。但我们都有一个共同的愿望，我们要求我们被剥夺了的工作权利得以恢复。"

"我们都有壮健的体格，灵巧的双手，上帝给我们这些是要求我们为人类创造财富的，但现在却有人剥夺了我们这种工作的权利。我们并不想来叙述我们家中有多少张口在那里嗷嗷待哺，我们将不谈这些，因为我们并不是来乞讨什么的，不，我们决不乞讨，我们不是乞丐。"

"我们是一个民主的国家，每一个公民都应当有工作的权利，如果他愿意工作的话。当一个国家不能为其公民提供工作机会或保证工作权利，那就不能继续是一个民主的国家。"

"我们都是规规矩矩的公民，我们没有带匕首，也没有持手榴弹，我们只带来了三寸不烂之舌，我们要求政府和国会内的先生们睁开眼睛看看，为什么今天那样多的人民没有工作，但却有极少数人在那里寻欢作乐。"

"我们从小就被教育说：美国是一个富有的国家，每一个勤劳的人都可以获得立足的机会，是真的吗？那么，机会在哪里呢？"

"不错，美国是富有的，前些天报上不是登着一条消息说，在纽约最豪华，也是全世界最豪华的饭店华道夫·阿托斯旅馆举行了一次狗婚礼吗？这是够豪华的了。"

柯克赛的演说没有讲完，警察就上来把他押走了。奇怪的是，他的罪名倒不是什么破坏社会治安等等，而是"没有得到国会的许可擅自进入国会大厦草坪。"

控告柯克赛的检察官说："我们都是上帝治下的臣民，都有上帝所赐给我们的仁慈之心，但这位柯克赛先生，没有请示国会当局，擅自闯进了草坪。据调查，有1248 株幼草在柯克赛先生残暴的践踏下，已经受到了程度不等的摧残，我们现在还不能保证它们是否会正常的生长。所以，柯克赛先生不仅侵犯了国家财产，同时又破坏了上帝的好生之德，是罪上加罪。"

法官先生最后做出了判决，罚柯克赛禁闭一天，或罚款 1 美元。

柯克赛进军虽然没有取得成果，但此事本身就是一堂教育。有一家工人报纸这样写道："柯克赛运动是一个自发的群众运动，它尚且产生了如此有条不紊的进军。假如有一个有组织有纪律有理论指导的党派来领导这样一个运动，那我们可以想象，它会发生什么样的后果啊！"

现在我们来看一下柯克赛所讲到的狗婚礼到底是怎么一回事。

原来正当失业工人陷于水深火热之际，美国的另外一个角落却在那大讲狗道主义。资产阶级贵族们在华道夫·阿斯托饭店里为两只小狗举行了一场豪华的婚礼。出席婚礼的狗宾达 63 位之多，而且由维多利亚乐队担任婚礼奏乐。据报纸上报道，证婚人亚多斯多神父还发表了一大堆话。他强调这是它们的第一次结婚，而不是再婚；并且他说如果谁要是对它们的"第一次结婚"提出异议，他就控告该人有诽谤之罪。

之后，宴会开始。"每一狗宾由其主人携至各自的座位，每狗各进了三道菜一道汤。每一客价值 13 元 6 角。也有个别宾客嫌不足的，还在那里汪汪乱叫。"

"狗新娘今天穿的是中国式黄缎绣龙马褂，狗新郎穿的是巴黎式的比基尼。"

"狗宾们每一个也都打扮得衣冠楚楚或是花枝招展。"

"据饭店老板告诉记者说，这一次宴会共花费了 8548 美元，小费不算在内。"

关于这件新闻，在纽约引起了两种评论。

《纽约邮报》发表了一篇题为《人道乎狗道乎？》的文章曰：

"美国从来自夸为一个人道主义的国家。我们希望纽约市当局到哈莱姆去看看，今天在哈莱姆是一个什么情况。在那里，由于失业，特别是由于'黑人最后受雇，最先解雇'这一条规律，人们已处在死亡的边缘。婴孩死亡率达到了可惊的程度，成群儿童围绕在垃圾箱四周找食物，这些食物显然对我们阿斯托饭店的狗新郎和狗新娘言，是不屑一顾的。它们要吃十元以上的一份菜单，而这样一笔费用是可以养活一个儿童的一周生活的。"

"一方面让狗进纽约最豪华的饭店办宴会，一方面让成千上万儿童饿毙于垃圾箱旁，这样的社会难道可以贴人道主义招牌吗？"

"否！该换上狗道主义。"

但有一位崇尚实用主义的弗里茨教授却持相反的意见，他说："适者生存不仅是上帝的规律，也是人间的规律，也是狗间的规律。"

"谁家的狗能上阿斯托饭店呢？只有优秀的狗才能。大家知道，印度的狗、中国的狗,今天还在吃粪,而纽约的狗已经进化到吃高级西菜了。"

"根据纽约警察局登记,纽约养狗 37642 头。也并不是所有的纽约狗都能上阿斯托,能上阿斯托者为数不多。这一切都是遵循上帝的规律的,只有适者才能生存,只有适者才能享受最好的。这是促进狗世界发展的规律,也是促进人世界发展的规律。"

"没有任何人欠任何人的债务。一切决定于你的竞争能力。"

资本主义的不治之症——经济危机,背后藏着巨大的隐患。

美国最优秀的作家——马克·吐温

马克·吐温是 19 世纪末美国现实主义文学的杰出代表,他以广为人知的幽默的言语,尖锐的笔锋揭露了美国资本主义的虚伪,在广阔的社会背景下描写了美国的黑暗的现实生活。

马克·吐温原名塞缪尔·朗赫恩·克莱门斯。1835 年,小塞缪尔出生在密苏里州的佛罗里达村,这是一个极普通的小村庄。他父亲是个没有名气的乡村律师,收入微薄。在小塞缪尔 12 岁时,父亲去世。年幼的塞缪尔不得不出外谋生。他先后当过印刷所的学徒,排字工人,后来又在船上作领航员。这一段密西西比河上自由的生活给小塞缪尔留下永久的回忆。1861 年,南北战争爆发。密西西比河上的航运变得萧条。塞缪尔不得不结束了这段快乐的时光。后来,他又跟人到内华达州寻矿,但一无所获,不得不另谋职业。1863 年初,塞缪尔来到弗吉尼亚市,应聘报社记者,凭着他多年的生活体验,丰富的人生阅历,尤其是对密西西比河流域的民间传说非常熟悉。塞缪尔成为《企业报》的记者,开始发表一些通讯报道及幽默小品,塞缪尔拿起笔来得心应手,他终于找到了自己喜爱的工作。1864 年,塞缪尔来到旧金山,担任《晨报》记者,继续写作。

1865 年,塞缪尔写了一篇短篇小说《卡拉韦拉斯县驰名的跳蛙》,这是根据一个流传很广的传说改写成的,生动幽默。报社收到后大为赞赏,说:"这么好的作品发表后肯定会受欢迎。你会成名的,但你的名字太普通,起个笔名吧!"塞缪尔冥思苦想也想不出一个好的笔名。他踱到窗前,望着远处平静的海湾,一声声悠长的汽笛声从海上传来,塞缪尔知道这是船要进港了,"马克·吐温!"塞缪尔不觉喊了出来。"马克·吐温"是领航员术语,即两,表示水深两,船可以顺利通过。塞缪尔对这一切太熟悉了。他又回想起密西西比河上那快乐的时光。为了纪念那段日子,塞缪尔当即决定用"马克·吐温"作为自己的笔名,小说发表之后,果然大受欢迎。

于是"马克·吐温"广为人知，而他的真名倒不怎么被人熟悉了。

此后，马克·吐温一发不可收拾，创作了大量的小说、政论、杂文、游记等，成了专业作家。

1870年，马克·吐温发表了广为人知的优秀短篇小说《竞选州长》。主人公是独立党的候选人，参加了纽约州州长的竞选，他自以为凭自己很好的声望，能够轻而易举地击败其他的候选人，因为他们没有一个是清清白白的，但是，随着竞选活动的进行，报纸上竟铺天盖地地揭露出许多他听也没听过的罪状。开始的时候他还能坚持住，相信自己能够澄清这些谣言，取信于人民群众。但是，结果更糟，他一出门就顶着那些无中生有的罪名：伪证犯，盗窃犯，舞弊分子等等，好像天下的坏事让他一个人全做了，到了最后，连他自己也弄不清自己是否干过那些事，故事的高潮发生在一次集会上，当他正一本正经地在台上演讲，

马克·吐温

七八个各种肤色，衣服破烂，肮脏的小孩跑上台来，拉着他的衣服叫"爸爸"。他有口说不清，只好狼狈地宣布退出竞选，他害怕如果继续下去，他将成为世界第一大恶人。小说以幽默夸张的言语，极力讽刺了美国所谓的"民主"。1870年他还发表了名为《哥尔斯密的朋友再度出洋》的短篇，小说以美国南北战争之后，为了开发本土，发展资本主义，美国向世界各国招募工人为背景，写了一个天真老实的华人艾颂喜听了朋友的劝告，到"民主，自由"的美国去挣钱。但是，当他刚踏上美国的土地，正幻想着金银铺地的美国是何等气派时，就遭到了警察的拳打脚踢，行李也被没收。走在大街上，遭到了恶狗的撕咬，警察不但不帮忙，反而把他抓进监狱，罪名是"扰乱治安"。一心来为美国卖命的艾颂喜背井离乡，远渡重洋最后竟落到这样的结局。马克·吐温让人们在笑声中认识到美国的"真正的民主"。

南北战争之后，美国的资本主义飞速发展起来，尤其是70年代，更被称为辉煌的"黄金时代"。由于金钱崇拜的恶习已成为风气，政府机关贪污受贿的腐败现象

日益暴露出来,美国报纸多有报道。这种现象触动了马克·吐温的灵感,1873 年发表了与华纳合写的长篇小说《镀金时代》,塑造了一个表面假仁假义,骨子里却一心捞钱,贪污受贿无所不为的参议员狄尔沃绥的官僚形象。这篇小说无情地撕开了美国华服掩盖下的罪恶。

1876 年,马克·吐温的儿童题材小说《汤姆·索亚历险记》出版。以儿童的眼光看待世俗的丑陋,更为生动、形象。1884 年,又出版了《汤姆·索亚历险记》的姊妹篇《哈克贝利·弗恩历险记》。这一部比前一部更成熟,控诉了美国的黑奴制度,批判了种族歧视,展示了黑人身上良好的品质,有些是连自称为优等血统的白人也不具备的。小说以哈克为中心展示了密西西比河两岸的生活画卷。哈克是个聪明活泼的小男孩。但是,他不适应他的收养人道格拉斯寡妇家那种"规矩""体面"的资产阶级式生活,他向往自由自在的生活。后来他的父亲回来,带走了哈克,父子两人在密西西比河岸边过起渔猎的生活。父亲虽然很爱他,但一喝醉酒便毒打哈克。哈克设法逃走,在一个小岛上遇见逃亡的黑奴吉姆。吉姆是一个纯朴、善良的黑奴,他渴望当一个自由人,为了不被主人卖到南方去,他逃离了华森小姐家,他幻想去赚一笔钱,然后去赎出自己与家人。两人结伴同行,乘木筏沿密西西比河而下,准备逃到不买卖黑奴的自由州去。一路上,他们遇见各种各样的人,吉姆一度被骗子卖掉。哈克却以自己的聪明救出了吉姆。吉姆一路上也百般照顾小哈克,两人结下了纯真的友谊,最后,吉姆的主人华森小姐临终前宣布给了吉姆的人身自由,他不再是奴隶,终于成了自由人了。哈克的父亲也幡然醒悟,答应不再管束儿子,他对自己以前的行为深感愧疚。《哈克贝利·弗恩》从侧面对美国内地的贫困、愚昧,人们的贪婪与无信进行了深刻的揭露。作品出版后,受到人民的热烈欢迎,但是因为作品中对现实生活的真实描写,触怒了政界、教育界,被列为禁书。

1893 年,马克·吐温又发表了《傻瓜威尔逊》。书中描写的是女黑奴罗克森娜害怕自己刚出生的儿子被主人卖掉,便偷偷把自己的儿子与主人的儿子调换,从此,她的真儿子锦衣玉食,在白人圈里慢慢长大,逃脱了被卖掉的危险,却沾染上不少恶习,最后成了罪犯;那位真少爷从小在下层黑奴中摸爬滚打,最后却成为一个正直、善良的人。马克·吐温以真假少爷与真假母亲的戏剧性情节,生动地揭示了种族歧视的荒谬。

80 年代,美国工人运动高涨。马克·吐温发表了一系列表达自己的社会理想、反映工人斗争的作品。如《密西西比河上》《劳动骑士团——新的朝代》与《在亚瑟王朝里的康涅狄克州美国人》等。

1893 年,由于商务上的失败,马克·吐温负债累累。为了偿还债务,在 1895 年到 1896 年他到世界各地巡回演讲,目睹了帝国主义对殖民地的残害。1897 年,马克·吐温发表了纪实性文章《赤道环游记》等一系列作品,揭露了帝国主义的罪恶。

1899 年,马克·吐温发表了他晚年的代表作《败坏了赫德莱堡的人》。赫德莱堡自祖上三代就有着"诚实""清高"的好名声。但一个来自他乡的陌生人巧妙地利用一袋假金币,使得这些自谓清高的赫德莱堡人自己撕下伪善的面目,暴露了他们的贪婪与卑鄙。

晚年的马克·吐温看透了世事的沧桑,陷入自古以来哲学家无法解答的谜团中——"什么是人?"他看到太多的人性的丑恶,从而失去了对人类光明之路的信念。在他逝世后发表的小说《神秘的陌生人》中充分表现了他这种迷惘的思想。1907 年,马克·吐温撰写了自传。1910 年 4 月 21 日,马克·吐温在美国因病逝世。

马克·吐温以自己幽默讽刺的独特风格描绘了美国现实社会的黑暗,表达了对于具有优良品质的劳动人民的同情,深受人民的喜爱,也得罪了不少权贵。但生性幽默的马克·吐温对于这些人向来是针锋相对的。据说,有一次马克·吐温在独木桥上碰到一位被他讽刺过的参议员,这位参议员瞅瞅马克·吐温衣衫不整的打扮,高傲地大声说道:"我从来不给野蛮人让路!"马克·吐温用饱含意味的眼光看看参议员那用华服包裹着的肥大愚蠢的身体,微微一笑,道:"我正相反!"转身安静地退到一旁,参议员目瞪口呆。

马克·吐温那风趣、幽默但又富含深意的形象将永远存留在我们心中。

中美关系的开端——华工上海

到 19 世纪 60 年代为止,美国还没有贯通太平洋、大西洋两岸的东西铁路,铁路网最西的终点是中西部的奥哈马。内战期间,建筑横贯铁路的要求已迫不及待,但哪里去找工人呢!

当时美国的第一号大财主是华道夫·阿托斯,他的父亲曾与华侨做过生意。所以他认定华人"忠实可靠,刻苦耐劳,并且富有独创精神"。阿托斯就写信给他豢养的议员,议员接信后马上行动,于是一场举世罕见的贩卖华工的丑剧就搬上了历史舞台。

一大批美国船只驶到了广州和上海。成千上万的贫苦农民被人贩子们用哄骗或劫持的办法送上海船,直驶圣弗朗西斯科。

从语法上讲,上海是一个专门名词,但在英文词汇中上海一词可以当动词用。

譬如说,某某人被上海了,那是什么意思呢?那就是说,某某人被蒙汗药酒灌迷后绑上海船劫走了。为何这个字要这样用呢?原来这也算是美国人贩子们的一种发明。他们把上海动词化,从而使他们的绑架合法化。

一次,有一位被骗的农民在上海地方法庭控诉一个美国人贩子把他骗绑到美国。人贩子的律师在法庭上辩护说:"原告说被告骗了他,这是不确实的。被告和原告在初次见面时就讲得一清二楚,绝无欺骗可言。原告当初曾询问被告要他干什么,被告再三明确地回答:'上海,上海'。根据美国人对上海一词的理解,他早已毫无掩盖地把真实意图告诉了原告,这是非常诚实的交易,并不是欺骗。"于是法庭宣布此案不能成立。

当时中国正值太平天国事败之时,清朝政府对太平天国的士兵迫害未已,兵士的处境非常困难,美国人贩子稍以薄利引诱,他们便不过多考虑欣然而至。

被骗上船的华工的处境怎么样呢?一位侥幸生还的广东华工追忆道:

"东方既白,美国人勃来格带了一个总工头、四个大工头,揭开舱板。那些华工饥肠睡眼,人人惊醒。洋人们从小房内搬出无数铁镣,只见两人锁一双,顷刻间全部锁住,不得动弹。"

"船开以后,一路上有晴天也有风浪之日。华工们躺在舱下,暗无天日,吃的是烂洋米和臭咸肉,天天如此,餐餐如此。头一两天还凑合着,日子久了,哪个还受得了。特别是风浪之日,那些不习风浪的人,早已呕吐大作,满舱腥臭,更兼尿臭粪臭,加在一起,构成了一副人间活地狱。"

"到了圣弗朗西斯科,只见洋人令一名小工下舱来,从华工脚上卸下铁链,喊他们起来。那些人骤然觉得脚下轻松了许多,只是站不起来。洋人们等得不耐烦,呼呼地把鞭子抽得怪响。华工们好容易忍着痛,你挨着我,我挨着你,凑合着站了起来。洋人们喝声'走',又见没有人动腿,洋人就叫水手们上来,连拖带赶,把华工一个个拉到梯子边。"

"最后一批人还是不见动静,水手们看到这情景有些纳闷,但闻到一股恶臭,从下面冲出来,就向洋人汇报。洋人叫水手下去拖,不拖犹可,一拖时真叫铁石心肠的人也要落泪。原来下面七八十个人横躺着,满面都是血污,身上也辨不出是衣服还是皮肉,只见血堆里混着一套套脚镣,洋人俯身一看,才知道是断了气的。立刻下令叫水手拿来八九个大竹篓,用铁锨把腐尸铲入篓内,抛入大海喂鱼去了。其中也有几个没有完全断气的,也当作已死看待,享受同样待遇。"

"上得岸来,华工们全被命令赤身裸体,所有衣服俱送硫碘锅蒸之。另有洋人用药水像浇菜似的喷射裸体之华工,谓之防疫。然后引入一个房屋,把华工用大麻袋一个一个分别装了进去,于是便有人前来讲价钱购买,逐个过磅。亦有买主用脚乱踢麻袋以检验袋内之货色是否还活着。"

可怜这一批华工,举目无亲,语言不通,就像牛马一样被鞭子驱入高山做苦役去了。

由于美国当时没有横贯铁路,筑铁路的器材都是从纽约装上轮船,绕道南美洲的合恩角由海上运输至圣弗朗西斯科的。而圣弗朗西斯科本身就是山地,整个铁路要穿过洛矶山脉,工程艰巨但又要抢时间,怎么办呢?唯一的办法就是加强华工的劳动强度。因此,筑路华工每日要工作 14 小时。

此辈华工虽然被白人视为无文化之野蛮人,但卑贱者最聪明,他们屡次出点子,解决白人工程师所想不到的高山运输问题。有一年冬天,风雪交加,气温降至零下二、三十度,工程因运输困难而陷入停顿。工程师们连续商讨,也没有善策。这时,有一位华工出来讲了一个故事,顷刻把死棋救了过来。

他说:"昔日我国北京城内铸得一巨钟,重几千斤,欲置于郊外宗庙中,但无运输工具能运此庞然大物者。直到冬天,始有工人建议从城内至宗庙路上铺一浅沟,灌以水,因天气严寒,滴水成冰,浅沟之水马上成了一冰道,乃置钟于冰上,轻易拉至目的地。"

工程师们大喜,乃请华工设计,赶制了一长达 37 英里的冰道,不但恢复了运输而且还加快了工程进度。

就这样,在内战后的 10 年中,运往美国的华工有近 10 万人。他们帮助建成了美国第一条横贯铁路,即联邦中央太平洋铁路,随后又帮助建成了另外两条横贯铁路,即北太平洋铁路和南太平洋铁路。

华人在从中国运往美国的途中,本来就在船内死了近十分之一。在铁路施工过程中,因疾病、事故、疲劳致死者,又有十分之四五。幸而能熬过难关,积下一点钱财的人,则又遭到白人的公开抢劫,最后还是落得不名分文。

原来中国人在美国做工的,莫不克勤克俭。做小买卖的,也莫不买卖公平,信用卓著。按一般常理讲,他们应当有权过太平的日子。但美国社会是一个讲"丛林法则"的社会,中国工人在那里无钱又无势,因此,不管你个人怎么奋斗,也是要被压迫的。

当三大横贯铁路完成后,对华工的需要大为减少,于是美国政府就策动了一个惨无人道的排华运动,并美其名曰消除"黄祸"。

华盛顿政府的手段是多样的,其一曰强迫驱逐出境,在北方的被驱至加拿大,在南方的被驱至墨西哥。有一位亲历其境的华侨写道:"本年 11 月 2 日,洋人数十,手执火枪,勒令华侨离埠,限期两日。11月3日,来了火车,扬言不要车票,送至西岸。车至美加边境,忽停车迫令华人下车,驱华人入加拿大。值大雨,华人衣衫尽湿,有抗命者,洋人以火枪击之,惨不忍睹。"

其二曰找借口破坏华人做生意,使其无以为生。有一位华侨商人描写道:"唐人街华人因病死了人,其他洋人也有死人的。本来世界上人类日日有生的,天天有死的,没有什么稀奇。偏偏这个时候美国一般生意人眼看自己的生意一日一日衰败下去,而唐人街中国商人的生意却一日一日兴隆起来,早就准备破坏华商的业务。于是他们急不待择,把死人作为借口,政府立即派出警察封住唐人街街口,外头不许进去,里头不许出来,名曰防疫,这样关闭了一个多月,试想,商人一个多月不做生意,哪有不垮的。"

其三曰绝其子断其孙。美国在华所招华工,十之八九是小伙子。他们只会说中国话,不会说外国话。他们的思想感情也都是中国的。因此,他们要想成亲也只能找中国女子结婚。美国政府看准了这一点,故意不让中国女子入境。这样,成千上万的华工就被迫过一辈子的单身汉生活,若要娶亲,只有回国,而这正是美国政府所期望的。

其四曰制定法律公开排华。美国当年敢于以如此手段对待华工,盖因在美国统治者眼内,中国只是一个地理名词,中国人比黑奴还不如。是以任凭他们如何虐华排华,都不会有人出头说话。这就牵涉到当时谁统治中国的问题。原来19世纪那个清朝政府,曾公然扬言"大清天下宁赠外邦不予家奴"。它把外国人当作亲爸,把中国人当作眼中钉。它兴师动众,围剿太平天国,逼得那些爱中国的中国人无路可走,只得流亡国外。那清朝政府对这些华工惟求其死,不求其活,哪里还谈得上保护华侨的利益,向美国政府表示抗议!所以美国排华,中国的卖国政府也要担当一部分责任。

新中国是一个欣欣向荣的团结的国家,40多年来,中美关系又发生了许多变化,我们在独立自主的前提下寻求平等,中国人民坚决抵抗外辱,同时希望和平。

"让草叶放声歌唱"——惠特曼

《草叶集》是"美国诗歌之父"惠特曼唯一的一部诗集。它初版时只有95页,是一本仅收录诗歌12首的小册子。它的出现虽未备受关注,却也小有名气了。在这以后,诗人惠特曼笔耕不辍,《草叶集》在30多年的时间内不断再版,每一次都增添进去不少新作,直至1892年诗人临终前出了最后一版,《草叶集》已脱去当初那单薄的躯壳,变得丰满、茂盛起来。近400首精致的诗篇以其独具的韵律合奏着一曲草叶之歌。这歌声像春风吹拂之下蓬勃生长的春草一般迅速地传遍全世界。

"草叶"之名,有它独特的寓意。

《自己的歌》是《草叶集》中最长的一首诗,在第六节中有一段诗人与孩子的问答。

孩子问:"草是什么呢?"

诗人从三个方面做出了回答。

首先,它代表了理想、希望:

"我猜想它必是我理想的旗帜,由代表希望的碧绿色的物质织成。"

其次,它代表着平等、公正和博爱:

"……在宽广的地方和狭窄的地方都一样发芽,在黑人和白人中都一样生长。"

最后,它还象征着发展和生生不息,象征着发展中的美国和人类:

"一切都向前和向外发展,没有什么东西会消灭。"

总之,惠特曼心目中的"草叶"是最普通、最富于生命力的东西,是整个民族中普通劳动者的形象。惠特曼以"草叶诗"来赞美人,歌颂人的创造性劳动,赞美大自然,更着力于歌颂民主和自由,同情受压迫奴役的黑人和印第安人,反对奴隶制度。1848年在欧洲大陆上发生的风起云涌的民族民主革命也得到了他热情的讴歌。

由此,惠特曼被称为"人民的诗人"。他的成长有赖于他的家庭赋予他的独特气质。1819年5月31日,惠特曼出生于美国纽约州的一个农村下层家庭中。父亲是一个木匠,母亲是一个温和的农家妇女。他的家中还有一位给他造成深刻影响的人物,就是他的曾祖母。这个老妇人富有传奇色彩,她语言粗鲁、举止粗俗地叼着大烟斗,经常破口大骂。她是村里威慑着流氓恶少、保护黑奴孩子的庇护女神。惠特曼自幼从这位曾祖母身上继承了倔强耿介的脾气和对压迫者的憎恶,以及对被压迫者真挚的关切与同情。普通劳动者的家庭培养了他许多优秀的品质,在思想上,他受到斯宾诺莎泛神论的影响,坚信在茫茫的生命之海中,人人都是同等的不容忽视的浪花。

诗人不遗余力地歌颂劳动者,在他的眼中,劳动者的美是无与伦比的。《我听见美洲在歌唱》是一首著名的诗歌。惠特曼在诗中写道:

我听见美洲在歌唱,我听见各种不同的颂歌:

机械工在唱着,他们每人歌唱着他的愉快而强健的歌;

木匠歌唱着,一边比量着他的木板和梁木;

泥瓦匠在歌唱着，当他准备工作或停止工作的时候；

船家歌唱着，他的船里所有的一切水手在汽艇的甲板上歌唱着；

鞋匠坐在他的工作凳上歌唱，帽匠唱着歌站在那里工作；

伐木者、犁田青年们歌唱着，当他们每天早晨走在路上，或者午间歇息，或到了日落的时候；

我更听到母亲美妙的歌，在工作着的年轻妻子们的或缝衣或洗衣的女孩子们的歌。

每人歌唱属于他或她而不是属于任何别人的一切；

白昼歌唱白昼所有的，晚间，强壮而友爱的青年们集会，

张嘴唱着他们的强健而和谐的歌。

这首诗是惠特曼妙手描绘的一幅包罗众生的画卷，透过它，我们依然能在200年后感受到那欢快跳动着的时代脉搏，那蒸蒸日上的繁荣景象，而这一切都是通过作者对劳动者热情的赞美表现出来的。

惠特曼坚持自由民主的思想，在诗歌中抨击资本主义的罪恶，渴望理想社会的到来。这一类诗作很多，如《为你，啊，民主哟！》、《起义之歌》《法兰西》等等。在《自由之歌》中，他讲述了一个白人收留并款待逃亡黑奴的故事。主人公用"我"来代表，其实代表的是每一个普通的美国人。"我"让"他在我这里住了一星期，等养好伤了才上路去了北方"。"我"还在墙角安放了一支火枪，准备随时对付追捕这个黑奴的人。作者把黑人看作是与自己平等的人，在给予救助之外还结下兄弟般的情谊。更为难能可贵的是，惠特曼并不把民主平等的思想局限于此，而是推而广之：

我的精神环游了整个世界，深情、坚定。

我寻求人们爱我，和我平等，在世界各地到处都是这样的人

……

向世界致敬！

凡是光和热能进去的任何城市我自己都要进去。

凡是鸟儿所能飞去的一切岛屿我自己都要飞去。

1861年美国内战的爆发对惠特曼的诗歌创作起到了决定性的影响。他把战争中的经历、见闻、思考、感悟都写成诗歌，分别编入《桴鼓集》和《林肯总统纪念集》，最后都以组诗的形式收入《草叶集》。

《桴鼓集》中，惠特曼号召人民起来战斗，鼓舞士气；也讲述哀伤凄凉的战争故事。如：《敲呀！敲呀！鼓啊！》、《父亲，快从田地里上来》都是其中的名篇。

在惠特曼所有的诗篇中,最为感人至深的是两首哀悼诗,《啊,船长,我的船长哟!》和《当紫丁香最近在庭园中开放的时候》。这两首诗用以纪念当时不幸遇刺身亡的美国人民的伟大领袖林肯总统,是诗人创作的最高成就。

惠特曼本人对林肯钦佩备至,他以少有的铿锵低沉的严谨格律写作了《啊,船长,我的船长哟!》,表达了深切的哀悼和追念。诗人把林肯比作一位经历了千难万险到达目的地的大船船长,当大船即将靠岸时,他却在众人的欢呼和无数鲜花的欢迎中倒下了,"就在那甲板上,我的船长躺下了,他已浑身冰凉,停止了呼吸"。在《当紫丁香最近在庭园中开放的时候》一诗中,作者以庞大的交响乐一般的篇幅抒写了人们无尽的悲悼之情,对林肯做出盛情的赞誉。

总之,惠特曼的《草叶集》以其进步民主的思想,博大宏深的气度和自然纯朴的风格感染了一代代的读者,对世界文坛、诗坛产生了深远的、弥足珍贵的影响。

"发动南北战争的妇人"——斯陀夫人

1860 年,旨在废除奴隶制度的南北战争在美国轰轰烈烈地爆发了。情绪高昂的北方士兵势如破竹一般攻克了南方要塞。1863 年,美国总统林肯颁布了《黑奴解放令》。所有黑奴一夜之间成了自由人。南北战争取得了决定性胜利。当胜利的喜悦荡漾在每一个黑人脸上时,人们不约而同地记起那位可敬的夫人——哈丽叶特·伊丽莎白·比彻·斯陀。因为这位夫人一部伟大的作品导致了这场如火如荼的废奴战争,也引起了世界被压迫民族的觉醒。林肯不无敬意地称她为"发动南北战争的妇人"。

哈丽叶特·伊丽莎白·比彻·斯陀于 1811 年 6 月 14 日出生于美国东北康涅狄格州列奇斐市。她的父亲是个基督教牧师,后来在中北部俄亥俄州辛辛那提市担任兰氏神学院院长,是当时美国最有权威的清教徒教士。哈丽叶特姐弟五个从小在父亲的教导下长大,都笃信上帝,关心道德、宗教与社会问题。她的三个兄弟后来成为美国著名的传教士。她的姐姐凯赛琳在哈特福德市办小学,哈丽叶特先在那里读书,后来就在姐姐的学校当教师。

在哈丽叶特幼年时,她跟随父亲居住在辛辛那提市。辛辛那提市与南方的蓄奴州仅隔一条俄亥俄河,经常看到黑奴从南方逃过来。在 18 年里,纯真善良的哈丽叶特耳濡目染了大量关于黑奴的悲惨故事。从小,哈丽叶特就从心底厌恶奴隶制度,看到一对对黑人妻离子散,哈丽叶特幼小的心灵在滴血。后来,哈丽叶特与兰氏神学院教授卡尔文·斯陀结婚。当自己的七个儿女幸福地围在自己与丈夫身边时,斯陀夫人又想起了少年时所见到听到的一幕幕黑人父母、儿女生离死别的凄惨画面。斯陀夫人决定要为解放黑奴制度做点什么。在一位朋友的鼓励下,在丈夫的支持下,斯陀夫人开始了一部伟大著作的创作,终于在1851年完成,书取名为《汤姆大伯的小屋》。我国翻译界先驱林纾与魏易曾译为《黑奴吁天录》,也有的译为《汤姆叔叔的小屋》。

当时,美国北方已掀起废奴运动高潮,"地下铁路"活动日益频繁,引起南方大地主的强烈不满。1850年,国会通过"安协议案",南北各作让步,矛盾又平缓下来。1851年,斯陀夫人的《汤姆大伯的小屋》出版,像一颗重磅炸弹一样,震动了整个美国。小说对于南方奴隶制度的真实描写,重新激起了北方人民的愤怒,使南北矛盾更加尖锐。1859年10月16日,废奴派英雄约翰·布朗率领18名游击队员攻击弗吉尼亚州的哈柏津国家军火库,企图武装黑人,发动起义。这件事更是火上浇油,内战如箭在弦上,一触即发。1860年,林肯当选总统,南方各州宣布独立,南北战争终于爆发了。两方史学家都认为,《汤姆大伯的小屋》是美国南北战争的导火线之一。此书刚一出版,销售就达到30万册,前所未见。同年,美国作家乔治·艾肯把它改编为话剧,在美国各地上演,盛况空前。后来,《汤姆大伯的小屋》被译成20多种语言,改编为各种语言的剧本,在世界各地演出,对于世界被压迫民族的觉醒,起了很大作用。1853年,斯陀夫人访问欧洲,受到人们的热烈欢迎。《汤姆大伯的小屋》已成为世界闻名的著作。

小说展示了一幅幅凄惨的黑奴生活画卷。汤姆大伯是坎特基州一个善良的庄园主家的黑奴管家。主仆原来过着快活融洽的生活。但是,主人谢尔贝因负债累累,受制于人,不得不卖掉庄园中最得力、最忠实可靠的汤姆以及女奴伊丽莎的儿子小哈利来抵债。因为汤姆大伯最值钱,如果不卖他就要拍卖全庄所有的黑奴,汤姆大伯宁愿一个人承担厄运。第二天,汤姆大伯含泪离别妻子与自己早已熟悉的庄园。主人谢尔贝答应将来一定要赎他回来,但谁知此去还有没有生存的可能?汤姆大伯被奴隶贩子海利带走了。而头天晚上女奴伊丽莎不忍儿子被卖,连夜携子逃走。伊丽莎在爱子之心的鼓舞下,几次险里逃生。特别是在俄亥俄河边时,海利的追兵近在咫尺,前面是冰雪融化的大河,伊丽莎以一线求生的希望,抱着爱子从浮冰上飞奔过俄亥俄河,逃离了魔爪。伊丽莎的丈夫乔治·哈里斯也因不堪其东家的虐待,乔装逃走,途中夫妻二人不期而遇。在废奴派人士的帮助下,终于胜利地逃到加拿大,一家三口取得了自由。而汤姆则在被运到南方的船上,救了一个落水的小姑娘伊娃。小姑娘的父亲圣·克莱亚见他忠厚老实,就买下了他,待他如谢尔贝一家一样宽厚,汤姆与伊娃一家结下了情深,尤其是对伊娃,他像父亲一样照顾纯洁的伊娃。但是,不幸的事终于发生了,体弱多病的伊娃夭折,主人圣·克莱亚因为劝架也不幸受伤而死,一个家败落下来,主母不得不把汤姆卖掉。这次汤姆落到残暴的庄园主雷格里手中。很多奴隶已被他折磨而死。能干的汤姆开始很让雷格里高兴,打算让他当监工,但正直、善良的汤姆却不愿意欺负与自己同样命运的人。雷格里勃然大怒,发疯般地毒打汤姆。这时,汤姆原来的小主人乔治·谢尔贝寻到这里,要赎买他回家,但是汤姆已经不行了,他微笑着死在小主人的怀里。

斯陀夫人从基督教教义出发,以客观的笔触描写了黑人奴隶的悲惨命运,同时也写了黑人奴隶的反抗及正直的白人的帮助,控诉了奴隶制度的罪恶。第一次用现实主义的手法展示美国的社会风情。《汤姆大伯的小屋》是美国第一部具有鲜明的民主倾向的现实主义作品。

斯陀夫人还写过其他的小说,如《居雷德·大荒泽的故事》,也是反对奴隶制度的作品。还有其他如《牧师求婚记》等几部表现清教徒生活的小说。

1896年7月1日,斯陀夫人在哈特福德逝世。虽然斯陀夫人在世界文坛上并不算大家,但她与她的《汤姆大伯的小屋》一起早已世界闻名,被压迫、被奴役的人们永远不会忘记这位受人尊敬的夫人。

捕捉雷电的人——富兰克林

1752年7月4的一个雷雨天,狂风呼啸,电闪雷鸣。大家都躲在屋中,以防发生危险。

这时,有两个人却顶风冒雨在野外工作,他们是富兰克林父子二人。

正在美国费城的富兰克林,带着他的儿子冒雨捕捉雷电。富兰克林设计了一个大风筝,为了不让风筝损坏,他用丝绸做原料。在风筝的顶端,富兰克林特意装上了长长的触须一样的铁丝,风筝用细长的麻绳系牢。

这天,雷电交加,富兰克林高兴地说:"机会来了!"于是他把风筝放飞到天空中。一个闪电过来,一声巨响,击在风筝上。风筝在雨中淋湿,带上了电,而麻绳由于浸了雨,也成了导体。这样,一瞬间,闪电通过风筝上的铁丝,沿风筝线直向地面上传导而来。

富兰克林在线的端处挂了金属钥匙,导电的一刹那,只见绳子上的纤维全都立了起来,用手和导体接近钥匙,发出耀眼的火花。雷电频繁不止,富兰克林用储电瓶接触了钥匙,迅速把雷电储存了起来。

科学家为了研究自然奥秘是不惜牺牲的。以上过程虽然简单,但对富兰克林来说,却侥幸之极。这是一项直接危及生命的实验,死伤的危险性比健康安全的可能性要大得多。

富兰克林

在研究电的早期,很多科学家献出了自己的生命。富兰克林有一次连接了几个储电瓶,准备用强电杀死一只火鸡,但是操作中失误,他自己碰上了导电处,于是被击昏过去。醒来之后的富兰克林还乐观地说:"本来想电死一只火鸡,没想到搭上一个傻瓜。"

富莱克林的"捉电"实验证明了天电与地电是一样的,性质相同,这成为富兰克林的著名发现。

富兰克林是美国历史上人所共知的著名人物。他1706年生于麻省的波士顿市。他的父亲是一位肥皂商,由于子女众多,家境贫寒,富兰克林年轻时做过印刷业的学徒工,后来在费城地区创办了报纸。

在18世纪下半叶,富兰克林成为美国独立运动的领导人之一,成为家喻户晓的英雄和领袖,而在此之前,他早已以科学家的身份闻名欧洲了。

18世纪上半叶,电学研究基本上没有开展,富兰克林也是晚年才研究电,并取得了重大发现的,可见他的科研才能十分出众。人们把他的著名实验称为"费城实验"。

1746年时,他得到了伦敦朋友送来的莱顿瓶,这是当时新发明的储电瓶。由此,富兰克林开始更好地研究雷电了。

通过很多试验,富兰克林发现电可以传导,也就是转移,从一个物体到另一个物体,连续不绝。在莱顿瓶内侧与外侧,一边有电另一边则必然不带电,把电释放,但总的电量保持不变。不同性质的电相接触时,会放射火花。

富兰克林提出"电荷守恒"的概念,后来就成为"电荷守恒定律"。正电与负电的概念是富兰克林提出来的。

1747 年,富兰克林在致朋友的信中写到,电是某种电液体构成的,这些电液体渗透在一切物体之中,但是分布并不均匀。只有一个物体内部的电液体与外界的电液体处于平衡时,这个物体才呈现不带电的中性。如果内部的电液体多于外界时,则为正电,反之则为负电。

富兰克林认为,电荷总量不变,电不会被创生而只能转移。这一观念极其正确。虽然他的电液体理论不准确,而且他把正电负电的形成弄反了,但是他对电的转移的认识是至关重要的发现。富兰克林的"缺失"和"多余"的思路被大多数科学家发展,推动了电的理论研究。

富兰克林证明了天电与地电的统一性,破除了迷信说法。他还发明了避雷针。他发现尖端处更易放电,所以想到利用尖端处引电,把天电引入地面,建筑物就不会遭受电击。

1760 年,世界首次应用避雷针。富兰克林在费城一座大楼上竖起一根避雷针,人们目睹了避雷针的神奇效力。到 1782 年,全城安装了四百多处避雷针。据说,教会极力反对避雷针,因为他们认为这样会违反上帝的旨意。

有趣的是,到了 19 世纪,有个教堂不想装避雷针,去请教爱迪生。爱迪生说道:"上帝也有大意之时,你们说怎么办?"教会终于还是装上了避雷针。

电的研究打破了"上帝的灵光"说,更有力地瓦解了宗教神学的理论。电的研究如同火的应用,给人类文明带来长远深刻的变革。

富兰克林,全名本杰明·富兰克林,是美国 18 世纪科学家、社会活动家。

他靠自学成才,在电、光、热、化学、医学等领域贡献杰出。参加了《独立宣言》和《美国宪法》的起草。担任过美驻法大使及宾夕法尼亚州最高行政会议议长等职。1790 年,因病去世。

法国经济学家杜尔哥颂扬他:"他从天空抓到雷电,从专制统治者手中夺回权力。"

火车之父——史蒂芬

1769 年,瓦特发明了蒸汽机,动力机器的极大改进使人类进入蒸汽时代。在世界范围内掀起了轰轰烈烈的工业革命。

在矿山,原来主要靠用马拉矿石来运输,费时又费力,所以矿上的人们首先迅速地换上了蒸汽机车。人们专门修建了蒸汽机车的轨道,用来顺利地运送矿石及其他物品。

有些人开始研究:既然能运输货物,应该一样可以运输人才对。英国的矿山技师特莱维茨克开始琢磨这个问题,1803 年,世界上第一台蒸汽机车诞生了,这种机车每小时可以行驶 6000 米左右。

但它面临的危险是出轨,特莱维茨克反复试验都没能很好地解决因震动引起的零件松动脱落以及出轨问题。

1812 年,人们认识到了一点:铁轨打滑是机车出轨的主要原因。于是英国的两位技师提出新的方案,他们在铁轨中间又加了一条轨,使两轨道路变成了三轨道路。这第三条轨是锯齿状的,与机车底部的齿轮互相咬合,这样防止出轨,但是仍然没有什么实际进展。

1799 年,史蒂芬逊上了夜校。

史蒂芬

他是一名矿工的子弟,而他本人 14 岁时也当上了煤矿矿工。史蒂芬逊对煤矿工人的苦难生活有极深的体会。

工人们挖煤、运煤，受苦受累不说，而且相当危险。

蒸汽机发明后，应用在煤矿上，虽然减轻了人们一定的负担，但是机车的性能并不是十分优良。

史蒂芬逊决心为工人们制造出更加高效率的机车，为大家谋福利。他凭着四年矿工生活积累的对机车构造和性能的经验，要补充科技文化知识，好进一步研究。

1814 年，史蒂芬逊研制的第一辆蒸汽机车在达林顿的矿区铁路上试运行，效果比较理想，速度和动力明显进步了。

但是机车就像一头怪兽，疯狂叫嚣，浓烟滚滚。

火车开动的时候，地动山摇一般，轨道摇摇晃晃，车子异常颠簸，烟筒冒出滚滚黑烟，火星四射。

这个场面太吓人了，附近的树都被烟筒冒出的火焰烧着了，熏得漆黑。

最危险的是，锅炉的温度散不出去，急剧升高，有爆炸的危险。

据说，周围的人们被吵得不能休息，就连牛、马、鸡、狗等家畜也被吓得不吃草、不干活、不听使唤了。人们纷纷表示抗议。

史蒂芬逊开始解决这个问题。

他用导气管把喷出的蒸汽废气引到烟筒里，就把噪声减小了。由于废气排得快，因此加快了炉内的空气循环，使炉内的煤燃烧加快，发出更多的功率，使机车的牵引力变得更大了。

不仅如此，史蒂芬逊还改进了车厢，增加了弹簧以防止震动过于猛烈，他还用熟铁来代替生铁用作路轨，并且在枕木下加铺小石块，增加车轮用来分散压力。史蒂芬逊还想到了要把锅炉安装在车头，这样可以减少爆炸带来的损失和伤害。

从 1823 年起，在英国的"煤都"达林顿和海港城市斯多顿之间修建了一条商用铁路，政府让史蒂芬逊主持修建。

1825 年 9 月 27 日，史蒂芬逊劝服了政府，在这条路上行驶蒸汽机车，开始试车。

很多人认为，铁路和火车不是搭配使用的吗？怎么史蒂芬逊还要劝服政府在路上通行机车呢？

原来这条铁路是给马车准备的。

历史上，铁路的出现比火车早。在欧洲，马车的使用非常广泛，是陆地上主要的交通运输工具。渐渐地，随着矿业的发展，矿产品越来越多，燃料、原料以及成品都需要运输。

在山岭中,在矿井里,人们铺设了木制专线,这是专用轨道,行驶起来要快一些。后来伴随着铁的大量使用,人们为了减少磨损,增大速度,在木制轨道上包上铁皮,逐渐演变,铁轨就代替了木轨。

试车那天,史蒂芬逊的"旅行号"列车拉着6节车厢的煤,20节车厢的乘客,重达90吨,时速15000米。人们都围观欢呼,人山人海,热闹非凡。

1830年,利物浦至曼彻斯特的铁路贯通了,史蒂芬逊的"火箭号"使用蒸汽动力,平均时速达到了29000米,没有出现任何异常。

据说,当时有一场比赛,三台蒸汽机车中"火箭号"载重14吨,速度第一。

航运史上的新时代

人类文明的发展依赖交通工具的进步。五湖四海,山河茫茫。一去经年,数载不回的场面是古代所有人都经历过的痛苦。

人是陆地动物,在水上更是无法全力施展自身的能力,大江大河、大洋大海阻断了陆上交流,但自古就有勇敢的人漂洋过海,凭借木制、铁制等等原始的船,以风力这种自然力为动力,航海远行。

然而这样的水上航运费时费力,危险极大。

人们在科技进步的同时,没有忘记努力改进水上交通工具。

瓦特发明了蒸汽机,为动力提供了广阔的天地。瓦特本人有很多天才的创见,他指出应用新的蒸汽机会改进车辆、船只和很多动力设备带动的工具,但是瓦特的主要精力放在蒸汽机的改进上,他自己没有过多的时间和精力去设想蒸汽机的应用。

这些应用的任务有待后人进一步探索并实现。于是各行各业有了很多发明,矿山、冶金及纺织、机械等部门不断地利用蒸汽机带动设备,获得极大的效率。

第一个航运改革值得纪念的人是美国人菲奇,他没能产生影响,作为一名致力研究的人,没能受到重视,他的经历带给后人很多思索。

菲奇于1743年出生于美国。他利用瓦特的新产品——双向式蒸汽机来结合帆船,研究了将近三年。他设想过螺旋器,可以起推进作用并且制作了推进器的模型。

经过多方面努力,出身普通的菲奇艰难地筹措到了一部分资金,研制出了四艘汽船。他的桨式汽船成为世界第一代汽船。但是他没有雄厚的资金作保障,也没有人帮助，只好投诸实用想挣一些钱以供研究。

投入使用的汽船却没有引起人们的关注，乘客也十分稀少。船只还需要维护修理，他的营业越来越困难。1790年，菲奇最先进的一艘汽船在载客途中失灵，更加使人们不满。要知道，新发明哪有一帆风顺的！但是没有人支持菲奇了，人们对他的研究十分漠然。

菲奇中断了他的事业，1798年，在穷困潦倒中死去。

在菲奇之后，有一个人投入到汽船的研究，他产生了巨大的影响，并最终将蒸汽动力用于航运，使航运开始跟上蒸汽时代的脚步。

他就是"轮船的发明人"——罗伯特·富尔顿。

1797年，富尔顿在法国曾经研制了潜水艇，但是实际使用起来很不理想，因此也没能继续下去。

在法国时，富尔顿研制好了一艘轮船，它用瓦特蒸汽机做动力，用明轮桨做助推工具。一天，富尔顿在塞纳河上试航，人们听说研制了水面"怪物"，纷纷跑来观看。船开动了，顶风逆水而行，船缓缓地前移，发出轰轰的声音。

人群中突然有人笑了起来："哈哈，瞧它慢得像什么？"

"蜗牛！"

"又笨又重！"

"又呆又傻！"

人们七嘴八舌讥讽着这艘刚刚起步的汽船。

还有一人大叫：

"看我的！"

只见他在岸边，竟然与轮船一起行走，不一会儿，他竟然超过了汽船，而船却落在后面了！

人们更加开心，哄然大笑。

富尔顿毫不气馁，他对人们说，新发明需要人爱护，要有向前看的眼光，才能有正确的意识。

但是没有人感兴趣。为此，富尔顿向拿破仑建议，希望政府能出资金帮助他。可是拿破仑一见富尔顿，哈哈大笑："尊敬的先生，您让我用它来做什么？打仗？我的军队会在船里饿死的！"

拿破仑这位军事天才也不是全能的，没有想到汽船今后的重大作用，而只顾了眼前利益。

富尔顿同菲奇一样，遭受了打击。

更为沉痛的是,狂风摧毁了轮船,富尔顿只好从头开始。

1806 年,富尔顿回到美国,寻找支持者。幸运的是他遇上了发明家列文斯顿。列文斯顿很富有,是一位农场主。在他的资助下,富尔顿解决了吨位重量与推动力的难题,提高了船的速度。

成功的日子到来了。

1807 年 7 月 4 日,富尔顿成功制造的一艘新汽船停泊在美国纽约附近的哈得逊河上。

这艘船样子十分奇怪,表面上看去是木质结构,在船上有一个冒着浓烟的烟囱,船上有船帆,但却没有摇橹的人,当然也没有橹。

富尔顿把这艘船命名为"克莱蒙特",这次来观看的人依然是人山人海。

人们听说在法国富尔顿曾经失败,都想看看这位发明家的新成果如何。

富尔顿邀请了一些有名望的人,有学者,还有贵族,其中还有很多是他的朋友。富尔顿为大家讲解轮船的性能,并且介绍了它的稳定性。

这回的试航十分成功。人们惊奇地发现,新轮船比帆船要快,而且乘客们感觉很平稳,让人十分舒适。

这艘船运行了 32 个小时,从纽约到奥尔巴尼共行程 240 公里。

一时间,搭乘这艘"克莱蒙特"号成为时尚。

不久,美国的史蒂芬逊工程师也发明了"菲尼克斯"号汽船,但富尔顿成为世界上第一位发明汽船的人,人们把菲奇忘记了。

这时的轮船还不是真正的轮船。

因为设计师采用的是明轮推进,而不是螺旋桨。明轮就像车轮,所以,汽船就像车在地面上行驶一样在水面上行驶。

1814 年,富尔顿采用明轮为美国海军制造出了蒸汽军舰,威力无比。拿破仑后悔也没有办法了。人们的重大发明往往会被首先用于装备军事力量,轮船也不例外。

1836 年,螺旋桨研制成功,船真的成了"轮船"。1838 年,商船"天狼星号"完全利用蒸汽动力横渡大西洋,航运终于全面进入蒸汽时代。

画家的物理发明

莫尔斯是一位画家,他对绘画很熟悉,已经从事多年并小有名气。

莫尔斯已经 41 岁了。

莫尔斯对电学和机械一窍不通。

但是,莫尔斯改行了。

改学了电学与机械。

最后,他发明了电报!

事情要从 1832 年那个美丽的秋天说起。

"萨丽"号游客轮在大西洋海面上乘风破浪,赶赴美国的纽约。人们互相攀谈闲聊。有一位青年人的谈话吸引了很多人。这位青年人是杰克逊。他不知道,由于他的一次很普通的旅行谈话促使了近代一个重大发明的诞生。

莫尔斯虽然听不懂杰克逊的一些术语,但是电的奇妙却深深地打动了他。他放弃了自己的艺术领域,开始研究"电报"。

莫尔斯把自己的工作间变成了研究室。他在大学担任美术教授,以挣得必要的钱,同时向大电学家亨利学习电学知识。

对于一个 41 岁的人来说,这是多么不易呀!

莫尔斯先了解了前人的发现:

最早的是安培。安培用 26 根导线连接两处 26 个相对应的字母,利用发报端控制电流的开关,利用收报端的字母旁的小磁针感应联接字母的导线是否通电,从而确定信息。

后来就是莫尔斯的老师,美国物理学家亨利了。亨利提出接力赛式的传导,在线路的中间加装电源,以增强电流从而远距离传输。

莫尔斯从亨利那里学习技术与电报理论。他很快就制造了自己的电磁铁,发明了"继电器"。

三年时间一晃而逝,莫尔斯的积蓄不多了,但是发明还是没能成功,一个关键的问题没有解决——26 个字母符号太复杂。

终于有一天,莫尔斯看到飞溅的电火花想到了这些:"电火花是一种信号,没有电火花是另一种信号,时间间隔也是一种信号,有电与没有电,时间间隔的有无,这可以互相组合代表字母与数字,从而传递信息,双方都知道编码规则,就可以互相翻译了。"

电码与电路的对应关系被解决了。莫尔斯发明了只用点和横两种符号的电报系统,人们称为"莫尔斯码"。

莫尔斯的数学进制与编码知识十分薄弱,他能想到这一点,难能可贵。

莫尔斯特意求助一位机械学知识较丰富的青年人,经过一段时间的紧张研制,莫尔斯终于在自己经济最拮据的时期研制成功了电报机。

·近代美国·

图文珍藏版

1837 年 9 月 4 日,莫尔斯的电报机在 500 米范围内工作了,当助手从另一端接收到信号,两人的内容准确无误没有丝毫出入的时候,莫尔斯兴奋极了。

但是国会的议员们认为电报无用。通信即可,为什么要架设专线呢?当时没有发现无线电波,人们认为架设专线发报是费力不讨好的事情。1843 年,在莫尔斯的鼓动和再三提议下,又看到别的国家也在进行电报研究,美国国会终于动心了。

经过两年多的铺设,一条由华盛顿到巴尔的摩的 60 公里实验电报线路成功开通。

1845 年 5 月 24 日,第一次有线电报发出了。美、英先后成立了电报公司。电报事业迅速在欧洲发展。人们远距离迅速通讯的时代到来了。

图文珍藏版

第二十一章　近代俄国

——强国之路开启

彼得大帝的海上强国梦

现代的俄罗斯是一个海上强国，这是一个不争的事实。它的海军实力是世界上唯一的一支可以和美国海军相媲美的。但距现在 300 多年之前，俄罗斯却是一个内陆国。为什么俄国的海军现在能够如此的强大？这样的功劳应该归功于被世人称为彼得大帝的彼得·阿列克塞那维奇·罗曼诺夫。

彼得大帝出生于 1672 年，他是俄国罗曼诺夫王朝的第九代沙皇。他 10 岁的时候就已经登基了，但是当时的政权落在他的同父异母的姐姐索菲娅公主的手中。彼得从小就喜欢军事，经常和一群小伙伴玩军事游戏，把他们变成娃娃兵团。他在军事游戏中接受了最初的军事训练，娃娃兵团也成了他日后组建近卫军时最早创设的两个团。

彼得一世身体强壮，精力充沛，性情粗野，对待反对他的人残酷无情，但是他非常聪明，他系统地向西方人学习数学、科学和军事。他一生中学会了许多手艺，在他的一生中大约会 20 种不同的技艺，从造船到拔牙几乎样样都会做。1689 年，彼得一世从他的姐姐手中夺回政权。

彼得一世生平热爱大海，羡慕西欧的先进技术，他要使俄国由一个贫穷的内陆国家变成一个海上强国，他要使俄国的海军悬挂着俄国的国旗，在一望无际的海上游弋。为此他做了一系列为当时俄国人所震惊的事。

首先，他宣布在阿尔汉格尔斯克就地制造战舰，这是俄国历史上前所未有的。为了寻找通向欧洲的窗户，1695 年 1 月彼得一世亲自率领 3 万大军进攻土耳其，企图占领亚速海。但是因为俄国没有海军，不能够从海上包围亚速城堡，而土耳其的舰队却可以经常从海上提供支援，彼得的第一次远征失败了。但是在一年之后，彼得一世组建了一支舰队。1696 年春，30 艘俄国的战舰出现在亚速海上。这一次俄国水陆两军并进,一举攻破了亚速城堡,土耳其战败求和,亚速海落到了俄国人的手中。亚速海战后,俄国海军一举成名。

其次,彼得一世毅然决然地决定组织一个庞大的使团出国参观访问。因为在攻下亚速城堡之后,彼得更加看清了俄国在军事方面的落后,要使俄国成为军事强国必须向西欧学习。所以彼得在 1697 年组建使团出访西欧。他自己装扮成随团人员随团出访。在荷兰的阿姆斯特丹,他进入一家最大的造船厂当学徒工,一直干了 4 个多月。空闲的时候,他总是去参

彼得大帝

观手工工场、博物馆,访问著名的学者、科学家,许以他们以重金,聘请他们去俄国工作。但正当他在国外考察时,国内射击军发动兵变,要求立索菲娅为沙皇。彼得闻讯急忙赶回国内,迅速镇压了叛乱。

第三,平息叛乱之后,彼得一世开始在俄国进行全面改革。他大力发展工商业,鼓励工业发展,给工厂主许多的优惠条件。他还派遣大批留学生去西欧学习,学习西方的科学文化及工程技术。在政治方面,为了提高政府的工作效率,他参照了西方的模式进行行政改革,把一切权力都集中到沙皇的手中。彼得在生活习俗方面也进行了改革,提出了生活方式西欧化。但是他的这些改革都是以增强沙皇俄国的军事力量为目标的,所以,在军事方面的改革也就成了改革中的重中之重。彼得一世在军事方面的改革有:创建新军,实行义务兵制。为了训练军官,他开办炮兵学校、海军学院和军医学院等。他引进国外的新式武器与战略战术,建立俄国第一支海军。他为了发展军火生产,甚至连教堂里的铜钟都用来筑造大炮。他于 1704 年开始,决定在波罗的海的海岸建造新都圣彼得堡。在海滨修建新都的同时,彼得大帝又在科特林岛修筑防御工事,兴建喀朗施塔得海军基地,建造船坞和要塞。这些对于俄国取得波罗的海的出海口,使俄国走向世界,向外扩张,成为一个军事强国、海上强国,都有重要的意义。

第四,彼得大帝决定同波罗的海的霸主、欧洲强国之一的瑞典开战。因为俄国虽然在亚速海战役之后夺得亚速城堡使俄国海军一举成名,但是俄国还是没有得

到他们梦寐以求的出海口——"朝向欧洲的窗户"。所以被历史上称之为北方战争的一场长达 21 年的战争开始了。

当时瑞典是波罗的海的霸主,它有一支强大的军队。在战争的初期,彼得大帝亲率大军进攻纳尔瓦。他的部队从莫斯科一路行进了两个多月才到达这个瑞典在波罗的海的重要城堡。一连猛攻了两个多星期,俄国军队的弹药都快要打完了,但是纳尔瓦依然牢牢地掌握在瑞典人的手里。而且此时瑞典 18 岁的国王查理十二已经率领一万多瑞典军人先后击败了俄国的盟友波兰和丹麦,然后闪电般地来到纳尔瓦,增援瑞典军队。这时俄军已经疲惫不堪。瑞典军队突然在清晨时发动进攻,俄国大败。这一仗下来俄军几乎全军覆灭,彼得一世侥幸逃脱。

彼得一世回国之后,卧薪尝胆,重新组建自己的军队。他下令全国每 25 户农民出一名终身服役的军人,很快重建了一支拥有 20 万人的陆军;铸造了 300 门大炮,是在纳尔瓦损失大炮的三倍;他命令每一万个农民要缴纳一艘战舰的钱,迅速地造出了 40 多艘大船和 200 多只小船,建立了俄国第一支海军舰队——波罗的海舰队。之后彼得又开始了第二次远征纳尔瓦。他先攻占了纳尔瓦附近的尼恩尚茨堡要塞和吉诺特要塞。第二次纳尔瓦大战开始了,俄军先用炮火轰击纳尔瓦。100多门大炮猛烈地轰击纳尔瓦一天一夜,纳尔瓦的将军戈恩感到纳尔瓦快要守不住了,决定向瑞典国王救援。但是信使被俄军捉住,彼得一世决定将计就计,让一队俄军扮成瑞典军人,里应外合一举攻破了纳尔瓦。俄军大获全胜,凯旋而归。彼得夺取了出海口,迈出了"朝向欧洲的窗户"的第一步计划。彼得一世决定在叶尼萨利岛上建立彼得—保罗要塞。彼得—保罗要塞地处于大涅瓦河、小涅瓦河的汇合点,控制着通向波罗的海的水路。彼得选中这地方作为未来的首都。1712 年,彼得在涅瓦河两岸的荒岛上建立了一座新城市,取名为彼得堡,并作为新的首都。

经过彼得一世多年的努力,使得俄国日益强大、富强,俄国终于成为一个海上强国,建立了强大的海军,圆了彼得的海上强国梦,也使俄国成为西方列强之一。

"贵族的女皇"——叶卡杰琳娜二世

在俄国的近代历史上,有一位地位非常重要的女沙皇,她以残忍、荒淫、反动而著称于世,她就是叶卡杰琳娜二世。她在一次宫廷政变中杀死了她的丈夫——彼得三世之后,登上了俄国沙皇的宝座。之后,俄国人民在她的残酷统治下生活了35 年。

叶卡杰琳娜是德意志一个小公爵的女儿,本名叫索菲娅·奥古斯塔,1729 年生于德国。她在 15 岁时,跟随她的未婚夫俄国的皇储——彼得三世来到了俄国。年轻的叶卡杰琳娜当时不懂俄语,也不懂得俄国的规矩,但是她非常聪明,又机智好学,很快就学会了俄语,并且深入地研究了俄国的历史和风俗。她能够察言观色,生活在宫廷之中逐渐地掌握了贵族之间争权夺势的手段。

俄国在彼得一世改革之后,虽然取得了一些成果,但是彼得死了之后,有一些成果也失去了。其中贵族成了不受约束的特权阶层。不同的贵族派系因为各自的利益在 1725~1762 年发动了多次政变,推出对自己有利的人担任沙皇。在历次的政变中,由贵族组成的近卫军都起到了重大的作用。

叶卡杰琳娜与彼得三世结婚之后,两人的关系一直不好,所以她一直生活在一个孤独的环境之中。但是随着她对俄国宫廷权术的了解,逐渐增长了她在政治上的野心。1762 年的宫廷政变中,她在自己的情夫奥尔洛夫(近卫军军官)的帮助之下,推翻了她丈夫彼得三世的统治,自己当上了女皇,开始了她长达 35 年的统治。

叶卡杰琳娜在当上沙皇之后,在经济和统治上实行了一些"开明"的政策。因为俄国是一个农业国,她强调农业生产,为了很好地发展农业,她还允许发表一些批评农奴制的言论。她还接纳许多的外国移民,把他们安置在南方新征服的土地之上。她还允许自由贸易,逐步地放弃重农抑商的政策,实行了一些有利于资本主义发展的政策。

叶卡杰琳娜在政治上的"开明"主要是在口头上,她为了表示要对国家制度进行全面改革,于 1767 年召开了一个立法委员会会议,并且为会议的召开精心地拟定了一个《训谕》,其中大量引用启蒙思想家的言论。《训谕》在欧洲各国引起了强烈的震动,法国甚至禁止它的传播。但是这些都是只说不做而已,到 1768 年,女皇以对土耳其开战为理由,解散了会议,就连这样口头上的"开明"也都取消了。

叶卡杰琳娜被称为"贵族的女皇",她竭力加强封建农奴制的专制制度,以扩大贵族的特权。她经常把土地和土地上的农奴一同赐给贵族,以示她的恩赏,最多一次赏赐的农奴高达 80 万人。1765 年,叶卡杰琳娜赐给贵族可以任意放逐农奴去服苦役的权力,并在两年之后禁止农奴对贵族做任何的控告。就是因为叶卡杰琳娜给予了贵族这种为所欲为的权力,所以贵族才能够放手施为,任意地对待农奴。女贵族萨尔蒂娃在十年中亲手折磨致死的农奴多达 140 人,其中大部分是妇女和孩子。叶卡杰琳娜的专制统治就是建立在这样一种落后野蛮的基础之上的。

在叶卡杰琳娜二世这种野蛮、残酷的统治之下,于 1773 年终于爆发了大规模的农民起义——普加乔夫起义。这是俄国历史上最大的农民起义,起义从乌拉尔山区扩大到伏尔加河流域,并在占领的地方建立起农民政权,处死贵族农奴主和官吏,取消了封建义务,使农民获得了土地和自由。叶卡杰琳娜二世使用非常残酷的手段对农民起义军进行镇压,由于农民起义军是由农民领导的,没有先进的思想做指导,而且起义军过于分散。所以,在1775年2月起义失败了,普加乔夫被捕,送往莫斯科处死。声势浩大的农民起义虽然失败了,但是起义军沉重地打击了封建农奴制的统治。叶卡杰琳娜二世在镇压了普加乔夫起义之后,在1775年对地方行政机构进行了一次重大的改革,集中了行政权力,加强了贵族的国家机器。在10年之后,叶卡杰琳娜二世颁布"敕书",确保了贵族占有土地和农奴的权力和以前所赐的一切特权,使农奴主贵族专政进一步加强起来。

叶卡杰琳娜在加强对本国农奴统治的同时,也力图把农奴制扩展到国外,她充分地利用当时欧洲大国之间的相互争夺和不和,来实现"俄国从不改变、从不忽视的目标——俄国的世界霸权"。叶卡杰琳娜的政策是:兼并波兰;把德国变成未来的瓜分对象;占领君士坦丁堡;夺取芬兰;用国际法的限制性条款来削弱英国的海上优势;在土耳其帝国的基督教徒中煽动起义,以及用"开明"和"进步"的口号来掠夺领土,使用暴力,进行镇压。叶卡杰琳娜为了她的这个目的,同普鲁士和奥匈帝国三次瓜分了波兰,攫取了从德维纳河到涅瓦河的大片领土,在波兰建立起了血腥的殖民统治,向欧洲打入了一个楔子。与此同时,叶卡杰琳娜又在南方同土耳其发动战争,兼并了克里米亚,把俄国的西南界从第聂伯河推进到德涅斯特河,把黑海北岸大片土地并入俄国版图,并且俄国船队还获得通过博斯普鲁斯海峡和达达尼尔海峡出地中海的权利。叶卡杰琳娜二世在欧洲疯狂扩张的同时,还在亚洲进行蚕食和鲸吞,先后吞并了高加索、哈萨克草原,并且在北美洲的阿拉斯加和加利福尼亚建立了殖民地。直到叶卡杰琳娜二世快要死的时候,她还在吼叫:"假如我能活到200岁,欧洲全部会落到俄国脚下。"这是一个至死不改的疯狂的沙文主义者。

叶卡杰琳娜二世以革命的敌人自居。当1789年法国大革命时,她派出10万大军镇压了受法国影响的波兰起义。从那时起,叶卡杰琳娜和她的后继者一直都奉行着追求世界霸权的目的,而沙俄一直都充当着欧洲反动势力的堡垒和镇压革命的世界宪兵的角色。

普加乔夫起义

普加乔夫起义是俄国历史上规模最大的反农奴制的农民战争。

1773~1775年,起义的烈火燃遍了今乌拉尔河沿岸、乌拉尔南部和中部、西西伯利亚、长马河沿岸和伏尔加河中下游广大地区,波及当时的奥伦堡等6个省,总面积达60万平方公里,人口约300万。

"有压迫就有反抗",起义的爆发是有其历史原因的。18世纪中叶,受资本主义经济发展影响的俄国农奴制度开始瓦解,各族劳动人民受到严重的政治压迫和经济掠夺。

农奴制法令规定,农奴属于农奴主的财产,农奴主对农奴拥有绝对权力。农奴主可以任意流放、监禁农奴,蹂躏女农奴,也可以将农奴赠与、买卖、抵押。农奴失去了最基本的人身自由,处于完全无权的地位。另外,农奴的土地不断被贵族地主兼并,各种形式的封建剥削增加。

农民的境遇也在恶化。农民在名义上是自由的,不归属于农奴主,但照样要负担日益沉重的徭役、赋税。工人在极其恶劣的劳动条件下,冬季每天要工作10小时,夏季则是14~15小时,所得的工资非常微薄。工厂主大量使用女工和童工。

地主和工厂主侵占农奴和工人的土地、草场、林场来兴建工厂和矿场,把许多人强迫编入工厂劳动。除沙皇政府向农奴和工人征收皮毛实物税外,地方官府和寺院还勒索名目繁多的杂税,把人逼到了破产和毁灭的悲惨境地。

在阶级矛盾极端尖锐的情况下,俄国各族农民的反抗斗争连绵不断。

在1762~1772年10年间,仅俄罗斯欧洲地区的农民起义就有160余次。

劳动人民的斗争在遭到沙皇政府残酷镇压的同时,反抗越来越激烈。起义人数之多、范围之广,使整个社会处于危机之中。

终于,1773年爆发了伊·普加乔夫领导的全国规模的农民起义。

1773年9月,农民战争首先在俄国东南部地区爆发。普加乔夫组成一支由60人组成的武装队伍,在托尔长乔夫农庄举起义旗。他以彼得三世的身份发表讲话,号召哥萨克人要像祖辈效忠先帝那样效忠于他,他赐予他们"从上源至河口的河流、青草、土地以及钱饷、铅弹、火药和粮食",让他们自由生息。

起义开始后,普加乔夫的队伍很快扩充到400多人。接连胜利的起义军政治影响迅速扩大,军队人数急增。

10月5日,起义军开始攻打沙皇政府在乌拉尔地区的统治中心奥伦堡城,双方多次发生激战。驻守该城的3000名城防军屡次反扑,企图突破包围,没有得逞。由于冬季早临,普加乔夫不得不安营扎寨,采取了围困该城的策略,期待守军弹尽粮绝。

沙皇政府在数月之后才知发生动乱,迅速调集步兵、骑兵和大炮,甚至从与土耳其交战的前线抽调两个骠骑中队,指派卡尔将军率领,紧急支援奥伦堡。

卡尔率领的讨伐军军心不稳，起义军由于得到群众的帮助，得知讨伐军的行踪，于 11 月 7 日至 9 日三次突击，击溃了卡尔的部队，取得了粉碎沙皇讨伐军的胜利。

起义军声威大振，影响遍及全国各地。以几个地方为中心，由普加乔夫派的将领组织起义。起义军所到之处，得到农民的拥护，农民积极响应。

为了满足广大农奴和农民的要求，普加乔夫提出了更彻底、更激烈的反农奴制纲领。"不招募他们当兵，免除人头税和货币税"。要把受害的农民"从贵族和城市贪官"等凶手手中解放出来，把"贵族逮捕，处以绞杀"。

1774 年，农民起义席卷伏尔加河沿岸。农民纷纷派代表并组织队伍迎接普加乔夫，争相传阅他的文告。"几乎没有一处村庄的农民不参加暴动"。

普加乔夫的队伍从 7 月 17 日急驰南进，20 多天内，未经战斗就先后占领了几个重要城市。各城督军、贵族、地主闻风丧胆，多弃城而逃。

面对如火如荼的农民起义，惊恐万状的沙皇政府急忙与土耳其缔结和约，从前线调回大批部队，派往伏尔加河左

普加乔夫起义

岸和顿河地区镇压起义军。莫斯科和邻近各省的城市都加强了防卫。

起义军于 8 月 6 日攻占了萨拉托夫城，接着又占领了其他一些城市。继而向伏尔加河下游挺进。当起义军迫近顿河地区时，普加乔夫派代表同顿河哥萨克举行谈判，希望他们参加起义。哥萨克内部的阶级分化使其上层已成为沙皇政府的爪牙；同时，沙皇政府在顿河地区派有重兵，对顿河哥萨克控制极严。因此，在萨尔尼柯夫村，起义军遭到政府军的毁灭性攻击，几乎全军覆灭。在这次战斗中，意欲叛变的炮兵统领丘马科夫故意放错炮位，不战而逃。9 月 14 日当普加乔夫东渡伏尔加河，撤至乌晋河时，丘马科夫、特沃罗戈夫等将他骗到河边，逮捕了他。然后，又逮捕了他的妻子和子女。

1774 年 11 月，普加乔夫被装在特制的笼子里送至莫斯科，被判处极刑。普加乔夫先遭砍头，后被裂尸焚毁，壮烈就义。

各地的起义队伍到 1775 年秋，被沙皇政府全部打垮和消灭。

俄国最后一次轰轰烈烈的农民战争被封建统治者血腥地镇压下去了，但农民

的斗争并没有停止。

普加乔夫起义规模之大,地区之广,反农奴制斗争之坚决和彻底,在俄国历史上都是空前的。但因历史和阶级的局限,没有代表新生产力的先进阶级的领导,起义军的失败是必然的。

虽然起义失败了,但农民起义的觉悟性和组织性比以前的农民起义要强,起义军提出的要求和社会口号更为明确。这次农民起义的意义和影响,自然比俄国以前几次农民起义的影响要大。它沉重地打击了封建的农奴制度,客观上为新社会经济制度的发展和成长开拓了道路。

"周期王国"的建立者——门捷列夫

俄国的科学不是很发达,这种现象一直持续到 19 世纪。

在 1724 年,彼得大帝听从莱布尼茨的建议,成立了圣彼得堡科学院。第一批院士从欧洲聘请而来,著名的伯努利家族和大数学家欧拉都在俄国工作并定居。

然而俄国内政动荡,政权更迭频繁。直到 1762 年叶卡杰琳娜二世时,才促使科学向前发展,欧拉也是于此时重返彼得堡的。

俄国科学的最伟大奠基人是罗蒙诺索夫。他生于 1711 年,卒于 1765 年。到 19 世纪,罗巴切夫斯基于 1826 年创罗氏几何;19 世纪 60 年代时,季米里亚捷夫揭开了光合作用之谜;化学家门捷列夫发现了元素周期律,使俄国在近代科学的舞台上全新登场,展示了其取得的世界性成就。

门捷列夫是 1834 年出生的,他是家中孩子里最小的一个。在他前面有 13 个哥哥姐姐,这是一个负担很重的家庭。

门捷列夫的父亲是西伯利亚托博尔斯克市一所高中的校长。但是门捷列夫出生后不久,他的父亲就双目失明而退休,全家人的重担落在了母亲一人的身上。她要照顾 14 个孩子,还开办了一家小玻璃厂以维持生计,在千辛万苦的艰难条件下,把 14 个儿女全部养大成人。

门捷列夫高中毕业时,父亲已经去世了。而祸不单行的是,小玻璃厂着了火,被迫关闭。为了能使儿子进入大学学习,母亲带着门捷列夫来到了莫斯科,但是由于条件限制,莫斯科大学不能招收门捷列夫所在地区的学生。

1805 年,母亲又带着门捷列夫去了彼得堡。在朋友们的帮助下,门捷列夫终于进了彼得堡师范学院,这位伟大的母亲看到小儿子已经安排稳妥,放心地闭上了双眼,告别了人世。

门捷列夫深爱着母亲,他将著作献给自己的母亲时这样说:"她通过示范进行教育,用爱来纠正错误,她为了使儿子能献身科学,远离西伯利亚陪伴着他,花掉了最后的钱财,耗尽了最后的精力"。

门捷列夫于 1855 年以第一名的成绩获得金奖,正是母亲的爱使他获得永恒的动力。

1857 年,门捷列夫取得了硕士学位,在彼得堡大学讲课。1859 年赴法、德留学深造。欧洲一行使他大开眼界,尤其是 1860 年卡尔斯鲁化学大会上康查罗的论文对他影响至深。他还结识了许多著名科学家,受到了物理化学方面精确的方法训练。

1865 年,门捷列夫成为彼得堡大学的化学教授。

早在 18 世纪,随着各种方法的改进,新的化学元素层出不穷,平均每两年半左右的时间就会发现新元素,化学家们探索元素的联系也在逐渐展开。

1789 年,拉尼锡在自己编写的化学课本中列出了化学史上第一张元素表,并且把当时的 33 种元素分为气体元素、金属元素、非金属元素、土质元素,开了化学分类方法的先河。

1814 年,瑞典化学家从大量化学反应实验中,测定了许多元素的相对原子量,原子量的测定走上正轨。贝采留斯是做这项工作的重要人物,他画出第一张原子量表。

1815 年,英国医师普劳特发现了一些元素的原子量近似于氢原子量的整数倍,提出"氢原子构成一切元素"的假想。这种设想虽然是错误的,但却启发人们深入思考元素间的联系。

1829 年,德国的德伯莱纳从当时已知的 54 种元素中抽取 15 种,按照类似性分为三组,提出"三素组"假设。结果发现,同一组的元素的原子量排列具有规律性。

1843 年,盖墨林制成了一张按元素性质分类的化学元素表。

1862 年,法国地质学家尚古多按元素原子量的递增顺序排在一个螺旋柱上,提出元素性质变化就是数的变化,并且发现了约以 16 为周期,元素性质重复近似。这是第一次认识了"周期性"。

1864 年,奥德林发现,元素性质随原子量递增而呈同期性规律,但他只是看到了这种现象,没有详细深入下去。

同年,德国化学家迈耶尔建立"六元素"表。

这一系列的工作,正在逼近元素周期律的本质发现,为门捷列夫的伟大发现创造了前提条件。

但其中有一件事我们却要注意到,当1866年纽兰茨认为"从一指定的元素起,第八个元素是第一个元素的某种重复,就像音乐中八度音程的第八个音符一样"把自己《八音八律与原子量数字关系的起因》论文在英国伦敦召开的化学学会上宣读时,引起了人们的普遍嘲笑,除此之外没有任何人再注意他的理论了。

1868年,门捷列夫要为《化学原理》课程写讲义、编教材,他开始思考元素排列问题。他认为,元素不能混乱排列,教课也不能胡讲。于是,他开始探索其中的规律。

人们发现,这个大教授在玩牌。他把元素写在一张张的卡片上,颠过来倒过去,排列着并且思考着。大家觉得奇怪又好笑,以为门捷列夫想化学想出毛病来了呢。

当他说明是在研究周期与性质时,人们更加嘲笑他,老师们和一些知名的教授都不支持他,说他"异想天开""不务正业"。因为在人们的心目中,一个化学家不去做实验,老是摆弄一些花架子,怎么能行呢?

其实,他们是走向了极端,一个人老是空想当然不对,但是埋头实验不总结也是错误的。别看门捷列夫在摆弄数字,他的很多实验是建立在对这些数字的深刻认识基础之上的。

1869年3月1日,门捷列夫完成了周期表,化学史上"伟大的一天"到来了。门捷列夫在深思熟虑之后,把当时已知的63种元素的主要性质和元子量写在卡片上,排列出了元素周期表。

1869年4月,门捷列夫用俄文发表了《元素性质和原子量的关系》的论文,阐述了元素周期律的基本观点:

其一,按照原子量的大小排列起来的元素,在性质上呈现明显的周期性。

其二,原子量的大小决定元素的特征,正像质点的大小决定复杂物质的性质一样。

其三,元素的某些同类元素将按它们的原子量大小而被发现。

其四,由某元素的同类元素已知,可以推测并修正该元素的原子量。

1871年,门捷列夫又修改和完善了周期表,就是我们现在所见的周期表。

然而,和英国的纽兰茨相同,门捷列夫遭到嘲笑,继而,人们竟然把这件事忘记了。只有一个人没有忘,他就是门捷列夫本人,他不怕嘲笑,义无反顾地在科学的道路上继续前行。

门捷列夫把已知的63种元素排好之后,还空下了许多位置,这是预言新元素发现的。门捷列夫还留下了类硼、类铝、类硅的空位,并且是在人们没有发现这些元素之前。

1876 年 8 月 27 日,法国化学家布瓦博德朗在庇里牛斯山用光谱分析闪锌矿,他意外地发现了一种新元素,比重是 4.7。

他十分高兴,因为这种元素小到只能在显微镜下才能看清。由于法国古称"高卢",所以,布瓦博德朗取了"高卢"发音的第一个字母,命名新元素为镓,现在我们把它记作 Ga。

成果发表在《巴黎科学院院报》上,学界十分注目。

然而不久,布瓦博德朗收到了一封信。

信中说:"您发现的镓,就是我预言的类铝。四年前我预言它的原子量接近 68,比重约在 5.9 左右,而不应是 4.7,请您详细核查。"

布瓦博德朗大吃一惊,因为他知道这种新元素只有他自己拥有,而且仅有一毫克在实验室中存放,难道他是先知?陌生的门捷列夫?

不是门捷列夫先知,而是科学规律是先知。布瓦博德朗重新测量了镓的比重与原子量,结果发现,门捷列夫预言极其准确!

布瓦博德朗向化学界说:"我认为没有必要再来说明门捷列夫先生的这一理论的伟大意义了。"

至此,化学界把遗忘了数年的门捷列夫元素周期论重新想起,门捷列夫成为世界级大化学家。

之后四年,"类硼"被发现。1886 年"类硅"被发现,而且数据预言得相当准确,人们叹为观止。

恩格斯评价:"门捷列夫不自觉地应用黑格尔量转化为质的规律,完成了科学上的一个勋业,这个勋业可以和维勒列计算尚未知的海王星轨道业绩同等。"

取得了这样大的功绩和地位,门捷列夫没有骄傲。当时迈耶尔几乎也同时与他一起提出元素周期律,并且迈耶尔还略早于门捷列夫。不过他没有勇气面对嘲讽和不信任,因而错失良机。

门捷列夫与迈耶尔没有丝毫争执,二人互相尊重,十分友好地会面交谈,这与门捷列夫的优秀品质是分不开的。

门氏曾经公开地抗议沙皇迫害学生的行为,据说,这使他在诺贝尔奖的投票中以一票之差被不公平地排除。有人找理由说他的成果相当陈旧,又过了若干年,诺贝尔评奖委员会决定授予门捷列夫奖项时,他已经去世了。

然而,在科学史上的门捷列夫永远活在人们心中。为了纪念他,第 101 号元素命名为"钔"。

俄罗斯科学之父——罗蒙诺索夫

M·B·罗蒙诺索夫,在俄国堪称伟大的学者。他是一个百科全书式的科学家。在他二十余年的研究生涯中,取得了多种学科成就。他的研究遍及化学、矿物学、物理学、天文学、冶金学、航海、地质、语言、历史、教育、哲学和文学等广大领域。

他 1711 年生于俄罗斯北方的一个小岛,父亲是渔民,家境贫寒。19 岁之后,他去莫斯科上学,1936 年进圣彼得堡学院并去德国留学。

1745 年,成为俄国科学院的教授。他独立提出了物质和能量的守恒定量,并且创办了莫斯科大学。正是他为俄罗斯科学打下了基础,成为"俄罗斯科学之父"。

在 18 世纪以前,俄罗斯的化学登不上大雅之堂,正是罗蒙诺索夫使俄国化学在世界拥有了自己的位置。

我们知道,燃素说是从斯塔尔那里系统起来,一直影响到 18 世纪的。

燃素说认为物体中含有燃素,燃素逃离的过程就是物体燃烧的过程。为什么能冶金,就是因为矿石里没有燃素,木炭里有燃素,加热后矿石从木炭中夺走了燃素,所以矿石变成了金属。怎样证明金属中也含有燃素呢?可以用锻烧来证明,经过锻烧,可以发现有灰渣,灰渣不能燃烧,证明燃素逃离出去了。

1748 年,罗蒙诺索夫建立了俄国第一个化学实验室,开始着手研究"燃素说"。他要通过实验来证明"燃素"到底存在与否。

在此之前,罗蒙诺索夫在德国留学时,就开始怀疑燃素说。

罗蒙诺索夫用了专用的容器,把称好重量的金属装入容器中。有铅、铁、铜等物。这些金属装入不同的容器,开始加热。渐渐地金属熔化了,之后慢慢冷却。在整个实验过程中,罗蒙诺索夫把容器全都封死了,别的东西进不来,空气也不可能流通。

按照燃素说的说法,燃烧是外界的火微粒进入物体之后才产生的,而罗蒙诺索夫把容器封死后,依然能燃烧,假如火微粒不能进入容器,燃烧就不应该发生。有人说,火微粒是可以穿墙越壁的。

那么好办,燃素应该逃离出去,称量一下冷却后的灰渣就可以了。结果发现灰渣不仅没有减少重量,反而更加重了。

这样,罗蒙诺索夫就找到答案了。原因就在空气之中。果真,空气的重量比原来减轻了。

1760 年,罗蒙诺索夫在《论固体和液体》一书中写道:"自然界中的所有化学变化,是一种物质失去多少,另一种物质就增加多少的过程。也就是说,一个地方失去了多少东西,另一个地方就增加多少东西。世界万物只有从一种现象变为另一种现象,只有变化,没有无中生有,也没有从有到无。物质是转化的。"

这之后,拉瓦锡取得了更大进步,建立了燃烧理论。

罗蒙诺索夫是世界第一个观测并记下水银凝结现象的人,还是第一个发现金星有大气存在的人。

俄国大诗人普希金称他为"俄罗斯的第一所大学"。

俄国天文学的奠基人——斯特鲁维

19世纪,方位天文学进入天体物理学。天体物理学标志着人类探索宇宙的新进展,这是一次质的飞跃。

在观测天文学中,恒星视差的发现具有无与伦比的意义。

什么是恒星视差呢?正如天才的布鲁诺所预言的那样,恒星不是看起来一成不变的,它们也在移动,不过恒星离我们实在是太遥远了,所以,在基础观察阶段,尤其是用肉眼,是无法看到这些移动的。

英国的天文学教授布拉德雷想证明恒星视差,但是却没有成功,然而却意外地发现了光行差。他所能分辨的精度相当于离1万米之外看一根1米长的棍棒。可是恒星离我们出奇的遥远,单凭发现光行差所能分辨的精度根本无法准确地识别行星视差。

恒星视差,就是地球与恒星之间的距离问题。在观测天文学阶段,这是一道难题。1834年,德国血统的俄籍天文学家斯特鲁维着手研究这一问题。

斯特鲁维1794年出生,他一直学习的是文科课程,以至到了30岁时还是语言学的准博士生。1825年,31岁的斯特鲁维递交了一篇论文名为《杰尔宾特天文台的地理位置》。就是这篇论文被导师们所欣赏,理科教授予以承认,从此,他开始了真正热爱的工作——天文研究的生涯。

斯特鲁维用自己新制的天文望远镜观测织女星,天文学中称阿耳法星。整整观测了三年,他发现了织女星0.25角秒的周年视差。同时,1784年出生的德国天文学家贝塞尔也在观测视差。

他使用的方法比斯特鲁维更为先进。所以他的测量也更加准确。他使用了测量被测恒星与它附近恒星之间夹角的方法。斯特鲁维的方法是:选定了一个固定的时间、固定的地点观测,然后隔一段时间就在同一地点再观测。这样就会发现恒星的位置发生了移动。

英国人亨德林也观测到了一些恒星的视差。

这里面最准确的当属贝塞尔。但是因为他晚一年发表研究成果，所以世界上最早发现恒星视差的人是斯特鲁维。

恒星周年视差的发现有一个突出的贡献，即测定日地距离。也就是说，找到了一把"量天尺"。

半人马座的阿耳法星，它的视差最大，那么就可得知它是第一次测出的离地球最近的一颗恒星，因为越远的恒星越不易察觉出它的移动。人们把离地球最近的这颗恒星称作比邻星。就是这样，如果和太阳离我们的距离相比，也是远得多。

宇宙中离地球最近的恒星是太阳，比邻星到地球的距离是日地距离的272000倍！太阳系在宇宙中真是沙粒一般。

斯特鲁维发现并测量了双星和聚星。和赫舍尔相同，他发表了双星表。

斯特鲁维的观测达到当时世界的先进水平，在天体物理学时代到来之前，他做出了旧时代的后期巨大贡献之一，和海王星的发现一起载入史册。

斯特鲁维创立了当时世界最先进的天文台即普尔科夫天文台，使此地成为"世界天文学之都"。他奠基了俄国天体测量学。

俄国最伟大的诗人

亚历山大·塞尔盖耶维奇·普希金是俄国最伟大的诗人，他是俄国现实主义文学的奠基人，是"俄国文学之始祖"。普希金开创了俄国文学的辉煌时代，他的《叶甫盖尼·奥涅金》的光辉形象成为世界文学中的瑰宝。

普希金于1799年6月6日出生在莫斯科的一个古老的贵族世家。他父亲是个军官，经常不在家。母亲性格怪僻。年幼的普希金被农奴出身的奶妈带在身边。普希金从小在优美的民间故事中长大。年幼的普希金便表现出惊人的天赋，在他8岁时就开始写诗，获得当时一位老诗人的称赞。1811年，普希金人贵族子弟学校学习，受到法国启蒙思想的影响，与一些十二月党人走得很近。青年时代，普希金被俄国战胜拿破仑大军的激情鼓舞，写了很多歌颂自由、反对专制暴政的抒情诗。如《自由颂》《童话》《致恰达耶夫》《乡村》等。在《致普柳斯科娃》中，普希金这样写道：

"我只愿歌颂自由，

只向自由奉献诗篇，

我诞生到世上,而不是为了

用羞怯的竖琴讨取帝王的欢心。"

普希金的诗歌迅速传播开来,引起沙皇的恐慌。1820 年,普希金被流放南俄。在那里,普希金同十二月党人更加接近。参加他们的秘密集会,写下了更为激进的诗篇,有《短剑》《囚徒》《致大海》《强盗兄弟》等。其中较为著名的是叙事长诗《茨冈》,是作者由浪漫主义向现实主义转变期间的作品。诗中讲述了这样一个故事:主人公阿乐哥是一个贵族青年,因与文明社会发生冲突,逃到自由的茨冈游牧人中间,并与他们一起流浪。流浪生活中,阿乐哥与茨冈姑娘真妮儿相爱并结婚。但两年后的一天,阿乐哥发现真妮儿另有新欢,他怀着自私与嫉妒的心情杀死了真妮儿与她的情人。阿乐哥的残暴行为遭到茨冈人的唾弃,被茨冈人抛弃在荒原上。诗人以茨冈原始纯朴的美德与文明社会的"美德"相对比,揭露了贵族阶级自私的本性。

1824 年,普希金因与南俄总督产生冲突,被放逐到父亲的领地来哈依洛夫斯科耶村。在这里,普希金阅读了大量历史文学著作,深入民间生活,创作出历史剧《鲍利斯·戈都诺夫》,揭示出人民群众的巨大力量,痛斥了与人民为敌的专制统治与背叛祖国的丑恶行径。

普希金

十二月党人起义失败后,俄皇尼古拉一世为了笼络人心,把著名的诗人普希金召回莫斯科。但是普希金并没有被这种假象所迷惑。当十二月党人被大批地杀害与流放时,普希金写下了《致西伯利亚的囚徒》,托一个十二月党人的妻子带到西伯利亚,这首诗在囚徒中间广为传诵:

"沉重的枷锁会掉下,

阴暗的牢狱会覆亡,

自由会在门口欢快地迎接你们,

弟兄们会把利剑送交你们手上。"

1830 年,普希金创作了他最为著名的诗体小说《叶甫盖尼·奥涅金》。叶甫盖尼·奥涅金是一个俄国贵族青年,他生活在一个优裕的环境中,受过大学教育,读过大量西方经典著作。他什么都学过,但什么都半途而废,因为他不知道干这些事有什么意义。他只觉得贵族生活无聊,他厌倦了每天的歌酒舞会,干别的又不愿意受苦,结果他的生活更无聊,心里也更苦闷。于是他又不得不去参加那些聚会,以打发无聊的时间。有一次,奥涅金为了继承教父的财产来到一处乡下农庄。在这里他结识了一位乡下小地主的女儿达吉雅娜。奥涅金城里人的潇洒气质吸引了达吉雅娜。达吉雅娜大胆地吐露自己的爱情,但是已厌倦了红粉交际的奥涅金对达吉雅娜的真爱不屑一顾,谁会爱上一个乡下丫头? 奥涅金拒绝了达吉雅娜。后来,有一次奥涅金的好友连斯基邀请奥涅金去参加自己的舞会。在这次舞会上,连斯基要与达吉雅娜的妹妹奥尔加举行订婚仪式。奥涅金衣着华丽地去了。他怀着恶作剧的心情频频邀请奥尔加跳舞,结果奥涅金反而成了舞会的主角。风流倜傥的奥涅金故意让奥尔加为之着迷。结果把连斯基的订婚舞会给搅了。奥涅金却像无事人一般回了家,这使连斯基受到莫大的污辱,提出与奥涅金决斗。奥涅金知道这都是自己造成的错,他毫不犹豫地走上决斗场,而且给自己找了个冠冕堂皇的理由"为家族的荣誉而战",并且毫不犹豫地杀死了自己的好友连斯基。决斗之后,他也感到羞愧,远游他乡。在外面同样一事无成。游荡的心消退之后,他回到家里,听说社交界又出了一位有名的贵妇人。他因无聊又去参加舞会,谁知那位气度不凡、美若天仙、温文尔雅的贵族妇人竟是当年被他拒绝的达吉雅娜。奥涅金被达吉雅娜迷住了。他想依靠当年的旧情得到达吉雅娜,但是,如今的达吉雅娜虽然心里仍有当年奥涅金的影子,但她知道,奥涅金追求的不是过去的达吉雅娜,而是光彩夺人的贵妇人。达吉雅娜拒绝了奥涅金的爱。普希金成功地塑造了贵族青年奥涅金的形象,是对当时苦闷彷徨的一代觉醒的贵族青年的真实写照。奥涅金成为俄国文学史上著名的"多余人"形象。此外,普希金还塑造了一个大胆追求自由爱情的俄国女性形象达吉雅娜。达吉雅娜具有俄国女性一切优良的品质,但在当时的社会条件下,她的追求必然成为幻影。《叶甫盖尼·奥涅金》描绘了一幅真实的俄国生活画,成为俄国文学史上的开山之作。

除了《叶甫盖尼·奥涅金》之外,这一时期普希金还写了《别尔金小说集》《石客》《吝啬的骑士》《莫扎特和沙莱里》《瘟疫流行日的宴会》等 4 个剧本以及 30 多首抒情诗。其中最为著名的是短篇小说《驿站长》。小说讲述了一个小人物的悲惨命运。小驿站长维林,善良老实,每天辛辛苦苦地为旅客服务,但遭到往来官吏的辱骂欺侮。还好,他有一个美丽纯洁的小女儿在身边,能够给他许多安慰。可是一天,小女儿被过路军官拐走,从此不知下落。维林十分伤心,不顾年老体弱,凑足盘缠到彼得堡去寻找女儿。但是在俄皇的脚下，他却有冤无处申，无门可入，终于病倒，孤零零地死去。

1831 年 2 月，普希金与一位莫斯科的少女娜尼·冈察罗娃结婚。随后回彼得堡，依旧在外交部任职。由于这时普希金遭到反动势力的极端仇视，夫妻两个经常受到打扰，但普希金更加努力地写作，以充沛的精力反对沙皇的专制统治。他写了《渔夫与金鱼的故事》《黑桃皇后》《上尉的女儿》等，最后一部是普希金又一力著。1836 年，普希金创办了杂志《现代人》，刊载一些激进的文章。普希金更让反动势力坐卧不安。后来，他们唆使人挑拨普希金夫妇的关系，让一个下等军官调戏诗人的妻子。普希金不能忍受如此侮辱，在 1837 年 2 月 8 日，普希金以一个文人的身份与丹特士男爵决斗，结果身负重伤而死。他的妻子隐居乡下，寡居一生。

普希金是俄国最伟大的诗人，是他让俄国文学走上世界。普希金是俄国民族的骄傲，也是世界人民的骄傲。他曾经写过的一首诗《纪念碑》成为他自己一生的写照：

"我所以永远能为人民敬爱，
是因为我曾用我的诗歌，
唤起人民善良的情感。
在这残酷的世纪，
我歌颂过自由，
并且还为那些倒下去的人们，
祈求过怜悯同情。"

果戈理与贩卖死人灵魂的人

在一辆飞驰的马车上，一个面目清秀、贵族打扮的先生在沉思："唉，我这个老实人！……趁新的人口调查还没完成之前，我去买了所有死掉的人们来，一下子弄它一千个，然后到救济局里去抵押，那么，每个灵魂我就能得到二百卢布，我总共能得到二十万卢布了？"他脸上露出了微笑，细小的眼睛因兴奋而闪闪发光。他叫乞乞科夫，这辆马车是驶向某省省会的。

这一天，某省省会上流社会出现了一位谦谦君子，他以惊人的谦虚、周到的应酬、优雅的举止博得了所有官吏地主的一致好评，他来这里是"办差"的。几天以后，他开始遍访地主。

这一天，他要去拜访一位拥有上千农奴的巨富。他东打听西打听，来到了一幢与地窖一般的黑屋子前,这位衣着华丽的先生高声叫道:"有人在家吗? 有人在家吗?"但是没有一点回音,先生提起乌黑发亮的皮鞋,踏着厚厚的积土走到屋里。显然已经很久没有人来过了。在一堆堆破鞋、锈铁钉、碎瓷片中安下脚之后,先生渐渐适应了屋子里的黑暗与腐烂的气息。他看见了桌子旁有一双贼亮的眼睛,上面是一顶破烂的乡下女仆用的小圆帽,乌黑的脖子上系着不知是袜子还是吊带的东西,可能是领带,身上是凌乱不堪的女人睡袍,这是个人,他一动不动地呆望着这位高贵的来访者。"我要找你们的老爷波留希金先生!"我们的来访者小心翼翼地向这个不知是人是鬼的家伙问道。"什么事!"声音如同在地狱中回荡,高贵的来访者惊恐地朝后退了退。"我,我……来同波留希金老爷谈谈购买死去的农奴户口的事。"来访者低着头,一副老实人的样子,"我不怕吃亏,我情愿负担死农奴的人头税。"那双发亮的眼睛突然笑起来,"我就是,您快请坐,我去给您备饭。"一顿忙乱之后,华衣先生望着桌子上的酒菜目瞪口呆。面包是一块块的,上面长满了绿霉菌。甜酒脏乎乎的,里面一个个不知名的小虫在蠕动……

这位男不男、女不女装扮的老爷正是世界四大吝啬鬼之最的富翁波留希金,那位华衣先生就是我们开篇提到的要买死魂灵的"老实人"——乞乞科夫。他们都是震撼了整个俄罗斯的《死魂灵》中的重要角色。而这部伟大的作品的作者就是俄罗斯现实主义文学的第一人——尼古拉·华西里耶维奇·果戈理。

果戈理出生于 1809 年 3 月 19 日,他父亲是乌克兰的一个地主。果戈理 12 岁时上中学,喜爱文学艺术。19 岁时,果戈理独自到彼得堡谋生。起初当小公务员,生活的贫困,卑微的职业,使他对现实生活产生不满,他痛恨周围肮脏的环境,痛恨上层社会那种猥琐的生活。在普希金、别林斯基的帮助与影响下,他更加向往自由,憎恨专制,对现实生活有了深刻的理解。他开始学习创作,并以之为终生职业。果戈理是个天赋很高的作家。1832 年,他完成的《狄康卡近乡夜话》使他一举成名。书中描绘了恬静迷人的乌克兰风光,纯朴的社会风气,都充满着浓郁的诗意与传奇成分。果戈理乘胜追击,1835 年至 1842 年,果戈理发表了《密尔格拉得》与《彼得堡故事》。这两部现实主义的力作,给果戈理带来"文坛盟主"的声誉。从此,果戈理转向现实主义,转向对现实阴暗面的讽刺与揭露。他含着眼泪,描写了当时地主们那种丑恶的、动物般的庸俗生活,也表达了对小人物的不幸命运的深切同情。

1836 年,果戈理的剧本《钦差大臣》发表,引起社会极大震动。这部揭露官僚权贵丑恶生活的剧本,一经上演,就遭到了反动派的攻击与诽谤。果戈理不得不出国,侨居罗马。

《钦差大臣》描写了一个偏远外省城市的官僚们听说钦差大臣要来视察,他们自信以做官三十年,有骗过三个省长的经验,要再一次上演他们的手段,却不知为何错把一个爱吹牛撒谎摆架子的赫列斯塔柯夫当作了钦差大臣。而赫列斯塔柯夫本来只是一个平时没人理睬、一文不值的十二等文官,他从彼得堡来,路过这里却被当作钦差大臣来对待,当然乐得接受了。一时间市长、警察署长、邮政局长等等各级官吏纷纷登门拜访,呈上贿赂,市长大人甚至献上自己的妻女。这个小文官当然假戏真做,大捞特捞。人民群众得知"钦差大臣"来了,如潮水般涌来告状,揭开了这个城市黑暗的统治。最终,这幕剧以真正钦差大臣的到来,所有官员目瞪口呆而结束。

　　《钦差大臣》是俄国现实主义戏剧发展史上重要的里程碑,标志着果戈理的现实主义讽刺艺术已完全成熟。在这一基础之上,最终诞生了世界闻名的《死魂灵》。

　　《死魂灵》早在《钦差大臣》之前就已着手写作。在罗马又经过 5 年的努力,终于在 1842 年出版。"《死魂灵》震撼了整个俄罗斯!"著名文学评论家赫尔岑这样评价。反动势力叫嚷果戈理是俄国的敌人,应当把他绞死。而民主阵营把它评为"划时代的巨著",揭露了农奴制的黑暗。果戈理虽然预料到这场激烈的论争,但面对现实的斗争,他还是动摇了。果戈理本以含泪的微笑向人民展示了他们自己愚昧的生活,期望统治者能够变革,从而更好地维护统治。他以善良的心却换来那伪善的麻木的判决,这是他所不想要的,他不想与权贵阶级为敌。因此,他退让、妥协,否定了自己的作品。1842 至 1852 年,果戈理全力写作《死魂灵》第二部,企图创造一些道德高尚、热爱劳动的理想人物,他要描写地主、农民亲密合作,共同富裕的理想社会。但是,果戈理终究是个优秀的现实主义作家。他写了改,改了写,始终觉得写得不真实,形象苍白无力,长期处在痛苦的精神挣扎中。1852 年,果戈理在病中痛苦地烧毁了已完成的《死魂灵》第二部,不久,这位颇受争议的伟大作家因病去世。

　　虽然果戈理本人颇受争议,但他留下的伟大作品《死魂灵》第一部的价值是不容怀疑的。因为这部著作,也奠定了果戈理在文学史上的位置,他是俄国批判现实主义的奠基人,他为 19 世纪俄国文学的批判倾向建立了不朽功勋。

　　《死魂灵》是俄国现实主义文学第一部具有高度思想艺术水平的长篇小说。果戈理以高超的讽刺艺术描绘了 19 世纪俄国广阔的生活画卷。他以一个骗子乞乞科夫为中心线索,由此展开了对俄国地主阶层的深刻描绘。在这里果戈理极力刻画了五个典型地主形象:有庸俗无聊、故作高雅的玛尼罗夫,作者这样评价他:在最初一见面,他会说:"一个多么可爱而出色的人啊!"但过了一会儿,你会想:"呸!

这是什么东西啊!"如果你还不离开,过一会儿你会无聊得要命。第二个是女地主科罗镭契加,她是一个愚蠢多疑的女地主婆,她小心翼翼地管理自己的财产,又贪图钱财而又怕被人欺骗。第三个地主是罗士特来夫,他是一个地方恶少,每天喝酒胡闹,玩鹰逗狗,滋事打架。任凭我们的乞乞科夫手段多么高明,恶少全不理这一套,几乎把乞乞科夫打死,生意也没成交。第四个地主是梭巴开维支,他有熊一样壮实的身材,性格也像熊一样残暴,而且与乞乞科夫一样是个精明的骗子,乞乞科夫在这里花了最高的价钱才买到死魂灵,而且还是一个女的。第五个地主就是我们开篇提到的大吝啬鬼波留希金。果戈理通过五个地主的形象展示了俄国农奴制的黑暗,人民生活的困苦,同时还描绘了官吏的丑恶行径。《死魂灵》以其伟大的现实主义典型形象震惊了整个俄罗斯。同时,它也是世界人民所喜爱的无价珍宝。

俄国革命时期最伟大的思想家——赫尔岑

　　赫尔岑是俄国 19 世纪解放运动中突出的作家、革命家、思想家。他的一生对于俄国革命起了伟大的推动作用。

　　亚历山大·伊凡诺维奇·赫尔岑于 1812 年 4 月 6 日出生在莫斯科一个显赫的大贵族家庭。其父伊·阿·雅科甫列夫是沙皇禁卫军的上尉。其母是一个外籍女佣。两人由于相爱而走到一起,但是由于身份相差悬殊,父母一直没有举行正式仪式。但是两人相亲相爱共同爱护这个宝贝儿子,这是他们爱情的见证。"赫尔岑"原是德文中"心"字的音译字。

　　小赫尔岑在如此优越的环境中生活,但由于缺少玩伴和父母由于太爱他对他管教又不严,所以,他就经常跑到农奴家中,跟下等人家的孩子一起嬉戏。他从小就感受到下层劳动人民生活的凄苦与不幸,经常从厨房中偷一些东西给朋友们吃。小赫尔岑很小就懂事了。

　　后来,赫尔岑渐渐长大了,父亲不能再让他这样玩下去了。于是,给赫尔岑请来两位家庭教师,开始让赫尔岑学习。这两位教师对赫尔岑的一生影响非常大。一位是叫布梭的法国人,他曾经参加了法国资产阶级大革命,他经常向赫尔岑讲述法国人民为了民主、自由而奋勇斗争的事迹。另一位是叫普罗托波波夫的俄国大学生。他经常给赫尔岑讲述革命性的,充满激情的诗歌。此外,赫尔岑的玩伴中,有几个他的亲戚朋友,也非常喜欢现代的科学与民主思想。在他们共同的成长中,小赫尔岑开始向往着革命。

　　当时的俄国依然是沙皇统治下的封建农奴专制制度的国家。由于统治阶级的残酷剥削,广大人民不堪这种牛马不如的生活,纷纷揭竿而起。1825 年,十二月党人在首都彼得堡的参政院广场举行了公开的武装起义,但很快被镇压下去。1826年 7 月 13 日,十二月党人的 5 个重要领导者被绞死,其他大批的起义者被流亡到遥远的西伯利亚。但是,这场战争拉开了俄国解放斗争的帷幕。赫尔岑当时只有13 岁,这一声"为自由而斗争"的惊雷在赫尔岑幼小的心中留下了深刻的印象。

　　1829 年,赫尔岑考入莫斯科大学哲学系数理科学习。在大学里,赫尔岑与社会上的革命组织有了更多的接触。他自称为"十二月党人的儿子",并自己组织了一个政治小组,举行秘密的会议,热烈地讨论世界各国的政治活动,揭露俄国与世界各国统治阶级的种种罪恶行为。渐渐地,赫尔岑成为小组中的领袖人物。

　　赫尔岑在学校中学习很刻苦。由于对俄国社会很多现象、制度产生怀疑,赫尔岑把自己埋入书的海洋中去寻找理论依据。他刻苦地研究社会学、自然科学、政治经济学,从而用完整的理论武装了自己的头脑,开始对人类社会进行思索。

　　1833 年 7 月,赫尔岑以优异的成绩毕业。他的毕业论文《哥白尼太阳学说的分析》,获得了硕士学位与银质奖章。

　　毕业之后,赫尔岑依然参加政治小组秘密的集会,探讨各种新的社会思想。但是,由于被人告密,1834 年 7 月,赫尔岑被捕入狱,同时被捕的还有小组中的奥加辽夫。由于这时沙皇反动统治已如惊弓之鸟,一有风吹草动,马上惊恐不安。因此,赫尔岑在没有一项确切罪名的情况下被流放到比尔姆省,后来又被送到维亚特加省。由此,赫尔岑对沙皇统治更为痛恨,经常愤愤不平,发誓要推翻它。1841 年,沙皇特务截获了赫尔岑给他父亲的一封信,信中,赫尔岑痛斥沙皇统治下的罪恶与黑暗,因此又被流放到诺夫哥罗德。

　　1842 年,赫尔岑回到莫斯科。经历了苦难的流放生活,赫尔岑更为成熟了。他接连不断地在进步杂志《现代人》与《祖国纪事》上发表政论、文学作品与哲学论文,抨击农奴制的罪恶,号召人们起来投入到"为自由而斗争"的战斗中去。这一时期,赫尔岑还发表了小说《谁之罪》与《偷东西的喜鹊》等小说。

　　早在 1841 年,赫尔岑就开始创作长篇小说《谁之罪》。小说分为上下两部。上部以平民知识分子克鲁采弗尔斯基为主人公。他应聘担任地主涅格洛夫家的家庭教师,指导地主的儿子莱沙的功课。因为他潇洒的仪表、富有磁性的声音,充满青春的智慧与热情的眼神,地主涅格洛夫年轻漂亮的妻子对他产生好感,经常主动关心克鲁采弗尔斯基的生活。但是克鲁采弗尔斯基不爱她,而是爱上地主涅格洛夫的女儿柳邦卡。柳邦卡也被他的丰富的知识与先进的思想所吸引,两人相爱了,这引起涅格洛夫妻子的嫉妒。她总找一些小事给克鲁采弗尔斯基制造麻烦。涅格洛夫一直把克鲁采弗尔斯基看作情敌,巴不得他有个喜欢的女子,于是很快答应了他与自己女儿柳邦卡的婚事,并且在城里替克鲁采弗尔斯基找到一个中学教员的职业。下部以贵族青年别尔托夫为主人公。别尔托夫是一个热情的具有革命精神的贵族青年,他与克鲁采弗尔斯基一家认识,并且爱上了柳邦卡,他认为柳邦卡身上有一种非凡的力量。她第一次让他认识到什么是爱情的力量,什么是一种幸福。柳邦卡虽然是真心爱着克鲁采弗尔斯基,但现在由于贵族青年别尔托夫的出现,她发现了别尔托夫身上具有一些克鲁采弗尔斯基身上所消失的东西,而这些东西能让她产生新的思想和感情,为她的心展开一个新的世界。她忍受着精神的折磨。而克鲁采弗尔斯基由于深爱着柳邦卡,把其他的一切都荒废了。出现了这种情况,他也十分抑郁,每天借酒消愁。别尔托夫爱上了不该爱的人,破坏了别人的幸福,也非常地苦闷,不得不出国去逃避这种矛盾。小说最后以一种悲剧性的忧伤情绪结束。小说提出了一个问题"谁之罪"?把矛头指向了罪恶的社会制度。

而另一部《偷东西的喜鹊》以一个农奴出身的演员安涅塔为主人公。她的主人赏识她的才能,出钱让她学习,带她去意大利与巴黎学艺并且演出。但由于主人突然死去,剧团被另一个地主斯卡林斯基公爵买了下来。他垂涎于安涅塔的美色,想占有她。他用物质引诱安涅塔,被严辞拒绝。这个人面兽心的老家伙意欲闯入安涅塔的卧室,想用强力占有她。安涅塔把他引到镜子面前,让这个公爵看着自己丑陋的面目,说宁愿自杀也不要他这样丑恶的人。公爵恼羞成怒,大骂安涅塔,说农奴是主人的财产,她只是他随意摆布的东西。后来安涅塔爱上一个农奴演员,怀了孕。她不愿意自己的孩子再成为一个让人随意摆布的奴隶,她服毒自杀了。

赫尔岑在他的小说中以下层劳动人民为主人公,赞扬了劳动人民的优秀品质,同时谴责了上层统治阶级的丑恶面目。

1847年,赫尔岑的父亲病故。他继承了巨大的遗产,成为一个富裕者。他更加渴望着革命的自由,但是在俄国,各种思想言论控制得更为严密。赫尔岑为了寻找革命的出路,于1847年3月底来到了法国巴黎。

后来意大利爆发了青年意大利党的领袖马志尼与加里波领导的革命运动,赫尔岑赶到意大利参加了意大利人民所进行的罗马大游行。后来,1848年法国也爆发了革命,赫尔岑得到这个消息后,马上赶回法国,参加了法国人民举行的巴黎示威大游行。但是,起义被反动势力残酷地镇压下去了。由于赫尔岑参加了罗马和巴黎的大游行,法兰西政府把他当作危险分子,将他驱逐出境。这时,沙皇勒令赫尔岑回国。赫尔岑明白回国之后必然受到监视甚至流放,于是,他不听从沙皇的命令,全家迁到了瑞士,并加入了瑞士当地的农民协会。

赫尔岑经过大量的理论、经验总结,认为人民才是社会的根本力量,不能把政府与人民混为一谈。他要让世界了解俄国,认识俄国人民斗争的现状。他写了《俄国人民和社会主义》《论俄国革命思想的发展》《旧世界与俄罗斯》等等介绍俄国的作品。由于赫尔岑与俄国沙皇专制统治一直为敌,俄国政府决定,从1851年3月22日起,剥夺赫尔岑的一切权利,终生驱逐出境。从此,赫尔岑丢掉了贵族身份及各种荣耀,他成了一个没有祖国的人。但是,赫尔岑却非常高兴,他觉得自己为俄国解放事业做的努力取得了效果。"这是让人兴奋的事",他这样说。

　　1851年6月,赫尔岑一家又搬到法国南部定居下来。由于家庭连遭不幸:母亲与儿子因沉船而丧生,妻子又病逝,赫尔岑伤心至极,但他很快从灾难的哀痛中恢复过来,投入到斗争中去。

　　1852年8月,赫尔岑来到伦敦。首先,他创办了一个自由俄罗斯印刷所,专印宣传用的俄文刊物。

　　1855年,赫尔岑着手创办了一种定期刊物杂志《北极星》。在创刊号上,赫尔岑以十二月党人五领袖的侧面像作为封面,继承十二月党人的传统,刊印了大量在沙皇严密监控下不能发表的作品,例如普希金等人的政治诗等。

　　1856年,赫尔岑的战友奥加辽夫也来到此地。在他的帮助下,又增加了一个定期文集,主要刊登来自俄国的信件,称之为《俄罗斯之声》。但是,随着革命形势的发展,这些刊物仍不能满足斗争的需要。1857年7月1日,赫尔岑又创办了《钟声》。在这个革命的火焰正慢慢燃烧起来的日子里,赫尔岑以深刻的理念为指导,紧密配合国内的革命斗争,发表了许多专论文章,如《俄国的革命》《解放的果实》《给未来朋友的信》等等。这些刊物取得了巨大的成功,吸引了无数追求自由与解放的人民读者。同时,它竟能越过沙皇边防警戒的重重封锁,送到俄国各阶层手中,甚至连主教与沙皇的宠臣也都人人有一份。由此可以看到这些刊物的巨大力量。

　　但是,在俄国革命热情逐渐高涨时期,由于赫尔岑远居国外,不了解俄国革命的真实动向,曾经与国内以车尔尼雪夫斯基为首的《现代人》杂志产生了一些分歧。1859年,车尔尼雪夫斯基带着和解的心情来到伦敦与赫尔岑亲切地交谈,交换了彼此的意见,最终达成共识。这之后,车尔尼雪夫斯基与赫尔岑联手合作,一个国内,一个国外,更大地发挥了斗争的力量,终于迫使沙皇进行改革。但是改革之后,赫尔岑清醒地看到沙皇改革的实质。他在《钟声》中写道:"解放是一种骗局","沙皇用虚构的解放使人民开了眼界。"从此,他对沙皇统治制度进行更为激烈的斗争,号召人民起来斗争,号召士兵转到人民的一边,强调组织革命秘密团体的必要性。赫尔岑利用《钟声》对人民的斗争起了指导性作用。

此外,赫尔岑清楚地看到了自由派的反人民性,对之进行了深刻的批判与揭露。果然,以卡维林之流为代表的自由派看到日益壮大的革命力量感到害怕。他们就以造谣诬蔑、叛变投敌的方式挑拨政府迫害民主派。1862 年,政府封闭了《现代人》与《俄语报》等进步报刊。车尔尼雪夫斯基等人被逮捕、流放。

1867 年,在《钟声》创刊十周年的时候,这个刊物与读者告别了。赫尔岑说:"每一代都有它自己要做的事,我们这一代所应当做的是准备革命的工作。"又说:"新的一代已经成年,找到了自己的道路,他们不需要我们的言论,我们没有什么对他们好说的了。"

《钟声》停刊之后,赫尔岑开始研究学习马克思主义。他认为,俄国革命的胜利,必然应是社会主义革命的胜利。他已认识到农民革命的局限性与资产阶级革命的剥削性。到了晚年,赫尔岑终于成为一个马克思主义者了,他还要坚持起来继续进行斗争,但是,长期的革命工作已损害了他的身体。

1870 年 1 月 21 日,赫尔岑因患肺炎在巴黎与世长辞了。

这位出身贵族的平民革命家以其一生不懈的革命斗争为俄国革命开辟了一条道路,把革命斗争的种子播入每一个受压迫的人的心中。他的功绩将被历史所牢记。

贵族作家——屠格涅夫

屠格涅夫是俄国 19 世纪一位优秀的现实主义作家,全名为伊凡·谢尔盖耶奇·屠格涅夫。他出身贵族,一生锦衣玉食;写的作品中的主人公也多为贵族,并且在他的作品中最早出现了俄国文学中著名的"多余人"形象,如《罗亭》中的贵族罗亭、《贵族之家》中的贵族拉夫列茨基等。屠格涅夫写作不为名,不为利,因为他什么也不缺,他纯粹是出于爱好,贵族式的爱好。这使得天赋很高的屠格涅夫能以敏锐观察、冷静的笔触去写自己感兴趣的事,自由表达自己的观点、情感。屠格涅夫一生与贵族分不开,称之为"贵族作家"是恰如其分的。

屠格涅夫于 1818 年 10 月 28 日出生在俄国奥勒市的一个贵族家庭。父亲是个退役军人,很早就去世了。这使得其母的性格变得乖戾,常常无故责打下人。屠格涅夫因此觉得母亲是个可怕的人,母子不太亲近。在屠格涅夫 9 岁时,全家迁到莫斯科。聪明勤奋的屠格涅夫中学毕业后,于 1833 年进入莫斯科大学学习。因为不喜欢那里的环境,1834 年转入彼得堡大学。大学中的屠格涅夫爱好广泛,曾参加进步的学生组织,思想倾向于民主,这时的屠格涅夫表现出对文学的偏爱,曾写过诗。大学毕业后,屠格涅夫到德国柏林大学留学,乘机到附近各国去旅行,了解了不少风俗民情。

　　1842年,屠格涅夫结识了对他文坛一生至关重要的文艺批评家别林斯基。在别林斯基的影响与鼓励下,屠格涅夫开始写作。从1847年开始,屠格涅夫经常在《祖国纪事》与《现代人》杂志上发表作品。他的第一部小说《猎人笔记》以连载的形式发表,获得文坛上的广泛关注。屠格涅夫以其独特的风格一举成名了。《猎人笔记》以一个贵族猎人在俄国中部山村打猎为线索,描绘了一幅俄国农奴制统治下的真实生活画卷,表达了作者对农奴制的不满。这部作品的发表触怒了沙皇政府,但苦于没有理由不便发作,终于在1852年果戈理逝世后,反动当局明文禁止发表悼念文章。一向自由惯了的贵族屠格涅夫丝毫不把禁令放在眼里,依然发表文章表达对果戈理的深切哀悼。这件事被反动当局抓住把柄,屠格涅夫被逮捕并遭到流放。但是,屠格涅夫毫不屈服,依然创作反对农奴制度的作品,他的中篇小说《木木》就是他在彼得堡拘留所里写成的。

　　从50年代开始,屠格涅夫开始创作长篇小说。1856年,屠格涅夫塑造出俄国文学史上第一个"多余人"形象罗亭。"多余人"是俄国文学史上独特的产物,是指那些出身贵族、对现实极度不满,而又不去实际做点什么的脱离人民的所谓"贵族革命家",他们都是"语言上的巨人,行动上的矮子"。1859年,屠格涅夫完成他的"多余人"系列的顶峰之作《贵族之家》。

　　小说的主人公拉夫列茨基是个总想干一番事业的正直的贵族知识分子,他出生在古老的贵族之家,父母早逝。在拉夫列茨基上大学时,在剧院中遇到一位美貌姑娘,堕入情

屠格涅夫

网。这位姑娘是科罗宾将军的女儿瓦尔瓦拉。婚后,拉夫列茨基沉醉在个人幸福之中,往日的抱负与决心全都烟消云散了。谁知科罗宾将军把女儿嫁给他,完全是

看上了他家里的财产,想依靠女儿攫取在自己手里。父女俩成功了。婚后不久,瓦尔瓦拉的本性逐渐暴露出来,她的放纵奢华让拉夫列茨基感到厌倦,他又专心于自己的学业,总想回俄国去干一番事业。但是,这种想法总因某个无关的小事而停顿,不能付诸行动。偶然的一天,拉夫列茨基发现妻子对自己不忠,他一下子像掉入了冰窖。他禁不住这样的打击,通知管家从科罗宾那里收回产业管理权,自己却独身隐居在意大利一个小镇上。

4年之后,他一事无成地回到故乡,住在姑姑给他留下的小庄园里,结识了表姐卡里金娜的女儿丽莎。拉夫列茨基与丽莎在一起很自由,两人相爱了,当时还有一个浮华的年轻军官也在追求丽莎。一次他们在谈话时为俄国的未来争论起来。年轻的军官鼓吹全盘西化,认为俄国一无是处,而丽莎与拉夫列茨基的观点一致,认为俄国的未来在人民手中,从此两个人的心更加贴近。但是,传闻已经死掉的瓦尔瓦拉突然归来,让宗教观念很强的丽莎感到沉重的负罪感。她心灰意冷,皈依上帝,进了修道院,而拉夫列茨基却毫无办法。瓦尔瓦拉得到一大笔钱后,又去巴黎寻欢作乐去了。拉夫列茨基后来在他的庄园里努力改善农民的生活。后来,他重回表姐家里,老一辈都逝去,只有一群朝气蓬勃的青年人,拉夫列茨基坐在与丽莎曾经同坐过的那张椅子上,回忆着自己无功的一生。他想着青年一代应该比他有作为的。同时,也对自己说道:"毁掉吧,无用的生命!"颓然离去。

《贵族之家》以悲凉的笔触描写了贵族在历史舞台上的悄然退场。

1860年,屠格涅夫发表了长篇小说《前夜》,描写了俄国贵族小姐叶琳娜爱上保加利亚爱国英雄英沙罗夫,二人一同去参加保加利亚的解放斗争。英沙罗夫在路上病死,坚强的叶琳娜仍然去了保加利亚,并在起义军中当了护士。但是由于当时的评论家杜勃罗留波夫以《真正的白天何时到来?》为题对《前夜》做了自己的解释。向来自由的屠格涅夫不喜欢别人任意拆解自己的作品,二人发生争论。屠格涅夫愤然退出《现代人》刊物,与革命民主主义者决裂。

1862年,屠格涅夫又完成了他的另一部长篇巨著《父与子》。小说主人公巴札罗夫出身平民,他推崇实用科学,重视实践,信奉唯物主义,他以革命民主主义的立场坚决反对贵族自由主义思想。巴札罗夫在医科大学毕业后到贵族出身的同学阿尔卡狄家中小住。一次偶然的机会,巴札罗夫与持贵族自由主义观点的阿尔卡狄的伯父巴威尔争论起来,结果巴札罗夫大获全胜。不久,巴札罗夫同阿尔卡狄到省城去玩,碰到贵族遗孀奥津左娃。巴札罗夫对成熟漂亮的奥津左娃一见倾心,但遭到拒绝,而阿尔卡狄则热恋上奥津左娃的妹妹。两人回家之后,阿尔卡狄抛弃了曾经有过的革命民主主义思想,安然享用祖上的产业,巴札罗夫则专心干自己的事业。由于上次辩论的失败,巴威尔耿耿于怀,找个机会与巴札罗夫挑起一场决斗。巴威尔负了轻伤,而巴札罗夫随即回到父亲家里。后来,在一次解剖伤寒病人尸体时不小心割破手指,受到感染而死去。

屠格涅夫以清醒的眼睛看到了贵族与平民思想上的隔阂与距离,看到了民主主义必将战胜贵族主义,塑造了俄国文学史上著名的"新人"巴札罗夫。

后来,屠格涅夫又陆续发表了一些文章。其中《烟》最能反映他的贵族主义慵懒、倦怠的思想,而《处女地》则又体现出贵族革命家对政治的看法。1882 年,屠格涅夫出版了他最后一部作品《散文诗》,表达了自己思想上的苦闷之情。

1883 年 9 月 3 日,屠格涅夫因病在巴黎去世。依照他的遗言,遗体运回他的祖国,在彼得堡安葬。从此,俄国消失了一位普通的贵族,而俄国文坛却损失了一位独具风格的贵族作家。

古典芭蕾之父——彼季帕

19 世纪,在俄国有一位天才的芭蕾大师,他不仅编写了许多著名的剧目,而且塑造了一颗又一颗芭蕾巨星。他就是深为世人敬重的马里尤斯·彼季帕,是他让俄罗斯成为芭蕾第二故乡,是他让俄罗斯芭蕾在世界舞台上展现了无比的辉煌。

马里尤斯·彼季帕为俄国艺术做出了巨大贡献,但是马里尤斯·彼季帕却是个法国人。

1819 年 3 月 1 日,马里尤斯·彼季帕在法国马赛出生。这是一个艺术氛围浓厚的家庭:父亲是一位芭蕾名师,当时正在布鲁塞尔的蒙奈耶剧院做男主演,并且开始编写剧本;母亲是一位很有才华的戏剧演员。这个家庭有四个孩子,马里尤斯·彼季帕是最小的一个。父亲从小就注意培养孩子们对艺术的兴趣。结果,功夫不负有心人,他的独女成了杰出的歌剧演员,长子吕西安与最小的儿子马里尤斯则接过了父亲的衣钵,成了著名的芭蕾演员。特别是马里尤斯最终成了芭蕾大师,在芭蕾史上留下了自己完美的足迹。

马里尤斯·彼季帕大器晚成。青年时也曾与大明星格丽希同台演出,也获得了成功,但终究不及其兄的表演才华。马里尤斯隐身于偏远小城南特,成为当地一个芭蕾舞团的男主演。在这里,马里尤斯第一次开始了自己的独立创作生涯,如《神权》《波希米亚少年》《布特婚礼》等。

1839 年,父亲带着马里尤斯·彼季帕应邀到美国闯荡新世界,结果大败而归,一连几场演出全部亏本。父子两人灰溜溜地回到欧洲。父亲又回到蒙奈耶剧院,而马里尤斯·彼季帕却大为惭愧,回来之后,一头拜在名师奥古斯特·维斯特里名下学艺。凭他的天赋与刻苦,很快舞技大增,做了波尔多舞团的男主演。在这里,他潜心学习研究芭蕾舞及大量的民间舞蹈,创作了许多作品,而且风格渐为成熟。主要有《波尔多美人》《私通》《摘葡萄》《鲜花的语言》等等。

1843年,马里尤斯前往西班牙,在那里,马里尤斯得到进一步深造。他创作了5部西班牙题材的芭蕾舞剧:《石榴花》《马德里少女历险记》《塞维利亚的珍珠》《知难而进》《卡门与她的托雷洛》。

1847年,马里尤斯·彼季帕前往俄国彼得堡,被玛林斯基剧院聘为男主演。在这里,马里尤斯开始了他一生最辉煌的时代。

1858年,马里尤斯凭着自己几十年积累的丰富经验,开始了他创作生涯的高峰。他先后创作了《摄政时代的婚礼》《老实人的契约》《蓝色的大丽菊》《法老的女儿》《唐·吉诃德》等。这些芭蕾舞剧一部比一部出色,马里尤斯·彼季帕以自己出众的才华赢得了巨大声誉。

1869年,玛林斯基剧院的芭蕾大师圣莱昂离职而去,马里尤斯·彼季帕顺理成章地接替了他的位子。

1872年12月27日,玛林斯基剧院的芭蕾演员为庆祝马里尤斯·彼季帕赴俄国首演25周年,举行了盛大的宴会,而且赠给他一顶金冠,来表达对这位法国人为俄罗斯所做出的巨大贡献的谢意。

马里尤斯·彼季帕最为杰出的作品是与俄国作曲家柴可夫斯基合作完成的,那就是《天鹅湖》《睡美人》《胡桃夹子》,这三部作品成了古典芭蕾舞剧的代表作。

《天鹅湖》由意大利著名演员莱妮娅妮作女主演,从而创出了女子"挥鞭转"达32圈的纪录。

《睡美人》更成为马里尤斯·彼季帕的杰作。该剧由许多著名芭蕾演员共同完成。该剧于1890年1月3日公演,马里尤斯·彼季帕在剧中串演了一位仙女。演出取得了空前的成功。著名的芭蕾演员安娜·巴甫洛娃就是随母亲看了这部巨著才决然走上天鹅之路的。

1904年,在俄罗斯青年一代芭蕾演员都成长起来之后,马里尤斯·彼季帕无憾地退了休,从此过着平静的晚年生活,直到1910年安详地逝去。

马里尤斯·彼季帕一生共创作了54部完整的芭蕾舞剧,复排了17部传统芭蕾舞剧,并且为35部歌剧编排了插舞,而且还完善了古典芭蕾舞剧中双人舞ABA模式与性格舞,从而使古典芭蕾舞剧更为规范。

马里尤斯·彼季帕不仅在芭蕾舞剧的编导上做出最大贡献,而且,他以自己的耐心与热情教导出了一大批优秀的芭蕾艺术家。其中最为优秀的就是后来著名的女芭蕾演员安娜·巴甫洛娃,以及著名的编导福金。

马里尤斯·彼季帕以其一生伟大的成就,无愧于"古典芭蕾之父"的称誉。

现代主义作家的鼻祖——陀思妥耶夫斯基

1849 年 12 月 22 日,阴云笼罩着彼得堡,寒冷的北风呼啸着卷过灰色的原野,撼动着这个腐朽的城市。刑场上,一排整齐的士兵正端起步枪,瞄准着不远处一排衣衫褴褛的死刑犯们。监刑的军官漠然地望着那群囚犯,今天天气真冷,他竖起了大衣领子,随手下达了行刑命令。一个班长站在士兵旁边,高声喊道:"准备,一!——二!——……",这一套他早已练得熟之又熟了。那群囚犯面色苍白,绝望地闭上了眼睛。那个班长也闭着眼睛高喊:"——三!"话音还未出口,一个骑兵身跨烈马,气喘吁吁地奔驰而来,手挥令旗,远远地高声喊道:"大赦了!大赦了!停止行刑,大赦了!"所有的人为之一愣,班长愤怒地瞪了一眼满脸汗水的传令兵,看见他掏出一张纸递给监刑的军官。他挥挥手,士兵们失望地退出了枪弹。

那群死里逃生的囚犯们,茫然地睁开眼,等明白事情的经过之后,惊喜之余便瘫倒在地上。只有一个身体粗壮、面色忧郁的年轻人木然地立在那儿。他叫陀思妥耶夫斯基,因为在集会上宣读别林斯基致果戈理的信,企图反对宗教与政府而被逮捕,并作为主要分子判了死刑。

现在,死刑已免掉了。不久之后,这一群幸运的死囚犯被押往千里之外的西伯利亚流放地。陀思妥耶夫斯基被判服 4 年苦役。

费奥多尔·米哈伊洛维奇·陀思妥耶夫斯基于 1821 年出生在莫斯科一个平民医生的家庭。

他的父亲虽然有贵族称号,但并不是富翁。陀思妥耶夫斯基从小呆在父亲工作的玛丽娅贫民医院中,跟父亲住在一起。下层劳动人民贫苦的生活从小便深深印在了他的脑海里,挥之不去。

13 岁时,小陀思妥耶夫斯基开始在一所寄宿学校读书,他非常喜爱文学,自己找来无数的俄国与西欧的著名作品来读。1837 年,陀思妥耶夫斯基来到彼得堡,不久,他进入了公费的彼得堡军事工程学校。在这里,他更如鱼得水,痴迷于文学的海洋之中,竟然忘了自己的正式功课。结果,除了文学课一直优秀之外,其他的都是不及格。老师们都特别奇怪,只有他自己毫不在意。最后,他总算毕了业,只不过是已降了两次级。

1843 年,陀思妥耶夫斯基从学校毕业,被安排到彼得堡工程兵团工程局绘图处工作了一年,被称为最白痴的绘图员。本来陀思妥耶夫斯基便无心于绘图工作,一气之下,便辞了职,这下更有充裕的时间专心搞文学创作了。《穷人》是陀思妥耶夫斯基的成名作,也是其中篇小说的代表作。

小说以一个凄惨的爱情故事为主线,展示了俄国现实主义生活的阴暗面。陀思妥耶夫斯基采用书信体的形式,尽情地让主人公展示了自己的内心世界。主人公杰符什金出身于平民,文化水平不高,好容易找到一个小公务员的职位。他虽然薪俸微薄,生活清贫,但他依然有自己人格上的强烈自尊。在他的隔壁住着一位善良的姑娘,由于生活贫困,她不得不靠卖淫维生,善良的杰符什金对这位贫苦的姑娘瓦尔瓦拉充满同情,于是他便有意地关心瓦尔瓦拉,因为他自己生活贫困,所以这种关心只能是情感上的,但这足以打动这位身处困境中的姑娘。在杰符什金面前,她才觉出自己是个人,还有人的尊严。于是,她便渐渐对杰符什金产生了感情。这使得杰符什金觉得自己总算还有些用处。在瓦尔瓦拉面前,他寻回了自信,于是两个贫苦的人相爱了。但是,他们却不能结婚,因为,杰符什金自己赚钱勉强度日,根本养不了家。后来,瓦尔瓦拉无以为生,只好嫁给了主贝科夫。两个有情人最终痛苦地分离,默默忍受着命运的捉弄。

这时,陀思妥耶夫斯基还写了《双重人格》《女房东》《白夜》《涅朵奇卡·涅兹万诺娃》等小说,继续发挥他的心理描写的特长。只是由于他过分渲染人物的病态心理,引起评论界的非议,导致同别林斯基等人的分裂。但是,陀思妥耶夫斯基仍然是追求革命的。他参加了进步学生团体彼特拉舍夫斯基的活动小组,积极倡导农奴制废除运动,要求改革不合理的社会制度。最终,导致了他 1849 年 4 月 23 日的被捕,经历了死刑赦免之后被流放西伯利亚。

陀思妥耶夫斯基在西伯利亚的鄂木斯克服了 4 年苦役,1854 年刑满后又罚为边防士兵。经历了近 10 年的非人折磨,陀思妥耶夫斯基于 1859 年才获准回俄国中部的特维尔居住。但是,他的性情已大变,冷漠、孤僻、脾气暴躁易怒,且时常发作癫痫病。

回来之后,陀思妥耶夫斯基一直努力写作,因为他已耽误了 10 年。开始时,他的作品丝毫没能引起人们的注意,因为他已退出文坛 10 年,人们早已淡忘了他,而且他 10 年未摸笔,这支武器也有些生疏了。直到他发表了《舅舅的梦》《斯捷潘契科沃及其居民们》《死屋手记》等,才重新登上文坛,重新寻回了观众们热烈的目光。这一时期,陀思妥耶夫斯基完成了他的绝世名作《被侮辱与被损害的》。

60 年代后期,陀思妥耶夫斯基的风格已经成熟,从而完成了他几部著名的长篇小说,如《地下室手记》《罪与罚》《白痴》《群魔》《卡拉马佐夫兄弟》等。

其中最完整,给陀思妥耶夫斯基带来巨大声誉的是《罪与罚》,陀思妥耶夫斯基以一件触目惊心的凶杀案为背景,成功地运用了人物的心理描写。

50多岁的小官吏马美拉多夫因政府裁员而失业,从此一家六口生活失去了经济来源。妻子每天卧病在床,早已病入膏肓,一直无钱医治,亲生女儿索菲娅刚满18岁,其他三个寄养的儿女尚且年幼。全家人拥挤在狭窄的过道中,别人家的垃圾污秽都堆积在他们门前。然而,这样恶劣的居所也住不下去了,女房东声称如再不交房租,就把他们赶出去。他们全家人衣衫褴褛,女人们外出只有一条公用披巾,他们没有一种可供换洗的衣服,只好在脱衣入睡之后,病弱中的妻子把脱下的衣服洗干净,夜里晾干,以备明天穿用,食物更是可怜,常常一连几天都在挨饿。马美拉多夫每天更是借酒消愁,使得本来就已疲惫的家庭更是雪上加霜。无奈之际,索菲娅只好出去卖淫以挣些钱敷衍家用,但终究不能挽救这个败落的家庭。马美拉多夫醉酒被马车撞死,埋葬他之后,一家人流浪街头,妻子又心力交瘁,吐血而亡。一个善良的家庭就这样毁灭了。而这一切都被另一个穷困的年轻大学生拉斯柯尼科夫看在眼里,记在心里,又加上自身对贫困的真切体验,联系到社会上的富人们的丑恶行径,于是在义愤之下,他杀死了放高利贷的老太婆。他要用这个蛀虫的钱为穷苦人办上几千件好事。但是,他终究是一个杀人犯。从此,他心里忍受着良心的煎熬经常做噩梦。这件事压在他心里,几乎把他弄疯了。最后,在索菲娅圣洁的灵魂的关爱下,他去警察局自首,并且被判为苦役犯。索菲娅陪伴着他,踏上了苦役之路,两人开始了新的生活。

由于陀思妥耶夫斯基出色的心理描写,他被称为"现代主义小说的鼻祖"。他开创的"意识流"手法,被后辈作家纷纷效仿。

陀思妥耶夫斯基最后一部巨著便是《卡拉马佐夫兄弟》。他以一家三代极端的人性显现,揭露批判了人性中的弱点,如淫欲、暴虐、贪婪等。陀思妥耶夫斯基以广阔的社会历史场景演绎了人性之间的大碰撞。这部书没有最终完成,成为陀思妥耶夫斯基的终生遗憾,世界文学宝库中也因而少了一部辉煌的杰作。

1881年,陀思妥耶夫斯基因病逝世。

陀思妥耶夫斯基以其独特的人格魅力以及他那惊心动魄的心理描写,屹立于文学的峰巅之上。他以其小说中丰富的内容、题材的多样、深刻的分析而越来越引起世人的瞩目,曾经几次出现"陀思妥耶夫斯基热"。有的人尊他为批判现实主义大师,有的人尊他为现代主义的鼻祖,荣誉真是光彩夺目。但这些都说明了一点,那就是陀思妥耶夫斯基在文学史上具有不可估量的重要地位。

世上最美的坟墓——托尔斯泰墓

世界经典文库

世界上下五千年

·近代俄国·

图文珍藏版

有这样一座坟墓，它没有高大坚硬、雕刻精美的墓碑可以留存千年，也没有威武雄壮的外观可以吸引他人的注意，更没有占据显眼地位以显示其非凡的身价，它甚至连记载墓主名姓的文字都没有留下一个，但却被举世公认为最美的坟墓。它静静地躺在一片郁郁葱葱的桦树林中，春天，它周身开满繁星似的小花；夏天，代之以萋萋的芳草在微风中轻轻摇摆；秋天，片片黄叶飞来，覆盖住它那小小的身躯；冬天，这是一片白茫茫的世界，已分辨不出哪里是它的墓地。然而，这条小小的土埂却使全世界的人在靠近它时都放轻脚步，摒弃一切喧嚣，向它凝神致敬，因为，这里躺着一位巨人，他叫列夫·尼古拉耶维奇·托尔斯泰。

托尔斯泰生于 1828 年 9 月 9 日，他的父亲是一位伯爵，后来托尔斯泰承袭了爵位。生活在这样的一个贵族家庭中，托尔斯泰并没有成长为一名游手好闲的花花公子，相反，他从小就表现出对贵族生活的天然反叛。他鄙视贵族社会的繁文缛节，厌烦上流社会的生活，甚至憎恶家族的财产，对下层人民尤其是广大的农奴表现出同情之心，认为这是社会黑暗和不公的产物。

托尔斯泰在大学期间接触到卢梭、孟德斯鸠的著作，退学后回到故乡经营自己的田庄。他的大半生都是在自己的庄园雅斯纳雅·波良纳度过的。在 23 岁的时候，他加入军队到高加索服役，并参加了克里米亚战争中的塞瓦斯托波尔战役，任炮兵连长。28 岁时，他退役回家。这段亲身经历的战争生活成为日后不朽著作《战争与和平》的创作素材。

托尔斯泰的早期创作是从高加索开始的。从 1852 年开始，他陆续发表了自传性三部曲：《童年》《少年》和《青年》，显示出了他的心理分析的才能，同时说明他已具有民主思想。车尔尼雪夫斯基曾称这种心理分析为"心灵辩证法"。此后，托尔斯泰创作了不少中短篇小说：《一个地主的早晨》

托尔斯泰墓

《卢塞恩》《哥萨克》。从这些作品中可以看出，托尔斯泰的思想一开始就处在矛盾之中,他进行着艰苦的思想探索,既不满贵族社会,也厌恶资本主义,可又找不到理想的途径解决这些问题。

在19世纪60年代和70年代,文学史上诞生了两部光耀千秋的著作:《战争与和平》《安娜·卡列尼娜》。这是托尔斯泰呕心沥血的思想结晶,他试图从历史与现实两方面来探索俄国社会的出路。

历史题材的《战争与和平》是一部四卷本,约120万字的鸿篇巨作。它以1812年俄国卫国战争为中心,写出了战争年代与和平年代交替出现的广阔社会生活,是一幅气势磅礴的历史画卷。这部小说总共描写了559个人物,各个阶层都涉猎到了,上至王公、贵族,下至平民、士兵,而以包尔康斯基、别竺豪夫、罗斯托夫和库拉金四大贵族为主线,反映出各阶层的思想情绪,提出许多重大问题,诸如政治、哲学、社会、道德等。在宫廷贵族与庄园贵族的对比之中表达作者的政治理想,颂扬了作为俄国先进贵族典型的安德烈和彼尔。《战争与和平》庞大严整的结构布局展现了人民战争的宏伟规模,具有了史诗的性质。不足之处是作者竟然把国家前途寄希望于先进贵族的身上,而且流露出鲜明的宿命论思想。

《安娜·卡列尼娜》是作者1870年开始构思,1873年动笔,历时5年于1877年完成的一部现实生活题材的著作。剧中的女主人公安娜·卡列尼娜出身贵族,良好的教养,非凡的气质,加之以美轮美奂、倾国倾城的外貌,使她近于幻想中的完美。(据说安娜的形象塑造并非凭空虚设,而是作者托尔斯泰曾经邂逅过大诗人普希金的大女儿,就以她为原型创造出来的。)难能可贵的是,安娜还具有一颗求真向善的心灵,她性格倔强,意志坚定,对真正的爱情抱着纯真的信仰和追求。然而在她还是少女的时候,姑母把她嫁给了卡列宁,一个大她20岁的思想僵化、呆板冷漠的男人。安娜与他毫无感情可言,只是在封建礼教的维系下保持了8年的家庭生活,直到安娜遇到了她所钟爱的情人沃伦斯基。沃伦斯基年轻英俊的外表、潇洒的气质使安娜着迷,以为找到了爱情的寄托。安娜勇敢地走了出来,然而上流社会虚伪的礼教不能容忍安娜大胆的行为,而沃伦斯基也逐渐暴露出他那花花公子的本来面目,他只是迷恋于安娜的美貌,并不能接受安娜真正的感情。当现实全部展现出狰狞可憎的面目时,安娜选择了自杀。她从容地离去了,是的,这个肮脏虚伪的世界是容不下安娜这样品质高洁的人的。

小说另外安排了一对青年的婚姻作为安娜的对比,反映了俄国社会存在的众多问题,如政治、宗教、家庭、妇女等等方面的问题。这是俄国文学史上的又一座丰碑。

托尔斯泰的一生笃信基督教。到了晚年,在仍然没有找到社会出路的情况下,他更加寄希望于基督教的博爱思想，以期能拯救人的灵魂，达到生命的和谐与纯净，从而形成"托尔斯泰主义"。他晚年写的长篇小说《复活》表现出对俄国旧社会空前激烈的揭露和批判，而对"托尔斯泰主义"的宣传也更加集中。

《复活》的写作基础源于真人真事。故事梗概是：作为法庭陪审员的贵族聂赫留朵夫，惊异地发现站在被告席上被指控为杀人犯的妓女玛丝洛娃，竟是他十年前诱骗过的农奴少女喀秋莎。他在良心上深受谴责，并开始忏悔自己的罪过。良心未泯的他四处奔走，尽全力为被诬告的玛丝洛娃申冤辩白。在上诉失败之后，聂赫留朵夫自愿陪同玛丝洛娃去西伯利亚流放。他真诚的举动终于使心如死灰、面如霜雪的玛丝洛娃感动了。聂赫留朵夫获得了心灵的解脱，而玛丝洛娃则重新树立起人格的尊严，他们两人都得以在精神和道德上"复活"了。

小说以这一故事为线索，全面暴露了沙皇专制制度的黑暗，在法庭上找不到公正，因为那些执法官员一个个都是寡廉鲜耻、昏庸自私的人，各怀鬼胎，无所事事，由此引申到沙皇政权的各个机构，都是无一例外的。此外，贵族地主的腐败，寄生的生活以及资本主义所造成的祸患都在小说中得以充分暴露。农民们穷困窘迫，凄凉破落的生活，正是由于土地的私有制造成的。托尔斯泰在为人民大声地呼喊，他提出的问题正是当时俄国社会迫切需要解决的重大社会问题。由此，列宁称赞他是"最清醒的现实主义者"。

但是，这部小说的缺陷是明显的。从某种程度上来说，它是"托尔斯泰主义"的一种图解，宣传"不以暴力抗恶""道德上的自我修养""宽恕"和"爱"等观念降低了它的思想价值。

托尔斯泰的人格无疑是非常高尚的。这当然源于他的世界观和人生观。他试图抛弃一切自私自利、寄生压迫的生活方式，在晚年他专心致力于"平民化"的生活：拒绝任何人的服侍照顾，拒绝昂贵的衣物食品，坚持吃素，坚持从事体力劳动，自己动手耕地、浇水、种菜、做鞋，甚至于还打算放弃他贵族的身份、特权和私有财产，为此他和家人激烈冲突起来，几乎达到众叛亲离的地步。他对家人忍无可忍，终于做出了离家出走的决定。

1910年11月，82岁高龄的老人第二次离家出走，年迈体衰的他不幸染上感冒，病倒在阿斯塔波沃火车站。11月20日，一代文豪在那里溘然长逝。

托尔斯泰认为，种树可以给一个人带来幸福，他的坟墓就安置在少年时他种过的几棵树之间。那样朴素、那样静谧，而这正是托尔斯泰高洁心灵的表现。

死亡·焦虑·惶惑——柴柯夫斯基

彼得·伊里奇·柴柯夫斯基于 1840 年 5 月 7 日诞生于维亚特斯基省的一个贵族家庭。10 岁时,他被送到彼得堡学习法律,并于 1859 年从法律学校毕业。

但他对法律根本就不感兴趣,只有音乐才能使他感动。于是,从 1862 年起,他便进入彼得堡音乐学院跟随鲁宾斯坦学习作曲。在音乐学院学习期间,柴柯夫斯基开始了自己的创作,至 1865 年秋从彼得堡音乐学院毕业。柴柯夫斯基在此期间创作了交响序曲《大雷雨》等一批早期作品。

柴柯夫斯基从彼得堡音乐学院毕业后,受院长尼古拉·鲁宾斯坦之邀,到该院担任教授。他同鲁宾斯坦保持了终生的友谊,他的许多作品都由鲁宾斯坦弹奏或指挥演出。

但在当时,他的许多作品是得不到人们承认的,作为作曲家的柴柯夫斯基很是沮丧,并且由于音乐学院繁忙的教学工作,使他很难静下心来创作。但自从他结识了梅克夫人并得到她的资助后,事情便逐渐有了转机。

柴柯夫斯基与梅克夫人的关系是极富传奇色彩的。梅克夫人是一个富孀,有大量的财产并且非常喜欢音乐,她经常资助一些穷困的艺术家。

1876 年冬天的一个夜晚,尼古拉·鲁宾斯坦来到他的友人梅克夫人的寓所,请求他资助一位年轻的作曲家柴柯夫斯基。梅克夫人在她的寓所聆听了鲁宾斯坦弹奏的柴柯夫斯基的《暴风雨》。

《暴风雨》是柴柯夫斯基于 1873 年 10 月根据莎士比亚的同名戏剧创作的一部交响幻想曲,这部作品在同年的 12 月 19 日首演于莫斯科,但除了"五人团"给予这部作品充分的肯定外,听众却对此很不以为然。

然而这部作品在这里却戏剧性地改变了作曲家的命运。梅克夫人一边聆听鲁宾斯坦的演奏,一边在嘴里呢喃着柴柯夫斯基的名字。当鲁宾斯坦演奏完之后,梅克夫人神情激动地对他说:"你也不必替他说那么多的好话,你没有说之前,他的音乐早已说过了。"梅克夫人愿意每年资助 6000 卢布,让年轻的作曲家安心创作。从此便开始了他们传奇的友谊。

梅克夫人对柴柯夫斯基的帮助是巨大的。在音乐上,她能听懂他的作品,她常常写信告诉柴柯夫斯基他的音乐如何深深地打动了她,对他的创作给予充分肯定,在精神上给柴柯夫斯基以巨大的安慰。柴柯夫斯基多愁善感,情绪极不稳定,他写给梅克夫人的信常常是沮丧的、悲观的。这时,梅克夫人又像母亲与情人一样,以惊人的耐心与细致为他分解忧愁,鼓起他生活的勇气。柴柯夫斯基对音乐敏感、忠诚,但对繁琐的生活却又相当冷淡,甚感无聊,在他经历了自己失败的婚姻之后,梅克夫人对他的感情更是产生了质的飞跃,并且把柴柯夫斯基的事业当作自己生活的中心内容:为他提供经济上的资助,给他提供住房,让他出国去安心创作……

但他们之间的感情只是精神上的,基本上都是靠通信保持联系,且从未谋面。梅克夫人直到有一次去法国旅行时,才告诉柴柯夫斯基让他去自己的寓所看一下自己的藏品,柴柯夫斯基也委婉地拒绝了对他很感兴趣的梅克夫人的小女儿想去拜访他的要求。只是有一次,两人的马车在一条路上不期而遇。他们两个各怀复杂的心情,相互微微地鞠了个躬,又一言不发地相互走开了。

梅克夫人的资助与关怀对柴柯夫斯基的创作起到了不可估量的作用。在此期间,他乐思奔涌,创作了大量的优秀作品,还屡次出国作巡回演出。他的作品终于为世人所承认,所到之处,无不受到热烈的欢迎,并渐渐被人们公认为俄罗斯首屈一指的大作曲家。美国人在著名的卡内基音乐厅竣工之后,还特地邀柴柯夫斯基参加落成典礼,并在美国作巡回演出。

然而就在柴柯夫斯基的事业如日中天的时候,梅克夫人却突然中断了与他的关系,无论柴柯夫斯基如何努力都无济于事。

柴柯夫斯基生活在后期浪漫派特别是民族乐派逐渐深入的时期。当时,艺术家的民族意识逐渐凸出,俄罗斯的音乐与文学正迅速崛起。这些思想无疑都影响到了柴柯夫斯基并在他的作品中得到体现。同时,他与俄罗斯民族乐派的代表"强力集团"的五个音乐家关系很好,他们之间相互推崇。在文学上,柴柯夫斯基极为推崇托尔斯泰的作品,并对托尔斯泰本人一直心怀景仰。在一次柴柯夫斯基的作品音乐会上,托尔斯泰应邀来欣赏,而柴柯夫斯基就坐在他的旁边,当《如歌的行板》奏响之后,柴柯夫斯基看见托尔斯泰的眼里滚出了激动的泪珠,文学大师被音乐大师的作品深深地感动了,这令柴柯夫斯基激动万分。

在柴柯夫斯基成名之后,他对上层社会越来越绝望,甚至发出了"到人民中间去吧"的呼声。所以,柴柯夫斯基的许多作品,都与俄罗斯联系紧密,具有深刻的民族性。他还经常从民间采风,借用了民间音乐的很多素材,比如他著名的《第四交响曲》的末乐章就是如此。

《第四交响曲》是题献给梅克夫人的,并且当时柴柯夫斯基正经历着婚姻的不幸。但《第四交响曲》的内容远比梅柴之交与婚姻不幸重大得多,广阔得多,深刻得多。在这部作品中,有作者对生存意义的深刻关注。这部伟大的交响曲末乐章的第二主题那优美凄伤的旋律便出自一首名字叫作《一棵白桦树静悄悄地挺立在原野上》的俄罗斯民歌。这首民歌的"孤独"与"个人"等象征意义深刻地触动了柴柯夫斯基的内心，便把它写在了自己这部重要的曲子里面了。

柴柯夫斯基的作品旋律非常优美，许多人都把他奉为旋律写作的大师，并且在一部作品中，精彩优美的旋律几乎比比皆是。也正因为柴柯夫斯基作品的优美旋律，使很多人忽视了他更是一个出色的配器大师。在音乐史上，许多人对俄罗斯"强力集团"中里姆斯基—科萨科夫的配器推崇备至，尤其认为他在交响组曲《含赫拉查达》中的配器更是无与伦比。但如果我们细心倾听柴柯夫斯基的作品，就会发现他对配器法的运用绝不会比里姆斯基—科萨科夫逊色。

很多人只是把柴柯夫斯基作为晚期浪漫派的作曲家来谈论。但实际上，他的作品更契合现代人的心灵。他的作品是为自己的内心创作的，里面充满了他在 19 世纪末期对那一个世纪的深刻绝望，也充满了现代人的惶惑、焦虑、内心的分裂与破碎，体现在这些作品中的这些情绪，正是柴柯夫斯基精神情绪向其中的渗透。

柴柯夫斯基常常会有一种莫名的烦躁与忧郁，他在 1875 年 3 月写给他弟弟阿纳托的一封信中说："没有一个人可以向他倾诉我的灵魂。……我正在患忧郁症，没有密友是很糟的。差不多整个冬天我老是不愉快，有时简直是绝望，我期待着死。"与其说这是一种忧郁症，更不如说是现代主义以及绝望的情绪向他内心的渗透。他有许多次精神濒于崩溃，都想到了自杀，以解脱自己烦躁的灵魂。

他的这种情绪自然会影响到他的创作活动。他自己常有一种自卑感、怀疑感。对一部作品，他会反复修改而不知所措；他会无端地担心自己会有一天江郎才尽，乐思枯竭。由于自卑，他常常不能对自己的作品做出应有的评价而过分在乎别人对他作品的看法。

也正因为如此，在他的作品中出现了很多断裂，往往一些优美的旋律在进行中就被突然打断而出现跳跃不定的不稳定音型。有时，在弦乐优美的进行中，会有铜管突然出来发泄，并且在其创作的后期，这种断裂日渐明显、突出。但这绝不会是作曲家技术上的原因，因为他早年的许多作品都是连贯明快的，那么，这只能是心理上的焦虑与惶惑在作品中的反映，这种断裂是不合逻辑，但也是最合逻辑的。

柴柯夫斯基的作品在交响乐、室内乐、歌剧、艺术歌曲等许多领域都达到了很高的成就。他的六部交响曲可以说是他一生的写照，尤其是他的后三部，被人们称为"悲剧三部曲"。这三部作品都深刻地揭示了柴柯夫斯基的内心世界，也涉及了人和现实的相互关系。《第四交响曲》可以说是对他自己和外部世界关系的描摹，而《第五交响曲》可以说是一个人的斗争，写出了两个分裂的自我的深刻斗争。在他的交响曲中，最突出的，就应该是他的第六部《悲怆交响曲》了。

《第六交响曲》是柴柯夫斯基的天鹅之歌,最初产生写这部交响曲的想法是在1889 年。在这一年的 10 月 29 日,他致克。克。罗马诺夫的信中说:"我非常想写一部宏大的交响曲,它仿佛是我整个创作事业的完结……"但直到 1893 年,作曲家才开始他的这项工作。那时,作曲家好像知道他剩下的日子不多了,他立下了遗嘱,做完了认为该做的一切事情,接下来就是写这部交响曲。

但这部交响曲的写作却不是一帆风顺的,问题首先出现在这部交响曲的名字上。开始他想把这部交响曲叫作《生命》,但后来觉得甚是不妥。后来他又想把这部交响曲写得跟《第五交响曲》的旋律一样,并且就叫作《e 小调交响曲》,但在这部交响曲中,依然有许多困惑无法解决,最后,所谓的《e 小调交响曲》也只能成了泡影。无奈,在 1893 年 2 月,柴柯夫斯基不得不开始动手写这部早已构思、但还没有名字的交响曲。他很快写完了第一乐章干脆把曲名就叫作《标题交响曲》,在这一年的 10 月这部交响曲完成了。

1893 年 10 月 16 日,这部作品在莫斯科首演。首演之后的 10 月 22 日,他见到了他的外甥达维多夫,随后和他谈到了这部曲子的标题问题。他感觉叫标题交响曲没有什么意义,而简单地叫它《第六交响曲》又不能暗示这部作品的构思。在一筹莫展之际,在场的他的小弟弟莫德斯特提议用"悲怆"这个名字,柴柯夫斯基听后欣然同意,并决定把这部作品献给达维多夫。

《悲怆交响曲》可以说是柴柯夫斯基一生的自传,从第一乐章柔板那轻弱暗哑的开始到末乐章最后一个乐句奄奄一息,中间刻画了作曲家整个一生中的焦虑与绝望。第一乐章可以说是对作曲家生活常态的写照,有他一以贯之的警醒、善良、孤独、自疑。第二乐章的旋律轻松优美,是作曲家的最后一首圆舞曲,写尽了自己的梦想与幸福。第三乐章写出了一个分裂的自我,写出了作曲家面对生存的压力而产生的心理异化。末乐章是告别和悲哀,是以疲惫的垂死之声向这个谜一样的世界做最后的询问,而整部交响曲就是一部关于"死"的描摹。

1893 年 10 月 28 日,作曲家在彼得堡亲自指挥了《第六交响曲》的再度演出,这是柴柯夫斯基生前第一次也是最后一次指挥演出这部作品。11 月 6 日凌晨,他便在彼得堡去世。沙皇亚历山大三世获悉后说:"俄国有这么多人,但偏偏死了柴柯夫斯基!"

柴柯夫斯基已离去一个多世纪了,但他那充满对普通人欢乐与痛苦的内心体验的音乐,那表现出无限的爱与信赖的音乐将与我们同在。

俄国的女帕斯卡——柯瓦列芙斯卡娅

帕斯卡是法国数学家、物理学家。他制造了世界第一台手摇计算机,曾经发现了让笛卡尔惊叹的定理,当时笛卡尔说:"17岁的少年不会发现这个定理!"

1850年出生的俄国女数学家柯瓦列芙斯卡娅是一位"新的帕斯卡"。

她是一位罕见的在数学史上留名的俄国女数学家。

她的父亲是俄罗斯的将军。当她出生时,父亲还在任上,过了几年,全家搬到靠近立陶宛的帕里彼那庄园。

8岁的柯瓦列芙斯卡娅的房间与众不同。因为搬家时要裱糊新房,但人们发现纸不够了,于是四处寻找,结果发现将军的笔记纸的质量很好,于是大家就用将军笔记的纸糊了柯瓦列芙斯卡娅的房间。

这些笔记是将军听数学的笔记,就这样,柯瓦列芙斯卡娅从小浸泡在数学里长大。

奇异的是,她从认字开始就自学数学,不久,她在上中学时就学会了父亲笔记里的高等数学内容。

在15岁以前,她的数学才能就展现出来,但是父亲是很不希望她学习数学的,因为在那时,学数学是男孩子的事,女孩子不要学什么理工科,这是俄国人的普遍观点。

柯瓦列芙斯卡娅13岁时,就偷偷地在房间里读数学书,14岁时,她居然能自己推导三角函数了。一位物理教授看到了她的草稿纸十分赞赏,说服了柯瓦列芙斯卡娅的父亲,于是父亲让她去彼得堡学习。

但这样是不够的,俄国许多学校不收女生,而彼得堡的数学远远没有欧洲发达。

但是父亲不同意女儿出国,怎么办呢?

当时俄国有一项规定,没结婚的女孩出国必须经父母同意方才准发护照,但结了婚的人可以有自主权。就这样,柯瓦列芙斯卡娅开始"假结婚"。她的假扮丈夫是一位大学生,名叫弗拉基米尔。

然而出了国门后,她直奔德国,却梦想落空,因为柏林、海德堡的大学不收女生。

柯瓦列芙斯卡娅回忆说:"普鲁士的首都是落后的,我的一切恳求和努力都落空了,我没能进入柏林大学学习。"

世界经典文库

世界上下五千年

·近代俄国·

图文珍藏版

柯瓦列芙斯卡娅很崇拜"椭圆积分论"的著名数学家魏尔斯特拉斯,曾亲自去找这位数学大师。

魏尔斯特拉斯想试一试她的才能,便出了几道题,结果她很快就解出来了,而且解题方法非常漂亮。

教授被打动了,亲自与学校联系,但是学校始终不同意。于是魏尔斯特拉斯教授亲自教她,有时是在教授家中,有时在柯瓦列芙斯卡娅那里,如此一星期两次,共教了四年。

四年学成,柯瓦列芙斯卡娅写了三篇论文,教授看后十分满意,便与哥廷根大学联系。结果哥廷根大学既没有让柯瓦列芙斯卡娅到场答辩也没有让她进学校深入考试,就认定论文的水平已经很高,同意授予博士学位。

她成为哥廷根大学第二位女博士。

博士学位得到了,论文的水平也很高,导师也很有名望,但是柯瓦列芙斯卡娅仍然没有工作,因为当时在学术中是没有女子地位的。

1875 年,柯瓦列芙斯卡娅回到了俄国,但情况没有什么好转,俄国的数学只能由男性教授来教,女性只能教小学。

后来,彼得堡召开科学大会,在数学家兼科学院院士的切比雪夫推荐下,柯瓦列芙斯卡娅发表了一篇论文,其实那是她 6 年前的论文,然而一点都没有过时。

瑞典数学家利弗勒与柯瓦列芙斯卡娅的老师魏尔斯特拉斯教授相识,最后在他们的帮助下,柯瓦列芙斯卡娅进了斯德哥尔摩大学教学。

学校要试验她的教书能力,而男士不会有这么一关的。试验期是一年,这一年没有任何报酬而且只能算是临时工。

尽管如此,柯瓦列芙斯卡娅还是接受了这苛刻的条件。1883 年秋,熟练用德语进行教学的她深受学生欢迎,成为正式讲师。

1884 年、1885 年两年间,柯瓦列芙斯卡娅成为教授,而且是高等分析与力学两门课程的教授,这在整个欧洲,仅此一例。

1888 年,法国科学院悬赏解题,题目是"钢体绕固定点旋转的问题",这是欧拉和拉格朗日都没能解决的问题。在评审中,名字是封上的。专家们发现一个人的解答十分出色,于是决定把奖金由 3000 法郎加至 5000 法郎。

打开一看,是女教授柯瓦列芙斯卡娅。

科学院院长评价说:"我们的成员发现了她的工作不仅证明她拥有广博深刻的知识,而且显示了她巨大的创造才智。"

柯瓦列芙斯卡娅的成绩是突出的,偏微分方程的一个重要定理就被命名为"柯西·柯瓦列芙斯卡娅定理"。

1891 年初,柯瓦列芙斯卡娅从法国回来,途中病倒。

她深受瑞典和北欧的教授们青睐。据说,仅用一年,她已会用瑞典语进行深刻研究了。

1891 年 2 月 19 日,由于医生误诊,柯瓦列芙斯卡娅病逝,年仅 41 岁。她曾经在俄国做过小说及戏剧评论工作,魏尔斯特拉斯教授悲痛地说:"虽然人已经离世,但她的思想永存,对这样杰出的人来说,她在数学与文学上留给后代子孙的已经足够了。"

柯瓦列芙斯卡娅被安葬在斯德哥尔摩。

柏林大学克罗内克教授说:"她是一位罕见的探索者"。

"从病房洞透人世"——契诃夫

在俄罗斯外省一座小城的医院里,有一间第六病室,这是专门用来关"精神病患者"的房间。屋子里阴暗潮湿,臭气熏天,并且拥挤、混乱不堪,毫无卫生可言。病室的看门人像狱吏一般凶暴,他们面目狰狞,心肠狠毒,对待病人像对待猪狗一般,肆意地殴打,克扣病人那点可怜的食物。"患者"在这里非但得不到半点治疗,反而像入了地狱一般遭受着非人的虐待。医生拉京是这里唯一的具有同情心的人。他看不惯许多现象,对这种状况表示不满,但他又是托尔斯泰"不以暴力抗恶"理论的信奉者,所以他内心充满的愤激都被压了下去。他不采取任何有效的行动进行斗争,而是对身边的一切采取视而不见、充耳不闻的态度。一个偶然的机会,当他值班巡视病房时,一个名叫格罗莫夫的"病人"引起了他的注意。这个人其实并未患上精神病,只是因为他反抗专制的革命行动为反动统治阶层所不容,将他当作精神病人关押了起来,以期将他折磨至疯、至死。格罗莫夫的言论、激情使拉京深受感染,他们两人谈得很投机,拉京从此经常与格罗莫夫交流。然而,这却给那些图谋不轨,企图陷害拉京的人一个极好的契机,他们很快便顺水推舟地诬告拉京为精神病人,把他也关进了第六病室。此时,往日那对他很恭敬的看门人也恶狠狠地对他举起凶器,一阵毒打过后,拉京悲惨地死去了。在临死之前,拉京顿悟到,"不以暴力抗恶"是坚决行不通的,可一切都为时已晚。

上面这个故事的名字叫《第六病室》,这是著名短篇小说家契诃夫的作品。小说描写的那间牢狱一般专横野蛮、阴森恐怖的第六病室,是作者对俄国专制社会的艺术缩影,由此使沙皇俄国的黑暗反动暴露无遗。这篇作品写于 1890 年,在契诃夫千里迢迢奔赴库页岛考察流刑犯和当地居民的生活之后,作者以一间病室折射整个俄国社会,显示了他对人世的关怀。

安东·巴甫洛维奇·契诃夫是俄国19世纪批判现实主义的最后一位杰出作家。他以其短篇小说创作的杰出成就,被誉为"俄国短篇小说之王"。

1860年契诃夫生于一个小商人家庭,童年时期生活困苦。上中学时,家中那赖以生存的小杂货铺也倒闭了,契诃夫只得早早就自谋生路。他一面求学,一面去做收入微薄的家庭教师。生活的独立培养了他深入思考问题和认真观察周围事物的良好习惯,这为他日后的短篇小说创作打下了必不可少的主观和客观基础。

契诃夫1880年在莫斯科医学系求学时,开始发表作品,最早的两篇登在幽默杂志《蜻蜓》上,从此开始了他自己的文学创作。为了赚钱和供自己上学,他在创作时保持着惊人的速度,从某种意义上来说,他这个小说家是被生活逼迫出来的。创作数量之巨,令人吃惊。从1883年到1885年,每年都有100篇以上的小说问世,在他一生创作的470多篇小说中,约有400多篇写于此时,多是短篇。

当然,这种状况下写出的小说有不可避免的失误。因为求的是速成,所以作品多显得粗糙,缺乏精心的提炼;又因为是为了赚钱,作品内容比较媚俗,很多没有价值的笑料和趣事也是创作的素材,以期能够在幽默休闲之类的杂志上发表。后来,契诃夫在整理出版自己的文集时,毫不吝啬地抛弃了这样的作品,表现了一个真正的作家对文学的严肃认真的态度。

但是这些早期的作品中也有不少优秀之作,具有深刻的社会意义和积极的思想内容。主要分为两类:一类表面上写的是俄国社会日常生活中的笑话,实际上却无情地嘲笑和揭露了专制警察制度和小市民的奴性心理,如《小公务员之死》《变色龙》《普里希别叶夫中士》等;另一类反映了劳动人民的贫困和痛苦的生活,如《哀伤》《苦恼》《万卡》等。

《小公务员之死》描写了一个卑微的小公务员在看戏时打了个喷嚏,把唾沫星溅在了前排一个秃顶的将军头上,他顿时吓得魂飞魄散,虽然他已经三番五次向那位将军道了歉,但他依然惊惧于幻想中的灾难——他怕将军大人怀恨在心对他施以报复。他终日里战战兢兢,神经过敏,不久便一命呜呼了。通过这个可悲又可笑的故事,我们不难想象当时的俄国社会等级制度有多么森严可怕,有权势的人飞扬跋扈,不可一世,而小人物则是卑怯鄙陋、谨小慎微地过日子。

《变色龙》通过一条狗的归属,把警官奥楚涅洛夫的变色龙嘴脸勾画出来。狗咬人后,有人说狗是将军家的,奥楚涅洛夫就极尽诌媚讨好之词夸赞起狗来,而说被咬的人是活该。一会儿又有人说狗不是将军家的,奥楚涅洛夫的嘴脸立刻变换,骂起狗来,并假惺惺地对被咬伤的人表示同情。如此三番两次的变化,奥楚涅洛夫专横愚蠢的奴才嘴脸暴露无遗。小说在夸张中又带有合理性,这些优点显示了契诃夫的写作才华。

契诃夫特别憎恨庸俗和奴性,终其一生,都在与这二者做不倦的斗争。他用他那支犀利而又冷静的笔,揭露和讽刺了形形色色的市侩,揭露了现实生活中的霉块和毒菌。高尔基说:"他能够随时发现'庸俗'的霉臭,就是在那些第一眼好像很好、很舒服并且甚至光辉灿烂的地方,他也能够找出那种霉臭来。"

《哀伤》是一篇简短而又扣人心弦的小说。贫穷的镟匠赶着车送病重的老婆到医院去,结果还没到达,老婆就断了气。镟匠摸到老婆冰凉的手并明白她已经死了时,他哀伤地哭了起来。因为他还没有来得及跟他的老婆好好生活,也没有来得及向她表明心迹,怜惜她,她就死了。"他跟她过了四十年了,可是那四十年都如同雾里,尽是醺醉啦,打架啦,贫穷啦,根本没有觉着是在生活。事情多么不巧,正在他觉得可怜老婆时,觉得没有她就活不下去,觉得对她十分抱歉,她偏偏死了。"他的唯一希望是:"再从头活一回才好。"然而老镟匠在风雪中冻坏了手脚,很快也死去了。死前他还苦苦向医生哀求,让他再活五六年,因为他还得把那匹拉车的马还给人家,还得给老婆下葬。

镟匠的话虽然很可笑,但却让人笑不起来,仔细一想,是很可悲的。契诃夫的幽默就是这样特别;往往喜剧因素中包含着更多的悲剧因素。

《苦恼》写一个孤苦伶仃的老马车夫,在儿子死后整整一个星期,好几次都想找人倾吐一下他内心的痛苦,但是谁也不理睬他,他只好向他的老马倾诉。契诃夫在这里对劳动人民悲苦的命运表示深深的同情,为他们不幸的遭遇鸣不平。同时,对人们相互之间的淡漠、麻木不仁感到痛心。但这个问题似乎无法解决,作者也没有指出一条出路。

对于一些小知识分子庸俗猥琐的生活,契诃夫以他的笔加以不遗余力地揭露。《套中人》是契诃夫这方面内容的代表作。作者在短短的篇幅内,以讽刺的手法,入木三分地刻画了别里科夫这个沙皇专制制度下被扭曲了的奴性十足的"小人物"。

别里科夫企图尽一切可能与外界事物隔绝,以避免外来灾祸,达到保全自己的目的。他的一切日用品都装在套子里,还要带雨伞、穿雨鞋,裹上棉大衣,戴上黑眼镜,耳朵用棉花堵住,上车要支起车篷,一切都那样令人窒息。别里科夫把他的思想也极力藏在一个套子里,还要用"套子"去套别人的思想,以至于大家看见他就害怕。这个古怪猥琐的人思想荒谬至极,语言却一本正经。他看不惯骑自行车的人,就说:如果教师骑自行车,那么"学生就要倒过来用脑袋走路了"。别里科夫死掉后,作者辛辣地讽刺道:"他躺在棺材里,神情温和、愉快,甚至高兴",原来他"仿佛是暗自庆幸自己终于装进了一个套子里,从此再也不必出来了。是啊!他的理想实现了。"

契诃夫的短篇小说最显著的特色是:简洁、朴素、真实、生动。他说:"简洁是才力的姊妹"。契诃夫以少胜多的反映生活的卓越技巧,使得他在文坛独树一帜。

现代芭蕾之父——福金

1880年4月26日,俄国彼得堡一位大商人喜得贵子,这是这个家庭中第五个孩子。为了能够让孩子们得到健康全面的发展,父亲从来不阻止他们干什么。这不但是因为生意兴隆,忙不过来,而且更是因为他相信妻子比自己更能教导好孩子们。于是,孩子们在这位喜爱文学艺术的母亲的关怀下,都生得活泼可爱,父亲一看见这么多可爱的小东西,更任其自由发展了。

在这样一个环境中,小福金也渐渐地喜欢上了艺术。后来兄弟姐妹们都长大了,让老福金失望的是,谁也不能在生意上帮他,各自忙各自的事去了。但这一群孩子都有一个相同的特点,那就是都喜爱表演艺术,而其中最为突出的就是老五——米哈依尔·福金。

老福金是很开通的,他赚的家业孩子们一辈子也用不完,他们喜爱什么就让他们干什么。既然小米哈依尔·福金喜欢芭蕾,于是,他便被送进当时俄国最为著名的帝国芭蕾舞校。

从此,小福金开始了他辉煌的艺术生涯的第一步。这一年是1889年,他才仅仅9岁。

芭蕾舞学校的生活是非常严格的。小福金又天生地喜爱芭蕾,所以他门门课程都学得很好,例如音乐与美术,他不仅很熟练地学会了钢琴和小提琴,而且还学会画一手好画。芭蕾自不必说,学生们主要练的就是这个。最让小福金遗憾的是文学。因为学校里不注重这门课,没有什么好教师,所以他得不到适当的指点。虽然这门功课不好,但小福金依然自己去找一些文学名著来自学,从而也奠定了一些文化基础。

小福金先后跟过许多老师。

第一位老师是卡尔萨文,是他为这些小家伙启蒙的。卡尔萨文有自己独特的一套教学法,不但培养了众多的大明星,更使自己的女儿卡尔萨文娜名扬天下。在这样的老师指导下,福金学得很轻松。他轻而易举地升入三年级,而且由于成绩优秀,成了免费的住读生。

以后,福金又遇到一些老师,各有特色,也让福金学到不少东西。

1898 年,福金毕业了,因为他学习成绩一直优等,毕业汇报时又得了一等奖,因此轻而易举地进入了玛林斯基剧院,这时的福金已成为一个各方面才能都十分优异的好演员了。进入玛林斯基剧院后,他便拜在名师约翰逊的门下,继续深造。福金虽然是独舞演员,但他跳过的角色很少,只在《雷蒙达》中扮过行吟诗人,在《睡美人》中扮过蓝鸟。《天鹅湖》中的三人舞中也有他一个,福金还成为"最美的天鹅"——巴甫洛娃的第一位男舞伴。除此之外,福金拥有许多空闲时间。

好学的福金并不会坐等岁月空逝,他有自己的目标。在没有演出任务的时候,福金自己经常出入于图书馆、博物馆之中,由此,他为自己日后的创作打下了深厚的基础。

1902 年,福金担任帝国芭蕾舞校的教师。他先从低年级教起,后来由于工作出色,胜任高年级的教师。这里,有后来成为著名芭蕾舞星的尼金斯卡、洛波科娃等。

1905 年,福金为了给学生的表演课考试编导一部作品,从而开始了自己的创作生涯。

福金的第一部芭蕾舞剧是《亚西斯与该拉忒亚》,故事取材于希腊神话。年轻的福金使用了许多非传统的方式,并且对古典芭蕾进行了很多改革,这种新式芭蕾当然遭到了人们的反对。最终,福金不得不用另一部传统的舞剧去应付,但自此已显示出了自己的创作倾向。

1906 年,福金在本剧团演员的邀请下,为他们在一个募捐大会上演出编导了《葡萄》,继续采用了许多新的处理方式。演出得到广泛的好评,当时的"古典芭蕾之父"彼季帕为他写来贺信:"亲爱的同事,为你的作品感到高兴。继续干下去,你将成为一位伟大的芭蕾大师。"

伟大的马里尤斯·彼季帕没有说错,这位"古典芭蕾之父"预言了"现代芭蕾之父"的成功。

伟大前辈的赞誉让年轻的福金兴奋不已,这更坚定了他的方向。

1907 年,福金应邀为一次慈善演出编导一整台晚会,他充满自信地编导了《欧妮丝》与一部独幕舞剧《肖邦组曲》。

《欧妮丝》是一部二幕芭蕾舞剧,其情节淡化,突出了欢乐的气氛,讲的是一位罗马贵族举行盛大的宴会,一群美貌的女奴献舞助兴。其中有巴甫洛娃在羊皮酒囊上表演的七层面纱舞;有切辛斯卡娅表演的剑器舞;还有一段火炬群舞及三位化妆成黑皮肤的三位女演员表演的埃及少女三人舞等,最后这出埃及少女三人舞尤为让人耳目一新。

1907年,福金又为毕业学生设计了考试作品《阿尔迷达之宫》第二幕中的一场。这出剧讲述了一个怪异的故事,一位名叫维孔特的年轻人出门旅行,中途遇雨,只得借宿于一位老侯爵家里,这位老侯爵却是一个巫师。小伙子被安置在"阿尔米达之宫"的拱顶偏殿过夜,殿中悬挂着一幅漂亮的女妖壁毯,这个女妖就是侯爵供奉的本家女始祖阿尔迷达,壁毯下是一座由"爱情"与"时间"两个角色支撑的大钟。午夜时分,睡梦中的维孔特被"爱情"追求"时间"及"时辰"出现的吵闹声惊醒。他看见漂亮的女妖阿尔迷达现出人形,便不由自主地加入了群魔的舞蹈中,并且一下子爱上了阿尔迷达。正当两个人沉浸于爱河之中时,"时间"征服了"爱情",——黎明到来了,人群消失得无影无踪。女妖阿尔迷达又回到壁毯之上,维孔特恍惚中也回到睡梦中。这时老侯爵进来催小伙子赶路,小伙子却看出了老侯爵竟是昨夜狂欢之国的国王。现实与梦幻让他迷惑了,他冲向壁毯去寻找昨夜的情人,但马上如触电般拼命逃走,他已中了老侯爵的巫术,倒在大地上凄惨地死去。

1908年3月8日,福金在玛林斯基剧院又推出了自己的新作《埃及之夜》与《肖邦组曲》的第二个版本。

《埃及之夜》展示了一幕迷人的爱情悲剧。在迷人的尼罗河畔,有一座庙宇,远处是雄伟神秘的大金字塔与狮身人面像,猎手阿蒙与少女贝蕾妮深深相爱,并且已订婚。但是,一次偶然的机会使阿蒙碰到了埃及女王克勒奥帕特拉,并且对女王一见钟情,心甘情愿地以生命换取一夜的云雨。黎明,女王的丈夫、罗马大帝安东尼即将归来,女王准备了毒酒,已被迷惑的阿蒙一饮而尽,倒在地上。女王与安东尼乘船远去,贝蕾妮在她的未婚夫身旁独泣,并原谅了阿蒙。这时阿蒙突然醒来,原来是慈悲的大祭司早已将女王的毒酒换成美酒,阿蒙仿佛做了一场梦。

福金的新式芭蕾获得了成功,得到众多观众的好评。但一些嫉妒的人与保守人士则对他大肆攻击,福金的日子也很不好过。

这时,天才的舞蹈管理家佳吉列夫有备而来,邀请了玛林斯基剧院的杰出人物组建了俄罗斯芭蕾舞团进军巴黎。这批人士包括福金、巴甫洛娃、卡尔萨文娜、尼金斯卡以及贝尼金斯基等。这批杰出的艺术家创造了芭蕾史上最大的辉煌。这成为福金创作的鼎盛时期,他先后为佳吉列夫俄罗斯芭蕾舞团创作了许多部芭蕾舞剧,其中大多为福金一生的代表作,例如《阿尔迷达之宫》《仙女们》《克勒奥帕特拉》《伊格尔王子》《火鸟》《天方夜谭》《彼得鲁什卡》《玫瑰花魂》以及《狂欢节》等尤为著名。俄罗斯芭蕾舞团一举倾倒了巴黎,震惊了世界,福金也因此成为最负盛名的编导。尤其是《仙女们》这部舞剧,开创了无情节交响芭蕾之先河,福金也因而戴上了"现代芭蕾之父"的桂冠。

1914年,福金总结了自己这十几年的创作经验,在英国《泰晤士报》上发表了著名的现代芭蕾宣言,提出了这种新型芭蕾编导的五项基本原则,为后者指明了芭蕾的前进之路。

福金这时正处在最辉煌的时期,但是,福金这时却决意离开佳吉列夫俄罗斯芭蕾舞团,因为他已忍受不了佳吉列夫对尼金斯基的过分宠爱与扶持。他觉得自己不应只为一个人设计作品,那样会毁了他。

福金离开了这个群星聚集的俄罗斯芭蕾舞团,这个决定不仅让俄罗斯芭蕾团走向衰落,也使他自己走向了衰落。也许,只有拥有杰出的演员才能创作出杰出的作品。

这之后,福金到处流浪。他又到过许多地方,又写了许多作品,但其艺术水平已大为降低。最后,福金与夫人定居美国纽约。

1942年,米哈依尔·福金在纽约去世。没有隆重的悼念,没有成群的子嗣,只有孤单的灵车载着他孤单地离去。但他那往昔的辉煌,那"现代芭蕾之父"的名字将被人们永远追忆。

革命预言家和宣传者——高尔基

提起高尔基,人们可以一口气列出他的许多著作:《俄罗斯童话》《列宁》《母亲》、自传体三部曲(《童年》《在人间》《我的大学》)、《伊则吉尔老婆子》和《鹰之歌》,等等。但给大多数人留下深刻印象的还要数那篇脍炙人口的散文诗——《海燕之歌》。

《海燕之歌》是高尔基创作的短篇小说《春天的旋律》的结尾部分。《海燕之歌》采用象征性手法表现了革命风暴到来前夕,革命人民与反动势力英勇搏斗的壮丽图景:在苍茫的大海上,狂风卷集着乌云。乌云越来越密,越来越低,不断地压向海面,雷声隆隆,狂风怒吼,闪电如火蛇一般在游窜,愤怒的大海掀起巨浪冲向高空,同它们进行激烈的搏斗。在乌云与大海之间,海燕在勇敢地飞翔,它高兴地嘹亮地叫着,像胜利的预言家一样大声呼喊着:"让暴风雨来得更猛烈些吧!"这句名言作为一个时代的号角永远定格于历史之中,无论是谁读到它都会被这高扬的热情、壮烈的场面所深深打动。显然,在作品中,海燕是无产阶级革命战士的化身,在革命的高潮即将到来之际,他满怀豪情地投入战斗之中,乐观而又坚定自信地迎接革命暴风雨的洗礼。这种从海燕身上透露出来的大无畏的英雄精神和革命的乐观主义,深深鼓舞了处在黑暗统治之下的俄国人民,起到了巨大的宣传作用,这种影响波及全世界无产阶级革命。

高尔基创作如此一部洋溢着革命激情的浪漫主义作品,正处在俄国工人运动、农民运动和学生运动蓬勃发展的新时期,高尔基就像那只勇敢

高尔基

的海燕,站在时代的前列,充当了革命的预言家和宣传者。

列宁称高尔基为"无产阶级艺术的最杰出代表"。的确,他以丰富的艺术创作开创了无产阶级文学的新纪元。高尔基原名阿历克塞·马克西姆维奇·彼什科夫,1868年3月28日生于俄罗斯伏尔加河畔的一座小城,父母是清贫的手工劳动者,又都早早地离他而去。童年时期在外祖父家的寄居生活也未能维持多久,年仅10岁时,高尔基便流落人间,捡破烂,做学徒,当杂工,受尽欺凌侮辱,备尝生活的艰辛。但是高尔基酷爱读书,尽管只上过两年小学,但他通过勤奋自学也具备了相当的文化素质。长期底层社会的漂流生活使他积累了丰富的素材,早期的革命运动和对马克思主义著作的学习,开阔了他的眼界,并且树立了人生的目标,指引他走上革命作家的道路。

高尔基早期作品中占较大比重的是现实主义作品,如《切尔卡什》《玛莉娃》等。这些作品真实地再现了资本主义重压之下各种类型的社会底层人物的生活状态,诸如农民、工人、乞丐、小偷、妓女等,而以描写流浪汉的题材最为成功,代表作为《叶美良·皮里雅依》。主人公叶美良是一个生活得猪狗不如的流浪汉,一天晚上,当他准备抢劫一个商人时却救了一位少女。这位少女因为失恋而意欲自杀,而叶美良真诚地劝慰她,并鼓起少女生活的勇气。高尔基的创作表现了这些底层人精神上的明暗两面。作为资本主义社会的畸形产物,流浪汉一方面粗野下流,自暴自弃,另一方面还保持着人性中闪光的一面,即他们的正直善良的个性。流浪汉非人的生活是对吃人的资本主义制度发出的愤怒控诉。

高尔基早期的浪漫主义代表作是《伊则吉尔老婆子》和《鹰之歌》。在《鹰之

歌》里,有鹰和蛇这两个形象。鹰在战斗中身负重伤,但却不悲观沮丧,它渴望新的斗争给它带来自豪和幸福,最后它在万里长空中张开翅膀,壮烈地死去。而蛇却对鹰的壮举加以嘲笑和不屑,它终日爬行于气味腐朽的阴暗之处,不觉其低,也不嫌其暗,这是庸俗和卑琐思想的化身。

《母亲》是高尔基最重要的作品,列宁称赞它是"一本非常及时的书"。这部小说第一次生动描写了工人阶级反对地主、资产阶级专制统治的革命斗争,歌颂无产阶级革命精神和英雄气概,塑造了具有相当社会主义觉悟的先进分子的光辉形象。这部小说在世界文学史上具有划时代的意义。

小说的中心人物是尼洛夫娜,即"母亲"。她本是一个胆小怕事、卑怯懦弱的家庭妇女,迷信宗教,不敢反抗丈夫的虐待。然而,当马克思主义革命思想和蓬勃发展的工人运动闯进她的生活天地后,她的思想感情发生了巨大的变化。在革命的洗礼之中,她大胆地迈了出去,直至献出自己的生命。而她也终于不再落后无知,柔弱可欺,而是更加勇敢、坚定和成熟。

这个故事取材于 1902 年索尔莫夫镇的工人五一游行事件,来自生活,但经过了艺术的典型化加工,具有深刻的普遍意义。

十月革命的"总演习"

当日俄战争在远东打响时,革命正在战线后面的俄国内部传播开来。革命的根源可以在农民、城市工人和中产阶级的长期不满中找到。这种不满由于与日本的战争而更趋严重,因为与日本的战争一开始就不得人心,在遭受一连串失败后愈来愈如此。最后,发生了 1905 年 1 月 22 日所谓的"流血星期日"——这一事件是使第一次俄国革命爆发的火星。

1905 年初,彼得堡最大的普梯洛夫工厂的工人举行罢工,抗议厂方无理开除工人。罢工得到其他工厂工人的支持,很快发展成为全城总罢工。沙皇政府企图在罢工兴起之时就把革命火种扑灭掉,它指使加邦牧师诱骗工人列队前往冬宫,向沙皇尼古拉二世呈递请愿书,以便乘机把工人淹没在血泊之中。布尔什维克看穿了敌人的阴谋,反复向工人说明:向沙皇请愿是不会获得自由的,自由必须靠自己拿起武器来争取。但是,很大一部分工人认为困苦是下面的官吏造成的,他们仍相信"慈父沙皇"会帮助他们。

1 月 22 日(俄历 1 月 9 日)星期日,由数千人组成的一大群人平静地朝圣彼得堡的冬宫行进。这是一次独特的示威,实际上是一支宗教队伍,以教士乔治·加邦神父为首,后面跟随带着圣像、唱着俄国赞美诗、手无寸铁的男人、妇女和儿童。他们的请愿包括恭敬地请求实现诸如代议制议会、免费教育、八小时工作日、涨工资和较好的工作条件之类的改革。如果当时沙皇或其代表接受请愿,答应予以仔细地考虑,那么人群很可能会平静地散去。相反,沙皇的姑父莫名其妙地命令皇家禁卫军向聚集的群众开枪,75 人至 11000 人被枪杀,200 至 2000 人受伤。伤亡数字之所以会有这么大的差异,是因为某些目击者仅报告了星期日的伤亡人数,而骚乱在首都又持续了两天。

无缘无故的大屠杀在全国激起猛烈的反应。向来爱好和平的加邦神父的立场发生了转变是很有代表性的,他在流血星期日傍晚的一次演讲中宣称:

亲爱的亲兄弟们,帝国士兵的枪弹已毁掉了我们对沙皇的信任,让我们向他和他的整个家族报仇,向他的所有大臣和俄国土地上的所有剥削者报仇。去吧,去劫掠帝国宫殿!所有杀死我们无辜的妻子和儿女的士兵和军官、所有的暴君、俄国人民所有的压迫者,我要用教士的诅咒惩罚你们。

流血星期日无可挽救地打碎了许多俄国人历来所珍爱的沙皇的仁慈的"小父亲"形象,整个帝国的公民转而反对沙皇政权,1905 年俄国大革命必然地发生了。

革命的迅猛发展把社会上的各阶级各政党都发动起来了。他们从本阶级的利益出发,制定各自的策略方针和行动路线。沙皇政府深感单用暴力不足以维持摇摇欲坠的统治,因此,它一方面残酷镇压,极力破坏人民内部的团结,挑唆俄国各族人民互相残杀;另一方面又答应召开咨询性质的国家杜马(代表会议),妄图用反革命的两手扑灭革命。自由资产阶级在沙皇专制和民主力量之间动摇。它们一方面拿革命来恐吓沙皇,要求它实现一些改良,自己也可以从中分享一些权力;另一方面,它们更害怕革命,极力与沙皇妥协,共同扼杀革命。俄国资产阶级的这种反革命本性决定它根本无法领导这场革命。

无产阶级是这次革命的领导力量,但是,无产阶级的政党这时分为两派。以列宁为首的布尔什维克主张:无产阶级应积极领导当前的资产阶级民主革命,用武装起义推翻沙皇统治,实现工农民主专政。然后不失时机地把它转变为社会主义革命。而另一派孟什维克却主张:革命应当由资产阶级领导,反对武装起义,主张用和平方式改良沙皇制度。孟什维克的行径分裂了工人队伍,给革命带来了极大的危害。为了彻底批判孟什维克的错误,列宁在 7 月写了《社会民主党在民主革命中的两个策略》一书。这部光辉著作对党的路线作了精辟的论证,它进一步武装了党和无产阶级。

在 1905 年五一劳动节,全国几乎有 200 个城市爆发了工人罢工。5 月末,俄国最大的纺织工业中心伊万诺沃—沃兹涅先斯克的 700 名工人举行罢工。在斗争中，工人们发挥了首创精神，选出自己的代表，建立了俄国最早的工人代表苏维埃。6 月在波兰的重要工业中心洛兹，工人同沙皇军队进行了三天的巷战。6 月中，沙皇的最后支柱——军队也发生了动摇，黑海舰队"波将金"铁甲舰爆发起义。在革命蓬勃开展的情况下，沙皇政府慌忙与日本签订了合约，以便腾出手来镇压革命。8 月 19 日，又正式发布诏书，召集咨询性质的国家杜马，布尔什维克领导人民抵制了这届杜马。

1905 年秋，革命发展到了一个新阶段。首先是莫斯科工人大罢工。10 月初，全国主要铁路的职工宣布总罢工，随即扩展到各大城市，形成了全俄政治总罢工。参加这次总罢工的工人有 100 多万。此外，低级官员、学生、民主知识分子也参加了运动。总罢工使工厂停工、学校停课、商店停业、邮电不通、社会生活陷于停顿，政府机构也大多陷于瘫痪。在总罢工过程中，各地纷纷建立起苏维埃，它不仅领导罢工斗争，而且自行颁布命令，推行各种革命措施。

10 月总罢工吓得沙皇魂不附体，他躲到彼得堡郊外，准备一旦情况紧急，就从海路逃亡国外，同时被迫做出一些重大让步。10 月 30 日（俄历 10 月 17 日），尼古拉二世签署宣言，答应召集立法杜马和给人民以言论、出版、集会的自由。资产阶级、孟什维克和社会革命党人欢天喜地接受了这个宣言，说"革命已经完成"，"开始了民主宪制"。布尔什维克驳斥了这种谎言，指出 10 月 17 日宣言只是斗争的第一个胜利，沙皇统治并没有崩溃，必须进一步开展革命，用武装起义推翻它。

11 月，列宁从瑞士回国，直接领导起义的准备工作。12 月 20 日，莫斯科工人举行总罢工，参加人数达到 15 万。声势浩大的罢工到了 23 日发展成为武装起义，工人修筑起近千座街垒，同沙皇军队展开了英勇的搏斗。在勃列斯尼亚区战斗进行得特别激烈，400 多名战士顽强地保卫着自己的阵地，使沙皇军队不能前进一步。最后，沙皇调来炮队，向这个地区发射了 600 多发炮弹，才占领了这个地区。由于敌我力量过分悬殊，最后莫斯科苏维埃决定从 1906 年 1 月 1 日起，停止武装斗争，以保存革命力量。继莫斯科起义之后，格鲁吉亚、乌克兰、波罗的海沿岸的拉脱维亚、西伯利亚的赤塔和克拉斯诺雅尔斯克也先后爆发了起义。由于起义的时间参差不齐，缺乏共同的领导中心和统一的计划，缺乏武装斗争的经验，以及孟什维克的妥协投降，起义都被镇压下去了。

12 月武装起义是 1905 年革命的顶点。起义失败后，革命高潮渐入低潮时期，劳动人民是一边战斗一边退却的。从罢工人数看，1905 年有 280 多万，1906 年有 110 多万，1907 年还有 70 多万。农民运动在 1906 年上半年继续开展，席卷俄国

（欧洲部分）一半左右县份，军队骚动也不断发生。在这种情况下，沙皇不得不继续玩弄反革命两面手法，一面加强对革命者的迫害，一面主持召开国家杜马。布尔什维克看到革命已转入低潮，就参加了 1907 年 1 月召开的第二届国家杜马，利用杜马讲坛揭露了沙皇各项政策的反动本质，引起反动派的恐惧。于是，沙皇政府捏造罪名，把社会民主工党杜马党团全体成员流放到西伯利亚，并在 1907 年 6 月 16 日（俄历 6 月 3 日）解散了国家杜马。这在历史上称为"六·三政变"，它标志着俄国第一次人民革命的结束。

革命虽然失败了，但它具有重大意义。它沉重地打击了沙皇专制制度，锻炼和教育了劳动大众和布尔什维克党，为十月革命的胜利做了良好的准备。列宁指出："没有 1905 年的'总演习'，就不可能有 1917 年十月革命的胜利。"

"学院暴动"与列宾

19 世纪的俄国依然是黑暗的沙皇专制的封建农奴制国家，但是革命的浪潮早已悄悄逼近了这个腐朽高贵王位，因为资产阶级的民主、自由的思想早已深植于青年一代的内心深处。1861 年，俄国沙皇为了保护自己的利益，迫不得已进行了自上而下的废奴运动，但其结果是对广大劳动人民更大的欺骗。人民愤怒了，高举民主与自由的大旗宣布追求自身的解放，与统治阶级展开了如火如荼的斗争。1863 年，俄国彼得堡皇家美术学院里发生了一件震动整个美术界的大事，有 14 名毕业生拒绝官方规定的创作题目《瓦尔加列的宴会》。他们集体向院务委员会提出申请，要求允许他们自己选题、创作来参加毕业竞赛。院方震惊了，知道如果同意他们自由选题，就等于承认了民主及民族主义权利。校方为了维护这一百年来权力至上的规矩，断然拒绝了他们的要求。毕业生中除了一人之外，13 名油画系学生与一名雕塑系学生拒绝毕业，愤然离校，以表示对官僚制度的反抗，这件事在当时被称为"学院暴动"。这些青年随即被作为"嫌疑分子"而列入暗探局的黑名单。

这 14 个人推选出富有理论与组织才能的克拉姆斯柯依作为自己的领袖，组成了"彼得堡自由美术家协会"。他们共同学习，共同斗争。1870 年，协会迫于社会与经济的压力，不得不解散。随后，克拉姆斯柯依与莫斯科的画家彼洛夫等人组成了另一个团体"巡回展览画派"。由于众多杰出人士的加入，渐渐成为一个全国性的美术家组织，他们以优秀的作品为俄国在世界画坛上争得一席之地，其中，列宾则为之做出了巨大贡献。

伊里亚·叶菲莫维奇·列宾于1844年7月24日在哈尔科夫省楚古叶夫镇一个移民军人家中诞生。开始时他在军事地形测量学校读书，后来表现出惊人的绘画天赋，被父母送到画家布那科夫那里学习。1863年，一家人移民彼得堡，列宾进入绘画学校，不久又进入了美术学院学习。经过系统的理论充实及实践经验，列宾的天才很快显露出来。在此期间，克拉姆斯柯依非常欣赏这个天才的青年，并对列宾进行了悉心指导。1871年，列宾毕业时以一幅油画作品《睚鲁的女儿复活》摘得了学院的金质大奖章，从而获得了出国学习的机会。在出国之前，列宾完成了他第一幅伟大杰作《伏尔加河上的纤夫》。

《伏尔加河上的纤夫》是列宾的第一幅以社会现实为题材的杰作。为了创作这幅画，列宾搬到了伏尔加河边居住，与纤夫们交朋友，仔细了解了他们的思想、情感与生活状况。画中的11个贫苦辛劳的纤夫，个性极其鲜明，列宾以稍加夸张的笔触使画中人物从背景中凸立出来，虽然有些损害于画面空间的真实性，但人物形象本身在重压之下苦难的眼神及力的表现，的确能给人以强烈的震撼力，使人想到民歌《船夫曲》那种低沉、雄壮而又悲怆的旋律。这是人与社会的抗争，也是人与自然的抗争。

在国外，列宾深入研究了前辈们的巨作，把它们融入自己的风格中去。这期间他创作了《巴黎咖啡馆》《女乞丐》《捕鱼女》等作品。

1876年，列宾回到祖国，当时他已经是个成熟的现实主义画家了。评论家说："列宾是通过眼睛与手势反映人物内心世界的肖像大师"，这是很有道理的。这期间，列宾画了许多优秀的肖像画，如《胆怯的庄稼汉》《眼神邪恶的庄稼汉》，尤其是他的《司祭长》，成了他肖像中的杰作。

列宾善于以真实的场景反映真实的人物，尤其善于抓住人物内心的心理特质，从而创作出许许多多优秀的作品。1878年，列宾正式加入了"巡回展览画家协会"，投身于革命的斗争行列中去，从而迎来了他创作的辉煌时代，为后人留下了光辉的巨作。

例如《突然归来》便是其中的代表作之一。画面取了一位因从事革命而被流放多年的政治犯，在亲人们早已绝望的情况下突然回到了家，他径直踏入了房门。这一刹那间，屋里平静的氛围被打破了：背向观众坐在桌前的老母亲很快认出了久别的儿子，悲喜交加，但她木然地呆立在那；正在弹钢琴的背向丈夫的妻子转过身来看一下这个不速之客，突然见到自己熟悉的丈夫的脸，惊喜交加，使她忘了站起来；稍大一些的儿子认出了父亲，也高兴地望着他，张着嘴巴忘了叫爸爸；小女儿没见过父亲，以胆怯的目光注视着这个高大的陌生人；

而门口的女仆一手扶着门，以一种狐疑的眼神盯着这个大胆闯入房中的男士；而这个历经沧桑的政治犯，在一副冰冷的面孔、一双机警的眼中，透露出内心无比激动的热情。画家通过一瞬间的家庭生活场面，表现了当时革命者悲壮的经历，尤其是对这位革命者面容的刻画，达到了完美的境界。列宾曾多次修改这个人物，开始时把他画得很激动，后来又改为面含笑容，都觉不满意，最后才改成这副"外冷内热"的形象，达到了十分传神的效果。当作品展出时，引起官方不满的首先就是这个归来的政治犯，"你看，他一点儿悔改的意思都没有！"一位审查大员恶狠狠地说。

另一幅《伊丹雷帝与儿子伊凡》也是这方面的杰作。据历史传说，16世纪的沙皇伊凡雷帝，性情十分暴虐，因为怀疑其子伊凡篡权，盛怒之下用权杖击死了自己的儿子。列宾的画面上取景于伊凡被击死之后的事，沙皇把垂死的儿子抱在怀中，企图用手捂住儿子额头上的伤口，这个残暴的皇帝因悔恨而陷入恐惧之中。王子垂死时虚弱的形象与沙皇精神狂乱的形象构成了强烈的对比，权力欲与亲子之情的矛盾冲突，得到了惊心动魄的表现。列宾选择了这样一个"宫廷喋血"的故事，是因为当时沙皇亚历山大二世被刺后，发生了一连串的流血事件，列宾为之激动不已，从而创作了这幅揭露统治阶级的黑暗与残暴，以及在权力欲望下人性的变态。

列宾说："只有伟大的思想才是永垂不朽的。"

在20世纪初，列宾又创作了许多作品，如《决斗》《红色葬礼》《国务会议》《多么辽阔》《果戈理焚稿》等，都是优秀的作品。

1930年9月29日，这位伟大的现实主义画家在彼得堡附近的别纳德与世长辞。为了纪念这位伟大的俄罗斯艺术家，人们在这里为他修建了博物馆，无数追求真理与艺术的人们都来过这里，为这位伟大的艺术家献上洁白的鲜花。

第二十二章　亚非拉星火
——星火燎原势不可挡

古代美洲印第安人的灿烂文明

亚洲的东北部与美洲的阿拉斯加十分靠近，中间仅隔着一道白令海峡，其最窄处只有 86 公里。地质学的研究证明，在第四纪最后一次冰川期来临的时候，海水大量被蒸发并以降雪的形式积聚在陆地上，因而导致海面下降，其幅度达 150 米至 200 米，结果，白令海峡的海底山脊露出了海面，成为可以通行的"陆桥"。

大约 5 万年以前，印第安人的祖先——亚洲的黄种人，就是通过这座"陆桥"，陆陆续续从亚洲进入阿拉斯加，从北到南散布于整个美洲，使美洲这片万古荒原开始印上人类的足迹的。

据估计，在 15 世纪末叶，印第安人的人数约为 3000 万，分成许多部落、部族或民族，所用语言和方言有 1700 多种。在社会发展阶段上，各支印第安人很不一致，有的尚处在氏族制度的全盛时期，有的已进入原始社会末期。但就是他们创造了灿烂的文化，建立了文明的古国，为人类做出了不可磨灭的贡献。

墨西哥的印第安人从古代起，相继创造了辉煌的奥尔梅克文化、玛雅文化、托尔特克文化和阿兹特克文化。

奥尔梅克文化可以看作是墨西哥文化的前驱，出现于公元前一千年代中期。奥尔梅克人创造了象形文字、计算法和历法，他们会用整块石头雕凿祭坛和人头像。

玛雅人于公元初在尤卡坦半岛上建立了作为政治和宗教中心的城邦，约公元 4 至 9 世纪，是玛雅文化的昌盛时期。100 多年前，考古学家在墨西哥的尤卡坦半岛的热带丛林中，发现了一座玛雅废墟，里面建造有庄严的庙宇和雄伟的宫殿。

玛雅人是勤恳的农艺家。他们从野生植物中培育了玉米作为主要粮食，此外还种植甘薯、番茄、南瓜及豆类等。由于农业生产的需要，玛雅人很早就建立了天文台,细心观察天象,他们判定的太阳历 1 年有 18 个月,每月 26 天,外加 5 天作为禁忌日,共 365 天,闰年加 1 天,1 星期为 5 天,4 星期为 1 月,月份的名称都是按"播种""收割"等农时命名的。

玛雅人在公元初就创造了自己的象形文字。玛雅文献有两种,一种是以毛发制笔,树皮制纸,记述有关宗教、神话、历史、天文等内容。此外,玛雅人大约每隔20 年就建立一些纪年柱,记载重要文件和日期。

玛雅人的建筑十分壮观。1600 多年前玛雅人建造的一座神殿,高 60 多米,分作 15 层,而且在第一、五、八及十一层处各有一间石室。整座神殿是由几万块重达一吨的花岗岩堆砌而成的。

到了 9 世纪,由于某种至今尚未明了的原因,玛雅文化突然中断了。尽管如此,玛雅文化对后来墨西哥文化的影响还是相当大的。

9 世纪后,托尔特克人征服了墨西哥盆地。他们在建筑、雕刻和绘画方面都取得了出色的成就。他们建造的"太阳金字塔",高 64.5 米,底边宽 220 米,上面建筑有庙宇和太阳神雕像,并有石梯由底部一直通向塔的顶端。太阳金字塔无论在占地面积和规模上,都超过了埃及的金字塔。托尔特克人也已使用象形文字,并制定了历法。

13 世纪中叶,另一支印第安人部落——阿兹特克人又征服了墨西哥盆地,并在铁希尔戈湖中的两个岛上建立了自己的都城——铁诺奇第特兰城。在这座城中建有金字塔形的坛庙共 40 座,其中最大的一座有 144 级台阶,另外还有雄伟的宫殿建筑等。

阿兹特克人也是杰出的雕刻家。他们制作的一尊印第安人的雕像屈膝蹲坐,双手环抱于膝前,两眼注视着前方,栩栩如生。

在医学上,阿兹特克人已知道用奎宁、毛地黄等药物治疗疾病,还掌握了原始的麻醉术。

除墨西哥外,秘鲁是印第安人的另一个文明发祥地。

秘鲁中部有个名叫查文的小山村,面对湍急的莫斯纳河,背倚巍峨的群山。在20 世纪初,考古学家曾在这里发掘出一座古庙,据考证,约建于公元前 1800 年至前1000 年,庙内一块大石头上凿有 7 个不太深的圆洞,其构图很像猎户星座,这表明秘鲁人很早就研究天文了。在两根圆柱上,各雕着一只鹰,虽然经历了数千年,纤细的纹理仍清晰可辨。另外还有许多石板,上面刻着凶猛的美洲虎,手持兵器,形象十分逼真。查文文化凝结了古代秘鲁人高度的智慧和辛勤的劳动。

公元 2 至 6 世纪,秘鲁进入了阶级社会。从出土的许多墓葬品中,发现了有服饰不相同的陶俑,这说明已出现了明显的阶级分化。

13 世纪左右,印加人崛起于秘鲁高原,印加人是安第斯山区印第安人的一支。"印加"一词,印第安语的意思是"太阳的子孙"。14 至 15 世纪,印加人征服了周围各部落,以秘鲁为中心建立了中央集权制的奴隶制国家,其疆域北抵厄瓜多尔和哥伦比亚南境,南至智利及阿根廷北部,统辖的人口达 600 万。

印加人虽然不会冶铁,但已大量使用铜、青铜、金、银、铅等多种金属,并擅长使用金银、铜制成各种器皿。在印加帝国首都库斯科的花园里,独具匠心的印加人用金银制作的花朵,几乎与天然的一样。出土的贵族墓葬中,往往有几十磅到几百磅用金、银制成的各种器皿和装饰品。印加人制作的陶壶不仅造型优美,而且色彩也十分绚丽。印加人还擅长纺织,尤以毛纺织品著称。

印加人也是伟大的石工建筑家。首都库斯科的城墙、城内的宫殿、庙宇等建筑都是用巨石砌成的。这些石块都经过仔细的打磨,以致石缝间连刀片都插不进。库斯科以北有一座保存得十分完整的重镇,坐落在深山之中,整个镇上的建筑几乎都是用一至三米见方的巨石砌成。镇内有居民点、作坊、庙宇、堡垒,还有用整块大石磨成的日晷。

印加人曾培育了近 40 种植物,最著名的是马铃薯。他们已知道用鸟兽的粪便作肥料,修筑梯田,建立灌溉系统。

为了加强国内的联系,印加人修筑了两条纵贯全国的南北大道,每条长达二三千公里,大道在穿过河流峡谷时架有桥梁,遇到河面过宽则利用浮桥和渡船。路面平坦坚固,路旁绿树成荫。整个工程十分浩大而艰巨,无怪乎有人惊叹地说,这两条大道的建筑"可以吓倒现代最勇敢的工程师"。大道沿途相隔不远就设一驿站,有专人以接力的方式传递公文书信。

在计算和记事方面,印加人创造了一种独特的称为"基布"的结绳文字。做法是在一根粗长的绳子上,系上一条条不同颜色的细短绳,细短绳上编结的形式和多少表示数字,细短绳的颜色则表示各种物品,如褐色表示马铃薯,白色表示银子,黄色表示金子,红色表示战士等。印加帝国就是通过这种"基布",保留了关于人口、税收等记录。印加人还有一种各地都通用的公用语,以克服各部落在语言上的障碍,加强帝国境内各地区之间的联系。在医学上,印加人已懂得使用麻醉药,据说,甚至还能动脑外科手术。

从以上大量生动的史实中可以看出,美洲印第安人是富有创造性的人民,他们在没有任何外来文化影响的情况下,独立谱写了美洲的历史,创造了灿烂的文明。

然而,1492 年哥伦布开辟了通往美洲的新航路后,欧洲各国的殖民者为了寻求黄金,抢夺殖民地,一批又一批地横渡大西洋,侵入美洲,中断了印第安人独立发展的历史,毁灭了印第安人的文明。而印第安人为了自己的独立和自由,与殖民者进行了长达三四十年的武装斗争。

复活节岛上的巨人石像

复活节岛是玻利尼西亚海域东端的一个孤岛,总面积175平方公里,人口约1000名左右。这个岛的名称来得很偶然,也很奇特,因为复活节是基督教耶稣复活的节日,但是岛上的原有居民根本不知道这个欧洲最大的宗教,更不知道耶稣为何许人。那么为什么这个小岛却有着这么一个宗教性的名称呢?原来,这个小岛本不叫复活节岛,岛上居民自称为"拉帕努俨",意思是"地球的中心"或"地球的肚脐"。1722年4月5日复活节这一天,荷兰某总督率舰队偶然经过这个小岛,为了好记,于是称之为复活节岛。

在这个小小的孤岛上,最令人震惊的是沿着海岸线那为数众多的排列的整整齐齐的巨人石像,他们像守卫海岛的卫士,但更像是威仪的神灵。

这些石像被安置在海边的石砌平台上,总数曾超过600。石像高大,一般从6英尺到30英尺不等,最重的竟达40吨。石像造型大体相同,均为长脸、高鼻、凹眼、嘴巴噘起。但岛上的居民却不是这种模样,这真是一个谜。而且,这些石像制造的原因,为什么把他们都安置在海边,这更是不可理解,因为,岛上的原有居民几乎死光了。不是被贩卖到远处做奴隶,便是被抓去当苦工,已经全部被劳累、疾病害死。1955年至1956年有一个探险家来到岛上考古探险。据考证,这些石像是秘鲁人来此修建的。在公元380年左右,这个拥有前印加文化的部族来到该岛,修建了这些石像。巨人石像及祭台都与前印加文化有类似之处。但后来考古发掘的结果却显示出现在遗留下来的石像群是第二次来自秘鲁的部族建造的,他们毁坏了以前部族的造像,在废墟上重新建造起来。这些石像是用整块巨大的灰褐色熔岩雕刻而成的,石料来自拉诺·拉拉科地方火山斜坡的采石场中。石像被雕成之后,运到几英里远的海岸线上,并在那里给石像戴上巨大的红色岩石雕成的顶冠,装上石砌平台,并最后安上眼睛。根据发掘出来的眼睛碎片看,石像的眼睛巨大,做得很精致,眼白是用白色的珊瑚石雕成,眼睛宽约14英寸,眼球就如一个直径5英寸的大圆球,它是用红色熔岩做成的。这种石料与制造石像顶冠的红色熔岩均来自另一个地方的采石场。据专家考证,这些石像建造于旧石器时代晚期,当时没有任何金属工具。这些数目庞大的巨像真不知是怎么建成的,而且雕刻得如此形象、逼真，这也是一个未解之谜。在岛上火山腹中，还有一些未完成的作品，有的高达 21 米。这里建有祭台，可以想象在建造石像时，仪式是多么的隆重、神秘。在 17 世纪时，岛上的居民达到 5000 多人。但是，盛世不久，岛上遭受自然灾害，食物奇缺，各部族互相争战，并且出现吃人的恶习，使该岛高度发展的文明遭受极大破坏。后来，约在 1680 年，玻利尼西亚人移居该岛，将所有石像推倒，石像的平台也遭到破坏。随着岁月的流逝，它们渐渐被风沙所掩埋，那精雕细琢的眼睛，那巨大的红色顶冠也不知去向。巨人成了无眼的呆子，独自在海风中怀念那逝去的辉煌。

直到后来，随着世界考古学的发展，那复活节岛上的巨人才重新为世人所注意。但是已成了一个千古之谜。尽管随着考古科学的发展，人们对于其历史有了更深一步的了解，但是很大一部分只能凭一些残片去遐想。后来，在岛上又发掘出一些与石像一样的木雕像，眼睛是用白色骨头与黑曜石做成。这又给我们造成了一个谜。这些木雕像是谁造的？既然有了那么多巨型石像，为什么还有木雕呢？而最难解的依然是这些石像制造的原因，为什么把如此众多的石像都整齐地立在海边？难道真是为了守卫神圣的海岛吗？有人猜测这些石像是原始崇拜的产物，但是原始人为什么历时几个世纪造了一个又一个巨大的石像？有人猜测这些石像是外星文明的遗迹，作为飞行器着陆的标志；也有人说这是原始人与外星文明交流的产物，原始人造成如此多的巨像，企盼引起外星人（原始人以之为神）的注意，呼唤他们的到来，如此等等。但是这些石像同埃及金字塔、玛雅文明一样，依然是个不解之谜，因而被誉为世界十大无法解释的奇迹之一。

海地黑人独立

1804 年 1 月 1 日，海地人民正式宣布独立，世界人民为之震惊，这是拉美历史的新篇章，鼓舞了世界黑人为争取独立而战斗。

海地，本为印第安人所起，意思是多山之地。海地位于加勒比海海地岛的西部，1492 年西班牙在圣多明各岛建立了第一个殖民地，到 1502 年海地沦为西班牙的殖民地。1697 年，西班牙同法国签订合约，又把海地岛的西部割给了法国。从此，海地人民受西班牙和法国殖民者的残酷压迫。

西班牙殖民者实行残忍的种族灭绝政策，在 16 世纪 30 年代，岛上的印第安人几乎全被杀害，西班牙殖民者甚至从非洲引进大批黑奴到海地去种植甘蔗、棉花、咖啡等经济作物。法国殖民者更是残酷压榨黑奴，他们强迫黑奴从事繁重的劳动，开辟种植园。许多黑奴不得不露宿野地，海地成为黑人的地狱，许多黑人在西班牙和法国殖民者惨无人道的压迫下死去。黑白混血人和一些自由黑人同样也受到统治者的剥削、歧视和压迫。他们不能和白人穿相同的衣服，不能乘马车，不能在军队和政府机关中供职。广大混血种人和自由黑人对殖民统治者进行了强烈反抗，黑人争取民主权力的斗争此起彼伏。

同时，美国独立战争和法国大革命对海地人民也产生了强烈的影响，大大激发了海地人民的革命觉悟，由此导致海地黑人奴隶革命的开始。

1790年，混血种人文森特·奥热率领250名混血种人和自由黑人起义军举行起义，海地革命正式开始。起义军打击法国殖民者，烧毁种植园，猛烈袭击法国殖民上校马杜特的殖民军，法国殖民者派兵力支援，起义军终于失败。西班牙殖民当局把奥热的军队引渡到海地岛，奥热被车裂而死。这次起义失败，是由于没有充分的准备，没有提出反映广大黑奴要求的革命口号，所以缺乏广泛的群众基础。

1791年8月，在黑人布克曼的领导下，广大黑白混血人和自由黑人又发动武装起义，黑奴也积极加入了起义队伍。8月22日，黑人奴隶在"争取自由""宁死不当奴隶"的口号下起义。他们放火焚烧咖啡和甘蔗种植园，捕杀法国殖民官吏和白人奴隶主。起义中，黑人领袖杜桑·卢维杜尔带领千余名奴隶参加了起义军。

杜桑·卢维杜尔原是奴隶出身的马车夫，受过法国启蒙思想的影响，他成了英勇的起义军领导者。

杜桑组织了一支纪律严明、战斗力很强的起义军，把起义推向了一个新的高潮，奴隶主和种植园主受到沉重打击。西部的里戈率领混血种人在太子港举行起义，提出"争取圣多明各独立"的口号，吸引大批混血种人。起义军队伍不断壮大。

1793年春，西班牙和英国组成反法同盟，决定联合夺取圣多明各。杜桑为了反抗殖民者的进攻，曾动员说："我正在从事报仇雪耻的事业，我要让圣多明各实现自由和平等，我们都是骨肉兄弟，让我们团结在一起，为共同的事业奋斗吧！"奴隶们受到极大的鼓舞，杜桑的队伍不断壮大，他们连续攻占了冬冬、戈纳伊和阿卡哈耶夫等重镇，部队人数也增加到4000余人。

由于受西班牙统治者的欺骗，杜桑暂时和西班牙进行了合作。后来当西班牙拒绝在占领区废除奴隶制时，他正式同西班牙当局决裂，并开始对西班牙军队发动进攻。西班牙军队节节败退，不得已同法军签订合约，从圣多明各撤出全部军队，西属圣多明各割让给法国，起义军又开始了反对英国武装的斗争。

英国于1793年派兵入侵圣多明各，先后派兵达到8000多人，占领了圣多明各西部和南海沿海地区，并占领了莱奥甘纳、太子港和马尔·圣尼古拉港等重要城镇。

里戈领导的混血人种起义军在反英斗争中起了重要作用,先后击退英军7000多人,里戈被誉为"莱奥甘纳的英雄"。杜桑领导部队西进,加强了西部地区的反英力量,取得了重大胜利,为此,他被任命为圣多明各的副总督。

1794年法国派兵攻打英军占领的地瓜德罗普,宣布解放该岛,推动了加勒比地区英属殖民地奴隶的解放斗争。同时,由于英国军队内部发生了流行病,给英军带来很大困难,英国政府不得不于1796年做出撤军的决定。1798年,杜桑分两路进攻英军,英国处于被动挨打的地位,英军司令官梅特兰根据英政府的旨意,和杜桑起义军进行了谈判。协议规定,英军立即撤出太子港和圣马克等重镇,放弃一切军事设施。10月1日,英军正式向杜桑投降,结束了在圣多明各的殖民统治。

法国大资产阶级企图继续维持法国在圣多明各的殖民统治,但杜桑坚决反对法国对圣多明各的干涉,1797年,杜桑控制了圣多明各的行政和军事大权,使圣多明各实际上成了一个独立的国家。

1801年,海地召开制宪会议,制定了一部宪法。宪法正式废除了奴隶制度,规定居民不分肤色一律平等、贸易自由。海地成了独立的国家,杜桑被选为终身总统。法国诱骗杜桑进行谈判,把杜桑押送到法国。1803年,这位杰出的海地英雄领袖死于法国。海地人民不断抗击法军,法军内部又发生了黄热病,法军不得不撤回。1804年1月海地人民正式宣布独立。

海地革命是拉美第一次取得胜利的黑人革命。在海地革命中涌现出了一批英雄人物,他们为海地人民的解放做出重要贡献。

爪哇蒂博尼哥罗起义

长期以来,亚非拉地区人民处于殖民和半殖民地统治之下。

19世纪末20世纪初,亚非拉各地出现了资产阶级民主运动的高潮,沉睡在中世纪的各国人民觉醒了,他们为争取民主和独立英勇地斗争,作为争取自由独立的英雄们被载入史册。

随着西方殖民主义对亚洲各国侵略的深入,19世纪中期亚洲各国人民掀起了反殖民反封建的高潮,这包括1825～1830年印尼爪哇岛上爆发的反荷兰殖民者起义。

这次起义的主力军是爪哇农民,他们不堪忍受荷兰殖民者和爪哇封建主的双重压迫,愤然揭竿而起。1816年,荷兰从英国手中接管印度尼西亚,重新恢复了贸易垄断制度,进行关税保护,继续荷兰东印度公司时期的旧剥削方式,强迫农民种植咖啡等;荷兰人还沿用英国的货币地租制,加重了爪哇人民的负担。更为残酷的是,荷兰殖民者强迫农民交纳土地税、关卡税、门户税、人头税等30多种苛捐杂税,从事各种无偿徭役,农民在残酷的压榨下,负债累累。农民忍无可忍,早在蒂博尼哥罗起义之前就不断零星地进行起义,反抗荷兰殖民统治。1822年,葛都·巴格连地区发生农民起义;1823～1825年,三宝垄和加拉横地区也发生了农民起义。蒂博尼哥罗起义实际上就是上述起义的总爆发。荷兰殖民者的入侵也使爪哇封建地主的利益受到侵害,尤其是经济利益。所以,一批爱国之士为了维护封建主的权利、实现自己国家的独立,也参加了这次以蒂博尼哥罗为首的大起义。

蒂博尼哥罗领导人民反抗荷兰殖民者的统治,并想继承马塔兰王位,企图把马塔兰重建成为一个独立强盛的伊斯兰封建王国,所以荷兰殖民者害怕蒂博尼哥罗的反抗,不断破坏蒂博尼哥罗的领地。荷兰殖民者甚至企图逮捕蒂博尼哥罗,为此,1825年7月20日蒂博尼哥罗在斯拉朗发动了武装起义。在蒂博尼哥罗的领导下,广大农民和他领地的大部分封建主,以及梭罗著名的伊斯兰阿奇阿依、摩佐也参加了起义。蒂博尼哥罗采用灵活的游击战术,不断重创敌军,取得了一系列伟大的胜利。荷兰总督连忙增派部队进行支援,但抵抗不住起义军的进攻,被迫全线后退。在蒂博尼哥罗起义的鼓舞下,起义烈火蔓延到整个中爪哇和东爪哇的一部分地区。

1825年10月,蒂博尼哥罗在德格索建立起伊斯兰封建王国,并且开始称为苏丹。从此,他开始整顿军队,着手建立严密的正规军队。

1826年,蒂博尼哥罗起义部队向克拉顿到马吉冷的荷军防线发动进攻,在勃兰班南、卡拉珊和班都兰等地多次取得胜利。1826年7月,荷军向德格索进攻,经过激烈的战斗,起义军于8月2日大获全胜,荷兰殖民者于1826年9月21日恢复了蒂博尼哥罗祖父的王位,以此来引诱蒂博尼哥罗停止战斗,但蒂博尼哥罗依旧坚持战斗。

1827年,南望地区起义出现高涨局面。荷兰殖民者调集大量兵力镇压南望地区人民起义,起义军重创荷兰皇家军队,但终因寡不敌众,而于1828年3月失败。南望起义失败之后,荷兰军队把总部从梭罗迁到马吉冷,加紧对起义军进行包围,荷兰殖民者掌握了战争主动权,起义步入衰落时期。荷兰殖民者一方面开始收买封建主,分化起义军,另一方面加紧围困和孤立起义军。起义军内部开始出现矛盾,起义军中另一领导人——奇阿依、摩佐同荷兰殖民者进行了三次谈判,最终投降了,起义军的力量被大大削弱了。

此后进行了多次战斗,荷兰殖民者甚至用杀害其子来威胁蒂博尼哥罗,但蒂博尼哥罗仍然继续坚持斗争。

1830年3月8日，蒂博尼哥罗轻信了荷兰殖民者的谎言，带领随从人员前往马吉冷进行谈判。实际上蒂博尼哥罗已经步入荷兰殖民者精心布置的陷阱，他们解散了蒂博尼哥罗的随从人员，并把蒂博尼哥罗押往了巴达维亚。1830年5月3日，蒂博尼哥罗被放逐到苏拉威西的望加锡，1855年死于流放地，至此，蒂博尼哥罗领导的印尼人民反荷大起义失败了。

蒂博尼哥罗在起义中英勇牺牲了，他不愧为印度尼西亚杰出的民族英雄，他的名字将永远留在人们的心中。这次起义不仅沉重打击了荷兰殖民者，也激发了其他各国反殖民的运动。因此，蒂博尼哥罗起义不仅在印度尼西亚历史上写下了光辉的一页，而且在世界近代史上也占有重要地位。

传奇人物玻利瓦尔和圣马丁

西班牙南美洲殖民地包括秘鲁、新格拉纳达和拉普拉塔三个总督区及委内瑞拉、智利。

西班牙和葡萄牙长期对南美洲实行殖民统治，南美洲的人民强烈要求推翻反动腐朽的西班牙、葡萄牙等国殖民统治，建立独立的民族国家，因此，在拉美地区进行了一系列的民族独立战争。

西蒙·波利瓦尔生于委内瑞拉的加拉加斯。从小目睹了西班牙殖民者、天主教会和垄断商人对人民的剥削，希望摆脱殖民统治，实现民族独立。波利瓦尔曾先后在西班牙、法国和意大利等国留学和旅行，在法国深受法国大革命的影响。1806年，波利瓦尔从欧洲返回委内瑞拉，投身到民族独立运动中，1810~1812年，波利瓦尔积极领导民族运动。1811年3月2日，委内瑞拉首届国民代表大会在加拉加斯举行，会议通过了《独立宣言》，宣告委内瑞拉共和国诞生。但西班牙殖民者调集大量兵力进犯加拉加斯。于是共和国政府派米兰达统掌军政大权，进行抵抗，但不幸惨遭失败，被迫同敌人议和，于1812年7月25日同敌人签署了"协议书"。后来，米兰达率领一批爱国人士离开加拉加斯，第一共和国被扼杀。

波利瓦尔重整旗鼓，继续坚持战斗，1813年率领革命军解放了加拉加斯大片土地，并建立了第二共和国。波利瓦尔被任命为爱国武装总司令，掌握军政大权，并被授予"解放者"称号。

一批流亡在奥里诺科河沿岸草原地区的西班牙殖民军纠合在一起，组成了"保王军"。1814年6月，保王军在拉普埃尔塔击败了波利瓦尔的爱国军，第二共和国再次失败,波利瓦尔流亡牙买加和海地。海地总统支持波利瓦尔的斗争,提供给他船只和武器装备,期间几次遭到失败。于是波利瓦尔总结经验教训,深入到奥里诺科河流域农村地区,革命力量得以壮大,解放了重镇安戈斯图拉,并在这里设立了总部,召开国民代表会议,1819 年成立了委内瑞拉第三共和国。玻利瓦尔被选为共和国总统和爱国武装的最高统帅。欧洲志愿军 1500 多人补充了波利瓦尔的革命军,特别是草原自由牧民也转入了革命一边,大大加强了革命军的战斗力。1819 年,波利瓦尔率领大军进攻新格拉纳达,全歼敌军,并迅速南下,收复了波哥大,解放了大片领土。同年 12 月,玻利瓦尔在代表会议上提议委内瑞拉和新格拉纳达合并,成立了哥伦比亚共和国,波利瓦尔被选为这个共和国的总统和最高统帅,革命军扫除了西班牙殖民军残余势力,解放了南美北部地区。1822 年 7 月,新格拉纳达、委内瑞拉和厄瓜多尔联合起来组成了大哥伦比亚共和国,推选波利瓦尔为大共和国总统。

圣马丁在南美洲南部领导革命,主张精练部队,纪律严明。1814 年,智利爱国军失败,并入库约省,与圣马丁会合。1816 年,拉普拉塔地区国民代表会议召开,在会议上宣布正式独立。选举普埃雷东为最高执政官。普埃雷东积极支持圣马丁的战略方案。将圣马丁组织起来的部队命名为"安第斯山军",任命圣马丁为总司令。圣马丁对军队进行了严格的训练。1817 年,圣马丁和奥希金斯率主力直插圣地亚哥城,西班牙殖民军溃败,革命军占领了圣地亚哥城,并推选奥希金斯为智利最高执政官。接着,圣马丁和奥希金斯在迈普同西班牙军队展开大战,俘虏了敌军官兵 3000 余人。迈普战役胜利之后,爱国军又向南推进,解放了大片领土。为了进一步扩大战果,圣马丁组织了自己的海军,并兼任总司令和陆军司令。

1820 年,圣马丁开始进攻秘鲁。在圣马丁的领导下,革命军在秘鲁南海港帕拉卡斯登陆,迅速占领了附近的皮斯科镇。接着,圣马丁封锁了沿海港口,切断了敌人的海上支援和与内地的联系,使敌军陷入孤立。后来,圣马丁又亲自率领部队在秘鲁北部进行作战。经过英勇斗争,1820 年底秘鲁北部地区基本上已经全部解放。殖民军队不得不退出利马,退往内地山区,圣马丁率军进驻利马,正式宣告秘鲁独立,并出任护国公,成立新政府。为实现西班牙南美洲殖民地的完全独立,圣马丁决定和玻利瓦尔共商大计。但双方存在分歧,圣马丁悄然离去,并于 1822 年 9 月召开国民代表会议,发表了辞职演说,把政权交给代表会议。圣马丁离开了秘鲁,经智利回到阿根廷,随后又辗转欧洲,移居法国,1850 年 8 月在法国病逝。

玻利瓦尔在秘鲁政府的邀请下率军进军秘鲁,秘鲁国民代表会议授予他全部政权,处理军政事务。玻利瓦尔和圣马丁的旧部汇合,组成了"解放联军",一起进攻在内地山区的殖民军残部,殖民总督被迫签署投降协议。1825年2月底,秘鲁游击队也先后收复了复拉巴斯、圣克鲁斯、科恰班巴等重要城市。4月份,秘鲁全部解放。

1825年8月,秘鲁宣告独立,成立共和国并改名称为"玻利瓦尔共和国",随后又改名为玻利维亚共和国。

波利瓦尔一生参加了无数次战斗,立下了不朽的功勋,在拉丁美洲争取独立的事业中做出了不可磨灭的贡献。但由于本身阶级的局限,玻利瓦尔掌握政权之后,农民没有分到土地,剥削反而加重了,从而失去了人民群众的支持。1830年5月,波利瓦尔辞去了大共和国总统的职务,同年12月病逝。

巴布教徒起义

19世纪40年代末,帝国列强侵入带来的沉重灾难,伊朗人民起义不断发生。

"巴布"的意思是门,表示即将降临人世的救世主的意志通过北门传达于人民,这是巴布教的创始人赛义德·阿里·穆罕默德提出的神秘学说。他号召人们相信救世主——马赫迪的力量,能够拯救处于水深火热的人们。后来,他干脆自称为马赫迪,并著一部《默示录》论述自己的学说。

伊朗在19世纪中叶处于卡扎尔王朝统治之下。内部统治极其混乱,人民生活困苦不堪。俄、英、法、美等国列强先后强迫伊朗签订了不平等条约,瓜分了它的领土并侵占了它的主权。其中:仅俄国就占领了格鲁吉亚、北阿塞拜疆等大片领土。伊朗赔款两千万卢布,俄国还取得了一系列特权,如领事裁判权、自由贸易权、减免税等特权。随后,英国也强迫伊朗签订此类条约。从而,伊朗变成了半殖民地半封建国家。

内部受封建主的横征暴敛,外部受列强的烧杀抢掠,各个国家不断向伊朗输出商品,使伊朗的手工业和农业遭到严重破坏,农民和手工业者陷入贫困;封建统治者内部出卖官爵,贵族和官吏把土地出卖给商人高利贷者,土地私有化进一步盛行;封建主为了维护自身的利益,加强对人民的剥削,促使农民阶级和地主矛盾不断激化;一些商人和小手工业者由于社会地位低下,不断受到排挤、生活条件不断恶化等等,导致了伊朗各地不断爆发起义,其中规模最大的就是巴布教徒起义。

巴布教徒分为两大派,以巴布为首的代表城市和新地主阶级的一派。他们幻想建立一个没有封建暴政和外来侵略的国家,梦想着人人平等的和平王国。巴布要求财产要人人平等,平分封建统治者和外国资本家的财产。废除一切刑法和苛捐杂税,保护私有财产不受侵犯,保障人身自由,严守商业通信秘密等一系列的政策。巴布教徒反对暴力,主张用和平的方式,说服封建统治者进行改革。1847年封建统治者逮捕了巴布。另一派是人民派。这一派主张用暴力武装推翻封建统治,建立一个人人平等,没有剥削,没有压迫的国家。这一派的领导人是穆罕默德·阿里·巴尔福鲁升。

1848年9月,穆罕默德·阿里·巴尔福鲁升领导巴布教徒在伊朗北部的马赞德兰省发动起义。两万多起义军英勇抗战,打败了王军的进攻。后来王军用欺骗手段使起义者放下了武器,起义者遭到大肆屠杀,大批巴布教徒死于王军的屠刀之下。但巴布教徒继续坚持斗争,队伍又不断壮大起来,到

巴布教徒起义

1849年全国的巴布教徒已经达到10多万人。第二年5月,巴布教徒在赞兼再次发动起义,建筑堡垒和防御工事,灭敌人8000多人。

1850年6月,尼里兹也曾爆发巴布教徒起义。为了打击巴布教徒起义,国王下令处死了巴布。巴布教徒也遭到了血腥镇压,他们只好采取隐蔽的恐怖活动。

巴布教徒起义虽然失败了,但给封建王朝以沉重的打击,它在客观上也是一次反封建、反殖民主义的农民起义。巴布教徒起义最终的失败,也有其主、客观原因:起义的队伍中,主要是手工业者、城市贫民和一部分郊区农民,没有带动起广大的人民群众;起义不是在全国范围内开展起来的;起义时各个组织联系不够紧密,并且在战略上主张消极防守,没有采取进攻和灵活的游击战;封建统治者身后有外国殖民国家的支持,使起义者寡不敌众;巴布教徒相信封建统治者的伪善诺言,自动放下武器。巴布教徒起义告诉人们,不要轻信封建统治者的诺言,人民只有彻底推翻封建主义的统治,才能获得真正的自由和独立。

非洲人民的反帝运动

从1415年葡萄牙在非洲建立第一个殖民据点起,西方殖民者开始侵入非洲大陆。17世纪起,荷、英、法开始在西非、南非进行角逐。

最先完成工业革命、并有"日不落帝国"之称的英国，开始由掠卖黑奴转向掠夺原材料，其后各国也相继开始对非洲的经济掠夺。在拿破仑战争中，英国占领了荷兰在南非的开普殖民地。战后，又通过一系列条约将其攫为己有，进一步向南非地区扩张。

南非居住着许多民族，其中包括桑人、科伊·科伊人。班图部落中还有祖鲁人、科萨人、赫雷罗人、贝专纳人、巴苏陀人、马达尔列人和马绍纳人。西方殖民者称这些人为"卡弗尔人"，意思是"异教徒"或"不信教者"。他们对待黑人极其暴虐。因此激起了南非各族黑人的坚决反抗。

南非人民是向往和平和自由的民族。为了反抗白人殖民者的统治，祖鲁人进行了顽强的斗争。18世纪末，祖鲁各部落逐渐联合成一个强大的部落联盟，在首领恰卡和丁干的领导下，祖鲁部落联盟曾拥有一支10万余人的部队。军队训练有素，组织严密，有很强的战斗力。

恰卡出生于南非纳塔尔地区姆利彻河畔的一个小村寨，他的部落本是一个小部落。父亲康纳是个有两千人的氏族小酋长。童年时期的恰卡寄居在母亲的氏族，牧童的生活和坎坷的境遇使他炼就了坚强勇猛的性格。1803年，他离开本部落，投奔一个由丁吉斯瓦纳领导的部落，丁吉斯瓦纳是纳塔尔地区最杰出的酋长，他联合了附近各部落，组成一个部落联盟。

1809年，恰卡应召入伍，他勇敢善战，不久便担任了指挥官。1816年，恰卡的父亲死亡，他率领一支部队杀回本部落，夺回了祖鲁氏族酋长的宝座，然后以本氏族青年为主，建立一支很有威慑力的部队。丁吉斯瓦纳在一次征战时被俘处死。恰卡重建了姆塞思瓦联盟集团，自己充当联盟首领，成为附近地区最大的盟主。

他经过一系列的改革措施来发展本部落的经济，并促进各部落之间贸易往来，稳定了各部落的联系，为南非祖鲁人民反抗殖民侵略奠定了坚实的基础。

1838年12月，布尔殖民者用猛烈的炮火击败了祖鲁人的英勇抵抗，屠杀了大量祖鲁人。祖鲁人经过这次打击，以及内部混乱，力量日益削弱，不得不退守纳塔尔最北部地区。

1870年，祖鲁人在开支瓦约的带领下，再次进行武装起义，重建一4万人的精锐军队，并且加强了武器装备。英国殖民者要求祖鲁人解散军队接受英国总督的管理，但祖鲁各部的酋长坚决反对，主张积极抵抗英军的入侵。

1879年，英军大举进攻祖鲁军，企图彻底消灭祖鲁军队。但祖鲁军有着强烈的爱国精神，战斗士气高昂，同敌人的部队展开肉搏战，祖鲁军击毙敌军1300余人，大获全胜。可是祖鲁人幻想英帝国主义者会回心转意，所以没有追杀英军，反

·亚非拉星火·

图文珍藏版

而不断向英军求和。英军趁机增援部队,再次进攻祖鲁。

祖鲁军英勇奋战,屡屡挫败英军。但终因寡不敌众,最后失败。

英军在祖鲁部落地区进行更加残酷的统治,各部落酋长被剥夺了权利。因此,各部落准备联合起来,最后发动起义,企图消灭英军,恢复他们的统治权力。1906年3月起,他们在格雷敦、英姆峡谷等地同英军进行了激烈的战斗,几千名祖鲁士兵死于英军的屠刀下。从此,而祖鲁部落一蹶不振,南非黑人部落起义也暂告结束。

马赫迪大起义

非洲抗英殖民统治斗争中,马赫迪起义是最著名的一次大起义。

马赫迪起义领导人是穆罕默德·艾哈迈德。他从小居无定所,过着流浪的造船工人生活。

19世纪20年代,埃及统治了苏丹。70年代,英国控制了埃及,打着埃及的旗号对苏丹进行扩张。苏丹实际上沦为英国的殖民地。从此,英国侵略者、埃及封建王朝和苏丹的统治者不断对苏丹人民进行残酷的政治压迫和经济剥削。英国殖民者垄断了苏丹的象牙、鸵鸟毛和阿拉伯胶等商品的贸易,并进行惨无人道的奴隶贸易,残酷地压榨苏丹人民。

艾哈迈德为了拯救苏丹人民,号召人民进行"圣战"。他从1871年开始在民间宣传他的政治宗教思想。1881年,他自称为马赫迪,号召人民停止纳税,打击外来侵略者,推翻苏丹封建统治,消灭不平等和"邪恶势力",建立一个"普遍平等、处处公正的美好社会"。马赫迪提出"宁拼千条命,不缴一文税"的战斗口号,深得苏丹人民的热烈拥护。

马赫迪领导起义军英勇抵抗英埃联军,并取得了巨大胜利,在科尔多凡省境内的卡迪尔山区建立了根据地。这时人们纷纷加入起义队伍中来。

1881年12月,起义军再次击败了敌军,并缴获大量武器弹药。1882年6月,英埃军队再次受挫,起义军不断得以壮大。

1883年1月,起义军攻下苏丹第二大城市乌拜伊德。这时,英国派出万人大军征伐起义军,企图彻底消灭马赫迪的部队。但由于起义军队伍十分壮大,英军几乎全部被消灭。乌拜伊德战役的胜利,使起义军名声大振。1884年,起义军占领了整个南部地区,同时又解放了红海地区。

1883年3月,马赫迪派兵围攻英国驻苏丹总督所在地喀土穆。马赫迪采取围而不攻的方式，切断了英军的后备支援，许多英国士兵忍不住饥饿，不断逃跑或投降起义军。1885年1月26日，起义军向喀土穆发动了进攻，经过短暂的战斗，起义军就攻下了整个城市，英国殖民头子戈登被起义战士用长矛刺死。同年9月，除了沿海的萨瓦金港外，苏丹已全部解放。

马赫迪起义军在反抗殖民统治的斗争中做出了巨大贡献。但由于马赫迪死后，国家变成了一个统一的封建神权国家，起义军的力量被大大削弱。由此，1898年起义军在柏柏尔地区的阿特巴拉河畔被英军打败，起义战士遭到了英军的大肆屠杀。到1900年1月，马赫迪起义以失败告终。

埃塞俄比亚争取独立的斗争

在帝国主义侵略埃塞俄比亚之前，埃塞俄比亚实际上是处于分裂割据的局面，各大公国割据一方，不断进行征战和对外掠夺，国力衰落，人民困苦不堪。分裂割据的形势和帝国主义列强的入侵，使狄奥多尔二世不得不开始进行改革，消除封建割据，建立统一的中央集权国家，建立军队，改革税制，由中央统一管理全国财政收入，禁止奴隶贸易，大力发展经济。但狄奥多尔二世不得不的改革，触怒了封建割据势力的统治者，他们强烈反对改革。英国侵略者也不断地进行破坏活动，1867年乘机派兵侵略埃塞俄比亚。大封建地主纷纷反叛，致使狄奥多尔寡不敌众，在抗英斗争中兵败自杀，从而使埃塞俄比亚陷入混乱状态。

这时，苏伊士运河开通，红海地区的商业地位和战略地位，因此成为列强角逐的焦点。英国、法国、意大利和俄国纷纷进行瓜分埃塞俄比亚的活动。英国支持傀儡皇帝约翰攻打麦纳利克，意大利支持麦纳利克反对约翰。英国从约翰手中得到许多经济特权，并且通过约翰和王公麦纳利克的斗争来削弱埃塞俄比亚的国力。英国还唆使埃及两次入侵埃塞俄比亚，后来又让约翰去攻打苏丹马赫迪国，导演出现非洲人打非洲人的一幕，而列强却站在一边看热闹。

1882年，意大利占领厄立特里亚的阿萨布后，也企图吞并埃塞俄比亚。列强在埃塞俄比亚的争夺尤其激烈。英国为了防止法国的进一步入侵，控制非洲东北部，反过来去支持意大利吞并埃塞俄比亚。在英国的唆使下，意大利迅速占领了马萨瓦和厄立特里亚全境，并逐渐向埃塞俄比亚内陆入侵。

1887年，入侵提格雷省的意军被埃及军队击溃，不得不后退到马萨瓦，开始同王公麦纳利克结盟，支持麦纳利克夺取皇位，从而统治埃塞俄比亚。由于约翰四世在进攻苏丹马赫迪起义军时不幸被击毙，麦纳利克二世继承王位，意大利实现了利用麦纳利克统治埃塞俄比亚的梦想。意大利支持麦纳利克扩充军队,镇压各地割据势力的反叛,统一整个埃塞俄比亚,建立中央集权。

麦纳利克打算借助意大利的帮助先加强埃塞俄比亚的势力,然后再打击意大利,而意大利则想利用麦纳利克统治埃塞俄比亚。双方的矛盾在签订《乌西阿利条约》时激化。意大利想通过这个条约使埃塞俄比亚成为它的保护国,而麦纳利克却坚决反对,并宣称废除《乌西阿利条约》。

麦纳利克为了同意大利的斗争,加强了中央集权和全国团结,建立了一支11万人组成的正规军,并征收特别税以购置武器,不断促进商品经济的发展。欧洲列强根据各自利益支持战争的双方。英国与法国是宿敌,并一直支持意大利来控制法国的扩张。法国和俄国又对抗英国,支持麦纳利克的斗争。1895年,意大利向埃塞俄比亚发出最后通牒,并扬言要迅速占领埃塞俄比亚。麦纳利克号召全国人民起来抗击意大利侵略军,全国人民士气高昂,纷纷进行抵抗侵略者的斗争。

1895年12月,埃塞俄比亚的军队击退了两股意大利军,夺回了马卡累要塞。后来,在阿杜瓦战役中,埃塞俄比亚军队又依靠优势兵力,正确的战略方法和人民的支持,一举歼灭敌人1.7万多人,沉重地打击了意大利军。意大利无力再进行反攻,战斗结束。

1896年10月,埃意两国在亚的斯亚贝巴签订和约。意大利承认埃塞俄比亚完全独立,并废除了《乌西阿利条约》,自动放弃侵占的土地,保证不将厄立特里亚转让他国,并赔款1000万里拉。

埃塞俄比亚依靠强大的军队和正确的领导,以及人民群众的拥护和支持赢得了这场战争。这是帝国主义瓜分非洲时期非洲人民取得的唯一一次民族卫国战争的胜利。埃塞俄比亚从此保持独立,成为非洲仅存的两个独立的国家之一。

埃塞俄比亚抗意斗争的胜利让世界人民认识到,只有坚持斗争才能取得独立。

帝国的生命线——苏伊士运河

埃及是一个文明古国,地处要道,东临亚非交界的红海,北濒地中海,隔海相望的是小亚细亚半岛,在红海北端陆地处与西亚相通,地中海又是欧洲和东方通商必经的水路。所以,埃及实为亚、非、欧三大洲的交通枢纽。远在古埃及时的中王国时期,人们就开凿了沟通尼罗河和红海的运河,从而沟通了红海和地中海,这是苏伊士运河最古老的前驱。其后,苏伊士运河几经修浚和废弃。

公元7世纪上半期,阿拉伯人侵占埃及,为了便于运输,曾修筑过这条运河。

但公元 8 世纪时,哈里发阿里、曼苏尔出于军事的需要,把运河再次堵塞。1798～1801 年法国殖民者占领埃及时,曾经计划开通地中海和红海的这条运河,但由于某种原因,还未开始就被迫离开了埃及。19 世纪穆罕默德·阿里统治时期,许多欧洲人曾经劝说阿里开通运河,但由于他害怕埃及成为列强争夺的焦点而没有同意。

后来,阿里在国内进行了改革,国力大增,并且派兵攻占了苏丹、叙利亚、黎巴嫩等地。埃及的日渐兴旺,使各列强国家纷纷想据为己有。英国指使奥斯曼帝国攻打埃及,埃及最终失败,同英国签订条约。法国乘机攫取了苏伊士运河的开采权。

1854 年 11 月,法国取得了开凿运河的租让权,双方签订了《关于修建和使用苏伊士运河的租让合同》。决定成立"国际苏伊士运河公司",资本约 2 亿法郎。合同中规定:一、租让期为 99 年,期满后,运河全部归埃及政府所有。二、埃及政府必须无偿出让公司开凿运河所需的土地,并提供必要的劳动力。三、公司有权输入运河开凿工程所需要的机器。四、埃及获得纯利的百分之十五。这个合同明显是对埃及的剥削,租期太长,获利少,并且免税进口,影响埃及的财政收入。

1859 年 4 月,苏伊士运河正式破土动工。在当时的条件下,要开凿这样长的运河绝非易事。埃及人民冒着酷暑,忍饥挨饿,从事繁重的劳动。

苏伊士运河的开凿,是成千上万埃及人民的血汗筑成的。苏伊士运河全长共 162.5 公里,比巴拿马运河长两倍,共挖土方 7400 多立方米,到 1869 年末实际耗资 4 亿多法郎,花了整整 10 年时间才修建成功。

苏伊士运河

1869 年 11 月,苏伊士运河正式通航。从此苏伊士运河成为沟通亚非欧三大洲的交通枢纽,从欧洲到印度的航程大约缩短了一半,伦敦到孟买的航程缩短了 4840 公里,马赛到孟买的航程缩短了 5940 公里。

运河开通以后,通过运河的各国船只不断增加。1870 年 480 艘,1880 年有 2026 艘,1890 年增加到 3370 艘,公司的利润不断增加,法国收利很大。

法国控制运河的同时,英国极力要将其据为己有,因为苏伊士运河对其向外扩张的大英殖民地具有十分重要的地位。这时,埃及政府财政发生危机,1847 年 11

月不得不决定出卖它所掌握的苏伊士运河公司 44% 的股票。英国闻讯后,阻止埃及把股票卖给法国,连压带敲,把埃及的股票弄到了自己的手中。

英国只以 1 亿法郎就购得原价 4 亿法郎的股票,议会对首相狄斯累嘉奖备至。此后,英国又零星买下了苏伊士运河的一些股票。英国侵占苏伊士运河之后,下一个目标就是吞并整个埃及,从而牢牢抓住苏伊士运河,控制亚欧非三大洲的交通要道。

1882 年,英国侵占埃及,控制整个苏伊士运河的梦想终于实现了。

由于苏伊士运河的重要地理位置,各国政府都十分关切运河的控制权。

1888 年 10 月,英、德、奥匈帝国、西班牙、法国、意大利、荷兰、俄国和土耳其等国的代表在君士坦丁堡召开会议,签订了《君士坦丁堡公约》。公约中规定:苏伊士运河在战时和平时一样,对任何国家的商船和军舰开放,不许封锁,禁止任何国家在运河水域打仗。英国出于自身利益的需要,没有完全同意《君士坦丁堡公约》的规定,直到 1904 年签订《英法协定》后才宣布完全同意上述公约。事实上,各国并没有遵照公约去做。1898 年美西战争时,英国为了美国,曾禁止西班牙舰队通过苏伊士运河。1905 年日俄战争时,英国准许俄舰队通过苏伊士运河。1911·1912 年意土战争时,英国也允许意大利军舰通过。苏伊士运河至今仍起着重要的作用,是连接欧亚非的交通大动脉。

埃及的阿拉比起义

阿拉比起义是 19 世纪埃及半殖民地化日益加深的必然产物。

1879 年 2 月,埃及 2500 名被裁汰军官在总督府阿比西门前示威游行。示威人痛打了首相努巴尔和英国财务大臣,国王伊斯梅尔常受英法限制,并看到众怒难犯,乘机将努巴尔首相免职。英国人迫使奥斯曼帝国废黜了伊斯梅尔,而由其长子继位。其子恢复了原来的统治,又回到英法"双重监督"的统治下。由此爆发了阿拉比起义。

1879 年 11 月,以爱国军官和知识分子为骨干的祖国党正式成立。祖国党代表埃及地主资产阶级的利益,它提出了"埃及是埃及人的埃及"的口号,主张建立独立国家,维护民族主权和独立,实行宪政,排除外国势力的干涉,扩充军队。阿拉比被推选为祖国党的领袖。

杜菲克国王见阿拉比英勇善战,害怕其对自己不利,便决定将包括阿拉比在内的三名上校逮捕入狱。由于阿拉比受众人爱戴,广大官兵听说阿拉比等三个上校被捕,纷纷冲入陆军大楼。杜菲克害怕官兵,不得不将陆军大臣里夫斯免职,改为巴鲁迪,同时放出阿拉比等三个上校。但半年后,杜菲克再次免去巴鲁迪的职位,把阿拉比等三个上校调离到外地。

阿拉比注意到,要实现独立不但要靠军队,同时还要实施宪政,建立议会。所以阿拉比带领军队4000多人来到阿拉丁宫前示威,对杜菲克进行兵谏,杜菲克不得已再次命谢里夫组阁。然而谢里夫是祖国党温和派的首领,素来不喜欢阿拉比等激进派,只在原有制度上稍加了改良。1879年再次组阁时,他没有按事先议定的议会审议权举行,而是按旧时之制选举议会,致使激进派大部分人未能进入议会。阿拉比和议会中大部分议员都强烈反对。

英、法见祖国党内发生内讧,便趁机出面干涉,阿拉比领导军官包围了王宫,逼迫杜菲克解散反动内阁。开罗人民举行声势浩大的示威游行来声援阿拉比。英、法的逼迫,使祖国党内举棋不定的人都倒向了激进派,谢里夫只得辞职,由巴鲁迪重新组阁。1882年,巴鲁迪重新组阁,命阿拉比为陆军部长,重新通过了1879年宪法,废除"双重监督"制度,同时宪法中还规定内阁只对议会负责,而不对国君负责,从而取消了专制制度,并从司法、商业和教育诸方面施行改革,兴修水利。

国君杜菲克没有了实权,常常违背宪法对改革进行阻挠。英、法也不想让埃及强大起来,所以英国照会埃及,逼迫埃及解除巴鲁迪内阁,并将阿拉比驱逐出境。为此,英、法舰队开进埃及的亚历山大港进行武力威胁。并在君士坦丁召开会议,商讨武力干涉埃及之事。接着,英军派25000人强行登陆,洗劫亚历山大。国王杜菲克见局势已乱,连忙来到亚历山大寻求英法舰队保护,并要求阿拉比停止抗战。但阿拉比坚决反抗,并派兵至亚历山大,修筑防御工事。

英法由于多年矛盾,并为争夺埃及之事不合,法国舰队撤离了亚历山大。英国认为这样就可独吞埃及了,于是用大炮轰炸亚历山大,将亚历山大轰炸成了一片废墟。阿拉比带领军民约15万人到城东南的一个村子布防,并号召举国上下同英国侵略者决一死战。埃及人民纷纷响应阿拉比的号召,支持民族政府,踊跃参军,奋勇抗敌,英军一连20余日,终不能攻破阿拉比部队。

英国急忙下令把驻印度的兵力调到开罗来增援。阿拉比撤出亚历山大港之后,率埃及军队坚守开罗北部防线,多次击退英军的进攻,使英军无法深入到内地,但阿拉比犯了严重的战略错误。他认为英国人根本不会在苏伊士运河方面用兵,所以只派五分之一的新兵进行防守,放松了对东线的防守。而英军佯装进攻西线,却集中兵力去攻打东线,阿拉比立刻率军前往抵御敌人的进攻,并派巴鲁连率兵支援,但英国人买通了当地酋长,援军受阻,致使阿拉比孤立无援。

1882年9月13日,英军在泰尔——厄尔——卡比尔战役击溃了贝督因部落的防线,并于9月15日攻陷了开罗,阿拉比及其战友被俘。

阿拉比起义最终失败了。除了阿拉比战略上的错误外,其重要的原因是:贝督因部落酋长和开罗封建集团动摇叛变;地主阶级害怕抗英战争发展成为全民抗战,只希望正规军作战,没有发动群众参加战斗;此外,埃及政府没有把派去攻打苏丹马赫迪起义的埃军调回来,使抗英力量大为削弱。

阿拉比抗英失败后,英国进行直接对埃及的统治,埃及名义上还属土耳其帝国,保留自己的王朝,但实际上却沦为英国的殖民地,直到1914年才宣布埃及为保护国。

印度百年屈辱史

16世纪以前的印度本是一个封建国家,随着地理大发现,西方殖民者的魔爪首先伸向印度。

印度当时正处于莫卧儿王朝的统治之下,阿克巴大帝在北印度建立了稳固的统治中心,并且逐步向南扩展。他采取了鼓励发展农业和手工业的政策,使印度的封建经济在一定程度上得到了迅猛的发展。然而,欧洲国家远远超过印度的发展水平,因此,印度成了他们侵略的对象。

西班牙和葡萄牙为了资本原始积累的需要,掠夺东方国家的财富来促进本国资本主义的发展,满足封建地主阶级的需要。他们首先瞄准了印度。当时西班牙和葡萄牙势力较强,西班牙素有"无敌舰队"之称,他们凭借着强大的海上优势,切断了印度和波斯湾传统的海上贸易,并不时在印度周边沿海地区进行掠夺,使莫卧儿王朝感到不安,印度人民生活不能安定。

法国人也很快侵入了印度。他们在沿海城市建立商馆,收买棉纺织品、香料、蓝靛、硝石等。

当时,英国的工场手工业、商业和航运业也已达到相当高的水平。随着本国资本主义的发展,于1600年,在印度建立了东印度公司,并得到了对印度洋贸易的垄断权。1702年,东印度公司和另一个获得印度洋特许权的公司合并为联合东印度公司。这个公司不仅有贸易等商业特权,同时还在国王那里得到建立军队,宣战媾和,占领土地和对所属地居民进行审判等特权。

英国商人来到印度,本来是想做印度棉织品和香料的贸易。但莫卧儿皇帝当时没有把英国人放在眼里,所以没有批准与其通商,直到1613年,才允许在苏拉特改立商馆。1615年，英王又派使臣托马斯·罗来印，要求在整个莫卧儿帝国进行通商。由于莫卧儿皇帝想利用英国来抑制葡萄牙的势力，所以就答应了。

17世纪中期，英法在世界范围内的商战开始进行。经过三次卡纳蒂克战争，英国人成了印度的主要外国势力。东印度公司在印度已经占有了绝对优势地位。

当时，印度内部四分五裂，封建统治阶级、争夺皇位、互相倾轧，内战不断。人民不能忍受贫困和压迫，不断进行农民起义。错综复杂的阶级、民族、宗教和种姓矛盾，促使了莫卧儿帝国的衰落。这正好为英国的入侵提供了便利条件。因为没有一个统一的国家，就不能进行全国范围内的抵抗。所以英国人没有后顾之忧。而各割据诸侯为保存自己的实力，反而纷纷求助英侵略者的庇护。更为可笑的是，英国入侵一地反而被看作是对另一个诸侯的削弱。因而对英国的入侵漠不关心。

英国就是利用这一有利时机开始侵占印度的。东印度公司征服印度是从孟加拉开始的。孟加拉是印度富庶的省份，当时的统治者为争夺王位而互相争斗，英国人从中挑拨，并寻找借口侵占了孟加拉。

英国人在孟加拉还保留了纳瓦布（王位）的傀儡统治，这有利其掩饰侵略目的，便于统治。英国掌权后，把孟加拉的国库洗劫一空，并用强硬手段榨取田赋。另外，英国还从莫卧儿皇帝那里得到了收税权，纳瓦布的税收机构开始由英国人掌管，这使英国人的收入从开始的8175533卢比提到14704875卢比，增加了80%。田赋成为公司掠夺的首要财源。东印度公司还颁布法令强迫手工业者为公司生产，对产品只付半价，或干脆不给任何钱，强行买卖，把贸易变成了掠夺。印度商人遭到排挤，纷纷破产，最为残忍的是，英国诱使农民种植鸦片，然后走私运进中国，毒害中国人民，公司从中获取暴利。英国在印度的掠夺，在1757～1815年期间共10亿英镑，致使孟加拉国人民不聊生，生活贫困，大量居民被饿死，许多地方变成荒野，无人居住。

英国在印度的统治，激起了人民的强烈反抗，各地不断爆发起义。其中包括米尔·卡西姆领导的反英起义。1763年，针对公司职员滥用免税权逃避税收，于是，米尔下令豁免一切商人的内地贸易税，东印度公司强烈反对，企图以武力压制。于是，米尔领导人民进行反英起义。广大农民、手工业者和部分商人积极支持。但由于起义队伍成份复杂，缺乏军事训练，最后遭到失败。米尔逃到奥德，得到莫卧儿皇帝的支持。1764年，他组织联军发动对英进攻，但又惨遭失败。东印度公司于是又借机侵占了欠拿勒斯地区，从而控制了整个恒河下游地区。

英国的入侵，致使纳瓦布丧失了政权。1750年4月，年轻的西拉杰继承了外祖父的职位。纳瓦布曾写信给英国："我以万能的上帝和先哲的名义发誓，除非英国人同意填平堑壕,夷平防御工事,并根据与扎法尔汗纳瓦布时代相同的条件进行贸易,否则,我将拒绝考虑英国人的利益,还要把他们完全驱逐出我的国家。"

1756年6月初,西拉杰攻占了英国在卡西姆区扎的商馆。6月16日,又统率5万大军包围了加尔各答。4天后,东印度公司的加尔各答参事携儿带女逃离法尔塔,留守的霍尔威尔只抵抗一天就投降了。

英国当局派遣海军上将沃森和尉官罗伯特·克莱武率军远征,再次入侵加尔各答。远征军队伍由900名欧籍士兵和1500名土著雇佣军组成。克莱武收买了守将,攻下加尔各答,并劫掠了胡格里城及周围地区。西拉杰率军英勇抵抗,但最终考虑到各方面的原因,于2月9日和英国签订了和约,和约恢复了英国以前的一切特权,并进而拥有了在加尔各答建立防御工事和有铸币的权力。

英国人时刻都梦想着占领孟加拉,推翻西拉杰。西拉杰是阿里瓦迪汗三女的后代,在继位后不久,姨母伽西蒂公主和表弟肖卡特·詹就分别向他的王位进行挑战,举行了叛乱,并得到英国人的支持。西拉杰控制了伽西蒂,镇压了肖卡特·詹。几个大地主也反对西拉杰的反印度教政策,曾密谋取代西拉杰,都没有成功。另外,纳瓦布的军队多数是波斯和阿富汗的亡命徒,很容易被金钱所利用。克莱武利用这种形势,同意和密谋者一起推翻西拉杰的统治。

克莱武和密谋者奥米昌德签订了密约,但秘密被泄漏了。西拉杰召集军官准备抵抗。克莱武于6月23日把军队开到普拉西,军队包括613名欧洲步兵、100名左右欧亚混西士兵、171名炮兵和2100名土著雇佣兵,总兵力达3000人,武器装备有10门野战炮和两门榴弹炮。英军迅速占领了位于河堤的纳瓦布的猪舍和附近的花果园。猪舍面积较大、用砖砌成、比较坚固,克莱武利用地势在这里设立司令部。

西拉杰在离猪舍北方约一公里的地方设置了军事大营,他有步兵约3.5万名,大部分没有经过训练,武器粗劣,纪律松弛;骑兵约1.5万人,绝大部分是西北的阿富汗的优秀骑手;炮兵装备有53门野战炮,大部分是大口径的。

纳瓦布的军队开始包围英军,克莱武采取有力的反击。双方激战了约半小时,由于纳瓦布手下的三个叛将按兵不动,没有攻下英军的军营。

由于天降大雨,纳瓦布的忠实战将米尔·马丹以为英军弹药被淋湿,想乘夜偷袭英军,结果被英军大炮打死。纳瓦布失去了唯一忠实的战将,走投无路,不得不求助于米尔·贾法尔,但米尔·贾法尔把一切情况都通知了克莱武,并要求克莱武发起进攻。

西拉杰的部将建议其撤军,西拉杰只好撤回军队并带领自己的2000名士兵向木升达巴德方向逃去。途中受到英军的猛烈炮轰,伤亡惨重。最后,普拉西战役以印军失败而告终。

普拉西战争结束了,印度人民陷入了更贫苦的境地。

在印度历史上,1857~1859年印度反英民族大起义是重大的历史事件,是英国在印度推行的殖民政策的必然产物,是英国殖民者同印度人民之间矛盾尖锐化的结果。

19世纪初的英国资产阶级不断取得优势,对殖民地取得支配权,以其自由贸易代替了东印度公司的垄断贸易政策。英国殖民政策的改变,对印度产生了极其深远的影响。印度从此变为英国的商品销售市场和原料产地,受英国的奴役和掠夺进一步加剧。

英国殖民者直接剥削印度佃农。佃农几乎把收成的三分之一到二分之一作为土地税上交殖民政府,同时农民还要受印度封建地主的剥削。英国手工业品等商品却不断涌入印度,但却严禁印度纺织品输入英国,致使印度的手工业彻底被摧毁,成千上万的工业者失去了饭碗。印度雇佣军本是英国殖民者的侵略工具,但1849年英国统治印度后却改变了对印度雇佣兵的政策,遣散了大批印度士兵,减少薪饷,取消免税权,命令印度士兵绝对服从英国军官,强迫印度教士兵渡海或到伊斯兰教国家作战还让印度士兵把猪油抹在子弹上,这大大激怒了印度士兵。英国殖民者原来把印度各封建王公当作殖民统治的重要支柱,但到19世纪上半期,随着工业资本主义的发展,英国迫切想消灭印度的封建割据状态,直接统治印度,用以开辟广阔的原料产地和产品销售市场。于是采取兼并王公领地的政策,规定没有直系后裔的封建王公,死后其领地即"丧失",归东印度公司所有。各邦王公对此普遍不满,他们本来不愿反抗英国,但人民大起义后,大势所趋,他们中的许多人也就卷进了起义的洪流之中。

1856年,印度农村中开始传递烤薄饼,据说是反英起义的信号。婆罗门、伊斯兰传教士、民间艺人等走遍全国各地,到处宣传反英的口号,不断鼓舞农民起来反抗英殖民统治。印度土兵也组织地下军人委员会,传递荷兰花,密谋起义。一些封建王公也暗中商讨反英对策。

1857年3月,印度土兵曼加尔·迪开枪打死了三个英国军官,次日被英军处死,这些事件便成了印度民族大起义的导火线。

1857年5月10日,米鲁特士兵起义,杀死了英国殖民者,烧毁了兵营和殖民官府。第二天,起义者攻陷了德里,拥立德里皇帝巴哈杜尔沙为印度皇帝,但却没有实权,实权由行政议会掌管。行政议会的成员大部分是下级军官和士兵,他们号召人民消灭英国殖民者,宣布废除柴朋达尔制度,豁免贫民捐税,逮捕通敌的富商高利贷者,并没收他们的财富和存粮,对地主、富商和高利贷者征收特别税。

起义火焰迅速蔓延到奥德、康普尔、詹西等印度北部和中部大部分地区。英国殖民者赶紧派兵支援,企图消灭起义军,占领德里。据守德里的几万起义军英勇抵抗,几次打败英军的进攻,但到9月,起义军抵抗不了英军的不断进攻,最终被攻破。英军进入德里之后进行烧杀抢掠,无恶不作。

德里失陷之后,起义中心转移到勒克瑙和詹西,英军迅速集中优势兵力围攻勒克瑙。在坦堤亚·托比的领导下,起义军民浴血奋战,多次击退英军进攻。但由于敌我力量相差悬殊,1858年3月下旬起义军被迫撤出勒克瑙。英国又开始进攻詹西,詹西女王拉克开米巴伊亲自率军保卫詹西,同英军激战了8天,重创英军。由于英军力量强大和各封建王公的投降,詹西最后被攻陷。詹西女王和坦提亚·托比退往瓜辽尔,6月中旬在瓜辽尔城外郊战争中,詹西女王不幸阵亡。

由于两次起义都被镇压,起义军实力受到削弱,特别是詹西和瓜辽尔失守之后,起义军不得不放弃阵地战,采取游击战术来打击敌人。但是,英国殖民者利用起义军的内部矛盾,采取分压的政策,致使印度民族大起义最终失败。印度民族起义虽然失败了,但是,它是印度民族解放历史上最光辉的一页。

东方"诗哲"——泰戈尔

1861年5月7日,在印度半岛上那片温暖湿润,绿树成荫的孟加拉地区,诞生了一名男婴,他成为这个家庭中的第14个孩子,并且在日后成为他们当中最杰出的一位。他就是享誉世界的东方"诗哲"——罗宾德拉纳特·泰戈尔。

在19世纪印度孟加拉文化复兴过程中,泰戈尔家族的名字占据着显赫地位。这一家族自18世纪下半期以来,至今两个多世纪里,涌现了无数文化人,可谓群英荟萃,人才辈出。他们中有宗教改革家、社会活动家、哲学家、文学家、艺术家、诗人、画家和音乐家等等。泰戈尔家族本身属印度人种最高级的婆罗门种族,再加之以丰厚的文化教养,家族成员中人才济济,而罗·泰戈尔——这位印度文坛巨擘、诗圣、诺贝尔文学奖获得者无疑更使这一家族名垂青史。

天资聪颖的泰戈尔,自幼便生活在浓郁的文化氛围中,家族中良好的教育条件和开明的思想使泰戈尔的天才得以自由地发展并较早显露出来。他从童年时代就开始写诗、写剧本,十四五岁就开始发表诗歌、小说作品。尽管泰戈尔后来曾留学西欧,但他的思想深深植根于印度传统文化的土壤之中,他从欧洲进步文化中吸取的是民主思想和人道主义,这两者加以融和,使他的作品充满浓厚的爱国主义思想和民族主义情感。

泰戈尔是新孟加拉文学的奠基人和最伟大的代表。他思想开放,知识渊博,多才多艺。他的早期诗集作品《晚歌集》(1882)、《晨歌集》(1883)、《画与歌集》(1884)、《刚与柔集》(1886),充满爱国激情,表达了诗人反对封建礼教、宗教和种姓对立,反对暴君,赞颂自由和生命,赞颂大自然与爱情,具有浓郁的浪漫主义抒情色彩,又富于民族特色。这些作品激动过无数青年的心灵,被称为"精神生活的灯塔"。

泰戈尔的诗充满浪漫的风情和深邃的哲思,语言像流畅的溪水,自然、开放,而又奔涌不息。在他的中期诗作中又涌现出大量优秀之作,如《缤纷集》《江河集》《瞬息集》《故事诗》等等。试看《缤纷集》中的一段诗:

"就是这股生命的泉水,日夜流穿过我的血管,也流穿过世界,有节奏地跳舞。

就是这同一的生命,从大地的尘土里快乐地伸放出无数的芳香,迸发出繁花密叶的波纹。

就是这同一的生命,在潮汐里摇动着生和死的大海的摇篮。

我觉得我的四肢因受着生命世界的爱抚而光荣。我的骄傲,是因为时代的脉搏此刻在我的血液中跳动。"

诗人礼赞生命,浅吟低唱着生命之歌,表达了诗人热爱人生、热爱自然、不断追求、不断进取的人生哲学。

泰戈尔享年 80 岁,在一生长达 60 多年的文学创作中,总共留下了 50 多部诗集、多部中篇和长篇小说、100 多部短篇小说、30 多部散文作品、20 多部剧本、1500 多幅美术作品和 2000 多首歌曲。其中,《祖国致敬》的歌曲,在印度独立后,被定为国歌。此外,还有哲学、政治、历史、宗教方面的论著,以及大量书简,这一连串令人眼花缭乱的数字,是泰戈尔留给印度人民和世界文化宝库中最丰富、最珍贵的精神遗产。而其本人不仅成为印度文学史上,也可以说是世界文学史上,方面最广、产量最高的作家之一。

泰戈尔的小说中的《沉船》和《戈拉》为其代表作。《沉船》描写的是刚刚大学毕业的青年知识分子罗梅西的曲折复杂的恋爱婚姻故事。情节带有传奇色彩,悬念叠生,引人入胜,然而绝不是荒诞不经的,而是有它深厚的生活基础。正如作者之言:"这种极端离奇的事,只可能出现在现实生活中。"《沉船》标志着孟加拉文学中现实主义创作方法的成熟,而《戈拉》则是泰戈尔现实主义创作的最光辉成就。这是一部可以称得上是史诗式的小说,它反映社会的深度和广度,艺术上的精湛技术可以说在同类作品中是无与伦比的。它在印度文学中的地位,如同托尔斯泰的《战争与和平》在俄罗斯文学中的地位一样。

作为"诗哲",泰戈尔最负盛名的作品还要数诗集《吉檀迦利》。1913 年,泰戈尔以这部作品荣获诺贝尔文学奖,成为第一个获得世界文学最高奖项的亚洲人。所以,泰戈尔不仅是印度,也是整个东方人的骄傲。

《吉檀迦利》在印度孟加拉语和印地语中都是"献歌"的意思,因为,这些诗歌是献给神的。但这些诗又不是一般的宗教颂神诗,而是一曲曲的"生命之歌",作者歌唱的是生命的荣枯和现实世界的欢乐与悲哀。《吉檀迦利》实际上是一部抒情哲理诗,表示了诗人对祖国前途的关怀,对人生的思考和追求。

诗人所景仰的神并不是那些高高在上但又死气沉沉的泥胎木塑,而是无处不在、无所不是、化为万物的神。这位神从来不与钱财势力相交结,它终日游走于那最为贫贱的人群之中,它是在"锄着枯地的农夫那里,在敲石的造路工人那里,太阳下,阴雨里,它和他们同在,衣袍上蒙着尘土"。显然,这位神品质高贵,同情劳动人民,又是光明和自由的象征。

《吉檀迦利》韵律优美,语言朴实无华,具有高度的情感性,抒情味道很浓厚。随着时间的推移,这部诗集中那些金子般闪闪发光的哲理,那股奔流不息的生命力量,将历久弥新,与泰戈尔的名字一起永存。

值得一提的是,泰戈尔曾于 20 世纪 20 年代访问过中国,是由中国现代著名诗人徐志摩等接待的,在文学史上留下了一段佳话。

日本明治维新

1868 年 1 月,倒幕派利用人民的力量,通过国内战争(鸟羽、伏见战役)推翻了德川幕府的统治后,成立了由明治天皇亲政的新中央政府,明治政府是地主资产阶级的联合专政。它成立后实行一系列资产阶级改革,史称"明治维新"。

1869 年 3 月,明治政府颁布了内政、外交基本纲领——五条誓文。它规定:(一)广兴会议,决万机于公论(实际上国家事务由列侯会议讨论决策);(二)上下一心,盛行经纶(即政府和民众共同过问国事);(三)官武一途以至庶民,各遂其志,人心不倦(即上自宫廷贵族、封建武士,下至平民百姓,各守本分,履行职责);(四)破旧有之陋习,基于天地立之公道(即破除封建的旧制度,实行改革,务求公道);(五)求知识于世界,大振皇基(即向西方先进资本主义国家学习,输入近代资本主义文化知识,促进天皇统治下的日本民族国家的繁荣富强)。

为了实现上述基本纲领,明治政府实行了一系列资产阶级改革,其中比较重要的有以下几个方面:

一、废藩置县,消除封建割据,加强以天皇为中心统一的中央集权国家。

1869年,各地藩主被迫先后奉还版籍,即把领地和户籍(人民)奉还给天皇。旧藩主成为新中央政府任命的藩知事,藩政基本方针必须服从中央。接着,1871年政府强行废藩置县。所有藩知事被解除职务,移居东京,领受俸禄。取消藩国,将全国划分为3府72县,由中央委派知事直接管辖。这个措施大大地加强了国家的统一和中央集权。

同时,新政府作为地主资产阶级的国家机器,发挥了镇压人民的作用。它宣布永远禁止农民结党聚众。当农民要求把反封建斗争进行到底,在许多地方发动起义时,新政府悍然镇压这些起义。

二、改革封建等级制度,以适应资本主义经济的发展。

新政府在废除纯粹的封建土地所有制的基础上,改革了封建等级制度,废除武士等级的部分特权。大名公卿改称华族,一般武士改称士族,农、工、商和贱民皆称平民。1873年后,政府以公债代替各种俸禄。领受公债者达31.1万人,发放的公债达17500万余元。华族用公债购买土地,成为地主,或投资于工商业,成为资本家。这种赎买政策实际上使封建私有财产制度变成资本主义私有财产制。

政府取消对农、工、商的限制,承认土地私有权,允许自由买卖土地和种植作物,允许一切人自由选择职业和迁居。这些措施意味着农民摆脱了对封建主的人身依附关系,为日本资本家提供大量的自由劳动力,从而为资本主义的发展提供有利的条件。

三、地税改革,保证政府的财政收入。

土地税占新政府收入的80%。为了固定和保证这项收入,1873年政府颁布了地税改革条例。条例规定:只对土地所有者征税;地税为法定地价(按五年内平均产量折合米价,作为法定地价)的3%,不管丰歉如何,地税不变,地税一律以货币缴纳。

地税改革丝毫没有减轻农民的负担。政府始终站在地主方面,保护地主对佃农的剥削。好容易取得土地的自耕农,大部分由于交纳不起税,纷纷丧失土地,沦为佃农。地税改革是促使封建经济转化为资本主义而强制推行原始积累的重要手段。这个改革使政府的财政收入得到保证,使政府有足够的财力供养军队和补贴近代军事工业(财阀)。同时,地税改革使作为天皇政府重要社会支柱的半封建地主制迅速地确定下来。

四、实行征兵制,建立近代常备军。

明治政府成立初期,提出了"富国强兵"的口号,努力建立一支强大的近代常备军。其目的是为了镇压士族叛乱和人民起义,也是为了对外侵略扩张。政府首先建立由亲政府的士族组成的近卫军,各县在整顿旧藩兵的基础上建立士族军队。1872 年 11 月,开始实行征兵制,向全国人民征兵,建立近代常备军。

天皇制度从一开始就具有浓厚的军国主义色彩。日本地主资产阶级羽毛尚未丰满,就依靠这支常备军,开始对中国的台湾(1874 年)和朝鲜(1875 年)进行侵略。

五、扶植资本主义工商业,积极引进外国先进技术。

为了扩大国内市场和促进资本主义的发展,新政府采取了许多经济措施,例如:废除各藩设立的关卡,统一全国币制和邮政;建立示范企业;聘请外国技师,积极引进外国先进技术,等等。政府为了军事上的需要,特别重视和大力发展军事工业。政府把一些厂矿企业廉价转让给三井、三菱、安田、住友等财阀,促使日本垄断资本急剧形成。

天皇制政府、军阀和财阀紧密勾结,是明治维新后一个十分突出的现象。因此,从一开始,日本资本主义的发展就带有鲜明的军事特征和军国主义的倾向。日本资本主义迅速过渡为军事封建帝国主义。

六、与列强交涉,收回国权。

新政府成立后,努力与列强交涉,力争修改不平等条约,收回国权。1871 年政府派出以岩仓具视为团长的代表团到美欧各国,进行关于修改不平等条约的谈判,但遭到欧美各国的蛮横拒绝。尽管如此,在 70 年代新政府先后收回了租借地及铁路修筑权、采矿权、驻军权和租借地警察权等。直到 90 年代末,日本才成功地修改了不平等条约,获得与欧美各国基本上平等的地位(只有关税自主权等未收回)。

明治维新是日本历史上一个转折点。它标志着日本从封建主义社会过渡到资本主义社会,从封建割据国家变成统一的国家,从半殖民地国家逐渐变成独立的资本主义强国。明治维新之所以能够取得这些成就,绝非偶然。倒幕派利用人民的力量,建立了广泛的反幕阵线,通过国内战争推翻了与外国殖民势力相勾结的反动幕府封建统治,建立了地主资产阶级联合专政的新政权是实行上述资产阶级改革的首要前提。当时,美国忙于国内的南北战争,英法等国忙于侵略和争夺,使日本得以乘隙自强。西方资本主义国家各怀鬼胎,对日政策各异,对日未能采取统一行动和联合武装干涉。当时中国等亚洲人民反封建反殖民主义的斗争方兴未艾,也牵制了西方殖民势力,使它们不能抽调大量兵力进一步干涉日本。这些就是明治维新能够成功的内外条件。但是,明治维新是一次极不彻底的资产阶级革命,它没有完成资产阶级革命的任务。从上层建筑到经济基础,保留了许多封建残余。天皇制和半封建寄生地主制就是封建残余的突出表现。尽管如此,明治维新在历史上所起的进步作用是不容抹杀的。它改造了日本社会,使日本走上资本主义道路,资本主义生产力快速发展。它促进了日本近代民族的形成。日本通过明治维新第一个摆脱了半殖民地的束缚。明治维新的道路,鼓舞了近代亚洲各国被压迫民族,特别是亚洲各国民族资产阶级,争取民族独立和重建祖国的信念。

日本近代文学的开山鼻祖"该死"

日本近代文学的开山鼻祖二叶亭四迷是一个伟大的现实主义作家,但由于他英年早逝,最初的这一时代巨人只能湮灭于世界文化名人的瀚海之中。但是,从他仅留的作品中,我们仍能感觉到一个天才巨人的风范,他的早逝对于日本文学是一个惨痛的损失,对于世界文学也是一个永久的缺憾,热爱和平的世界人民将永远怀念他。

既然二叶亭四迷是一位如此受人尊敬的巨人,为什么又骂他"该死"呢? 这里有一个令人崇敬的故事。

二叶亭四迷

1886 年 1 月 19 日,二叶亭四迷因为厌恶庸俗的商业学校的风气,毅然退学,凭自己对文艺理论的深刻造诣,开始从事文学创作。经过几个月的努力,二叶亭四迷完成了他的长篇小说《浮云》的第一篇,他送给自己的好友、当时日本文坛的领袖人物坪内逍遥审读。坪内逍遥读后异常兴奋,连自己也写不出这样出色的小说,于是两人开始忙着出版发表。但是,当时的日本国内,论资排辈等许多丑恶的现象充斥于各行各业,文坛之中风气更盛。一个人如果没有靠山,没有名气,即使才华出众,也会因为年轻、没有资历而被人看不起。所以,虽然二叶亭四迷写了一部后来一致公认为日本近代批判现实主义开山之作的《浮云》,同样不被人理睬,他们忙了几个月,大小书店、出版社就是不给出版。

后来，两人想了一个"借鸡生卵"的计策，在《浮云》的封面、扉面和封底上统统署上大名鼎鼎的坪内逍遥的大名"坪内雄藏"。而在卷首的《浮云序》中，点明本书作者是"二叶亭四迷"，然后又由坪内逍遥写了《浮云第一篇序》。这样一来，各出名的书店、出版社一见到"坪内雄藏"的大名，争夺着要出版这本书，当时财大气粗的金港堂最终抢到了第一出版权。《浮云》很快出版了，而且其中还有当时大画家大苏芳年所做的插图。虽然读者最终知道了这篇大作的作者不是文坛著名人物坪内逍遥，而是一个很有才气的新人，但是，二叶亭四迷却被这种虚伪的风气激怒了，他在即将付印的《浮云集》中，大骂"该死"。在日语中"该死"与"二叶亭四迷"谐音，于是他在《浮云序》中所写的"该死"便成了他的笔名，我们尊敬他称她为"二叶亭四迷"。但在日语中，直呼"二叶亭四迷"就是"该死"。对此，二叶亭四迷丝毫不以为意，他看透了这个虚伪的社会，他的笔名"二叶亭四迷"便是对当时那些的所谓采菊山人、前田香雪、山田美妙等一派文雅之庸俗虚伪风气痛骂"该死"。由此可见这位青年后生的气魄。

二叶亭四迷原名长谷川辰之助。他生于日本东京尾张藩邸的一所武士住宅中，在今东京名古屋一带。有人说他生于1864年2月3日，也有人说他生于1864年2月28日，此事已不可考。其父长谷川吉数原为卑寒之士，后来凭其才华与容貌得到尾张藩主的宠爱，成为藩士德川庆胜的近身家臣，那时他才20岁，后一直留居江户（今东京）。由于父母的才华，小长谷川辰之助受到很好的教育，他对文学艺术产生浓厚的兴趣。1868年，日本明治维新开始了，小长谷川辰之助同母亲搬到外祖母家里，开始读书识字。

虽然当时日本开始教育改革，重点是学习西方近代文明知识。但由于长谷川辰之助家是士族，保持传统，依然以汉学为主。1869年，小长谷川辰之助被送入汉学私塾，开始正式学习。由于他聪明伶俐，学习又刻苦，成绩非常好。后来，由于父亲不断改任，小长谷川辰之助经常换学校，这让他从小接触了众多的知识，见识过很多的地方，长谷川辰之助长期接受汉学的熏陶，很注重个人的修养。他把"俯仰天地，问心无愧"作为自己的人生准则。在先生讲课时，小长谷川辰之助总是正襟危坐，恭恭敬敬地听讲。从来不像别的学生一样，累了就趴在桌子上睡一会儿，小长谷川辰之助再累也是直直地坐着，连用两肘支在课桌上稍微休息一下也不。他从小就注重在学习的同时培养自己的品德。他认为上课不好好听讲是对先生与知识的侮辱。因此，在如此的毅力信念支持下，小长谷川辰之助到哪里都学习很好。此外，读书之余，他还研究"武道"，弹琴唱歌，学习剑术。青年时代的长谷川辰之助接受了西方近代的平等、民主思想。此后，他目睹耳闻世界列强对于日本的欺凌，这激起了他强烈的民族意识与爱国精神，总想干一番轰轰烈烈的事业。

开始的时候，长谷川辰之助想当一名军人。他从 1878 年至 1880 年先后三次投考陆军士官学校。成绩优秀，但终因眼睛近视而未被录取，于是他又打算从政，做外交工作。1881 年，长谷川辰之助考入东京外国语学校俄语系。

由于有伟大的抱负，长谷川辰之助学习非常刻苦认真，学习成绩一直名列前茅，而且各门功课均为满分。但长谷川辰之助不死读课本，他涉猎非常广泛，尤其对政治、历史、经济、文学研究最为深刻，成为学校中引人注目的高才生。本来，他可以成为一名很好的外交官，但上天偏偏要让他做文学家。

1885 年 5 月，父亲被罢官回家，家庭生活条件急剧变化。接着，1885 年 9 月，东京外国语学校突然宣布解散，俄语系并入东京商业学校。这让长谷川辰之助非常恼火，他愤然退学。当时，校长亲自挽留这位品学兼优的学生。但他去意已定，无可挽回了。

长谷川辰之助想从事文学，用一支笔来挑起养家的重担。

当时，日本文坛仍然是一个被人轻视的群体。写小说更被人不齿，但是长谷川辰之助却不管这些，他有自己独特的观点，他完全不认为小说是消遣、宣传的玩意。他认为小说是负载使命的神圣的东西，是用来表达严肃社会思想的东西。他自己研读小说时也是抱着探索社会问题的目标。因此，年轻的长谷川辰之助一开始就是以现实主义的立场来走进文学的。

当时，坪内逍遥已成为文坛著名的领袖，被称为"新进的文学指导者"。刚刚退学的长谷川辰之助抱着坪内逍遥的文学理论著作《小说神髓》走进坪内逍遥的家，他以批判与怀疑的言辞开始了对这位名人的拜访，坪内逍遥非常欣赏这位才华横溢的年轻人。两人亲切地交谈，激烈地争论，最终，两人成为亲密的朋友。回到家之后，长谷川辰之助很快完成了一篇文艺评论《小说总论》，提出了现实主义小说的真谛，指明了现实主义小说的方向。这篇《小说总论》，长谷川辰之助以"冷冷亭主人杏雨"为笔名，经过坪内逍遥的帮助，在《中央学术杂志》上发表，文学界为之震动，不仅仅是由于这篇文章是批判坪内逍遥的《小说神髓》的，也不仅仅是因为这样一篇与著名的人物坪内逍遥对着干的文章竟是经坪内逍遥自己的手发表的，更为重要的是，这篇文章所显示出的文学造诣竟比领袖人物坪内逍遥还高，而且出于一个名不见经传的年轻后生之手，确实令人惊讶。

在坪内逍遥的鼓励与帮助下，长谷川辰之助开始踏进了文学殿堂。他翻译了俄国各著名文学家的小说与文艺理论著作，并开始写作长篇小说《浮云》。经过艰苦的努力,《浮云》于 1887 年 6 月出版。从此,日本文坛上出现了一位新人"二叶亭四迷"("该死")。文质儒雅的长谷川辰之助这么叫骂着开始了文学之路。

《浮云》主人公是叫作内海文三的一个破落士族子弟,父亲早逝,母亲节衣缩食供内海文三进城求学,寄住在婶婶家里。由于刻苦的学习,内海文三以优异的成绩毕业,顺利成为某机关的科员,阿政一家见内海文三年轻、漂亮,为人诚实、正直,便想招他为女婿。小姐阿势也对他情意有加,正当一切都应圆满结束时,由于内海文三不屑于逢迎拍马,触怒了上司,被开除公职。本来就是贪图内海文三职位的阿势与其母亲一下子就对他变为冷言冷语。这时,内海文三的同事本田升乘机向阿势大献殷勤,使内海文三更受冷落,阿势一下子就把秋波转送到本田升身上,而且伙同本田升一起凌辱内海文三。于是内海文三只能在苦闷、怅惘以及无奈的愤恨中消磨时日,成了一个社会的"多余人"。

二叶亭四迷着力塑造了这种在明治专制政权下被压制、打击的小资产阶级知识分子形象。他们不满现实,宁折不弯,但又没有力量,找不到反抗的方向,结果郁闷彷徨,无事一生。内海文三就是这一类人的典型代表。

1888 年与 1889 年,《浮云》第二篇、第三篇陆续出版,仍然是借坪内逍遥的旗号,直到第三篇在《都之花》小说半月刊上连载时,才单独署了"二叶亭四迷著"。小说到此就没有写下去,读者一般都以为小说结束了。但后来在二叶亭四迷的杂记《炪叶集》中,人们发现原来小说并没有结束,二叶亭四迷在第 19 回之后又设计了三四回以结束全书,并拟了主要情节:

第 20 回阿政的丈夫归来,阿政欺骗他。

第 21 回阿势的父亲劝说内海文三并与他商谈,内海文三尾随阿势,发现阿势走进本田升的住所。本田升与阿势的"幽会"使内海文三十分绝望,他回到家,婶母阿政又催要食宿费,大吵大闹。

第 22 回母亲死讯传来。

第 23 回内海文三成了醉汉与疯子,此处插入阿势被遗弃的内容,阿势之死。

但是,这最后几篇最终没有完成。因为,二叶亭四迷又升起了当政治家的伟大抱负。1889 年,二叶亭四迷为生计所迫,又看不惯当时日本文坛无能为力的风气,最终决定退出文坛。因为他批判现实、追求真理的抱负在当时享乐主义盛行的文坛根本没有地位,他还受到那些所谓大家的压制、打击,无奈之际,他转而跨入政界。

1889 年 8 月 19 日,在《浮云》等 3 篇的最后一部分付印之后,二叶亭四迷在外国语学校老师古川常一郎的帮助下,走进了内阁官报局的大门。开始了他长达 8

年之久的"官报局时代"。

日本的官报局是当时日本各政府部门中最为清廉的一个。二叶亭四迷选择这个部门，既发挥了他外语的特长，同时也是他得以修身养性，不与污浊的官僚之气相往来的地方。二叶亭四迷开始先担任英文译员。后来又兼任俄文译员，每天的工作是从世界各重要报纸中摘录文章，翻译过来载入每期官报的专栏中。他还负责编辑属于新书评论一类的杂志《出版月译》，并在上面撰文。这里的工作很适合二叶亭四迷。每天大家品诗、评画、讲政治、说道德，大到世界格局，小到风流韵事，无所不谈。二叶亭四迷在这里也自得其乐。

但是这种生活只持续了8年。1897年，天皇政府任命了新的局长，将官报局完全纳入天皇专制体系。这种世外桃源似的生活便结束了。1897年12月27日，二叶亭四迷忍受不了这种官僚风气，又辞职不干了。其后几年间，二叶亭四迷漂泊不定，陆续任过陆军大学特约教授、海军省编修书记、海军大学特约教授等职，直到1902年5月2日，新婚的二叶亭四迷才受聘为德永茂太郎商会顾问，动身来到中国哈尔滨。但是当时，日俄正在争夺中国东北，商业活动无法进行，于是他不久辞职，并受聘为京师警务学堂提调。过了一年多，他辞职归国。他辗转不定，找不到一个适合自己施展抱负的地方。在心无所依的时候，二叶亭四迷翻译了几位大作家的著名作品。如屠格涅夫的《阿霞》《幽会》《奇遇》《罗亭》；果戈理的《肖像》《旧式地主》《狂人日记》；安德烈夫的《红笑》；冈奈洛夫的《断崖》；托尔斯泰的《伐林》；高尔基的著作《犹太人尘世》《郁闷》《灰色人》《二狂人》《乞食》等等许多作品。二叶亭四迷以忠于原作的现实主义态度，为日本文学引了一股清流，二叶亭四迷的翻译工作，在日本文学史上同他的小说创作一样，具有开创性的、划时代的重大意义。二叶亭四迷精通汉语、俄语，通晓法语、英语。他还学习研究了波兰犹太人柴门霍夫所创的世界语。1906年，二叶亭四迷公开出版了自己编的《世界语》《世界语读本》两种入门书，一经出版，被抢购一空，紧接着连续出版了6次，二叶亭四迷不仅是日本近代文学的奠基人与卓越的文学翻译家，而且是日本世界语的先驱。

20世纪初，日本文坛出现了繁盛局面。这时，二叶亭四迷担任大阪朝日新闻社东京驻在员，但由于日本政府对新闻工作强加干涉，二叶亭四迷不能把战争的真相传达给人民群众，他非常气愤，不久辞职。这时，二叶亭四迷的朋友东京朝日新闻中心主笔池边三山吉太郎非常敬佩二叶亭四迷的才能，挽留他为东京朝日新闻撰写小说或翻译文学作品，二叶亭四迷盛情难却，又开始了他的文学之路。这一次被迫性的工作竟成为他一生中最为辉煌的一页。

1906年10月10日，二叶亭四迷发表了长篇小说《面影》。主人公小野哲也，是一个贫寒的农家子弟,他以优秀的成绩考入大学。但由于家境不好,无力缴纳学费。后来小野一家为了有一个大学生的女婿增加荣耀,于是收小野哲也作入赘女婿,由小野家出钱供他上学。但小野哲也毕业后在一所私立大学当讲师,收入微薄,丝毫不能满足岳母与妻子挥霍的生活。于是岳母、妻子开始瞧不起他,责骂他,侮辱他……小野哲也的情绪日益低落,本来就没有爱情的婚姻出现裂痕,而且日益增大。在这个没有感情、没有温暖的家里,只有小野哲也妻子的异母妹妹小夜子同情他、安慰他,两人同病相怜,最终小野哲也与贤淑的小夜子产生爱情。但是,小野哲也始终没有勇气提出与妻子离婚,然后娶小夜子为妻。经受这种长久的矛盾折磨后,小野哲也终于不能再忍受,于是离开日本,独自去了中国教书,最终在平凡的人群中消逝。二叶亭四迷在这里为旧作《浮云》中那没有完成的结局作了交代,指出在资本主义制度下,如果不反抗、奋斗,再有才华也只能是沉寂一生,屈辱一世。

事隔仅一年多,紧接着《面影》之后,二叶亭四迷又创作出一部批判现实主义的杰作《平凡》。小说于 1907 年 10 月 30 日发表,小说主人公以第一人称"我"自述为主要手法,揭露了这个罪恶的世界没有一块净土,充满了对人世的厌恶与仇恨,表达了作者在现实生活中无力的反抗。在二叶亭四迷复回文坛的这两年中,他取得了丰盛的成果,除了这两部长篇小说之外,还发表了其他作品 30 余篇。仅仅这两年的时间,二叶亭四迷就已成为文坛大将,日本人民还期待着更为惊人的巨作,他们对二叶亭四迷充满了期望。

但是,二叶亭四迷又让人们失望了。

1908 年朝日新闻社任命二叶亭四迷为驻彼得堡特派员。在他离开日本将去彼得堡的日子里,他在《文章世界》上发表了长篇散文《我来生的忏悔》,回顾自己前半生的事迹。

1908 年 6 月 6 日黄昏时分,日本文艺界"长谷川二叶亭氏送别会"在上野市精养轩召开。有 40 多位名人出席,大家合影留念。二叶亭四迷致答谢辞。他说:

"日俄两国人民——不,全世界任何国家的人民,都绝不是嗜杀好战的,所以,避免未来战争的唯一办法,就是要创造出一种即使政府想战而人民也不肯战的局面来,除此别无他法。为此必须沟通人民之间的意志。如果说要通过什么好的途径实现这一点,那么应该说文学就是一个最好的途径。"

虽然二叶亭四迷又离开了文坛,但是他依然对现实主义文学充满了信心,他已看透了政府的反人民性,对此已不再抱任何幻想。只有人民,只有苦难的劳动人民才能让这位伟大的作家对未来充满希望。

1908 年 6 月 12 日,二叶亭四迷离开东京,踏上了彼得堡之旅。

到达彼得堡之后，二叶亭四迷就被疾病困扰。但他在重病缠身之际，依然坚持写作。写了《入俄记》《俄都杂记》等文章。

1909 年，他的病越来越重，不得不考虑回国事宜。于是，他开始四处求购新出版的各种书籍，以备将来使用，但是他再也没能使用。

1909 年 4 月 5 日，被重病折磨得不成人形的二叶亭四迷踏上回归之路，他的病因旅途的劳累更加恶化。每天，他的体温基本都在 39℃ 以上，身体一天比一天衰弱。

1909 年 5 月 10 日午后 5 时 15 分，二叶亭四迷在"贺茂丸"邮船上长眠。是时，"贺茂丸"正在孟加拉湾南部的印度洋上乘风破浪，飞奔故园。

一个伟大的人——纪伯伦

"一个伟大的人，有两颗心：一颗心承受痛苦，另一颗心则在沉思。"

"一个伟大的人，有两颗心：一颗心流血，另一颗心宽容。"

纪伯伦·哈利勒·纪伯伦——黎巴嫩最著名的诗人、散文家、画家，阿拉伯海外文学最杰出的代表，阿拉伯近、现代文学的奠基者——就是这样一个伟大的人。他以自己深沉的情感、高远的理想，深刻的哲理去诉诸世人的理智、灵魂，以自己伟大的灵魂关爱世人。

"被钉在十字架的人呵，你是钉在我的心上，那刺透你双手的铁钉也刺透了我的心房，明天，当远方来客路经各各他（即髑髅地，圣子耶稣被钉死在十字架上的地方）时，他绝不会认为曾有两个人在这里流血，而只认为那血是从你一个人身上流出来的。"

这个现代的"圣子耶稣"于 1883 年 12 月 6 日在黎巴嫩北部山区一个小农庄中降生。

这里，洋溢着浓郁的东方伊斯兰文化的气息，但同时，纪伯伦又是一个小天主教徒。他从小便沉浸于东西方文化的交汇、融合的文化氛围内。父亲是个牧民，贪杯好酒，生活十分贫困。生活其中的小纪伯伦深刻地感受到封建统治者对人民的残酷压榨，以及教会利用宗教对人民的欺诈与剥削。还好，瘦小的母亲以一颗仁慈的心为孩子们在艰难与贫苦中撑起一方温暖的天空，母亲的爱护与鼓励让纪伯伦感受到圣母一般的温暖，这让他至死不忘。

"伟大的母亲对于儿子的爱，会比玛丽亚对耶稣的爱少些吗？"

由于生活日渐贫困，为了谋求生路，母亲携带着哥哥、两个妹妹与 12 岁的纪伯伦于1895年去了美国波士顿,落脚在唐人街。在这里,纪伯伦依靠母亲与妹妹的辛勤劳动,进了当地一家侨民学校学习。他开始更多地接受了西方的文化。同时,他在绘画与文学上的天赋开始显露出来。此后他一直坚持学习文学与绘画,并且得到许多赏识他才华的人的帮助。同时,纪伯伦也开始试着进行诗歌创作,并且在祖国的《觉醒》刊物上开始发表他早期诗歌作品。

1901年,纪伯伦在祖国学习之后又回到了美国的亲人身边。但是由于长期艰苦生活的折磨,纪伯伦的小妹妹、哥哥与母亲在一年多的时间里相继病逝,这给他带来极大的痛苦,更加深了他对祖国的怀念。1903年,他在波士顿的侨民报纸上发表散文诗,得到社会的好评。1905年,他又举行了自己的首次画展,很受当地一位女校长的赏识。此后,这位女校长一直给予他很大的帮助。1908个,纪伯伦发表了他的短篇小说集《叛逆的灵魂》。其中的作品揭露了封建统治者,特别是教会的黑暗与虚伪。尤其是其中的一篇《不信教的赫里勒》更是充满对教会、封建统治的憎恶情感。纪伯伦的这种态度触怒了当局,小说被当众销毁,纪伯伦也被开除了教籍,驱逐出境。在那位女校长的资助下,纪伯伦逃到法国去学习绘画。在当时的艺术大师罗丹的指导下,纪伯伦在艺术上有了长足的进步。他的油画作品《秋》,在法国春季画展上获得银奖。

在法国的日子,纪伯伦游览了各地名胜古迹,广泛接触了西方文明。同时,他也深入研究了古代大师们的艺术作品。他十分崇拜米开朗基罗。此外,纪伯伦还涉猎了欧洲著名作家及其作品,他深受19世纪初诗人兼画家的英国浪漫主义作家布莱克的影响。罗丹称他为"20世纪的布莱克",当然,纪伯伦的成就比布莱克高多了。这时的纪伯伦已经融汇了东西方文化于自己内心。这使得他能够站在更高处以自己的深刻思想分析世人的思想、灵魂。

"倘若你高坐于云端,你就看不见两国之间的界线,也看不见庄园之间的界石。"

"可惜,你不能高坐云端。"

"他们对我说:一鸟在手胜过十鸟在树。

而我则对他们说:一鸟在树胜过十鸟在手。"

"20名骑着马的猎人带着20条猎狗追逐着一只狐狸。那狐狸说:他们肯定会把我杀死。但是,他们也真够笨,真够傻的,我想,即使我们狐狸也不会傻到以20只狐狸骑着20头驴带着20只狼去追打一个人的地步。"

"我曾对一条小溪谈到大海,小溪认为我只是一个幻想的夸张者。"

"我也曾对大海谈到小溪,大海认为我只是一个低估的诽谤者。"

"当智慧骄傲到不肯哭泣,庄严到不肯欢笑,自满到不肯看人的时候,就不成为智慧了。"

1911 年,纪伯伦又回到美国波士顿,完成了中篇小说《折断的翅膀》之后,他迁到纽约,专心致力于文学创作。

《折断的翅膀》是纪伯伦小说作品的代表作,是一篇带有自传色彩的作品,小说以主人公"我"与富家小姐萨勒玛恋爱故事为中心情节。"我"与萨勒玛一见钟情,俩人很快坠入爱河。但是大主教保罗垂涎萨勒玛的巨资家财,让自己的侄儿——一个恶棍曼功尔贝克与她成了亲。萨勒玛的父亲出于传统观念,答允了这门婚事。萨勒玛被迫嫁给了她不爱的人。婚后,她丈夫平日问柳寻花,不关心她的死活,生活十分痛苦。五年之后,萨勒玛怀孕,她把生活希望全部寄托在这还没出世的孩子身上。但是,孩子刚生下来便死了。萨勒玛在极度悲痛中,对生活绝望了,不久,她也默默死去。而"我"失去萨勒玛之后,一直忍受着相思之苦,嗣后曾与萨勒玛相见过几次,也只能徒增心中的哀痛。

小说中弥漫着深切的哀婉之情,表达了作者对于社会陈腐的反动势力的强烈不满与深刻的批判。

1916 年,纪伯伦与旅美作家米哈依尔·努埃曼相见,成为挚友。在他们两人的努力下,广泛结交在北美的阿拉伯作家,成立"笔会",即 1920 年的"旅美派"。他们集结起来,取得了很大成就,为阿拉伯文学在世界文坛上取得了一席之地。

纪伯伦在文学上的成就更主要的集中在散文诗方面。开始时,纪伯伦主要用阿拉伯语写成。他的第一部散文诗集《泪与笑》,共计 56 篇,全部是用阿拉伯语写成,发表于 1913 年。1918 年,纪伯伦发表了他第一部英文散文诗集《疯人》。这之后,他的作品用英文写成的还有《先驱》《先知》《沙与沫》《人子耶稣》《流浪者》《先知国》等。其他用阿拉伯语写成的有《暴风雨》《珍趣篇》以及诗歌《行列圣歌》与戏剧《大地之神》等。

《疯人》描写了一个在真理的阳光下敢于反抗与呐喊的离经叛道者。他无视传统,猛烈地向腐朽的旧世界冲击。例如《聪明的小狗》中写道:"一天,聪明的小狗碰到一群猫。这时,它听到从猫群中走出的一只肥壮的大猫对群猫说道:'虔诚的弟兄们,快祈祷吧,倘若你们不断地祈祷,你们的祈求一定会得到回报,天上一定会掉下老鼠来。'聪明的小狗听到这里笑了,他一边转身离去一边暗自说:'这些猫该有多蠢呀!书籍上写着的东西,它们竟不知晓,书本与祖辈们告诉我的明明是'祈祷所降临的并不是老鼠,而是肉骨头。'"

又如《正义!》篇中,纪伯伦以惊人的笔触描写他看到的正义:

"一天夜晚,王子的宫殿里正举行着宴会,嘉宾熙熙攘攘,出出进进,在入宫者中有一个男子,他恭敬而又庄重地向王子施礼。这时,众人的目光都惊愕地注视着他,原来他的一只眼睛已被剜去,空空的眼眶中正不停地流着血。"

王子问道:'朋友,怎么回事?'男子回答说道:'我是一个窃贼,今晚我趁天黑去行窃,打算去偷钱庄,谁知,因为天太黑,我误入隔壁机织工的屋子,不小心一下撞在机杼上,把眼球撞了出来,我请求殿下在我与机杼之间做出正义的判决。'

王子听后派人去把机织工叫来,下令剜去他的一只眼。

机织工说:'殿下,您判得很对,是正义让我失去一只眼,可是,为了看清织物的两边,我需要两只眼。我的鞋匠邻居,他有两只眼,但他的职业只需一只眼就足够了,为了维护正义的尊严,不妨把他的一只眼也剜去。'

于是,王子派人叫来鞋匠,剜去了一只眼。"

就这样,正义得到了伸张!

《先驱者》发挥了《疯人》的思想,指出人人都可以成为人类的先行者,只要能够发现自己身上的"神性"。纪伯伦有力地批判了人类的奴性、愚昧与虚伪。

《先知》是纪伯伦的代表作,其中第一批诗稿是作者18岁时用阿拉伯语写的。后来受到母亲的鼓励,继续创作。1923年用英文正式出版,整个创作过程长达30年。这篇散文诗描写了先知在即将离开时,对来拜者提出的问题进行解答。全诗共28节,探讨了人类生活中的26个问题,显示了纪伯伦深刻的思想及对人民的热爱之情。此外,《先知国》同《先知》一样,也以赠言的方式写出。作品包括16节,是先知回到故乡,与亲人朋友相聚时的谈话录,用深刻的哲理解答众人的疑问,指出"我们就是上帝!"

《沙与沫》是部作品集,汇录了300多首妙语格言,也有短小的寓言故事,是对人生、艺术深刻思索的结晶,它与《先知》齐名,也是纪伯伦的代表作之一。作品饱含了纪伯伦的哲理思想,例如:

"人性是一条光河,从永久以前流向永久。"

　　我永远在沙岸上行走,

　　在沙土与泡沫之间,

　　浪潮会抹去我的脚印,

　　风也会把泡沫吹走,

　　但是海洋与沙岸

　　却将永远存在。

晚年的纪伯伦身体很不好,但他依然坚持着写作,与死神的争夺一直持续到他生命的最后一刻。

1931 年 4 月 10 日，纪伯伦因肺病而去世。按照他的遗愿，人们把他运回祖国，安葬在他的故乡。

这位伟大的诗人哲学家便这样孤单地去了。但是，他给我们留下的富含哲理的诗篇，却让人感觉到他永远生活在我们中间。

"一会儿的工夫，你们不会见到我；再过一会儿，你们又会见到我。

因为另一个妇女又将怀上我，将我生出。"

米哈依尔·努埃曼说：

"纪伯伦不需要别人用石雕、铜像来纪念他，作为一个人，他比石雕、铜像都是更为不朽的！"

"最好的纪念，便是在人民中传播他的文学艺术作品。"

是的，人们做到了。他的作品被译成 20 多种文字，到处都受到热烈的欢迎。这位东西方文化共同浇灌的圣洁的鲜花，已经在世界各地人民心中生根发芽。

"1000 年以前，我的一个邻人对我说，他厌恶生命，因为生命中只有痛苦。"

"昨天，我经过一座坟墓，我看见生命正在他的坟上跳舞。"

第二十三章　伟大的事业

——马克思主义

马克思恩格斯与科学社会主义

科学社会主义,从广义上理解,就是作为完整的无产阶级世界观的马克思主义。从狭义上理解,是指马克思主义哲学、政治经济学并列的马克思主义的三个组成部分之一。本文涉及的是前者。

科学社会主义诞生于19世纪40年代。正像任何一种社会思想或理论的产生必须具备一定的社会条件一样,科学社会主义是资本主义的物质生产、阶级斗争和科学文化发展到一定水平的产物。它的创始人是无产阶级的革命导师马克思和恩格斯。

卡尔·马克思1818年诞生在普鲁士莱茵省特里尔城,父亲是个自由主义的开明律师。两年以后,弗里德利希·恩格斯在莱茵省巴门市(即现今伍佩尔塔尔市)诞生,父亲是个保守的工厂主,莱茵区是当时德国经济最发达、政治生活最活跃的地区。1835年,马克思中学毕业后,进入波恩中学,一年后转入柏林大学,在柏林期间,他加入了激进的青年黑格尔派行列。1838年,恩格斯中学还未毕业,

马克思

就被父亲送到不来梅一家商号去当办事员,1841到柏林服兵役时也成为青年黑格尔派分子。他们从黑格尔哲学辩证思维的宝库中吸取营养,以德国古典哲学发展的高峰为起点,为自己的前进开辟道路。这时,在哲学上他们基本上是唯心主义

者,在政治上是革命民主主义者。

马克思大学毕业后,立即投入了反对封建专制和争取民主的政治斗争。1842年10月~1843年春,担任自由主义反对派创办的《莱茵报》的主编,这使他有机会接触到下层人民的贫苦生活,切身体验到普鲁士国家制度和法律的虚伪性。他在报上发表了许多论文,例如,《关于林木盗窃法的辩论》《摩塞尔记者的辩护》等,维护劳动人民的利益,无情地揭露普鲁士封建专制制度的反动本质。尽管这时马克思还没有摆脱唯心主义的影响,但他通过研究政治、经济和社会问题,已经开始认识到靠纯理论的批判不能消除资本主义社会的弊端,他对黑格尔关于法律、历史以及国家与市民社会之间关系的唯心主义观点产生了怀疑,而对费尔巴哈的唯物主义及其对黑格尔哲学的批判表示赞同。

正当马克思以《莱茵报》为阵地向普鲁士专制制度展开斗争的时候,1842年10月,恩格斯服役期满,来到当时资本主义大工业和工人运动最发达的英国,并立即投身到工人斗争的洪流中去,他"抛弃了社交活动和宴会,抛弃了资产阶级的红葡萄酒和香槟酒",把自己的空闲时间几乎都用来和普通的工人交往,并同宪章运动领导人和其他工人组织建立了联系。

随着马克思、恩格斯转向实际生活,他们同青年黑格尔派之间的分歧越来越大。青年黑格尔派反对哲学同社会实际相结合,马克思、恩格斯却主张哲学应当从纯思辨的天国里走向广阔的社会舞台。正是经过实际生活的检验,他们认识了黑格尔唯心主义社会观和国家观的缺陷。他们同青年黑格尔派分道扬镳已经不可避免了。

1843年3月,马克思退出《莱茵报》编辑部,从社会舞台重新回到书房。当时马克思正处在从唯心主义转向唯物主义,从革命民主主义转向共产主义的过程中,黑格尔哲学不能回答社会现实提出的问题,费尔巴哈"过多地强调自然而过少的强调政治",他的唯物主义与现实也是完全脱离的。为了探求"此岸世界的真理",马克思在深入钻研哲学的同时,大量阅读经济学、历史学和空想社会主义者的著作。他集中精力批判黑格尔关于国家和法的唯心主义理论,写了《黑格尔法哲学批判》,得出了不是国家决定市民社会,而是市民社会决定国家的唯物主义结论。同年10月,马克思为筹办《德法年鉴》迁居到政治生活沸腾的巴黎。在那里,他一面积极参加工人运动,与法国工人运动领袖和正义者同盟领导人建立联系,结识流亡在法国的各国革命者,一面继续为创立科学的理论而辛勤探索。

1844年2月,《德法年鉴》刊登了马克思的《论犹太人问题》和《〈黑格尔法哲学批判〉导言》两篇文章。文章指出,"政治解放本身还不是人类解放";实现人类解放的"头脑"是哲学,"它的心脏是无产阶级","哲学把无产阶级当作自己的物质武器,同样地,无产阶级也把哲学当作自己的精神武器"。"批判的武器当然不能代替武器的批判,物质力量只能用物质力量来摧毁;但是理论一经掌握群众,也会变成物质力量。"这些精辟的论断不仅把科学理论对人类解放的极端重要性阐述得一清二楚,而且提出了无产阶级伟大历史使命和无产阶级必须与科学理论相结合的思想,标志着马克思转向唯物主义和共产主义。

为了创立科学理论,马克思从1843年底至1844年3月集中全力研究英、法等国历史,特别是法国大革命的历史。法国复辟时期历史学家基佐、梯叶里、米涅、梯也尔等人著作中关于阶级斗争的观点,以及阶级关系与财产关系相联系的观点给他很大启发。通过对不同国家历史发展的对比,有助于马克思从历史发展的一般规律中探寻国家和社会的本质,以及二者之间的关系。但是,这还不能揭示决定历史发展的最终根源。经济学的丰富知识使马克思意识到,"对市民社会的解剖应该到政治经济学中去寻求"。于是从1844年4月起,他又集中力量钻研政治经济学著作。

英国古典经济学家从财富的分配角度对阶级的产生进行了分析,提出劳动是财富的源泉的观点。马克思认为,"这样一来,在政治经济学中,历史斗争和历史发展过程的根源被抓住了,并且被揭示出来了。"但是古典经济学家不了解生产劳动过程所体现的人与人之间的社会关系。马克思吸取了古典政治经济学的积极成果,深入研究生产劳动背后的人与人的关系。他的研究成果集中反映在《1844年经济学哲学手稿》中。他不仅通过对资本主义社会财富分配的三种主要形式——工资、利润、地租——的研究,揭示了工人、资本家、土地所有者对立的经济根源,更重要的是,他通过分析资本主义的生产、分配、交换、消费各个环节,得出了如下结论:"私有财产的运动——生产和消费——是以往全部生产的运动的感性表现,也就是说,是人的实现或现实。宗教、家庭、国家、法、道德、科学、艺术等等,都不过是生产的一些特殊的方式,并且受生产的普遍规律的支配。"马克思认识到私有制是生产运动一定阶段的产物,物质生产是整个社会的基础。当马克思获得了这个唯物主义历史观的基本观点之后,继续深入地开辟理论发展的道路。他纯熟地应用辩证法研究生产运动的过程,得出了"对于世俗基础本身首先应当从它的矛盾中去理解"的结论。经过艰苦的劳动,马克思吸取了整个欧洲哲学、经济学和历史学的最高成果,终于迈出了通向唯物主义历史观的决定性一步,他宣布:"按照我们的观点,一切历史冲突都根源于生产力和交往形式之间的矛盾。"

如果说马克思是从对黑格尔哲学的批判入手转向唯物主义和共产主义,那么恩格斯则是从研究英国社会状况和对资产阶级政治经济学的批判完成这一转变的。恩格斯来到英国的曼彻斯特后，在深入工人运动的同时，钻研了英国古典政治经济学家和英、法空想社会主义者的著作，为宪章运动的机关报《北极星报》和马克思主编的《莱茵报》撰稿。"在数不胜数的准社会主义思潮和派别当中，恩格斯终于给自己打开了一条通向无产阶级社会主义的道路"。1844年3月，他在《德法年鉴》上发表的《政治经济学批判大纲》中，从社会主义观点出发，批判了资产阶级政治经济学的基本范畴，剖析了资本主义经济制度的矛盾，论证了消灭私有制的必要性。在《英国状况：评托马斯·卡莱尔的"过去和现在"》一文中，恩格斯批判了英国唯心主义历史学家卡莱尔鼓吹的"英雄崇拜""天才崇拜"的唯心主义历史观。这些著作表明，恩格斯已经转向了唯物主义和共产主义。

1844年8月，马克思和恩格斯在巴黎会见，他们倾心交谈了各自的政治理论观点，取得了完全一致的见解，从此开始了他们创立科学的世界观的伟大合作。同年，合著了《神圣家族》。这部著作批判了黑格尔唯心主义，第一次提出"历史活动是群众的事业"这个唯物主义历史观的重要原理，论证了无产阶级解放人类的历史使命。

1845年，恩格斯发表了《英国工人阶级状况》。这部著作根据大量调查材料，论证无产阶级所处的经济地位将不可遏制地推动它为推翻资本主义而斗争，并提出了工人运动必须同社会主义相结合的原理。

随着马克思、恩格斯唯物主义历史观的逐渐形成，清算费尔巴哈的人本主义影响就成为唯物主义历史观进一步完善的必然要求。费尔巴哈把人作为他的哲学的核心，脱离实践，脱离社会，把人的自然属性看作是人的本质，用这种观点解释社会现象只能得出唯心主义的结论，不能正确认识社会生活的本质。1845年春，马克思写了《关于费尔巴哈的提纲》，着重阐明了实践在社会生活和人的认识中的作用，指出全部社会生活在本质上是实践的，实践是检验人的思维的真理性的标准。恩格斯说，这个提纲是"包含着新世界观的天才萌芽的第一个文件"。

1846年，马克思和恩格斯合著了《德意志意识形态》。这部著作第一次系统地阐述了唯物主义历史观的基本原理。"这种历史观就在于：从直接生活的物质生产出发来考察现实的生产过程，并把与该生产方式相联系的、它所产生的交往形式，即各个不同阶段上的市民社会，理解为整个历史的基础；然后必须在国家生活的范围内描述市民社会的活动，同时从市民社会出发来阐明各种不同的理论产物和意识形态，如宗教、哲学、道德等等，并在这个基础上追溯它们产生的过程。"至此，决定人类历史发展最终根源的千古之谜终于被揭破了。

　　唯物主义历史观的发现并未使马克思、恩格斯的理论探索就此止步。他们又从历史发展的一般再深入到历史发展的个别,具体剖析资本主义的经济制度,探索资本主义剥削的秘密,产生了剩余价值学说的萌芽。

　　在1844年,当马克思钻研古典政治经济学时,对古典学派的劳动价值论还没有深刻理解,而是用流行于哲学界的"异化"理论来分析工人和资本家之间的矛盾。他指出,在资本主义社会中,劳动产品作为一种物化劳动脱离了劳动者,成了劳动者的异己的敌对力量。劳动者生产得越多,他本人所能消费的越少;他创造的价值越多,他自己的价值就越被贬低。这种异化不仅反映在生产结果与劳动者的关系上,而且还反映在生产活动中,其明显表现就是,劳动像是一种自我牺牲,自我折磨,如果没有强制,"人们就会像逃避鼠疫那样逃避劳动"。劳动者同劳动产品的异化,正是他同生产活动相异化的结果。而占据劳动者的成果,支配他们劳动的正是资本家。这就清楚地表明,劳动及劳动产品的异化,实质上是无产阶级与资产阶级对立的产物,其根源在于资本主义私有制。马克思运用异化理论分析资本主义的社会生产,成为通向科学的剩余价值学说的起点。

　　如前所述,马克思、恩格斯对政治经济学的研究促进了唯物主义历史观的形成;而40年代中期,他们在唯物主义历史观方面取得的成就又为他们在政治经济学领域的革命奠定了世界观和方法论的基础。1847年马克思写的《哲学的贫困》和《雇佣劳动与资本》,已不再用"异化"理论来分析资本主义经济关系,而是把古典经济学家的劳动价值论作为剖析资本主义经济制度的理论出发点。他指出,工人以自己的劳动换取生活资料,资本家则用属于他所有的生产资料换取工人的劳动。这种劳动不仅补偿了工人所消耗的部分,而且还使积累起来的劳动具有比以前更大的价值。在这里,马克思虽然还没有明确提出"剩余价值"的概念,但他已十分明确,在工人劳动所创造的价值同他由于劳动而从资本家手中取得的价值之间存在一个差额,这个差额成为资本家财富的来源。

　　同时,马克思运用唯物主义历史观揭示出资本主义经济的内在的基本联系,指出资本主义生产关系是人类社会一定历史阶段的产物。资本、利润等经济范畴不过是资本主义生产关系的抽象。古典经济学家所说的"积累起来的劳动",只是在资本主义生产关系下才成为资本,工人的劳动也只是在资本主义制度下才成为商品,整个资本主义社会就是建立在"劳动商品"的基础之上的。由此可见,尽管这时马克思的经济思想还不像他的哲学思想那样得到完整而系统的阐述,还没有明确区分"劳动"和"劳动力"这两个对于确立剩余价值学说具有关键意义的基本概念,还没有最终形成他的剩余价值理论,但某些具有决定意义的观点已经提了出来,马克思主义政治经济学的科学基础已被奠定。

共产主义者同盟的诞生

共产主义者同盟是世界上第一个无产阶级政党。它是马克思和恩格斯根据无产阶级的革命需要,在对"正义者同盟"进行革命改造的基础上建立的,是科学社会主义与工人运动相结合的产物。

19世纪30至40年代,英、法等西欧国家,在完成资产阶级革命之后,实现了或正在实现着工业革命。工业革命的直接结果,不仅促进了资本主义经济的迅猛发展,而且引起了社会关系方面的深刻变化,形成了现代资产阶级和现代无产阶级。无产阶级从产生的时候起,就开始进行反对资产阶级的斗争。随着斗争的逐步深入,无产阶级认识水平的提高,终于爆发了著名的西欧早期三大工人运动:1831和1834年法国里昂工人两次起义,三、四十年代英国宪章运动和1844年德国西里西亚纺织工人武装暴动。当时,先进的工人虽然建立了一些组织,但由于缺乏革命理论的指导,不可能领导无产阶级去夺取胜利。因此,建立一个以革命理论为指导的无产阶级政党,领导无产阶级进行革命斗争,就成了国际工人运动的迫切需要。

伟大的无产阶级革命导师马克思和恩格斯,适应时代斗争的需要,在创立科学社会主义理论的时候,努力使自己的理论同工人运动结合起来,为创建这样的党进行了大量的工作。马克思、恩格斯1845和1846年在布鲁塞尔曾先后建立共产主义小组和共产主义通讯委员会。与此同时,在改造正义者同盟的基础上,于1847年正式成立了共产主义者同盟。

正义者同盟的前身是"德国流亡者同盟"。19世纪30年代初,德国的经济还很落后,但也开始从手工工场向机器大工业过渡,从而造成了手工业的瓦解和手工工匠的过剩。严重的封建割据状态和容克地主的残暴统治,使得为争取民主自由而斗争的革命者,受到残酷的迫害。这样,约有50万名失业的手工业者和革命者迁居或流亡到法国、英国、瑞士和美国。

侨居在法国巴黎的德国流亡者,由于受到当时流行的革命民主主义和各种社会主义思想的影响,产生了建立革命组织的要求。1833年,他们组织了"德国人民同盟",成员百人左右,宗旨是在流亡者中间宣传谋求德国统一的思想。1834年,以此为基础建立起流亡者同盟,成员数百人,斗争目标是推翻德意志各国的君主制度,建立统一的德意志共和国。同盟内部是以对上级盟员绝对服从为原则组织起来的,基层组织的盟员只知道自己的直接领导人,所有盟员不能享受同样的权利。

因此,大多数盟员很不满意这种等级森严的制度和密谋的组织结构。1836年,同盟内部发生分裂,一部分革命分子组成了新的革命团体——正义者同盟。

正义者同盟较之以前的组织民主多了。它由5至10人组成基层支部,几个支部联合为区部,整个同盟由人民委员会领导。但它仍然深受神秘主义和密谋活动的严重影响,具有半宣传、半密谋的性质。它的宗旨是要求财产公有制,口号是"人人皆兄弟",组织上同布朗基领导的"四季社"有密切联系。1839年,同盟参加了四季社发动的5月12日巴黎起义。起义失败后,同盟遭到破坏,其领导人卡尔·沙佩尔、亨利希·鲍威尔被驱逐。他们到达伦敦又把同盟恢复起来,并在巴黎、瑞士和德国建立支部。这样,同盟的活动中心就由巴黎移到伦敦。

同盟的领导人从巴黎起义的失败教训中,对密谋性策略感到失望,并在群众性的英国宪章运动的影响下,开始抛弃手工业者的狭隘性,广泛吸收各国革命者参加同盟。由德国人的组织逐渐变成有法、英、波兰和瑞士等国工人参加的国际性组织,这是比当时其他任何工人组织都优越的地方。但是,同盟的指导思想还是相当混乱的,各种非科学的社会主义流派对它的影响已十分严重,有的甚至还占统治地位。因此,要把正义者同盟改造成为真正的无产阶级政党,不仅有一个组织建设问题,更重要的是要进行思想建设。

马克思、恩格斯与同盟的领导人早有接触,但在很长时间内,没有加入他们的组织。1843年,恩格斯在伦敦初次会晤同盟领导人,沙佩尔曾邀请恩格斯入盟。1845年7至8月,马克思和恩格斯在英国考察期间,在伦敦又一次会晤了同盟领导人,并出席了同盟的有关集会。马克思、恩格斯认为,在同盟接受科学社会主义理论之前,还不能参加这个组织。否则,不仅不能改变他们的指导思想,还要承受同盟组织上的约束。马克思、恩格斯与同盟的领导人保持良好的关系,目的在于尽可能地影响其思想的转变。

为了肃清各种非科学社会主义流派对工人运动的影响,马克思和恩格斯除了亲自向包括同盟的领导人在内的革命者进行理论教育,讲授关于雇佣劳动及波兰等问题外,还通过布鲁塞尔的共产主义小组和共产主义通讯委员会,同各国社会主义团体和个人建立联系。马克思和恩格斯本想借助共产主义通讯委员会,把真正的革命者团结起来,使它成为联合各地分散的共产主义者的纽带,以便在此基础上建立统一的共产主义政党。但是,当时各地共产主义组织,在事实上还没有建立起来,布鲁塞尔共产主义通讯委员会最终未能导致成立一个世界范围的共产主义政党。然而,马克思和恩格斯通过这个组织,开展对于当时影响最大的三个社会主义流派,即魏特林的空想共产主义,克利盖、格律恩的"真正的社会主义"以及蒲鲁东主义的批判，取得了重大的胜利。这对提高同盟成员的思想认识，彻底改造同盟，促进科学社会主义同工人运动的结合，起了决定性的作用。

威廉·魏特林是德国人，出身贫苦，职业裁缝。1837年，他在法国加入正义者同盟。魏特林在他的《和谐与自由的保证》等著作中，无情地揭露了资本主义制度，主张一切人一律平等，建立"共有共享的社会制度"，对启发工人觉悟起过进步作用。但他忽视无产阶级的力量和建立无产阶级政党的必要性，企图依靠小手工业者和流氓无产者的暴动以及小型实验来建立新社会。马克思本想帮助他成为一名真正的共产主义者，但魏特林拒不接受批评和帮助，坚持自己的错误观点。马克思不得不在1846年同他决裂。魏特林就此脱离了工人运动，他对同盟的思想影响也逐步消失。

海·克利盖原来是威斯特伐利亚的大学生，后当记者，1845年秋在纽约创办《人民论坛报》，宣传"真正的社会主义"的观点。他抹杀阶级矛盾和阶级斗争，鼓吹不分阶级的爱，反对政治斗争和暴力革命，企图依靠各个阶层，特别是依靠上层统治者的资助，在不触动资本主义制度的情况下来消除贫困，保存小生产者的地位。1846年5月，共产主义通讯委员会召开了特别会议，讨论并通过了马克思和恩格斯起草的《反克利盖的通告》，痛斥了克利盖的论点，揭露了它的性质，指出了它的危害，使克利盖在同盟和工人运动中的影响很快就消失了。

"真正的社会主义"另一代表、德国小资产阶级政治家卡尔·格律恩钻入正义者同盟巴黎支部。格律恩反对暴力革命，鼓吹"为人类谋幸福"的博爱思想，宣扬蒲鲁东主义的经济改良。为了肃清格律恩在法国的影响，1846年8月，恩格斯亲自去巴黎参加同盟的活动，与格律恩的信徒展开了激烈的辩论。在辩论中，恩格斯不仅揭露了"真正的社会主义"的实质，指出其危害，而且阐明了科学共产主义的基本原则，即维护无产阶级的利益、消灭私有制、通过暴力革命来建立新社会。最后，参加会的15人中有13人同意恩格斯的观点。

比埃尔·约瑟夫·蒲鲁东是法国人，出身于农民兼手工业者家庭，曾当过雇工和印刷工人。1840年发表了《什么是财产》一书，用小资产阶级的观点抨击了资本主义私有制，提出了"财产就是盗窃"的观点。1846年，他又发表《贫困的哲学》一书，系统地阐述了他的改良主义的理论。蒲鲁东宣扬唯心论先验论和英雄史观；维护小私有制，主张建立以个人所有为基础的互助制社会；反对任何国家和权威，鼓吹无政府主义；反对无产阶级革命，宣扬阶级调和，把建立"交换银行"看作是无产阶级解放的根本途径。这些思想给国际工人运动造成了极大的危害。为了彻底清算蒲鲁东主义，1847年，马克思撰写了《哲学的贫困》一书，全面批判了蒲鲁东主义,进一步阐述了马克思主义三个组成部分的基本内容。这对提高同盟领导人和先进工人的认识起了积极作用。

通过马克思和恩格斯的宣传和斗争,同盟中越来越多的成员和领导者开始接受马克思和恩格斯的理论。这样,同盟经过多年的摸索,终于找到了马克思主义真理,而马克思和恩格斯则经过耐心而大量的工作,促进了无产阶级革命理论和工人运动的结合。

1847年1月20日,同盟的伦敦总部委派约瑟夫·莫尔先到布鲁塞尔会见马克思,然后去巴黎会见恩格斯,并邀请他们参加正义者同盟,表示确信马克思和恩格斯的观点正确,接受马克思和恩格斯关于改组同盟的意见。在这种情况下,马克思、恩格斯接受邀请参加同盟。接着,同盟中央发出了"应该实行全面改组"的通告,宣布即将召开同盟的改组大会。马克思和恩格斯为此做了大量的准备工作。

1847年6月2日至8日(或9日),正义者同盟在伦敦秘密召开了第一次代表大会。马克思因经济困难未能出席,恩格斯作为巴黎支部的代表参加大会。大会由沙佩尔任主席,威·沃尔弗任秘书。根据马克思和恩格斯的提议,大会决定把正义者同盟改名为共产主义者同盟。因此,这次大会实际上也是共产主义者同盟的第一次代表大会。

大会的中心议题是讨论通过由恩格斯和沃尔弗起草的新章程草案。这个章程改变了同盟的名称和口号,用"共产主义者同盟"的新名称代替了"正义者同盟"的旧名称,用"全世界无产者,联合起来!"的新口号代替了"人人皆兄弟"的旧口号。这一改变,不仅在概念上更加合乎科学要求,而且还表明了改组后的同盟已作为新的共产主义政党出现了。章程规定的同盟目的是:通过传播财产公有的理论并尽快地求其实现,使为人类得到解放。章程还规定同盟的各级组织应由选举产生和有一定的任期,并可随时撤换。这体现了民主集中制的组织原则,堵塞了任何要求独裁的密谋狂的道路。

大会还讨论了由恩格斯草拟的《共产主义信条草案》,作为有待进一步讨论和修改的文件。最后,大会选出了以沙佩尔为主席的中央委员会,选定伦敦作为中央委员会所在地,决定创办中央机关刊物《共产主义杂志》,委任沃尔弗为主编。大会还做出了开除魏特林分子出盟的决定。上述情况表明,经过马克思和恩格斯的艰苦努力,同盟已由原来带密谋性的工人组织,开始改组成为以科学社会主义为指导的、按民主集中制原则组织起来的无产阶级革命政党。

为了使刚刚建立的共产主义者同盟得到巩固,马克思恩格斯主张积极发展同盟组织。8月5日,根据马克思提议,共产主义者同盟在布鲁塞尔成立了第一批支部和区部。马克思当选为支部主席和区部委员会委员。在马克思领导下,布鲁塞尔支部和区部,在开展工人运动和民主主义运动,建立德意志工人协会和国际布鲁塞尔民主协会等方面,取得了显著的成就,在广大盟员和先进工人中赢得崇高的威望。

当时在同盟的不少支部中,特别是在瑞士和德国,宗派主义分子还很活跃,他们反对同盟中央的纲领。所以,同盟中央把巩固和发展第一次代表大会所取得的成果的工作,寄希望于布鲁塞尔区部。10月18日,同盟中央为了开好第二次代表大会,专函给布鲁塞尔区部,迫切希望他们派遣代表,尤其是希望马克思能够参加,认为这是战胜各种错误思潮,从思想上和组织上彻底完成改组同盟的重要保证。

1847年11月29日至12月8日,共产主义者同盟第二次代表大会如期召开。马克思和恩格斯准时出席。沙佩尔选为大会主席,恩格斯任大会秘书。

大会的主要任务是通过新章程和制定新纲领。大会经过热烈的讨论,批准了同盟的章程。这个章程对草案中的有关条文做了重大修改。主要是把同盟的目的修改为推翻资产阶级政权,建立无产阶级统治,消灭旧的以阶级对抗为基础的资产阶级社会和建立没有阶级、没有私有制的新社会。讨论纲领时,代表们经过长时间激烈的争论,进一步接受了马克思和恩格斯的观点,并委托他们起草一个宣言,即"起草一个准备公布的周详的理论和实践的党纲"。这就表明,共产主义者同盟的创建工作最终完成,从此共产主义者同盟作为第一个无产阶级革命政党登上历史舞台,率领无产阶级和人民群众为推翻旧世界而英勇奋斗。

《共产党宣言》的制定和发表

共产主义者同盟第二次代表大会闭幕后,马克思和恩格斯立即着手完成大会委托他们起草宣言的任务。他们先在伦敦逗留了短暂时间,就如何起草问题交换了意见,并得出了一致的认识。1847年12月13日前后,马克思回到布鲁塞尔,开始考虑草拟宣言。几天以后,恩格斯也来到布鲁塞尔,和马克思一起具体研究宣言的整个内容和结构。12月底,恩格斯返回巴黎,宣言由马克思执笔写成。

在这之前,恩格斯曾写过两个纲领草案。一个是第一次代表大会通过的提交各支部讨论的《共产主义信条草案》,另一个是1847年10~11月在信条草案基础上修订成的《共产主义原理》。这两个草案都采用问答的形式。恩格斯对这种形式并不满意。马克思完全赞同恩格斯的意见。稍有不同的是,马克思在定稿时把《共产主义宣言》改称为《共产党宣言》。所以,《宣言》虽然是由马克思起草和定稿,但并不排斥恩格斯的功绩。《宣言》所概括的基本思想,是马克思和恩格斯的共同思想成果,是他们的实践活动和理论研究的科学总结。

《宣言》原定于1848年1月初,最迟不超过1月中旬完成,并立即寄往伦敦。但马克思对原稿要求异常严格和日常工作繁忙而拖延了一段时间。中央委员会接到《宣言》手稿后,未做任何更改,就付印出版。2月,《宣言》在伦敦第一次以单行本问世。很快又经马克思、恩格斯修订出了新单行本。

《宣言》的出版立即受到热烈欢迎。1848年它就被译成法文、波兰文、意大利文、丹麦文、佛兰芒文和瑞典文,后来被译成许多国家的文字,在全世界广泛传播。

《宣言》第一次完整系统地阐述了马克思主义。它以天才的透彻鲜明的笔调叙述了新的世界观,即包括社会生活在内的彻底的唯物主义、最全面最深刻的发展学说辩证法以及关于阶级斗争、关于共产主义新社会的创造者无产阶级所负的世界历史革命使命的理论。是每个觉悟工人必读的书籍之一。

《宣言》始终贯彻的基本思想,即:每一历史时代的经济生产以及必然由此产生的社会结构,是该时代政治的和精神的历史的基础;因此(从原始土地公有制解体以来)全部历史都是阶级斗争的历史,即社会发展各个阶段上被剥削阶级和剥削阶级之间、被统治阶级和统治阶级之间斗争的历史,而这个斗争现在已经达到这样一个阶段,即被剥削被压迫的阶级(无产阶级),如果不同时使整个社会永远摆脱剥削、压迫和阶级斗争,就不再能使自己从剥削它压迫它的那个阶级(资产阶级)下解放出来。《宣言》正是以这个基本思想为指导,科学地论述了阶级和阶级斗争的原理、资本主义必然灭亡社会主义必然胜利的规律、无产阶级伟大历史使命的学说、无产阶级革命和专政的思想、无产阶级政党的性质及其任务,从而划清了它同空想社会主义及其他假社会主义的界限。

《宣言》的结尾,用铿锵有力的语言向全世界庄严宣告共产党人不屑于隐瞒自己的观点和意见。他们公开宣布:他们的目的只有用暴力推翻全部现存的社会制度才能达到。让统治阶级在共产主义革命面前发抖吧!无产者在这个革命中失去的只是锁链。他们获得的将是整个世界。它以"全世界无产者,联合起来!"的伟大号召作为结束语。

《宣言》是国际共产主义运动第一个战斗纲领。它的基本思想和基本原则一直是无产阶级革命运动的指路明灯。正如列宁指出的,这本书篇幅不多,价值却相当于多部巨著:它的精神至今还鼓舞着、推动着文明世界全体有组织的正在进行斗争的无产阶级。

共产主义者同盟在欧洲革命中的斗争

共产主义者同盟诞生不久,1848 年欧洲就爆发了一场规模巨大的资产阶级革命。其中法国的二月革命和德国三月革命影响最为突出。当时,在伦敦的同盟中央,鉴于形势的变化,决定把中央委员会的权力移交给布鲁塞尔区部,以便就近指导和组织盟员进行革命斗争。但是,当通知于 2 月 27 日送到布鲁塞尔时,那里实际上已经戒严,许多盟员遭到拘捕,同盟的活动极度困难。在这样形势下,布鲁塞尔区部以同盟中央的名义,于 3 月 3 日通过决议,把中央委员会迁到当时革命运动中心——法国巴黎,并授权马克思在巴黎组织新的中央委员会。两天后,马克思、恩格斯以及同盟的其他领导成员先后到达巴黎。随即建立了新的中央委员会,马克思任主席,沙佩尔任秘书,沃尔弗、莫尔、鲍威尔和恩格斯是委员。新的中央立即着手研究在革命风暴中应采取的斗争策略和具体办法。

当时,在巴黎的德国流亡者中间,对怎样返回祖国进行革命的问题,产生了严重的分歧。以伯恩施太德和海尔维格为首的民主派,主张在法国组织义勇军团,购买枪支,打回德国,解放自己的祖国。以马克思、恩格斯为首的同盟中央,反对这种把革命输入国内的冒险主义行动。他们主张,同盟盟员和革命者分散地秘密地回国,和群众一起进行革命。实践证明,马克思、恩格斯的主张是正确的。

与此同时,马克思和恩格斯又受中央委托,为同盟起草了《共产党在德国的要求》这一纲领性文件,以指导德国革命。《要求》从德国的社会政治经济状况出发,规定德国革命的基本任务是推翻封建专制制度,建立一个"统一的、不可分割的共和国"。《要求》的基本思想,是把德国资产阶级民主革命看作无产阶级革命的序幕,把民主革命和社会主义革命联系起来。据此提出了一系列民主革命以及具有从民主革命过渡到社会主义革命性质的要求和措施。这份文献最先以传单的形式在巴黎散发,广为传播。

经过马克思和恩格斯的耐心教育和积极工作,终于组织了三、四百名盟员和德国工人,携带《要求》等文件,成功地越过国境。4 月初,马克思、恩格斯和中央的其他领导成员也都秘密回到德国。他们选择了工业比较发达、工人比较集中、言论集会结社比较自由的莱茵省省会科伦(即科隆),作为指导革命的基地,立即开展各项工作。

同盟中央首先选派优秀盟员分赴德国各地,一面了解情况,恢复同盟基层同中央因革命爆发而中断的联系,一面协助建立工人联合会,以便在此基础上建立全德工人党。但由于德国无产阶级的大多数还没有认识到成立自己独立政党的必要性,这项任务未能完成。而各地的同盟组织,在革命的高潮中,都直接投入了当地的群众斗争。因此,仅仅依靠派遣特使的办法,已不能适应革命斗争形势发展的需要。

为了能及时地指导各地盟员的革命活动,马克思和恩格斯于6月1日在科伦创办了大型日报——《新莱茵报》,马克思自任总编辑。采用这个名称既表示它同过去马克思主编的《莱茵报》有继承关系,又以"新"字来说明两者之间的差异。报纸的副标题是《民主派机关报》,这是为了更有利地团结更多的人,争取民主革命的胜利。但它实际上是当时唯一的无产阶级报纸,因为它在各个具体场合,都强调了自己的特殊的无产阶级性质。《新莱茵报》在宣传同盟的纲领和策略方针,揭露资产阶级叛变行为,批判小资产阶级的动摇和幻想,提高无产阶级的政治思想觉悟,教育广大农民群众,以及支持其他国家无产阶级革命和被压迫民族的解放运动等方面,发挥了极大的战斗作用。因此,赢得了广大人民的信任,同时,也引来了反动势力的敌视和迫害。1849年5月,《新莱茵报》被迫停刊。

为了壮大革命力量,马克思和恩格斯还积极团结各种民主力量,并要求各地同盟组织积极参加民主组织和民主运动。同时,马克思、恩格斯强调,无产阶级在同民主派结成联盟的过程中,必须保持自己的独立性,时刻准备同小资产阶级民主派的动摇性做斗争。然而,对待民主派的这种正确策略,并不是所有盟员都能理解和遵循的。

在同盟内部出现了两种错误倾向。一是以同盟科伦支部委员、科伦工人联合会主席哥特沙克为代表的宗派主义和"左"倾错误。这种倾向主张超越民主革命阶段,立即建立"工人共和国",反对无产阶级联合民主力量,反对参加选举运动,否认农民在民主革命中的重要作用。但在斗争方法上,却赞成"合法手段"。

另一种是以同盟盟员、柏林工人兄弟会主席波尔恩为代表的右倾错误。这种倾向只为当前工人的经济利益而斗争,不主张参加政治斗争,放弃对民主革命的领导权。马克思和恩格斯领导共产主义者同盟严肃地批判了这两种错误倾向,把绝大多数盟员和广大革命群众都争取到同盟的正确路线方面来,使柏林和科伦的工人组织走上革命的道路。

在德国三月革命后,自由资产阶级政府慑于人民的威力,决定召开制宪和国民议会。马克思认为,为了加强整个民主运动,同盟应当充分利用已争取到的民主权利,参加选举,并全力支持小资产阶级民主派的候选人。由于贯彻了这个正确的策略方针,有些地区民主阵营的候选人获得了较多的选票。同盟盟员沃尔弗也当选为法兰克福国民议会的议员。5月16日,在议会讨论《告德国人民书》时,沃尔弗利用议员身份,揭露摄政约翰大公和他的大臣们是背叛人民的罪魁祸首,要求议会宣布他们不受法律的保护。可是,议会主席却无理加以制止。沃尔弗随即表示强烈抗议。他说:"我要代表人民在这里讲话,我要把人民的想法在这里讲出来。我抗议在这种精神下写出的任何宣言。"这是无产阶级第一次在代议机关中发出自己的声音。马克思和恩格斯曾给予很高的评价。

由于德国大部分邦政府拒绝承认三月革命所制订的帝国宪法,1849 年 5 月,在德国西南部爆发了维护帝国宪法的群众运动。马克思和恩格斯以巨大的革命热情支持这场斗争,力图把它引上革命道路。他们曾在法兰克福,试图说服国民议会中的左派议员去参加这场人民运动,号召全国人民拿起武器保卫法兰克福议会,建立一个强有力的革命机构。但左派议员拒绝了他们的意见。马克思和恩格斯又前往发生起义的巴登、普法尔茨和宾根等地进行活动。同盟盟员维利希也领导了一支约有 800 多工人组成的志愿部队,战斗在这个地区。后来,恩格斯和莫尔先后加入,恩格斯还担任维利希的副官。他们多次英勇地参加了战斗,莫尔在战斗中光荣献身,这支队伍直到起义最后失败,于 1849 年 7 月 12 日离开德国去瑞士。

同盟中央和广大盟员在革命风暴中,虽然遭到挫折,但经过革命锻炼,变得更加成熟、更加坚强了。

共产主义者同盟的重建和解散

1848 年革命失败后,欧洲大陆各国政府加紧对革命组织进行迫害。共产主义者同盟在大陆的各个支部很难开展活动。1849 年秋天,当马克思和同盟中央其他领导成员相继来到伦敦后,重新组织了同盟中央。当时,由于革命的失败,大批流亡者涌入伦敦。他们生产困难,因此,同盟的第一项工作是救济贫困的流亡者,通过救济,尽量把革命者团结在同盟周围。

德国是同盟支部最多、工作最活跃的地方,同盟中央把恢复和发展这个地区的组织作为首要任务。

为了使重建的支部有一个坚实的思想基础,马克思和恩格斯在 1850 年 3 月和 6 月两次为同盟起草了《中央委员会告共产主义者同盟书》,为同盟确定了在未来革命中的任务,制定了在迎接革命新高潮中应遵循的行动纲领。3 月的《告同盟书》还根据 1848 年德国革命的经验,论证了无产阶级建立独立政党的必要性,制定了无产阶级在资产阶级民主革命中的策略路线,第一次提出了"不断革命"的战斗口号。这两个文件,都由同盟派特使带回德国各地散发。中央委员会的其他报告和声明也在德国报刊上发表了。在马克思和他的战友们的努力下,同盟又作为无产阶级的革命政党继续战斗。

与此同时,为了从失败中总结经验,进一步发展和宣传无产阶级的革命理论,马克思和恩格斯还积极筹办了《新莱茵报·政治经济评论》杂志。1850年3月6日,杂志首次在汉堡出版,印数2500份。由于警察当局的迫害和资金匮乏,到11月底杂志总共只出了6期。其中刊载了马克思写的《1848年至1850年的法兰西阶级斗争》和恩格斯写的《德国维护帝国宪法的运动》《德国农民战争》等重要著作。杂志办的时间不长,但它继承了《新莱茵报》的革命传统,对恢复和发展同盟组织,教育无产阶级起了巨大作用。

重建后的同盟正在胜利前进的时候,在伦敦的中央委员会内在策略问题上产生了严重的分歧。马克思、恩格斯分析了欧洲经济发展的现实,认为不存在新的革命形势,主张同盟应保存和积蓄力量,等待时机。以维利希和沙佩尔为首的少数人却持冒险主义观点,不顾客观形势的变化,主张在德国立即发动革命。为了避免同盟公开分裂,马克思提议把同盟中央从伦敦迁至科伦,委托科伦区部选举新的中央委员会。

科伦同盟新的中央委员会在德国的活动,引起了普鲁士反动当局的恐惧和仇视。1851年5月,新中央委员会特使诺特荣克被捕。普鲁士警察局便借机制造了所谓"科伦共产党人案件",迫害共产主义者。

由于普鲁士反对当局的疯狂镇压和维利希——沙佩尔集团的分裂活动,同盟的活动已无法继续下去。1852年11月17日,根据马克思的提议,同盟宣布自行解散。但它的个别支部和小组在欧美的佐林根、爱北斐特、杜塞尔多夫、费拉德尔菲亚(即费城)等地区还继续活动了一段时间。

共产主义者同盟从成立到解散的5年多期间,经受了革命的严峻考验,为无产阶级革命培育了骨干,积累了经验。马克思、恩格斯为同盟制定的纲领,路线和斗争策略,不仅指导了当时的革命斗争,而且为以后国际共产主义运动的发展奠定了基础。所以,恩格斯说,它是一个极好的革命活动学校。

第一国际的建立

第一国际,即国际工人协会,是19世纪中叶欧美工人运动高涨中产生的人类历史上第一个群众性的无产阶级国际组织。它举起"联合全世界的无产阶级为反对其压迫者而斗争"的旗帜,在国际工人运动和共产主义运动史上占有重要地位。

1848年革命之后,欧洲开始进入一个黑暗的政治反动时期,革命迅速走向低潮。然而,无产阶级革命领袖马克思和恩格斯,并没有被这种暂时现象所迷惑,他们坚信革命高潮一定会到来,也一定必然到来!那么,马克思和恩格斯的这个科学预见,到什么时候才真的成为现实呢?

19世纪中期,世界资本主义经济,经历了一个急剧的发展阶段。蒸汽机的数量迅速增加,铁路长度一再延伸,工业产量大幅度增长。然而,伴随着这种经济发展而暴露出来的资本主义制度的弊端,也越来越加明显化。1857年,一场世界性的资本主义经济危机,像一股夹带着暴风雪的寒潮,无情的袭击着资本主义世界。这次经济危机,不仅破坏了资本主义的生产和流通,而且也使无产阶级和贫苦农民的生活状况急剧恶化,把广大人民群众推向了灾难。

1857年的资本主义经济危机,成为欧洲革命运动的新起点,它把各个领域的革命斗争,重新推向高潮。50年代末,世界上的国际工人运动正在日趋高涨,农民骚动逐渐抬头,许多国家的资产阶级民主运动和民族解放运动也都日趋活跃起来。德国和意大利的统一斗争,波兰的民族解放运动和美国的南北战争,都反映了时代的风貌,成为当时的历史典型。

随着国际工人运动的复兴和重新高涨,加强无产阶级的国际团结,以利开展当前的革命斗争,也就日益成为无产阶级的迫切要求了。到60年代,各国工人之间的往来日益增多,当时有三件大事,对于促进无产阶级的国际团结,起了重要作用。

1861年,美国南北战争爆发以后,美国南方的棉花输出量,大幅度缩减,这就严重地影响了英国的棉织业,使它们顿感原料不足,棉花商日益恐慌。当时,英国的巴麦斯顿政府,为了维护资产阶级利益,在政治上公然表示支持南方种植园奴隶主,并且打算用武装支援他们;这个计划如果成为事实,美国北方的广大劳动群众,就会更遭涂炭。这时候,英国工人紧急动员,强烈反对,终于挫败了巴麦斯顿政府的反动企图,给美国北方人民提供了有力的援助。这件事在某种意义上,标志着英、美两国劳动人民在政治上的一次团结与合作。

1862年,英国伦敦举行万国博览会。这次盛会不仅引起世界各国贸易界人士的瞩目,而且也吸引着各国不同阶层的人们。当时,法国的三百多工人,和德国的一部分工人代表,也前往伦敦,参观这次博览会。法、德工人来到伦敦,同英国工人的会面和接触,在客观上使三国工人更加接近,并为他们的相互了解,提供了机会,使他们有机会,有可能就国际团结问题进行商讨和广泛交换意见。

此外,波兰起义问题,更直接地推动了无产阶级的国际团结。1863年,波兰人民要求摆脱俄国控制,要求民族独立的起义,风起云涌,沙皇俄国政府则进行残暴镇压和血腥屠杀。这个事件引起欧洲各国工人、特别是英国广大工人的深刻同情。这年 4 月和 7 月,英国工人在圣詹姆士堂,先后召开两次会议,声援波兰起义人民,谴责沙俄政府的残暴政策,并且要求英国政府公开出面干涉。特别是在第二次会议以后,与会者更以英国工人的名义,给法国工人写信,呼吁他们加强国际团结,采取联合行动。

60 年代初期的这三件事,对增强无产阶级的国际团结,都起到了促进作用。如果说在 40 年代末,"全世界无产者,联合起来!"还仅仅是个战斗口号的话,那么到 60 年代初,它已经开始为广大工人所接受、所理解,成为他们争取的目标了。

随着各国工人往来的日益频繁,建立一种国际间的、有计划的、经常的联系,创建一个国际组织机构,用来指导这种联系,主持国际往来的日常事务,组织国际交流,也就越来越成为一种客观需要和广大工人们的共同愿望与迫切要求了。

然而,在那个黑暗时代,想要建立一个组织谈何容易!尤其是建立国际工人组织,那就更加困难重重了。这时候,不仅有来自外部的政治阻挠和干涉,而且也有来自队伍内部的矛盾和分歧。但是,当条件成熟的时候,马克思和恩格斯却牢牢地把握了时机,他们为创建一个国际组织,正在付出巨大努力,进行着不懈地斗争。

1864 年 9 月 28 日,英、法、德、意和波兰等国的工人代表,在伦敦圣马丁堂隆重集会,马克思也应邀出席。这次集会的任务是什么?话还得从 1863 年说起,这年 7 月,为了声援波兰起义,英国工人举行了第二次圣詹姆士堂大会。会议结束以后,英国工人曾经给法国工人写了一封信,呼吁采取联合行动,共同支援波兰兄弟。他们在信里说道:"让法兰西、意大利、德意志、波兰、英格兰和一切具有为人类幸福而合作的决心的国家的代表们聚在一起。让我们召集我们的大会……我们确信暴君的势力必定要削弱……","我们和你们异口同声地说:让我们首先合力为争取波兰的自由而奋斗。"

法国工人接到这封热情洋溢的信件之后,当即进行了认真地讨论,并起草了一封充满革命激情的复信,他们在信里大声疾呼:"决不容许戴着血淋淋的皇冠的国王们勾结起来,宰割那些被强者掠夺得一贫如洗的各国人民……全世界工人们!我们必须团结起来,筑成一道坚不可摧的堤坝,来抗拒把人类分成两个阶级——愚昧饥饿的平民和脑满肠肥的官吏——的害人制度。我们要团结起来拯救自己!"

法国工人写好了这封复信以后,组成一个代表团,由托伦率领,带着这封复信,到达英国进行访问。这时候,英国广大工人群众和工人团体,兴高采烈地迎接来自海峡对面的、大陆上的阶级兄弟。为了隆重欢迎以托伦为首的法国工人代表团,9

月28日,在圣马丁堂举行了欢迎仪式。大会的每一个进程,每一个演说和发言,以及大会的团结气氛和那些激动人心的场面,都牵动着每一位与会者的心弦。这次大会的主席、伦敦大学史学教授比斯利,在演说中强烈谴责了各国的狂暴行为,主张全世界劳动人民联合起来。英国工人活动家奥哲尔,在会上宣读了英国工人告法国工人书。而后,由法国代表团的托伦宣读了法国工人的复信,作为法国代表团在大会上所致的答辞。

圣马丁堂集会本来是作为欢迎大会召开的,然而,会议进程却远远超过了人们的预想范围,做出了人们没有料想到的历史贡献,取得了重大的历史性成就。紧跟在托伦答辞之后,法国工人代表吕贝,在会上宣读了关于建立各国之间经常联系的计划的报告,建议从寓居伦敦的各国工人中选出中央委员会;中央委员会设在伦敦,在欧洲各国首都设立分会。大会就法国的这个提案,通过了一项相应的决议,决定接受法国的这个方案。决议指出:"鉴于法国兄弟们的方案旨在促进工人的团结,所以会议接受这个方案作为国际协会的基础"。法国的提案以及大会就这个提案所做出的决议,为后来的第一国际奠定了组织基础。同时,在这次大会上,还指定了一个委员会,负责起草即将成立的这个协会的章程和条例。由此可见,圣马丁堂集会,出人意料地从形式上宣告了第一国际的诞生。

然而,当时的这个国际组织,既无纲领,又无章程,甚至连名称也还没有确定,严格地说,它还只是一个"抽象的存在";至于它的性质和斗争方向,那就更是一块未琢之玉了。

第一国际的《成立宣言》和《临时章程》

圣马丁堂大会后,中央委员会面临的迫切任务是尽快确定新组织的名称、性质、形式,制定其纲领原则。

1864年10月5日,中央委员会在伦敦苏荷区格里克街18号举行第一次会议。奥哲尔和克里默当选为中央委员会的主席与书记。会议选举9人组成一个专门起草纲领原则的小委员会。成员有:韦斯顿、惠特洛克、马克思、吕贝、沃尔弗、霍尔托普、皮琴、奥哲尔和克里默。韦斯顿表示准备把他起草的"原则宣言"的初稿提交小委员会讨论。沃尔弗向小委员会极力推荐马志尼起草的意大利工人团体章程。

马克思出席了这次会议,但在推选小委员会之前离开了会场,因而不知道自己人选。后又因病或没有及时接到通知,未能参加小委员会10月8日和15日的两次会议及中央委员会10月11日的会议。

10月8日,小委员会开会,首先讨论了韦斯顿起草的内容混乱、文字冗长的"原则宣言",决定:"请韦斯顿先生精简和修改他的草案,而后由小委员会将它提交中央委员会作为协会的纲领。"接着讨论由沃尔弗译成英文的意大利工人团体章程。意大利资产阶级民主革命家马志尼及其追随者从60年代开始在工人中进行宣传,他们在促进意大利工人运动摆脱资产阶级温和派的影响,积极参加民族统一运动方面起过进步作用。但是马志尼主义者宣扬通过劳资合作,通过建立合作社,使工人受教育的途径达到劳动群众的社会解放。这种改良主义倾向阻碍了意大利工人运动的健康发展。沃尔弗是马志尼的秘书。章程引言部分把工人运动的目的归结为争取工人在道德、智力和经济三个方面的进步;把实现这些目的的途径归结为"通过合法的手段告诉自己的政府关于自己的生存条件、希望和要求"。章程条例部分"是本着中央集权的密谋即赋予中央机关以独断权力的精神起草的"。这个章程受到会议的"高度赞赏",小委员会决定把它"推荐给中央委员会采用"。

中央委员会于10月11日召开会议,讨论了新组织的名称问题。威勒尔和利诺提出把工人国际组织与受资产阶级控制的国际性工人慈善文化团体——"世界劳动阶级福利同盟"合并。惠特洛克和埃卡留斯反对这一主张,建议把新组织定名为"国际工人协会"(以下简称国际)。这个建议以16:14票被通过。这一名称鲜明地表达了第一国际的性质和特点,表明它成立伊始就与资产阶级民主派划清了界限。这次会议还讨论了韦斯顿的"原则宣言"和沃尔弗提出的章程,决定将它们"还给小委员会再行修改"。

10月8日的小委员会会议和10月11日中央委员会会议表明,在刚刚成立的国际工人组织中,资产阶级思想和改良主义的影响很严重。10月12日,埃卡留斯写信向马克思汇报了这些情况,恳切要求马克思参与制定纲领文件。他写道:"你无疑应该在欧洲工人组织新生婴儿身上打上内容丰富、言简意赅的印记。"他告诉马克思,10月11日会议后,"克里默在一次私人谈话中说,不能再让韦斯顿参与此事,拟制文件的工作应该交给一个不超过3人的小组。他们能够使用和酌情处理已有的材料。"他还转述了克里默、奥哲尔等人的意见:"此项工作最合适的人选无疑是马克思博士。"

10月11日会后,沃尔弗前往那不勒斯参加意大利工人协会代表大会,韦斯顿实际已经不再参加这项工作。克里默说的3人小组也没有建立,"修订"工作一时落到吕贝身上。他抛开了韦斯顿的草案,参考了成立大会上的3个文件,以沃尔弗提出的章程草案为基础,起草了"原则宣言"和章程。经小委员会10月15日会议讨论后,提交中央委员会会议讨论。

10月18日，马克思出席了中央委员会会议。当吕贝宣读他修改的草案后，马克思意识到它根本不合时宜。他后来在致恩格斯的信中追述道："当我听到好心的勒．吕贝宣读妄想当作原则宣言的一个空话连篇、写得很坏而且极不成熟的引言时，我的确吃了一惊，引言到处都带有马志尼的色彩，而且披着法国社会主义的轮廓不清的破烂外衣。"但出于团结的愿望和策略的考虑，他对其只是"温和地加以反对。"经过长时间的讨论，会议通过决议："大体采纳这个纲领"，"委托小委员会对引言和章程定稿。"

10月20日，小委员会在马克思家里开会。除马克思外，出席会议的还有克里默、吕贝和方塔纳（暂替沃尔弗的意大利代表）。关于这次会议的情况，马克思后来写道："我手头一直没有这两个文件（沃尔弗和勒·吕贝的），所以无法预先做准备……为了赢得时间，我提议我们在'修订'引言之前，先'讨论'一下章程。结果照这样做了。四十条章程的第一条通过时已经到了夜里一点钟。克里默说（这正是我所要争取的）：'我们向原订于10月25日开会的委员会提不出什么东西。我们必须把会议延期到11月1日举行。而小委员会可以在10月27日开会，并且争取获得肯定的结果。'这个建议被采纳了，'文件'就'留下来'给我看。"

由此，马克思取得了制定国际纲领性文件的主动权。他认为："成立国际是为了用真正的工人阶级的战斗组织来代替那些社会主义的或半社会主义的宗派。"但考虑到由于各国历史条件的差别和各国工人运动发展水平的参差不齐，为了向广大工人群众敞开大门，马克思采取了"实质上坚决，形式上温和"的策略，把科学社会主义原则用当时工人运动所能接受的形式表述出来，制定一个各流派都能承认的广泛的纲领。他成功地做到了这一点，在一周内彻底修改了章程，在重新起草的《协会临时章程》的引言中，精炼地表达了国际工人协会的基本纲领性原则，并把章程的条目从40条缩减为10条。他还起草了一个新的文件——《国际工人协会成立宣言》。

《成立宣言》指出，在1848到1864年间，资本主义工业的发展和贸易的增长都是"史无前例的"，然而，工人群众的贫困并没有减轻，资本主义社会的阶级对抗日益加剧。它评述了自1848年以来，欧洲工人阶级所取得的两大成就：第一，英国工人阶级争得了10小时工作日法案的通过，对工人阶级来说，"不仅是一个重大的实际的成功，而且是一个原则的胜利"。用立法手段限制工时，表明"资产阶级政治经济学第一次在工人阶级政治经济学面前公开投降了"。第二，工人合作社运动普遍展开。当时建立生产合作社和消费合作社的思想在英、法、德等国工人中相当普遍。马克思强调，合作社运动的主要意义在于，"工人们不是在口头上，而是用事实证明：大规模的生产，并且是按照现代科学要求进行的生产，在没有利用雇佣工人阶级劳动的雇主阶级参加的条件下是能够进行的"；从这个意义上讲，合作运动是"劳动的政治经济学对财产的政治经济学"的"一个更大的胜利"。同时马克思认为，不应该过高估计合作劳动的意义。1848 年以来的经验证明，"要解放劳动群众，合作劳动必须在全国范围内发展"，所以"夺取政权已成为工人阶级的伟大使命"。

《成立宣言》还指出："工人们已经具备了作为成功因素之一的人数；但是只有当群众组织起来并为知识所指导时，人数才能起决定胜负的作用。"这里包含了无产阶级要完成夺取政权的使命，必须组织自己的政党的思想。《成立宣言》还强调了无产阶级国际主义的伟大意义，并以"全世界无产者，联合起来！"的号召作为结语。

《临时章程》指出，"工人阶级的解放应该由工人阶级自己去争取"，而这个任务只有在消灭现存社会的经济基础，即实现工人阶级在经济上的解放才能完成，因此，"工人阶级的经济解放是一切政治运动都应该作为手段服从于它的伟大目标"。《临时章程》强调工人解放的国际性质和实现无产阶级国际主义原则的重要性，它指出："劳动人民的解放既不是一个地方的问题，也不是一个民族的问题，而是涉及存在有现代社会的一切国家的社会问题，它的解决有赖于最先进各国在实践上和理论上的合作"。《临时章程》宣布，"本协会设立的目的，是要成为追求共同目标即追求工人阶级的保护、发展和彻底解放的各国工人团体进行联络和合作的中心。"

《临时章程》初步规定了包含有民主集中制思想的组织原则：全协会的代表大会每年举行一次，它有决定国际的章程、指导国际的活动、选举中央委员会的权力。中央委员会设有主席、总书记、财务书记、各国通讯书记，会址设在伦敦；其任务是负责调查研究各国工人运动的状况，筹备代表大会并向大会报告工作；它有权加聘新委员，在必要时有权提前召开代表大会。国际的地方组织是各国的工人团体，它们加入国际后仍可以保持原有的组织；任何独立的工人团体不受限制，可以与中央委员会发生直接联系。

《成立宣言》和《临时章程》于 1864 年 10 月 27 日为小委员会通过，11 月 1 日被中央委员会批准，11 月 5 日发表在工联的机关报《蜂房报》上，11 月底被印成小册子出版。在 1866 年日内瓦大会上，以《临时章程》为基础，正式制定了《国际工人协会共同章程》，并通过一个组织条例作为其补充文件。

第一国际纲领的问世，是马克思主义的一次重大胜利，表明国际已拥有一条正

世界经典文库

世界上下五千年

· 伟大的事业 ·

图文珍藏版

确的政治路线和组织路线，"从此以后马克思就稳固地取得了对国际的领导"。

随后，中央委员会积极进行宣传国际工人协会的思想和组织各国支部的工作。《成立宣言》和《临时章程》被译成法、德、意等国文字，散发到各国工人中去。仅1865年在德意志各邦中就散发了5万份。各国工人组织的报刊也刊登了宣言和章程。

中央委员会通过派遣各种代表团访问英国的工人团体、参加各国工人代表大会等形式争取会员。1865年3月，由克里默、埃卡留斯组成的代表团参加了拥有5000名会员的英国全国鞋匠工会的代表会议，该会当场表示加入第一国际。国际的第一批支部也很快建立了起来。1864年10月，日内瓦支部成立，随后又成立了汝拉山区支部；12月，巴黎支部成立，1865年发展到500人；1865年3月里昂支部成立。不久，法国的鲁昂、南特、埃耳伯夫、卡昂等地也建立支部。1865年9月，德国佐林根支部成立，1866年1月柏林支部成立。同年马格德堡、科伦、亚琛、科布伦次、特里尔等地也建立了支部。1865年2月，拥有4000名工人的英国泥水工人联合协会第一个正式加入国际。砌砖工人联合会、鞋匠联合会也先后集体参加国际。到1865年底，英国已有1.9万名国际会员了。

国际通过各国支部和会员积极领导各国工人展开反对资本主义的斗争。60年代中期，国际总委员会积极参加了英国工人群众和资产阶级激进阶层进行的选举法民主改革运动，在组织改革同盟（其常设执行委员会的12名委员中有5名国际总委员会委员），争取广大工人群众的支持，促进工联与改革同盟的合作，反对资产阶级改良主义者的妥协政策等方面都起了重要作用，坚决捍卫了工人阶级普选权的要求，最终迫使托利党政府做出让步。1867年英国工人开展了争取工联完全合法化的运动，以反抗政府对工联的迫害。国际总委员会公开支持工联合法化的要求，并抵制了工联领袖的改良主义倾向。1869年3月，政府不得不公开承认工联有合法存在的权利。国际的法国会员积极参加了本国的工人合作运动。巴黎支部负责人瓦尔兰等人在开办消费合作社和合作工场等方面进行了大量的组织工作。

国际特别重视各国工人的罢工斗争。从1865年起，它通过发表宣言、呼吁书、檄文、组织募捐和阻挠雇主进口廉价劳力等措施，卓有成效地支持了1865年3月莱比锡印刷工人的罢工、1866年春伦敦和爱丁堡缝纫工人的罢工、伦敦制筛工人的罢工、1867年2~3月巴黎铜器工人、成衣工人和比利时马尔希矿工的罢工、1868年3月日内瓦建筑工人的罢工等许多次罢工。由于国际的援助，大多数罢工都取得了胜利，著名的巴黎铜器工人罢工最终迫使120家企业主屈服，工人的工资提高了25%。

在国际的带动下,欧洲掀起了反对资本主义剥削的声势浩大的罢工浪潮,极大地打击了各国资产阶级的反动气焰。它促进了各国工人之间的联系和团结,使广大工人群众通过阶级斗争的实践,冲破了反对无产阶级革命和罢工运动的蒲鲁东主义、拉萨尔主义的羁绊。1866年4月,伦敦缝纫工人罢工胜利后,保护缝纫工人协会集体加入了国际。对政治运动淡漠的英国工联在选举改革运动和罢工运动后,于1866年7月的设菲尔德代表会议上公开号召工人参加国际。

到1866年9月的日内瓦代表大会召开时,第一国际已拥有独立的纲领、章程和完整的组织机构以及自己的机关报,具有一定的组织规模,基本上完成了自身的创建过程。

爱森纳赫派及其代表人物

爱森纳赫派是在马克思、恩格斯直接培育下形成的德国第一个群众性的革命政党,1869年在爱森纳赫城成立,正式名称叫作"德国社会民主工党"。爱森纳赫派是在反对拉萨尔派的斗争中成长和发展起来的,它的创立者和代表人物是奥古斯特·倍倍尔和威廉·李卜克内西。

马克思和恩格斯在英国时,对于拉萨尔的阴谋活动不完全了解,但是从拉萨尔的鼓动和表现中,他们看出:拉萨尔的理论、策略和路线完全是机会主义的,不粉碎拉萨尔的机会主义,就会断送德国工人运动的前途。1863年初,他们同拉萨尔正式决裂,马克思曾经详细地说明决裂的原因:"(1)由于他大肆自我吹嘘,甚至还从我和其他人的著作里无耻地剽窃去的东西也拿来吹嘘;(2)因为我谴责了他的政治策略;(3)因为早在他开始进行鼓动以前,我在伦敦这里就向他详细解释和'证明'过:认为'普鲁士国家'会实行直接的社会主义干涉,那是荒谬的。他在给我的信(从1848年到1863年)中像同我会面时一样,老说他是拥护我所代表的党的。但是,一当他在伦敦(1862年底)确信他对我不能施展他的伎俩,他就立即决定以'工人独裁者'的身份来反对我和旧的党。"从拉萨尔发表《公开复信》(1863年3月)以来,马克思和恩格斯就密切注意拉萨尔的行动和言论,并且决定等待适当时机,公开发表意见来批判拉萨尔。为了做好批判拉萨尔的准备工作,他们通过各种途径,在德意志工人中间大力传播自己的著作,像《共产党宣言》《政治经济学批判》等,用唯物主义世界观和革命路线来对抗拉萨尔的唯心主义世界观和机会主义路线,使工人们真正了解他们同拉萨尔在观点上的对立,认清拉萨尔理论和策略的机会主义本质,从而脱离拉萨尔的影响,走上正确的革命道路。与此同时,马克思和恩格斯培养一些先进的德国工人和革命者,在德国工人和"全德工人联合会"中宣传自己的观点,揭露拉萨尔的机会主义行径,把德国工人阶级团结在马克思主义的旗帜之下。在这个工作中,德国工人阶级的优秀代表倍倍尔和威廉·李卜克内西起了很好的作用。马克思以第一国际德国支部书记的身份同他们保持经常的接触。

奥古斯特·倍倍尔(1840~1913年),一个普鲁士士兵的儿子,3岁时父亲病故,倍倍尔就在贫穷和苦难的生活中挣扎。14岁的倍倍尔就当了旋盘工学徒,每天工作14小时以上。倍倍尔完全感受到德国工人阶级的苦难生活和无权地位,这种情况激发他寻求解放工人阶级道路的意愿。他把赚来的一点钱全部拿去借阅书籍。1858年到1860年,倍倍尔曾徒步旅行,历经德国南部、奥地利和瑞士,扩大了眼界。旅行归来后,倍倍尔开始参加各种工人启蒙协会,这些协会当时大多数还受德国自由资产阶级的影响和控制。1863年,这些协会结成德意志工人联合会同盟。在同盟中,倍倍尔很快表现出他作为工人运动组织家和宣传家的才能。1866年倍倍尔加入第一国际,受马克思恩格斯的影响,成为一个社会主义者。同年,他和李卜克内西组织以工人为主体的萨克森人民党,同南德的小资产阶级德国人民党联合,参加北德意志联邦议会的选举。1867年成为联邦议会的第一个工人议员。1868年9月,在纽伦堡召开的第五届德意志工人联合会同盟代表大会上,倍倍尔使联合会脱离自由资产阶级的控制,代表中的多数都接受了第一国际的纲领。

比倍倍尔大14岁的威廉·李卜克内西(1826~1900年)年轻时在基森、柏林和马尔堡等地学习语言、哲学和神学,受到资产阶级共和主义和民主主义的强烈影响。1848~1849年,他积极参加德国革命。巴登起义失败后,他流亡瑞士,起初是日内瓦工人联合会的成员,后来成为它的主席,随即被瑞士政府驱逐出境。1850年他移居伦敦,同马克思、恩格斯建立密切的联系,在马克思、恩格斯的影响下成为社会主义者。1862年大赦后,威廉·李卜克内西回到德国,为柏林《北德意志通报》撰稿,1863年他协助"全德工人联合会"的成立,但很快就同拉萨尔分道扬镳。1865年,他在莱比锡同倍倍尔合作努力使联合会同盟脱离自由资产阶级的控制。1867~1870年当选为北德意志联邦议会议员。李卜克内西对阶级敌人是严厉无情的。倍倍尔说他是"一个具有钢铁般意志和儿童般感情的人"。威廉·李卜克内西是第一国际革命思想的最热情的宣传者之一,也是国际德国支部的组织者之一。由于他积极参加革命斗争,所以屡遭反动政府的迫害,但他毫不屈服。1868年,李卜克内西和倍倍尔一起,在纽伦堡代表大会上使德意志工人联合会同盟加入第一国际。

与此同时,在"全德工人联合会"即拉萨尔派中,以白拉克为代表的先进工人越来越明了拉萨尔的错误,开始接受马克思主义。他们在"联合会"内部结成反对派,批判拉萨尔的错误路线,同拉萨尔的追随者展开激烈的斗争。1869年6月,白拉克派退出"全德工人联合会",同倍倍尔和李卜克内西团结一致。建立革命的无产阶级的群众性工人政党的条件成熟了。1869年8月7日至8日,在德国的爱森纳赫城召开代表大会,成立了"德国社会民主工党"(后来通称爱森纳赫派),宣布加入第一国际。爱森纳赫派参照第一国际的纲领,制定党纲,使党纲基本上置于革命的原则基础上。党还出版了中央机关报《人民国家报》,由李卜克内西任主编。德国社会民主工党的成立是马克思主义反对拉萨尔主义斗争的一个重大胜利,从此,德国工人运动就分成了两派:革命的爱森纳赫派和机会主义的拉萨尔派。

爱森纳赫派同拉萨尔派在德国统一问题上,在普法战争和巴黎公社问题上斗争尤为激烈。爱森纳赫派坚持从下而上的革命道路统一德国;坚持国际主义立场,谴责普鲁士政府和法国拿破仑三世政府抱着王朝利益目的而进行战争;对巴黎公社事业给予满腔热情的支持和声援。倍倍尔和李卜克内西不畏强暴,不惧监禁,在议会讲台上喊出德国工人阶级的声音,同统治阶级展开不调和的斗争。相反,拉萨尔派头目们支持普鲁士通过王朝战争道路统一德国;奉行狭隘的民族主义,不支持巴黎公社事业。在两派斗争中,爱森纳赫派的威信越来越高,拉萨尔派则日益众叛亲离。

恩格斯与第二国际

19世纪最后30年,资本主义世界的生产和经济有了很大的发展。由于转炉炼钢法和平炉炼钢法的发明和应用,以及成功地把含磷的铣铁炼为钢材,从1870~1900年,世界钢产量从52万吨增至2830万吨,即增长55倍。同时期内世界铁路网长度增长近4倍,即由21万公里增至79万公里。钢制汽轮普遍代替木帆船。动力工业中出现了蒸汽涡轮机和内燃机,比旧式蒸汽机更经济,效能更高。内燃机的应用促进了石油的开采。石油产量从1870年的80万吨增至1900年的2000万吨。人造染料、化学肥料的合成和炸药的应用,为新兴的化学工业奠定了基础。电话、电灯、电车、无线电等先后发明。远距离送电试验在90年代初获得成功,为工业电气化奠定了基础。19世纪最后30年,世界工业总产值翻了一番,重工业在所有工业中开始占主导地位,资本主义从"棉纺织时代"进入"钢铁时代"。

随着资本主义大工业的发展,工业无产阶级的人数有大幅度的增加。美国产业工人 60 年代还只有 150 万，19 世纪末已增至 750 万；德国 1882 年的工业在业人数为 730 万，1895 年增为 1020 万。经济发展了，但是工人阶级的生活仍是非常贫困。到 80 年代前后，欧美各国工人运动重新发展壮大起来。还在 1872 年夏天，德国鲁尔区的矿工就为争取 8 小时工作日和提高工资而进行罢工。1886 年，法国德卡斯维尔的矿工一致行动，举行罢工。同年 5 月 1 日，美国芝加哥等城市 40 多万工人为争取八小时工作日举行罢工，后来发展成同警察英勇搏斗，震动了资本主义世界。1889 年，英国码头工人总罢工斗争取得胜利，这是英国工人运动史上的重大事件。奥匈帝国、意大利、俄国以及其他欧洲国家的罢工运动同样加强了。在罢工斗争中，各国无产阶级彼此声援，相互支持。

　　对于如此广泛发展起来的工人运动应当怎样引导？马克思和恩格斯在第一国际解散后，继续进行艰巨的工作，积极领导国际工人运动。他们认为，摆在各国无产阶级面前的迫切任务是在各国建立自己的社会主义政党。他们在第一国际时期反对各种机会主义的胜利斗争，使马克思主义在无产阶级广大群众中得到广泛传播，为各国无产阶级政党的建立创造了条件。19 世纪七八十年代，继第一个群众性的无产阶级革命政党德国社会民主工党（1869 年）的成立，欧美许多国家都成立了群众性的社

恩格斯

会主义工人政党和组织。1870 年和 1871 年，荷兰和丹麦相继成立社会民主党。1877 年，第一国际美国支部组成为独立的政党，名为社会主义工党。1879 年，法国各地工人在马赛召开代表大会，决定成立法国工人党。西班牙（1879 年）、意在利（1882 年）、比利时（1885 年）、挪威（1887 年）、奥地利（1889 年）、瑞典（1889 年）、瑞士（1889 年）也都成立了社会主义工人党。此外 1883 年，俄国成立了第一个马克思主义团体"劳动解放社"；1884 年，英国成立了社会民主联盟。这些政党和组织成为无产阶级新的国际联合的基础。

　　与此同时，马克思、恩格斯看到，随着工人运动迅速向横广方面发展，工人阶级队伍的成分也发生重大变化。被资本主义摧残破产的农民、手工业者和其他小资

产阶级分子,大量落入无产阶级的队伍,将非无产阶级思想意识带了进来;此外,在一些更为发展的资本主义国家,技术工人和高度熟练工人的队伍扩大了,从他们中间分化出一个特殊阶层——"工人贵族",他们成为工人运动中资产阶级改良主义的传播者。这种情况在英国和美国尤为突出。因此,马克思和恩格斯不仅直接关怀德国党的成长和发展,纠正它的政治错误,而且密切注视其他各国工人政党和社会主义组织的建立和发展,在理论上和行动上给他们以指导和支持。1879～1880年,马克思直接参与起草法国工人党党纲,并口授党纲的序言部分,使法国党的党纲奠基于科学的社会主义。马克思、恩格斯尖锐批评法国党内以布鲁斯、马隆为代表的机会主义派别,这一派提出党纲中只应写一些在当时情况下可能争取到的要求(因此,这一派被称为"可能派"),而反对提无产阶级革命和无产阶级专政。马克思、恩格斯支持并帮助党内以茹尔·盖德(1845～1922年)和保尔·拉法格(1842～1911年)为代表的马克思主义派,支持他们反对"可能派"的原则斗争。马克思和恩格斯批评英美两国的社会主义者表现出来的宗派主义倾向,要他们置身于高涨的工人运动和工会运动之中,进行深入的革命组织工作和领导工作,马克思、恩格斯同时强调指出,英美两国的社会主义者必须重视克服工联主义的强烈影响,不要做运动的尾巴。马克思和恩格斯也非常注意俄国的革命运动,给俄国革命者提出宝贵的建议。

七八十年代,马克思、恩格斯进行了巨大的理论建设工作。马克思为完成《资本论》第二、第三卷,经常抱病写作。1883年3月14日,科学社会主义的奠基者、无产阶级的革命导师马克思在工作室的椅子上与世长辞了,指导国际共产主义运动的重任落在恩格斯的肩上。马克思没有来得及完成的工作,都由恩格斯继承下来。恩格斯继续进行巨大的科学研究,写了许多马克思主义经典著作,有力地指导了各国工人运动。

工人运动的蓬勃发展,各国社会主义政党的建立,马克思主义的广泛传播,为建立工人阶级的新的国际联合创造了条件。

但是,恩格斯一直持有这样的看法,新的国际联合就应该建立在马克思主义的基础之上,如果这个条件没有成熟,就应努力创造条件,而无需仓促行事。80年代后期,恩格斯鉴于无产阶级觉悟的提高,各国党的建立以及他们对国际团结的向往,开始考虑组织新国际的问题。

一些机会主义者坚持另一种观点。在第一国际解散后不久,无政府主义者、工联主义者以及稍后的"可能派",就一再尝试"恢复"或建立新的国际组织。他们企图把持未来的新组织,占取国际共产主义运动的领导权。

因此,80 年代后期为争得召开国际代表大会全权和领导地位的有两派。一派是倍倍尔、威廉·李卜克内西领导的德国党和法国工人党(盖德派),这一派基本上是马克思主义派;另一派是法国"可能派"以及英国的工联主义者,这一派是机会主义派。1888 年,英国的工联主义者和"可能派"在伦敦召开预备会议,委托"可能派"在 1889 年 7 月召开由他们发起的国际工人代表大会,并成立新的国际组织。马克思主义派本应迅速而坚决行动起来,筹备和召开真正有代表性的马克思主义国际代表大会,但是当时在国际工人运动中最有影响的德国党领导人,却认为与"可能派"团结是主要任务,力图使马克思主义派同机会主义派联合起来,共同召开代表大会。

在这样的紧要关头,恩格斯毫不迟疑,放下其他工作,投入战斗。他不仅同"可能派"进行斗争,而且批评李卜克内西等人的调和态度。恩格斯敦促马克思主义派积极行动起来,掌握建立国际事务的领导权。在恩格斯的帮助下,德国党的领导人行动起来。1889 年 2 月在海牙召开了预备会,决定于同年 7 月,即"可能派"开会的同时,在巴黎举行国际社会主义者代表大会。恩格斯的策略是:通过两个大会相形对照,让广大工人群众认清谁是真正工人运动的代表,谁是一种骗局。

1889 年 7 月 14 日,是法国人民攻占巴士底狱堡垒的 100 周年纪念日。这一天在巴黎同时举行两个代表大会。出席马克思主义者代表大会的有 22 个国家的 393 名代表,而欧洲任何一个大党都未派代表参加"可能派"召开的大会,它实际上成了法国"可能派"的代表大会。

马克思主义者的代表大会会场上悬挂着红旗和马克思像,写着"全世界无产者,联合起来!"的大幅标语。选入主席团的有威廉·李卜克内西、倍倍尔、盖德、拉法格等各国党的著名领导人,还有瓦扬等几位巴黎公社的老战士。恩格斯未能出席大会,但他看到大会的胜利召开,感到非常高兴。

1889 年 7 月 14~20 日在巴黎举行的国际社会主义者代表大会,标志着第二国际的成立。巴黎大会对国际工人运动的进一步发展具有积极意义,它为各国工人政党在马克思主义旗帜下的团结奠定基础。大会的决议大多数是符合马克思主义观点的,基本上正确地规定了当时工人运动所面临的各项任务。

在恩格斯在世的时期,第二国际基本上执行了马克思主义的路线,团结了工人阶级队伍,进行了反对无政府主义的斗争以及反对右倾思潮的斗争,广泛地传播了马克思主义,促进了各国工人组织、工人运动的广泛发展。

·伟大的事业·

图文珍藏版

第二十四章　第一次世界大战
——世界风云突变

　　第一次世界大战（简称"一战"，1914 年 8 月~1918 年 11 月）是一场主要发生在欧洲但波及全世界的世界大战，当时世界上大多数国家都卷入了这场战争，是欧洲历史上破坏性最强的战争之一，也是一场非正义的帝国主义的掠夺战争。

　　战争过程主要是同盟国（Central Powers）和协约国（Triple Entente）之间的战斗。

　　德意志帝国和奥匈帝国是同盟国，英国、法国、意大利、俄罗斯帝国和塞尔维亚是协约国。在 1914 年至 1918 年期间，很多在亚洲、欧洲和美洲的国家都加入了协约国。战场主要在欧洲。值得注意的是意大利虽是同盟国，但是后来英国、法国及俄国与意大利签订密约，承诺给予意大利某些土地，结果意大利加入了协约国对抗同盟国。

　　这场战争中大约有 6500 万人参战，1000 万人失去了生命，2000 万人受伤。

　　战争的导火索是 1914 年 6 月的萨拉热窝事件，战线主要分为东线（俄国对德奥作战），西线（英法比对德作战）和南线（又称巴尔干战线，塞尔维亚对奥匈帝国作战）。其中西线最惨烈，著名的战役有马恩河战役、凡尔登战役和索姆河战役。

巴尔干"火药桶"

　　巴尔干半岛历来是兵家必争之地，是欧洲东南门户，连着小亚细亚，是欧洲大陆通往中近东的必经之地，同时巴尔干及地中海地区有丰富的煤、铁、石油和棉花等资源，各国垄断资本都在这里加紧渗透，使该地区成了列强争夺的焦点。

　　德国为了争取俄国，在铁血宰相俾斯麦的拉拢和导演下，1873 年，德、俄、奥三国拼凑了一个"三皇同盟"。德法战争和俄土战争，使俄德、俄奥关系迅速恶化。至 1878 年，"三皇同盟"条约到期就没有再续订，代替它的是 1879 年 10 月 7 日德奥的军事同盟条约。条约规定如缔约一方受到俄国攻击，另一方以"本国的全部武装力量"予以援助,并不得单独媾和;在受到其他列强攻击时,双方保持"善意"中立。意大利由于与法国争夺突尼斯失败,失去了地中海的均势,经不住俾斯麦拉拢,投靠到德奥一方,并于1882年5月20日在维也纳签订了盟约,形成了"三国同盟",矛头指向沙俄与法国。为摆脱孤立的境地,1887年法国向俄国提出了结盟呼吁,并向俄国提供了19亿法郎的两笔借款。到1892年时,法俄两国缔结了军事条约草案,规定一方在受到德奥意攻击时,双方应以所有兵力相互支援;一旦与法国作战,法国应提供130万兵力。俄国应提供70万~80万兵力。1893年12月27日,沙皇批准了"法俄协定",这样欧洲就分裂为森严对立的两大营垒。

进入20世纪后,俄德两国争夺的地区转向巴尔干半岛和土耳其。沙俄一直把巴尔干和土耳其看成自己的势力范围,而德国也想在巴尔干争做霸主。1903年,德国同土耳其签订条约,取得了巴格达铁路的建筑权。这条起自博斯普鲁斯海峡,经小亚细亚进入美索不达米亚直抵波斯湾的所谓"3B"铁路,使柏林—拜占庭—巴格达联成一气。如果这一计划得以实现,德国的军事和经济势力就能直捣近东和波斯湾,控制整个土耳其和小亚细亚。但这不仅激化了俄、德矛盾,同时也加剧了英、德矛盾,因为它威胁着英国在北非、西亚和印度的殖民利益。1900年俄土又签订条约,土耳其同意不将小亚细亚北部铁路的租借权让给任何一国。

法国的迅速强大打破了欧洲的"均势",使得英国不得不抛弃"辉煌孤立"的外交政策,调整对外关系。1902年1月,英国与日本签订英日同盟条约,借日本之手,削弱了自己在亚洲的竞争对手沙俄的势力,加强了在远东的地位。同时,英国也在欧洲寻求途径同与其争夺殖民地的宿敌法国接近。1903年4月,英王爱德华七世访问巴黎,"亲善"活动开始;6月,法国总统卢贝回访,两国外长就非洲殖民地问题进行谈判。到1904年4月8日,签订了英法协定,英法协约的成立,使德国深感不安。它在外交上采取措施破坏英法协议,企图使俄国脱离法国但未获成效。俄国外交大臣拉姆兹多夫宣称:"我们朋友的朋友就是我们的朋友。"1907年8月,英俄两国签订协定。标志着英、法、俄"三国协约"最终形成。

在欧洲,以德奥为首的同盟国和以英、法、俄为首的协约国两大军事集团的最终形成,为第一次世界大战做好了组织准备。各盟国一面利用外交伎俩进行和平欺诈,一面进行疯狂扩军备战。德国国会通过了军事法案,积极主张推行"冒险海军"政策,并于1905年12月~1906年1月,在德军总参谋长施里芬主持下制订了在东西两条战线上对法俄作战的计划,即《施里芬计划》。德国外交部秘密资助"泛德意志同盟",宣扬"必须建立一个日耳曼民族的德意志帝国,一个置于德国霸权之下的日耳曼民族的世界帝国"。针对德国实施的海军法案问题,英国外交大臣格雷曾经供认"真正决定我们外交政策的,是海上霸权的问题",为此加速扩充海军。在海军作战方面,海军大臣丘吉尔竭力主张英法海军联合,英、法、俄分别进行协调动作。1912 年 7 月,英法达成两国舰队合作的默契,同时法俄也签署了一项秘密海军条约,规定英国海军应在北海占优势,法国海军在地中海占优势,俄国海军则在波罗的海和黑海占优势。在协约国内部,除拼命增加军事实力外,也广泛进行协调作战的各项准备。同盟国与协约国剑拔弩张,怒目对峙,战争叫嚣甚嚣尘上,战争危机频频发生。

欧洲两大军事集团形成后,在地中海沿岸和巴尔干地区展开了激烈的争夺,制造了一系列的国际危机和冲突,巴尔干这个欧洲的"火药桶"随时都有引爆的可能。

萨拉热窝的枪声

第一次世界大战的导火线是人人皆知的"萨拉热窝枪声"。1914 年 6 月 28 日,奥匈帝国王储费兰兹·斐迪南大公及其妻子在新近吞并的波斯尼亚省首府萨拉热窝遇刺。第一次世界大战的枪声从此响起。

刺客是波斯尼亚的塞尔维亚青年学生,名叫加弗里洛·普林西普。在事后的审判中,普林西普说:"我毫不后悔,因为我坚信我消灭了一个给我们带来灾难的人,做了一件好事。……我知道他(大公)是德国人,是斯拉夫民族的敌人。……作为未来的君主,他会阻止我们联合,实行某些显然违背我们利益的改革。"以普林西普为首的至少 6 人,是塞尔维亚秘密组织"黑手社"成员。黑手社 1911 年成立于贝尔格莱德,其公开宣称的目的是实现"民族理想:团结所有塞尔维亚人"。它的社章规定了这个组织是一个宁愿采取恐怖行动也不愿进行理性宣传的地下革命组织。同这一秘密命令相一致,该组织吸收新成员是在一个阴暗的房间里的一张小桌子上进行的;房间里点一根蜡烛,小桌子上铺一块黑布,上面放一个十字架,一把匕首和一支左轮手枪。狂热与忠心的黑手社成员在波斯尼亚尤为活跃,他们只想用炸弹、暗杀、炸药来毁掉一切,消灭一切。

斐迪南大公来塞尔维亚首府萨拉热窝巡视,激起了塞尔维亚人民的极大愤恨,更激起了黑手社成员强烈的民族意识。当时,奥地利与匈牙利已合并为奥匈帝国,6 年前,他们用武力吞并了波斯尼亚。斐迪南大公,这位奥匈帝国王储带有极端的军国主义色彩,他对塞尔维亚垂涎三尺,想把这块富饶的土地划入自己的国土。在来萨拉热窝之前,他指挥的军事演习的假设进攻对象,就是萨拉热窝。

在 1389 年 6 月 28 日的这一天,土耳其人征服了中世纪的塞尔维亚帝国。斐迪南大公在这一天访问塞尔维亚,这是一个缺乏远见的错误决定。塞尔维亚人的民族感情受到强烈刺激,尤其是黑手社当时的鼓动。当大公及其妻子在阳光灿烂的星期天早晨进行访问时,至少有 6 位黑手社成员身带炸弹和左轮手枪等候在指定的路线上。当队伍在街的拐角处停下来时,普林西普正好站在那。他掏出左轮手枪,连开两枪,一枪射向弗兰兹·斐迪南,一枪射向波斯尼亚总督波西奥莱壳将军。可第二枪射偏,击中了大公夫人。大公及其妻子当场死去。

塞尔维亚和奥匈帝国两国之间的矛盾迅速演变成三国协约和三国同盟两大联盟体系的矛盾。首先,德国保证,不论奥匈帝国决定采取什么行动它都给予全力支持。德国以为俄国未必敢支持塞尔维亚反对德国和奥地利,以为一开始就十分明确地摆出这种通常姿态正是为了和平。德国以为萨拉热窝的危机只会局限于某一地区,还不知大变动时期已经来临。

7 月 23 日,奥地利向塞尔维亚提出了条件苛刻的最后通牒,要求塞尔维亚对事件进行解释和道歉,禁止反奥刊物,镇压反奥组织,追究罪犯的责任,对罪犯及同谋起诉。塞尔维亚于 7 月 25 日答复奥地利,却无法令其满意。奥地利立刻与塞尔维亚断绝了外交关系。在 7 月 28 日向塞尔维亚宣战。

俄国于 7 月 30 日命令全国总动员。7 月 31 日,德国向俄国发出为期 12 个小时的最后通牒,要求停止总动员。德国没有得到答复,于 8 月 1 日向俄国宣战,8 月 3 日又向俄国的同盟国法国宣战。就在这一天,德国入侵比利时,战争进入了实质阶段。这一侵略行为为英国在 8 月 4 日对德宣战提供了一个很好的借口。欧洲各强国在萨拉热窝谋杀事件过去 5 个星期后开始了相互进攻。世界历史上第一次世界大战从此开始。

德军入侵比利时

德国参谋总长阿尔弗雷德·冯·施利芬伯爵,设计了一个通过广阔的比利时平原进入法国的战略,从而攻破法国军事工程师在法德边界构筑的一系列坚固的混凝土堡垒。侵入比利时成为德国实施施利芬计划的第一步。

按施利芬计划,德国要有 120 万士兵将要形成横扫比利时和卢森堡,成为进入法国的旋转的一翼。巨大的人流要在短时间内迅速通过一块大约 75 英里宽的地区。

攻克比利时的军事重地列日成为战斗的关键。在列日这个坚强设防的入口那一边,横陈着广阔的平原和法国。而且有四条来自德国的铁路线在这个战略城市集中，然后扇形展开。列日建在横跨默兹河的一个高高的斜坡上，对所有的道路一览无遗。有 12 座威力强大的炮台把一块直径约十英里的地区包围起来。

1914 年 8 月 4 日早晨，德国前进部队逼近墨兹河上的维塞，击退比利时守军。傍晚，德国步兵紧随骑兵渡过了墨兹河，向列日的堡垒进发。

德国人的战略设想是几乎不停顿地通过比利时，预计没有或很少抵抗。然而，德国人想错了。列日的筑垒是由一位杰出的军事工程师亨利·布里亚尔蒙特将军设计的，花了大约 25 年的时间才完成。它是由装有装甲炮塔的、形状像平坦的三角形小孤山的钢筋混凝土构成，拥有 400 件武器，从机枪到大炮都有。三角形的每一角，都装备着较小口径的速射炮的炮塔。每座炮台的周围，都是 30 英尺深的干燥深沟；加上强光的探照灯，以防止夜间的奇袭。所有的大炮都俯视着由德国来的四条铁路。

德军指挥官冯·埃米希认为比利时人会不战而降，竟派一位使者打着休战的旗帜，要求列日投降。但比利时指挥官热拉尔·勒芒将军奉命将列日防守到底。

德军大炮开始狂轰东面炮台和城市本身，但仅仅削去一些混凝土而已。第二天，从附近科隆起飞的用内燃机推动的齐柏林飞船飞临上空。丢了 13 颗炸弹，仅炸死了 9 个平民。德军像潮涌般地反复冲锋，特别对东面的弗莱龙炮台和埃夫涅炮台，但被火炮和机枪的联合火力所击退，炮台前的尸体堆积到齐腰高。所有墨兹河上的列日南面和北面的桥梁都已被毁，企图用浮桥渡过墨兹河的德国部队遭到炮火的扫射。

当德军第十四步兵旅的指挥官换为第二集团军的副参谋长埃里希·鲁登道夫将军后，由他率领的部队经弗莱龙和埃夫涅之间的缺口进入列日。但炮台仍都在比利时人手里，列日被侵入而没有被攻克。

直到 8 月 10 日，冯·埃米希攻占了第一座炮台。24 小时后，第二座炮台也陷落了。到了 8 月 16 日，12 座炮台中的 11 座遭到巨型炮的连续猛轰后屈服了。

8 月 20 日胜利的德军开进了比利时的布鲁塞尔。

战略重地列日指挥官勒芒的抵抗，推迟了德国军队的进攻，使入侵者比预定时间晚了一天或两天。英国的官方历史记载，"列日是丢失了，但由于推迟了德国进军，它对比利时和协约国的事业，做出了卓越的贡献。"

空中雏鹰——飞机

飞机，这一先进科技在一战的开始并没有像我们想象的那样威力无比。交战国的军事当局对飞机作为一种武器的威力,都同样抱有怀疑态度。

欧洲进入战争时,最多有 375 架可用的战斗机。德国有 180 架执行观测任务的飞机、300 架教练机和 13 只齐柏林飞船。法国只有 130 架,英国是 65 架。这些飞机不是为军用而设计的,没有武装,全都是木料和金属线制造,机翼和机身由涂上胶的布覆盖。

飞机开始在战争中执行侦察任务。但空中观测是一种前所未知的技术。飞行员在飞机上看到地上模糊轮廓时,完全不熟悉行进中的部队、大炮装置、弹药堆集等等形状。由于飞机设计上的原因,要准确地看出敌军集中或运动就更复杂了。

在 1914 年,空中士兵的生活是愉快的。飞越敌区是愉快的插曲,那时敌对的驾驶员相互轻快地招招手。因为哪一方都没有能力做更多别的事情,飞机上没有装备武器。驾驶员的随身武器只是用来表明他们是在服军役。后来的一位驾驶员认识到战争是残酷的,他拔出手枪,向一架飞过去的敌机射击,而不是招招手。有些飞行员开始携带步枪,但烈风和发动机的震动,使准确率大大降低;有的观测员带了砖头去扔德国的螺旋桨——甚至去扔驾驶员;有些观测员则用一筒筒的投箭——铅笔形的小钢箭,投掷敌机飞行员。

随着步枪和手枪相互射击的日益增加,有些协约国驾驶员开始装置机枪。飞机也进一步改进。交战国开始生产专门设计军用的飞机。飞行员的驾驶技术也进一步趋于熟练。伊梅尔曼转,就是在一战中设计出来的最著名的机动动作。这可以使飞机迅速改变航向,转守为攻。

英国空军开始派飞机去德国齐柏林的国内基地,消灭德国的齐柏林飞船。因为德国的齐柏林飞船开始空袭英国伦敦,在英国的大城市投下炸弹,迫使英国政府把部队和武器撤离法国。英国军方发现飞机是齐柏林飞船的克星。英国中尉利夫·鲁宾逊驾驶飞机,在埃塞克斯上空用装有开花弹和燃烧弹的机枪,击落了一艘齐柏林飞船。齐柏林飞船在一片火焰中垂直落向地面。由于这一功勋,鲁宾逊获得了维多利亚十字勋章。

德国战略家也早已制定计划,制造比空气还重的轰炸机。1917 年 6 月,德国已有足够的新轰炸机来轰炸袭击了。戈塔式飞机是当时的巨型飞机,可载一个驾驶员和两个炮手,其中一个兼任投弹手,能载半吨炸弹飞到 12000 英尺的高度。

14 架轰炸机飞离比利时根特基地,编成菱形队形,飞往有 175 英里航程的伦敦。在中午的明朗阳光下,它们投下了炸弹,造成近 600 人的死伤。约有 95 架英国驱逐机起飞,但已卸重担的戈塔机迅速获得速度和高度,逃之夭夭。由于连续袭击,飞机的损失增加,最后迫使德国人停止所有的白昼轰炸。改进了的驱逐机和更有力的高射炮，使戈塔式飞机不得不飞得很高，以致轰炸机又回复到早期的丢下炸弹就跑的状态。接着英国人制造了四架大轰炸机，以资报复。

到停战日，已有50多架飞机轰击伦敦，投下73吨炸弹，炸死了差不多860人，伤了2060人。但德国也几乎没有得到好处。

飞机在第一次世界大战中没有扮演主要角色。可是，它在以后的战争中引发了立体战争。

"一战"中的水下战船——潜艇

第一次世界大战中，飞机、坦克、潜艇和毒气等新式武器大量装备部队，登上了战争的舞台，开始扮演重要角色。

德国是交战国家中第一个认识潜艇威力的国家。潜艇最初被德国军官用于侦察部队，或保卫港口对付来自海上进攻的船只。大战的最初几个星期，德国共有28艘潜艇装备德国部队，有10艘能巡航到2000英里的地方。

一战德国潜艇

潜艇的能耐是奥托·韦迪根指挥的 V-9 显示出来的。1914年9月22日，32岁的韦迪根在航海日志上记着200英里平静无事。躺在荷兰海岸外水面下6英尺的韦迪根，决定在返回威廉港之前，通过潜望镜做最后一瞥。从朦胧的轮廓立刻辨认出是3艘英国装甲巡洋舰的形态。当英国战舰"阿布柯尔号"驶入潜艇射线时，韦迪根发射了一枚鱼雷。这只船下沉得太快，甚至还没有来得及放下救生船。韦迪根没有移动方位，在向英国战舰"克雷西号"发射一枚鱼雷以后，又把第3枚鱼雷射入了英国战舰"霍格号"。V-9艇长使潜艇浮上水面，把半浮在水面上的"克雷西号"消灭了。直到这时，幸存者方才明白发生了什么事情。这次战斗有1600多人丧生。

潜艇的威力一经被发现，就势不可当。1915年5月7日，星期六，德国潜艇V-20搜捕到一艘驶向英国利物浦的"卢西塔尼亚号"巨型邮船。"卢西塔尼亚号"是"现在在大西洋中航行的最快和最大的轮船"，王纳德轮船公司自豪地这样认为。它的最高速度比任何潜艇都快两倍。英国海军部队船长的一份机密备忘录中强调指出："快速轮船可以靠曲折的航行,大大减少潜艇突击成功的机会。潜艇的水下速度很低,除非它能预知被攻击船只的航线,否则要进入发动攻击的方位是非常困难的。"但由于某种原因,船长威廉·特纳忽视了在显然危险的水域里采取曲折的航线。

指挥 V-20 的瓦尔特·施魏格尔潜到水下 44 英尺,全速前进,开到轮船前面的攻击方位。施魏格尔发射了一枚鱼雷。"击中了右舷门后面,看到非常强烈的爆炸,引起一片巨大的烟云,喷得比烟囱还高。随着鱼雷爆炸之后,很可能发生了第二次爆炸。中弹点上面的上层结构和舰桥,都被炸得粉碎。燃起了大火。船首很快下沉。""卢西塔尼亚号"沉没了。在 1198 名牺牲者中,有 291 名妇女,94 名婴孩和儿童。

当德国接连凭借新式武器潜艇取得战斗的胜利时,急得英国海军束手无策。他们拒绝了无数建议。一位无名英雄提供了解决的办法。由于德国的无限制潜艇战针对武装商船,对非武装商船特别是帆船,在船员登上救生艇之前是不击沉的,掠夺完战利品后,用炮火把船击沉,还能节省鱼雷。伪装猎潜艇就是设计出来反击这种做法的。一只陈旧的不定期货船沿着贸易航线笨重地缓缓航行时,德国潜艇升上水面,向货船的船首开一炮,令它停航。事前经过排练的"惊慌"的军官和水手急忙冲到救生艇那边。与此同时,隐藏的 12 磅炮都瞄准了靠近过来的潜艇。当潜艇进入射程时,大炮周围伪装的护墙随着铰链倒下,英国皇家海军军旗也扯上了桅杆。在潜艇能够发射它的甲板炮或急速潜没之前,它已成为致命的炮火的攻击目标。

伪装船 Q-5 沿着贸易航线曲曲折折地航向利物浦,那时一枚不告而发的鱼雷在它的船壳上打了一道裂缝。严重灼伤的人在机器舱里坚守岗位;直到涌进来的海水迫使他们登上甲板,他们隐蔽地躺在那里。在将近半个小时的时间里,炮手们站在深水中,那时 Q-5 在徐徐下沉;没有人做过一个错误的动作,炮手们把火炮瞄准了慢慢开过来的潜艇。

仍潜在水里的潜艇 V-83 对于没有危险威胁感到满意,然后在平射程内浮上水面。潜艇舰长刚从驾驶指挥塔里露出身来,第一发炮弹就把他打死了。潜艇中了 30 多发炮弹,很快沉没。直到潜艇被送往海底之后,被淹没的 Q-5 方才呼救。附近的驱逐舰和单桅小帆船赶来营救,驱逐舰把这个半沉没的胜利者拖回港口。

有 180 多只各式各样和大小不一的伪装船被装备起来,同潜艇斗争,等到海军部完全承认伪装船的价值时,德国人也知道了这个秘密。但从 1915 年 7 月到 1918年 11 月,伪装猎潜艇仍然击沉了 11 艘潜艇,击伤了至少 60 艘。大战期间,约有

200 艘德国潜艇被击沉,为此英国皇家海军动用了 5000 多只伪装船。

凡尔登战役

第一次世界大战唱主角的是协约国、同盟国两大军事集团。以英、法、俄等军队集团的一方,称为协约国;以德、奥等军队集团的一方,称为同盟国。第一次世界大战爆发后,欧洲大陆是主要战场。欧洲战场有四条战线,即:以英、法、比利时军队与德军对抗的西线,俄国军队与奥匈德军作战的东线,以及巴尔干战线,意大利战线。此外还有高加索战线及近东战线。其中西线和东线是主要战线。

1915 年圣诞节,德军新任参谋总长法金汉向指挥部提交一份作战部署备忘录。在这份备忘录里,法金汉计划在东线进行防御,而在西线重点对法军右翼部队据守的凡尔登要塞进行突袭。他指出,眼前法国是最易受攻击的协约国国家,虽然英国在英伦海峡那边仍很安全,但是法国自 1915 年的血战之后正处在崩溃的边缘,这时如果全力进攻凡尔登要塞,法国最高指挥部不得不动用所有后备军来守卫凡尔登,这样一来,法国将流尽鲜血,它的抗战决心也将破灭。

1916 年 2 月 21 日,凡尔登战役爆发。德军 1400 门大炮以每小时 10 万发的速度把炮弹抛洒在凡尔登的野战防御阵地上,眨眼间,法军阵地一片火海。接着,德军又用 13 门 16.5 英寸口径的攻城榴弹炮,把一颗颗重磅炮弹射向要塞最坚固的工事上。在一阵阵的爆炸声中,法军整段的战壕被夷为平地。

经过一个白天的猛烈轰炸之后,德军又用 5.2 英寸的小口径高速炮,对着法军扫射,并用喷火器把法军前沿阵地变成火海。这样反复轰炸和扫射之后,凡尔登要塞附近的战壕完全被摧毁,整个法军彻底暴露出来。炮火刚刚停息,德军六个步兵师从 10 公里宽的战线上向法军防线冲击。法军阵地上虽然到处是火,但士兵们仍然凭借剩余的工事进行奋勇抵抗,把敌人的冲锋一次次压了回去。经过两天激战,法军终因寡不敌众,有 1 万多人被德军俘虏,前沿的野战防御阵地失守。

凡尔登失利的消息很快传到法军总司令部。霞飞总司令立即下令召开会议,命令参谋总长火速赶到凡尔登死守阵地,等待后续部队的增援。随后,又委任贝当将军为凡尔登地区司令官,前去督战。贝当来到凡尔登后,看着堆满尸体的前沿阵地,预感凡尔登面临着包围的危险。

这时,德军攻占了要塞东北部的杜奥蒙炮台。这个炮台原有一个轻步兵师固守,经过德军 12 万发炮弹的狂轰滥炸,上边的将士全部阵亡,德军轻而易举地占领了它。

贝当不敢丝毫怠慢，他在前线划定了一条督战线，严令士兵不惜一切代价顶住德军进攻，紧接着，和几位将领召开了一个前线会议，讨论怎样保证后方援军和军火物资的迅速到达，贝当说道："当前情况十分危机，我已和霞飞司令联系过了，让他赶快派大部队增援，在一星期内调集大约 20 万人马和 2 万多吨军火物资，这样才能保证凡尔登不落入德国之手。诸位认为哪条交通线可以完成这么多人员和物资运送？"

负责后勤的一名指挥官回答说："除了通向西南的一条巴勒杜克到凡尔登的公路还没彻底破坏，其他已全部被德国人的大炮切断了。"

贝当问道："这条公路的路面怎样？能经得起 6000 辆载重车昼夜通行吗？"

"不行！必须修复一下，否则，这么多汽车来往穿行，会造成很多车祸。"后勤指挥官回答。

贝当即命令组织一支抢修队，在沿途平民协助下，铺砌和拓宽公路路面，以保证运输车辆安全通行。接着，他委托刚才那位后勤指挥官，前往督促修路，保证 27 日开始通车运行。指挥官受命而去。

道路提前两天修好了，6000 辆汽车顺利通过这条路，19 万援军和 2 万多吨军火物资：源源不断地运到了凡尔登要塞。

法金汉怎么也想不到，在短短的一周时间内，法军竟派出这么多援军赶来。于是，他只好重新部署作战计划，让德军休整一下，准备更大规模的冲杀。

3 月 5 日，大规模的战斗开始了。法金汉命令德国步兵从 30 公里的战线上一齐向法军阵地发起进攻。贝当命令所有的法国大炮一齐开火，还击德军。几个回合下来，德军死伤严重，退了回去。法金汉命令德军停止战斗，集中兵力，突击马斯河左岸，并由急促的冲击改为稳步进攻。到四月份，德军经过 70 多个昼夜的苦战，仍未突破法军防线。进入 7 月后，德军由进攻改为防守。最终结果是，法军一共伤亡 35 万人，德军的伤亡人数也几乎同样多。

1916 年 10 月 24 日，法军转入反攻，迅速收复丢失的炮台，德军全线溃退，退出了凡尔登战役。12 月 18 日，凡尔登战役结束。法金汉不久便辞去了德军参谋总长的职务，回老家种田去了。

日德兰大海战

在第一次世界大战中，有一次发生在北海中的大海战，这就是在世界海战史中有重要地位的日德兰大战。

　　第一次世界大战之前,英国是世界上的海上霸主。德国要同英国争夺世界霸权,英国的皇家海军无疑是德国称霸的最大阻碍。因为德国陆军对战争处之泰然,它们从腓特列大帝时代就是欧洲闻名的常胜军队。

　　但是一个深受马汉制海权理论影响的人,用他的理论和行动,为德国造就了一支世界第二位的大舰队。为了和当时猛将如林、舰船如云的英国皇家海军决一雌雄,他以日耳曼民族的倔劲和不屈不挠的实干,把一艘艘战舰从船台上推入了寒气森森的北海和波罗的海中,他就是"德国海军之父"——阿尔弗雷德·冯·提尔皮茨伯爵。

　　当时的英国皇家海军正处于全盛时代,它拱卫着从加拿大到澳大利亚几千万平方公里的英国殖民地。"日不落帝国"的神话已经流传了数百年了。但是这个普鲁士人向这个神话提出了挑战。

　　冯·提尔皮茨,1849 年 3 月生于勃兰登堡一个职员家庭。他毕业于凯尔海军学校,历任鱼雷艇舰队督察和德国东亚巡洋舰队司令。1897 年 6 月,提尔皮茨海军少将升任德意志帝国海军发展部大臣。通过他的努力,第二年,德国国会通过扩充海军法案:建立一支包括 38 艘战列舰和 20 艘装甲巡洋舰的大舰队。同时声称:新建"这种大海军的目的,是要使最伟大的海权国家都不敢向它挑战,否则就有使自己优势遭到破坏的危险。"德国的这种行为震撼了英国海军部。德国制造新舰这关系着英国海军,而海军关系英国的安危。作为回应,英国对外宣布它将要制造"无畏"级战舰,并且第一艘"无畏"级战舰于 1905 年从英国船台下水。它的排水量17900 吨,安装 10 门 305 毫米巨炮,水线部分、司令塔和主炮塔均有 279 毫米厚装甲,航速 21 节。它的出现使世界上以往的巨舰都形同玩偶。

　　德国虽然落后了,但是冯·提尔皮茨将军还是认准了潮流。一年后,德国下水了 4 艘"无畏"级战舰。它们的标准排水量 18873 吨,主炮口径 280 毫米,航速 19.05 节。德国军舰的显著特点是侧重防御:司令塔有 400 毫米的装甲,水下部分装甲300 毫米。为此,德国军舰牺牲了火炮口径和航速。而英国军舰的制造继承了英国的攻击传统,他们认为"高速就是最大的防御力"。所以这时期同级的英舰,火炮一般比德国火炮口径大 20～40 毫米,航速快 2～7 节,但这却是以牺牲装甲厚度为前提而实现的。英舰致命部位的装甲比德舰薄 50～100 毫米。提尔皮茨的理论认为:军舰的浮力有限,这个程度决定了生存力和战斗力。所以德国战舰的设计目标是追求舰艇在战斗中的浮航生存性。

　　英德两国在战舰制造上互不相让,十几年里它们的海军发展非常迅速,战舰数量急剧增加。到第一次世界大战爆发时,英国拥有新旧战列舰 68 艘、巡洋舰 58

艘、驱逐舰和鱼雷艇 301 艘以及 78 艘潜艇。德国有各种战列舰 40 艘、巡洋舰 7 艘、驱逐舰和鱼雷艇 144 艘、潜艇 28 艘。但是双方的赌注都押在当时最强大的海上霸主——战列巡洋舰上，英国有 9 艘，而德国只有 4 艘。从以上数字中可以看出，英国皇家海军在数量上占据了绝对优势，所以其能够保卫英国的海上运输线。

战争初期，德国的海军行动主要是在海上袭击舰方面。这是弱方海军往往采取的"海上游击战"战术，专门劫掠和击沉交战国商船。德国海军取得了一些成绩，德国潜艇先后把英国的"帕斯菲德""阿布克尔""克莱西""胡格"等等一系列战舰击毁，但是德国也损失了号称"德国海军军魂"的冯·斯佩海军上将以及一系列的战舰。

1915 年，英德海军在北海的多格尔沙洲举行了一次日德兰海战的预演。1 月下旬的一个大雾天里，北海上的能见度很差。德国的海军中将希佩尔率领德国大洋舰队的主力离开威廉港海军基地，前往多格尔沙洲，去袭击那里没有武装的英国渔船。但是突然之间，英

日德兰海战

国"主力舰队"出其不意地出现了。原来英国海军中将戴维·贝蒂早已得到了情报，早就在这里等德国人了。英国打击舰队的核心是 5 艘战列巡洋舰。旗舰是英国最新的超无畏级战列舰"雄狮"号（排水量 26270 吨，舰速 27 节，8 门 343 毫米大炮）。德国希佩尔的旗舰也是德国数一数二的巨舰——"塞德利茨"号（排水量 2500 吨，武装 8 门 280 毫米大炮）。德国中将希佩尔不想在英舰的威胁下屈辱地撤走，下令攻击。

狡猾的贝蒂，利用英舰火炮口径和射程上的优势，命令在 2 万米的超远距离上射击，企图在德舰的射程之外就给予重创。德舰在英舰发射的炮弹中向英舰发起了攻击。德军中的"布吕歇尔"号中了弹，直到 15000 米时，希佩尔才命令"塞德利茨"主炮开火。德舰重创英舰队旗舰"雄狮"号，迫使其退出了战斗。德舰在逼近英国主力舰队时，英国人已准备多时了，德舰"布吕歇尔"号被击沉。希佩尔冷静地分析了战斗的局势，看到了英舰占有明显的火力优势，再打下去会损失更大，只得忍痛撤退。

多格尔沙洲海战之后，德军从中吸取教训：防止炮塔起火爆炸是确保海战中生

存的关键。他马上采取相应的措施,把炮弹和发射药分开,分别装在两个薄钢筒内严加防护,以控制火灾发生。而英方得出"大口径炮是胜利关键"的结论,对火灾的发生掉以轻心。

经过一年多的沉寂之后,德国新上任的大洋舰队司令官冯·舍尔海军上将决心打一场会战,摆脱英国主力舰队远程封锁给德国海军造成的困难。而英方目的是重创德国大洋舰队,然后撤走主力舰队全力以赴对付德潜艇。这样,大规模的海战——日德兰海战爆发了。双方的战术不谋而合,就是派出一支诱敌舰队,佯败诱敌深入,把整个舰队主力埋伏在伏击圈中像一把重锤一样砸烂敌人。英德双方都派出了很强的诱敌舰队阵容。英国诱敌阵容不单有一、二战列巡洋舰队,还有作为支援的第五战列舰队。英国第五战列舰队,由当时世界最大的快速战列舰组成,它由4艘刚下水的"伊丽莎白女皇"级战列舰组战。这种海上巨霸每艘有8门381毫米大炮,足能将25000米远的敌舰炸成齑粉。德方的诱敌舰队也是海军的精锐部队:第一侦察舰队全是清一色的无畏级和超无畏级战列巡洋舰。两国海军为了这次海上的大会战都在紧锣密鼓地准备着。

1916年5月30日夜,英国诱敌舰队借着黑夜的掩护,在贝蒂将军的指挥之下,拔描驶离了苏格兰港口罗赛斯。第一、第二战列巡洋舰舰队灭灯先行,第五战列舰队在距离它们5海里的地方尾随。当夜,英国主力的舰队的司令官、海军上将约翰·杰利科勋爵率领主力舰队从苏格兰北方奥克群岛斯卡帕费洛海军基地出发,悄悄地驶向东南方向的伏击地点。就在贝蒂的舰队刚刚驶出港口时,就被德国的巡潜艇发现了,并向德海军指挥部发电报告这一敌情。但是该电文又被英国主力舰队所截获并被破译。德国的诱敌舰队司令官希佩尔将军率领舰队从杰得河口基地向日德兰半岛两岸进发。舍尔将军的大洋舰队同时也驶向了伏击海域。就这样,双方都认为对方上了当,进入了战斗。

5月31日下午2时15分,英国军舰"盖德利尔"号首先发现德国军舰,与此同时,德国军舰也认出了英舰,双方节节逼近。就在这个时候,英国的6艘战列舰从正西方向插向德国侦察舰队后部,想切断德国军舰的后路。它们并不知道德国的大洋舰队就在他们的后边。

这种行动使英国舰队进入了德军的南北夹击的处境,但是德国军舰并没有发现这种情况而将计就计地发动进攻,而是刻板地按照原来的计划行动,结果失去了消灭这些舰队的良机。在下午的3时40分,分散的英国第一、第二舰队汇合成战斗队形,根据英国海军的传统,驶向东南上风方向,准备进行攻击。

15时48分,双方开始用大炮进行攻击。双方舰船在距离16000码左右的距离,进行对袭。无数的炮弹,在双方的舰船周围爆炸,在海面上掀起了巨浪。英国军舰并没有暴进,而是依据在多格尔浅滩战斗的经验,在远距离射击德国军舰。英德两国舰艇数量为6:5,双方的差距不是很大,但是德国军舰依据计划开始边打边撤。而此时英国的第五舰队害怕受到德国巡逻潜艇的袭击,走"Z"字形航线,一直没有到达战场。

德国的重型水面舰艇在一战开始之后,采用了全舰统一方位射击指挥系统,所有火炮齐射时,弹着点分布小,这种新的指挥系统在战斗中发挥了优势。

15时51分,德舰"吕措夫"号打了几次齐射,将"雄狮"号的副炮塔炸得粉碎,接着,德舰"毛特克"号的一发炮弹也打中了"雄狮"号的前甲板,接着"雄狮"的X、Y两炮塔也相继被打哑。(英舰前方两个主炮塔命名为A、B;中部为P、Q;后部为X、Y。)在16时整,从德国"卢瑟福"号打来了一发穿甲弹,钻透了Q炮塔,并在炮塔内爆炸。所有的操炮官兵非死即伤,并且引燃了英军乱堆在炮塔内的发射药。熊熊的大火包围了升弹机,如果火顺着升弹机烧到弹药舱,就会引爆炮弹和发射药,从而引起大爆,那么26000吨的英国旗舰连同舰队司令贝蒂就会呼啸着飞上蓝天。这时被炸断双腿的炮台指挥官哈维少校,挣扎着打开了进水阀,放进了海水,把自己连同炮塔一起淹没,才扑灭了大火,避免了雄狮号的灭顶之灾。因为他的英勇,哈维少校死后被授予维多利亚十字勋章。

英德舰队的后卫也投入了激战,英国19000吨的战列巡洋舰"坚决"号同德国同等级的战舰"冯·德·塔恩"号进行决斗,最后一枚德国穿甲弹穿透炮塔装甲,在炮塔内爆炸,立刻引燃了乱堆的发射药,终于在30秒之后发生了大爆炸,上千吨的炮塔像玩具一样被抛上了60米的高空。"坚决"号立刻左倾,随即翻转沉没。1017名皇家海军随舰葬身海底。英国的另一艘战列巡洋舰"玛丽女皇"号,先是被打中了Q炮塔,接着又被炮弹穿过重重装甲,直落到舰底之后才爆炸,27000吨的超级无畏战列舰"玛丽女皇"号竟如同木制的模型一样一折为二。它沉入水中时舰尾的螺旋桨还支到空中,无可奈何地打着转,像是在为1266名英国官兵在祈祷。

在不到1个小时之内,英国皇家海军的精华——战列巡洋舰,竟然损失了3艘,(其中两艘被击沉,1艘被摧毁),沉重地打击了英军的士气。由于战舰数量减少,火力削弱,英军的处境越来越不好。这时德国的舰队突然反扑向英舰,眼看英国就要支持不住,一边还击一边后退。就在这千钧一发之际,姗姗来迟的英国第五舰队终于出现了。

第五舰队的出现,逆转了战斗的形势。看到英国战列舰前来助阵,德国舰队的驱逐舰分队出动攻击。英国的驱逐舰为了保护重型水面舰艇也冲到阵前,双方轻型舰艇展开搏斗，互放鱼雷但又被躲过。德舰受到大口径火炮的威胁，重新向东撤退。德军为此付出了巨大的代价，"冯·德·塔恩"号舰艇被击中，被迫退出了战斗，"塞德利茨"号也受了伤，它的一座炮塔被击穿起火，希佩尔的舰队在英国如同雨点般的炮弹攻击下，狼狈后撤，所有的士兵都惊慌了，只有他本身还保持着镇静，并且号召官兵勇敢地忍受由于敌众我寡的悬殊对比而带来的牺牲，因为他在等待。这时一位德国观测兵终于看到了他们的希望——大洋舰队。

与此同时，英国的"南安普敦"号上的观测兵发现了德国的大洋舰队，它们大多是无畏级舰以前的战列舰和巡洋舰，大小共有 70 多艘，贝蒂向杰利科海军上将报告了这一情况，同时贝蒂怕舍尔不敢上钩，下令全体英舰投入战斗。英国旗舰"雄狮"号经过修补之后，继续进行舰队的指挥。一群英舰向德受伤减速的"塞德利茨"号发射了鱼雷，"塞德利茨"躲闪不及，舰首被炸开了一个大洞。

英国海军上将杰利科指挥的庞大的主力舰队组成 6 队纵列，由于天气恶劣、躲避德国的潜艇和导航系统的精确度不高，未能及时的赶到战场。当他收到贝蒂的求救信号时，让全舰队全部由 16 节提高到 20 节，快速向战场前进。第三舰队率先到达战场。第三舰队的指挥官是胡德，他把指挥权交给了贝蒂，他自己乘旗舰"无敌"号投入炮战。

直到晚上 6 时 15 分，杰利科上将的大舰队才从东北方向杀入已被炮火搅沸的交战区。杰利科上将见德国的大洋艇队的阵型为线型纵列，决定采用"T"字头战术。这种把突破点选择在敌人旗舰，以摧毁敌舰队的指挥中枢的战术，是纳尔逊上将在特拉法加海战中首先使用的，从那以后，英国的海军军官一直对此津津乐道。杰利科的命令下达之后，6 艘英舰并成一条长的横列逼近德舰，但是德国驱逐舰如一群狼一般冲向英国舰队，准备齐射鱼雷，这就破坏了英舰的队形和企图。所以英军只好在远距离和德舰对轰。

晚 6 时 45 分，德国舰队开始向南撤离，它们边打边撤。负伤的德舰"吕措夫"号因伤落在后面，成了英国军舰远程大炮的靶子，最后打得如同蜂窝一般瘫在海面上；而英艇"无敌"号却因位置冲得太靠前，受到了德军如同暴雨般的打击，一枚穿甲弹引爆了"无敌"号的火药库，在一阵剧烈的爆炸之后，"无敌"号沉没了。另一艘英国装甲巡洋舰"防御"号也被彻底摧毁。同时德军也损失了一些轻型巡洋舰和驱逐舰。

晚 7 时，坐镇于"镇公爵"号上的英国海军上将杰利科看无法在天黑之前全歼大西洋舰队，决定先包围德舰，再吃掉德舰，于是利用英舰的快速优势，截断了德舰的退路，形成了包围。

5月31日晚在日德兰海上是一个鱼雷之夜。英国的驱逐艇和鱼雷艇，就着黑夜的掩护袭击德军。而德军的军舰全部熄灭了灯光，并且不停变换位置来逃避鱼雷的攻击。而德国的驱逐舰也对英舰进行攻击，并且击毁了几艘英舰。舍尔海军上将完全明白，如果不能乘机突围，那么德国大洋舰队的命运一定很悲惨，所以他下了突围命令："航向东南，突破英国舰队的封锁。"

德国舰队遵照舍尔上将的命令，于夜里1时45分，冒着英舰上的炮火和鱼雷开始突围，他们在损失了"波迈仑"号，自沉了"埃尔宾"号，"吕措夫"号，抛弃了"黑王子"号战舰之后，终于冲破了英国舰队的封锁。在6月1日凌晨3时，全部德国舰队向杰得河口和威廉港撤离，而杰利科率领英国艇队在后面穷追猛打。

德国舰队小心地通过赫尔戈兰湾的水雷区之后，杰利科上将才下令返航，浩大的日德兰海战就此结束了。

战后双方都称自己是战争的胜利者，德国说它在整个海战中击沉英国3艘战列巡洋舰、3艘巡洋舰、3艘驱逐舰，自己损失了2艘战列巡洋舰、4艘巡洋舰、4艘驱逐艘。但是从战略上，英国说它是胜利者，它完全实现了围困大洋舰队的目的，大洋舰队完全被困在海港之中，成了马汉所说的那种"存在的舰队"。所以说，日德兰海战，很难说哪一方胜利了，但是从战略的角度来看，还是英国占据了主动。让德国海军聊以自慰的是：日德兰战火的考验证明提尔皮茨的理论是正确的，即只有注重生存力的战舰才能在海战中存活下来。

日本趁火打劫

日本在第一次世界大战中，攫取了很大的利益。日本元老重臣井上馨给元老、内阁讨论日本是否参战的联席会议写信说："这次欧洲大祸乱，对于日本发展国运，乃大正时代之天佑良机。"必须抓住时机，"确立日本对东洋之利权"。

日本迫不及待地站在协约国方面参战，其目的很明显，就是要接管德国在中国的"势力范围"，独霸中国，进而攫取德国的太平洋属地，向南扩张。

日本在1914年8月对德宣战，9月2日即出兵占领我国山东龙口，随即相继占领潍县、济南，控制胶济铁路，并在11月7日攻占青岛。日军所到之处，杀人放火，奸淫掳掠，无恶不作。

与此同时，日本海军也乘机南下掠取德国在太平洋的殖民地马绍尔、马里亚纳和加罗林诸群岛。1915年1月18日，由日本驻华公使向袁世凯秘密提出妄图灭亡中国的"二十一条要求"。5月7日，日本政府对袁世凯发出最后通牒，限48小时答复,袁世凯政府除对其中第五条(中国政府须聘用日人为政治、财政、军事顾问;中国警政及兵工厂由中日合办;武昌到南昌,南昌至杭州、潮洲间的铁路修筑权等)声明"容日后协商"外,其他各项均于5月9日答复予以承认,并与日方签订《关于南满洲及东部内蒙古之条约》《关于山东之条约》等卖国条约及13个换文。但在中国人民强烈反对下,以及英美关于不得损害他们在华利益的声明之下,未能全部实际生效。

协约国多次要求日本派遣军队到欧洲作战,日本政府均以种种借口拒绝出兵。直到1917年3月,才以英法承认它对德属太平洋岛屿的占领为交换条件,派3艘军舰去印度洋和地中海。

在整个大战期间,日本仅以其军人死亡300人、负伤失踪910人的轻微代价,夺取了德国在远东和太平洋的"势力范围",扩大了对中国的侵略和占领,而且大发战争横财,增强了它在帝国主义列强角逐中的实力。

1914年~1919年,日本企业实缴资本金额从22.18亿日元增加到61.23亿日元,工业生产力增加4倍以上。它的实际工业产量增加1.8倍,出现了以出口工业和造船工业为中心的新建扩建企业高潮。造船工业1914年建造79艘,计8.2万吨,1918年激增至443艘,计54.05万吨,从战前占世界第六位上升到第三位。同期生铁和钢产量均增加1倍,自给率达到48%和73%。当然,与欧美资本主义国家相比,日本的工业水平还是很低的。

日本一战期间在远东的扩张和来自欧洲的军事订货,使它在1914年~1919年间的进出口贸易增加3倍以上,从战前长期入超一跃而为出超,总额累计13.2亿日元。日本成为主要海运国之一,还取得18.9亿日元的贸易外收入。1919年,日本也像美国一样从战前负债17亿日元的债务国成为借出5亿日元的债权国。

日本战时经济的繁荣,其主要因素应归功于对中国的扩张和掠夺。它扩大了对中国的商品倾销,并加紧掠夺中国的资源。当时它在中国境内设置27家银行,信贷业务遍及各主要经济部门,控制了中国的经济命脉。1917年和1918年,日本向中国段祺瑞政府提供巨额贷款,为数在5亿日元以上,所有贷款都附有各种各样的苛刻的政治条件。当时日本总理大臣寺内正毅曾自夸说,日本从这种巨额投资中所得利益,"何止十倍于二十一条"。

美国的介入

1917年2月24日,美国驻英大使佩奇收到齐默曼电报,称如果墨西哥对美国宣战,德国将协助把美国西南部还给墨西哥,于是美国以此为借口,在该年4月6日向德国宣战(只向德国而不是其他同盟国宣战的一个主要原因,就是德国的海军潜艇无差别攻击,对美国军舰造成威胁)。

1917年4月6日,美国站到协约国一方参加了第一次世界大战,对军事政治形势和战后进程发生巨大的影响。1914年～1916年,美国仍是一个中立的强国,然而它给予协约国以大量的物质援助,并从中获得巨额利润。仅美国48家大公司1916年的决算就有9.65亿美元的盈利。中立政策对美国的垄断组织是极其有利的。美国也不反对出卖商品给德国。

德国的海上封锁使这一贸易不便于进行,有时甚至不可能进行。因此,1917年4月以前,德国仅从美国获得2000万美元的贷款,而协约国则得到20亿美元。

到1917年初,美国与协约各国已有了非常密切的经济关系,成了它们的债主。如果这些国家在战争中失败,美国就会遭到巨大的经济损失。美国不能容忍德国的另一个原因就在于,德国是它在世界市场上的危险竞争者。

此时,各交战国的经济都遭到了破坏,这些国家的人民被战争弄得疲惫不堪。尽管协约各国已经历着艰难困苦,但美国统治集团并不怀疑它们会取胜,也不想错过分赃机会。它打算全副武装地去参加分赃,并同协约国平起平坐地摆布战败国。美国的计划还包括削弱它的远东对手——日本。

对美国的垄断集团来说,严重的障碍是那些许许多多的和平主义团体(美国限制军备同盟、美国反帝国主义者联盟、美国和平协会、美国独立同盟、妇女和平党、美国中立同盟等等),它们的成员有各阶层和各种不同职业的代表人物。这些团体积极主张美国中立。

这种情势正好使美国垄断资本家可以假手交战国来大捞一把。但是当德国宣布进行"潜水战",从根本上损害美国利益的时候,威尔逊政府又能利用这一情况来达到自己的目的。在鲁西塔尼亚号、阿拉伯人号和沙塞克斯号被击沉后,美国政府加紧在国内进行军国主义宣传。许多报纸杂志鉴于美国舆论的和平主义倾向,遂把美国的参战说成似乎是迫不得已的事情。4月6日美国参战,随后,其他一些美洲国家在美国及协约国的政治与经济压力之下也相继对德奥集团宣战。1917年参加战争的有27个国家,其中协约国方面占23个,中欧强国集团是4个。诚然,许多参战的国家并未直接参加军事行动,但是,这些国家的人民却在某种程度上深受他们所反对的战争之害。

美国政府做了很大努力,以便尽快把经济纳入战争轨道。全国划分为21个军事工业区。对充分利用现有生产能力加速生产军工产品采取了措施。开始制造2

万架飞机,其中 5000 架在国外制造,以及 3.5 万辆大型载重卡车。1918 年的生产计划规定筹建 16 个大型枪炮工厂,预定 1919 年生产出 1.9 万辆坦克。

美国陆军的人数不多。截至 1917 年 4 月 6 日为止,美国陆军共计有 12.7 万名士兵和 7239 名军官。国民警卫队独立编制的地方部队为 12.36 万人。国内强大的反军国主义运动不允许政府和陆军部在和平时期增加军事开支,同时,也就不能扩大陆军。

这一状况早在战争爆发前就引起美国政府和军界的极大不满。他们号召美国人结束普遍的沉睡状态,集中最大注意力保障"国防"和"普遍的和平",也就是建立强大的陆军和海军以便干预世界范围的政治。

1917 年 4 月,法军于西线开展春季攻势,与德军在兰斯和苏瓦松之间进行会战,历时共一个月,但法军在伤亡 10 万人后却仍未有进展,引起了法国士兵的骚动。战事再度胶着,而法军因内部骚动,无力防御,只得由英军负责西线防御。在该年下半年,美国提供的装备到达欧洲,英军于是再在西线猛攻,但在损失 100 多万人后,仍无法改变战事的胶着状态。

1917 年夏,美国开始将其军队调往欧洲大陆,主要是在圣纳泽尔、拉罗舍尔、罗什福尔、波尔多和马赛等法国南部的一些港口上陆。道路勤务部队和工程技术人员最先到达,其任务是为迎接主要部队做准备。辅助部队铺设大约 1600 公里的新铁路,架设 16 万公里的电话线,建成大量临时兵营、医院、仓库。第一批战斗部队于 1917 年 6 月底开始在圣纳泽尔上陆。

美国的参战使协约国的状况大为改观,但是不能指望立即得到美军的援助,因为美军前往欧洲的速度很慢。到 1918 年初,在法国的美军仅 20 万人。联军指挥部不准备在 1917 年战局中使用美军实施独立行动。

协约国"惨胜"

第一次世界大战期间,站在协约国方面参战的有 31 个国家和地区,其中日本于 1914 年、意大利于 1915 年、美国于 1917 年参战,就连贫弱的中国也在 1917 年站在协约国一方对德奥宣战。

协约国集团虽然取得大战的胜利,却付出了极大的代价。除了美国攫得很多实际利益,日本掠获不少以外,其他国家大多失大于得。尤其是它的主要成员英法两国,实际上只是一种"惨胜"。至于俄国的罗曼诺夫王朝,更在大战结束一年以前即被列宁领导的十月革命所推翻。

从大战一开始就卷入战争,肩负协约国主要战争重担的英、法两国,不仅损失惨重,而且整个国力遭到严重削弱,使它们在战后帝国主义列强的角逐中处于相当孱弱的地位。战争给英法两国带来的损失主要有以下几方面:

首先是战争直接损失巨大。1913 年英国本土人口 4586 万人,法国本土人口 3979 万人。战争期间,它们的军事人员死亡分别为 90.8 万人和 153.7 万人;负伤被俘失踪者分别为 22.8 万人和 480.3 万人。英国 1913 年~1918 年国家预算从 1.97 亿英镑增加到 25.79 亿英镑,5 年中增长 12 倍。整个战争支出达 125.54 亿英镑,相当于同期国家收入的 44%。法国战时所受物资损失达 2000 亿法郎。其东北部 10 个省开战不久即被德军占领,被占区原为重要采矿、冶金和纺织中心,主要产品在全国产量中的比重,钢为 63%、铁为 81%、煤 74%、毛织品 81%、砂糖 76%;沦陷 4 年,与法国经济生活相隔绝,工业品完全丧失。

其次是生产大幅度下降。大战期间,尽管军事工业有所扩展,但英法整个工农业生产趋向衰退。英国工业指数,1913 年为 100,至 1918 年降至 80.8。1913 年~1918 年间,生产资料生产下降 14.3%,消费品生产下降 23.9%。法国工业生产在战争的头两年急剧下降,1916 年后有所回升,至 1919 年才达到 1913 水平的 57%。1913 年~1918 年间,棉花消费量减少近 50%,羊毛消费量减少 80%。小麦产量从 1913 年的 8690 万公担降至 1917 年的 3660 万公担。牲畜总数由 1914 年的 250 万头减少到 1918 年的 17.5 万头。

再次是对外贸易和国际收支状况恶化。战争期间,英国丧失战前原有船只的 70%,造船业由 1913 年建造船只总吨位 120 万吨降至 1918 年的 77 万吨。德国的封锁,商船的减少,民用工业的衰落,使英国的对外贸易受到严重的影响。1913 年~1918 年间,按实物量计算,出口贸易减少一半,贸易逆差由 1914 年的 1.39 亿英镑增加到 7.84 亿英镑。为平衡国际收支,英国变卖 10% 的海外资产,并从美国的主要债权国降为它的债务国。1919 年英国欠美国债务 8.5 亿英镑,占美国对协约国贷款的 45%。英国同时失去了世界主要金融中心地位,世界贸易中的优势地位,以及控制 250 余年的海运垄断地位。1919 年,英国商船吨位低于战前 14%;但同期世界商船拥有量却增加 2 倍,主要是美日两国的造船业的增长。法国对外贸易入超总额,5 年内达到 600 亿法郎以上,远远超过其支付能力,它同样沦为美国的债务国,至战争结束时共欠美国 40 亿美元。

战争的苦难主要落在劳动大众身上,他们不但要承受失去亲人的创痛,而且生活水平急剧下降,劳动条件愈益恶劣。由于大量工人应征入伍,广大妇女儿童到工厂从事繁重劳动,工作时间很长,工资却很微薄。各种生活必需品实行严格配给,使他们大多处于半饥饿状态。英国工人实际工资在战争期间降低24%，而每个公民的税额从1913年的5.4英镑增加到1919年的19英镑。法国工人的实际购买力仅为战前的1/3。政府还将战争费用的重担转嫁给全体人民，依靠提高税收、发行公债和货币，来弥补巨额财政亏空。其公债发行，1914年为7亿法郎，1918年增加到29亿法郎。货币流通量在1914年~1918年间，从73.25亿法郎增加到275.36亿法郎，造成的通货膨胀长时间困扰人民。

与劳苦大众受苦受难相反，垄断资本家却乘机大发战争横财。英国垄断资本在战争中获得利润40亿英镑。其矿场全部投资仅1.35亿英镑，而利润达到1.6亿英镑。英伊石油公司1914年纯利27万英镑，1917年为344万英镑，1918年达到110万英镑。法兰西银行发行公债的佣金和利息，1914年第一季度收益1523万法郎，1917年第一季度增加到3362万法郎。

因此，战争给人民带来的是苦难，给资本家带来的却是发财机会。

同盟国惨败

第一次世界大战是同盟国和协约国两个军事集团为重新瓜分殖民地和势力范围、争夺世界霸权而进行的一场全球规模的战争。

这场同盟国与协约国之间的战争，以1914年6月28日奥匈帝国王储弗兰兹·斐迪南大公被塞尔维亚民族主义分子在萨拉热窝刺杀为导火线，从1914年7月28日爆发至1918年11月11日结束，历时4年又3个月。

第一次世界大战的主要战场在欧洲，并波及亚洲、非洲以及大西洋、太平洋等海域，先后有35个国家和地区参战，约占当时世界人口2/3的15亿人被卷入战争。

交战双方动员军队达6503万余人，战争中损失3750万余人，其中阵亡853万余人；另外平民死亡1261.8万人。交战双方直接用于战争的费用1863亿多美元，各交战国经济损失总计约2.700亿美元。其战场之大、参战国之多、人员伤亡之重、战争费用和物资损失之巨，远远超过此前任何一次战争。其规模与损失之巨大无与伦比，史无前例。

以德国为首的同盟国集团由德意志帝国、奥匈帝国、土耳其奥斯曼帝国和保加利亚王国所组成。德国和奥匈帝国从大战一开始就是交战一方。土耳其于1914年10月正式参战，保加利亚在1915年10月参战。

第一次世界大战进入1918年，交战双方经过3年多激战，人员伤亡和物资消耗极大。交战双方互有胜负,相持不下。

此时,刚建立的苏维埃俄国退出战争,美国远征军尚在大量组建训练之中。德军统帅部力图抓住摆脱两线作战困境和大批增援美军尚未到达欧洲的时机。在西线发动决定性的进攻,在1918年夏季之前打败英法联军,夺取战争胜利。

德军在西线共集结194个师,编成4个集团军群,总兵力约400万人,拥有火炮5000余门,飞机3000架,坦克近200辆。与之相对抗的西线协约国军队共有186个师,分属于法国和比利时的4个集团军群及英国远征军,总兵力500万人,火炮1.6万余门,飞机3800多架,坦克800辆。

稍后美国远征军大批抵达欧洲,有14个师55万人参加夏季作战。自1918年3月~9月,交战双方进行了第一次世界大战期间规模最大的一系列进攻和反攻战役。

德军从1918年3月21日~7月17日,先后发起了5次大规模进攻战役。这几次战役虽然给了英法联军以沉重打击,攻占大片土地,并再度迫近巴黎,但德军并未实现每次战役的预期目标,在协约国军顽强抵抗下被迫停止进攻。其新占领地区形成3个巨大突出部,使战线拉长,给协约国军队实施反攻提供了条件。

经过这5次进攻,德军折兵百万,兵源枯竭。1918年夏季每月需要补充16万兵员,但实际只能拼凑到6万人,因此它再也无力发动对协约国的新攻势了。

而协约国方面增援美军大批到达,双方兵力对比发生了更加有利于协约国军的变化。

从1918年7月18日起,协约国军队转入反攻,接连发动3次战役。至9月15日,已消灭3个突出部,将德军逐回其春季攻势出发地,牢牢掌握了战略主动权。1918年9月26日,协约国军队在西线向德军发起总攻。德军全线溃退,败局已定。

与此同时,在巴尔干战场,协约国军队于9月15日向保加利亚军发动进攻。保加利亚在9月29日宣布投降。

在中近东战场,英军在10月1日占领大马士革,大败土耳其军,相继占领巴勒斯坦、叙利亚全境和美索不达米亚,迫使土耳其于10月30日在停战协定上签字。

在意大利战场,意军于10月24日向奥军发起进攻。几天后奥军全面崩溃。奥匈政府随即于27日向协约国求和。10月28日,奥匈境内各被压迫民族掀起民族革命浪潮。维也纳爆发总罢工和游行示威,要求奥皇退位。11月3日,已经瓦解的奥匈帝国投降,与意大利签订停战协定。

同日,德国也爆发了"十一月革命"。德皇威廉二世于11月9日被迫退位,11月11日,德国投降,德国政府代表与协约国联军总司令福煦在法国东北部贡比涅森林的雷道车站签署停战协定。至此,同盟国集团彻底战败,第一次世界大战结束。

巴黎和会

第一次世界大战结束后,通过战胜国对战败国缔结和约的方法安排战后的世界,便成为国际社会目前最重大的事务。资本帝国主义列强借着和平的幌子,重新瓜分世界的丑恶用心,在巴黎和会上暴露无遗。

巴黎和会

在巴黎和会之前,美国、英国、法国、意大利、日本五大战胜国已经举行了非正式会谈,为控制会议做了安排。实际出席和会的共 32 个国家,其中包括中国。美国总统威尔逊、英国首相劳合·乔治、法国总理克利孟梭、意大利首相奥兰多、日本元老西园寺公望都亲率代表团出席和会,规模空前。但他们却拒绝苏俄和战败国德国、奥匈帝国、土耳其及保加利亚来参加和会。

在五大战胜国的操纵下,和会明显存在不平等、不公正性。美、英、法、意、日五国各有 5 名全权代表,可以出席一切会议,其他国家只有 1~3 名全权代表,只能出席与他们有关的会议。和会的组织机构操纵在威尔逊、劳合·乔治和克利孟梭"三巨头"的手里,他们有权决定和会的一切重大问题。

和会一开始,主要战胜国便陷入激烈的争吵之中。为了索取战败国的赔款,英国首相劳合·乔治与法国总理克利孟梭吵得不可开交,谁都想多赚一笔。美国总统威尔逊只好打圆场:"我们美国一分钱也不要。你们两国都牺牲些,法国得56%,英国得28%,让别的国家也得点好处,这样可以吗?"

威尔逊、劳合·乔治、克利孟梭经过无数次的争执和讨价还价后,终于有了结果:英国得到了国际联盟所规定的委任统治制度下拥有 1000 万人口的领土,法国得到 750 万人口的地区,日本也得到了德国在太平洋上的属地,而美国的商品与资本可以进入这些地区,实行机会均沾,利益共享。

除了几个大国分配不光彩的利益,还举行了其他的会议,会议的议题主要是:

密谋扼杀新生的苏维埃俄国,决定对苏俄实行经济封锁;筹组国际联盟来反对列宁创建的共产国际。国际联盟指挥各国反动派向革命人民进行血腥镇压,同时重新瓜分德国原有的殖民地。

1919 年 6 月 28 日是巴黎和会的最后一天,也是全体战胜国在和约上签字的一天。但作为战胜国的中国代表拒绝签字。原来,巴黎和约里有三个条款涉及中国主权。即战前德国侵占的山东胶州湾的领土,以及那里的铁路、矿产、海底电缆等资源,全部归日本所有。中国当时曾经支援协约国大量粮食,还派出 17.5 万名劳工,牺牲了 2000 多人。作为战胜国的中国,索回德国强占的山东半岛的主权,这是理所当然的事。但英美法却自作主张地送给日本。而软弱无能、卖国求荣的中国北洋军阀政府竟打算在这个丧权辱国的条约上签字。

三万万中国人民忍无可忍,终于爆发了轰轰烈烈的五四运动。在全国人民的支援和影响下,中国代表团向和会提出两项提案:取消帝国主义在中国的特权;取消日本强迫中国承认的《二十一条》,收回山东的权益。提案最终被否决。此时远在北京的北洋军阀却一再命令中国代表团在和约上签字。6 月 27 日和 28 日两天,3 万多华人聚集在中国代表团的住所外面,一致要求代表团不能签字。

最终,中国代表团成员顾维钧向和会发表了一项声明:"山东问题不解决,我们决不在和约上签字。"声明后,顾维钧匆匆离开了大会会场。

1919 年召开的巴黎和会,并没有解决帝国主义之间争夺殖民地的矛盾。对战败国德国的勒索,也埋下了复仇的种子。1939 年 9 月,希特勒再次在欧洲掀起大战,世界人民再次陷入灾难和痛苦中。

巴黎和会是现代世界历史上帝国主义的一大丑闻,留给世人的是一个笑柄。

第一次世界大战的影响

第一次世界大战是人类历史上一次空前的具有全球性的战斗,卷入这场战争的有各大洲的 28 个国家,差不多动员了 6500 多万人口。它造成的死亡人数永远也不能确知,但是根据研究估计,直接因为这次大战而战死或伤病致死的战斗人员在 1000 万至 1300 万之间,不同程度地严重负伤的人员约有 2100 万人。它给世界人民带来了巨大的灾难,对世界的政治经济等各个方面都有巨大的影响。

这次世界性的战争从 1914 年 6 月 28 日,哈普斯堡皇位的继承人(也就是奥匈帝国的继承人)弗兰西斯·斐迪南大公在萨拉热窝被刺开始。奥匈帝国、德国、英国、法国、俄国等主要的帝国主义国家都先后投入了这场战争。他们投入了大量的战斗人员,同时也在这次前所未有的世界大战中投入了他们最新研制的武器。在1915年的伊普雷战役中,德国军队对阿尔及利亚狙击兵和非洲轻骑兵使用了毒气——氯气。毒气的使用大大增加了双方战斗人员的伤亡。在1916年9月15日,英国在索姆河战斗中使用了他们的秘密武器——坦克。使现代战争中又多了一项矛与盾的斗争——坦克和反坦克武器的斗争,使得现代战争更加残酷。潜艇战,德国是第一个认识潜艇能力并用潜艇作战的国家。德国用潜艇攻击商船和敌艇,使现代战争由海上进入到水面之下,开拓了现代战争的新领域。空战,在一战刚刚开始的时候,飞机的作用还没有被战斗双方所认识,但随着战争的深入,双方对飞机的使用越来越广泛。从此战斗真正实现了海陆空三维战争。除了这些新式武器之外,还用到了远程大炮、破甲弹等。总之,一战是现代战争的一次各种武器的大实战。

一战使欧洲各国列强的经济实力受到了巨大的挫伤。法国、德国的主要工业区和农业区经过战争的破坏,几乎都成了废墟。英国虽然没有受到战火之灾,但是战争使其损失了经济发展的主要劳动力——青壮年工人,从此经济一蹶不振。而这时的美国却是利用第一次世界大战的机会,大发战争财。一战期间,美国利用其中立国的身份,和交战双方进行贸易,大大地增加了它本身的经济实力。又由于美国是在一战后期才加入战争,这样又使其能够参加利益的分配。所以可以说,美国是一战最大的赢家,一战之后,美国一跃成为世界经济实力第一的国家。

在政治方面,一战使得战前因为各种利益而结合在一起的两大集团:协约国和同盟国,一个被完全摧毁,另一个也因为战争而元气大伤。所以一战之后,英国、法国、美国等战胜国,举行了针对战败国家的巴黎和会。它们重新分配了各自在战争中夺取的政治经济权力。由于战争的打击,使各国的反动统治也受到了重大影响:奥匈帝国覆灭,德国的皇帝被德国人民赶下了台,英国和法国的无产阶级运动空前高涨。第一次世界大战也产生了一个积极的后果,就是在一战后期,俄国发生了十月革命,俄国人民在列宁的领导下推翻了沙皇的统治,建立了世界上第一个社会主义国家。

第一次世界大战是一次帝国主义国家因为划分世界利益而发起的战争,它完全是一场非正义的战争,给全世界的人民带来了无穷的灾难,而战后巴黎和会形成的政治经济势力范围,又为第二次世界大战埋下了隐患。

第二十五章　俄国十月革命

——无产阶级风暴

十月革命(又称布尔什维克革命、俄国共产革命等),是 1917 年俄国革命经历了二月革命后的第二个阶段。十月革命发生于 1917 年 11 月 7 日(儒略历 10 月 25 日)。苏联、等社会主义国家及组织普遍认为,十月革命是经列宁和托洛茨基领导下的布尔什维克领导的武装起义,建立了人类历史上第三个无产阶级政权——苏维埃政权和由马克思主义政党领导的第一个社会主义国家(第一个是巴黎公社无产阶级政权,第二个是匈牙利苏维埃共和国)。革命推翻了以克伦斯基为领导的资产阶级俄国临时政府,为 1918~1920 年的俄国内战和 1922 年苏联成立奠定了基础。

列宁确立苏维埃政权

1870 年 4 月 22 日,列宁出生于俄国伏尔加河畔西姆比尔斯克镇(今乌里扬诺夫斯克)的一个教育工作者的家庭。列宁的母亲玛亚娅,亚历山大罗夫娜性格坚强,擅长音乐,精通语言,知识渊博,而且对子女所从事的事业非常支持。列宁的父亲是一位具有民主主义思想的知识分子,性格坚强,工作勤奋,曾任西姆比尔斯克省国民教育视察员,他是俄国民主主义者车尔尼雪夫斯基的崇拜者。

除了父母之外,列宁的大哥亚历山大,伊里奇对他的影响也很大。大哥是一个才华出众的青年,性格坚强,有巨大的劳动能力和高尚的道德品质。他因谋杀亚历山大三世而被沙皇政府处以极刑。大哥的死对列宁震动很大。大概就在这个时期,形成了列宁整个一生和他整个活动各个阶段的最突出的一个特点。这就是坚定的目的性。

列宁从小接受母亲的教育,母亲不仅教他识字、读书,也教他弹钢琴。在母亲的教育下,列宁 5 岁时就能够读书,后来由一位家庭教师教他学习,这位教师在他 9 岁半以前一直给他补习功课,准备让他上中学。

1879 年 8 月，9 岁的列宁进入西姆比尔斯克古典中学学习，他学习勤奋认真，一直是学校的优等生，每年都获得学校颁发的一等奖。在中学时代，列宁受到了严格的训练，学习了很多知识。他还和哥哥、姐姐一起创办了一份手写的家庭杂志，取名为《星期六》，他们用笔名在上面发表文章，写小故事，每当星期六晚上，他们就当着父母的面朗读这本杂志。

在中学学习期间，列宁依靠自己的勤奋和聪明才干，取得了出色的成绩。列宁中学时的教师这样评价他：由于他能聚精会神地听讲，再

列宁

加上他聪明的天资，所以他在课堂上就能掌握所学的新课，在家里几乎用不着再复习了。列宁中学毕业时，教师在他的评语中写道：精明强干，十分认真，极为细心，认真地完成书面作业，在课堂上注意听讲，喜爱钻研各门功课，特别是各种语言课程。

1887 年秋中学毕业后，列宁考进喀山大学法律系学习。12 月，因参加学生运动被学校开除，并遭逮捕和流放。一年后回到喀山，开始研究马克思的《资本论》和普列汉诺夫的著作，成为当地一个马克思主义小组的积极分子。1891 年，他以校外生资格通过彼得堡大学法律系全部课程的国家考试，获得毕业文凭。

1892 年，列宁组织了当地第一个马克思主义小组，一边将《共产党宣言》从德文译成俄文，一边进行社会调查，研究俄国历史、经济和阶级斗争状况，写出了《农民生活中新的经济变动》这篇最早的论文。这时期，列宁由革命民主主义者转变为共产主义者。

1893 年，列宁到了彼得堡，开始为在俄国建立马克思主义政党进行大量的宣传工作。1894 年，他与战友娜捷施达·康斯坦丁诺夫娃·克鲁普斯卡娅相识、相恋、结婚。这一年，列宁写了《什么是"人民之友"以及他们如何攻击社会民主主义者》，批判了民粹派的经济理论观点和改良主义的政治纲领，揭露了"合法马克思主义者"的资产阶级实质。1895 年，他在彼得堡建立工人阶级解放斗争协会。1895 年 12 月，列宁被捕入狱，流放到叶尼塞河畔的舒申斯克村。1899 年列宁写成《俄国资本主义的发展》，阐述了俄国革命的不可避免性，论述了马克思主义关于市场、再生产和危机的理论，从思想上粉碎民粹主义。

列宁 1900 年流放期满，7 月出国，侨居国外，在慕尼黑莱比锡创办第一张马克

思主义的全俄政治报《火星报》。1902年为批判经济派,写成《怎么办》,阐明了革命理论的伟大作用,提出了建党的基本原则和计划。1903年7月30日,在布鲁塞尔召开了俄国社会民主工党第二次代表大会。会上,由于列宁的斗争,通过了以建立无产阶级专政为基本任务的党纲。同时,还形成了以列宁为首的布尔什维克派和以马尔托夫等为首的孟什维克派。布尔什维克的出现标志着列宁主义的形成。

1904年,列宁写了《进一步,退两步》一书,系统地阐述了无产阶级的政党学说和组织原则,批判了孟什维克在组织问题上自由涣散的机会主义。

1905年俄国爆发了第一次资产阶级民主革命。7月,写了《社会民主党在民主革命中的两种策略》,第一次阐明了在帝国主义时代资产阶级民主革命的特点、动力、道路和前途,论证了无产阶级领导权和工农问题以及资产阶级民主革命转变为社会主义革命等问题。11月,列宁回彼得堡领导革命斗争。1907年,列宁领导的起义遭到镇压,革命失败,列宁再度流亡国外,移居日内瓦,恢复和出版了《无产者报》,并从事理论研究。但他对无产阶级革命充满了必胜的信心。

为了批判波格丹诺夫一伙俄国马赫主义者的主观唯心主义,列宁于1908年写了《唯物主义和经验批判主义》,该书总结和概括了自然科学的新成就,系统地阐述了辩证唯物主义的基本原理。这一时期,他还对1905年革命失败后党内出现的取消派和召回派及托洛茨基分子进行了斗争,捍卫了布尔什维克主义的革命策略。

1912年1月,列宁出席了俄国社会民主工党在布拉格举行的第六次代表大会。在会上,孟什维克被清除出党,布尔什维克党正式成为一个独立的政党。

第一次世界大战爆发后,列宁揭露了第二国际机会主义者的社会沙文主义面目,提出了"变帝国主义战争为国内战争"的革命口号。这一时期,列宁还发表了《社会主义与战争》《论欧洲联邦口号》《论尤尼乌斯的小册子》和《帝国主义是资本主义的最高阶段》等著作,全面分析了帝国主义的本质、特征和矛盾,论述了资本主义经济政治发展不平衡的规律,指出帝国主义是无产阶级革命的前夜,提出了社会主义将首先在一些或一个国家胜利的理论。

1917年3月二月革命后,列宁从瑞士经德国回到彼得格勒。4月17日发表了《四月提纲》,提出了从资产阶级革命过渡到社会主义革命的路线、方针和策略。7月列宁离开彼得格勒,隐居拉兹里夫湖畔,写出《国家与革命》,论证了无产阶级革命必须打碎资产阶级国家机器,建立无产阶级专政的原理,阐明了社会主义是共产主义第一阶段的思想。10月20日,列宁从芬兰回到彼得格勒。23日主持中央会议,通过武装起义决议,并亲自领导起义。11月7日宣告十月社会主义革命胜利。当晚全俄苏维埃代表大会开幕,大会通过了列宁签署的《和平法令》和《土地法令》，成立人民委员会，列宁当选为人民委员会主席。他领导了第一个社会主义国家，摧毁了资产阶级国家机器，建立苏维埃政权机构；废除地主资本家私有制，建立社会主义经济基础；镇压武装叛乱，粉碎外国武装干涉。

1918 年 4 月，列宁发表《苏维埃政权的当前任务》，制定社会主义改造和社会主义经济建设纲领。8 月 30 日列宁遭到反革命分子暗杀而受重伤。经过医生的精心治疗，列宁终于从死亡边上走回来了。这一事件，迫使工人阶级更加振奋起来。

1920 年 12 月，全俄苏维埃第八次代表大会提出电气化计划，把国民经济转到现代化大生产的技术基础上。列宁总结了"战时共产主义"的经验教训，于 1921 年 3 月主持召开了党的第十次代表大会，通过了以实物税代替余粮收集制的决议，这标志着从战时共产主义过渡到新经济政策。列宁在《论粮食税》一文中指出，在无产阶级专政条件下，可以利用国家资本主义发展工业。列宁还指出，社会主义经济必须保留商品生产和商品交换。新经济政策使国民经济得到迅速恢复和发展。

列宁在领导俄国革命的同时，还极为关注国际共产主义运动。在 1914 年 9 月发表的《革命社会民主党的欧洲大战中的任务》中指出，第二国际已经破产，有必要建立一个新的国际。

1919 年 3 月，他主持召开了共产国际成立大会，直接领导了共产国际活动。在第二次代表大会上，阐明了民族和殖民地问题，指出这一问题是无产阶级革命的一部分，论述了全世界无产者和被压迫民族联合起来的思想。1920 年写了《共产主义运动中的"左派"幼稚病》，批判西欧各国共产党存在的"左"倾思潮，指明了各国无产阶级革命走向胜利的途径。

1922 年底列宁病势加重，但仍关心党和国家命运。他发表一系列文章总结苏维埃政权建立几年来的经验教训，系统提出了建设社会主义的理论和计划，阐述了实现社会主义工业化，加强对农业的社会主义改造，发展文化教育事业，加强党和国家机关的建设，吸引群众参加国家管理，反对官僚主义，改进工作作风等重大问题，给俄国无产阶级革命和国际共产主义运动留下了宝贵的遗产。

1924 年 1 月 24 日，列宁病逝于莫斯科郊外，享年 54 岁。他的遗体被安放在莫斯科红场。

彼得格勒武装起义

1917 年，俄国爆发了两次革命：第一次在 3 月，第二次在 11 月，前者结束了沙皇专制统治,成立了临时政府,后者推翻了临时政府,确立了苏维埃政权。第一次革命的导火索是一个意外事件。

1917年1月22日,亦即1905年"流血星期日"十二周年纪念日,这一天,俄国彼得格勒有15万工人举行罢工,原因是运输工具不充足,从而导致了食品和燃料的极度缺乏。莫斯科、哈尔科夫、罗斯托夫等地的工人也举行了罢工。3月8日,彼得格勒工人再次举行罢工。3月10日,俄国爆发了全俄政治总罢工,参加人数达30万。罢工群众高举红旗涌向市中心,同警察发生冲突。布尔什维克党彼得格勒委员会散发传单,号召工人进行决定性战斗。3月11日,罢工群众同政府武装展开巷战。在战斗中,政府军的士兵成群结队地转到群众一边,调转枪口,反对沙皇政府。

到1917年3月12日(俄历2月27日),有6万多彼得格勒卫戍部队的士兵转到革命方面来,同工人群众并肩战斗,占领了兵工厂、弹药库、火车站、邮电局,捣毁了警察所和监狱,逮捕了政府大臣。彼得格勒无产阶级由罢工运动转为武装起义的二月革命,使延续300余年的罗曼诺夫王朝在俄罗斯寿终正寝。

正当彼得格勒无产阶级举行武装起义的时候,杜马主席、十月党人罗将柯(1859~1924)劝说沙皇尼古拉二世组织"责任内阁",以缓和紧张局势。但沙皇拒绝了这一建议,并下令杜马停止工作。于是,第四届杜马的一些代表于3月12日组成了以罗将柯为首的国家杜马临时委员会,以维持政局。

同一天,彼得格勒苏维埃第一次会议在塔夫利宫开幕。参加会议的大约有50人,布尔什维克代表占少数。会上宣布成立彼得格勒苏维埃执行委员会,孟什维克的齐赫泽(1864~1926)当选为执行委员会主席。在执行委员会中,小资产阶级政党的代表占绝对多数。

彼得格勒苏维埃本应成为全国唯一的最高权力机关。但是,苏维埃执行委员会中的社会革命党和孟什维克向国家杜马临时委员会妥协,结果,资产阶级临时政府于3月15日宣告成立。新政府由自由党人格奥尔基·李沃夫任政府总理兼内务部长,立宪民主党首领保尔·米留可夫任外交部长,十月党首领古契诃夫(1862~1936)任陆海军部长,社会党人亚历山大·克伦斯基任司法部长。

这是一个资产阶级的、自由主义的、中间派的内阁,它在一定程度上有利于改革。它宣布言论自由、出版自由和集会自由;宣布大赦政治犯和宗教犯;承认所有公民法律上一律平等,不遭受社会、宗教或种族方面的歧视;它还通过了劳动法规,其中包括8小时工作日。尽管临时政府在改革方面取得了这些成绩,但它从未在这个国家扎根。它拼命挣扎、奋斗了8个月,却未能提供适当的行政管理。最后,这个新政府并不是被人推翻了,而是像沙皇政权在 3 月时那样,孤弱无助地、屈辱地突然坍塌了。

继临时政府之后的是一种全新的政治制度——苏维埃制度。

攻占冬宫

苏联十月革命爆发之前,为了便于领导革命,列宁在 1917 年 10 月 20 日秘密回到彼得格勒。10 月 23 日,党中央举行了具有历史意义的会议。在会上,许多人仍不准备最后决战,因为他们担心,即使他们能推翻临时政府,也不可能维持政权。列宁对此回答说,24 万布尔什维克党员完全有能力统治俄国,为穷人的利益反对富人。正如过去 13 万地主统治俄国,为富人的利益对付穷人一样。最后,大会通过了列宁提出的关于武装起义的决议。起义时间定在 11 月 7 日。决议指出:"武装起义是不可避免的,并且业已完全成熟。"武装起义作为党的直接实践任务提到日程上来了。

10 月 25 日,彼得格勒苏维埃执行委员会根据党中央的决定,成立了准备和领导起义的公开机关——军事革命委员会。在 10 月 29 日的党中央扩大会议上,选出了由斯大林、斯维尔德洛夫、捷尔任斯基等人组成的领导起义的党总部,作为彼得格勒苏维埃军事革命委员会的领导核心。

以克伦斯基为首的临时政府在得到叛徒告密后,于 11 月 5 日晚间开会,决定立即动手,镇压革命力量。当时临时政府在彼得格勒掌握大约 5 万名武装部队,于 11 月 6 日下令加强对政府机关、车站、军火仓库的警戒,同时派士官生封闭布尔什维克党的机关报《工人之路》报,并企图占领布尔什维克党中央所在地——斯莫尔尼宫。

这天夜里,一位个头不高、工人打扮的人匆匆来到武装起义的指挥部——斯莫尔尼宫。他走进宫内,立即摘去了假发,果断地下达了起义的命令:"今天晚上,我们一定要把政府人员全逮捕起来,解除他们的武装!"

此人就是列宁。在革命生死存亡的关头,列宁决定提前发动起义,他当即派出革命士兵把盘踞在《工人之路》编辑部和印刷所的士官生赶走。当天上午照常出版的《工人之路》报号召工农大众起来推翻临时政府。

在布尔什维克党的领导下,有 20000 名工人赤卫队立即武装起来。驻扎在彼得格勒的 20 万名革命士兵分别举行集会,表示坚决执行军事革命委员会的一切命令。波罗的海舰队派遣 25 艘军舰和数万名水兵到首都参加战斗。同时,军事革命委员会通过"阿芙乐尔"巡洋舰上的无线电台，要求彼得格勒外围的各革命组织进入战斗准备，以阻止支援临时政府的军队开进首都。临时政府事实上已完全陷于孤立。但是，军事革命委员会只注意聚集革命力量，没有认真组织进攻。

11月6日深夜，列宁来到斯莫尔尼宫直接领导起义。整个晚上到第二天清晨，赤卫队和革命士兵、水兵按照列宁的指示，坚决迅速地占领了主要桥梁、火车站、邮政局、电话局、国家银行、政府机关等战略要地，包围了士官生学校，并强行解除了他们的武装。

11月7日上午，军事革命委员会发表了列宁起草的《告俄国公民书》，宣告临时政府已被推翻，政权已经转归苏维埃。但临时政府不甘心自己的灭亡，搜罗了2000多名军官和士官生，龟缩在冬宫里，继续顽抗。下午6时，20000名革命士兵和赤卫队员，9艘军舰，10辆装甲车包围了敌人的最后据点。军事革命委员向临时政府发出最后通牒，要它立刻投降，但遭到拒绝。

新的战斗又开始了。以"阿芙乐尔"号巡洋舰的炮声为信号，工人和士兵向冬宫发动猛烈进攻，展开了争夺每一个大厅、每一个房间的激烈战斗，直到深夜打下冬宫。临时政府的成员，除克伦斯基已乘美国大使馆汽车逃走外，都被逮捕。临时政府就这样轻易地垮台了。彼得格勒武装起义获得了辉煌胜利。战斗结果伤亡人数仅有1名红军战士和5名红军水手。

"阿芙乐尔"的炮声宣告了人类历史新纪元的开始。1917年11月7日（俄历10月25日）作为伟大十月社会主义革命胜利的日子而载入史册。10月7日夜晚，全俄苏维埃第二次大会开幕。大会首先通过了《告工人、士兵、农民书》，宣告各地全部政权转归苏维埃，并号召人民把革命进行到底。在这次代表大会上，成立了世界上第一个工农苏维埃政府——人民委员会。列宁当选为主席。

彼得格勒武装起义胜利的消息当天就传到莫斯科。莫斯科的布尔什维克党组织决定立即举行武装起义。革命的工人和士兵很快就占领了邮局、电报局、国家银行、克里姆林宫等重要据点。斗争获得了初步胜利。

但是，孟什维克在军事革命委员会中进行阻挠破坏，起义领导人也动摇不定，甚至同莫斯科军区司令谈判。这就使敌人得以乘机聚集反革命力量，发动突然进攻，夺回了邮局、电报局等据点，又用欺骗手段重新占领克里姆林宫，屠杀了驻守在那里的革命士兵，并提出最后通牒，要求取消军事革命委员会。孟什维克慌忙退出了军事革命委员会。

布尔什维克领导工人举行全市总罢工。这时，莫斯科近郊的贫苦农民以及彼得格勒的赤卫队和水兵都赶来支援起义。经过6昼夜的顽强战斗，终于在11月15

日攻占了克里姆林宫,取得了革命的胜利。

在彼得格勒、莫斯科建立苏维埃政权后,到 1918 年 2~3 月间,全俄国各地都相继建立了苏维埃政权。十月革命胜利了。

共产国际成立大会

由列宁领导的俄国十月社会主义革命的胜利像初春的喜雨,促进了全世界各国革命运动的蓬勃开展。

阿根廷、芬兰、波兰、匈牙利、奥地利等国在 1918 年先后成立了共产党。发达的资本主义国家德国也在 1918 年 11 月爆发革命,年底,成立了德国共产党。各国共产党的成立为创建共产国际提供了前提条件。

1919 年 1 月,俄共以及波、奥、匈等 8 个马克思主义政党的代表在莫斯科开会,会议通过了告各国无产阶级组织书,要求他们派代表来苏俄,讨论成立共产国际的问题。

社会民主党右翼为了抵制国际共产主义运动的发展,于 1919 年 2 月在瑞士伯尔尼召开社会党人代表会议。出席会议的有 26 个国家的 102 名代表。会议决定恢复第二国际,即伯尔尼国际。

1919 年 3 月 2 日,各国共产党和左派社会民主主义组织的代表会议在莫斯科开幕。然而由于帝国主义对苏俄的封锁和武装干涉,能从国外来参加这次会议的当时只有德国、奥地利等少数几个国家的共产党代表,多数代表是在苏俄的外国侨民。当时旅俄华工联合会负责人刘泽荣(刘绍周)、张永奎作为中国代表也列席了这次会议。

列宁在代表会议上做了关于资产阶级民主和无产阶级专政的报告。列宁明确指出,无产阶级为完成自己的历史使命必须建立无产阶级专政。修正主义颂扬一般民主,实际是维护资产阶级民主,即资产阶级专政。他们斥责一般专政,实际是反对无产阶级专政,即无产阶级民主。列宁的报告具有重大意义。它指明,新的国际的根本任务是实现无产阶级专政。

会议就是否立即成立共产国际问题展开了广泛的讨论。德共希望推迟宣布。列宁做了大量说服工作,最后会议决定将此次会议改为共产国际成立大会。出席成立大会的,有 35 个组织的 34 名有表决权的代表和 18 名有发言权的代表。大会通过了《共产国际宣言》《共产国际行动纲领》等文件,号召"全世界的无产者,在工人苏维埃的旗帜下,在夺取政权和实行无产阶级专政的革命斗争旗帜下,在第三国际的旗帜下联合起来"。最后,大会选举了由苏俄、德国、奥地利等国共产党代表组成的执行委员会。执行委员会选举了列宁、季诺维也夫、托洛茨基、拉科夫斯基和普拉廷5人组成共产国际执行局。

共产国际成立后,各国革命运动有了重大发展。苏俄取得粉碎国内反革命叛乱和外国武装干涉的胜利。1919年春,匈牙利和德国的巴伐利亚地区一度建立了苏维埃共和国,意、英、法、日、美等其他资本主义国家爆发了大规模的群众运动。中国、印度等国的民族解放斗争也蓬勃发展起来。1919年,荷兰、丹麦、保加利亚、墨西哥、美国等国先后成立了共产党组织。1920年春夏,希腊、西班牙、印度尼西亚等国也成立了共产党组织。

1920年7月~8月,共产国际在莫斯科举行第二次代表大会。出席大会的有41个国家的217名代表。这次大会与上次不同,大多数代表来自国外,是一次名副其实的世界性大会。

共产国际第二次代表大会后,又有一些国家建立了一批新的共产党。1920年,英国、法国、土耳其共产党成立。1921年,中国、意大利、罗马尼亚、捷克斯洛伐克等国也成立了共产党。

中派分子,于1921年2月在维也纳开会,成立了"社会党国际工人联盟",即第二个半国际。参加会议的有英国独立工党、德国独立社会民主党、奥地利社会民主党等。它们宣称站在第二国际和第三国际中间,但两年后就同第二国际合并了。

1921年6月~7月,共产国际在莫斯科举行第三次代表大会。这次参加大会的已发展到52个国家的605名代表。中国的张太雷和瞿秋白参加了大会。

此次大会是在欧洲无产阶级革命高潮已过,各国革命斗争受到摧折情况下召开的。大会认为,当前各国共产党的中心任务是争取群众,并提出了"到群众中去"的口号。

1921年12月,共产国际执委会通过了关于建立工人统一战线的提纲。提纲指出,共产党可以同社会党签订统一战线协定,但必须保持共产党自身的自主性和独立性。

1922年11月~12月,共产国际在苏俄举行第四次代表大会。此次出席大会的有58个国家的408名代表。陈独秀和刘仁静代表中国共产党出席了本届大会。大会进一步讨论了关于统一战线问题,肯定了执委会通过的关于建立工人统一战线的提纲,并要求东方各国共产党在争取民族解放斗争中建立反对帝国主义的统一战线。

此后,共产国际在1924年、1928年和1935年先后召开了三次代表大会。到

1943年6月10日，共产国际正式宣布结束活动并解散。共产国际完成了它的历史使命。

血染的顿河

《静静的顿河》是苏联作家肖洛霍夫的代表作。它历来以结构的庞大复杂、富有历史感而被世人称道。这部作品使肖洛霍夫当之无愧地跨进了世界杰出作家的行列。同时各种荣誉纷至沓来，1941年获斯大林文学奖一等奖，1965年又摘取了诺贝尔奖奖金的桂冠。

《静静的顿河》主要是以1918至1920年苏联的国内战争为背景的。发生在顿河边上的残酷战争成为作家选取的特写镜头，是此次国内战争的一个缩影。

顿河两岸生长着一个特殊社会阶层——哥萨克。这可是追溯到15世纪。大批不堪忍受农奴制压迫的农奴、仆役、流犯和市民，纷纷从俄国内地逃亡到边远的顿河、库班河大草原上成为"自由民"，逐步建立起具有自治性质的哥萨克组织。哥萨克酷爱自由，英勇善战，性格粗犷强悍。后来沙皇对哥萨克采取怀柔和镇压相结合的政策，授予一定"特权""荣

肖洛霍夫

誉"，灌输"忠君爱国"的思想，使之效忠沙皇。哥萨克一面务农，一面习武，过着一种传统的近乎中世纪宗法制的生活方式。

由于长期生活在闭塞的环境里，远离俄国的民主运动，加之沙皇的欺骗收买，哥萨克逐渐变得愚昧粗野，狭隘偏执，充当起沙皇镇压革命的刽子手和国际宪兵的角色；顿河也从自由的根据地变成反动的堡垒。

十月革命一声炮响，建立了世界上第一个无产阶级专政的国家。面对这一新生事物，国内外的地主资产阶级都极端仇视它。他们从四面八方反扑过来，企图把新生的苏维埃政权扼杀在摇篮里。

这样,建国之初,苏维埃政权便陷于四面重重包围之中。它所控制的地区主要是莫斯科周围的地方。面积只有全国土地的1/4。苏维埃失去了粮食和煤炭的主要产地。由于原料缺乏,铁路瘫痪,40%的工厂停了工。劳动大众生活困苦,长期忍受着饥饿的折磨。莫斯科和彼得格勒的工人每人每天只能领到一两面包。与此同时,暗藏的敌人还不断在苏维埃地区制造颠覆破坏事件。1918年7月,莫斯科、雅罗斯拉夫里等城市相继发生叛乱。8月30日当列宁离开他发表讲演的米赫里逊工厂的时候,社会革命党的女党员卡普兰乘机向列宁开枪,这位无产阶级领袖的身上中了两颗毒头子弹,伤势很重。

1919年春,协约国改变了反苏策略,把白军推到第一战线,组织他们统一进攻莫斯科。

苏俄的处境十分危急,可谓危机四伏。

十月革命爆发后,被推翻的各种反动势力纷纷逃亡到顿河流域,妄图把顿河变成他们颠覆年轻苏维埃政权的反革命根据地。"静静的顿河"开始"波浪翻滚",哥萨克面临着革命与叛乱、真理与偏见、红军与白军的根本抉择。

作品主人公葛利高里身上流淌着哥萨克的血液。他从小接受了古老的哥萨克传统生活方式的熏陶,青年时代应征入伍,参加了帝国主义战争。亲身的经历,现实的教育,同共产党人和革命哥萨克的接触,使他开始有所觉悟。十月革命后内战一开始,他参加了红军赤卫队,英勇地同白匪作战。1918年春,形势突然逆转,白匪利用红军执行政策上的过"左"错误,煽动顿河哥萨克暴动。葛利高里不能容忍所在部队不经审判就处决了全部白军俘虏,在白匪的"哥萨克自治论"的影响下,他脱离了红军,和哥哥彼得罗夫一块参加了反革命暴动。在白军中,他不断和白匪军官发生冲突。

1918年底,当白匪溃败时,他怀疑自己的道路走错了,便退出白军回到村里,想从此解甲务农。但红军和村苏维埃政权仍然对哥萨克实行过火政策,胡乱捕人杀人,葛利高里也被列入了被捕人员名单,他闻讯后逃跑了。1919年3月,顿河哥萨克再次暴动。葛利高里的哥哥在搏斗中被红军杀死。葛利高里怀着复仇的心理再次参加叛军,并爬到白军师长的高位,成了统率3000人马同苏维埃作战的叛军骨干。同年10月,红军很快打垮了南线白军,葛利高里带着情妇婀克西妮娅想随白军逃到海外去,但未成功。在对白军失望的情况下,他再次参加了红军,在布琼尼骑兵任连长、副团长,为赎罪奋不顾身地同乌克兰和波兰的白匪英勇作战。然而,他终究得不到红军的信任,1921年内战刚结束,他便被复员回村。这时,他的妻子娜塔莉娅死于小产,嫂嫂妲丽亚自杀溺死于顿河,父母也先后病故,只有妹妹

·俄国十月革命·

图文珍藏版

杜妮娅已和村苏维埃主席珂晒伏依结了婚。葛利高里回村后想同妹夫珂晒伏依和平共处，但后者不信任他，声言要将他逮捕；他又听信了残余叛匪头目佛明的谣言，害怕受到苏维埃政权的惩罚，于是投入了佛明匪帮。1922年春，佛明的叛乱彻底垮台，他潜回村中带上婀克西妮娅想远走他乡。潜逃时，婀克西妮娅半途中弹身亡，葛利高里心碎肝裂，独自一人在草原上走了三天三夜，然后把武器抛入开始解冻的顿河，孤身一人回到了村里。在家门口的石阶上看到唯一的儿子米沙特。"这就是在他的生活上所残留的全部东西"，"这就是使他暂时还能和大地……相联系的东西"。

《静静的顿河》正是借助这一特定的历史时期、特定的地理环境而演绎出的动人的故事，主人公葛利高里是有很大的可读性的。他在重大的历史转折关头，不自觉地卷入历史事件的强大漩涡之中，一直动摇在两个敌对阵营之间，这是有着深刻的社会历史根源和个人的主观原因的。

葛利高里出身于殷实的哥萨克中农家庭。这就天然地决定了其性格的两重性即既是劳动者，又是私有者。在政治上具有小资产阶级左右摇摆的全部劣根性；尤其是对几世纪遗留下来的保守落后的哥萨克传统观念的偏见，以及哥萨克军官的特权思想，他一直顽固地坚持，不愿舍弃。因此他站在冰炭不容的敌对阵营之间动摇徘徊，在白军与红军中三进两出，竭力寻找一条超越革命与反革命的"哥萨克中间道路"——"第三条道路"。然而，哥萨克中农是没有独立的政治路线的。葛利高里顽固坚持"第三条道路"的结果，只能越来越背离人民，最后以自己的彻底毁灭而告终。葛利高里悲剧的实质，是在阶级搏斗尖锐化的革命年代，企图追求和探索实际上不存在的"第三条道路"的"理想"遭到彻底破灭的悲剧；是在艰难困苦的动荡时期，既要顽强地表现自己，又找不到自身的真正地位和道路的人的悲剧。

葛利高里作为一个个体的人，作为有个人"追求"和"理想"的人是不幸的，他在历史面前是多么的渺小，多么的无力。他双手沾满了战争的鲜血，只身一人站在被鲜血染红的顿河，似乎顿悟出了什么。作家抓住了这一瞬间，也是作家的某种理想的寄托，更是作家的伟大之处的具体体现。

顿河边上刀光剑影的战场厮杀是苏联国内战争的一个缩影。知一斑可窥全豹，新生事物得以存在是异常艰难的。苏联人民终于经受住了考验，克服了各种困难，挫败了国内外敌人的进攻，胜利地保卫了新生的社会主义国家。

新经济政策

1920 年,苏维埃人民在布尔什维克党的领导下打退了外国武装干涉,平定了国内叛乱,赢得了举世瞩目的胜利。可是,当国家转向和平建设的时候,却遇到了意想不到的巨大困难。

1921 年初,国家大工业的产量仅及战前的 1/5;燃料、冶金、机器制造部门几乎完全遭到破坏;棉织品的产量减少到战前的 1/20。农业也很不景气。播种面积缩小,土地耕种粗糙,谷物收成减产,牲畜头数下降。农业产量只有战前的 60%,人民生活十分困苦,连最起码的生活用品都感到缺乏。

在这种困难情况下,部分工人中出现动摇不满的情绪,甚至发生了罢工事件。农民的不满情绪更为严重。他们原来接受余粮收集制,愿意用自己生产的粮食支援苏维埃打败白匪,以保住分到的土地。内战结束后,地主复辟危险消失,农民不肯再把粮食无偿地献给国家。不少农民减少播种面积,逃避余粮收集。一些中农甚至参加反苏维埃叛乱。农民的不满也波及军队。1921 年 2 月底,波罗的海舰队的重要基地喀琅施塔得发生了水兵叛乱。

所有这些情况说明,苏维埃政权实行的经济政策已不适合当今经济发展的需要了。

为了克服危机,人们纷纷献策献计。不少人主张进一步加强国家干预,建议把贫农变为国家农业大军,由国家直接组织农业生产。列宁面对这种情况,仔细地分析了国内的情况,认为恢复经济,稳定政权,必须从改善无产阶级国家同农民的关系入手。列宁正是用这种政治家敏锐的洞察力,审时度势地废除了农民不满意的战时共产主义的政策,实行新的经济政策。

1921 年 3 月,俄国共产党召开了第十次代表大会。根据列宁的报告,大会决定用粮食税代替余粮收集制。从此,农民不必把全部余粮交给国家,而只需交纳一定的粮食税。同时,税额大大低于余粮收集额。超过税额的余粮都归农民个人所有。粮食税政策受到农民的欢迎。农民看到,扩大耕种多打粮食就能多得粮食,生产积极性大大提高。

在流通方面,内战后期多数产品或是凭证供应或是免费分配,商品买卖大多是在黑市秘密进行的。现在,政府允许农民和小手工业者把自己的劳动产品拿到市场自由买卖,恢复国内的自由贸易。这一决定深得私有者的拥护。

在工业方面,内战时期宣布把中小工业都收归国有。实行新经济政策后,一切涉及国家经济命脉的重要厂矿企业仍然归国家所有,由国家经营。而那些中小企业和国家暂时无力兴办的企业则允许本国和外国的资本家经营。

实行新经济政策后,国有企业和合作社的管理制度也有很大改变。原来,国家设总管局,统一管理各个企业。实行新经济政策后,合作社成为独立的机构。它可以按自定的价格采购农产品,也可以按自己的意愿出售日用品。

新经济政策是列宁的英明决策,它使 1921 年春天的危机迅速消失,生产稳步恢复。新经济政策满足了小私有者的经济要求,受到广大农民的欢迎,也得到了工人和其他劳动者的拥护。在新经济政策的基础上,工农联盟日益巩固,苏维埃政权不断加强。到 1925 年,粮食的产量大体恢复到战前水平,工业总产量达到战前的3/4。国民经济恢复工作基本完成。

新经济政策的实行更为俄国人民指明了走向社会主义的正确道路。以列宁同志为代表的苏维埃政权正确地认识到,用战时共产主义政策的办法直接过渡到社会主义是行不通的。列宁曾精辟地说,实行新经济政策会使资本主义因素有一定增长,也确实存在着无产阶级和资产阶级谁战胜谁的问题。但是,苏维埃国家拥有强大的政权,掌握着重要经济命脉,完全可以把资本主义因素限制在一定范围之内,还可以利用它来为苏维埃服务,在这种情况下,资本主义复辟绝不是必然的。相反,无产阶级国家一定能够通过新经济政策战胜资本主义,实现社会主义。

列宁提出的新经济政策是对马克思主义思想的重大发展,对中国和其他国家的社会主义建设事业具有重大指导意义。

为共产主义敲响战鼓的年轻人——马雅可夫斯基

"党——

是工人阶级的脊梁

党——

是我们事业的永生。

……

党和列宁——

一对双生的兄弟,——

在母亲——历史看来

谁个更为贵重?

我们说——

就是指的——

党，

我们说——

党，

就是指的——

列宁。

……

活着的列宁

又发出号召：

无产者，

整起队伍来，

走向最后的决斗！"

是谁用如此嘹亮的声音歌颂列宁？是谁用如此坚定有力的战鼓为初生的党的事业壮行？是谁义无反顾地投入党的战斗？是谁对共产主义充满了信心，却又对共产主义的蛀虫万分厌恶？

他就是马雅可夫斯基。坚决地选择了战斗，又坚决地选择了死亡。

1893 年 7 月 19 日，在格鲁吉亚的库塔伊西省巴格达吉村，弗拉基米尔·弗拉基米罗维奇·马雅可夫斯基降生了。他父亲是一个林务官。家境很好，一家五口人生活的非常幸福。

马雅可夫斯基的母亲很有文学修养，在她的教导下，马雅可夫斯基喜欢上了文学。1900 年，马雅可夫斯基被母亲送到库塔斯。1907 年，马雅可夫斯基考入了库塔斯中学。在这里，马雅可夫斯基学习非常努力，每门功课都很优秀。在休息的时候，小马雅可夫斯基参加他大姐柳德米拉·弗拉基米罗夫娜与朋友们组织的文学小组。大家一起读各种文学著作，一起热烈地讨论。这时小马雅可夫斯基显示了他的文学天赋，他的观点常常比别人的更新奇、更深刻。

1905 年，俄国第一次革命风暴很快波及格鲁吉亚。小马雅可夫斯基兴奋地参加了当时的示威游行与集会，成为学生运动的中坚。1906 年，马雅可夫斯基的父亲不幸病故。从此，一家人的生活陷入了困顿。一家人搬到了莫斯科，虽然生活非常清贫，但母亲仍然坚持让孩子们上学。为了减轻母亲的负担，懂事的马雅可夫斯基同姐姐一起制作一些小工艺品卖。莫斯科的政治斗争更为激烈。马雅可夫斯基家里经常住进一些革命者。他们虽然都大骂沙皇政府，但对马雅可夫斯基一家却非常温和。小马雅可夫斯基跟他们非常熟悉，由于马雅可夫斯基非常喜爱读书，在那些革命者手里,常常得到一些革命进步书刊。渐渐地,小马雅可夫斯基弄懂了布尔什维克的革命目的,并且也看出了沙皇统治下人民的苦难。他接受并拥护党的斗争。1908年,小马雅可夫斯基坚决要求参加了俄国社会民主工党,开始为党的事业而工作。他先后三次入狱,恶劣的狱中生活激起他更大的热情投入到党的事业中去。

1911年,马雅可夫斯基考入莫斯科绘画雕刻建筑学校。在这里,他开始学着写诗。一开始他的作品深受未来派的影响,并不出众,但是马雅可夫斯基依然努力地学习,坚决地与专制势力的压迫、剥削做斗争。他说:"今天的诗仍是斗争的诗"。1912年,马雅可夫斯基发表了《夜》与《早晨》。编入俄国未来派诗人布尔柳克的《给社会趣味一记耳光》。这是俄国未来派的第一部诗集。1915年,马雅可夫斯基完成了他的第一部长诗《穿裤子的云》,对资本主义进行了揭露与批判。1915年7月,马雅可夫斯基应征入伍。残酷的战争让他认清了帝国主义的本质。1916年,他又完成了另一部长诗《战争与世界》。诗中揭露了帝国主义战争给人民带来的沉重灾难与不幸。在日渐壮大的无产阶级文学的影响下,特别是在俄国杰出作家高尔基的帮助下,马雅可夫斯基进步很快。

1916年,马雅可夫斯基出版了他的反战诗集《像牛叫一样简单》,高尔基非常欣赏马雅可夫斯基,称他的诗是真实的文学,只是还没有发挥出来。在高尔基的指导下,马雅可夫斯基在1917年完成了长诗《人》。俄国二月革命之后,马雅可夫斯基坚定地站到布尔什维克一边,投入了对资产阶级临时政府的战斗中去,他写了一些著名的小诗在舆论上为共产主义加油、助威,如《关于小红帽的故事》《给我们回答》等。

十月革命胜利之后,马雅可夫斯基见到了俄国革命领袖列宁,给他留下了深刻的印象,这一时期,他激情飞扬,热烈地歌颂工人阶级取得的胜利。如《我们的进行曲》《给艺术大军的命令》《革命颂》等。

俄国十月革命的伟大胜利,击溃了资本主义阵营,建立了第一个无产阶级国家,鼓舞了世界各国被奴役被压迫的民族起来反抗。革命的火燃遍了全球。帝国主义反动势力对新生的无产阶级政权痛恨至极,集结反共联盟,力图把新生的红色政权扼死在摇篮里。马雅可夫斯基用充满战斗激情的声音,高声唱出了著名的政治鼓动诗《向左进行曲》。诗中写道:

"我们厌恶

亚当和夏娃留下的法律

赶开历史这些瘦弱的老马!

向左！

向左！

向左！

……

俄罗斯决不向协约国屈服。

向左！

向左！

向左！

无产阶级的手指

掐紧

世界的喉咙！

挺直英勇的胸脯前进！

看无数旗帜满天飞舞！

谁在那里向右转？

向左！

向左！

向左！"

马雅可夫斯基在这里完美地展现了他的艺术风格。他以节奏鲜明、铿锵有力的语言，如战鼓一般激励着俄罗斯军民奋勇向前。

1919 年 9 月，马雅可夫斯基参加俄罗斯通讯社——"罗斯塔"的宣传工作。他与画家切列姆内赫合作，编辑《罗斯塔讽刺之窗》，以通俗易懂的形式谴责敌人的暴行，号召人民起来反抗。《罗斯塔讽刺之窗》为俄国击败帝国主义反动势力做出了贡献。1920 年，马雅可夫斯基完成了长诗《一亿五千万》，歌颂了俄罗斯人民不畏强暴，顽强捍卫自己政权的斗争精神。

在社会主义建设时期，马雅可夫斯基一面被广大人民的英勇顽强的献身精神所鼓舞，一面又被无产阶级阵营内部的丑恶现象所激怒，他义正词严地指出这些现象的反人民性，尖刻地讽刺了这种好大喜功，追求浮华的寄生性。1922 年 3 月 5 日，马雅可夫斯基发表了一首名为《开会迷》的讽刺小诗，非常出色，其中这样写道："一天

要赶去参加

二十个会。

不得已，才把身子斩断！

齐腰以上留在这里,

下半截

在那里。"

同时,在这一年,马雅可夫斯基出版了他第一本《讽刺诗集》。对社会主义中的阴暗面进行了尖锐的讽刺、抨击,受到人民群众的欢迎。但同时,由于他这种不肯同流合污的态度,被党中很多的官僚所痛恨,受到不断的诬陷、迫害。但光明磊落的马雅可夫斯基毫不屈服,一心一意地为共产主义事业而努力奋斗。

1924 年 1 月 22 日,伟大的革命导师列宁逝世。整个苏联被哀伤的阴云笼罩。马雅可夫斯基悲痛之余,历时 4 个多月,完成了著名的长诗《列宁》。他歌颂了列宁伟大的一生,鼓舞人们在列宁光辉思想的指导下继续前进。他描绘了一幅世界人民大团结的共产主义世界:

"所有的国家都站起来了。

一个接着一个——

伊里奇的手

正确地指示着

各民族的人民——

黑的,

白的,

有色的——

都站到

共产国际的旗帜下。"

马雅可夫斯基关注着世界各族人民的反帝解放斗争。1924 年初期,英帝国主义干涉中国的革命斗争,马雅可夫斯基写了《不准干涉中国》。其中写道:

"中国人,大声喊吧:

'不准

干涉中国!'

是时候啦,

赶走这批混蛋,

把他们

摔下

中国的城墙。

横行世界的海盗们,

不准

干涉中国!"

此外马雅可夫斯基还写了《莫斯科的中国》《阴惨的幽默》《你来念念这首诗，上巴黎、中国去一次》等鼓舞世界人民斗争的诗篇。

1927 年，为了庆祝十月革命胜利 10 周年，马雅可夫斯基历时 8 个月创作了长诗《好!》，副标题是《十月的长诗》。诗中表达了对在革命中逝去同志的缅怀，赞扬了他们英勇奋斗的精神，歌颂了伟大的十月革命的胜利。

马雅可夫斯基不仅仅赞扬在各个岗位上奋战的劳动者，而且也为青年一代、儿童一代写诗。如他的儿童诗《什么叫作好，什么叫作不好?》《火马》《长大了做什么好》等等都是优秀的作品。他给青年们写的《共青团之歌》《给我们的青年》《青春的秘密》也都被青年朋友广为传诵。

随着社会主义苏联的逐渐发展，原来沙皇专制的封建思想与资产阶级的利己、享乐的风气又死灰复燃了。马雅可夫斯基对之进行了有力的揭露与鞭挞。从而引起许多人的反感与痛恨，于是他们组织各种力量打击、压制马雅可夫斯基。从而使马雅可夫斯基再也没有一个安宁的创作环境。马雅可夫斯基绝望了。从而更为怀念伟大的导师列宁。1930 年 2 月，马雅可夫斯基顶着巨大的压力举办了"20 年创作生活展览会"。把共产主义的伟大使命寄托在青年一代身上，他要以这些展览会教育青年人。同时也以此回复那些攻击他的人。这次展览会展出了马雅可夫斯基自己 20 年来的所有创作。20 年来他共出版了 86 种著作。他曾给莫斯科、列宁格勒的 30 多种报纸与 50 多种杂志以及国内各地区的 100 多种报纸、18 种杂志撰稿。在编辑《罗斯塔之窗》时，展出的 1600 多幅招贴画、宣传画中，有 1/3 的画是他作的。画配诗中有 9/10 是他写的。20 年，马雅可夫斯基写了诗歌 1300 多首，长诗 14 首，剧本 3 部，电影剧本 12 部。如此辉煌的成就是马雅可夫斯基为社会主义事业辛劳的证据。这次展览会，取得了很大成功，受到广大人民的欢迎。不但很好地教育了青年人，同时也是对社会主义的蛀虫一个有力的反击。

马雅可夫斯基在一切都做完之后，便对这个污浊的环境没有什么留恋了。既然许多领导都恨他，希望他死，他就死吧! 但愿他死之后，那些人能够专心于社会主义事业。反正只要他活着，那些人就不安心，自己也不可能继续工作。于是，高尚的马雅可夫斯基选择了死亡。1930 年 4 月 14 日，马雅可夫斯基在自己的寓所自杀身亡。在他留下的遗书《给大家》中，他这样写道:

"关于我的死，别埋怨任何人，也请你们不要造谣生事。死者最不喜欢这一套。妈妈、两位姐姐和同志们，原谅我吧! ——这不是什么办法(我不劝别人这样做），但我没有别的出路。

莉丽娅——爱我吧！

政府同志，我的家属就是莉丽娅·勃里克、妈妈、两位姐姐和维洛尼佳·维陀尔多芙娜·波隆斯卡雅。

假如你能为他们解决生活问题，——谢谢。

……

祝你们幸福。"

年仅 37 岁的马雅可夫斯基逝去了，这是对于共产主义社会阴暗势力的最后反击。

高贵的马雅可夫斯基将永远活在俄罗斯人民心里。

第二十六章　第二次世界大战

——世界风云再起

第二次世界大战(简称"二战",1939 年 9 月 1 日~1945 年 8 月 15 日),以德国、意大利、日本法西斯轴心国(及芬兰、匈牙利、罗马尼亚等国)为一方,以反法西斯同盟和全世界反法西斯力量为另一方进行的第二次全球规模的战争。从欧洲到亚洲,从大西洋到太平洋,先后有 61 个国家和地区、20 亿以上的人口被卷入战争,作战区域面积 2200 万平方千米。据不完全统计,战争中军民共伤亡 9000 余万人,4 万多亿美元付诸流水。第二次世界大战最后以美国、苏联、中国、英国等反法西斯国家和世界人民战胜法西斯侵略者赢得世界和平与进步而告终。

二战的爆发是资本主义经济政治发展的不平衡引起的。经济上,一战后德国不甘心《凡尔赛和约》对其的严惩和限制,依靠美国的扶植,经济再度超过了英法;意大利在一战后经济衰落;日本侵略亚洲国家的同时,美英等国禁止向日本输送石油战略物资,导致日本经济发展受到阻碍;美国纽约华尔街证券交易所出现抛售股票的狂潮;随之而来的是股票市场的崩溃和银行的挤兑风潮,美国经济陷入绝境(史称"黑暗的十月"),资本主义发展史上最严重的一次世界性经济危机爆发了。政治上,这次经济危机爆发的社会根源是生产社会化与生产资料私人所有制之间的矛盾,导致美国国内的贫富差距不断扩大、来势凶猛并持续了四年时间。随即从美国迅速波及整个资本主义世界,给资本主义世界经济造成严重破坏,人们常常用"大萧条""大恐慌"来形容这场危机。德意日法西斯为摆脱危机、转移国内人们的斗争视线,1929~1933 年资本主义世界严重的经济危机引起了政治危机,德国和日本建立了法西斯专政,而英、法、美继续坚持资产阶级民主制度。

第二次世界大战分为性质不同的两个阶段:第一个阶段为帝国主义战争,第二个阶段为反法西斯正义战争。1940 年 5 月希特勒德国进攻西欧,英法被迫抗击,战争性质改变;1941 年 6 月苏联参战根本改变了第二次世界大战的政治性质。

世界经典文库

世界上下五千年

·第二次世界大战·

图文珍藏版

经济危机下的日本内外矛盾

1929 年世界经济危机使持续萧条的日本经济遭到新的打击。首先表现在生丝出口锐减,丝价迅猛下跌。1929 年,丝价平均每捆 1350 日元,1930 年 3 月跌至 1058 日元,9 月间跌至 500 日元。各种商品价格纷纷下降。1930 年 9 月与 1929 年 3 月相较,8 种主要商品价格平均下降 37%。为了逃脱危机,日本统治者在 50 个主要产业部门强制建立卡特尔,限制生产,淘汰中小企业,裁减员工,降低工资。1931 年日本失业工人达 413000 人,1932 年达 489000 人,加上半失业者,数达 300 万人。

危机对农村的打击尤为严重。尽管 1930 年大部地区农业丰收,但因价格猛降,反成为"丰收饥馑"。蚕农、粮农、菜农均遭打击,民谣说:"五十棵白菜一包敷岛,一百把芜菁一包蝙蝠。"全国农家负债总额高达 47 亿日元,平均每户 837 日元(全国农户约 500 多万)。东北地区和北海道又逢灾歉,农民以草根活命。青森县农村青年妇女卖身价只值 9 日元。

经济危机冲垮了"井上财政"的如意算盘。所谓"井上财政"是指滨口内阁(1929.7.2～1931.4.14)时期起用原日本银行总裁井上准之助(1869～1932 年)为大藏大臣所推行的财政政策,其主要措施,一是紧缩通货,用降低工资、加强劳动强度等办法推行"产业合理化",以降低成本,扩大出口;二是追随主要资本主义国家,解除禁止黄金出口的禁令,恢复金本位制。不料,世界经济危机迅猛袭来,1931 年 9 月起,英美等国相继放弃金本位制。同年 11 月,滨口被刺,不久身死。继任的内阁只存在了 8 个月。1931 年 12 月,政友会的犬养毅组阁后立即下令禁止黄金出口,停止日元兑现,恢复通货膨胀政策。

当时,日本国内生产萎缩,国外竞争激烈。为了摆脱危机,日本统治者加强推行国民经济军事化,扩大军事支出和军事订货,以保证垄断资产阶级的利润。于是,通货膨胀与军需相结合,形成"军需通货膨胀",财阀与军阀进一步结合,称作"军财抱合",亦即军部与资本家的阶级联盟。

第一次世界大战后,随着重工业与化学工业的突出发展,出现了一批与军事关系密切的新财阀,主要有:久原财阀(鲇川财阀)、野口财阀、森财阀、"日曹"康采恩、"理研"康采恩、中岛飞行机康采恩。这些新财阀的资金不如老财阀雄厚,更加依靠国家政权、专业银行、军事部门的支持,采用新技术,发展与军事和殖民扩张有关的新兴工业,因而与军部的勾结更密切。当然,老财阀在造船、煤炭、钢铁、制铝等与军事有关的部门中也有很大的投资,与军部势力也有很深的勾结。军需通货膨胀和国民经济军事化的政策,使新财阀迅速发展,老财阀的军事扩张倾向也大大加强,形成"军财抱合"。从1931年到1936年,日本政府岁出总额扩大约50%,军事支出则扩大1.4倍。1936年,全国国民收入约146亿日元,军费约占7.4%,平均每人每年负担军费超过10日元。1934年,陆海军省指定的89家主要公司赢利总额超过1亿日元。日本工业结构相应发生了重大变化。1918年,纺织、食品两大工业约占全部工业产值的61.8%,重工业(金属、机械、电力、煤气)和化学工业仅占28.9%;至1937年,这两个数字分别改变为33.1%和57.2%。

军需通货膨胀政策是日本法西斯构筑"总体战"体制的组成部分,日本民间企业被加速纳入军事轨道。

军需通货膨胀,禁止黄金出口,其结果是日本国内物价迅速上升,日元对美元的比值则大幅度下降。1931年12月,每100日元合49.375美元,至1933年5月仅值23.662美元。日本商品在国际市场上的价格随之降低。对内保持垄断性高物价以加重对本国人民的剥削,对外不惜接受严重的国际贸易剪刀差廉价输出,30年代前期的日本正是推行这种倾销出口政策的典型。从1931至1934年,日本出口额从11.5亿日元增至21.75亿日元。日本商品到处冲击,震动欧美各国,以致他们惊呼"经济横祸"。1932年8月,日本纺织品出口额跃居世界第一。1933年2月,以英国下议院动议抵制日本商品为开端,各国陆续废除对日商约,限制日货进口,1935年起日本出口呈现呆滞。

与此同时,"协调外交"趋于崩溃。所谓"协调外交",是20年代资本主义世界相对稳定条件下的产物。当时的日本虽为"五强"之一,但经济上还很脆弱,摆脱不了对美英的依赖,军事上也还不能与美英较量。但"协调外交"并不是和平外交,一旦日本侵略权益受到威胁时,就要诉诸武力。虽然如此,军部势力仍嫌"协调外交"软弱。1930年1月21日,英、美、法、意、日五国海军裁军会议在伦敦召开。经过激烈的讨价还价,最后于3月13日达成协议,日本大型巡洋舰对美国的比率为60.22%,轻巡洋舰为70%,驱逐舰为70.3%,潜水艇与美国相等。日本海军军令部强烈反对,认为滨口内阁未经军令部同意就决定海军编制是"侵犯统帅权",以致伦敦海军条约虽在当年4月签字,拖到10月日本枢密院才予以通过,再经天皇批准。接着,"九·一八""一·二八"相继发生。30年代,随着资本主义世界相对稳定局面的消失,日本内外矛盾日益激化,"协调外交"终于破产了。

日本法西斯步伐的加快

1919年8月,北一辉(1883~1937年)写了一本小册子,初名《国家改造案原理大纲》,后改名《日本改造法案大纲》,它后来被日本法西斯分子奉为经典。

北一辉狂热鼓吹天皇制,反对一切民主主义,包括资产阶级民主,说德谟克拉西是"极其幼稚的主张",选举制是以"投票神权"来反对"帝王神权",是适应低能之辈的"低能哲学"。他叫嚣侵略有理,认为中国、印度等均应在日本的"保护"之下。他也伪装"反垄断""限制资本",但限额极宽,对私人企业资本的限额是1000万日元,而当时资本最雄厚的日本银行所拥有的资本额也大约只有6000万日元。他对地主资产阶级实际上并无限制,却要求"根除阶级斗争",禁止罢工,一切纠纷均由国家裁决,对劳动人民实行军事统治。为了实现这些纲领,他要求动用"天皇大权"来改造日本国家,三年间停止实行宪法,解散议院,发布戒严令,建立"国家改造内阁",由天皇直接依靠军队和退伍军人进行统治。

显然,北一辉的理论是敌视人民群众、敌视马克思主义、敌视无产阶级革命的反动理论。它与德、意法西斯的不同之处,仅在于它不是依靠建立法西斯政党来进行法西斯化,而是依靠日本现有的天皇制和军部势力来进行法西斯化。

北一辉的理论是明治以来日本右翼军国主义思想在新形势下的发展。它立即与民间右翼势力结合,并迅速获得军部的支持。各种公开的和秘密的法西斯团体相继成立,形成强大的法西斯势力。最早建立的法西斯团体是犹存社,主要人物有北一辉、大川周明等,它不久分裂,演变为"行地社",并派生出一些组织。自1920年至1929年,各种法西斯团体数达百余个。至1932年,各种"国家主义"团体共计1900多个,分合无常。除犹存会系统外,还有玄洋社、黑龙会等浪人团体;以国家社会主义标榜的经纶学盟系统;以官僚、军阀、财阀代表人物为核心组成的国本社;从工会及"无产政党"中分裂出来的极右翼组织,如日本国家社会党等。

在形形色色的法西斯组织中,力量最强、影响最大的是军部法西斯势力。20年代,比民间法西斯运动的产生略晚一些时候,日本军队中也兴起了法西斯运动。一批中下级军官订立盟约,制定纲领,结成横向的联系,最重要的组织有一夕会、樱会等。前者萌芽于1921年,正式成立于1929年,骨干分子有永田铁山、冈村宁次、东条英机等。后者建立于1930年,以桥本欣五郎为核心。

进入30年代,在国内外矛盾激化的形势下,日本法西斯势力猖獗发展。当时的日本,农村破产,城市工人失业,中小企业生产萎缩。法西斯分子适应群众心理,针对政党腐化,财阀聚敛,官僚堕落等现象,纠集不满分子和野心家,在军部支持下,阴谋策动政变,制造恐怖暴乱。他们公开反共,并在"防止赤化"的口号下摧残一切进步力量。他们甚至不惜用杀死统治集团个别首脑人物的手段来达到建立法西斯专政的目的。

1930年11月14日,爱国社社员佐乡屋留雄狙击滨口首相于东京车站。滨口重伤,次年身死。凶手曾被判死刑,旋即"恩赦",改为无期徒刑,1940年保释出狱。

1931年,樱会分子在陆军省次官杉山元等支持下策谋于3月间发动政变,拥戴宇垣一成。"九·一八"事变后,又策谋于10月间发动政变,拥戴荒木贞夫。这两起军事政变均因时机不成熟而中止。

1932年2月9日,血盟团分子枪杀民政党核心人物,前藏相井上准之助。3月5日,又枪杀三井财阀最高领导人,三井合名公司理事长。

1932年5月15日发生了震惊日本的"五·一五"事件。以士官学校学生为主体的陆海军法西斯分子袭击首相官邸、内大臣官邸、警视厅、政友会本部、三菱银行总店、日本银行等,首相犬养毅被杀。

"五·一五"事件后第三天,陆相就向元老西园寺施加压力说:"陆军是反对政党内阁出现的"。结果,组成了海军大将斋藤实为首相的"举国一致"内阁。这届内阁是处理血盟团和"五·一五"事件所造成的混乱局面,避免发生极端变化,保持统治阶级一致的内阁。总的来说,军部的政治发言权比以前大大加强,此后单独的政党内阁再未出现。日本的政党内阁时期(1924~1932)总共维持了不到十年,便告结束了。

"九·一八"事变和"一·二八"事变

日本军国主义者具有独特的侵略狂热。在20世纪30年代初,日本发动了一系列局部侵略战争,建立了法西斯暴政统治,拼命扩军备战,在远东形成了第二次世界大战的第一个战争策源地。

日本军国主义者的侵略野心是很大的。它所觊觎的是世界霸权,它要发动的是世界大战。把30年代的日本侵略者仅仅看成是中华民族的敌人是很不确切的。但是,夺取世界霸权,日本侵略者自知力不从心,乃乞灵于法西斯主义。他们幻想,只要"将政治、经济、文化、国防统一于天皇,将全部力量集中于一点来加以发挥",

世界上便没有足以与日本"相比拟的国家"。而日本侵略者又认为建立国内的法西斯统治与对外侵略是相辅相成的。于是,日本在进行国家政权法西斯化的同时,发动了"九·一八"侵华战争。

1931年9月18日,日本侵略者悍然发动了抢占我国东北的侵略战争,这既有其经济上的需要,又有其世界性的政治和军事的目的。它揭开了第二次世界大战的序幕。

日本对我国东北各种形式的侵略由来已久,特别在日俄战争后,日本的势力迅速增长。我国东北不仅是日本商品市场和原料供给地,而且是日本的主要投资场所。在"九·一八"前夕,日本在我国东北投资额占各外国投资总额的73%,占日本对外投资总额的54%。我

九·一八事变

国东北几乎成了日本独占的势力范围。在经济危机的严重冲击下,日本需要掠夺新的销售市场、原料产地和投资场所,而对已经控制了的中国东北则更要据为己有。1931年5月29日,"九·一八"侵华战争的实际指挥者板垣征四郎曾以《关于满蒙问题》为题,发表演说,他指出:打开日本"经济困难局面的根本政策,不外乎是向海外发展";"只在本来不富裕的国有财富的范围内,试图发现保障国民生活的根本办法,其结果必然是行不通的。"于是日本把首先占领我国东北,作为它"从世界萧条的困境中摆脱出来的根本政策"。归根结底,要把我国的东北变为日本的领土。其次,随着经济危机的加深,日本国内阶级矛盾日益尖锐化。1931年日本各地示威和罢工斗争达2000余次,参加者14万余人;所谓"外来思想"的渗透也日益严重。反动统治者惶惶不安,既想把国内矛盾引向国外,又急于要加紧政权的法西斯改造,借以"拒绝美国式的民主和苏联式的共产主义"。"如果在满洲发动武力,那么乘此机会国家的改造(即法西斯化)也许就好办了。"此外,日本军国主义者认为中国东北与朝鲜接壤,两国的共产主义者已经联合战斗,"满蒙问题如不解决,则对朝鲜的统治就难以真正实现",所以占领"满蒙"是"稳定对朝鲜的殖民统治所不可或缺的条件"。

当然,对日本法西斯军人来说,最重要的还是把中国东北看成对抗英美苏,进行世界大战的战略基地。石原莞尔就是"站在世界最终战争论的观点上制定满蒙

占领计划的主要人物。"他们预言，"日美战争必将到来之命运，是20世纪最大、最重要的事件，将成为世界历史的转折点"，而一旦发生日美战争，只有从"满蒙"和中国本土筹措战争所需物资，才能支持长期战争。其次，"满蒙"与苏联毗连，是对苏作战的主要战场，一旦建成日本强固的军事基地，苏联就只好打消进行日苏战争的念头。所以，占领"满蒙"，不仅在英美苏的侵犯中确保国防的安全，而且可以"完成未来争霸世界的战争准备"。中国的东北对日本的国防建设是"绝对必要的战略据点。"是日本的"生命线"，必须据为己有。

　　日本军国主义者正是在日本"生命线满蒙"遭到危机的一片叫嚣声中，发动了"九·一八"侵华暴行。这一暴行"是参谋本部的将校，关东军的将校，樱会的会员及其他人等事前周密计划的……目的是为了制造关东军占领满洲的藉口"，1931年6月11日，在陆相南次郎的同意下，设置了极其秘密的省部核心委员会，以参谋本部第一部(作战部)长建川美次为委员长。19日，该委员会完成了《解决满洲问题方策大纲》的草稿。该《大纲》的基本内容是：大约用一年的准备时间，"如果反日运动变得激烈，则有必要采取军事行动"。这样，日本陆军中央已经确立了武装侵占我国东北的基本方针。但关东军并不以此为满足，特别是板垣和石原，他们认为，当时英美法正处于经济危机的困境之中，无暇东顾，苏联的第一个五年计划(1928～1933年)尚未完成，实力不足，从国际条件看，正是发动侵占"满蒙"的大好机会，再过一年，形势就会发生巨大变化，所以，应当尽快动手。他们针对上述《大纲》，而另行制定了《关东军对中央关于情势判断之意见》，提出不惜对苏美一战，"创造机会"，"一举解决"满蒙问题。对于侵略者来说，"机会"(即借口)是不难创造的。关东军经过一番酝酿，终于制定了柳条湖炸毁铁路的计划。

　　自9月14日起，关东军就在中国第七旅的兵营附近实行夜间演习，蓄谋寻衅。在此民族存亡关头，中国政府竟然采取不抵抗政策。早在9月6日，张学良将军已经转发上级命令，第七旅"无论受如何挑衅，俱应忍耐，不准冲突。""故城堞上巡哨步枪，并无实弹……环营土城通铁道之西门亦经严闭"(国际调查团报告书语)。

　　9月18日晚上，工兵出身的河本末守中尉奉密令，带领七、八个人，以巡视铁路为名，选择了离中国兵营约800米的一段铁轨，埋下了几个黄色方形炸药包，点燃爆炸的时间是22点20分。日军制造爆炸事件后，立即反诬我奉命"收缴军械，存入库房"的第七旅破坏铁路。但是，"铁路纵有破坏，实际上并未能阻止长春南下列车之准时到站，断不能引为军事行动之理由"。侵略是不需要理由的。爆炸铁路事件发生后，日本关东军司令官本庄繁立即下达了全面进攻的命令。

　　我国军民，激于民族义愤，进行了自发的英勇抵抗，但当时我国反动政府顽固坚持不抵抗政策,使我国军民不能进行有组织的抗击民族敌人的斗争。一夜之间,日军侵占沈阳,继之大肆抢劫,据不完全统计,仅官方财产损失,即达 17 亿以上。与此同时,日军对长春、安东(即丹东)、营口、凤凰城发动全面进攻。9 月 22 日,吉林城失守。至此,日军已陷城 30 座,控制铁路 12 条。辽、吉两省,基本沦于敌手。日本军阀为了制造既成事实,于 1932 年 1 月攻占锦州,2 月召开所谓"全满洲会议",3 月成立"伪满洲国",准备永远占据我东北三省。

那时,英、法、美等主要国家的政治领袖们,醉心于反苏反共,无视远东与世界和平已经遭到严重威胁这一客观事实,对日本的侵华暴行,采取了绥靖政策。9 月 21 日,中国政府向国联提出控诉。国联在英法的操纵下,经过三个月的争论,毫无制止日本侵华的积极措施,只是成立了一个由英国人李顿为首的调查团,调查所谓"中日冲突"。调查团绕道美国、日本来华,它不是首先到中国被侵占的东北,调查日本侵略罪行,而是去武汉等地了解中国共产党的活动情况。1932 年 4 月,即日本侵占我国东北八个月之后,调查团才到沈阳等地,经过六个月的调查,终于写出了所谓《调查报告书》。它虽然承认战争是由日本挑起的,"伪满"是日本人手中的工具,但同时又认为苏联"对于中国恢复主权之奋斗"采取赞助政策,苏联的态度,"实予中国民族之热望以有力之兴奋"。"共产主义之滋长于中国",更增加了"日本之疑惧"。在《调查团报告书》第一章里,竟用了大约三分之一的篇幅,综述中国共产党的成立、特点、建军以及与国民党的斗争等情况。其结论是:"中国在外交上之国家愿望能否实现,全视中国在内政范围内有无履行现代政府职务之能力以为断。"公开敦促中国反动政府加紧剿共。解决问题的办法是,中国保持对东北地区的主权之虚名,而实行大国保护下的自治,并承认日本在这个地区的特殊利益。置言之,就是要把东北变为国际资本的共同剥削对象与防共的基地。

当时的苏联处于帝国主义的四面包围之中,它必须争取和平环境,加紧经济建设,充实自卫力量。面对咄咄逼人的日本侵略者,苏联的政策是力促日苏关系之缓和。"九·一八"以后,苏联多次建议苏日两国签订互不侵犯条约,均遭日本拒绝。当时的国际条件助长了日本军国主义者的侵略气焰,日本肆无忌惮侵占东三省。继而入侵热河,进窥华北。1933 年 3 月 27 日,日本正式宣布退出国际联盟。这样,日本就公开地践踏了第一次世界大战后签订的一系列国际条约——国联章程、九国公约、白里安—凯洛格公约。

日军在东北扩大进攻并阴谋炮制伪"满洲国"之时,又在上海挑起"一·二八"事变,以压迫蒋介石政府并转移国际视线。1932 年 1 月 18 日,日军驻上海武官奉命指使人击杀日本僧侣后,诬指是三友实业社职工所为,煽动日侨青年同志会袭击三友实业社。日军乘机扩大事态，于 1 月 28 日挑起战争。日军的进攻遭到中国人民和十九路军爱国官兵的坚决抵抗，日军至 2 月底被迫三易主将，逐次增加兵力，由 6000 人增至 10 万人。日军进退维谷，十分不利。藏相高桥是清说："这样下去，军费连三个月也维持不了。"内大臣牧野伸显也担心，不仅上海打不赢，甚至"满蒙"的新权益也会丢掉。但蒋介石一意妥协，于 5 月 5 日与日本签订了《淞沪停战协定》。

日本侵占中国华北

日本侵占中国东北后进面向华北扩张。1932 年 6 月和 8 月，石原莞尔在两个有关"满蒙"侵略方针的文件中就一再声称：占领"满洲"之目的不仅在于开发"满洲"，而且要开发"支那本部"，并进而率领"东亚诸民族"，与盎格鲁撒克逊人进行"世界争霸战"。为此，首先应夺取山西的煤，河北的铁，河南、山东以南的棉花。1935 年 9 月 24 日，日本在华驻屯军司令官多田骏露骨地宣称，要"改变和树立华北政治机构"。同年 11 月 13 日，驻"满"大使兼关东军司令官南次郎致函广田弘毅，正式提出"华北分离工作"，即使华北脱离中国。1936 年 5 月，广田内阁把日本"支那驻屯军"的兵力从 1700 人一举增至 5700 人。"塘沽协定""何梅协定""秦土协定"，炮制冀东及内蒙伪政权等（我国现代史总称"华北事变"），正是上述侵略方针的实施。

与政治、军事侵略同时，日本在华北大搞武装走私。据中国海关估计，自 1935 年 3 月至 1936 年 5 月，15 个月走私额达 3 亿元。走私商品中鸦片占大宗，其次为人造丝等。中国硬通货大量外流，自 1934 年 10 月至 1935 年 8 月，走私外流银币值 3000 万两，严重破坏了中国的财政经济。

经济危机与纳粹运动的迅猛发展

1929～1933 年的世界经济危机，对德国的打击十分严重。危机期间，德国工业生产下降了 40.6%，下降幅度仅次于美国的 46.2%，居资本主义世界的第二位。农业生产下降了 30%，大批小农破产，佃农人数迅速增加。对外贸易锐减，德国出口从 1928 年的 123 亿帝国马克降到 1932 年的 57 亿帝国马克。由于国外贷款的削减，德国最重要的银行之一达姆施达特国民银行于 1931 年 7 月倒闭。经济危机带来的最严重的社会问题,是失业人数大量增加,从 1929 年 9 月的 132 万人增至 1930 年 9 月的 300 万人,1932 年头两个月竟超过 600 万人。这些只是登记的失业数字,实际的失业情况还要严重得多。统治阶级采用削减工资、失业救济金、养老金,以及提高纳税额等办法,力图把经济危机的沉重负担转嫁到劳动人民身上。另一方面,政府却给垄断资产阶级和容克地主提供了巨额贷款和补助金。

1930 年 3 月 27 日,以社会民主党人米勒为首的内阁举行会议,讨论因经济危机而引起的财政困难问题。由于参加政府的各党派意见分歧,无法制定一项大家都能接受的财政政策,联合破裂,米勒遂于 3 月 28 日辞职。米勒政府是魏玛共和国的最后一届议会政府,随后上台的布吕宁政府是依靠总统颁布的具有法律效力的"紧急法令",才能维持统治的。"总统内阁"体制在德国的建立,严重削弱了议会民主,为纳粹党的攫取政权扫清了道路。

20 年代,当德国的政治、经济局势比较稳定的时候,纳粹运动的发展相当缓慢。1928 年,纳粹党员还不足 10 万人,在国会的 491 个议席中仅占 12 个,尚处于无足轻重的地位。经济危机的爆发,为纳粹运动的迅猛发展提供了最难得的机会。在经济危机的打击下,广大中下层人民饱受失业和破产之苦,对现政权极端不满,强烈要求改变现状。纳粹党乘机发动了强大的宣传运动,攻击魏玛共和国历届政府腐败无能,许诺自己执政后定能振兴德国,改善人民的生活状况。纳粹党竭力争取城乡小资产阶级群众,因为他们约占德国全部人口的 40% 以上,是社会的重要组成部分。1930 年 3 月 6 日,纳粹党宣布了《农民纲领》,颂扬农民是"全体人民中最纯洁的分子,民族的新的生命的源泉"。《纲领》规定取缔土地投机,禁止地产抵押和拍卖,并许诺给农业人口以经济援助,如减免捐税、提高关税、提供廉价人造肥料和电力、提供国家信贷,等等。同年 5 月 10 日,纳粹党又提出了《迅速提供就业——战胜危机纲领》,要求"修筑公路,以减少失业";"由国家资助,使中、小企业继续生存";"以大地产为代价,增加中、小农数量"。对失业青年,则引诱他们参加冲锋队,说"这里有你们所需要的一切"。总之,根据不同听众和选民各个阶层的心理状态,纳粹党进行了有针对性的巧妙宣传。在争取城乡小资产阶级和青年的工作方面,比其他政党都要成功,相当一部分失业工人也被争取过来。

经过强大的宣传攻势和周密的组织工作,在 1930 年 9 月 14 日的大选中,纳粹党共得选票 640.96 万张,获 107 个议席,从国会中原来位居第九的最小党一跃而成为仅次于社会民主党的第二大党。纳粹党的党员人数也迅速增加。1928 年 9 月只有 8 万人,1929 年 9 月增至 15 万人,1930 年 11 月再增至 35 万人。

纳粹党的头子们深知,蛊惑性的宣传是为了争取选民,但要确实取得政权,如无国防军和大资本家们支持,是办不到的。1930 年春,乌尔姆卫戍部队有三名年轻军官被捕,因为他们在军队里宣传纳粹理论,并劝诱其他军官允诺:一旦发生纳粹党武装起事,他们不向起事者开枪。1930 年 9 月选举后一星期,这三名军官以叛国罪在最高法院受审。审讯时,希特勒出庭作证,乘机宣传纳粹党绝对没有取代陆军的意思,不仅如此,纳粹党执政以后,国防军还要大大扩充,强加在德意志民族身上的凡尔赛和约必被摆脱。这些话都是军官们所乐闻的,青年军官同情纳粹运动的人开始增多起来,高级军官们也比较放心了。

对于大资本家,纳粹党领导人也竭尽争取之能事。1931 年下半年,希特勒走遍全国,同重要的企业界人士私下会谈。1932 年 1 月 27 日,希特勒应邀出席在杜塞尔多夫秘密举行的有 300 名垄断资本家参加的会议。他发表了长篇演说,攻击民主"实际上将摧毁一个民族的真正价值"。认为既然在经济生活中树立了个人权威,那么在政治领域中同样应树立个人权威。他鼓吹种族优秀论,诬蔑布尔什维主义的世界观如不被阻止,势将把整个世界"化为废墟"。他大声疾呼扩军的必要性,说德国军队由"10 万人或 20 万人还是 30 万人"组成,并不重要,重要的是"德国是否拥有 800 万后备军"。当希特勒结束讲演时,资本家们起立向他狂热欢呼。曾参加这次会议,后来出任纳粹新闻部长的狄特利希说:"1932 年 1 月 27 日在民社党史上将是一个永远值得纪念的日子。"

共和国的危机和希特勒上台

布鲁宁执政期间,经济危机日益严重。1930 年 9 月后,外国资本开始撤离德国。1931 年 7 月 14 日,全部德国银行关闭。1932 年,失业人数达到 600 万。但是,布鲁宁没有采取有针对性的强有力的措施来解决失业问题,而主要想等待今后经济复苏的到来。他丧失人心,被讥讽为"饥饿总理"。导致布鲁宁政府垮台的直接原因是兴登堡失去了对他的信任。布鲁宁内阁曾通过一项垦殖法令,规定对庄园的补助条件是向迁移的农民提供土地,而且对庄园的补助应当根据对其经济状况的审查结果而定。对不再具有偿还能力的庄园,应强制拍卖,以取得垦殖土地,安置移民。这引起了东部大庄园主的愤怒,他们纷纷向本人也是大庄园主的兴登堡控告布鲁宁实行"农业布尔什维主义"。被激怒了的总统要求布鲁宁下台,后者不得不于 1932 年 5 月 30 日递上辞呈。布鲁宁的倒台意味着从议会容忍的总统制政府向纯总统制政府的过渡。

继任的巴本，贵族出身，属中央党的右翼。他成立了一个由贵族组成的"老爷内阁"，在国会得不到多数的支持，更加依靠"紧急法令"来进行统治。巴本和国防部长施莱歇尔企图让纳粹党分享部分权力，来捆住他们的手脚，"必须使偷猎者成为森林管理人"。1932年6月15日，巴本政府取消了布鲁宁执政时期对冲锋队的禁令，以讨好纳粹党人。在7月31日举行的新的国会选举中，纳粹党共获议席230个，成为国会中第一大党。社会民主党比上届丧失了10个席位，共获133个议席。共产党增加了12个席位，共获89个议席，成为第三大党。

1932年8月到1933年1月30日，乃是纳粹党夺取政权的关键时期。

7月国会选举后，巴本企图依靠紧急法令行使权力，但他的第一个紧急法令即遭到国会的否决。于是，兴登堡下令解散国会，于11月6日举行这一年的第五次选举。这时，德国经济危机的高潮已经过去，人民群众对纳粹党的宣传已感到厌倦；一部分企业界人士转而支持政府，使纳粹的竞选经费发生了困难；纳粹党到处制造暴行，引起了部分工农群众的强烈反感，结果纳粹党在这次选举中丧失了200万张选票和34个议席。德国共产党却得到了600万张选票，100个议席，如果加上社会民主党的选票，这两个工人政党的得票总数超过纳粹党200万张。

共产党人势力的增长，促使德国反动势力加快了扶植希特勒上台的步伐。11月9日，沙赫特等人上书帝国总统兴登堡，直截了当地要求把内阁的领导权授予"全国最大的民族团体的领袖"希特勒。他们将《请愿书》分送给工业家、银行家和大农业主签名。在这份《请愿书》上签名的有沙

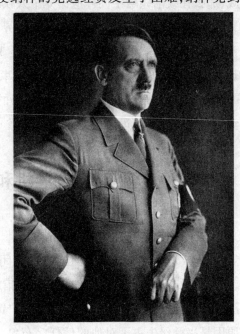

希特勒

赫特、施罗德、帝国农业同盟主席埃贝哈特·冯·卡尔克罗伊特伯爵、弗里茨、蒂森、私人商业银行经理弗里德里希·来因哈特等。阿尔伯特·伏格勒、保罗·罗伊施等人表示拥护呈文，但未签字。11月19日，《请愿书》被送到总统办公室。

11月17日，巴本在既不能平息人民的不满，又不能把希特勒拉入内阁的情况下辞职。这时，德国反动势力要求希特勒上台的呼声愈来愈高。当时，一封给国务

秘书迈纳斯的信中写道："兴登堡拒绝希特勒担任总理无疑是一个重要错误，……因为共产主义正气势汹汹地来破门了。"国防军首脑泽克特将军也明确表示："我非常赞同希特勒参加政府。"前皇太子则致函兴登堡，请求他授权希特勒立即组阁。

兴登堡因在 11 月 9 日和 22 日两次同希特勒会谈组阁问题都没有达成协议，便于 12 月 2 日任命国防军将领库特·冯·施莱彻尔将军组织新政府。施莱彻尔将军和布鲁宁一样，虽然不是法西斯分子，但从经济危机爆发以来，一直在幕后进行反对共和国的阴谋活动，并同希特勒讨价还价，企图达成交易。现在，他妄图吸取巴本的教训，一面引诱纳粹党的"左翼力量"施特拉塞和胡根贝格等人加入自己的政府，以胁迫希特勒同他合作；一面对人民群众实行欺骗政策，诸如许诺不再增加捐税，解决就业问题，控制钢铁、造船工业，停止巴本为大地主的利益而实行的农产品限额，甚至准备同苏联外长李维诺夫会谈，扩大德苏贸易等。可是，施莱彻尔的这些政策未能得到人民群众的支持，却招致了垄断资本家和容克地主们的一致反对。杜伊斯堡、西门子等垄断巨头原来对希特勒上台尚有保留意见，现在则认为，施莱彻尔的政策是一种"布尔什维主义的危险"，于是决定支持希特勒上台执政。巴本作为他们政治利益的代表，直接开始参与策划希特勒上台的幕后活动。

从 1933 年 1 月初起，德国各派反动势力就组织纳粹政府问题进行了紧张的幕后活动，1 月 4 日，希特勒与巴本在科隆施罗德的住宅里举行了秘密会谈。参加会谈的有赫斯、希姆莱、多特蒙德股份公司总经理弗利茨·克普勒。经过反复讨价还价，他们达成了如下协议：希特勒和巴本共同组阁；巴本同意解散所有工会，将所有的布尔什维克、社会民主党人和犹太人"驱逐出领导岗位"。1 月 10 日，巴本的老熟人里宾特洛甫促成希特勒同巴本在他自己的达勒姆别墅再次会谈，为了保守秘密，巴本夜间驱车前往达勒姆，"穿大衣，戴礼帽，给人以私事往来的印象"。希特勒直接提出要当帝国总理的要求，会谈没有完全达成一致协议。于是根据里宾特洛甫建议，希特勒同巴本于 1 月 22 日再会谈一次，届时总统的儿子和国务秘书也参加。1 月 17 日，希特勒约见胡根贝格，后者答应支持希特勒与巴本组阁。1 月 22 日，巴本、兴登堡总统的儿子奥斯卡·冯·兴登堡和国务秘书迈纳斯在纳粹党头目约阿希姆·冯·里宾特洛甫的家中同希特勒进行了商谈，希特勒强烈地要求当帝国总理。在回家的路上，奥斯卡·兴登堡对迈纳斯说："我担心我们无法回避这个希特勒了。"1 月 24 日，希特勒、戈林、巴本和费利克，又在里宾特洛甫别墅会谈，达成一致协议：建立一个由希特勒任总理、巴本任副总理，由全体右翼党派参加的民族集中内阁。第二天晚上，奥斯卡·兴登堡在里宾特洛甫家吃茶点，表示同意上述方案。1 月 27 日，希特勒、戈林和垄断资本家、容克地主的代表在基尔道夫的家中最后商定了政府人员的组成,确定让胡根贝格、冯·克罗西格伯爵作为贵族地主集团的代表参加纳粹政府。1月28日,施莱彻尔被迫向兴登堡提出辞呈。魏玛共和国的最后一届政府就这样寿终正寝了。

1月30日,兴登堡在预定要在纳粹政府中担任国防部长的瓦尔纳·冯·勃洛姆堡将军的支持下,任命希特勒为德国政府总理。参加希特勒政府的有:巴本(副总理)、威廉·弗利克(内务部长)、戈林(不管部长)、弗莱赫尔·冯·牛赖特(外交部长)、克罗西格伯爵(财政部长)、勃洛姆堡(国防部长)、胡根贝格(经济与农业部长)、戈培尔(人民教育宣传部长)(自1933年3月13日起)等。希特勒标榜自己的政府是一个"民族集中政府",实际上则是一个以纳粹党头目为主,容纳了反动容克、垄断巨头代表的法西斯独裁政权。

国会纵火案

纳粹党控制政权的关键一步就是在"国会纵火案"上做尽了文章,振振有词地制造了20世纪令人叹为观止的弥天大谎。今天,当我们在自由的空气中翻开德国历史上这不堪入目的一页的时候,我们会发现,正是这一事件,点燃了纳粹党控制德国以至于吞并世界的欲火。

1933年2月27日晚,德国国会大厦内有人纵火。来回在议会大厅内散布火种的男子被警察抓获时已累得汗流如雨,警察问他为什么放火,情绪激动的纵火犯竟脱口而出:"这是信号!这是革命的烽火!"从他的裤兜里搜出了传单和护照,传单的内容是德国共产党号召进行阶级斗争。从护照上得知,此人名叫马里努斯·范·德尔·卢贝,1909年1月13日生,荷兰布莱登市人。放火的原来是个外国人。

听到有人放火焚烧国会大厦的消息,戈林吃惊不小。

10年内,赫尔曼·戈林已由一个英俊年轻的飞行员变成体态肥胖的德国官员。这位第一次世界大战时的空中英雄、著名的里希特霍芬战斗机中队最后一任队长、德国战时最高奖章功勋奖章获得者,已一头扎在希特勒脚下,原来仅仅是在希特勒的打手队——"冲锋队"里当头,现在他已很风光地作为国会议长和控制着警察的普鲁士邦的内政部长,在普鲁士内务部大楼里加班。听国会大厦的守卫说最后离开国会大厦的是共产党议员恩斯特·托格勒和威廉·凯念两个人时,戈林认为他们是重要的嫌疑分子,下令将他们逮捕起来。戈林对周围人说,可能是共产党想通过纵火造成混乱,乘机搞武装暴动。他命令全体警察立即进入戒备状态。

不久，上任一个多月的新总理希特勒赶到了现场。听完戈林的报告，他挥动着双手，滔滔不绝地对身旁的人说："非得让他们知道我的厉害不可！谁反对我们，我们就把他们彻底搞掉！德意志国民以前太老实了，共产党的活动家全都要枪毙！今天夜里就要把共产党的国会议员绞死！同情共产党的，要把他们关进监狱里！对社会民主党和国旗团（社会民主党的战斗团体）也要如法炮制！"在元首的亲自过问下，纳粹行动得相当快，案发后不到五小时内就提出了应予逮捕者名单和一项旨在扩大侦察权的法案。

　　也许是巧合，戈林手下的政治警察（盖世太保）近乎是阴错阳差地把保加利亚共产党人、在柏林工作的共产国际特派员季米特洛夫作为卢贝的同案犯逮住了。季米特洛夫所住旅馆的一个侍役向警察告密说，这个"俄国人"曾和卢贝一起坐在角落里嘀嘀咕咕。于是，盖世太保就找他的茬，说他的护照是假的，逮捕了他。能够把国会纵火案与共产党扯上就很不错了，若能把"共产国际"也扯进来，对于总是叫嚣要消灭"共产主义九头妖"、打翻"赤色恶魔"的希特勒来说，那真是天赐良机。

　　季米特洛夫作为共产国际和苏联共产党在保加利亚共产党内最信任的人物，当时是共产国际西欧局负责人。他来柏林是搞宣传和搜集情报的，并不是与德国共产党一起行动，岂料被便衣警察候个正着，和他一起被捕的还有另外两个保加利亚共产党人。在此之前，柏林警察局的政治警察就听说有个共产国际派来的外国人，有人看到他在公共场合和共产党员交头接耳。在盖世太保看来，赤色苏联来的人必定是居心不良的阴谋煽动家；何况，现在也正用得着，与共产党不是斗得正欢吗？可以利用这件事来杀杀德国共产党的威风。正因如此，事情变得有意义了。尽管纳粹党一度对季米特洛夫不是个俄国人很失望，然而，只要他是共产党，就够了。也正因如此，侦察工作不是由刑事警察而是由盖世太保来接手。

　　希特勒和身为盖世太保总监的戈林为侦察工作定了调。希特勒于案发后一个半钟头，在幸免于火灾的议长室里召集了政府首脑会议，他从兴奋得有些失常的戈林那里听说案犯身上有共产党的党证，便别有用心地断定纵火案是共产党预谋的犯罪行为，他无比愤慨地叫道："这是共产主义者干的勾当，这是天佑。光耀德国历史的伟大转折到来了，诸位，你们马上就会看到的。"

　　因此，侦察就根据所谓共产国际和德国共产党是卢贝的同谋犯的政治判断而进行。当然，盖世太保为了求证这一点，是会殚精竭虑的。没有事实也不打紧，难道不能制造一个事实吗？"谎言重复千遍，就会成为真理。"何况，现在的新闻舆论都控制在即将成为国民教育和宣传部长的戈培尔手里，这个瘸腿的摇唇鼓舌的天才现在有了攻讦的对象,可以大显身手了。他马上跑到纳粹党的喉舌《人民观察家报》编辑部内命令改版,并跟在希特勒身后气势汹汹地说:"应该马上在国会大厦前的广场上把逮捕的犯人处死。"

这些天对于纳粹党来说真是好戏连台。政治警察在案发前三天强行搜查了德国共产党总部"卡尔·李卜克内西馆",从抄来的文件中,普鲁士内务部以发现了"武装起义计划"为由,向人民发出了共产党"武装起义迫在眉睫"的警告,他们又耳闻德国共产党领袖恩斯特·台尔曼建议与社会民主党和自由工会建立对法西斯的统一战线;现在又出了这码事,天赐良机,有了如此好的借口,纳粹党可以好好地做一番文章了。

为什么德国法西斯这么急于要把共产党和社会民主党搞掉呢?事情很简单,新上任的希特勒要大权独揽,实现他"一个民族、一个国家、一个政党、一个领袖"的愿望。

希特勒当了总理并不意味着国家权力就操纵在纳粹党手中。在内阁 11 个职位中,他们只占三个,而且除了总理外,他们所占职位都不十分重要。弗立克担任内政部长,但因为德国的警察是由各邦自己控制的,所以他这个内政部长等于是个空架子。空军英雄戈林免不了也要谋个一官半职的,但是没有合适的位子给他,于是他被任命为不管部长。内阁其他几个重要的职位则都在副总理弗朗兹·冯·巴本的手里。也就是说,希特勒及其纳粹势力的背后,还有总统、陆军、保守分子三股力量的掣肘,不能大权独揽,随心所欲。

希特勒、纳粹党通向独裁的关键就是要从兴登堡总统那里取得宪法第四十条规定的权利:在紧急状态下,只要总统批准,可以不需议会多数支持而仅凭总统紧急法令来行使职权。总理将取代国会获得立法权,也就是说,内阁政府——在希特勒看来,就是纳粹党和他本人了——有制订宪法的权力,把国会抛在一边。要达到这一点,必须修改宪法,需要国会里有三分之二的多数支持才能通过。因此,现在的首要任务是控制国会,争取大多数议员支持。但是,参加内阁的纳粹党和支持巴本的休根堡民族党在国会 583 个席位中只占 247 席,尚不足够成多数,因此,还需要至关重要的 70 票支持。为达此目的,希特勒及其同伙便开始玩弄政治手腕,诱使其他党派力量领袖同意进行国会重新选举。这是文的一套手法。

当选举逐步展开的时候,希特勒又施展了武的一套手法。他们指使手下那些拳大臂粗的冲锋队员不断制造挑衅行动,目的是引起与共产党和社会民主党的争斗,为政府出面收拾这两个工人阶级政党提供借口。戈培尔在希特勒被任命为总理的次日,就曾在日记中写道:"目前我们暂不采取直接的对抗行动。必须先让布尔什维克的革命尝试爆发出来。在适当的时候，我们将要采取行动。"但是他们一直没有动静。这两个工人阶级的政党早就结了冤家。共产党直到不久前才改变与社会民主党为敌的政策。此前，它一直认为希特勒夺权并不可怕，反而会激发无产阶级革命，建立无产阶级专政；而认为"中间派"的社会民主党比起纳粹党对工人阶级的毒害更大。在希特勒纳粹势力崛起后，德国共产党和社会民主党并未建立一个强有力的"反法西斯统一战线"，甚至在对方召开大会时还相互打斗。分裂的状态使他们在希特勒粉墨登场的政治闹剧中无所作为。何况，希特勒一上台后，就取缔了共产党的集会，封闭了共产党的报纸，社会民主党则由冲锋队的打手来对付。总之，希特勒预计的革命并未爆发。

"国会纵火案"就发生在这节骨眼上。

现在，希特勒可以振振有词地跑到总统那儿去要求改变社会的无序状态，再也不能任其他各种力量撒野了。案发的当天，希特勒召开内阁会议后，直奔总统官邸，请总统签署内务部制订的《保护人民和国家法》。在此之前，总统被布鲁宁、巴本、施莱彻尔三届政府走马灯式的换届搞得很恼怒，希望早日结束政治上的混乱、动荡状态。尽管当初他对任命希特勒这个"啤酒馆政变"中的小丑为总理颇不以为然，说他顶多只能当个邮电部长，但他现在并未阻拦新总理的应急举措，根据宪法第四十八条行使立法权的权力，批准了该法。第二天（2月28日），《保护人民和国家法》作为《总统紧急法令》颁布了。《法令》暂时停止执行宪法中保障个人和公民自由的七项条款。其主要内容是限制个人自由，限制表达意见的自由，包括出版自由；限制结社和集会自由；对邮件、电报和电话进行检查；对搜查住宅发给许可证件；发出没收以及限制财产的命令。

除此之外，它还规定中央政府在必要时可接管德意志各邦的全部权力，以恢复那里的公共秩序。

《法令》废除了《魏玛宪法》中对基本人权的规定，希特勒现在能处在合法的地位随意抓人了。不久，约4000多名共产党干部和许多社会民主党及自由主义领袖遭到了逮捕，一些根据法律享有豁免权的议员也照抓不误。国会大厦守卫说，2月27日最后离开大厦的是共产党国会党团领袖托格勒，为证明自己的清白，他主动到警察局说明情况，即被逮捕。几天后，德共领袖台尔曼也身陷囹圄。季米特洛夫就是在这种情况下被逮捕的。

在3月5日举行选举之前，整车的纳粹冲锋队员在城市街道上横冲直撞，往往未经许可便破门而入，把人带走。共产党的报纸和政治集会被取缔，其他自由党派的报纸也被勒令停刊。纳粹党人手头掌握了普鲁士政府的权力，大企业纷纷掏钱援助,电台也尽是纳粹的危言耸听和拉拢许诺之言,纳粹的卐字旗在电台的聒噪声中淹没了大街小巷。

尽管如此,3月5日的选举,纳粹党并未大获全胜。他们得票数只占总数的44%,这表明仍有大多数人反对希特勒。在国会中,即使加上民族党的席位,也并未获得需要的三分之二多数。不过他们另有办法,81个共产党议席可以让它们空着,余下来的,戈林认为,可以用"不让一些社会民主党人入场"的办法轻而易举地解决掉。

第三帝国第一届国会于3月21日在波茨坦的忠烈祠举行。3月21日是俾斯麦主持第二帝国第一届国会召开的日子,而此次会议地址又是普鲁士主义的圣地,霍亨佐伦王朝历代君王都来此做过礼拜。腓特烈大帝的遗体在这里,兴登堡也来此朝圣过。希特勒用意很明显。煽起民族主义的热情,尤其是在众人怒斥的《凡尔赛条约》给德国人民带来的巨大民族创伤的情况下,这一点不会遭众人反对的。效果果然不错。希特勒甚至还煞费苦心地在兴登堡面前深深地鞠了一躬,这可真感动了这位老总统,尽管希特勒此时心里想着的是将这老朽的权力也夺过来。

纳粹控制的国会机器迅速转动起来了。3月23日,在旁听席上冲锋队员一片"交出全部权力"的叫嚷声中,希特勒如愿以偿地看到"授权法"——《消除人民和国家痛苦法》——通过。它规定,把立法权、批准与外国的缔约权、宪法修正权从国会手里拿过来移交内阁;甚至还规定,内阁制订的法律由总理起草,并且可以"不同于宪法"。就这样,希特勒果然实现了他在"啤酒馆政变"后拟定的用和平、"合法"手段夺权的计划。

从此,议会民主制度在德国已不复存在。国会尽管与第三帝国相始终,却只是仰元首鼻息的摆设,是元首声音的传声筒。同年8月,兴登堡死后,希特勒干脆就一身兼任数职,元首兼国家总理,同时又是武装部队总司令。德国从此朝着战争轨道迅跑。

德国疯狂扩军备战

废除凡尔赛条约对德国的束缚,夺取"生存空间",是纳粹党的一贯主张,因此希特勒上台后不久便开始扩军备战。

为了做好发动战争的准备,希特勒政府除依靠私人垄断资本外,也充分利用了政权的力量。纳粹党是在经济危机已逐渐平息的时候上台的,这对他们十分有利。

纳粹党首先致力于解决失业问题。通过修筑高速公路、兴建飞机场、建造兵营、改良土壤和开垦荒地、整治水道和架设桥梁等大规模公共工程,解决了几百万人就业问题,这些公共工程中的相当大部分也是备战所必需的。1936年以后,用于大工程的开支大大减少,用于军事订货的开支则大大增加。

1936年在纳粹德国的经济生活中占有重要的地位。1936年8月26日,希特勒在致戈林的一份备忘录中再次从布尔什维主义的威胁出发,强调布尔什维主义如在德国取得胜利,不仅德意志民族将被消灭,而且整个西欧文明也将灭亡。有鉴于此,德国经济政策的唯一目的就是维护民族的生存。解决德国经济问题的决定性办法是扩张生存空间,为此德国经济必须立足于战争的基础之上。他最后写道:"1、德国军队四年内必须具有作战能力;2、德国经济四年内必须为战争做好准备。"10月18日,他任命戈林为"四年计划总办",戈林就任后,在12月17日的演说中声称:"起决定性作用的只是胜利或灭亡。如果我们取得胜利,经济将会得到充分的补偿。这里,我们不能根据成本计算利润,只能根据政策的需要……我们现在下的是最大的赌注。除扩军定货之外,还有什么比这更值得的呢?"尽管以四年计划为标志,国家对经济的干预日益增长,但纳粹党统治下的德国经济仍然是私人资本主义性质的,是由垄断资本控制的。经济集中化的趋势进一步加强。资本家的利润不断增加,根据官方核实的数字,由1933年的66亿帝国马克上升到1938年的150亿帝国马克。一些大资本家进入了经济领导的机构。

德国缺乏战争所必需的原料,石油、橡胶、铁矿石、铝、锰、铬、锑、铜、锡等都需要进口,只有煤炭储量足够。为了避免在战争中遭到封锁,不再能进口所需的战略物资,德国提出了"自足自给"政策,采取了一系列措施。一是大力发展军备工业基础的重工业,化学工业尤其受到重视。到1938年,德国重工业生产已比1928年增加43%。二是扩大战略原料代用品生产。经过极大的努力,1936~1939年合成油产量翻了一番,合成橡胶月产量几乎从零增至2万吨,相当于战时需要的20%。三是突击进口战略原料,增加战前的储备。但是,完全的自足自给是根本不可能的。

纳粹德国的军费开支,逐年增加,1933~1938年间总计约500~600亿帝国马克。1935年3月16日,德国公开撕毁凡尔赛条约限制德国军备的条款,宣布实行普遍兵役制,建立一支和平时期由36个师组成的陆军。到1939年9月第二次世界大战爆发时,德国陆军实际上已拥有105个师,约270万人(包括野战部队和各种其他部队)。空军第一线飞机4320架。海军有战列巡洋舰和袖珍战列舰共5艘、潜水艇57艘、巡洋舰8艘、驱逐舰22艘以及其他一些舰只。

总之,德国的备战工作要比它的对手英、法下手更早,处于领先地位。单以军费一项来比,1938 年英国军费占国民生产总值的 7%,德国则占 17%;1939 年英国军费猛增至国民生产总值的 18%,但仍低于德国的 23%。尽管如此,并不能说纳粹德国已经为发动一场世界大战做好了充分的准备。战争前夕,德国经济已暴露出许多严重问题。国债高达 600 亿马克。外汇枯竭,储存几近于零。许多战略原料并未做到自给自足。1939 年,2/3 的油、80% 的橡胶、2/3 的铁矿石、25% 的锌、50%的铅、70% 的铜、90% 的锡都依赖进口。弹药的供应也不足,1939 年 10 月军方估计,当时的弹药储存只能满足 1/3 作战师 4 个月的作战需要。以上经济方面的种种弱点,是决定德国战略方针采取闪击战的一个重要原因。

《反共产国际协定》的签订

轴心国集团是德、日、意三国为发动战争,争霸世界而结成的侵略性政治军事同盟。从 1936～1937 年间《反共产国际协定》的签订到 1940 年 9 月"三国同盟条约"的缔结,前后经历了一个曲折的形成过程。这一过程,又是同第二次世界大战由局部向全面战争的转变有着同步发展与相互制约的关系。

德、日、意三国在发动第二次世界大战的过程中逐步勾结起来,并不是偶然的。这是由于它们在历史传统、社会政治制度、意识形态等方面存在着相似之处,而且第一次世界大战后,它们在帝国主义争霸斗争的过程中,有着共同的利益关系。

1931 年"九·一八事变"后,日本帝国主义悍然侵占了我国东三省,并不断扩大侵略战争,企图独霸中国。这不仅激起了中国人民的反抗,也加剧了日本与欧美列强在中国的矛盾。1932 年 1 月,美国国务卿史汀生发表"不承认主义"的声明,表示美国"不能承认"日本侵华所造成的"任何既成事实的合法性"。1933 年 2 月,由英法操纵的国联通过决议,申明不给以伪"满洲国"以事实上或法律上的承认。日本随之于 1933 年 3 月 27 日退出国联,在国际上的处境比较孤立。为了同欧美列强相抗衡,进一步发动全面的侵华战争,日本急需在国际上寻找盟友。其目光投向正在欧洲崛起的希特勒德国。当日本退出国联时,外务省欧亚局长东乡茂德便提议:"在日德关系上,利用(德国)极右党掌权的机会,努力使它了解我国在远东的立场,……以便把德国引向我方"。1934 年 3 月,日本派出"德国通"大岛浩为驻德武官。临行前,陆军参谋本部情报部欧美课长饭村穰曾指示大岛,要着重探索日德间进行情报合作的可能性。

希特勒德国也有与日本接近的愿望。1933年1月希特勒上台后,德国还受到凡尔赛和约的重重束缚,军事上屡弱,外交上孤立。希特勒还刚刚上台,羽毛未丰,他早在《我的奋斗》一书中将自己对内政策的主要任务规定为"铸造神剑",对外的任务是"寻觅战友"。所谓"铸造神剑",就是扩军备战;所谓"寻觅战友",就是寻找同盟者,组织侵略性集团。1933年初,希特勒曾与后来出任德国外长的里宾特洛甫商讨过与日本结盟的可能性。1933年10月德国退出国联前夕,希特勒在同德国驻日大使狄克森的谈话中表示,德国"要与日本建立更为紧密的联系"。当时,意大利作为第一次世界大战的战胜国,同英法等国还保持着比较密切的关系。意大利法西斯头子墨索里尼向来以奥地利的"保护者"自居,不许希特勒德国染指奥地利,对于希特勒建立"大德意志"的叫嚣很不以为然,1934年7月,当奥地利总理陶尔斐斯被纳粹分子暗杀时,墨索里尼曾下令在勃伦纳山口增兵;德意在巴尔干的南得罗尔和的里雅斯特问题上也有利害冲突,一时还妨碍着德意接近。于是,德日之间首先开始勾结的尝试。

1935年5月、6月间,日本驻德武官大岛浩同里宾特洛甫的助手哈克就德日结盟问题开始接触。哈克提议在两国间缔结针对苏联的防务协定。大岛向日本参谋部请示后表示,不反对德国的建议,希望就协定的范围、内容和形式作更详细的研究。1935年底,日方派出参谋本部情报部欧美课德国组组长若松前往德国活动,先后与里宾特洛甫和德国国防部长勃洛姆堡进行了会谈。里宾特洛甫提出缔结《反共产国际协定》的建议。若松表示,日本陆军方面亦有同样意图。回东京后,若松向参谋本部汇报了会谈情况。

1936年2月26日,日本发生"二·二六政变"。一小撮法西斯军人集团"皇道派"的青年将校发动叛乱,杀死前首相斋藤等人,政变失败后,"统制派"在军部占了上风,日本国内政治和社会生活进一步法西斯化。为了发动全面侵华战争,日本与德国勾结的愿望更加迫切。日本陆军主动与外务省联系,以推进与德国的谈判。同军部关系密切的有田八郎于4月2日出任日本外相后,日德之间的谈判便由日本驻德大使武者小路和里宾特洛甫通过正式外交途径进行。7月上旬,德方正式向日方提出经希特勒亲自审定的《反共产国际协定》草案和秘密附件。8月7日,日本广田弘毅内阁五相会议通过《基本国策纲要》,确定了"一方面确保帝国在东亚大陆的地位,另一方面向南方海洋发展"的侵略方针。同日,又通过《帝国外交方针》,决定"实行日德合作"。于是,日本对与德国合作表示了十分积极的态度,德日谈判也进展顺利。

1936年11月25日,德国与日本签订《反共产国际协定》。协定包括序言、三项条款和一个附属议定书。规定:双方"相约对于共产国际的活动相互通报,并协议关于必要的防止措施";双方将邀请"因共产国际的破坏工作而国内安宁感受威胁的第三国"加入协定;协定有效期为五年。据第二次世界大战后远东国际军事法庭审讯日本战犯时揭露,德日双方同时还签订了一个秘密附属协定,规定缔约的一方同苏联作战时,另一方不得采取实质上会改善苏联处境的任何行动,双方并保证不同苏联缔结同《反共产国际协定》精神相违背的政治协定。

德日签订《反共产国际协定》是双方在侵略道路上开始勾结的一个重要步骤。这一协定显然是公开针对苏联的。同时,也是打着"反共"旗号针对英、法、美等西方民主国家的。里宾特洛甫在协定签订后曾表示:"形式上我们还要把俄国作为敌人。然而实际上,我们完全应该把英国作为敌人。"日本驻英大使吉田茂直言不讳地说:"尽管军部说防共协定只不过是反共的意识形态问题,但这完全是表面上的借口。骨子里显然是和德意联合起来对抗英法并进而对抗美国"。

在德日进行谈判的同时,德意关系也开始接近。促成这种接近的契机是两个重大的国际事件:1935年10月意大利入侵埃塞俄比亚和1936年7月后德意共同干涉西班牙内战。意大利悍然入侵埃塞俄比亚后,只有德国对意大利的侵略行径表示公开支持。而英法虽然对意大利提出谴责,却并没有采取有效的制裁行动。这就使素来有"食尸兽"之称的意大利帝国主义窥破英法的虚实,决定更快地与希特勒德国联合起来。1936年7月西班牙内战爆发后,英法采取不干涉政策,而德意法西斯都站在佛朗哥叛军一边进行公开的武装干涉,双方的立场更趋接近。在这种情况下,双方都感到有必要调整在奥地利和巴尔干问题上的利害冲突,以便为发动重新瓜分欧洲和世界的战争而加紧合作。

1936年10月下旬,意大利外交大臣、墨索里尼的女婿齐亚诺访问柏林。希特勒在同齐亚诺谈话时表示,意大利和德国联合起来,不仅可以对付"布尔什维主义",而且可以同包括英国在内的西方对抗。如果德意联合起来,英国"不仅将抑制住自己不同我们打仗","还将寻求同这一新政治体制(指德意联盟)"的妥协。齐亚诺访德期间,于10月25日同德国外长牛赖特签订了一份秘密议定书。其主要内容为:德国承认意大利对埃塞俄比亚的吞并,而意大利在德国吞并奥地利问题上"听其自然发展",不再干预;德意两国在多瑙河流域和巴尔干划分势力范围;两国在重要国际问题上采取共同方针,并承认西班牙佛朗哥政权,进一步加强对西班牙叛军的军事援助。这个议定书是德意两国建立侵略同盟道路上的重要里程碑。几天后,墨索里尼在米兰发表演说,公然把这个协定称之为构成了罗马—柏林的"轴心"。

德国与日本缔结《反共产国际协定》后，意大利曾表示希望加入。它并为此做出一个重要的姿态：在沈阳开设总领事馆，事实上承认伪"满洲国"。可是，日本有自己的打算。它担心过早与意大利接近会给西方民主国家以不必要的刺激，因而没有立即同意让意大利加入协定，但同意两国于1936年12月订立协定，彼此承认对中国东北和埃塞俄比亚的占领。1937年"七·七事变"后，意大利对日本的侵略行径表示声援，不仅在布鲁塞尔九国公约会议上替日本辩解，还停止向中国输出武器。日本为了打破在国际上的孤立处境，终于在10月20日同意接受意大利参加《反共产国际协定》。11月6日，意大利正式加入《反共产国际协定》。

严格地说，《反共产国际协定》还算不上军事同盟，缔约各方尚未承担在军事、经济、外交等各方面合作的义务。但它的签订表明，德日意三个法西斯国家在各自对外侵略扩张的过程中，感到互相接近和联合的必要，并逐步付诸行动。希特勒把这个联盟说成是"伟大的政治三角"，"三个国家联合起来了。起初是欧洲轴心，现在是世界的大三角"。因此，《反共产国际协定》的签订，是德日意侵略同盟初步形成的标志。

德日军事同盟

1937年7月，日本发动了全面的侵华战争。希特勒在11月5日召集由纳粹德国军事、外交核心人物武装部队总司令勃洛姆堡、陆军总司令弗立契、海军总司令雷德尔、空军总司令戈林、外交部长牛赖特参加的秘密决策会议上，提出了发动世界大战的战略计划和时间表。德日两国都希望加快相互勾结的进程。

对德国和日本来说，两国在华利益的冲突还阻碍双方进一步勾结。从20世纪20年代开始，德国便同中国国民党政府保持着较密切关系。德国向中国派遣军事顾问、供应武器装备，德国以此换取所缺乏的工业原料和外汇。日本发动全面侵华战争后，1937年7月，德国国务秘书魏茨泽克对日本驻德大使武者小路指出，德国不能"帮助日本进行可能导致""鼓励中国的共产主义"和使中国与苏联接近的活动，日本威胁说，如果德国不停止向中国提供军用物资，日本准备废除《反共产国际协定》，但并没有起到什么作用，德国仍继续对华提供军事援助。

1938年1月2日，里宾特洛甫向希特勒呈送了一份重要备忘录，其中提出，德国以武力改变中欧现状的行动，势必导致与英法的冲突。为了牵制英国的军事力量，使其无法给法国以有效的支持，德国必须同日本和意大利结成紧密的军事同盟。希特勒对这一备忘录极为赞同,并于 2 月 4 日任命里宾特洛甫为德国外长。德国为了维护在华利益和改善同日本关系,1938 年 2 月正式承认伪"满洲国",7 月停止向中国出售武器,召回军事顾问;另一方面,从 1938 年 1 月开始,通过日本驻德武官大岛浩,向日本提议缔结一个既针对苏联,又针对西方列强的德日意三国军事同盟条约,德国提出"缔约双方应当无条件地对进攻缔约一方的敌人宣战。"

接到德方的提议后,在近卫首相、宇垣外相、池田大藏相、板垣陆相和米内海相参加的五相会议上,讨论了有关德日同盟条约的问题,日本统治集团内部产生了严重的意见分歧。外务省和海军认为,日本发动全面侵华战争已深陷于"中国泥淖",外交上十分孤立,不宜再同西方国家为敌。他们希望同盟条约只针对苏联,不应针对英法。陆军认为,日本要独占中国,必然导致其与苏联及西方国家的矛盾尖锐化。同德国结成军事同盟,利用德国牵制苏联和西方国家,将有助于日本顺利解决"中国事变",并进而在东亚放手行动。这实际上反映出,日本统治集团在陷入中国人民抗日战争汪洋大海的情况下,战略指导思想上发生了严重的混乱。

经过激烈的争论,外务省等方面的意见占了上风。1938 年 8 月下旬,日本五相会议决定了关于缔结日、德、意军事同盟的方案,其实质内容是:把同盟的目标只限定于苏联,这是日本的保留条件;在德国与苏联或其他国家开战时,日本将不承担"自动参战"的义务,是否提供军事支援,则要"协商决定"。会议还决定由驻德大使而不是武官同德国进行谈判。可是,外务省和陆军在会外各自向驻德大使和武官下达了不同的指令,致使日方未能形成统一的方案,日德谈判也就无法顺利地进行。

这时,欧亚两大洲局势都发生着重大变化。在欧洲,希特勒通过 1938 年 9 月的慕尼黑协定,兵不血刃地控制了捷克斯洛伐克的苏台德区,完成了占据中欧战略要地的战略步骤。德国下一步的侵略计划将要在西线同英法正面对峙,以建立在整个欧陆的霸权地位。希特勒清楚意识到,无论德国的下一个具体目标是什么,都必然会导致德国与英国矛盾的尖锐化。再要重演"不流血的征服"也将变得极为困难,因而,希特勒希望利用日本牵制英国。

在亚洲,日本近卫内阁于 1938 年 11 月 3 日发表建立"东亚新秩序"的声明,其独霸亚洲一太平洋地区的意图暴露无遗。美、英法等国先后发表声明,抗议日本的行动。1939 年 1 月 3 日,近卫内阁辞职,新首相是平沼,他竭力主张和德、意合作,缔结军事同盟。在这之后,日本对三国同盟的态度有些改变。

早在 1938 年 10 月 27 日,里宾特洛甫为打破德日谈判的僵局,曾非正式地向日本新任驻德大使大岛浩提出德国新方案,在坚持德、日、意军事同盟应针对英法的同时,又在提供军事支援问题上对日本做了让步,同意日方原先提出的视情况"协商决定"的意见。1939年1月6日,德方正式向日方提出这一方案,只是文字上略有修改。1月19日,日本五相会议通过了日方的对策,其主要内容为:三国同盟主要是针对苏联的,但根据情况也可以针对第三国;在针对苏联的情况下,缔约国互相提供军事援助是不成问题的;在针对第三国时,是否互相提供军事援助,则须视情况而定。这表明,德日双方对于条约内容的态度都有改变,但仍存在重大分歧,因而谈判依然进展缓慢。

1939年3月,德国公然撕毁慕尼黑协定,出兵侵占捷克斯洛伐克剩余部分,接着又对波兰发出战争威胁。英、法向波兰等国做出安全保证。英、法、苏也开始就制止德国侵略扩张问题展开谈判。在欧洲局势急遽紧张,大战迫在眉睫之际,德国与日本缔结军事同盟的愿望更为强烈。5月,德国外交部条约局局长高斯向日方提出妥协案,其中包括两套供选择的方案。第一套以日方意见为基础,加进一些德方要求;第二套以德方意见为基础,加进一些日方要求。5月7日,日本五相会议基本上同意以第一套方案为谈判基础。

6月5日,日方向德方提出最后提案,其要旨为:如发生德意反对苏联一国或与苏联结合在一起的其他国家的战争,日本将明确地站在德意一边,并提供军事支援;如发生德意反对苏联以外国家的战争,日本将支持德意而不是英法,但在苏联未就此表态前,为有利于阻止苏联参战,日本也可能不表态,并就表态问题同德意协商;在发生德意反对苏联以外国家的战争时,日本无力提供有效的军事援助,但将就此问题同德意协商。

日方的提案显然仍未满足德方的要求,因为德意坚持要求日本无条件加入三国军事同盟。虽然德国对日本加紧施加压力,日本的一些军方法西斯分子催促政府同德国缔结同盟条约,坚决主张满足德意提出的一切要求。直到1939年8月7日,陆军大臣板垣还晋见平沼首相,要求重新考虑三国条约问题,他提出,"军方认为,局势的变化表明有必要缔结进攻和防御条约",否则板垣将宣布辞职。与此同时,欧洲形势又发生巨大变化。希特勒为了避免发动欧战时陷于两线作战的困境,主动向苏联伸出橄榄枝。苏联为了打破英法挑动苏德战争的阴谋,确保自身安全,于1939年8月23日同德国签订了互不侵略条约。这样,德国暂时已无必要继续与日本的结盟谈判。日本则"像打开信箱却猛地碰上一群黄蜂飞来一样",不啻挨了当头一棒。平沼政府把苏德条约的签订,看成是德国对《反共产国际协定》的背叛和拒绝同日本结成军事同盟,社会舆论对该条约表示震惊。8月25日,日本五相会议决定停止三国同盟条约的交涉。德日结盟谈判暂时中断。

德意"钢铁盟约"

就在德日进行谈判的同时,德意之间也在就缔结军事同盟条约问题进行频繁磋商。在慕尼黑会议期间,希特勒曾向墨索里尼提出意大利参加德日军事同盟的问题,墨索里尼原则上表示同意。1938 年 10 月 28 日,里宾特洛甫访问罗马。他在同墨索里尼会谈时表示,德日意军事同盟缔结后,一旦同西方列强开战,德意两国可投入战场 200 个师;而日本"即将完成控制中国",利用它来对西方国家作战将"极有价值"。墨索里尼提出,"我们要建立的绝不是一个仅仅防御性的联盟……恰恰相反,我们要建立一个足以改画世界地图的联盟"。

德意两国在推行扩张政策时,互相给予支持。1939 年 1 月 1 日,墨索里尼对齐亚诺说,他决定接受德国关于把三国《反共产国际协定》变成一项同盟条约的建议,他还提议在 1 月份就签订这项同盟条约。在里宾特洛甫、齐亚诺和日本驻德大使大岛直接磋商后,还曾草拟了一个三国条约的文本。但由于日本政府坚持三国条约的保留条件,三国条约问题迟迟没有解决。1939 年 3 月 17 日,齐亚诺对德国驻意大使马肯森表示,意大利"无保留地同意"德国占领捷克斯洛伐克剩余部分的行动。4 月 7 日,意大利入侵阿尔巴尼亚。希特勒随即表示支持。4 月中旬和 5 月初,德国空军司令戈林和外长里宾特洛甫先后访问意大利,讨论德意两国建立双边同盟的问题。经过一连串幕后交易,5 月 22 日,里宾特洛甫和齐亚诺在柏林签订德意同盟条约。这个被称为"钢铁盟约"的军事同盟条约规定:德意互相承担义务,在涉及它们共同利益和整个欧洲局势的问题上进行磋商,如果一方的安全和其他重大利益受到外来威胁,另一方将给予充分的政治和外交支持;如果一方卷入同一国或数国的军事冲突,另一方将立即以全部军事力量给予援助;双方共同作战时,必须在互相取得完全一致的情况下,才能缔结停战协定与和约。

"钢铁盟约"的缔结,无疑是德意勾结、发动战争的重要步骤,其内容比《反共产国际协定》大大前进了一步,双方都承担了军事义务。然而,德意两国的"团结"并不如他们自己吹嘘的那样"坚如钢铁"。当时,意大利面临的迫切问题是强化对埃塞俄比亚和阿尔巴尼亚的占领。它在军事上、经济上尚未为参加德国所准备发动的欧洲战争做好准备。同时,在争霸斗争中惯于依附强者的意大利帝国主义,并不愿意在欧洲局势发生有利于法西斯国家的重大转折前就把赌注全部押到德国一方。墨索里尼在 1939 年 5 月 30 日的一份备忘录中即表明,由于"需要有一个准备时期"，意大利希望三年以后再打仗。8 月下旬，在德国入侵波兰的前夕，意大利又临阵退缩。墨索里尼致函希特勒说，如果德国进攻波兰，而冲突又保持局部化，意大利将对德国提供政治和经济援助；如果英法向德国展开反攻，意大利由于准备不足，不能在军事上采取主动行动。这样，尽管德意缔结了"钢铁盟约"，但在 1939 年9 月德国入侵波兰、英法对德宣战后，意大利却宣布自己是"非交战国"。

中国抗日战争

日军侵占中国东北后，企图进一步侵占华北的河北、绥远、察哈尔、山西和山东5 省，以建成"巩固的防共、亲日满地带"，掠取国防资源和准备扩大侵略。日本为侵占上述五省，准备了两手。一是扶植汉奸、亲日派，推行华北五省"自治"，建立亲日政权，使之脱离中国南京政府，然后迫使中国政府予以承认和合作；二是准备在"自治"不成时，随时以军事行动完成占领。日本陆军部 1936 年制定的关于华北问题处理大纲中，规定日本陆军要"援助"华北完成"自治"，确定对华作战初期以攻占华北要地及上海附近为目标。规定陆军的任务是击破华北的中国军队，攻占平、津地区；海军协同陆军，攻占青岛及上海附近地区，并压制长江水域。日军要求，进攻中国作战应掌握先机之利，速战速决。日军疯狂叫嚷，凭着日本的优势军力，无须准备，3 个月便可灭亡中国。

1937 年 7 月 7 日夜间，驻丰台的日本"华北驻屯军"一部，在中国驻军阵地附近进行"演习"，借口有个士兵"失踪"，无理要求进宛平城（今卢沟桥镇）搜索。驻宛平的第 29 军第 37 师第 219 团，当即予以拒绝。日军就实施突然袭击，向宛平城发动进攻。中国驻军进行了坚决抵抗，阻止了日军的攻击。卢沟桥的枪声，标志着中国抗日战争的爆发。从此，中国人民开始了伟大的抗日民族解放战争，在亚洲和东方第一个抗击日本法西斯的侵略和进攻。

7 月 8 日，中国共产党向全国发表了号召抗战的宣言。17 日，国民党政府军事委员会委员长蒋介石在江西庐山发表谈话称，卢沟桥事变已到了退让的"最后关头"，并表示如战端一开，那就地无分南北，人无分老幼，无论何人皆有守土抗战之责任。

第二次国共合作

从"九·一八"事变开始,日本对中国的一系列进攻,改变了中国国内各阶层、各党派、各集团之间的关系,也改变了国际间的相互关系。民族矛盾已上升为主要矛盾。在中华民族生死存亡的危急关头,中国各阶级、各党派应联合起来,共同抗击日本的侵略。

代表中国人民根本利益的中国共产党,一贯高举民族解放的旗帜,在民族危机日益加深之际,捐弃前嫌,多次发表宣言,向国民党当局呼吁团结抗日,为争取抗日民族统一战线的建立,进行了不懈的努力。

早在 1933 年,中共中央以中国工农红军的名义,发表了在停止进攻红军、保证人民民主权利和武装民众 3 个条件下,与全国各军队停战议和、共同抗日的宣言。中国共产党以各种方式支持东北、上海等地的抗日斗争。1934 年 7 月,派出了一支由方志敏和粟裕等指挥的抗日先遣队,向浙赣边出动。1935 年,在红军长征途中,中共中央发表了《八一宣言》,提出停止内战,建立抗日民族统一战线,一致抗日的主张。同年 7 月 25 日至 8 月 25 日,共产国际第七次代表大会做出规定,要求各国共产党在本国建立反法西斯统一战线。12 月,中共中央在陕北瓦窑堡举行的政治局会议上,通过了《关于目前政治形势与党的任务决议》,确立了建立抗日民族统一战线的战略方针。接着,毛泽东做了《论反对日本帝国主义的策略》的报告,系统地论述了建立抗日民族统一战线的理论和策略方针,批评了党内存在的"左"倾关门主义的错误。

全国各族人民,各界爱国人士与海外侨胞,热烈拥护中国共产党的号召。同时,它得到国民党内宋庆龄、何香凝、冯玉祥等人的热烈响应,得到国民党政府军队内部要求抗日、反对内战的爱国将领与官兵的拥护。以 1935 年"一二·九"运动为起点,掀起了抗日救国的新高潮。

国民党统治集团内部,在国际形势和各国间关系变化及中国共产党正确政策的影响下,在全国抗日运动的推动下,开始发生分化。与美、英等国利益紧密联系的蒋介石集团,也不能允许日本帝国主义独占中国。1936 年 8 月,中国共产党在致国民党书中,又阐明了关于建立抗日民族统一战线和准备重新建立国共合作的政策。1936 年 12 月,以张学良为首的东北军和以杨虎城为首的第 17 路军,扣留了在西安部署"剿共"的蒋介石,发动了"西安事变"。以民族利益为重的中国共产党,正确地分析了当时的政治形势，主张在有利于抗日的前提下，采用和平解决的方针。并派全权代表周恩来和秦邦宪、叶剑英赴西安调解。由于客观形势的影响和周恩来等的努力，经过调停与谈判，迫使蒋介石接受了条件，停止了内战，实现了和平解决。西安事变的和平解决，对推动国共重新合作、团结抗日起了重大历史作用，为抗日民族统一战线的建立创造了条件。1937 年 2 月，中国共产党致电国民党，提出停止内战，实行民主自由，召开国民大会，迅速准备抗日，改善人民生活等第五项要求，并表示在不损害人民根本利益的前提下，做必要让步，提出四项保证：1、共产党领导的陕甘宁革命根据地的政府改名为中华民国特区政府，红军改名为国民革命军，受中央政府及军事委员会的领导；2、在特区政府区域内，实行彻底的民主制度；3、停止执行以武力推翻国民党政府的方针；4、停止没收地主土地的政策。以后，周恩来、叶剑英同蒋介石等多次谈判。在民族矛盾加深，中国共产党政策转变，各党派各团体协力，以及全国人民要求之下，国民党逐渐改变政策，由分裂内战转到团结抗日的立场上来了。

卢沟桥事变的第 2 天，中国共产党在向全国发表的抗战宣言中，号召中国同胞和军队团结起来，筑成抗日民族统一战线的坚固长城，抵抗日本侵略。7 月 9 日，红军通电请缨开赴华北抗日。7 月 15 日，中共中央向国民党交付《中国共产

卢沟桥事变

党为公布国共合作宣言》，提出三项主张和四项诺言。三项主张是：1、争取中华民族之独立、自由与解放；2、实行民权政治；3、实现中国人民之幸福与愉快的生活。四项诺言是：1、孙中山先生的三民主义为中国今日之必需，本党愿为其彻底的实现而奋斗；2、取消一切推翻国民党政权的暴动政策，停止以暴力没收地主土地的政策；3、取消现在的苏维埃政府，实行民权政治，以期全国政权的统一；4、取消红军名义及番号，改编为国民革命军。毛泽东发表了《反对日本进攻的方针、办法和前途》。8 月，中共中央政治局在陕北洛川举行的扩大会议上，通过了《关于目前形势与党的任务的决定》和毛泽东提出的抗日救国十大纲领。8 月 13 日，日军进攻上海，国民党的统治中心南京、上海、杭州地区受到严重威胁。9 月 22 日，中共中央再次郑重向全国宣告，以三民主义为基础与国民党精诚团结共赴国难。国民党政府终于同意，于 9 月 22 日公布了中国共产党 7 月 15 日提出的国共合作宣言。9 月

23 日,蒋介石发表谈话,承认共产党在全国的合法地位。国共两党经过十年内战以后,在共同抗日的基础上又重新实现了合作。以国共合作为基础的中国抗日民族统一战线正式建立,使全中国形成了空前的抗日大团结。

根据国共两党达成的协议,中共中央军委于 1937 年 8 月发布命令,将陕甘宁边区的红军主力改编为国民革命军第八路军(9 月,改称第 18 集团军)。总指挥朱德、副总指挥彭德怀、参谋长叶剑英、政治部主任任弼时、副参谋长左权、政治部副主任邓小平。全军 4.2 万余人,编为 3 个师。

第 115 师,辖第 343、344 两个旅。师长林彪、副师长聂荣臻、参谋长周昆、政训处(政治部)主任罗荣桓。

第 120 师,辖第 358、359 两个旅。师长贺龙、副师长肖克、参谋长周士第、政训处(政治部)主任关向应。

第 129 师,辖第 385、386 两个旅。师长刘伯承、副师长徐向前、参谋长倪志亮、政训处(政治部)主任张浩。

红军改编以后,正当日军猖狂进犯,国民党政府军在华北战场节节败退,汉奸猖獗,人民深受苦难之际,八路军总部率 3 个主力师陆续离开陕北,东渡黄河,进入山西省北部,开赴华北前线。它配合与支援了国民党政府军进行太原会战,以后就深入华北敌后,开展抗日游击战争。以第 385 旅主力为骨干组成留守兵团,担负保卫陕甘宁边区的任务。

1937 年 10 月,国民党政府颁布命令,改编红军主力长征后留在南方湘、赣、闽、粤、浙、鄂、皖、豫八省的红军游击队为国民革命军陆军新编第四军(广东省琼崖红军游击队除外)。军长叶挺、副军长项英、参谋长张云逸、政治部主任袁国平。1938 年 1 月,军部在南昌成立。全军共 1.03 万余人,编为 4 个支队:第 1 支队司令陈毅、副司令傅秋涛;第 2 支队司令张鼎丞、副司令粟裕;第 3 支队司令张云逸(兼)、副司令谭震林;第 4 支队司令兼政委高敬亭。全军仅有步枪 6200 余支。1938 年 5 月,新四军一部挺进苏南,在日军占领的大江南北,展开抗日游击战争。

中国抗日战争战略防御

中国抗日战争第 1 阶段,历时 1 年零 3 个多月,日军实施战略进攻,中国实施战略防御。在此阶段,日军大本营企图集中精锐主力,从陆上向华北进攻,同时策划在青岛、上海附近作战,南北策应,扩大对华战争,夺取平、津、上海和中国华北、华东战略要地及广大领土,歼灭中国军队主力,摧毁中国人民的抗战意志,迫使中国国民党政府屈服。日军力求速战速决,结束对华战争,灭亡中国,然后准备与实施对苏、对英美的作战。

尽管中、日战争已经开始,但双方均未正式宣战。日本发动侵华战争,只称"事变",借以麻痹世界舆论。中国国民党政府虽宣布抗战,但幻想中日战争能"和平解决"。因此,国民党政府的方针是"抗战、应战","不宣战、不绝交"。

中国抗战开始后,就形成了两个战场:一个是国民党政府军队的正面战场;一个是中国共产党领导的八路军、新四军和华南抗日武装的敌后战场。

一、正面战场作战概况

抗战开始,蒋介石提出以空间换取时间,实施持久作战的战略。1937年8月,国民党政府国防会议也决定,在战略指导上采取持久战,以空间换取时间,逐渐消耗日军,转变优劣形势,争取抗战最后胜利。在此阶段,国民党政府军队主力从平津到华北,从上海到华东与华中等各战场,实施正面防御作战,进行了一系列防御战役与战斗,不断抗击日军的进攻,其中规模最大的有太原、淞沪、徐州和武汉4次会战。这4次会战的结局都是失利的。

平津战斗(1937年7月7日~7月30日)

"七·七"抗战开始后,蒋介石在江西庐山电令第29军军长宋哲元,采用"不屈服、不扩大"的方针,就地抵抗。并令第26军与第40军4个师至石家庄、保定一线集结待命。接着,蒋介石从庐山回到南京,把重点放在交涉日军撤兵问题上,他希望英、美出面干预,制止日本侵略,"和平解决"中日之战。

进攻宛平城的日军,受中国军队抗击,进攻受阻,于是采取威胁手段,要中国驻军退出卢沟桥、长辛店一带。第29军予以拒绝。日军增加部分兵力再度进攻,又未得逞。此时,平、津日军佯示愿意进行"和平谈判"。日军总参谋长也向华北日军发出"命令":防止事态扩大,避免进一步使用兵力。7月9日,日本内阁也做出所谓不扩大事态,就地解决的"决定"。国民党政府当局及平津前线最高领导人宋哲元等,也希望"和平解决",以为日本真有和平解决之诚意,遂就日方提出的条件,由宋哲元等往返于平津之间与日方接触,而在军事上却未采取应有的部署与处置。7月11日,日本内阁通过向华北增兵3个师团的决定,并声明向华北增兵是日本政府采取的必要措施。据此决定,日军早已动员就绪的各师团,从日本本土、中国东北源源启运,向平津及华北前线开进。这证明,日本所谓"不扩大事态""和平解决"纯系骗局。

7月中旬,日军实施若干局部攻击,并以种种条件引诱平津当局屈服。日军援主力抵达平津前线后,华北日军兵力已达10万人以上,飞机200余架、坦克100余辆。第29军兵力、部署无变化。这样,日军已占明显优势,且对北平形成北、东、南三面包围态势。日军增兵并部署完毕后,从7月26日开始,向廊坊、杨村、广安门、宛平城展开猛烈进攻。同时,向第29军发出最后通牒,无理要求:1、驻卢沟桥、八宝山附近之第37师应于27日正午以前退往长辛店;2、驻北平及西苑一带的中国军队,于28日正午以前退至永定河以西;3、上述撤退完毕后,第37师应全部退至保定。宋哲元拒绝了日军的无理要求。平津各地激战遂即展开。日军在飞机、炮兵火力支援下,攻击北平。第29军各部奋勇抗击。南苑等地战斗最为激烈。在防御中,第29军实施反击,一度夺回廊坊、丰台与天津车站等地。但是,由于仓促应战,没有完善的防御作战计划,尽管爱国官兵抗战意志坚决,士气很高,不惜与日军决一死战。平津人民也积极动员。中国共产党平津党组织采用各种方式,动员组织群众支援第29军作战。但当时南京与平津当局对"和"与"战"众说不一。直到7月26日,日军已对北平展开总攻,而在国民党政府军政部举行的卢沟桥事变第16次汇报会上,军政部长、参谋总长等人对两种决定方案仍然议而未决,即:是用集结在石家庄保定的中央军主力北上增援第29军抗击日军,还是令第29军撤退。会议确定呈蒋介石审定。因此,这一期间,对平津防御战斗指挥举棋不定,犹豫不决,前线部队一天接收几个命令,内容互相矛盾,无所适从。一些将领保存实力,各自为阵。日军则不断增加兵力,攻击更加猛烈。7月29日,蒋介石令宋哲元撤离北平,前往保定。当天北平陷于敌手。30日,天津失守。第29军主力撤至静海、永清、固安、涿县之线以南。在平津战斗中,第29军副军长佟麟阁中将、第132师师长赵登禹中将在南苑附近作战中以身殉国。

日军进入平津,大肆烧杀抢掠,人民生命财产受到很大损失,数十万同胞流离失所,无家可归。随后,日军主力向北平集结,作进犯华北的准备。

8月初,华北日军兵力已增至12个师团,约30万人。日军向华北进犯计划分兵3路:第1路,沿平绥线向南口、张家口进攻,是主要一路,企图夺取河北省北部、察哈尔和绥远省,然后与沿平汉路南犯日军一部配合,合击太原,夺取山西省,确保由华北向华中进犯时的右翼安全;第2路,沿平汉线南犯,为大举南犯华中占领有利阵地,在夺取石家庄后,以一部兵力沿正太线西进,配合沿平绥线进犯日军攻占太原;第3路,沿津浦线南犯。其时,日军大本营又规定军队行动"限制"在独流镇、保定一线以剑,实际仍为平津战斗中"不扩大事态"伎俩之重演。

1937年8月,国民党政府军事委员会将华北五省划分为第1、第2、第5共3个战区。第 1 战区作战区域为津浦、平汉两铁路北段(蒋介石兼司令);第 2 战区包括山西、察哈尔、绥远 3 省(阎锡山任司令);第 5 战区为山东省(蒋介石兼司令)。此外,将江苏、浙江 2 省及上海市划为第 3 战区(蒋介石兼司令)。将福建、广东 2 省划为第 4 战区。第 1、第 2、第 5 战区辖 7 个集团军(第 1、第 2、第 14、第 6、第 7、第 3、第 5 集团军),步、骑兵共 67 个师、21 个旅,兵力约 70 万人。蒋介石确定各战区任务如下:第 2 战区实施"固守",重点守备南口至万全线,控制平绥线,牵制日军,使日军不能无顾虑地沿平汉、津浦线南犯;第 1 战区防守津浦、平汉两铁路正面,阻止日军南犯,同时在日军沿平绥线西犯时,以部分兵力向日军之左翼实施"柔性攻击",策应第 2 战区作战;第 5 战区防守山东省沿海,并以部分兵力北上德州、沧县一线,策应津浦北段防御战斗。

日军沿平绥、津浦和平汉线进犯(1937 年 8 月~12 月) 日军进犯平绥线的兵力,初期为"华北驻屯军"1 个师团、关东军察哈尔派遣兵团 4 个旅团及特种兵与伪军一部。在平绥线防御的为中国国民党政府军第 1、第 2 战区各一部,共约步、骑兵 15 个师、9 个旅。1937 年 8 月上旬,日军 1 个旅团进犯南口,第 13 军在南口阵地上多次击退日军猛烈进攻,双方伤亡很大。日军正面进攻受阻,就增加兵力,对居庸关、怀来实施迂回。日本关东军察哈尔派遣兵团由热河向张北进犯,迂回张家口。此时,日军已在上海登陆发动进攻。8 月下旬,国民党政府军放弃南口、张家口及平绥全线,向晋北撤退。在撤退中,高级指挥官放弃指挥,部队退却无序,不战而逃,各部之间互不联系,士气颓丧,军纪松弛。

日军沿津浦线南犯的兵力约 3 个多师团。在津浦北段防御的是第 1 战区第 1 集团军,共约步、骑兵 16 个师。第 1 集团军计划实施正面防御,阻止日军,待第 5 战区第 3 集团军北上参战后,转取攻势,击破日军进攻。9 月下旬,日军由天津沿津浦线南犯。第 1 集团军边战边撤,在姚官屯至沧县之间阵地上抗击日军数昼夜,阵地被突破后,即全线后撤。日军进至泊镇附近时,第 1 集团军使用 3 个军各一部兵力,对进攻日军之左翼实施反击,未奏效,继续后撤。10 月初,第 3 集团军仅有 1 个团进至德州,主力没有北上。第 1 集团军又放弃德州,撤至徒骇河南岸。此时,因平汉线战事告急,第 1 集团军被调赴平汉线作战。津浦线防务由第 5 战区第 3 集团军接替。日军继续南犯,第 3 集团军不战而逃,12 月下旬放弃济南、青岛,主力逃至单县、城武、曹县附近。日军不战而占山东省大部,并继续向鲁南及徐州进犯。事后,国民党政府将第 3 集团军司令韩复榘枪决。

日军沿平汉线南犯之兵力约 4 个师团共 8 万人。在平汉线防御的是第 1 战区第 2 集团军,共约步、骑兵 13 个师、4 个旅。9 月中旬,日军开始南犯,第 2 集团军进行抵抗,有少数部队与日军展开激战。未几,阵地被日军突破,该集团军即由琉璃河一线向保定撤退,拟在保定附近再组织防御。日军跟踪追击,保定一线又无防御准备。9月24日放弃保定。此时,日军在晋北加紧进攻,太原告急。原作为平汉、津浦两线机动兵力的第14集团军调赴山西作战,计划由华中北调的兵力也未到达。同时,上海前线告急,津浦线作战失利,蒋介石令第2集团军主力向正太线转移,一部向南撤至滹沱河南岸。第2集团军于10月10日放弃石家庄,接着放弃邢台、邯郸、安阳。11月上旬,第1集团军由津浦线转至平汉线,为策应娘子关方向作战,集团军主力对占领邢台、邯郸之日军实施反击,未获战果。日军占领安阳、大名一线后,因占地甚广,原进攻兵力大部已转调山西及上海方向,兵力不足,遂停止进攻。第1战区部队从保定南撤时,已处于溃退状态,几乎不可收拾,而且军纪太坏。战役结束后,国民党有3名监察委员联名指控第2集团军司令刘峙"畏死",未经战斗即退却,十余天败退近千里,是自古以来丧师失地未有如此之速者,要求追究刘峙的责任。因战区司令由蒋介石兼任,追究不出结果。

太原会战(1937年9月13日~11月8日) 日军进攻太原,由两个方向实施,主要方向是大同、太原。另一方向是石家庄沿正太线向太原。日军总兵力约14万人、坦克150辆、炮350门、飞机300架。

参加太原会战的第2战区军队有第2、第6、第7、第14、第22共5个集团军,共34个师、13个旅,约28万人、飞机30架。由陕北开抵晋北前线的第18集团军,参加了这次会战,配合国民党政府军队保卫太原,归第2战区指挥。太原会战由平型关战斗、忻口防御战、正太线防御战等组成。

平型关战斗 1937年8月下旬,日军占领南口、张家口及平绥线东段后,主力向晋北进攻,一部沿平绥线西段向包头方向进犯。9月上旬,日军逼近大同。大同是晋北门户,是晋、察、绥三省重要枢纽。第7集团军司令傅作义主张集中兵力,在大同附近与日军决战。第2战区司令阎锡山认为大同地形不利,援军又未到,决心放弃大同,在雁门关以西内长城一线设防。9月13日,中国军队放弃大同,日军不战而占。同时,日军相继侵占蔚县、阳原、广灵、灵邱各县。随后,日军向平型关、大营、雁门关方向进犯。第6集团军在平型关一线抗击日军的猛烈进攻。9月中旬,第18集团军第115师到达晋北前线,按作战计划,第115师向进攻平型关之日军侧后攻击,平型关正面防御部队以一部兵力从正面攻击,配合第115师行动。第115师按第18集团军总部朱德、彭德怀正副总司令指示,以一部兵力挺进灵邱、涞源敌后,袭击日军,制止日军增援,师主力于9月24日夜在平型关以东设下埋伏。25日,经过激烈战斗,全歼日军第5师团1个大队及后勤人员等,共3000余人,击毁汽车 100 余辆,缴获武器、物资甚多。在平型关战斗激烈进行时,占领大同之日军向平型关增援,逼近繁峙,威胁平型关左侧后。平型关正面的攻击行动未取得重大战果。战区遂令撤退。日军在代县会合。在华北战场节节失利的情况下,平型关战斗取得了"卢沟桥事变"以来全歼日军 1 个大队以上兵力的空前胜利,沉重打击了日军的嚣张气焰,鼓舞了中国的民心士气,提高了中国共产党及其领导下的军队的声威。

忻口防御战 平型关战斗后,华北日军主力集结约 5 个师团、坦克 150 辆、火炮 250 门,共 14 万兵力,企图向忻口、太原进犯。在忻口方向作战的军队是第 18、第 14、第 6、第 7 集团军。战区计划以 3 个集团军在五台山至宁武山一线,依托有利地形组织防御。其部署:第 18 集团军在右翼,滹沱河南岸依托五台山组织防御,制止日军前进,并相机以主力向雁门关挺进,威胁日军之左翼,形成包围日军之态势;第 14 集团军居中央,在代县至原平公路正面实施防御,抗击日军之进攻;第 6 集团军在左翼,在同蒲铁路西侧组织防御,并准备以一部兵力挺进敌后,威胁日军之右翼,与第 18 集团军东西呼应,形成对日军进攻集团之包围态势。战区预备队集团军集结在忻口附近,以便机动。

1937 年 10 月初,日军大本营下令攻占太原。晋北日军沿代县至原平公路发起进攻。日军以正面攻击结合迂回,在猛烈炮火、坦克支援下攻占崞县。防守原平城的第 196 旅爱国官兵,抗击日军攻击,坚守阵地,在日军优势兵力、火力围攻下,旅长及全旅官兵伤亡殆尽,原平失守。日军占领原平后,集中兵力于同蒲路左侧实施猛攻第 14 集团军突施顽强抗击,挫败日军的连续进攻,与敌展开激烈的争夺战。在正面顽强抗击同时,第 18 集团军主力向灵邱、广灵、代县、崞县敌后进军,不断袭击日军交通线与后方目标。10 月 19 日夜,第 129 师第 769 团夜袭代县城西南之阳明堡机场,击毁日机 24 架,歼灭日军 100 余人。八路军挺进敌后,迫使日军从前线回调兵力巩固后方,有力地支持了忻口正面的防御战。第 14 集团军司令卫立煌乘日军部分兵力回调、正面攻击兵力减弱之机,指挥部展开攻势行动,反击日军。中国空军以小群出动,打击日军,支援地面战斗。在反击过程中,第 9 军军长郝梦龄中将、第 154 师师长刘家麒中将等,相继中弹阵亡,以身殉国。第 14 集团军由平汉线调来晋北,进入战斗后经连续反复冲杀,伤亡大,补充少,战斗力渐渐不支。日军则不断增加进攻的兵力,忻口前线防御态势已呈危急。同时,日军为策应忻口方向作战,沿正太线西犯日军又猛攻娘子关一线阵地,加速向太原进逼。太原北、东两面同时告急。此时,战区令第 7 集团军司令傅作义回太原组织城防,令第 6 集团军司令杨爱源去晋南组织防御。驻潼关的第 22 集团军奉命增援晋北,但未到达。第

14集团军在战斗力不支的情况下,卫立煌下令部队停止反击,请求增援。旋即奉令撤离忻口阵地,向太原撤退,忻口防御战先后持续20多天。在向太原撤退时,日军机械化部队跟踪追击,日机不断轰炸,撤退部队异常混乱。太原防御部署也未完成。11月8日,太原失守,第7集团军突围出城。

正太线防御战 沿正太线西犯的日军,在空军、炮兵火力支援下,突破国民党政府军阵地,连陷娘子关、井陉、平定、阳泉、寿阳。10月底,日军逼近榆次。在正太线防御战中,第18集团军总部率第129师与第115师主力,于10月下旬由五台山进至正太线以南,多次进行伏击,给进犯日军以重大打击。

济南、太原失守,标志着以国民党政府军为主的华北正面战场正规战争宣告结束。

淞沪会战(1937年8月13日~12月13日) 1937年7月,日军大本营决定在中国华东实施作战,进攻上海,企图一举攻占中国经济、政治重要城市上海及其附近地域,切断中国海上补给线,策应华北战场,南北呼应,歼灭中国军事力量,迫使国民党政府屈服,结束侵华战争。日军实施上海作战之兵力,开始约1.5万人,舰艇30余艘,飞机100余架。战役过程中几次增兵,后期达11个师团,约30万人。

淞沪抗战前,中国国民党政府受《上海停战协定》的限制,在上海市区仅驻有保安部队2个团及一些警察。卢沟桥事变后,上海形势紧张,战争危险迫近,国民党政府当局虽抱"不扩大事态"的方针,企图实现"和平解决",但对上海兵力薄弱仍有顾虑。因此,于8月上旬,将原驻苏州、无锡、常熟一带的第87、第88两个师隐蔽调进上海市区,任命张治中任京沪警备总司令,上述部队以后改编为第9集团军,归第3战区指挥。国民党政府军事委员会和第3战区(冯玉祥接任战区司令)的企图是,在日军后援兵力未抵上海之前,先集中兵力将在沪日军万余人迅速歼灭,使其后援部队抵沪时失去依托,有利于在日军登陆时给予打击,坚守上海,消耗日军。第3战区兵力在战役初期为第8、第9、第10集团军,战役过程中增加第15、第19、第2工集团军,战役后期共6个集团军、70个师、飞机250架、舰艇40余艘。

8月上旬,驻沪日军(主要是陆战队)不断进行挑衅,制造事端,为发动侵略制造借口,如举行武装示威,夜间越界进行军事"演习",诡称有水兵失踪,要求中国飞机停飞,等等。上海市政府按照国民党政府"不扩大事态"的方针,忍辱退让而与日方交涉。8月9日,一个日本军官带领士兵,无理闯入虹桥机场,担任机场警卫的中国保安队卫兵对其制止,日军官首先开枪打死保安队卫兵。中国保安队激于民族义愤,严正还击,当场将日军军官与士兵击毙。为此事,国民党上海市市长仍抱着"不扩大事态"的方针,与日方交涉。日军因援兵未到,也表示以外交方式

"解决",但无理要求中国保安队撤离上海,拆除保安队所构工事。中国当局予以拒绝。日军一面谈判,一面调兵。8月13日,开始了大规模进攻,第3战区军队进行抵抗,淞沪会战由此展开。

日军进攻开始后,第3战区确定行动部署如下:第9集团军(5个师)在上海市区实施进攻,扫荡歼灭在沪日军兵力,阻止日军登陆;第8集团军(4个师)担任杭州湾北岸防御,阻止日军登陆,保障上海右翼安全;第10集团军(5个师)担任浙江省沿海海防,防止日军由浙东登陆;以1个军担任长江口南岸江防,1个师担任江口北岸江防与海防,保障上海左翼安全。

8月15日,张治中指挥的第9集团军经过短时间准备,以第87、第88两个师并列发起攻击,部队士气旺盛,奋勇冲杀,中国空军、海军也积极支援,经过3天攻击,有所进展。8月20日,第9集团军增加五个师继续进攻,发展比较顺利,突破日军防御,从虹口公园打到汇山码头(外白渡桥东北方向黄浦江畔),即将扫荡在沪日军陆战队的巢穴。但由于部队经过1周作战,消耗、伤亡很大,又没有预备队投入战斗以增强突击力量,进展渐迟缓。此时,由日本本土海运的日军大批主力已驶近上海海面,行将登陆,第9集团军遂停止攻击。

中国军队江防兵力不足,日军主力3个师团于8月23日晨分别在吴淞、川沙港(宝山县城西北)等地登陆。日军登陆后,以飞机、火炮舰艇火炮、坦克的猛烈火力,支援步兵冲击,向宝山城、月浦、罗店、浏河镇等阵地猛烈进攻,扩大登陆场,威胁上海左翼安全。此时,第15集团军抵达上海前线,原在市区作战的部队一部也调到长江南岸一线,战事重心由市区移至江边一带。战区组织4至5个师兵力,连续对登陆日军实施反击,双方在江岸一线展开登陆、反登陆激战。随后,日军后续部队源源登陆。登陆后,一面向纵深发展,一面合击宝山城等地,企图扩大与连接登陆场。扼守宝山城的第98师第583团第3营,受到日军30余艘舰艇的炮击和日军飞机的分批轰炸,在日军坦克四面冲击、城内一片火海的情况下,坚决死守,经过3天苦战,全营官兵殉国。宝山失守,日军登陆场已连成一片。

9月上旬,第3战区鉴于日军援兵源源抵沪,沿江防御受日军舰炮火力威胁甚大,于是改变作战方针:实施持久战,阻止日军扩张,将防御部队撤至日军舰炮射程以外,作"韧性抵抗",等待援兵到达再行决战。于是,各部队全线停止反击,转入防御作战,依托每个阵地抗击日军。日军则不断增兵连续突击。10月上旬,日军已渡过蕴藻浜。正在激战之际,第21集团军到达上海前线。10月下旬开始,战区指挥第21集团军等部对蕴藻浜南岸日军实施反击,力图将其逐回北岸或予以歼灭。第21集团军由后方调来,训练不足,实战锻炼少,甚至将日军施放烟幕误认为毒气,反击未奏效,反被日军突破阵地。日军相继攻占大场、江湾、真如等地,切断了沪、宁(南京)铁路,对上海左后方造成严重威胁。

10月26日,战区令部队撤至苏州河南岸继续防守。在主力撤至苏州河南岸后,担任掩护任务的第88师第524团谢晋元副团长指挥800余人,在四行仓库阵地完成掩护任务后,誓不向苏州河南岸撤退,决心与日军战斗到底。该部官兵在日军包围之中,坚守阵地,四行仓库大楼顶上高悬着上海童子军送与他们的旗帜。日军猛攻四昼夜,始终未能得逞。苏州河畔的中国人眺望这一悲壮场面,无不为之感动。毛泽东曾高度赞誉"800壮士",将其与"平型关""台儿庄"的勇士同列为"民族革命典型"。

10月底,日军从国内和华北战场抽调至上海的兵力已达20万人。第3战区军队顽强抵抗,使日军遭到重大杀伤。此时,日军大本营为加速攻占上海,决定在杭州湾北岸实施登陆。侧击上海守军之右翼。11月5日,日军3个师团开始在金山卫一线登陆。第8集团军在该线只配置少数兵力,未能阻止日军登陆,日军登陆后,第3战区急从浦东、枫泾、苏(州)嘉(兴)线各地抽调兵力,堵击上陆日军。因动作迟缓,部队尚未到,日军已侵占松江城。至此,在上海市区防御的军队便处于日军夹击之下,后方主要交通线均已被切断。经过近3个月的防御战,前线部队已精疲力竭,伤亡重大,缺乏补充,战斗力大为下降。国民政府军事当局也无兵可调。战区下令放弃上海,向苏(州)福(山)线既设阵地转移,企图在苏福线再行抗击。11月9日,第3战区军队撤离上海。

部队在撤离上海时,军心已经动摇,许多部队争先恐后夺路而逃,退却路上拥挤不堪。日军跟踪追击,飞机轰炸,并以舰船输送一部兵力沿长江西进,在长江南岸一些港口登陆,侧击西撤的第3战区军队左翼。各部队在混乱中退至苏福线阵地,但是部队尚未找到阵地与工事的位置,日军追击又至,终于未能在苏福线站住脚,又继续向锡(无锡)澄(江阴)线阵地撤退。应当指出,所谓苏福线阵地纵深只约千米,只构筑一些不能相互支援的火力点而已。

日军向南京方向猛烈追击时,日军大本营又一次玩弄花招,一面令日军追击,一面又"规定"不得追过苏(州)嘉(兴)线。11月20日,日军大本营还"下令"部队"停止追击"。24日,日军总参谋长宣布废除追击不越过苏嘉线的"规定"。同时,日本御前会议通过决定,可以攻占南京及其他地区。日本侵华初期,日本帝国主义反复使用此种手法,借以麻痹国民党政府与世界舆论,掩蔽其独吞中国之企图。

第3战区部队由苏福线向锡澄线撤退,锡澄线阵地更逊于苏福线。由于撤退混乱,又未能在锡澄线占领防御,随即向皖南、南京大溃退。大部分军队向皖南,部分撤向南京。日军分两路推进,正面一路沿沪宁铁路及长江直逼南京,另一路由苏、浙、皖边边直指芜湖,企图占领芜湖,北渡长江,迁回南京,配合正面追击部队合击南京。国民党政府军在撤退过程中,有些部队曾进行抗击,但均不能扭转战役上溃乱退却所造成的危局。国民党海军曾封锁长江航道,阻止日军沿江西进,但在江阴附近几次战斗中,大部舰只被日军击毁,未能达到封锁目的。国民党空军不少飞行人员在攻击日舰、空战与支援陆军战斗中,勇敢战斗,给日军一定的打击,但由于日空军据有明显优势,中国空军的飞机损失大部,又无补充,到南京附近作战时,几乎已无飞机、舰艇了。

早在10月下旬,正当上海前线作战十分激烈、紧张之际,国民党政府做出决定,将首都迁往重庆。政府直接迁往重庆,军事委员会暂留南京,待11月份迁往武汉,以指挥全国战局。同时,任命唐生智为南京卫戍司令,调2个师兵力为南京卫戍部队。蒋介石离开南京时,认为淞沪前线失利,兵力不足,南京地形又不利于防守,故决定不守南京。后来蒋介石又考虑,对经营10多年的首都不战而走,不好向中国人民交代,也有损于自己的形象,故又决定使用15个师的兵力守南京,即令前线回撤部队中调5个军撤至南京外围组织防御。12月上旬,日军迫近南京,并连续攻占龙潭、汤山、江宁镇、淳化镇、板桥等南京外围要地,前线回撤部队有的没有到达,有的在混乱中到达南京附近也无组织准备防御的时间,南京外围阵地相继失守,日军迫近城垣。南京城防部队在雨花台、紫金山、幕府山等地顽强抗击日军,雨花台首先失守,全城动摇,各要点相继失守。日军先后由光华门、中山门、中华门突入城内。12月11日,蒋介石令唐生智撤出南京。撤离时,守城部队、市政官员、老百姓在一片混乱之中,争相夺路而走,或突围去皖南,或夺船渡江北上,城门为之堵塞。13日,南京失守,淞沪会战结束。随后,日军占领杭州。

淞沪会战持续4个月之久,毙伤日军6万以上,战役以失利结束。上海、南京、杭州及苏浙、皖广大富饶美丽的地区被日军占领。第67军军长吴克仁中将以身殉国。

日本侵略军在宁、沪、杭及苏、浙、皖占领区内,对中国人民犯下了罄竹难书的法西斯暴行,焚烧、屠杀、奸淫、掳掠,无恶不作。日军到处放火,上海大火燃烧了半个多月,绵延数公里。广德县城只烧剩了工座宝塔及1个教堂的十字架。大半个南京被烧成一片废墟。日军所到之处,屠杀了无数的中国同胞,尤其令人发指的是南京大屠杀,这是现代战争史上最残酷、最骇人听闻的暴行。这是无论何人想否定也否定不了的。日军占领南京后,日军司令官(战后定为战犯,已被国际法庭判决处以绞刑)放纵士兵,任意杀人、强奸、抢劫。大街小巷陈尸遍地。日军在汉中门外一次屠杀放下武器的军警人员 3000 余人,在中山码头及其附近集体屠杀男女老幼 5.7 万余人。日军杀人方法极其野蛮:机枪扫射,刺刀刺杀,大刀砍,切腹挖心,水溺,火烧……。日本报纸刊登过日军官在中国杀人比赛的新闻,有一名"优胜者"曾连杀中国人 106 名。战后,据远东国际法庭最慎重、最保守的估计,在日军在占领南京后的 6 周内,烧死及投入长江灭迹者约 19 万人,屠杀当在 20 万人以上。总计整个屠杀在 30 至 40 万人左右,其中有案可查的,仅红十字会收埋 4.3071 万人,崇善堂收埋 11.2266 万人。

日军另一暴行就是强奸妇女,甚至老妇、幼女也未能幸免。日军占领区各地强奸妇女极多,仅南京一地即达 2 万以上。日军奸淫妇女以后,又以极其野蛮、残酷的方法将被奸者杀害,或割去乳房,甚至以棍棒插入阴户。一些未被屠杀者,又因不堪忍受如此污辱而悲愤自杀。

至于掳掠,日军更是无所不抢,无所不要,粮食、家畜、钱财、衣服、家具、烟酒杂品均被洗劫一空。中华民族历史上遭受侵略的灾难,以日本侵略者给中国人民造成的灾难历时最久,也最为深重。

日军占领南京,在军事上已给中国国民党政府以重大打击,遂又进行诱降活动,以诱迫中国屈服。1937 年 12 月,德国驻华大使陶德曼按日本政府的旨意,向中国国民党政府提出和谈条件,要国民党放弃"反日""反满"政策,共同防共,中日实行"经济合作",划必要地区为"非武装区",在"非武装区"内建立"特殊组织",对日本进行赔款等等。除上述条件外,还附有两个条件:一是谈判不停战;二是中国政府派人到日本指定的地点去谈判。实际上,日本俨然以战胜国自居,要中国去签订投降条约。对于日本的诱降活动,国民党内部的亲日派甚为高兴,积极活动响应。但国民党政府还是拒绝了日本的要求,未向日本投降。1938 年 1 月 16 日,日本政府在诱降失败后,发表声明,宣布日本往后"不以国民党政府为对手","期望与日合作的新政府"的成立,建立中日关系。18 日,国民党政府发表宣言,表示任何谈和办法均不能影响中国领土、主权与行政之完整。并宣布日占区内的任何非法组织、政权绝对无效。从抗战开始到抗战结束,日本对国民党政府的诱降活动从未停止过,而且随着日军在中国战场愈陷愈深,条件也逐渐降低。国民党政府虽坚持抗战而没有公开投降,但国民党内大批亲日分子及将领投降了日本,助纣为虐,残害中国人民。

徐州会战(1938 年 3 月 12 日~6 月 12 日)1938 年 2 月,由华北沿津浦线南犯之日军,占领济南、青岛后,进至汶上、济宁、邹县、泗水、蒙阴、诸城、青岛一线,与第 5 战区军队对峙。进犯华东之日军在占领南京后,向北推进至怀远、蚌埠、临淮关、天长、扬州至南通一线。这样,对徐州造成南北夹击之势。徐州是苏、鲁、豫、皖四省要冲,津浦、陇海两线重要枢纽,中原重镇武汉东北方的重要屏障。徐州控制在中国军队手中,不仅可以屏障当时的军事指挥中心武汉,而且使侵华日军华北、华东两个集团陆上联系被分割。

日军大本营企图打通津浦线,切断陇海线,歼灭在鲁南与徐州附近之国民党政府军主力,打通华北、华东的陆上联系,进逼河南省,然后配合沿长江西进,攻占武汉。日军决定,南北对进,攻占徐州。在兵力部署上以华北派遣军为主,分两个方向由北向南攻击徐州:一个方向是沿津浦线南犯,从正面攻击徐州;另一个方向是由青岛向临沂进攻,侧击徐州以东。华中派遣军配合华北派遣军,分两个方向由南向北进攻徐州:一是沿津浦线北犯,实施正面攻击;二是由南通向盐城进攻,侧击徐州东南。日军投入徐州作战之兵力,初期为3个多师团,约8万人。作战过程中逐次增加兵力,后期达10个师团,约30万人。

徐州地区属于第5战区,由倡导"焦土抗战"的李宗仁接任战区司令。军事委员会赋予第5战区的任务是保卫徐州,确保津浦、陇海两线枢纽,巩固武汉东北战线。规定战区在北线实施攻势行动,击破北路日军;在南线实施防御作战,阻止日军于淮河一线。第5战区用于徐州会战的兵力,初期为第3、第24、第22、第11、第21、第27共6个集团军又第3、第27两上军团。战役后期增为7个集团军又4个军团,共约64个师,3个旅,45万人。战区部署:以1个集团军实施攻势行动,攻歼占领汶上、济宁之日军。同时,另以一部兵力攻击邹县、蒙阴、泗水等地之日军,以为策应。在津浦线淮河北岸、苏北、临沂附近,津浦线滕县正面各配置主力一部,实施防御作战,各自阻滞当面日军。战区预备队集团军,配置在苏、豫、鲁边区,以便机动。

3月12日晚,第3集团军主力向济宁、汶上发起反击,该两地日军兵力共约3000~4000人,第3集团军一度突入敌阵并与日军展开巷战。随后,日军一部增援,第3集团军向后撤退并转入退却,日军跟踪追至嘉祥后停止。第22集团军、第3军团各一部对邹县、泗水等地之反击,均未奏效。战区拟增加兵力后再行攻击。这一企图为日军侦知。日军遂于3月中旬从南、北两个方向展开进攻。

南路进犯日军初时被阻于淮河一线。北路由青岛向临沂进犯之日军,在临沂以北受阻。进攻滕县之日军,受到第122师的抗击,激战持续数天后,因第122师伤亡极大,师长殉国,滕县失守。日军占藤县后,继犯临城,一部占领枣庄、峄县,并向台儿庄进犯,企图侧击徐州。在台儿庄运河一线防御的是第2集团军,该部第31师防守台儿庄。日军向台儿庄猛攻时,第3工师在师长池峰城指挥下,顽强抗击,多次展开白刃格斗，日军占领台儿庄镇大部街区后，该师仍死力支撑，等待援兵。此时，台儿庄附近的群众自动为军队送情报，救伤兵，当向导，甚至拿起武器打击日军。蒋介石到徐州督战，令死守台儿庄与徐州，若失掉阵地，将处分战区司令及在徐州协助李宗仁指挥的副参谋总长白崇禧和所有旅以上长官。当台儿庄防御战激烈进行之际，战区一面令第 2 集团军死守，一面令第 20 军团主力在兰陵集结后向峄县、枣庄攻击，侧面攻击台儿庄日军之左翼。第 20 军团向峄、枣发起攻击后，歼敌一部，旋即奉命以一部继续攻歼峄、枣之敌，主力回师南下协同第 2 集团军围歼台儿庄阵前之日军。正当第 2 集团军、第 20 军团协力攻歼台儿庄附近之日军时，进犯临沂之日军一部倾力西援，进至向城附近，威胁第 20 军团侧后。该军团以一部阻滞了日军。在台儿庄附近之日军第 10 师团残部，遭多日围击以后，伤亡惨重，即破坏武器，烧毁物资，向峄、枣方向狼狈逃窜。战区部队跟踪追击日军，直到峄县附近。日军在峄县附近凭借山地顽抗待援。

在台儿庄附近激战时，日军从华北、华东抽调大批兵力向徐州推进，以图在徐州附近与国民党政府军决战。4 月中旬，鉴于日军大量增兵，战区令部队停止对据守峄、枣附近之日军的攻击，双方处于僵持状态。5 月中旬，南路日军占领固镇、蒙城、宿县、盐城、阜宁，直逼徐州及徐州东西陇海铁路线；北路日军经过鲁西南，占领金乡、鱼台、丰县，逼近徐州。5 月 13 日，日军在黄口附近切断陇海线。形势对第 5 战区极为不利，徐州附近主力集团的后路已被切断，处于日军包围之中。5 月 19 日，决定放弃徐州，主力向太和、阜阳等地突围。直到 6 月中旬，战区各部队才陆续到达豫东、皖西一带。日军推进速度快的原因之一是国民党军队有些将领作战不力。如由苏北进攻的日军仅 3000 余人，第 24 集团军韩德勤部兵力 5 倍于敌，不战而退，使日军长驱千里，如入无人之境。

日军占徐州后，沿陇海线向西追击。6 月，占开封，并向郑州进犯。蒋介石下令在郑州东北之花园口炸毁黄河大堤，滔滔黄河之水造成泛滥区，阻止了日军追击。由于国民党政府事先没有通知和组织群众转移，致使 100 多万人被淹死，1200 多万人无家可归。黄河决堤造成泛滥后，国民党政府军队在泛滥区以西，日军在泛滥区以东，双方对峙达 6 年之久。

第 5 战区在台儿庄地区，集中兵力，取得摧毁日军第 5、第 10 两个师团主力的胜利，歼灭日军 2 万余人，缴获大批武器装备，最后以放弃徐州，突围转移结束。日军虽占徐州，打通津浦线、切断陇海线，但歼灭中国军队主力这一目的未能达到，战线更加延长，兵力更加分散。台儿庄会战中，第 5 战区第 2 路游击司令刘振东中将以身殉国。

武汉会战（1938 年 7 月 23 日～10 月 26 日）　早在徐州会战过程中，日本政府已决定对中国展开进一步的军事进攻，并以武汉三镇为目标，制定了进攻汉口的作战计划。徐州会战结束后至 7 月中旬，津浦线南段日军相继攻占合肥、安庆、潜山等地，江南日军攻占马当要塞、彭泽、湖口各要地，为进攻武汉三镇，占领了有利的出发阵地。日军进攻武汉的企图是，击破国民党政府军在华中的主力攻占武汉摧毁国民党政府继续抗战的核心基地，打击中国的士气与民心，逼使国民党政府屈服，迅速解决中国问题，以便进行对美、英与对苏作战准备。日军进攻武汉的兵力为华中派遣军主力第 11、第 2 两个军及江河海军，战役初期约 5 个多师团，战役过程中逐步增加兵力，后期达 12 个师团、120 余艘舰艇、500 余架飞机，共 25 万余人。日军进攻武汉由两个方向实施：一是从江南及沿长江西进，直指武汉正面，并从武汉以南切断粤汉线，迂回武汉；一是由合肥经大别山麓直指信阳，切断平汉线，从北方迂回武汉。

武汉三镇地处华中腹地，是平汉、粤汉铁路（今京广铁路）与长江、汉水的枢纽，物产丰富，周围地形复杂，战略地位十分重要。国民党政府迁都重庆后，军事委员会迁至武汉。武汉是当时国民党政府军队的指挥中心，也是国民党政府继续抗战的核心基地。1938 年 7 月初，国民党政府军事委员会发布武汉会战的指导方针，确定以第 5 战区（长江以北，司令李宗仁）、第 9 战区（长江以南，司令陈诚）联合实施保卫武汉作战，击破日军对武汉的进犯。防御重点保持在长江以南。采取逐次抵抗，消耗日军，以空间换取至少 4 个月的时间。并确定南昌、九江、黄梅、大别山东麓向北延伸之线为第一防御地带，在此地带以东为游击区，由此地带开始实行逐次抵抗；萍乡、铜鼓、瑞昌、广济、罗田、麻城至武胜关一线为第 2 防御地带，或称决战地带。战役初期，参战兵力为第 1、第 2、第 3、第 4 兵团，辖 5 个集团军（第 20、第 9、第 3、第 31、第 32）共 30 个师、100 余架飞机。战役中不断增兵，战役后期达 14 个集团军（第 2、第 3、第 5、第 9、第 11、第 20、第 2 工、第 24、第 26、第 27、第 29、第 30、第 31、第 33）共 124 个师、40 余艘舰艇、100 余架飞机，共约 75 万人。苏联援华志愿飞行大队参加了保卫武汉的会战。

武汉会战部署为：第 9 战区第 1 兵团担任南昌至德安附近鄱阳湖西岸防御，第 2 兵团担任德安、星子至九江一线防御。第 5 战区第 3、第 4 兵团担任长江以北、大别山东麓一线防御。武汉卫戍部队担任固守武汉核心阵地的任务。

7 月 23 日，日军进攻武汉作战开始。日军一部越过鄱阳湖以北水面，在九江市东南 20 余公里之姑塘附近登陆，向九江进犯。第 9 集团军不战而放弃了九江，第 1 防御地带首开缺口。8 月上旬，日军一部由九江西犯，在瑞昌东北之港口登陆，第3集团军在迟滞日军战斗后,放弃瑞昌西撤。9月,日军另一部在星子登陆,占领九江、瑞昌之日军一部,沿南浔线向南昌进犯,遭第9战区部队阻击,被阻于修水河一线。长江南岸日军占瑞昌后继续西犯,相继攻占马头镇、富池口要塞。10月中旬占阳新,日军数千人迂回武宁,在万家岭附近,受第9集团军围击,大部被歼,残部逃向瑞昌。随后,日军分兵向贺胜桥、咸宁方向进犯,并在盛宁附近切断粤汉铁路,直接威胁武汉右翼。

在长江北岸进犯之日军,相继侵占潜山、太湖、宿松。7月下旬至8月下旬,第5战区第26集团军反击潜山,第21集团军反击太湖、宿松,一度收复上述3城,歼日军一部。日军继续进攻,经激战后,攻占黄梅、广济。在大别山北麓之日军,由合肥分路向六安、霍山、商城进犯。第51、第77军在上述各地抗击日军的进攻。日军占商城后,一部兵力转向西南直犯武汉。第2集团军与第71军等部,利用有利地形阻击日军,使其未能逼近武汉。由商城西犯之日军,相继攻占潢川、罗山和信阳,切断了平汉线。10月中旬,日军向武胜关方向进犯,越过平汉线,向应山、安陆迂回武汉,武汉左翼受到严重威胁。日军在逼近武汉同时,又在广东省大亚湾登陆,驻守广东海防10余年的第12集团军,没有发现日军登陆,即放弃了广州。广州失守后,蒋介石认为武汉已失去战略上的重要性。10月25日,蒋介石决定放弃武汉。第5战区主力撤至湖北、河南两省平汉线以西地区。第9战区主力撤至江西、湖南两省永修、幕阜山、岳阳以南一线。10月26日,日军侵占武汉。

日军占领武汉、广州以后,因占地甚广,战线延长,兵力不足,同时不得不抽调大批兵力巩固后方,对付敌后游击战争,随即停止了战略进攻。

正面战场从卢沟桥事变至武汉失守,历时将近1年又4个月。在此期间,日军动用了近30个师团(约占1938年下半年日军总兵力36个师团,130余万兵力的5/6左右),力图速战速决,展开战略进攻,妄图一口吞下中国。国民党政府军队在战略上实施持久战,在战役战斗上除少数规模不大的攻势行动外,主要实施防御战,迟滞日军进犯,消耗日军,争取时间,由沿海向内地后退了约700公里,由华北到华中后退约1800公里。丧失了河北、察哈尔、绥远、山东、山西、江苏、浙江、安徽、河南、湖北、湖南、江西和广东13个省的100余万平方公里国土,1亿多中国人民遭受日军的蹂躏,北平、天津、太原、包头、济南、青岛、上海、南京、杭州、徐州、安庆、广州和武汉等340余座城市先后失守。国民党政府军队付出了很大代价,换取了1年4个月的时间。在各次战役中,给日军以杀伤和消耗。国民党政府军进行的各次战役虽都以失利结束,但军队主力却没有被歼灭。国民党政府进行抗战,没有屈服。在忻口、台儿庄、上海等作战中,不少部队奋力抗战,勇敢顽强,不少爱国官兵为国捐躯,表现了中华民族抗击外来侵略的传统精神。但是,1年多的作战表明,国民党政府实行的是片面抗战,只有单纯的军队抗战,没有动员、组织和武装群众抗战;在作战上是单纯防御,或消极防御,战略上防御,在战役战斗上也都是防御。失去主动,处处防御,处处挨打。国民党政府军队没有抗日的、进步的政治动员,许多部队有时表现坚决,但不持久;一些将领消极避战,保存实力,指挥不力,部队一旦失利便惊慌失措。国民党政府军队的军民关系不好,军队欺压残害百姓,民众视军队似虎狼,人民的抗日救国热忱不仅不能得到支持与发挥,反受打击与压抑。蒋介石被迫同意抗日,但总幻想和平解决,在适当条件下妥协,并希望美、英干涉,制止日本侵略。这就极大地影响了中国军民的抗战意志和信心,这是正面战场失利的根本原因。

二、敌后战场

从抗日战争开始至武汉失守期间,毛泽东发表了一系列重要著作和指示,如《反对日本进攻的方针、办法和前途》《和英国记者贝特兰的谈话》《抗日游击战争的战略问题》《论持久战》《战争和战略问题》等。毛泽东正确地提出了抗日游击战争战略战术的一整套方针、原则,为开辟敌后抗日根据地,开展抗日游击战争,彻底打败日本帝国主义,争取中华民族的独立与解放指明了胜利的道路。尤其是《论持久战》一书,总结抗战10个月的经验,全面地分析了敌我双方的特点,指出中国必胜,日本必败,中国不能速胜,必须进行持久战,批评了"速胜论"与"亡国论",科学地预见抗日战争将经过战略防御、战略相持、战略反攻3个阶段。后来的战争进程,完全与毛泽东的科学预见相一致。党中央和毛泽东指出,当时的红军是支队性质,在决战问题上不起任何决定作用,但在游击战争中可起决定作用。国民党政府与蒋介石不仅在战略战术指导上采取错误的作法,他们还力图把八路军、新四军放在正面战场,与强大的日军打正规战。根据当时敌我双方的情况,毛泽东指出,唯一正确的基本原则是独立自主的山地游击战。敌后要以游击战争为唯一方向。抗日战争的战略方针是:在战略的防御战之中采取战役和战斗的进攻战,在战略的持久战之中采取战役和战斗的速决战,在战略的内线作战之中采取战役和战斗的外线作战。游击战争在贯彻这一方针时,在程度上和表现形式上与正规战争有所不同。游击战争应当依照情况灵活使用兵力,充分发动群众,依托有利地形创建抗日根据地,组织民众武装,扩大军队,不打硬仗,多打小胜仗,振奋士气,影响全国,在持久抗战中,发展自己,经过游击战争,积累力量,把自己造成为粉碎日本帝国主义的决定因素之一。

1937 年 7 月至 1940 年 12 月,是敌后抗战的第 1 阶段。由于正面战场节节失利,华北、华东、华中、华南广大地区相继沦陷,城市、交通线被日军控制。在大革命失败后转入地下的中国共产党各地党组织,在日军占领上述地区后,纷纷组织起义,立即动员与组织群众,建立抗日武装,展开抗日武装斗争。同时,八路军、新四军向敌后进军,实施战略展开,与各地党组织和抗日武装密切配合,展开敌后游击战争,建立抗日根据地。在斗争中,坚持与发展抗日民族统一战线,联合友军,团结一切可以团结的抗日力量,共同抗日。敌后各抗日根据地在中共中央、中共中央军委和毛泽东等同志领导下,按照统一的战略意志,实行独立自主的游击战争。

敌后抗日根据地的开辟(1937 年 7 月~1938 年 10 月)

晋察冀 1937 年秋,第 115 师主力进入晋察冀地区。10 月,中央军委决定第 115 师政委聂荣臻率该师 2000 余人,留在五台山区创建抗日根据地,领导人民,开展游击战争。随后,该部分兵挺进察南、冀西敌后。11 月,成立晋察冀军区,聂荣臻任司令兼政委。军区刚成立,日军 2 万余人分兵 8 路向晋察冀实施围攻。该区军民以灵活的战术,打击、消耗日军,经 1 个多月奋战,歼敌 1400 余人,粉碎了日军的围攻,巩固了根据地。1938 年 1 月,晋察冀边区临时行政委员会成立,辖 39 个县政权,1000 多万人口,这是由中国共产党领导的统一战线性质的抗日民主政权。2 月,军区对平汉线进行破袭战。4 月至 7 月,又连续对平汉、平绥、正太铁路各线展开破袭战,攻克城镇据点多处,共歼日军 3000 余人。从 9 月起,日军连续大举进犯晋察冀五台、涞源、阜平地区,该区军民经过近两个月的英勇战斗,采用灵活的战术,给日军以沉重打击。第 120 师一部在涞源、蔚县间设伏,歼日军 400 余人,在广灵南设伏击毙日军旅团长以下 360 余人。近 2 个月战斗共歼日军 5300 余人,粉碎了日军的进犯,保卫了抗日根据地与人民。冀中军民经过 10 个月的斗争,至 1938 年 4 月,开辟了冀中 38 个县规模的抗日根据地,成立了冀中军区,广泛地开展敌后抗日游击战争。“七七”事变后,部分共产党员和抗日知识分子在平西组织抗日武装,八路军一部于 1938 年 3 月挺进平西,平西地区初具了抗日根据地的规模。1938 年 6 月,八路军一部挺进冀东,共产党冀东党组织为接应八路军,于 1938 年 7 月在 21 个县范围内组织 20 余万人起义,后又有唐山矿工 3 万余人大罢工及 7000 余人武装暴动,开辟冀东抗日根据地。

吕梁 1938 年 2 月,第 115 师主力进入吕梁山区,开展游击战争,发动群众,建立抗日政权。在大宁附近战斗中,歼日军 1000 余人。3 月,侵占临汾之日军继续西犯,企图占领黄河渡口,威胁陕甘宁边区,第 115 师积极打击日军,在午城、井沟战斗中,歼日军 800 余人。9 月,粉碎日军对吕梁山区的进攻,歼敌 1200 余人,初步创建了吕梁抗日根据地，巩固了黄河河防，保卫了陕甘宁边区。

晋西北　太原失守后，第120师主力进入晋西北开展游击战争，发动群众，建立抗日根据地。1938年2月，该师在太原、忻县之间袭击日军，破击敌军交通线，歼敌500余人。2、3月间，日军对晋西北实施3路围攻，该区军民歼敌1500余人，粉碎了日军的围攻。至1938年底，又开辟了恒山山脉、桑乾河两岸、大清山等抗日根据地。

晋冀豫　1937年底，第129师开创了以太行山为依托的晋冀豫抗日根据地，发动群众，打击敌伪，建立抗日政权，发展抗日武装，在平汉、正太、同蒲各铁路沿线不断地袭击日军。12月，粉碎了日军的6路围攻。1938年起，游击战争广泛展开。2月，在井陉地区的长生口进行伏击战，歼日军200余人。3月，该师一部袭击黎城，诱潞城日军增援，在潞城东北之神头岭伏击战中，歼日军1500余人。在响堂铺伏击战中，歼日军400余人，焚毁日军汽车180余辆。4月，日军3万余人分9路围攻晋东南地区，第129师与第115师一部在长乐村地区歼日军2200余人，敌之围攻被粉碎，整个反围攻战斗中，共歼日军4000余人，收复县城18座。4月，以南宫为中心的冀南抗日根据地已初具规模。6月，日军1个联队由晋城向侯马（今曲沃）开进，第115师主力一部在阳城县町店附近对敌发起突然攻击，毙伤日军近千人。8月，徐向前率主力一部进入冀南，加强军队与根据地建设，在漳南战役中，歼伪军4000余人。

山东　日军占领济南及山东广大地区后，中共山东省党组织，领导人民举行了一系列武装起义，如盐山起义、乐陵起义、天福山起义、黑铁山起义、寿光、潍县、昌邑等地起义、张夏镇起义、沛、滕、峄县起义等。起义成功后，即分别组成抗日武装，开展游击战争，逐步开辟了冀鲁边、胶东、清河、鲁中、泰西、鲁东南、鲁西南、鲁南、湖西、鲁西北等抗日游击根据地。

与此同时，陕北留守兵团打退了日军对黄河河防的大小几十次进攻。山西新军——青年抗敌决死纵队积极活动于晋东南、晋西南地区。

华中　1938年2月，新四军完成在皖南、皖中集结。4月，粟裕率新四军先遣支队挺进苏南。随后，陈毅、张鼎丞率部进入苏南，高敬亭率部进入舒城、桐城、庐江和无为地区，发动群众，开展游击战争，建立抗日根据地。5月4日，中共中央指示新四军，应在广德、苏州、镇江、南京、芜湖之间创建抗日根据地，发动群众，组织抗日武装，发展新的游击队。新四军在建立茅山根据地以后，以一部兵力进入苏州、镇江、吴淞三角地带开展游击战争。同时以部分兵力进入苏北。5月22日，中共中央又指示华中，要求华中党组织和新四军坚持独立自主的方针，抓紧有利时机,积极主动深入敌后,在广大农村建立抗日根据地,开展游击战争。要求在陇海路以南、太湖以北、黄海以西、汉水以东广大敌占区,特别在苏南、皖中、皖东、豫皖边、皖东北及苏北地区,放手发动群众、武装群众,广泛开展游击战争。当时担任长江局书记的王明拒不执行中央的正确指示。新四军主要负责人项英受王明影响,执行不积极、不坚决。因苏南的陈毅接到中央指示以后,迅速传达,坚决部署执行,对打开大江两岸抗战局面与新四军的发展壮大起了关键作用。

1938年6月,先遣支队在镇江、句容之间卫岗首战获胜。这是新四军进入江南的第一个胜仗,鼓舞了人民的斗志。以后,张云逸、谭震林率部进入皖南长江沿线。展开对日作战。苏南新四军主力在宁沪、宁芜铁路及各公路交通线上,开展破击战,先后取得新丰、新塘、句容、当涂、江宁等地大小百余次战斗的胜利,打击了日军。同时,大力发动群众,建立抗日政权,扩大抗日民族统一战线,先后粉碎了日军20余次扫荡,初建了以茅山为中心的日根据地。在皖南、皖中也展开了游击战争。9月,周恩来、叶剑英指示,开创豫皖苏边抗日新局面。据此,彭雪枫率豫西抗日武装一部越过黄泛区,挺进豫东,初步开创了豫东新局面。

八路军、新四军和抗日根据地的扩大与发展(1938年11月~1940年12月)1938年10月至11月,中共中央在延安召开六届六中全会,总结抗战1年多的经验,批判与纠正王明右倾机会主义路线,进一步确定在抗日民族统一战线中坚持独立自主的原则,制定了巩固华北、发展华中的方针。根据这一方针,中央军委确定第115师挺进山东、第120师主力进入冀中、第129师主力进入冀南、冀鲁豫地区,广泛,深入地发动群众,开展敌后游击战争,扩大和巩固华北抗日根据地,更沉重地打击日军,收复失地,解救被日军奴役和蹂躏的中国沦陷区人民。

冀中　贺龙、关向应率第120师主力进入冀中后,与原在该地坚持抗战的武装结合,成立冀中区总指挥部,统一指挥冀中抗日武装斗争。1939年2月至4月,连续粉碎日军的3次围攻。4月下旬,日军1个大队围攻河间县齐会村,第120师集中7个团兵力,将该敌700余人全部歼灭。齐会战斗的胜利,使军民坚持平原游击战的信心大增,冀中抗日根据地与抗日武装得到不断的巩固与发展。随后,第120师主力奉命调回晋西北。

晋察冀　1939年3月至5月,日军对北岳区连续进行扫荡,被该区军民所粉碎。5月,日军在易县、涞源之间修公路,筑据点,企图分割晋察冀根据地,军区主力一部强袭大龙华据点,歼日军400余人。9月,日军1个大队和伪军一部,进犯灵寿县城北的陈庄,正值第120师主力由冀中调回晋西北途经该地,将该日伪全部歼灭,毙伤日军旅团长以下1500余人。10月至12月,日军2万余人分11路对北岳区进行大扫荡,当地军民经过 40 多天连续战斗,歼敌 3600 余人。其中,黄土岭一战,歼日军 1500 余人,击毙日军所谓"名将之花"阿部规秀中将,彻底粉碎了日军的扫荡。

冀察热 1939 年 1 月,成立冀察热挺进军,肖克任司令员,统一指挥平西、平北、冀东抗日游击战争。6 月,粉碎日军对平西的 5 路围攻。11 月,挺进军确定"巩固平西、坚持冀东、开辟平北"的方针,游击战争蓬勃开展。开辟了平北抗日根据地。1940 年 3 月,又粉碎日军 9000 余人对平西的进犯,歼敌 800 余人。

晋冀豫 从 1938 年底起,日军对冀南平原进行残酷扫荡。1939 年 1 月,日军 3 万多兵力,分兵 11 路,进行大扫荡。占领了该区全部县城,并分区反复合击,扫荡。该地军民以灵活的战术,先后进行较大战斗 100 余次,不断打击日军,粉碎了日军控制冀南的企图。3 月以后,日军扫荡转向山区。7 月初,日军又以 5 万多兵力进行大扫荡,企图扫通白(圭)晋(城)、邯(郸)长(治)、平(定)辽(县)间各公路线,控制城镇,以分割根据地。按照第 18 集团军总部命令,第 129 师等部进行了艰苦的反扫荡作战,经 70 多次战斗,歼日伪 2000 余人,粉碎了日军的扫荡。12 月,该区军民进行邯长战役,歼敌 700 余人,收复黎城、涉县等据点 23 处,粉碎了日军对太行山的分割企图。1940 年 4 月至 8 月,又对日军占领的铁路公路交通线进行破击战,沉重地打击了日军的"囚笼政策"。

山东 日军占领山东后,党领导各地人民起义组织的抗日武装,于 1938 年下半年,统一整编为 8 个支队,归"八路军山东纵队"指挥。经 1 年多时间,发动群众,开展游击战争,粉碎了日军多次围攻和扫荡,先后创建了鲁中、清河、胶东、泰(安)西、鲁西北、滨海、苏皖边等抗日根据地。为加强山东的抗日斗争,由第 115 师一部编成的"东进抗日挺进纵队",先在冀鲁边连续粉碎日军的扫荡,创建抗日根据地。1938 年底,一部到达湖西地区,与当地抗日武装会合,建立了湖西平原游击根据地。以后,越过陇海、津浦铁路,开辟苏鲁豫皖边区。1939 年春,第 115 师主力在罗荣桓指挥下进入鲁西,首战樊坎,全歼伪军 1 个团。随后,一部留在鲁西,坚持抗日斗争,师主力继续东进。8 月初,侵占东平之日军向郓城方向进犯,第 115 师一部在梁山附近设伏,歼日军 600 余人。9、10 月间,第 115 师主力进入鲁南腹地,与当地抗日武装会合,扩大与巩固了鲁南根据地,打开了向滨海发展的道路。1940 年 2 月,第 115 师主力又向鲁中发展,至 1940 年底,部队已发展到 7 万余人,收复了广大地区。在第 115 师主力进入山东同时,该师一部进一步进入豫北、鲁南、鲁西南地区,不断取得反扫荡作战的胜利。1940 年 2 月,为统一指挥。第 18 集团军总部决定成立八路军第二纵队,该纵队进入冀鲁豫地区,并兼冀鲁豫军区,广泛开展游

晋西北　第 120 师主力挺进冀中后,留下一部坚持晋西北抗日斗争。日军不断向该区进攻,企图压迫八路军退出晋西北。1939 年 3 月以后,该区军民多次粉碎日军围攻,歼敌数千人。为加强晋西北斗争,第 120 师主力于 1940 年 2 月回到晋西北。5 月,日军 5000 余人企图合击五台山区八路军主力及龙泉关以西晋察冀军区部队与后方机关,第 359 旅主力在五台山上下细腰间战斗中,歼日军 1000 余人,粉碎了日军的企图。6、7 月间,日军 2 万余人进行大扫荡,企图寻找该区主力决战。第 120 师先后进行 250 余次战斗,歼敌 4500 余人,粉碎了日军的扫荡。11 月,成立晋西北军区,领导北起大青山、南至汾离公路,东至同蒲线、西至黄河的广大地区的抗日游击战争,更有力地打击日军。

百团大战　1940 年,日军为准备太平洋战争,企图迅速结束中日战争,加紧了对国民党政府的诱降。5 月,日军为解除武汉外围"威胁",打开入侵四川的门户,发动了枣宜战役,侵占宜昌,加强对重庆等地轰炸,并扬言要进攻西安、重庆、昆明。实际上,日军除侵占宜昌外,未对正面战场发动进攻。为粉碎日军企图,打破日军的"囚笼政策",第 18 集团军总部决定大举破击正太路。计划使用 22 个团兵力参加这一作战,作战中,实际参战兵力达 115 个团。这次战役可分为 3 个阶段。第 1 阶段:从 8 月 20 日至 9 月 10 日,为交通总破击战。八路军主力、地方武装在人民群众的配合与支援下,以破坏正太路为主,同时破击同蒲、平汉、津浦、北宁、平绥、平古、白晋、沧石、德石等铁路的某些区段。第 2 阶段:从 9 月 20 日至 10 月 5 日,作战重心为攻坚战,拔除交通沿线及深入抗日根据地的日伪据点,歼灭敌人。第 3 阶段:从 10 月 6 日开始,为反敌报复扫荡。经过第 1、第 2 阶段作战,日伪军在八路军打击下,混乱动摇。日军为报复,调集大量兵力进行扫荡。日军在扫荡过程中,使用极为野蛮的残酷手段,使华北抗日根据地遭到极大的破坏。至 1941 年初,日军扫荡、八路军反扫荡阶段基本结束。百团大战过程中,共进行大小战斗 1824 次,歼日伪军 4.4 万余人(内日军 2.09 万人),攻克据点 2900 多处,破坏铁路、公路 1900 多公里,缴获各种武器 5000 多件,八路军伤亡 2.2 万余人。百团大战对侵华日军是一个重大打击,对中国人民的抗战信心是一个巨大的鼓舞。

皖中、皖东、豫鄂边　日军占武汉后,鄂、豫、皖三省广大国土为日军占领。1938 年 11 月,新四军一部进入皖中,迅速发展了皖中抗战局面,扩大了抗日武装。随后,相继开辟了津浦路西根据地和津浦路东根据地。1940 年 9 月,皖东军民粉碎日伪万余人的扫荡,根据地得到巩固。1939 年,豫南、鄂中等地抗日游击战迅速发展,创建了豫鄂边抗日根据地。

豫皖苏、皖东北　1939 年春,彭雪枫领导的支队进入豫皖苏地区,开展游击战争。年底,部队发展到 9 个团,共 4 万多人。1940 年,粉碎了日军多次扫荡,巩固与发展了该地区抗日武装斗争,为八路军南下华中创造了有利条件。1939 年,还开辟了皖东北抗日根据地,为新四军东进苏北创造了条件。

苏皖边、苏北　1939 年春天,周恩来代表党中央和毛泽东到达皖南新四军军部,与新四军领导同志商定,新四军的战略任务是向南巩固,向东作战,向北发展。项英表面同意,实际不愿执行,他不仅不派兵东进、北上,反而企图将已东进苏南的部队调回皖南。陈毅等抵制了项英的错误,坚决执行中央的正确方针,相继以一部兵力向扬中与长江北岸发展,并开辟太湖、滆湖地区,为东进、北上创造条件,一部兵力越过宁沪铁路,配合江南人民抗日义勇军,开展苏、常、太、锡、澄等地抗日游击战争。1939 年 11 月,江南指挥部成立,统一指挥进入江南的新四军各部。随后,江南指挥部派挺进纵队在扬州、泰州地区开展抗日游击战争,派苏皖支队开展扬州、天长、六合地区抗日游击战争,并与皖东抗日根据地打通联系。这样,新四军已造成随时可以开辟苏北抗战局面的有利态势。1940 年 5 月,陈毅根据中央指示,选调兵力,执行发展苏北的既定任务。6 月,黄克诚等率八路军 1.3 万余人南下华中,到达皖东北地区,增强了华中抗日斗争的力量。在新四军东进北上过程中,受到国民党顽固派军队的限制与刁难。9 月,新四军举行了有名的黄桥决战。黄桥决战的胜利,开创了苏中、苏北抗日斗争的新局面。为支援黄桥决战,八路军继续南下。10 月 10 日,新四军、八路军在东台县白驹镇胜利会师,达成了协同发展苏中、苏北的战略任务,沟通了华北与华中的联系。11 月,成立华中总指挥部,叶挺任总指挥、陈毅任副总指挥代总指挥、刘少奇任政委,统一指挥华中八路军、新四军,按照党中央的正确方针,胜利地开展华中抗日游击战争。

东江、海南岛　日军占领广州后,中共广东省委领导广东人民组成的第一支抗日游击队,于 1938 年 11 月,挺进至广九铁路两侧打击日军。1941 年,与宝安、东莞等地抗日游击队合编为“东江人民抗日游击纵队”,广泛开展游击战争,创建东江抗日根据地。1939 年 2 月,日军侵占海南岛,国民党军队溃退。共产党领导海南人民成立广东琼崖抗日自卫队独立队,发动群众,开展游击战争。至 1940 年底,部队发展到 3000 余人,成立了琼崖抗日独立游击纵队,后改称广东人民抗日游击队琼崖纵队,创建了琼崖抗日根据地。

敌后抗战的第 1 阶段内,八路军、新四军与华南抗日武装在中国共产党和毛泽东的正确领导下,在日军实施战略进攻,国民党政府军接连失利后撤,华北、华中、华南大片国土沦陷敌手的形势下,深入敌后,发动群众,开展游击战争,创建抗日根据地。在斗争中,军队紧紧依靠人民,实行人民战争,坚持抗日民族统一战线,团结一切可以团结的抗日力量,联合友军共同抗日,经过艰苦斗争,粉碎了日军频繁的扫荡与围攻,开辟了华北、华中、华南敌后抗日根据地,抗日武装力量得到不断发展壮大。敌后抗日根据地和抗日武装成了侵华日军巩固占领的"致命之敌"。严重威胁侵华日军。日军不得不从正面战场抽调大量军队回华北、华中。这是迫使日军停止战略进攻的有利因素,这是敌后战场在抗战初期的重要作用与贡献。日军停止战略进攻之后,将进攻的重心转到敌后,决心"彻底剿灭"日军视为"死敌"的敌后抗日武装。为此,从战略相持阶段起,日军大本营一直以侵华兵力之大部用以进攻八路军、新四军及华南抗日武装。从此,敌后战场成为中国抗日战争的主要战场,八路军、新四军和华南抗日武装成为抗日战争的主力军。至1940年底,华北抗日根据地人口已达6000万,八路军、新四军主力已达213个团,约50万人。这一支抗日武装力量,抗击了当时侵华日军约80万兵力的58%,即47万人,并抗击全部伪军约22.5万人。敌后抗战的胜利,打破了日军掠夺中国占领区国防资源的计划,打乱了日军妄图在迅速结束侵华作战之后准备对苏、对英美作战的计划。日军为摆脱被动局面,从1941年起,更加紧了对敌后抗日根据地的进攻。这就使敌后抗日战争进入更加艰苦的阶段。

二战爆发,波兰溃败

　　1939年9月1日清晨,54个德国精锐师团在2000架飞机和2800辆坦克的掩护下越过波兰边境,自西南和西北两个方向迅速朝波兰内地挺进。第二次世界大战开始了! 仓促应战的波兰仅能动员39个师和870辆轻型坦克来对付德国入侵,并在德军锐利的攻势下节节败退。

　　遭到德国侵略的波兰理应得到它的西方盟国的援助。对此,英法曾做过多次慷慨允诺:1939年3月31日,张伯伦在下院宣布英国将保障波兰的独立;4月6日,英波签订互助协定(不久法国也加入);8月25日,英波签订同盟条约,答应给波兰"一切可能的援助和支持";5月,法波军方达成协议,规定一旦德国进攻波兰,法国空军应立即出动支援,至迟在开战后第15天,法国陆军也应转入进攻。然而在整个波兰战争期间,英法的所谓"援助"却始终停留在口头和纸面上。英国外交大臣哈利法克斯对波兰大使拉钦斯基表示,英国政府"不能分散为采取决定性行动所需的兵力"。法军总司令甘末林于9月3日致电波兰政府,声称将于次日在陆上发动攻势，但 9 月 4 日依然是"西线无战事"，这是明目张胆的欺骗。在波兰政府的一再催促下，英国政府竟然回答说，只有到次年春天，英法才能提供有效的援助。但是 9 月 17 日，随着波兰政府流亡罗马尼亚，波兰作为一个独立国家已不复存在。这对一向自我标榜为小国保护者的两个西方大国英法来说，该是一个多么辛辣的讽刺。

现在已经有足够的史料表明，就在德国进攻波兰后，英法仍然希望再一次用牺牲小国的办法去制造新的"慕尼黑"。两国政府都曾通过意大利外交大臣齐亚诺和瑞典资本家达列鲁斯祈求德国停止在波兰的军事行动。英国政府为顾全面子，还要求德军全部撤出波兰，然后再开始和平谈判。法国方面连这一点最起码的条件也放弃了。希特勒早在签署慕尼黑协定时，就曾恶意讥笑张伯伦和达拉第，现在则更傲慢地声称，假如他们胆敢到贝希特斯加登来，就毫不客气地将他们赶走，还要让尽可能多的记者来看热闹。只有在和谈的大门都已关闭后，英法两国才硬着头皮于 9 月 3 日向德国宣战。

英法和德国既已处于战争状态，那么在德军主力投向东线的情况下，自然就为英法在西线发动攻势创造了有利的条件。9 月 1 日驻守在所谓齐格菲防线内的德军一共只有 31 个师，9 月 10 日才增至 43 个师，并且几乎一辆坦克都没有。面对着它们的，则是配备有近两千辆坦克的法军 90 个师。戈培尔大事吹嘘的齐格菲防线尚处于初建阶段，根本谈不上什么"固若金汤"。不少深知内情的德国军官都认为，如果法军大举进攻，"那么，他们几乎毫无疑问会突破边界……可以肯定毫无困难地推进到莱茵河，还很可能越过莱茵河，以后战争的进程也就会很不一样了"，因而对法军的按兵不动均深感奇怪。即使希特勒身边的高级将领对此也不讳言，如希特勒最高统帅部作战部长约德尔说："我们之所以能摆脱困境，完全是由于在西线没有军事行动"。希特勒最高统帅部长官凯特尔则声称："假如法国进攻，那么他们所遇到的将只会是一道德国的军事纸屏，而不是真正的防御。"

的确，自 9 月 1 日后在西线出现了人类战争史上少见的现象：成百万配备精良的盟军稳坐在工事里，面对着近在咫尺的敌人，几个月内几乎一枪不发。英法两国不仅坐视波兰的覆灭，而且在此以后也毫无作为。9 月 9 日，甘末林为欺骗舆论，下令法国在萨尔地区的 10 个师向前推进了 3 至 8 公里。尽管没有遇到任何抵抗，但 12 日英法最高军事会议还是做出决定，把这次象征性的攻势也中止了。直到 12 月 9 日一支英国巡逻队遭到流弹袭击，才开始了联军在西线伤亡的记录。

曾经到过前线的法国记者多热莱斯对那里的情况做过以下的记述："……我对那里的宁静气氛感到惊讶。驻守在莱茵河畔的炮兵悠闲地观望着德国运送弹药的列车在河对岸来往行驶,我们的飞行员从萨尔区工厂冒烟的烟囱上空飞过也不投掷炸弹。"为了使成千上万的士兵不致在战壕里感到过分乏味,法国政府特地在军队中设立"娱乐服务处",决定增加士兵的酒类配给,还为他们购买了一万多个足球。于是在德军的炮口下,盟军便以看电影、踢球、进行各种文娱活动来消磨时光。人们唱着"我们要到齐格菲防线去晒衬衣"的轻松歌曲,逐渐对这场战争是否真会继续下去产生了怀疑。这和1941年的边境血战和马恩河上的拼搏恰成鲜明对比,无怪乎大家要用"奇怪的战争""静坐战"或"假战争",来称呼这种微妙的"对峙"了。

不管如何去称呼这场"战争",它实质上仍是英法战前推行的绥靖政策的继续。

北欧战役

波兰败亡后,希特勒把贪婪的眼光转向北欧。在他看来,只有控制住斯堪的纳维亚半岛,才能封锁波罗的海,为侵苏战争做准备,同时又可自东北方向威胁英国。尽管在德国军界有人反对分兵进击北欧,主张集中兵力准备西欧战役,希特勒仍固执己见。由于瑞典向德国提供大量铁矿,奉行追随法西斯德国的对外政策,因而行将发动的北欧战役主要目标为侵占挪威和丹麦。

1940年1月10日,希特勒就提出入侵北欧的初步设想,1月27日,为此在德国统帅部内设立了工作参谋部。3月1日,希特勒亲自批准命名为"威塞演习"的入侵计划。丹麦国土狭小,无险可守。挪威土地辽阔,达三十余万平方公里,全国有2/3的面积均为群山和森林所覆盖,易守难攻。所以德国决定用空降和登陆双管齐下的办法来加以占领。"威塞演习"计划的特点是突然袭击和巧妙伪装,一切准备工作都是在针对英国的幌子下进行的,所有参加这一战役的德国舰艇均奉命悬挂英国旗帜,藉以迷惑对方。

4月9日凌晨,德国同时对挪威和丹麦发动突然袭击。惊慌失措的丹麦政府在入侵一小时后就决定投降。当天晚上,丹麦议会投票表示赞同。这样,德国只花了一天时间,就兵不血刃地占领整个丹麦,所付出的代价仅为两人死亡,十人受伤。当德军列队进占哥本哈根时,不少市民还以为这是在拍摄一部战争影片哩!

挪威战事前后延续了两个多月。4月9日清晨,德国驻奥斯陆公使公然胁迫挪威政府投降,同时德军在挪威沿海大举登陆。当挪威政府尚犹豫不决时,德寇已长驱直入,在当天即一举占领奥斯陆、卑尔根、纳尔维克等重镇。由于希特勒在挪威的代理人吉斯林及其"第五纵队"的配合,挪威国内局势更加混乱。在几天的激战中,挪威军队蒙受重大损失,到 14 日,6 个步兵师中只有 3 个师尚部分保存战斗力。英法虽早就计划在挪威建立据点,却被希特勒捷足先登。它们到这时才仓促派出远征军,于 4 月下半月在特隆赫姆和纳尔维克登陆。一经德军抵抗,即转向挪威中部和南部,在那里也未得手。于是,英法又把主力投向纳尔维克,到 5 月 10 日,在该地区集中兵力 25000 余人,28 日攻克该城。但此时两线形势已发生急剧变化,英法两国自顾不暇,遂于 6 月 7 日撤走全部远征军。残存的挪威军队于 6 月 10 日投降。挪威国王和政府流亡到英国,挪威遂告沦亡。

西线闪电战

正当英法陶醉在西线的和平气氛中时,德国参谋部已在忙于制定西进计划了。波兰战役刚结束,希特勒就力主乘胜挥师西进,达到他独霸西欧的目的。

1939 年 10 月 19 日,德国制定了"黄色计划"的初步方案,打算集中 43 个师的兵力突破比利时境内的防线,直抵索姆河。这不过是第一次世界大战中"施里芬计划"的翻版。但在德军进攻计划落入英法手中,以及德方不在阿登地区设置重兵后,根据德军 A 集团军参谋长曼施泰因的建议,果断地改变了这一设想,决定主攻方向改在阿登山区。1940 年 2 月 24 日,经过修订的"黄色计划"规定,由龙德施泰特上将率领的 A 集团军群担任主攻,它应越过位于卢森堡和比利时南部境内的阿登山区,进抵马斯河,并在迪南和色当间强渡,进而突破法军防线。该集团军群由 45 个师组成,其中有 7 个坦克师、3 个摩托化师,机动性强,战斗力居三个集团军群之首。阿登山区及马斯河虽为天险,但法军在那里的防务特别薄弱,一旦奇袭得手,即可实现将分割开来的敌军驱向海边的计划,以便歼灭英法联军的主力。由包克上将率领的 B 集团军群共 29 个师,应占领荷兰,将联军逐过安特卫普及那慕尔一线。而李勃的 C 集团军群仅有 19 个师,其任务为牵制坐守在马其诺防线内的英法大军。

英法方面的迎战计划纯从防御角度出发,如果说德国的进攻方案已摆脱了"施里芬计划"的旧模式的话,那么英法的战略思想依然停留在第一次世界大战的水平上。按联军总司令甘末林主持制定的"D"作战计划,英法联军共 103 个师,分三面迎敌。第一集团军群辖法军第七、一、第九、二集团军和英国远征军,共 51 个师,配置于法比边境,由布朗夏尔将军指挥;由普雷塔将军指挥的法军第三、四、五集团军组成第二集团军群,共 25 个师,配置在从瑞士到卢森堡的马其诺防线之后;第三集团军群由贝森将军指挥,辖法军第六、八集团军,共 18 个师,配置在瑞士边界。另外还留有 9 个师的预备队。

德国仍把制胜的希望寄托在闪电战上,但在它发起进攻前已有种种迹象表明暴风雨即将在西线来临。1940 年 1 月 10 日,德国空军少校赖因贝克的座机因气候恶劣迫降于比利时境内,从他身上查获未及销毁的"黄色计划"的残片。1940 年 3 月,法国情报机构获悉德军可能选择阿登山区作为突破口,并向法国军方提出过警告。所有这些动向,未引起英法政府的重视。德国一面加紧准备实施"黄色计划",一面千方百计制造假情报,散布所谓 1940 年"施里芬计划"的谣言,完全迷惑了对方。

1940 年 5 月 10 日清晨,在如法炮制了类似格莱维茨事件的丑剧后,德国在西线发动了大规模进攻。数以千计的德国轰炸机发出雷鸣般的轰响掠过天空,把成吨成吨的炸弹倾泻在大地上。成百万装备精良、训练有素的法西斯士兵在数千辆坦克的掩护下横冲直撞,践踏着荷、比、卢等国的领土。投入这一战役的德军多达 136 个师,拥有 2580 辆坦克、3824 架飞机和 7378 门火炮;应战的联军共为 147 个师(其中法军 104 个师、英军 10 个师、比军 23 个师和荷军 10 个师),共拥有 3099 辆坦克、3791 架飞机和 14544 门火炮。尽管关于两军的实力迄今仍有着不同的说法,大体上是旗鼓相当,而且联军在人数和准备上还略胜一筹。然而只要对比一下双方的具体部署就可看出,德军在主攻方向上占有压倒优势,而在其他方向上则"以少胜多"。与马其诺防线内 50 个联军师对垒的德军仅有 19 个师。

德军在西线发动攻势有如晴天霹雳,这时英法政府才从迷梦中清醒过来,发现祸水东引未成,反而出现在自己的家门口。长期推行绥靖政策的张伯伦只得下台。匆匆组阁的丘吉尔通过电台向英国人民宣称:"我能奉献给你们的只有热血、汗水和眼泪"。法军总司令甘末林在开战后还蒙在鼓里,依然不慌不忙地摆开阵势,命令第一集团军群按原计划进入比利时去迎击来犯之敌。然而从荷兰和比利时很快就传来了令人不安的消息。

5 月 10 日,德军 B 集团军群向荷兰、比利时北部展开进攻;A 集团军群在阿登地区实施突击。在第一天的战斗中,德军虽未能一举占领海牙,却使荷兰政府乱成一团。到处出现的德国伞兵全盘打乱了荷军的部署,使他们无法进行有效的抵抗。英法援军迟迟未到,德军锐利攻势导致荷兰防务迅速解体。14 日,荷兰女王威廉明娜登上英舰,仓皇避难伦敦。残余的荷军宣布投降。尽管荷兰已停止抵抗,但 14 日那天,德国仍出动大批飞机,对鹿特丹狂轰滥炸,造成近 2000 市民死亡。德国法西斯显然企图通过大规模屠杀和平居民的办法来迫使整个欧洲屈服于它的淫威。这样,在既没有出现长期的消耗战,也没有出现开放水闸使全国变成一片汪洋的悲壮情景的情况下,荷兰就退出了战争,这对英法自然是一个沉重的打击。

比利时动员了 60 多万军队,抵抗的决心比荷兰大。由于英法联军未能及时驰援,它一开始就陷于被动地位。艾伯特运河边上的埃本—埃迈尔炮台地势险要,驻有 1200 余名守军,系比利时边境的著名要塞。10 日凌晨,85 名德国伞兵乘坐滑翔机出其不意地在要塞区降落,并于次日中午将其全部占领。埃本—埃迈尔炮台的陷落迫使比军全线退却。5 月 13 日,德法两军坦克部队首次遭遇。结果法军损失105 辆,德军则有 164 辆被击毁,这是第二次世界大战中第一次大规模的坦克战。

这时,整个战线的中部出现了更紧迫的形势,战局发生重大的转折。龙德施泰特的 A 集团军群挟其强大的装甲部队,克服重重障碍,迅速穿越阿登山区。亲率坦克先行的克莱斯特将军在其手令中说:"不得休息,不得松懈,不得左顾右盼,只得随时警戒,日夜兼程前进,利用首战出奇制胜,务使敌人乱作一团……心中只有一个目标:突破"。12 日,德军几乎未遇抵抗即抵达马斯河。乔治将军向甘末林报告说:"目前马斯河整个战线的防御已有可靠的保障"。但 13 日深夜,霍特将军和克莱斯特将军的坦克便分批在迪南和色当地区渡河成功。14 日,德军继续以迅雷不及掩耳之势向西挺进。这时甘末林才意识到德军主攻的方向原来在战线的中部,慌忙下令进入比境的英法联军向后撤退。遭到突然打击的法军纷纷溃散,同大批被迫离开家园的难民混杂在一起,涌向法国内地。

面对这种局势,法军指挥部顿时惊慌失措。甘末林除责怪乔治将军无能外,竟报告本国政府说防线已被突破,无法对巴黎的安全负责。雷诺急电丘吉尔:"……通向巴黎的路已打开。请你们把可以调动的全部飞机和军队都派来。"5 月 16 日发生的两件事可以说对整个战争的进程产生了很大的影响。一是雷诺把年逾 83岁的驻西班牙大使贝当和 73 岁高龄的驻中近东法军司令魏刚紧急召回。这两个投降派的回国以及他们不久后的独揽军政大权无疑加速了法国的败亡。二是丘吉尔带着他的幕僚匆匆赶到巴黎。他一方面对法军的迅速溃败和甘末林手中竟然没有预备队深表惊讶,另一方面强调英国为了自身的安全已无兵可派。英法两国本系仓促结盟,除最高军事会议外,连一个统一的指挥部都没有,在法国境内作战的英国远征军事实上只听本国政府的调遣。一旦战局恶化,英法同盟随即出现了裂痕,丘吉尔首先考虑的自然是大英帝国本身的利益。

5 月 18 日,法国政府进行改组。雷诺除总理一职外还兼任国防部长,这似乎表示他要继续抗战的决心,但贝当出任副总理却无疑加强了投降派的势力。5 月

19日,魏刚奉命取代甘末林,就任法军总司令一职。他立即飞往前线,匆匆制订了所谓反击计划,扬言"德军坦克师已坠入陷阱,只要盖子一关上,它们必将就歼"。然而不到两天,这个反击计划就告吹了,大批联军纷纷向北溃退,很明显,整个战线已被分割为两部分,被逐向海边的英法部队正面临着覆灭的命运。

5月23日古德里安指挥的德军坦克部队进抵距敦刻尔克二十余公里的地方。5月25日和26日,布伦和加莱经过血战相继易手。敦刻尔克遂成为英法联军渡海北逃的唯一途径。

敦刻尔克大撤退

敦刻尔克是一个具有1000多年悠久历史的古城堡,滨于多佛尔海峡法国一岸。如今它已发展成为重要的工业中心,而且还是一个拥有现代化设备的优良港口。第二次世界大战中,在这里曾发生过一幕惊心动魄的大撤退场景,至今还使人记忆犹新。

1940年5月,纳粹德国以迅猛的攻势分别用五天和十八天就征服了荷兰与比利时。然后绕过法德边境上的马其诺防线,从防御薄弱的法比边境出其不意地攻入法境。5月14日,德军主力由色当沿圣康坦、亚眠一线直向英吉利海峡扑来。这天下午六点,法国总理雷诺打电话给英国首相丘吉尔,要求英国援助。第二天雷诺又给丘吉尔写了一封充满绝望情调的信。5月16日,丘吉尔亲自飞抵巴黎和雷诺等人会谈。这时,英、法两国各有打算,双方互不信任,丘吉尔猜疑法国制造走投无路的假象是想放弃比利时和沿海地区,以便撤走部队保卫巴黎,把德国的进攻矛头引向英国方面来,而自己则从战争中抽身出去;法国人怀疑英国一心只想保存实力,正准备将法国出卖给希特勒。从这次会谈中双方都得出各自的结论:法国人认为,英国不想援助法国;英国人认为,应赶快从欧洲大陆撤军。

面对严峻的局势,英法两国矛盾越演越烈,这时德军前锋已逼近海岸,在索姆河以北截断南北交通线,英军进退维谷处境危险。5月18日,英军向伦敦紧急呼救,英国政府闻讯,马上命令海军部拟订一个紧急撤退大量部队的计划,这个计划后来被定名为"发电机"。

正当英法都为自保性命而争得不可开交的时候,德军已经手痒难耐,恨不得一口把盟军吞下去。5月19日,希特勒发出只许进行"大规模侦察"的命令后,由七个坦克师组成的强大的楔形队伍以轰炸机为先锋,伴随着大炮的轰鸣声,像一群斗红了眼的野牛冲向海岸。英法集团军被分割为南北两段。陷入三面包围的北方盟军,唯一的希望是转向西南,突破海峡沿岸的德军战线与索姆河北面的法军汇合。但是,由于指挥人员无能,错过良时,铸成大错。

德军的胜利使希特勒大喜过望,他调集重兵投入战斗,巩固和扩大坦克部队的战果。德军经过的市镇村庄,如入无人之境。大量法军成了战俘,他们乖乖地把武器交给德国人,眼看着成批的枪支被放在坦克下面压得粉碎。5 月 22 日,德军向海峡挺进,彻底切断了英国远征军与法军之间的防线,盟军处境更加险恶。5 月 24 日,沿英吉利海峡向北多佛尔海峡一岸方向推进的德国部队攻占布伦,包围了加莱,兵临距敦刻尔克仅三十多公里的格拉夫林。被逼到敦刻尔克周围的几十万盟军,挤在一块很小的三角形地带。这个三角形底部是沿多佛尔海峡从格拉夫林到敦刻尔克以北的尼乌波特,顶端在发隆西纳,距离海岸 110 多公里。英法大军前临强敌,背靠大海;欲战不敢,欲逃无路,面临绝境,眼看成了"瓮中之鳖"。他们唯一的生路就是经敦刻尔克港横渡多佛尔海峡撤退到对面的英伦三岛上去。

敦刻尔克距英国最近处为 100 公里左右。被围困在这里的英军有 22 万人,法军 20 万人。在短时间内要把这样多的部队运过海峡并非易事,英国政府为此伤透了脑筋。最初拼凑起来的可以用于运载部队的船只仅有 36 艘,难解燃眉之急。最后丘吉尔只好叫海运官员将英国各港口凡是可以适用的船只,即便是游艇也要登记下来,以应"特殊的需要"。

这时,德军的坦克已经望见敦刻尔克,并在盟军前沿阵地摆开架势准备实施最后打击。英国远征军和法国第一军团被围在 15 里宽,距海岸 50 多里长的袋形阵地上。如果德军实行左右夹攻,便可一举歼灭盟军。战局的发展使英法军队的命运危在旦夕,在这紧要关头,希特勒突然命令坦克部队停止追击,盟军得到一个喘息之机,从而加强了敦刻尔克外围的防线。两天后希特勒发现海岸附近运输舰只活动频繁,暗叹失策,急忙下令部队从西面和南面恢复进攻,但为时已晚,德军受阻于加莱港,盟军利用洪水泛滥暂时挡住了敌人的坦克。

就在德军恢复进攻的这天,敦刻尔克也忙成一团。26 日晚 6 时 57 分,英国海军部下令开始执行"发电机"撤退计划。850 多艘船只组成的船队陆续涌到敦刻尔克,从巡洋舰、驱逐舰到内河用的拖船、渔船、驳船和客轮,甚至伦敦码头上的救生艇、汽艇和各种各样的游艇都被搜罗在一起。为了撤退,英国政府也顾不得什么脸面,海军部通过广播呼吁周末业余水手和游艇主人驾船,加入他们撤退的"舰队"行列。在德国飞机和大炮的轰炸下,运载部队的船只艰难地渡过波涛汹涌、水面宽阔的多佛尔海峡,5 月 27 日撤走了非战斗人员和后勤人员 7669 人。

5月28日，全部英军和大部分法军乘夜色逃出了德军的合围，大批运输车辆和部队涌进了滩头阵地。当他们正庆幸自己虎口脱险时，一支比利时军队投降了，英法联军骤然失去后卫掩护部队，在原比军防守的伊普尔到大海之间一侧露出三十多公里宽的空白地带，德军经此可直抵敦刻尔克。在这关键时刻，刚撤下来的英军重新填补了空隙，组成一条所谓"逃避走廊"，与德军展开激战，迫使敌人暂时退却。29日，盟军紧缩防线，并造成一个五里宽的洪水区，水淹德军，挡住了他们的进攻，减缓了阵地的压力。但是，德国空军的飞机整天在敦刻尔克上空俯冲轰炸，严重地威胁着撤退。于是，英国皇家空军把凡是可以动用的战斗机都投入了敦刻尔克上空的战斗，控制了制空权，使德国飞机不敢毫无顾忌地轰炸渡海的船只。

敦刻尔克本来拥有可供巨轮停泊的七个大型船渠、四个干船坞和八公里长的码头，现在已被德军炸成一片废墟，唯一可以利用的是靠木桩搭起的1200米长的东防波堤。这样，撤退不得不在海滩上同时进行。一行行等待撤退的士兵，50人为一组，惊恐地站立着等候上船。最前面的士兵泡在齐下巴深的海水里，飘浮的尸体不时地撞在他们身上，伤亡数字与目俱增。德军的轰炸还在进行，数万名士兵挤在狭小的桥头阵地里，等待渡船的队列密密麻麻站在海滩上，处境十分困难。英国海军又拼凑了30多条船只应急。为了尽快撤退，狭小的驱逐舰居然装载七、八百人。由于空间小，只好让士兵待在甲板上，凭借航海技术，摇摇晃晃作"之"字形航行保持平衡，冒着风浪和轰炸驶过海面，有时还遭到德国潜艇鱼雷的袭击。就是这样，到30日还是只撤退了约12.6万人，尚有一多半士兵等待撤退。

5月30日，德军把敦刻尔克围得水泄不通，英军被迫紧缩防线，拼命阻止德军的突破。直到这时，德军统帅部才明白事情真相，希特勒气急败坏地命令继续加强攻势。6月1日，德国空军全面出动狂轰滥炸，海面上到处飘浮着沉船的油污。风浪中运兵船颠颠簸簸地航行，士兵被面前的景象吓得惊恐万状。6月2日拂晓，最后4000名英军由10万名法军掩护准备撤离。这时，盟军防线越来越小，德军大炮已能打到敦刻尔克，白天的撤退工作被迫停止，全部改在夜间进行。德军的轰炸造成大量重伤员滞留，撤走重伤员的活动陷于停顿。此时，英军指挥部发出命令，规定每100名伤员留一名医官和十名医务人员，其余的全部撤走。谁走谁留只好听天由命，这就出现了英国陆军史上一次空前绝后的抽签活动。医务人员把自己的姓名写在纸上一起放在帽子里，然后抽签决定去留。这对曾经在世界上炫耀一时的英国军队是个绝妙的讽刺。

到6月3日晚，剩下的英军和6万名法军仓皇撤出阵地逃离欧洲大陆。6月4日，最后一批法军撤离海岸，后卫部队眼巴巴地看着再也不会回来的船只启航伤心不已。经过八天八夜苦斗，总共有 33.8226 万名英法士兵撤退到英伦三岛，其中包括英国远征军 22.4 万人，一部分法军和少量波兰军队。在敦刻尔克被英国抛弃的 4 万名法军全部被俘；700 辆坦克、2400 门大炮、7000 吨军火弹药和全部军械装备都成了纳粹德国的战利品。在撤退过程中，英国 7 艘驱逐舰被击沉，20 艘受到重创，8 艘客轮被毁，另外 8 艘陷于瘫痪。

敦刻尔克撤退是英法长期推行绥靖政策所造成的必然结果。在撤退中，英国为了保全自己，不惜抛弃昔日的盟友。帝国主义国家之间的"友好"关系这时已经一钱不值，历史记下了他们各自的丑态。

法国败降

敦刻尔克撤退后，英国在大陆上只留下一支象征性的军队：一个步兵师和一个不满员的装甲师。法国被迫以残存的 71 个师来迎击德国的 140 个精锐师。战局急转直下，所谓"魏刚防线"很快就被突破。更为严重的是法国统治集团内早就弥漫着失败主义的情绪，高级将领内的投降派比比皆是。战争伊始，普雷塔拉将军就丢下所指挥的四个军，只身逃往突尼斯，第一集团军群司令布朗夏尔将军还在 1940 年 5 月 26 日就公开谈论向德国投降。贝当就任副总理后，露骨地鼓吹必须保留一支军队来"维持内部秩序"，否则"就不可能有真正的和平"。6 月 8 日，魏刚在见到戴高乐时对面临的失败处之泰然。但是却忧心忡忡地说："啊！要是我能有把握使德国人给我留下必要的部队来维持秩序的话，那就好啦！"这位在前线屡战皆败的败将竟公然散布多列士已夺取爱丽舍宫的谣言。巴黎公社的历史困扰着法国的上层人物，他们宁愿蒙受战败的奇耻大辱，也不愿再看到巴黎落入起义人民的手中，当然也就对法国共产党在 6 月 6 日提出的进行全民抗战的建议全然置之不理了。

6 月 10 日，法国政府仓皇逃离巴黎，先后迁都图尔和波尔多。同一天，意大利宣布对法作战。作为法西斯德国的伙伴，墨索里尼一直在窥伺着参战的最好时机。1939 年 8 月 25 日，他感到跟随希特勒进攻波兰会冒过大的风险，便以准备不足为理由拒绝立即卷入战争。在这以后，墨索里尼摆出一副待价而沽的架子。1940 年 5 月 10 日后，英法竞相讨好意大利，向后者建议就地中海地区划分势力范围问题进行谈判，并且表示"什么都可以讨论"。丘吉尔也宣称他"从不与意大利的强盛和伟大为敌。"然而这一切都满足不了墨索里尼的贪欲。他认为随着法军的溃败，攫取胜利果实的时机已到，私下对人说："……我只要付出几千条生命作代价，即可作为战争参加者坐到和会桌旁"。为此意大利动员了 32 个师,计 32.5 万余人从勃朗峰到地中海约 200 多公里的战线上向法国大举进攻。法国只能以 6 个师,共 17.5 万余人来与之相抗。在十多天的时间内,毫无士气的意大利军队竟不能越雷池一步。这更进一步暴露了意大利帝国主义的虚弱。

处于南北夹击中的法国接连向英国告急。丘吉尔曾于 6 月 11 日和 13 日两次来法紧急磋商,并宣称即使在敦刻尔克后也愿与法国共存亡。但他并不增派一兵一卒。自 6 月 15 日起,又陆续将所有英国士兵全部调遣回国。6 月 16 日,正值法国崩溃前夕,丘吉尔建议英法合并,成立所谓"两元帝国",遭到法国拒绝。

雷诺也曾一再向美国求援。他在 6 月 14 日致罗斯福的急电中更是大声疾呼:"拯救法兰西民族的唯一希望……是今天就将举足轻重的强大美军投入战争"。美国政府除空头的同情和安慰外,只是再三告诫法国在任何情况下都不得将它的舰队和殖民地交给德国。这事实上也正是英国政府唯一真正关心的事。

尽管孤立无援,法国仍可依靠自己的力量继续为民族的独立和生存而战。著名的抗战派如内政部长芒代尔等便主张将政府迁至北非继续抵抗。当时法国在北非有 10 个师,国内另有 50 余万后备兵,可以重建一支有战斗力的军队。法国在非洲的殖民地幅员辽阔,资源丰富,又拥有舰队和黄金,完全可以自成一体,凭借地中海的天险与德国对抗。但是投降派越来越占上风。6 月 12 日,魏刚在内阁会议上公开要求停战,并且威胁说:"……假如不立即要求停战,对军队以及对老百姓和难民就将失去控制"。次日,贝当向内阁提出一份备忘录,断然反对以任何形式继续抵抗。一向动摇的雷诺虽确曾在 5 月下旬建议退居布列塔尼,并在那里筑垒固守,以待时机,此时不仅全然放弃这一计划,而且屈服于投降派的压力,于 6 月 16 日宣告辞职。贝当立即就任总理,并在当天晚上通过西班牙大使向德国试探停战条件。17 日,他在电台发表讲话,命令法军放下武器,同时正式向德国求和。

贝当的讲话在全国引起极大的混乱,还在各地坚持战斗的法军被迫放下武器。而德国故意不立即答复。直至 20 日,双方才就停战问题进行正式会晤。6 月 22 日,在贡比涅森林的雷通车站,也就是 22 年前德国向协约国投降的地方,在当年福煦所乘坐的同一辆车厢内(由德军特地从历史博物馆内拖出),法国代表亨茨格将军和德国代表凯特尔元帅签订了停战协定。同一地点,同一车厢,只是战胜国和战败国互换了位置。停战协定将法国的东部、北部、中部划为占领区;西南部则为非占领区,亦即此后贝当傀儡政府偏安之处。占领区包括巴黎在内,约占全国总面积的 2/3,集中了 65% 的人口,并是煤、铁、钢、小麦的主要产地。法国的主要工业也都位于这个地区。德军控制整个占领区,强迫法国人民支付沉重的占领费用。除一支"维持社会秩序"所必需的军队外,法国应全面解除武装。即使在非占领区,所有的武器和弹药也均交德国管理。法国政府投降后,7月1日迁都维希,这就是所谓的维希政府,它实际上是德国的附庸。

希特勒没有一口把整个法国都吞下去,那是由于他认为:"假如法国政府拒绝德国的建议,并退到伦敦继续抵抗,那么情况就要糟得多……"。通过贝当还可控制住法国的舰队。不占领全部法国对德国有利。从里宾特罗甫的一次谈话中,可以清晰地看到希特勒的想法;"领袖希图用这种办法得到用其他手段无论如何也得不到的东西。关键是利用贝当使非洲殖民地不致脱离维希,因而也不致脱离西班牙和德国,否则就只有在反对英法军队的苦战中才能把它们重新夺回"。那时希特勒确实想使贝当发挥作用,在"欧洲新秩序"中占一席位。但一年以后,希特勒就恶狠狠地对德国驻巴黎高级专员阿贝茨说,只要一解决苏联问题,他就准备同"那些维希先生们坦率地讲话了。"

6月23日,法国和意大利签订停战协定。墨索里尼想攫取里昂、阿维尼翁等城市,并企图吞并科西嘉、突尼斯和法属索马里,后来只得到法意边境上的一小块土地,面积为832平方公里。这位意大利的法西斯头子懂得,既然在战场上未能前进一步,那么也就休想在和谈判桌上捞到太多的东西。

6月21日,希特勒曾亲自到雷通车站参加同法国代表团会晤的仪式,他在离开时情不自禁地跳了一段小步舞。他为意想不到的胜利而兴高采烈,有点飘飘欲仙了。战胜法国可以说是法西斯德国达到了它势力的顶峰。

不列颠之战

法国的败降使希特勒的冒险生涯达到了顶峰,他已经为德国征服了欧洲大部分地区,现在阻挠他在欧洲建立霸权的只有英国和苏联。苏联是肯定要被消灭的,但必须在对苏动手之前保持西线的平静。办法是利用英国目前的孤立无援处境与英国媾和,条件是够优惠的:归还德国的原海外殖民地并让德国在欧洲大陆自由行动。希特勒推测,现在法国是完了,英国当然会明白个中道理,也会承认"一败涂地,绝无希望"而考虑谈判。于是他从1940年6月中旬到7月中旬频频向英国摇晃橄榄枝,还通过瑞典、美国和梵蒂冈教廷向伦敦做出和平试探。但是他听到的回答始终是一个坚决的"不"字。

法国沦陷后,英国的处境确实不妙。英伦诸岛,孤悬海上,岌岌可危。它的各自治领、殖民地和印度都不能给它有力的支援和及时的供应;得胜的德国军队装备完善,后方还有缴获的大量武器和兵工厂,现在又在大批集结准备对英国最后一击;意大利也已向英国宣战;西班牙随时可能与英国为敌;维希法国时时会被迫对英作战;远东的日本居心叵测并趁火打劫,直截了当地要求英国关闭滇缅公路,断绝对中国的物资供应。英国的敌人真是不少,它正遭到有史以来最强大的军事力量的围攻,而自己差不多是在赤手空拳地孤军在欧洲作战。但是英国人明白,现在是在为自己的民族生存而斗争,因此要豁出性命去与纳粹德国决一死战。这种精神在丘吉尔6月18日的下院讲演中表达得十分清楚:"……'法兰西之战'现在已宣告结束。我预计'不列颠之战'就要开始了。……我们英国人自身的生存以及我们的制度和我们的帝国是否能维系久远,也取决于这场战争。……因此让我们勇敢地承担我们的责任,我们要这样勇敢地承担,以便在英帝国和它的联邦存在一千年之后,人们也可以说:'这是他们最光辉的时刻'。"

丘吉尔断然拒绝妥协的态度使希特勒有点进退两难。他念念不忘进攻苏联,对英国既不想打又不能不打,看来还是要先打一下逼它讲和,然后再转身攻苏。7月16日希特勒终于下令准备实施对英登陆作战的"海狮作战计划",确定8月中旬完成准备工作。该指令称:"由于英国不顾自己军事上的绝望处境,仍然毫无愿意妥协的表示,我已决定准备在英国登陆作战,如果必要,即付诸实施。"这其中"如果必要,即付诸实施"几个字,正表明了希特勒没有把握。

丘吉尔

的确,"在英国登陆作战",说起来容易,做起来难。希特勒和最高统帅部以及陆海空三军的参谋总部从未认真考虑过同英国的仗怎么打和怎么取得胜利的问题,他们不知道如何进攻英国。当然,靠德国现在的陆军力量,他们能在一周之内击溃英国软弱无力的陆军,但他们必须渡过由英国占优势的海军日夜守卫的多佛尔海峡,尽管它的最狭处只有30公里,在万里晴空的秋天里法国的加来和英国的多佛尔能清晰地隔海相望。但是德国不仅海军处于劣势,而且陆海军在水陆两栖作战方面都是既无经验也没受过训练,看来只有先掌握海峡地区的制空权才谈得上登陆作战。希特勒命令空军元帅戈林以猛烈轰炸削弱英国的防务,戈林则夸下海口:只用空袭便可征服英国。于是"登陆作战"实际降到了配角地位,空战变成了这一战役的主要特点和唯一特点。

德国的空军在数量上占有 2:1 的优势,当时戈林集结了约 2660 架战斗机和轰炸机,而英国的战斗机起初不到 700 架,轰炸机仅 500 架左右。但英国空军的飞机性能更为先进,并拥有约 1800 门高射炮和沿东海岸线设立的一系列雷达站、观察哨等防空措施,加上全国军民同仇敌忾斗志昂扬地进行战斗,便使德军的优势大打折扣。再加上英国破译了德方的通信密码,致使德国的"空中闪击战"一开始就未奏效。

8 月 10 日,德空军开始大规模连续不断地空袭英伦本土,进攻目标从海峡舰队、港口到机场和重要军事设施,从而拉开了不列颠之战的第一阶段的战幕。8 月 15 日两国发生第一次大规模空战,戈林派出大约 1500 架德机实施为消灭英国空军而策划的"飞鹰行动"计划,但英国空军沉着应战,在雷达配合下猛烈反击,双方在长达 500 海里的战线上进行了 5 次大战,这一天德军共有了 5 架飞机被击落,英国损失飞机 34 架。

德国难以忍受这次失败,从 8 月 24 日重又开始发动大规模进攻,使战事进入决定性阶段。德军平均每天出动 1000 多架飞机,集中破坏英国南部的机场和雷达站,几乎摧毁了南方整个通信系统,英国损失激增,2 周之内飞机损失近 300 架,100 多名飞行员被打死。但英国军民靠着非凡的忠勇顽强渡过了这个最艰险的阶段。

德方意识到要在短期内获得全面制空权实为不易,便于 9 月上旬开始转而对伦敦等城市不分昼夜地狂轰滥炸,企图瓦解英国人民的斗志,逼其就范,不列颠之战进入第二阶段。德国攻击目标的改变,使英国空军得到喘息之机,而伦敦人民则经历了血与火的考验。9 月 7 日德空军出动 1000 多架飞机对伦敦首次大规模空袭,使不少街区化为灰烬,主要商业区损失惨重,但人民坚韧不拔,妇孺老人撤退秩序井然,国民军警戒救援,对空监视哨坚守岗位……。更为重要的是英国空军也从溃败边缘恢复过来,当 9 月 9 日第二次大规模空袭伦敦时,便只有不到一半的德机冲过英军防线,而且慌忙投弹后无功而返。15 日德空军大举出动,对这个已炸得残破不堪的首都实行最后也是最大的冲击——连续昼夜大轰炸。这一天成为整个战役中战斗最为激烈紧张的一天,皇家空军共击落德机 60 架,自己仅损失 26 架。几千名英勇无畏的英国飞行员用他们的汗水和鲜血挽救了祖国,难怪丘吉尔赞叹道:"在人类战争的领域里,从来没有过这么少的人对这么多的人做过这么大的贡献。"

9月15日的战斗证明了德国无法对英取胜。17日希特勒无可奈何地无限期推迟实施"海狮计划";10月12日又正式下令把入侵推迟到来年春天;1941年7月元首再次把它推迟到1942年春,以为"到那时对俄国的战争就将结束",这不过是一个美妙而徒然的幻想;1942年2月整个计划被完全搁置起来。"海狮"就这样完蛋了,而9月15日正是它的真正断命之日。英国则把这一天订为"不列颠战役日",每年都举行庆祝活动。9月15日以后,德军仍对英国的一些工业城市实行空袭,并曾把考文垂夷为平地,但这都不过是"海狮"的回光返照而已。

在这场二战史上历时最长、规模最大的空战中,英军以915架飞机的代价击毁了1733架德机,使希特勒的侵略计划第一次未能得逞,在反法西斯的历史上谱写了光辉的一页。

"狐鼠"之争

法国崩溃前,地中海由英法舰队共同控制,意大利对法宣战后,墨索里尼便算计着把地中海拿到手里,以圆其地中海作为意大利内湖的迷梦。为此意大利必须从英国人手中夺取马耳他岛,这不仅可以切断英国直布罗陀分舰队和亚历山大分舰队的联络,还能排除意大利到北非的障碍。于是意大利海军开始进行潜艇战并在西西里海峡布雷,还用了几个夜晚切断了马耳他岛上的英国人对外联络的海底电缆。这使英国不能容忍,立即加强了他们在地中海的舰队和马耳他的防御。法国败降后,盟国在地中海的力量遭到削弱,英国便决定先发制人,采取主动出击的方式打击意大利舰队。

1940年6月28日,英空军发现从意大利向北非运送军火的三艘驱逐舰,立即引导英舰队前来实施打击,击沉一艘。7月9日英意海军在卡拉布里亚进行遭遇战,这是意大利海军对英国的第一次战斗,双方各有2艘舰只受伤。但这一战发生在离意大利海岸不远之处,明显暴露了意大利海军侦察工作和海空合作之落后。7月19日双方又在克里特岛的斯巴达角发生冲突,一艘意大利巡洋舰被击沉。

为保住马耳他和东地中海,驻亚历山大港的英海军上将坎宁安认为必须重创意大利海军,丘吉尔表示支持,并不顾不列颠之战尚未结束和大西洋运输的需要,给坎宁安派去增援部队。11月11日英"光辉"号航空母舰载着携带鱼雷、炸弹或照明弹的轰炸机从马耳他出发直向意海军基地塔兰托驶去。夜幕降临后不久,这些飞机即对塔兰托港进行轰炸,意大利舰队在一片火光和爆炸声中损失惨重:3艘战列舰被击中,其中一艘完全失去战斗力,另 2 艘也要在 4~6 个月后才能修好,而英军只有 2 架飞机被击落。对塔兰托港的攻击,使意大利暂时只剩 2 艘战列舰能够服役,而且为保护其他船只免遭同样命运,意大利不得不把它们转移到那不勒斯港去。英国人得力于这大胆的一击,终于使意大利舰队在东一中地中海失去了立足之地。

在地中海战场上,德国最初并没有向它的老朋友伸出援助之手,从而丧失了在地中海给英国以致命打击的机会。那么这段时间内希特勒在干些什么?原来希特勒始终在盘算进攻俄国的计划,并已在东方集结部队。虽然他在雷德尔的劝说下开始考虑在地中海和北非采取一些行动,但他缺少洲际战略的宏大眼光,并不真正理解地中海的重要性,也不想把地中海作为德军的主战场,他只想在那儿封锁英国,增加英国的困难以逼它屈服;同时在西北非和大西洋诸岛采取防御战略,以防英国或许还有美国人从大西洋通过非洲进攻他的"欧洲堡垒"。因此希特勒的目的十分有限,他不打算在南方有太大动作,而是指望他的拉丁语系的朋友们为他做这件事,即让西班牙承担保卫西地中海的主要责任,靠维希法国防御西北非,让意大利自己照看东地中海。所以当意大利与英国频频交锋时,希特勒正在对佛朗哥和贝当展开外交攻势。但是出乎他的意料,前者不肯承担任何义务,后者也是推诿回避,使希特勒大为光火。这样一来,不仅元首想建立一个拉丁语系法西斯集团以封锁地中海的计划告吹,而且白白坐失了在地中海的机会。然而当墨索里尼在北非遭到巨大失败时,希特勒却不能无动于衷了。

北非始终是墨索里尼的觊觎之地,当英国困守本土面临入侵之际,墨索里尼以为建立他的非洲帝国的时机已到,现在在利比亚和意属东非的意军和其殖民部队约 50 万人,难道还打不败仅 5 万人的英军吗?他下了决心:这次要用自己的胜利向希特勒证明他作为一个平等伙伴的价值。不过他对意军的估计是太高了。

英意双方在北非的前线是埃及境内的西沙漠。7月英新任中东总司令、陆军上将韦维尔尽管被丘吉尔认为进取心不强,但不愿被动挨打,便先发制人,派第七装甲师的部分兵力直入沙漠并不断越过边境到利比亚进行一系列袭击,皇家"马蒂尔达"坦克起了决定性作用,因此该师不久就以"沙漠之鼠"而闻名。直到 9 月中旬,意军才集结 6 个师的兵力小心进入西沙漠,但迟迟不予出击,而韦维尔得到丘吉尔的增援部队再次出击,竟产生惊人效果,不仅使意军全军覆灭,而且使他们在北非固守的阵地也差点儿崩溃。遗憾的是,在取得压倒优势的胜利后,英军没有做好充分准备乘胜追击,致使入侵意军得以逃脱。直到 1941 年初,英军才对巴尔迪亚发动进攻,意军防线迅速崩溃,守军全部投降;1 月 21 日托卜鲁克也告陷落,英军进入昔兰尼加。

但是部分是由于英军进展太快,后勤供给不上,部分是由于丘吉尔突发奇想,要在巴尔干建立抗德同盟,要求韦维尔派出部分坦克部队和炮兵增援希腊,尽管当时由于希腊的反对而暂未实行这个计划,但也使英军一时止步不前。直到2月3日英军才再次推进,7日便取得贝达富姆大捷,以3000人和38辆坦克的兵力俘虏意军2万,缴获坦克100多辆。

但胜利的光辉不久便暗淡下来。希腊首相梅塔克塞斯于1月29日突然去世,新首相不像他的前任那样难以对付。丘吉尔看到他念念不忘的巴尔干反德同盟又有了希望,便立即说服希腊新首相接受了他的建议,于是5万英军分遣队于3月从北非开往希腊登陆。但这一计划的不现实性我们在后面很快就会谈到。由于力量的削弱,英军攻下的黎波里的计划成了泡影。但无论如何,墨索里尼在北非是大栽跟头。

在东非意大利的日子也不好过。到1940年底英军在东非展开反击,意军接连败北,1941年埃塞俄比亚在赶跑意军后光荣复国,意大利在东非的势力被肃清。

非洲的失利给了墨索里尼当头一棒,只好求助于希特勒。元首这次决定援助"领袖"了,不仅为了轴心国的威信,也为了保持北非这块战略要地。1941年2月希特勒派出年轻将军、在法国战役中立下殊功的隆美尔率领一小支德国机械化部队去北非援救意军并统一指挥北非的德意军队。他一到北非,便打起进攻战,德军部队虽少,但隆美尔用汽车在沙漠上奔跑卷起的漫天尘埃以掩盖坦克的缺乏,并利用德军的机动性于3月31日发动迅雷不及掩耳的突击,到4月中旬就把英军逐出了昔兰尼加。这一次就如同英军先前占领昔兰尼加一样,而出手之快甚至有过之而无不及,英国只在托卜鲁克港保留了一个据点。看来英国在非洲还要付出加倍的代价,因为他们现在面对的是被丘吉尔称为"伟大将领"的"沙漠之狐"隆美尔。

为保持英国在埃及的地位并力图取得在非洲的胜利,丘吉尔要求英军死守托卜鲁克,于是被德军包围的托卜鲁克成为双方争夺的中心。尽管隆美尔曾于4月中旬和4月底两次进攻该港,但都因实力不足和英军防守严密而未得手;而韦维尔虽在5月中旬和6月中旬冒险分别实施解救该港英军的"短促作战计划"和"战斧作战计划",也都遭失败。失败的重要原因之一是隆美尔机动地把88毫米高射炮极有成效地改为反坦克炮使用,从而使英军坦克在他们自己称为的"鬼门关"之地受到几乎全部毁灭的重创。

"战斧"不利,丘吉尔临阵换将,由驻印度总司令奥金莱克将军接替韦维尔。随后双方经过5个月的休整,在此期间苏德战争已在激烈进行。北非英军得到较多援助,隆美尔则受援较少。11月中旬英军实施"十字军作战计划",对德军发动大规模攻势。

英军的"十字军"行动

1941 年夏,隆美尔指挥的非洲军团共有 10 个师,其中 3 个德国师(第 15、21 装甲师、第 90 轻装甲师)和 7 个意大利师(内有 1 个装甲师),约 10 万余人、坦克 550辆、飞机 500 架(其中堪用的约 300 架)。驻守在利比亚、埃及边境的只有 1 个德国师和 1 个意大利师,主力配置在离前线约 130 公里的托卜鲁克以南地区,计划在兵员和武器得到补充后,首先攻占已被围困的托卜鲁克,割除这个妨碍其行动的"赘瘤",然后再全力向埃及进军。

1941 年 7 月 2 日,英国首相丘吉尔任命奥金莱克接替韦维尔为中东司令,并进一步加强对北非的增援,以图再兴攻势。从 7 月到 9 月,英国向北非增调了 3 个师、10 个坦克队以及大量航空兵,使该地英军的坦克和飞机在数量上占了优势。在此期间,德、意军在北非的兵力,只增加 3 个不满员的意大利师。德军不但没有增加,其地中海的空军反被抽调到苏德战场。奥金莱克在造成兵力、兵器的对敌优势后,决定在北非发动第 2 次大规模的进攻。这次作战的代号叫"十字军"行动。

根据"十字军"行动计划,英军应首先收复昔兰尼加,并在那里彻底摧毁非洲军团的装甲部队;其次,如果发展顺利,就攻占的黎波里塔尼亚。为了实现这一目标,奥金莱克于 1941 年 8 月底将北非的英军各部队编为第 8 集团军,由坎宁汉将军指挥。该集团军由 2 个军组成:第 13 军(辖第 4 印度师、第 2 新西兰师、第 1 陆军装甲旅)和第 30 军(辖第 7 装甲师、第 4 装甲旅战斗群、第 1 南非师、第 22 警卫旅战斗群)。至 11 月中旬,第 8 集团军,连同托卜鲁克的守军在内,已拥有 6 个步兵师、1 个装甲师、3 个独立装甲旅、2 个独立步兵旅,共约 15 万人、坦克 924 辆、作战飞机 1311 架(其中堪用的为 1072 架)。此外,还可得到从马耳他岛出动的 10 个航空中队的支援。坎宁汉将军计划以其第 13 军沿滨海公路向西实施突击,并向托卜鲁克推进。托卜鲁克的守军应向东突围,与进攻部队会合;第 30 军则应迂回德、意军防线南侧,向西北方向发展进攻,并在第 13 军的协同下,粉碎昔兰尼加东北的敌人。尔后,全部英军向西挺进,追击退却之敌。第 8 集团军还应以 1 个印度步兵师从贾拉卜卜地域出发,经大沙漠向阿贾达比亚方向作深远迂回,配合主力全歼向西退却的德、意军队。

1941 年 11 月 18 日凌晨,英军冒着倾盆大雨发动进攻。为了破坏对方的指挥,一支由 50 人组成的苏格兰突击队在进攻前夕潜入德军后方,袭击了敌军司令部和隆美尔的住所(隆美尔刚巧不在)。战斗第 1 天,英军第 8 集团军按预定计划前进;第 30 军从南面逼近西迪雷泽格;第 13 军向西逼近西迪俄马。对此,刚从罗马开会回来的隆美尔却一无所知。当他收到"关于 200 辆英国坦克正在前进"的报告后,还误认为这是一支侦察部队而不予理会。次日早晨,英军第 30 军的第 22 警卫旅战斗群进攻比尔古比,与意大利艾里特师发生了一场激战。意军反坦克阵地坚固,伪装巧妙,第 22 警卫旅战斗群遭受了严重损失,半数以上的坦克被击毁。但英军第 30 军第 7 装甲师的 1 个旅和支援部队却顺利地占领了西迪雷泽格。这时,隆美尔仍未做出反应,这使坎宁汉大为困惑。直至战斗第 3 天,德军才将一支装甲部队投入战斗,并于 22 日夺回西迪雷泽格。英军在战斗中损失了 1/3 的坦克后,被迫后撤 50 多公里。第 13 军发展比较顺利,其第 4 印度师于 11 月 21 日进抵西迪俄马周围,第 2 新西兰师向北前出到巴尔迪亚郊外,威胁了德军的后方交通线。第 13 军的部队攻占了非洲军团的司令部,并于 23 日对刚被德军夺占的西迪雷泽格进行了猛烈攻击,但任何一方均未取得决定性的胜利。

11 月 24 日,战斗发生了戏剧性的转变。为了攻击英军的后方和补给线,隆美尔集中装甲部队主力,突然越过埃及边境后向东挺进。当天下午,德军第 21 装甲师通过比尔设斐森向哈尔法亚隘道前进,以切断英军第 8 集团军的退路。德军的这一行动引起了英军的恐惧和混乱。这时,坎宁汉已准备全线撤退,但前来督战的奥金莱克坚持继续对敌人加紧进攻,并指派他的副参谋长里奇将军接替坎宁汉的指挥职务。里奇将军一方面组织英军坚守边境上的阵地,另一方面令第 13 军的前进部队继续向西推进。第 2 新西兰师的部队在第 1 陆军坦克旅的支援下猛攻西迪雷泽格,经 2 天激战终于收复了这个城市,并于 26 日夜与托卜鲁克的守军建立了直接联系。德军由于后方吃紧,且又缺乏燃料,反攻计划难于继续执行。隆美尔只好下令德军迅速肃清塞卢姆地区的英军后,经巴尔迪亚向托卜鲁克方向撤退。德军在返回途中于 27 日再次攻占了西迪雷泽格,并使第 2 新西兰师遭受严重损失。该师除 2 个营同托卜鲁克守军会合外,其余部队均被迫向东南撤回至边界。托卜鲁克依然处于孤立境地。这时,里奇将军整顿了自己的军队后,以 2 个军的主力攻占了西迪雷泽格以西的阿德姆,并击退了非洲军团的反扑。12 月 5 日,当奥金莱克准备再派 2 个步兵旅和 2 个装甲团增援第 8 集团军时,墨索里尼却通知隆美尔,在明年 1 月初以前不要期望有援兵到达。非洲军团受损后得不到补充,只好放弃对托卜鲁克的围攻,并向阿格拉方向退却。英军的一支特遣队(由 1 个装甲师和 1

个混合旅编成)曾于 12 月中旬前往班加西,但到达该地时,敌军早已南撤。第 4 印度师虽然及时从贾拉布卜绿洲地域出发,并先敌到达阿贾达比亚地域,但未能阻止隆美尔军队的退却。至 1942 年 1 月 10 日,非洲军团有组织地退至阿格拉地区,并阻止了英军的前进,使战线稳定了下来。是役,英军伤亡 1.7 万人,损失坦克 270 辆,德、意军伤亡 3.3 万人,损失坦克 300 辆。

英国海军及其航空兵在摧毁轴心国的供应和支援第 8 集团军的进攻中发挥了重要的作用,保障了"十字军"行动的胜利。希特勒从隆美尔的失败中,认识到夺取地中海控制权的重要性。因此,便从大西洋抽调潜艇和鱼雷艇到地中海加强意大利海军的作战,使轴心国在对地中海的争夺中取得了重大胜利。1941 年 12 月,英国东方战列舰队的"皇家主舟"号、"巴勒姆"号、"伊丽莎白女王"号、"英勇"号等 7 艘大型军舰相继被击沉,该舰队作为一支战斗力量已被消灭了;"K 舰队"的主要作战舰只巡洋舰"海王星"号、"曙光"号和"佩内洛普"号,在驶近的黎波里港时触雷受重伤,失去了作战能力。1941 年底。地中海的制海权重新被轴心国夺去。英国对埃及英军进行补给的船队,不得不绕道非洲南端好望角的漫长海路。为了夺取地中海的制空权,德军统帅部又将凯塞林指挥的第 2 航空队从苏德战场调回西西里岛,加强了对马耳他岛的空中攻击,使英国航空兵遭受很大损失。1942 年 1 月初,英军驻该岛的飞机共有 150 架,到 2 月份只剩下了 30 架。德、意军夺回了地中海的控制权后,运送补给的船只便可以顺利地从海上直达北非。这时,希特勒通知墨索里尼说:我们现在可以向埃及进攻了。墨索里尼也认为:"征服埃及的历史性时刻已经来到。"

轴心国的形成

希特勒打败法国后,根据其既定的侵略计划,准备挥戈向东入侵苏联。7 月 31 日,他在高级军事会议上宣布了第二年春天进攻苏联的决定。于是,对德国来说,同日本缔结军事同盟,利用日本的力量牵制美、英,夹击苏联的问题又提上了日程。意大利看到德国在西欧的胜利,在法国败局已定的时刻,于 6 月 10 日匆匆向英法宣战,完全站到了德国一边。

法国败降后,日本对于缔结三国军事同盟问题的立场也发生了重大变化。1939 年 8 月苏德签订互不侵犯条约,使日本外交政策受到猛烈冲击。德国入侵波兰后,日本政府奉行"避免卷入"的政策,实际上是企图等欧洲局势明朗化以后再作决断。随着法国败降，日本统治集团一方面为德国在欧洲发动"闪电战"的战果所鼓舞，认为南洋一带殖民地已由于法国、荷兰等宗主国的败降而成为"真空地带"，因而是实行"南进"、建立"大东亚共荣圈"的天赐良机。另一方面，侵华战争使数十万日本军队被拖在中国战场上，造成日本战略上的严重失调和经济上的沉重负担，日本侵略者又企图通过"南进"，攫取东南亚丰富的战略资源，维持侵华战争，促进"中国事变的解决"。在这样的背景下，日本统治集团内部的"南进"论甚嚣尘上，与德意缔结军事同盟重新成为紧迫的问题。

1940 年 7 月 22 日，发动侵华战争的罪魁第二届近卫内阁在组阁前三天，近卫同即将上任的外相松冈洋右、陆相东条英机和海相吉田善吾在东京的近卫官邸举行了一次重要决策会议。会议留下了一份题为《组阁中四巨头会议决定》的文件，决定要加强日、德、意轴心关系，实行"南进"方针。7 月 22 日，在日本政府与大本营联席会议上，通过了《适应世界局势发展处理时局要纲》。其中规定："首先要把对德、意、苏三国的政策作为重点，特别要迅速加强同德意两国的政治团结"。

德日之间再次开始关于缔结军事同盟的谈判。7 月 30 日，日本外务省制订了德日合作的新方案："如德意方面要求军事援助以对付英国，帝国将在原则上表示同意"。8 月 1 日，日本外相松冈邀请德国驻日大使奥特参加茶会，围绕同德国结盟问题进行了试探。此后，德日双方在东京和柏林通过外交途径进行了一系列会谈。为了加速谈判的进程，9 月 7 日，德国派遣特命全权代表施塔默尔前往东京，9 月 9 日，施塔默尔和驻日大使奥特代表德国同松冈外相举行会谈。德方的基本立场是：德日缔结军事同盟后，日本应在东亚牵制美国，并阻止其投入欧战，并吸引苏联的几十个师和空军；德国则同意向日本提供武器和军事物资，并承认日本在东亚的"政治领导权"。这是日本方面大致可以接受的。因此，德日谈判进展顺利。9 月 19 日，日本天皇裕仁在全体内阁成员和陆海军最高首脑出席的会议上，认可了施塔默尔—松冈会议所产生的三国同盟议定书。

9 月 19 日至 22 日，德国外长里宾特洛甫访问罗马，同墨索里尼、齐亚诺举行会谈，就德意双方在政治上和军事上进一步互相支持达成了协议，并说服意大利接受三国同盟条约。

1940 年 9 月 27 日，德、日、意三国在柏林签订了为期 10 年的同盟条约。其主要内容为：日本承认并尊重德国和意大利在欧洲建立"新秩序"的领导权；在缔约国一方遭受尚未参与欧战或中日冲突的国家攻击时，三国保证以政治、经济、军事之一切手段互相支援。

谈判期间，德日两国就南洋问题签署了秘密协定，商定一旦日本与英国发生冲突，"德国将尽其可能，以所拥有的一切手段援助日本"。德国同意曾处于日本委任统治下的德国过去在南洋的殖民地，仍由日本管辖，但德国得到一定的补偿。

与此同时，德日意三国还签署了建立三个委员会（总委员会、军事委员会和经济委员会）的协议。总委员会的任务

在于协调三国的大政方针；军事委员会和经济委员会的任务则是解决三国间协同作战和相互进行经济援助的问题。

这样，德、日、意三国终于在发动侵略战争的道路上全面勾结起来，结成了比较紧密的军事同盟。此后，1940 年 11 月 23 日罗马尼亚安东尼斯库政府签署了罗马尼亚加入三国条约的协定书；1940 年 11 月 20 日匈牙利霍尔蒂政府签署了加入三国条约的协定书；斯洛伐克傀儡政权也于 1940 年 11 月 24 日宣布加入三国条约；1941 年 3 月 1 日保加利亚正式宣布加入；南斯拉夫则在 1941 年 3 月 25 日签署了加入这个条约的议定书，两天后又宣布取消。另外，西班牙佛朗哥政权虽然没有正式签署协定，但在实际上参加了这个集团。从而形成了一个以德、日、意为核心的侵略集团。

德、日、意之所以能结成侵略性军事集团，原因是多方面的。

从历史上看，德日意三国走上资本主义道路后，其社会政治制度仍在不同程度上都带有军事封建专制主义的色彩。第一次大战后，法西斯主义与法西斯运动的祸水分别在三国国内泛滥开来。从 20 世纪 20 年代到 30 年代，三国又以不同的方式先后建立起了法西斯专制统治。

从一次大战后形成的国际格局来看，德国是第一次大战的战败国，在战争中失去了全部殖民地和传统势力范围。日本和意大利虽然是战胜国，但在战后对世界的重新瓜分中未能达到自己的要求和目标，自认为吃了大亏。因此，它们在不同程度上对第一次大战后形成的、由英、法、美等国所操纵的凡尔赛—华盛顿体系极为不满。随着法西斯政权的建立，德日意三国都把以武力改变世界现状、重画世界地图，规定为自己的基本战略目标。它们因此而成为新的世界大战的策源地。

再从经济、军事潜力来看，德日意三国同英、法、美等国比较起来，它们的财政

经济力量有限,军事力量起初也并不雄厚。更何况,它们的侵略行动与战争政策势必使它们遭到全世界一切爱好和平或希望维护和平的力量的反对。这就决定了谁都没有力量单独从一开始就发动一场世界性的全面战争,而须在采取局部性侵略行动、发动局部战争的过程中勾结起来,结成侵略性的政治军事同盟。

如果说,以上所述揭示了德日意三国在采取侵略行动、发动侵略战争时结盟的可能性与必要性的话,那么,在历史的实际发展中,这种结盟又并非一下子便由可能变为现实的。这还要取决于诸多的因素,如整个国际局势的发展变化,遭受侵略的弱小国家的抵抗,西方"民主国家"的反应,以及法西斯国家自身各个时期的实际战略需要与内外处境等等。因此,德日意三国从最初采取侵略行动时基本上各自为战,然后逐步接近,最终结成了侵略性的政治军事同盟,经历了一个复杂而曲折的历史过程。

三国同盟条约签订的第二年,德国法西斯就悍然发动侵苏战争,接着日本发动了太平洋战争。1942 年 1 月 18 日,德日意又签订军事协定,以东经 70 度为界,划定了各自的作战区域。第二次世界大战的战火终于燃遍了全球。

德国进攻苏联

1941 年 6 月 22 日 4 时 30 分,法西斯德国撕毁了苏德互不侵犯条约,未经宣战就向苏联发动了全线进攻。5 时 30 分,当大批德军已侵入苏联国境后,德国驻苏大使舒伦堡才向苏联外交人民委员莫洛托夫宣布德国已开始对苏作战。接着,意大利、匈牙利、斯洛伐克、芬兰追随希特勒德国,相继对苏联宣战。战争第 1 天,莫洛托夫代表苏联政府发表广播演说,号召苏联军队和各族人民奋起反击侵略者。当晚 9 时,英国首相丘吉尔发表声明,支援苏联对德作战。他说:"任何对纳粹帝国作战的个人或国家,都将得到我们的援助,任何跟着希特勒走的个人或国家,都是我们的敌人。"翌日,美国代理国务卿桑奈尔·威尔斯代表罗斯福总统发表了美利坚合众国支持苏联的声明。各国共产党和工人党纷纷发表声明,动员全世界各国人民支援苏联的反法西斯斗争。苏联的参战,大大加强了反法西斯阵营的力量,使全世界反法西斯国际统一战线迅速形成,鼓舞了世界各国人民为保卫国家和民族的独立自由而顽强战斗。从此,正如周恩来所指出的那样,"世界战争进入到苏德战争的新阶段。"

法西斯德国是以突然袭击的方式开始这场战争的。德军首先以大量的航空兵对苏联西部的重要城市、交通枢纽、军事基地以及正在向国境线开进的军队进行猛烈轰炸，并在苏军防御纵深内空降伞兵，夺占要地，同时以数千门火炮对苏军的边防哨所、防御工事、通讯枢纽和部队集结地域实施猛烈轰击，然后以优势的坦克和摩托化兵团为先导，从波罗的海至喀尔巴阡山宽约 1500 公里的正面上，发起全线进攻。苏联西部的 66 个机场遭到猛烈的轰炸。苏军半天之内就损失了飞机 1200 架，其中 800 架未及起飞迎战，即被毁于机场。许多重要城市、通信设施、交通枢纽和海、空军基地，在德军航空兵和特务分子袭击下，遭受严重破坏。边境军区指挥机构基本上陷于瘫痪，部队出现了混乱。边防值班部队虽也进行了抵抗，但因得不到及时增援，防线迅速被突破。战争第 1 天，德军就前进了 50~60 公里。苏联国防人民委员，在战况不明的情况下，于 22 日 7 时 30 分发布了第 2 号命令，要求边境军区实施猛烈反击，消灭入侵之敌。当时 21 时 15 分，国防人民委员又根据所谓"敌人已被击退"这一不确切的战况报告，下达了第 3 号命令，再次要求苏军转入反攻，粉碎主要方向上的敌人，并向敌国领土挺进。苏军的反击没有达到预期的目的，损失巨大，前线战况更加恶化。

德军"北方"集团军群，其任务是歼灭波罗的海沿岸地区的苏军，攻占列宁格勒。6 月 22 日，该集团军群在大量航空兵的支援下，从东普鲁士的哥尼斯堡向苏联波罗的海沿岸地区发起进攻。至黄昏时，坦克第 4 集群的先遣部队已前出到杜比萨河。苏军西北方面军决定对突入第 8 和第 11 集团军接合部的德军实施反突击。6 月 23 日和 24 日，苏军向施亚乌利亚伊方向实施反突击的 3 个坦克师，与德国优势兵力遭遇，受损后被迫退却。6 月 26 日，德军一股伪装成苏军的伤员，加入苏军运输队的行列，到达西德维纳河后，夺占了渡口，使德军的机械化部队顺利地渡过了西德维纳河，攻占了陶格夫匹尔斯。6 月 29 日，德军在克鲁斯特皮尔斯地域渡过了西德维纳河，7 月 1 日占领了里加，7 月 5 日攻占奥斯特罗夫。苏军在奥斯特罗夫地区和普斯科夫接近地实施的反突击失利后，于 9 日放弃普斯科夫。苏军的坦克损失很大，有些新型坦克也落入了德军的手中。苏军红旗波罗的海舰队被迫从利耶帕亚撤至塔林。至此，德军"北方"集团军群在 18 天内已侵入苏联境内约 400~450 公里，前出到列宁格勒州。

德军"中央"集团军群的任务是围歼白俄罗斯的苏军。德军计划分南、北两路实施钳形突击：北路第 9 集团军和坦克第 3 集群，从东普鲁士的苏瓦乌基地区发起进攻；南路第 4 集团军和坦克第 2 集群从布列斯特地区实施突击。两路德军应在白俄罗斯的首都明斯克会合，并在消灭被围的苏军后继续向斯摩棱斯克挺进。6 月 22 日晨，德军"中央"集团军群以约 40 个师的兵力向苏军发起攻击。苏军西方方面军右翼第 3 集团军,被尼维尔纽斯方向上进抵湼曼河右岸的德军坦克第 3 集群包围后,于 6 月 23 日被迫放弃格罗德诺。西方方面军左翼第 4 集团军,在德军空军和炮兵的袭击下,其第 42 师和第 6 师未能按计划占领规定的防御地带,并在德军优势兵力的攻击下,开始从科布林撤退。这样一来,西方方面军的两翼就面临被德军坦克兵团深远包围的威胁,而其中央的第 10 集团军在比亚威斯托克突出部也有被合围的危险。在战争的头几天,西方方面军曾以机械化第 14 军、第 11 军和第 6 军分别向布列斯特和格罗德诺方向实施反击,虽取得了一定胜利,但因缺乏空中掩护,油料、弹药得不到补充而告失败。这时,德军坦克第 3 集群的基本兵力在占领维尔纽斯后,继续向明斯克推进。与此同时,德军坦克第 2 集群也已逼近斯卢茨克。明斯克已危在旦夕。6 月 25 日,西方方面军司令员巴甫洛夫根据统帅部指示,命令第 3 集团军和第 10 集团军从比亚威斯托克突出部向东撤至利达、斯洛尼姆、平斯克一线。但由于缺乏车辆和燃料,苏军未能摆脱德军。6 月 29 日,德军第 2 和第 3 坦克集群的部队在明斯克会师,在比亚威斯托克和斯洛尼姆地区包围了苏军 2 个集团军。苏军被合围的部队,在激战中突围,受到很大损失。7 月 2 日,苏军统帅部决定,将统帅部预备队集团军群编入西方方面军,并解除了西方方面军司令员巴甫洛夫的指挥职务,送交军事法庭审判。一起交法庭审判的还有参谋长克里莫夫斯基、通信兵主任格里哥里也夫、炮兵主任克里奇等。国防人民委员铁木辛哥被任命为西方方面军司令员、叶廖缅科为副司令员、马兰金为参谋长。但是,撤换方面军的领导后,该方向上的局势仍在继续恶化。7 月 3 日,德军由明斯克向东和东北发展进攻。至 9 日黄昏,其坦克部队在从波洛茨克到日洛宾的正面上逼近了西德维纳河和第聂伯河地区,并攻占了维捷布斯克。从 6 月 22 日至 7 月 10 日,德军在这一方向上深入苏联国境 450～600 公里,几乎占领了白俄罗斯全部领土,斯摩棱斯克受到严重威胁。

德军"南方"集团军群,其任务是向基辅总方向实施进攻,把乌克兰的苏军主力消灭在第聂伯河以西。德军的计划是:第 6 集团军和坦克第 1 集群从卢布林东南地区向东挺进,攻占基辅后转向东南,沿第聂伯河向黑海方向进军,夺取第聂伯河上的渡口,阻止苏军东撤;第 17 集团军向利沃夫、文尼察方向发展进攻;第 11 集团军和罗马尼亚军队取道卡缅涅茨—波多利斯基和莫吉廖夫—波多利斯基攻入乌克兰,牵制那里的苏军。德军"南方"集团军群于 6 月 22 日发起进攻后进展较慢,直至 24 日,才有几个师突破苏军西南方面军的防御正面,向杜布诺前进。西南方面军司令员基尔波诺斯为了肃清在第 5 和第 6 集团军接合部上突入的德军坦克第 1 集群的部队,先后以机构化第 8、第 9、第 15、第 19 和第 22 军实施反突击。从 6 月

24 日到 29 日,在卢茨克、杜布诺、勃罗德一带进行了一场战争初期最大的坦克交战。苏军由于缺乏统一指挥,不能协调一致地行动,反突击终于失败。30 日利沃夫和罗夫诺失守。德军坦克第 1 集群激战后调整了部署,于 7 月 4 日突入奥斯特罗格,7 月 9 日攻占了口托米尔。个别坦克部队已进至通向基辅的接近地。德军第 11 集团军和罗马尼亚军队也于 7 月 3 日进抵莫吉廖夫—波多利斯基。这样一来,不仅基辅受到威胁,而且西南方面军的主力有被德军包围的危险。于是,西南方面军决定将第 6、第 26 和第 12 集团军撤至科罗斯坚、沃伦斯基新城、舍佩托夫卡、旧康斯坦丁诺夫、普罗斯库罗夫和卡缅涅茨—波多利斯基老筑垒地域一线。南方方面军的右翼撤至卡缅涅茨—波多利斯基以南。至此,德军在西南方向已推进300~350 公里。

战争头几天,苏德战场两翼(从巴伦支海到芬兰湾和从喀尔巴阡山到黑海)没有发生激烈的战斗。北翼德军"挪威"集团军于 6 月底才开始行动,半月后前进 25 至 30 公里。南翼德军于 7 月 1 日发起进攻,5 日开始向基什尼奥夫方向前进。

苏德战争一开始,苏联共产党和苏维埃政府立即采取了一系列紧急措施:在军事上建立和改编军队的组织机构和战略指挥机构。6 月 22 日,波罗的海沿岸特别军区、西部特别军区和基辅特别军区相应改为西北方面军、西方方面军和西南方面军。6 月 24 日列宁格勒军区改编为北方方面军。此外,还组建了南方方面军。6 月 23 日苏联政府决定建立苏军统帅部,6 月 30 日成立以斯大林为首的国防委员会。在全国进行公开动员,至 7 月 1 日,共动员了 530 万人,组建了新的战略预备队。在列宁格勒、莫斯科等城市建立民兵组织。在沦陷区成立游击队,开展游击活动;在政治上确定了伟大卫国战争的政治军事目标,对苏联人民进行政治动员。7 月 3 日,斯大林发表了广播演说,动员全国人民"挺身捍卫自己的自由、捍卫自己的荣誉、捍卫自己的祖国"。加强军队和居民中的群众性政治思想工作,动员共产党员和青年团员参加军队,提高苏军的组织性、纪律性和士气。苏联政府还广泛开展外交活动,建立反希特勒同盟;在经济上进行改组,以保障战争的需要。从受威胁的地域向东疏散物资和居民。改组国家机关以保障动员全国的人力物力支援前线作战。

在苏德战争初期,从 6 月 22 日至 7 月 9 日,苏军遭到重大损失。西部边境军区 170 个师中有 28 个师被歼灭,70 个师人员武器损失过半。法国亨利·米歇尔在其《第二次世界大战》一书中指出,经过为时 18 天的战斗,"俄国人丢掉了 2000 车皮的军火,30 万人被俘,损失火炮 3000 门、坦克 1500 辆和飞机 2000 架。"至于德军在这期间的损失,据苏联元帅朱可夫在《回忆与思考》一书中记载,"希特勒军队已经丧失将近 10 万人、1000 多架飞机、近 1500 辆坦克。"

苏联在战争初期虽然遭受了严重损失,但是经受了严峻考验的苏联人民和武装力量,在苏联共产党的领导下,及时吸取了失利的教训,从政治、经济、军事上全面加强了反法西斯斗争,经过长时间的英勇奋战,终于打破了纳粹德国妄图以一次快速的战局击溃苏联的迷梦。

列宁格勒保卫战

侵苏战争初期,法西斯德国取得了暂时性的胜利。至 1941 年 7 月 10 日,德军完成了战略突破任务,渡过西德维纳河,进逼第聂伯河。苏军节节后退,遭到重大损失。德军统帅部为其初期的胜利欣喜若狂。苏军在被迫退却的过程中转战略防御,德军的进攻遭到苏军日益增强的抵抗。

为歼灭向东退过别列津纳河和退向第聂伯河的苏军,德军出动 182 个师继续在全线进攻。7 月 8 日,希特勒给各集团军群规定的任务是:"北方"集团军群继续向列宁格勒方向推进,从东和东南切断该市与苏联内地的联系,夺取列宁格勒,歼灭波罗的海沿岸地区的苏军;"中央"集团军群应合围并消灭斯摩棱斯克地域的苏军,为尔后进攻莫斯科创造条件;"南方"集团军群以主力合围第聂伯河右岸乌克兰地区的苏军,并以部分兵力向基辅方向进攻;芬兰集团军沿拉多加湖两侧进攻,歼灭卡累利阿南部和卡累利阿地峡的苏军,打通从芬兰到列宁格勒的道路。

6 月底到 7 月初,苏军统帅部鉴于苏军在全线失利的情况下已不可能对敌实施战略进攻,因此,决心改变战略指导思想,修改作战计划,由企图实施战略进攻改为实施战略防御,通过战略防御首先迟游、疲惫和削弱德军,破坏其进攻锐势,稳定战线,赢得组建和集结战略预备队的时间,逐渐改变力量对比,为转入战略反攻创造条件。

7 月 10 日,苏军统帅部改组为总统帅部,并成立了中间战略领导机关,即西北方向指挥部、西方向指挥部和西南方向指挥部,分别由苏联元帅伏罗希洛夫、铁木辛哥和布琼尼领导。7 月 19 日,斯大林被任命为苏联国防人民委员,8 月 8 日又被任命为苏联武装力量最高统帅,总统帅部改名为最高统帅部。

苏军最高统帅部判明,德军仍在 3 个战略方向发展进攻,其主要方向指向莫斯科,因此决定:在受威胁的方向迅速展开战略预备队,建立战略防线,在战略纵深建立坚固的防御,构筑防御地区和筑垒地域;将战略第 2 梯队转隶给第 1 梯队各方面军,在普斯科夫、波洛茨克、基辅、赫尔松一线抗击德军;集中主力在西方向阻止德军向莫斯科突进,调用北方面军加强列宁格勒西南接近地的防御,以反突击抗击德军主力的突击,以顽强的防御制止德军快速推进,稳定战局。

列宁格勒保卫战

至7月10日,苏军共有201个师,其中满员师只有90个。苏军最高统帅部鉴于技术兵器不足,许多预备队部队开始组建,以及军事行动要求部队高度机动和便于指挥等原因,决定逐步改革军队的组织结构。集团军向小型化体制过渡,编5个至多6个师,取消军一级指挥机关,各师直属集团军司令员;撤销庞大的机械化军的编制,组建坦克师(辖2个坦克团)和坦克旅(辖1个坦克团)以及独立坦克营;反坦克炮兵旅改为反坦克炮兵团;缩小航空兵师的编制,由4至5个航空兵团改编为2个,每团飞机由60架减至30架,随后又减至22架。

苏军最高统帅部为改善军队的物资保障,改组了后勤指挥机关。8月1日斯大林签署了组建苏军总后勤部和方面军、集团军后勤部的命令,8月19日又设立了苏军空军后勤部长的职务,并挑选了一大批国民经济部门的领导人和数十名经济工作者,到军队后勤部门工作。此外,苏联国防委员会还决定加速后方建设,建立野战莓勉,调整陆海空运输网,修复和修建铁路,以保障后勤供应。

8月16日,联共(布)中央批准了由国家计划委员会制定的1941年第4季度和1942年度军事经济计划,规定将一些企业从受威胁地区迁到国家东部,并立即投入生产;在东部地区扩建军工基地,增加武器、弹药、金属、煤、汽油和其他重要产品的生产。联共(布)中央有步骤地采取措施扩大各种火炮的生产,战争开始后不久就大量生产了威力强大的"卡秋莎"火箭炮。9月11日,坦克制造从中型机器制造人民委员部领导下独立出来,成立坦克工业人民委员部。以后,军事工业所有主要部门(飞机、船舶、火炮和弹药)都建立了自己的专业领导机构。

工业企业的东迁是在极端复杂的情况下进行的。企业的拆卸、装运经常在德机轰炸下进行。成千上万满载人员和物资的列车,川流不息地驶向东方。从1941年7月至11月,苏联从波罗的海沿岸、乌克兰等地,转运了150多万车厢的物资设备,共有1523个大型企业迁至伏尔加河流域、乌拉尔、哈萨克斯坦、中亚细亚和西伯利亚。仅用铁路就向东疏散了 1000 多万人。苏联战前在东部建成的工业基地，加上疏散到里的企业，很快就变成了国家的军工生产基地。到 1942 年 3 月，这些地区的军工产品的产量，已达到卫国战争开始前全国的生产水平，成为苏联战时经济体系的重要基础。

苏联共产党和苏联政府在动员国内一切力量抗击德国法西斯的同时，还广泛开展外交活动，同一切反法西斯国家建立友好合作关系，争取国际援助。1941 年 7 月中旬至 8 月，苏联先后与英国、捷克斯洛伐克、波兰签订了在反法西斯战争中共同行动的协定。苏联还和英国签订贸易协定，和美国签订军事经济互助协定，与挪威、比利时恢复了外交关系。9 月 29 日至 10 月 1 日，苏、美、英 3 国政府高级代表在莫斯科举行会议，讨论美、英向苏联提供武器装备和战略物资问题。这次会议签订了对苏供货第 1 号议定书，规定从 1941 年 10 月 1 日至 1942 年 6 月 30 日期间，美国和英国每月向苏联提供 400 架飞机、500 辆坦克以及其他种类的武器装备和军用物资，苏联向美、英提供一定数量的军工生产原料。10 月 30 日，美国总统罗斯福代表美国政府写信给斯大林，宣布给苏联 10 亿美元的无息贷款。11 月 7 日，罗斯福发表声明将武器和军用物资出借和租让法（即租借法案）扩大应用于苏联。

至 1941 年年底，美国援助苏联 204 架飞机、182 辆坦克；英国供始苏联 669 架飞机、487 辆坦克、301 支反坦克枪。

1941 年 7 月中旬至 12 月，德军继续在西北、西方和西南 3 个方向展开疯狂的进攻。苏联军了在苏联共产党的领导下，为粉碎德军的进攻进行了艰苦卓绝的斗争。

战争头 18 天，苏军在西北方向丧失了立陶宛、拉脱维亚和俄罗斯联邦的部分土地，从而使德军可以由卢加进逼列宁格勒。列宁格勒当时有 300 多万人口，是苏联第 2 大城市，重要的文化和工业中心，重要的海港和铁路交通枢纽，又是苏联波罗的海舰队的主要基地。希特勒在制定"巴巴罗萨"计划时，一再强调要攻占"布尔什维克主义的发祥地"——列宁格勒，并叫嚣一定要把这座城市"从地球上抹掉"。德军"北方"集团军群（司令莱布元帅）辖第 18、第 16 集团军和坦克第 4 集群共 23 个师，以及芬兰东南集团军和卡累利阿集团军共 15 个师又 3 个旅，在德军第 5 航空队及芬兰空军共 1600 多架飞机的支援下，企图从南面和北面向列宁格勒进攻，迅速歼灭列宁格勒方向的苏军，攻占列宁格勒。希特勒准备在"中央"集团军群进到斯摩棱斯克以东地区时，将其坦克第 3 集群北调以加强"北方"集团军群。

在西北方向作战的苏军是：北方面军和西北方面军，辖 5 个集团军和 1 个战役集群，计 47 个师又 3 个旅。北方面军（司令员波波夫中将），辖第 7、第 23 集团军

（共 8 个师）和卢加战役集群（共 8 个师又 1 个旅），在列宁格勒北面和西南接近地沿卢加河担任防御。西北方面军（司令员索边尼科夫少将）辖第 8、第 11、第 27 集团军（共 31 个师又 2 个旅，大部分师兵力缺额很大，满员师只有 7 个），在列宁格勒西南和南面担任防御。苏军决心坚守列宁格勒，牵制和消耗德军，稳定西北战场，以减轻对莫斯科方向苏军的压力，然后伺机转入反攻。

自 1941 年 7 月 10 日至 1944 年 8 月 10 日，苏军坚守列宁格勒达 3 年零 1 个月，其中城市被围时间为 900 天。1941 年 7 月 10 日至 12 月 31 日，为列宁格勒保卫战的第 1 阶段。

7 月 10 日，德军从列宁格勒西南，芬兰军队从北面对列宁格勒发起进攻，几乎同时在卢加、诺夫哥罗德、旧鲁萨、爱沙尼亚和彼得罗扎沃茨克以及奥洛涅茨方向实施了突击。

卢加、诺夫哥罗德方向　德军坦克第 4 集群以两个突击集群沿两条相互分隔的轴线继续北进：摩托化第 41 军向卢加进攻，摩托化第 56 军向诺夫哥罗德突击，企图从南面和东南突入列宁格勒。7 月中旬，德军摩托化第 41 军在卢加以南遭到苏军顽强抵抗，进攻受阻，于是转而向西北进攻，在金吉谢普东南前出到卢加河，又为苏军卢加战役集群所阻。德军摩托化第 56 军突至施姆斯克以西卢加河防御地带时，苏军西北方面军第 11 集团军在索利齐地区以 4 个师实施了反突击，打击了德军坦克第 8 师、摩托化第 3 师和摩托化第 56 军的后方，7 月 18 日迫使德军后退了 40 公里。

苏军在 7 月的防御，虽然阻止了德军的进攻，但德军距离列宁格勒只有 100 公里，情况仍十分危急。苏军除加强列宁格勒近接近地的防御外，还加强了城市防御军队，7 月下旬将卢加战役集群扩编为 3 个独立战役军团。8 月初，预备队方面军第 34 集团军转隶给西北方面军。列宁格勒党组织紧急动员居民。组建了 3 个民兵师，另有 4 个民兵师在组建。

7 月底至 8 月初德军调整部署，以第 16 集团军从东南保障坦克第 4 集群的翼侧，以第 18 集团军的大部兵力与坦克第 4 集群组成 3 个突击集团：左集团共 5 个师，经赤卫队城向列宁格勒进攻；中集团共 3 个师由卢加向列宁格勒进攻；右集团共 7 个师，准备向诺夫哥罗德、楚多沃进攻，从东南迂回列宁格勒，并企图与由北进攻的芬兰军队会合。进攻由第 8 航空兵军进行支援。

8 月 8 日德军在赤卫队城方向，10 日在卢加—列宁格勒和诺夫哥罗德—楚多沃方向先后展开进攻。苏军第 8、第 42 集团军和卢加战役集群以及第 48 集团军，分别抗击德军各集团的突击。至 8 月 21 日左集团逼近赤卫队城，切断了列宁格勒—卢加铁路和公路。右集团于 8 月 15 日和 20 日先后攻占诺夫哥罗德和楚多沃，切断了莫斯科—列宁格勒的公路和铁路。形势十分严峻，苏军第 34 集团军和第 11 集团军在旧鲁萨地区对德军实施了反突击，迫使德军从斯摩棱斯克方向将坦克第 3 集群所属第 39 摩托化军调至旧鲁萨地区。苏军抵挡不住德军新锐兵力的突击，于 8 月 25 日退至洛瓦特河对岸。

在列宁格勒面临被合围的情况下，苏军最高统帅部为加强列宁格勒南面和东南接近地的防御，于 8 月 23 日将北方面军分编为卡累利阿方面军（司令员弗罗洛夫中将）和列宁格勒方面军（司令员波波夫中将，9 月 5 日起为苏联元帅伏罗希洛夫，9 月 10 日起为朱可夫大将，10 月 10 日起为费久宁斯基少将，10 月 26 日起为霍津中将）。卡累利阿方面军辖第 7、第 14 集团军和北方舰队。列宁格勒方面军辖第 23、第 8、第 48 集团军，后又增加了第 52、第 54、第 55 集团军。8 月 29 日，苏军最高统帅部撤销了西北方向指挥部，各方面军由最高统帅部直接指挥。

8 月 25 日，德军"北方"集团军群得到"中央"集团军群坦克第 3 集群的加强，以 9 个师的兵力向列宁格勒再次发动进攻。8 月底德军进抵涅瓦河，切断了列宁格勒通往各地的交通线。并进至距列宁格勒城南 20 公里的斯卢茨克—科尔平诺筑垒地域。苏军虽采取措施，改进军队的领导，组织对空、对坦克防御，组织方面军炮兵和波罗的海舰队的协同，但未能收到预期效果。德军快速兵团利用苏军防线已出现的缺口，于 9 月 8 日经姆加突入拉多加湖南岸的什利谢利堡，从陆上封锁了列宁格勒。列宁格勒保卫者的处境更加困难，只能经过拉多加湖和空中同外地保持联系。

9 月 9 日，德军集中 11 个师发起进攻，企图从南和东南突入列宁格勒。进攻前对市区进行了猛烈的炮击和轰炸。德军已突至城市近郊，情况异常紧急。9 月 10 日，朱可夫大将被任命为列宁格勒方面军司令员，当日由莫斯科飞抵被围的列宁格勒。9 月 11 日，列宁格勒方面军采取了紧急措施，加强城防：由于反坦克火炮严重缺乏，决定以部分高炮加强最危险地段的对坦克防御；全部舰炮集中火力支援从乌里茨克到普尔科沃高地地段的第 42 集团军；在重要方向建立纵深梯次的防御，埋设地雷，在部分地区设置电网；从卡累利阿地峡抽调第 23 集团军部分兵力到乌里茨克防御地域；以波罗的海舰队水兵、列宁格勒各军事院校和内务人民委员部人员组建 5 至 6 个独立步兵旅。

列宁格勒近接近地的战斗非常激烈。德军企图一两天内攻下列宁格勒，但是苏军第 8、第 42 和第 55 集团军顽强抗击，终于粉碎了德军的进攻。至 9 月底，列宁格勒西南郊和南郊的战线趋于稳定，德军夺取列宁格勒的计划未能实现。

在德军向列宁格勒近郊猛攻的同时，其第16集团军在坦克第3集群所属摩托化第57军的支援下，向伊尔门湖以南、旧鲁萨和霍尔姆之间的苏军第34、第27集团军发动进攻。9月中旬，德军进抵杰米扬斯克和奥斯塔什科夫之间的湖滨地区，并攻占了杰米扬斯克。

爱沙尼亚方向　德军第18集团军于7月10日向爱沙尼亚各港口，主要是向爱沙尼亚首都塔林发起进攻，遇到苏军第8集团军在皮亚尔努、塔尔图地区的顽强抵抗。8月7日，德军在增援3个步兵师后突破了苏军防御，进至孔达地区的芬兰湾沿岸地带，将苏军第8集团军分割成两部分；步兵第11军向纳尔瓦地区退去，步兵第10军退至塔林。此时防守塔林的苏军波罗的海舰队海军陆战队和步兵第10军共2.7万人，而德军集中了4个步兵师约6万人从陆上向塔林发动猛攻。8月27日，德军突入塔林。苏军100余艘舰艇和2万余人退至列宁格勒和喀琅施塔得。9月初，德军占领芬兰湾南岸。

彼得罗扎沃茨克、奥洛涅茨方向　芬兰卡累利阿集团军于7月10日在拉多加湖与奥涅加湖之间，从北向南发起进攻，苏军第7集团军未能阻止芬军优势兵力的突击，至7月底芬军南进120公里。8月10日芬军补充4个师后继续进攻，苏军边战边退，至10月初撤至斯维里河地区。战线从此稳定下来。

卡累利阿地峡　芬兰东南集团军于7月31日在卡累利阿地峡由北向南发动进攻。8月，芬军突破苏军第23集团军的防御，9月初苏军退至1939年旧国境线一带。9、10月间，美国和英国警告芬兰不要超过1939年边界线，芬兰公开宣称不理会这些警告，但此后芬军再没有采取积极行动。德军最高统帅部参谋长凯特尔，奉希特勒之命要芬军总司令曼纳海姆渡过斯维里河，与德军会合。但曼纳海姆认为芬军已收复了芬兰1939年以前的领土，不愿再承担任务，于是借口气候恶劣，没有继续向南推进。这样就使苏军得以将第23集团军一部从卡累利阿地峡调出，以加强列宁格勒的防御。

苏军季赫温防御战役（1941年10月16～11月18日）　德军"北方"集团军群未能实现从南面夺取列宁格勒的计划，便决定以第16集团军所属第39军和第1军（2个坦克师、2个摩托化师、4个步兵师）向季赫湿和沃尔霍夫发动进攻，企图进至斯维里河与芬军会合，完全封锁列宁格勒。苏军列宁格勒方面军第54集团军、大本营第4、第52集团军和西北方面军1个战役集群，沿沃尔霍夫河向南直至伊尔门湖长经200公里的地区进行防御。10月16日德军转入进攻，20日突入第4、第52集团军接合部，主力向季赫温方向突进，23日向沃尔霍夫方向进攻，以保障季赫温集团的翼侧。苏军最高统帅部从列宁格勒方面军抽调4个师，从统帅部预备队抽调 3 个师,从西北方面军抽调 1 个师加强季赫温方向的防御和反击力量。德军进攻受阻后,从小维舍拉地段向季赫温方向调来 1 个坦克师和 1 个摩托化师加强突击集团。11 月 8 日德军攻占季赫温,切断了从苏联内地通往拉多加湖的唯一铁路干线。

苏军季赫温进攻战役(1941 年 11 月 10 日~12 月 30 日) 苏军进攻企图是,歼灭德军季赫温集团,缓和列宁格勒的严重局势,同时配合苏军在西部和西南战略方向的反攻,牵制德军主力于西北方向,阻止它调往莫斯科方向。苏军季赫温进攻战役的准备是在防御战役过程中进行的。最高统帅部给列宁格勒方面军增调了大本营预备队 9 个步兵师、1 个坦克师和 1 个坦克旅。自 11 月 10 日起至 12 月初,苏军西北方面军诺夫哥罗德战役集群和列宁格勒方面军第 54、第 4、第 52 集团军,先后在诺夫哥罗德以北、小维舍拉以北及以南、季赫温东北和沃尔霍夫以西转入进攻。12 月 9 日,苏军第 4 集团军解放季赫温。为了改进对部队的指挥,苏军最高统帅部于 12 月 17 日以第 4、第 52 集团军编成沃尔霍夫方面军(司令员麦列茨科夫大将)。12 月底,沃尔霍夫方面军进抵沃尔霍夫河。季赫温进攻战役,是苏军在卫国战争中发动的最初几个大规模战役之一。苏军这次进攻,重创了德军 10 个师,推进 100 至 120 公里,恢复了季赫温—沃尔霍夫铁路交通,改善了列宁格勒的防御态势,配合了苏军在莫斯科方向的反攻。

摩尔曼斯克和坎达拉克沙方向 在苏德战场北翼,苏军第 14 集团军于 1941 年 7 月至 10 月先后以 5 个师和第 23 筑垒地域部队,在北方舰队支援下防守巴伦支海和白海沿岸。7 月,德军"挪威"集团军(辖 3 个军共 7 个师)在第 5 航空队部分飞机(160 架)支援下,分别向摩尔曼斯克和坎达拉克沙方向进攻,为苏军所阻。9 月,德军"挪威"山地步兵军在约 300 架飞机支援下,重新对摩尔曼斯克发动进攻,再次为苏军所阻,于 10 月转入防御。苏军保卫了苏联北方港口和北部陆海交通线。苏联在摩尔曼斯克—沃尔霍夫铁路被切断时,修建了一条铁路支线,把摩尔曼斯克、阿尔汉格尔斯克、莫斯科连结起来,这条铁路于 11 月通车。苏联在卫国战争年代进口物资的 1/4,是经过北方港口运往国内的。

至 12 月底,苏军列宁格勒保卫战第 1 阶段结束。德军占领了波罗的海沿岸地区,以及诺夫哥罗德、旧鲁萨和彼得罗扎沃茨克等城市,由陆路封锁了列宁格勒。

早在 9 月上旬,当德军"北方"集团军群向列宁格勒近接近地进攻时,希特勒便改变了主意,决定集中兵力进攻莫斯科,他命令"北方"集团军群完成对列宁格勒封锁后,将机动部队及第 8 航空兵军调往莫斯科方向,对列宁格勒暂不强攻,而是围困和封锁,妄图以野蛮的轰炸和炮击切断城市与外界的联系,将全城困死。

德军从"北方"集团军群抽调兵力加强莫斯科方向后,即在列宁格勒附近和整个西北方向失去主动权,德军未能达成与芬军在斯维里河会师并攻占列宁格勒的企图。

1941年9、10月份,德军对城市进行了猛烈的空袭,共投弹9.3116万枚。9月下旬,德军连续空袭喀琅施塔得湾和列宁格勒港口,炸沉苏军战列舰"玛拉托"号。10月4日这一天,德军空袭持续达9个多小时。列宁格勒被围期间,军民的粮食和燃料供应急剧恶化。9至11月,居民面包定量先后降低5次,11月20日降到最低限量:高温车间工人每人每天375克,一般工人和技术人员250克,职员和儿童125克。军队的面包定量也先后降低3次。饥饿和疾病威胁着列宁格勒人,死亡率直线上升,列宁格勒市委及时组织生产各种代用食品、人造蛋白,以缓解食品和医药的供应之急。

列宁格勒军民在被封锁中度过了严冬,忍受了一切艰难困苦,经受了最严峻的考验。他们顽强战斗,不怕牺牲,终于守住了城市。

1941年下半年,苏联军民坚守列宁格勒,具有重大的政治和军事战略意义。列宁格勒保卫战坚定了苏联人民抵抗德国法西斯的斗志,鼓舞了他们的胜利信心。苏军在这一方向上牵制了德军大量兵力和全部芬军,不但使希特勒"闪击战"计划的重要战略任务破产,而且对苏德战场其他方向的作战进程也产生了很大影响。当德军"中央"集团军群对莫斯科发动秋季攻势时,只能从"北方"集团军群调走4个坦克师和2个摩托化师。

列宁格勒保卫战,是苏军在被迫退却的过程中开始的,起初由于缺乏建立纵深防御的兵力兵器,因而在优势德军的进攻下节节后退。但苏军在城市接近地的防御中陆续积聚了预备队,在防御的全纵深和城市周围建立了坚强的防御,实施了兵力兵器机动和反突击,终于将德军阻止在列宁格勒近郊。苏军组织了各方面军之间的战略和战役协同,以及各方面军与舰队、区舰队之间的协同。波罗的海舰队、拉多加湖区舰队和列宁格勒的防空兵力,在作战上隶属列宁格勒方面军,为合理地集中使用兵力兵器提供了条件。列宁格勒方面军和波罗的海舰队的炮兵对企图摧毁城市的德军炮兵进行了有效的斗争。波罗的海舰队破坏了德军的海上交通。各方面军航空兵、海军航空兵、国土防空军合编为航空兵战役集群,对德军实施了集中的轰炸和强击。所有航空兵和高射炮兵成功地进行了对空防御,保卫了城市和交通补给线。

列宁格勒军民在联共(布)的领导下团结奋战,是取得保卫战胜利的重要条件。居民和军队一起在城市周围建立了由数道环形地带组成的防御体系,在卢加、诺夫哥罗德、旧鲁萨附近和卡累利阿地峡宽 900 公里的地带构筑了坚固的防御工事。城市居民又是在被围条件下军队补充兵员的主要来源。在被围的第一个冬春,列宁格勒为部队输送了 10 万多名新兵。1941 年 7 月至 9 月,列宁格勒党组织在市内组建了 10 个民兵师,其中 7 个后来改编为正规师。

各方面的支援是列宁格勒保卫战胜利的重要原因。为了援助这座被围困的城市,苏联政府从 9 月开始,连续不断地向列宁格勒调拨了大量生活和作战所需的各种物资,9 至 12 月共空运 6700 吨急需品。11 月下半月,德军加强炮击和轰炸,城市开始处于饥饿状态,燃料很快用尽,列宁格勒的处境非常危急。从 11 月 14 日至 28 日,苏军总后勤部向列宁格勒空投了 1200 吨高热量食品。苏军除组织空中运输外,还在拉多加湖开辟了一条联结列宁格勒和苏联后方运输线,结冰期间则在冰上开辟军用汽车路。这条航线被苏联称为"生命之路"。列宁格勒通过水上和冰上交通线,运送战斗和生活必需品,撤走居民以及工业设备等。在列宁格勒封锁的第一个冬天,"生命之路"具有特别重要的意义。沿该线给列宁格勒运来了 36 万余吨物资和 6 个步兵师、1 个坦克旅,运出约 55 万人、3700 节车皮的工厂设备、文化珍品及其资财。

希特勒攻占列宁格勒以及用封锁和饥饿来毁灭这座城市的企图,被列宁格勒的英勇保卫者粉碎了。

斯摩棱斯克交战

按照"巴巴罗萨"计划,德军在西方向上拟以"中央"集团军群(司令博克元帅)攻占第聂伯河左岸斯摩棱斯克地域,打通至莫斯科的通道。斯摩棱斯克东距莫斯科 380 公里,是从明斯克通往莫斯科的咽喉要地。1812 年,拿破仑率法军入侵俄国,就是经由这座古城进入莫斯科的。因此,正是在这里,德军指望取得决定性的胜利;而苏军要保卫莫斯科,必须固守第聂伯河防线和战略要地斯摩棱斯克。

1941 年 7 月上旬,德军"中央"集团军群的快速部队——坦克第 2、第 3 集群和第 2、第 9 集团军的先遣兵团,前出到波洛茨克方向的西德维纳河及维捷布斯克到罗加乔夫一段的第聂伯河。德军总兵力为 62 个师又 2 个旅,其总的企图是,把苏军的防御正面截成三段,合围并歼灭西方面军在涅韦尔、斯摩棱斯克和莫吉廖夫的集团,从而为进攻莫斯科创造有利条件。进攻开始时,德军投入 29 个师(其中 9 个坦克师和 7 个摩托化师)。坦克第 3 集群的基本兵力从维捷布斯克地域出发,由北迁回斯摩棱斯克,其余兵力从波洛茨克以东直取涅韦尔;坦克第2集群实施两个突击,一部兵力从奥尔沙以南地域向斯摩棱斯克和叶利尼亚突击,另一部从莫吉廖夫以南向克里切夫和罗斯拉夫利突击;与此同时,"北方"集团军群第16集团军的2个军在大卢基方向转入进攻;第9、第2集团军在明斯克以西结束战斗后,正向西德维纳河和第聂伯河一线靠拢,任务是巩固快速部队取得的战果。

斯摩棱斯克交战前苏军处于极端不利的态势。西方面军第13、第4、第3和第10集团军的一些师刚从前线撤回,正在后方整顿和补充。6月底至7月初,编入西方面军的大本营预备队第22、第20、第21集团军以及由乌克兰方向调来的第16、第19集团军,尚未在涅韦尔和基辅之间沿西德维纳河和第聂伯河长达600公里的防线上全部展开,只有24个师占领了防御阵地,但工事尚未构筑完毕,接合部也较薄弱,防空和反坦克兵器不足。

斯摩棱斯克交战从7月10日开始至9月10日结束。苏军西方面军、预备队方面军、中央方面军、布良斯克方面军以及远程轰炸航空兵第3军,在不同时间参加了交战。这次交战分为4个阶段。

第1阶段(7月10日~20日) 苏军西方面军的防御被突破(左翼第21集团军除外),被迫撤退。

7月10日,德军集中强大的坦克集团,在优势航空兵支援下向苏军发动进攻。在西方面军右翼,德军坦克第3集群和"北方"集团军群第16集团军各一部(共16个师),向防守在280公里正面的苏军第22集团军(共6个师),发起攻击。该集团军阻止不住德军优势兵力的猛攻,被迫向东北和东南退却,7月下旬退至大卢基地域。在方面军中央,德军坦克第3集群摩托化第39军由维捷布斯克向东突击,从西北迂回斯摩棱斯克。与此同时,德军坦克第2集群在奥尔沙至莫吉廖夫以南地段开始强渡第聂伯河,从西南迂回斯摩棱斯克。鉴于这一严重情况,苏军最高统帅部命令西方面军总司令铁木辛哥坚守斯摩棱斯克,城防任务由第16集团军负责。但第16、第20集团军没有来得及组织坚强防御,德军坦克第2集群摩托化第47军便于7月15日攻占了斯摩棱斯克,并继续向东南推进到叶利尼亚。此时坦克第3集群摩托化第39军已进至苏军第20集团军的后方亚尔采沃一带,并切断了西方面军最重要的交通干线明斯克—莫斯科公路。这样,德军在西方面军右翼和中央推进了约200公里,苏军第16、第20集团军和第19集团军部分兵力共12个师在斯摩棱斯克地域陷入合围。在西方面军左翼,由于德军第2集团军前出到博布鲁伊斯克、日洛宾一线,坦克第2集群在奥尔沙以南突破的结果,使苏军第13集团军4个师和1个机械化军在莫吉廖夫地域被包围。在这种情况下,苏军最高统帅部决定在西方面军后方建立新的防御地区,7月14日以5个集团军展开在旧鲁萨—奥斯塔什科夫—别雷—叶利尼亚—布良斯克一线,18日又以3个集团军在莫扎伊斯克建立防线,防守莫斯科的远接近地。

7月中旬,苏军进行了英勇的抵抗,并实施了多次反突击。第20集团军在奥尔沙附近实施反突击时,第一次使用了"卡秋莎"火箭炮。第16、第19集团军的部分兵力,在斯摩棱斯克附近也实施了反突击。由于苏军歼击机数量少,高射炮兵力弱,实施反突击的各集团军常常遭到德空军的突击,反突击未能达到预期效果。为把德军从斯摩棱斯克方向引开,在西方面军左翼,第21集团军于7月13日向博布鲁伊斯克方向实施了进攻战役。通过这次进攻,苏军解放了罗加乔夫和日洛宾,牵制了德军第2集团军8个师。第21集团军和第13集团军各一部,还在罗斯拉夫利方向阻住了德军坦克第2集群的前进。

第2阶段(7月21日~8月7日) 苏军增调兵力,在几个方向组织反攻,牵制了德军行动。

苏军最高统帅部企图在重要的西方向实施反攻,为此从预备队调出20个师,给西方面军,组成5个作战集群。7月20日,斯大林以直通电话命令铁木辛哥,要他在最近几天内向德军进攻。7月23日至25日,西方面军以4个作战集群分别从罗斯拉夫利、亚尔采沃和别雷地域向斯摩棱斯克实施向心突击,任务是与斯摩棱斯克地域被围苏军会合,粉碎斯摩棱斯克南、北的德军集团。与此同时,苏军还派出1个骑兵集群,突入博布鲁伊斯砍西南和以西地域,袭击德军第2集团军的交通线。苏军的反攻阻滞了德军进攻,支援了第20、第16集团军的突围,但未能取得决定性胜利。原因是各集群刚刚建立,兵力又不大(多数为3个师);各集群投入战斗的时间不一致,削弱了突击力;炮兵数量不足,每公里进攻正面上火炮、迫击炮平均密度不过4至6门;方面军拥有的航空兵极少,总共只有186架轰炸机和102架歼击机。

为了便于军队指挥,苏军最高统帅部于7月24日以西方面军左翼第13、第21集团军和预备队第3集团军组成中央方面军(司令员库兹涅佐夫上将),在戈梅利方向担任防御;7月30日,又以第24、第31、第32、第33、第34、第43、第49集团军组成预备队方面军,司令员由原总参谋长朱可夫大将担任。总参谋长由任过该职的沙波什尼科夫元帅接任。

7月底至8月初,希特勒与陆军总部和"中央"集团军群的将领对下一步作战行动产生了分歧。8月4日。希特勒在鲍里索夫"中央"集团军群司令部召开会议。会上博克和坦克第2集群司令古德里安等都主张向莫斯科进攻,不应抽调坦克集群增援北方和南方。希特勒则认为，列宁格勒是主要目标，对莫斯科和乌克兰二者之间他倾向于后者，理由是"南方"集团军群已打下胜利的基础，乌克兰的原料和农产品对德国尔后作战非常需要，而克里木作为苏联袭击罗马尼亚油田的"航空母舰"必须夺取。

第3阶段（8月8日~21日） 德军转而向南进攻，威胁西南方面军后方。

8月8日，德军坦克第2集群和第2集团军转而向南，即向戈梅利方向进攻，两路德军包围了中央方面军。苏军为掩护布良斯克方向，于8月16日在预备队方面军和中央方面军之间，以第13、第50集团军组成布良斯克方面军（司令员叶廖缅科中将）。为打破德军对西南方面军后方的攻势，西方面军4个集团军和预备队方面军2个集团军，于8月16日向杜霍夫希纳和叶利尼亚展开进攻。这次进攻虽给德军造成了杀伤，但未获成功。

8月18日，德陆军总司令布劳希奇和陆军总参谋长哈尔德向希特勒送交备忘录，要求他支持攻打莫斯科的意见，不要把坦克第2、第3集群调往其他方向。3天以后希特勒拒绝了他们的意见，仍命令坦克第2集群继续向南进攻，进入苏军基辅集团的后方。

至8月21日，德军推进了120至140公里，进抵斯塔罗杜布、戈梅利一线，突入苏军布良斯克方面军和中央方面军之间，对西南方面军的翼侧和后方造成威胁。中央方面军左翼军队和西南方面军右翼军队撤至第聂伯河对岸。

第4阶段（8月22日~9月10日） 苏军企图以积极进攻行动，粉碎德军向西南方面军后方的进攻，但未成功。

8月24日，被围的苏军中央方面军大部被歼。25日苏军最高统帅部撤销中央方面军，将第3、第21集团军编入布良斯克方面军。8月下旬至9月初，布良斯克方面军对德军坦克第2集群的翼侧实施了突击。为配合这次突击，苏军最高统帅部组织实施了一次空中战役。参加这一战役的有，布良斯克方面军和预备队方面军的航空兵、预备队第1机群和远程轰炸航空兵的飞机共460架。8月29日至9月4日，苏军共出动飞机4000余架次。但布良斯克方面军第3、第13集团军因在前几次战斗中损失很重，未能充分利用航空兵的突击效果，阻止德军向南进攻。9月上旬，德军坦克第2集群强渡杰斯纳河，前出至科诺托普、切尔尼哥夫一线。

8月30日至9月8日，苏军预备队方面军第24集团军及其加强部队共10个师，实施了叶利尼亚进攻战役，向叶利尼亚突出部的德军坦克第2集群进攻。9月8日，苏军解放叶利尼亚，扫清了这一地区的德军集团，在追击中向西前进了25公里。

9月上旬,西方面军4个集团军在斯摩棱斯克附近的进攻未获成功,奋战9天仅前进几公里。

至9月10日,斯摩棱斯克交战结束,双方暂时转入防御。

斯摩棱斯克交战,在苏军1941年夏秋战局中占有重要地位。这次交战在近650公里正面和250公里的纵深内展开,苏军实施了攻防战役,双方互有胜负。苏军因兵力不足,没有足够的武器装备,指挥人员缺乏组织机动作战的能力,新由预备队调出的集团军,没有足够的时间在西德维纳河和第聂伯河组织坚强的防御,因此未能阻止德军的进攻,德军仍向东推进了约200公里。苏军及时展开新锐军队,抗击和削弱了德军,使德军未能向莫斯科方向长驱直入。斯摩棱斯克交战和苏军在列宁格勒方向的顽强防御相互呼应,为粉碎德军的"闪击战"奠定了基础。

7月至8月,当斯摩棱斯克交战正激烈进行时,希特勒和德军高级将领之间,对攻战斯摩棱斯克后是集中兵力直取莫斯科,还是抽调兵力攻取乌克兰和列宁格勒发生了分歧。由于德军"中央"集团军群坦克第2、第3集群分别加强给"南方"和"北方"集团军群,德军"中央"集团军群从8月下旬至9月未能向莫斯科方向发动有力的攻势,在此期间苏军加强了莫斯科的防御。

俄国在西南方向的防御

1941年7月中旬以前,西南方向的苏军在边境地域的战斗中受到很大损失,继续后退。西南方面军(司令员基尔波诺斯上将,辖第5、第6、第26、第12集团军)和南方面军(司令员丘列涅夫大将,辖第18、第9集团军)的86个师在激烈的战斗中被严重削弱。苏军的防御企图是,在战略防御中把防御战役和进攻战役结合起来,消耗德军突击集团,阻止德军向南突进。西南方面军在日托米尔、别尔季切夫和普罗斯库罗夫一线进行防御。南方面军在卡缅涅茨—波多利斯基到莫吉廖夫—波多利斯基的德涅斯特河左岸,向南到列奥沃,沿普鲁特河左岸一线进行防御。

德军"南方"集团军群(司令龙德施泰特元帅)在进攻中陆续增加兵力。到7月中旬共有63个师又16个旅,其中德军45个师,罗马尼亚16个师又10个旅,斯洛伐克2个师又1个旅,匈牙利5个旅。7月下旬,从预备队调来8个德军步兵师和1个意大利军(3个师)编入该集团军群。

德军进攻企图是:突破苏军旧筑垒地域。攻占乌克兰首都基辅,夺取第聂伯河东岸登陆场,同时以突击集团向东南进攻,进行深远的迂回机动,在第聂伯河西岸乌克兰围歼苏军。德军以坦克第1集群、第6和第17集团军在基辅方向对西南方面军实施突击。德军第11集团军、罗马尼亚第3集团军、匈牙利军、斯洛伐克军及后来的意大利军，在卡缅涅茨—波多利斯基以南，彼尔沃迈斯克方向对南方面军实施进攻。罗马尼亚第4集团军则向敖德萨方向进攻。

7月至12月，苏军在西南方向的广阔地区与德军及其仆从军进行了激战。7月至9月进行了基辅防御战役；8月至10月进行了敖德萨防御战役；9月底至11月实施了顿巴斯、克里木和罗斯托夫防御战役；10月至12月，保卫塞瓦斯托波尔，击退德军两次进攻。

基辅防御战役（1941年7月10日~9月26日） 苏军西南方面军共44个师，在布良斯克方面军和南方面军右翼军队配合下，进行了基辅防御战役。德军"南方"集团军群以40个师展开进攻，企图突破苏军旧国境线的筑垒地域，从行进间夺占基辅。

7月7日德军突破苏军防御，很快攻占了别尔季切夫和日托米尔。11月，德军坦克第1集群先遣部队在2昼夜内前进了110公里，进至伊尔片河，被阻止在基辅以西15至20公里的筑垒地域。德军未能从行进间攻占基辅，遂增调第6集团军向基辅进攻，坦克第1集群从别尔季切夫向东南运动，企图从翼侧包围苏军第6、第12集团军。德军的正面和翼侧突击，把西南方面军割裂成几个集团。

在方面军右翼，苏军第5集团军在基辅西北科罗斯坚筑垒地域进行防御，该集团军于7月10日以3个机械化军和1个步兵军，对德军第6集团军和坦克第1集群的翼侧实施反突击，于15日以前迟滞了德军东进，改善了基辅苏军的处境。7月底至8月初，第5集团军在德军第6集团军的突击下，被迫退至科罗斯坚—基辅铁路沿线设防，8月下旬继续退守基辅以北地区。该集团军在基辅西北防守了近一个半月，牵制了德军约10个师。

在方面军中央方向上，苏军基辅筑垒地域的军队和第26集团军，于7月中旬阻止了德军第6集团军的进攻。7月20日开始，第26集团军以2个军由南对德军坦克第1集群实施反突击，迫使德军转入防御。7月底，德军第6集团军突击集团（5个师），在炮兵和航空兵支援下，重新对基辅发动进攻。苏军以筑垒地域的军队和预备队组成第37集团军加强筑垒地域的防御。基辅市、州党组织还向军队输送了3万多名共产党员。8月上半月德军虽然突至基辅近郊，但苏军通过反突击几乎恢复了筑垒地域外廓防线。基辅居民参加了基辅保卫战，短期内有20万人参加军队，给3.5万民兵与正规军并肩奋战。

在方面军左翼，苏军第6、第12集团军于7月中旬在基辅西南进行苦战。7月

25 日,苏军最高统帅部将这两个集团军调给南方面军,作为该方面军的右翼。7 月底德军实施两翼突击,8 月 2 日,德军坦克第 1 集群前出至彼尔沃迈斯克,第 17 集团军突入乌曼以南地区,两路德军在乌曼地域包围了苏军第 6、第 12 集团军及第 18 集团军一部,战斗持续到 8 月 7 日,被围苏军遭到重大损失,第 6、第 12 集团军司令员穆兹琴科和波涅德林被俘。

如前所述,7 月底至 8 月初,希特勒决定以"中央"集团军群的机动部队由斯摩棱斯克地域向南,对西南方面军的翼侧和后方实施突击。自 8 月 8 日,德国"中央"集团军群坦克第 2 集群和第 2 集团军共 25 个师,由北向南开始向斯塔罗杜布、科诺托普和戈梅利、切尔尼哥夫方向进攻。由于西南方面军南北两翼有被德军迂回的危险,苏军最高统帅部于 8 月 19 日下令西南方面军撤至第聂伯河东岸组织防御,守卫第聂伯河从络耶夫至河口一线,在右岸仍坚守基辅地域和第聂伯罗彼得罗夫斯克地域。为掩护西南方面军右翼,苏军最高统帅部从基辅地域的第 37 和第 26 集团军抽出部分兵力编成第 40 集团军,在科诺托普以北沿杰斯纳河展开建立防御正面;以布良斯克方面军防御德军从北突向西南方面军后方。

8 月下半月到 9 月初,在西南方面军右翼,布良斯克方面军为击退德军从北面的进攻,以 10 个师的兵力对德军坦克第 2 集群的翼侧实施突击,但未成功。9 月初,德军南进至杰斯纳河。此时德军第 6 集团军也向基辅以北突击,强渡杰斯纳河,对基辅地域的苏军造成威胁。9 月 8、9 日,德军坦克第 2 集群继续南进,向卢布内总方向进攻,第 2 集团军向切尔尼哥夫方向南进,掩护坦克第 2 集群的右翼。9 月 10 日,德军在西南方面军后方的进攻获得成功,夺占了罗姆内市。西南方面军第 5 集团军和第 21 集团军(9 月 6 日由布良斯克方面军转隶)向基辅以东地域退却。

在西南方向,至 8 月底苏军已失去第聂伯河右岸的第聂伯罗彼得罗夫斯克、别里斯拉夫和赫尔松 3 个立足点。9 月上旬,德军"南方"集团军群坦克第 1 集群在西南方面军左翼展开进攻,突破苏军第 38 集团军的防御,强渡第聂伯河,并在克列缅丘格地域夺取了登陆场。

9 月 11 日,西南方面军总司令布琼尼向最高统帅部建议,将西南方面军从第聂伯河撤到后方的朴肖尔河。最高统帅部指示对预定的撤退地区要进行准备,还要求对突入科诺托普地域之敌实施突击,在建立朴肖尔河防线和组成对敌突击集团之后,才可以从基辅撤退。但此时西南方面军既无兵力也无时间组织后方防线和扼守包括基辅在内的第聂伯河一线。9 月 12 日德军从克列缅丘格登陆场继续进攻,第 17 集团军向东北和向东即波尔塔瓦和哈尔科夫突进,坦克第 1 集群北进,向卢布内总方向进攻。15日，南北对进的德军坦克第2、第1集群在基辅以东洛赫维察地域会师，西南方面军第5、第37、第26、第21集团军陷入合围。19日苏军放弃基辅。西南方面军在被围中继续战斗，成小群向东突围。20日，方面军司令员基尔波诺斯、军事委员会委员布尔米坚斯科和参谋长图皮科夫在突围中阵亡。27日，由苏联元帅铁木辛哥接替指挥西南方面军，以4个集团军在别洛小波利耶、希沙基、克拉斯诺格勒一线组织防御。

苏军基辅防御战役严重失利。西南方面军和南方面军各集团军在宽大地带（140至150公里）进行防御，没有足够的兵力兵器抗击德军的突击。布良斯克方面军未能阻止德军向南进攻，苏军在这一方向的预备队消耗殆尽，西南方面军以自身兵力无法阻止德军在两翼的突击。苏军最高统帅部未能及时定下撤退的决心，苏军突围时又失去指挥，因此损失了大量的兵力。德军占领了乌克兰首府基辅，渡过第聂伯河，前出到哈尔科夫工业区、顿巴斯和克里木的各接近地，西南门户洞开，莫斯科受到严重威胁。

在基辅战役中，希特勒使用"中央"集团军群的大量兵力突击西南方面军的翼侧，而在莫斯科方向的进攻则受到迟滞。此时苏军在莫斯科方向集中预备队，建立了坚固的防御。

敖德萨防御战役（1941年8月5日~10月16日）　苏军独立滨海集团军和黑海舰队一部，在敖德萨市民积极支援下进行了敖德萨保卫战，坚守这个海港要塞共73天。

在苏军南方面军行动地带内，德军于7月16日攻占了摩尔达维亚首都基什尼奥夫，8月初在乌曼地域合围了第6、第12集团军。南方面军其余军队也面临被包围的危险。8月5日，苏军最高统帅部下令南方面军向南和东南撤退，但要坚守海军基地敖德萨，以便钳制德军兵力，并使黑海舰队能够支援和保障南方面军南翼军队和整个西南方面军的补给。

防守敖德萨的独立滨海集团军，至8月8日编有3个步兵师、1个骑兵师、2个海军陆战团和几支水兵中队，舰艇队有水面舰只12艘以及鱼雷艇、巡逻艇若干。8月19日，建立了敖德萨防御地域。敖德萨接近地的工程构筑于6月底开始，8月初全面展开，军民共10万人于短期内在市区外围构筑了3道防御地区。

8月10日以前，滨海集团军将德军"南方"集团军群编成内的罗马尼亚第4集团军（7个师又1个旅）阻止在敖德萨远接近地。10月以后，罗军第4集团军以12个师又7个旅向敖德萨进攻，又被苏军击退。20日罗军增调5个师继续对市区强攻，苏军顽强抗击罗军疯狂的进攻达1月之久，9月21日罗军突入东部地境，开始对敖德萨港进行炮击,迫使苏军运送弹药、粮食和伤员的舰船只能在夜间出入港口。在此艰难条件下,苏军从诺沃罗西斯克用舰艇把步兵第157师和加强部队运至被围的敖德萨。9月22日,苏军滨海集团军以2个步兵师协同海军陆战队第3团,对罗军实施进攻,并在罗军后方空投伞兵,击溃罗军2个师,将敌击退5至8公里。至9月底,双方转入防御。

此时德军"南方"集团军群开始向顿巴斯进攻,南方面军的处境急剧恶化。在此情况下,防守敖德萨已失去意义。9月30日,苏军最高统帅部决定将独立滨海集团军从敖德萨撤至克里木,以加强该地的防御。10月1日至16日,黑海舰队从敖德萨将8.6万部队和1.5万居民运往克里木。

敖德萨防御战役,牵制了罗马尼亚第4集团军达2个多月,重创了罗军,对南方面军主力向第聂伯河左岸撤退及其尔后的防御都有很大帮助。这次防御以海军为主,在陆军和航空兵配合下实施,由敖德萨海军基地司令员统一指挥,在组织各军种和各兵种之间(如海军炮兵和陆军炮兵)的协同动作方面取得了成功的经验。

顿巴斯防御战役(1941年9月29日~11月4日) 苏军西南方面军所属第6集团军,南方面军所属第12、第18、第9集团军,共24个步兵师、3个骑兵师、3个坦克旅,在1941年秋实施了顿巴斯防御战役。在这一方向上进攻的是德军"南方"集团军群所属第17集团军、坦克第1集群、第11集团军一部和罗马尼亚第3集团军主力,共18个步兵师、3个坦克师、10个旅。

德军的企图是:以坦克第1集群由第聂伯罗彼得罗夫斯克地区向东南,以第11集团军和罗马尼亚第3集团军沿亚速海北岸向东,共同向奥西片科(别尔江斯克)总方向实施向心突击,在梅利托波尔东北围歼南方面军;尔后坦克第1集群向罗斯托夫进攻,由南迂回顿巴斯,第17集团军从西北沿北顿涅茨河右岸进攻顿巴斯;第11集团军和罗马尼亚第3集团军各一部攻取克里木半岛。

9月29日,德军坦克第1集群(10月6日改称坦克第1集团军)发起进攻,插向苏军南方面军后方;10月7日,在亚速海之滨的奥西片科以北地区与由梅利托波尔地区进攻的德军第11集团军会合,包了南方面军第18、第9集团军各一部,苏军第18集团军司令员斯米尔诺夫中将在战斗中牺牲。此后第18、第9集团军一面战斗一面退向斯大林诺(顿涅茨克)和塔甘罗格以北地区。德军坦克第1集团军继续向东进攻,于10月17日占领塔甘罗格,并向高加索的门户罗斯托夫推进。为了保卫罗斯托夫,苏军最高统帅部命令北高加索军区组成第56集团军(共9个师又1个旅),防守该地区。

10月6日,德军第17集团军从克拉斯诺格勒向东南进攻,苏军第6、第12集团军被迫后撤。10月底至11月初，南方面军撤至红利曼、红卢奇、哈普雷一线。在北面，德军第6集团军于10月上旬，在苏军西南方面军第38集团军地带内向哈尔科夫方向进攻。哈尔科夫是通往顿河河畔罗斯托夫的必经之路。德军在进攻哈尔科夫时，经过5昼夜的激烈巷战，伤亡过半，于10月25日占领该城。至1941年10月底，德军占领了哈尔科夫地域、顿巴斯西南部，并前进到顿河罗斯托夫的接近地。

罗斯托夫方向的战斗行动(1941年11月5日~12月2日) 11月初，德军"南方"集团军群以坦克第1集团军、第17集团军一部和意大利1个军向罗斯托夫方向进攻。苏军南方面军(司令员切列维琴科上将)于11月5日至16日实施了罗斯托夫防御战役。

11月5日，德军坦克第1集团军发起进攻，从北和东北迂回罗斯托夫，企图围歼苏军第9集团军和独立第56集团军，夺取顿河南岸登陆场。德军第17集团军部分兵力和意大利军在北面向伏罗希洛夫格勒(卢甘斯克)进攻，以牵制南方面军其余兵力。6至7日，苏军第9集团军对德军坦克集群实施反突击。11月11日，坦克第1集团军改由北直接进攻罗斯托夫。苏军自11月5日至15日，在罗斯托夫北面的沙赫特以北地域组成第37集团军以加强防御。

11月8日，铁木辛哥元帅请求最高统帅部批准以南方面军实施进攻战役，歼灭罗斯托夫方向的德军，保卫罗斯托夫，阻止德军突入高加索。最高统帅部同意这个建议，并抽调西南方面军的部分兵力加强南方面军第37集团军。11月17日至12月2日，苏军南方面军以4个集团军和独立第56集团军实施了罗斯托夫进攻战役。自11月17日至21日，双方同时进攻。17日，南方面军第37、第18、第9集团军由东和东北对德军坦克第1集团军实施进攻，方面军南翼的第12集团军阻止德军向伏罗希洛夫格勒推进，独立第56集团军则固守罗斯托夫地域。同一天，德军坦克第1集团军也由北向罗斯托夫实施突击，利用坦克优势，于21日夺取了该市。苏军第56集团军退至顿河对岸和罗斯托夫以东。此时南方面军的进攻危及德军突击集团的翼侧和后方，27日苏军突击集团从西北和南面向罗斯托夫进攻，德军坦克第1集团军被迫从罗斯托夫撤退。11月29日，第56、第9集团军收复罗斯托夫。12月2日，苏军前出至米乌斯河为德军所阻。

德军在罗斯托夫方向的进攻，由于战线过长，补给困难，而放慢了速度。鉴于10月以后的严寒气候，运输和补给的困难，德军"南方"集团军群司令龙德施泰特向陆军总部提议暂不进攻罗斯托夫，但这一建议未被采纳。

罗斯托夫进攻战役，是苏军在卫国战争中实施的第1次大规模进攻战役，具有重要的军事政治意义。这次战役，将德军坦克第1集团军从罗斯托夫向西击退了

60 至 80 公里,制止了德军向高加索的突进,稳定了苏德战场南翼,为苏军 1941 年冬季反攻奠定了基础。同时,南方面军在这次战役中牵制了德军"南方"集团军群的兵力,使德军统帅部不能从该集团军群抽调兵力加强莫斯科方向的"中央"集团军群。

克里木防御战役(1941 年 10 月 18 日~12 月底) 在克里木,苏军独立第 51 集团军与滨海集团军和黑海舰队协同,于 10 月 18 日至 11 月 16 日实施了防御战役。10 月底至 12 月底,滨海集团军进行了塞瓦斯托波尔保卫战,抗击了德军两次进攻,守住了黑海舰队的主要基地。

10 月初,德军"南方"集团军群第 11 集团军一部向克里木进攻,占领了彼列科普地峡。10 月中旬,当苏军南方面军从塔甘罗格退却,德军前出至罗斯托夫接近地时,德军第 11 集团军(7 个师)和罗马尼亚山地军(2 个旅)于 10 月 18 日在克里木向伊顺阵地展开进攻。

苏军独立第 51 集团军和由敖德萨撤至克里木的滨海集团军,共 12 个步兵师和 4 个骑兵师防守克里木,其中在最危险的北部方向伊顺阵地配置了 4 个师。

经过激战,德军于 10 月 20 日突破伊顺阵地,苏军陷于困境。克里木的草原地区没有可以固守的设防地区,塞瓦斯托波尔面临被德军从陆上夺占的危险。至 10 月 25 日,滨海集团军撤向南部沿海地带,退守塞瓦斯托波尔海港。10 月底第 51 集团军退守刻赤半岛。11 月 16 日,该集团军又被迫由刻赤半岛退至塔曼半岛。德军攻占刻赤后,整个克里木除塞瓦斯托波尔外已全被德军占领。

塞瓦斯托波尔位于克里木半岛西南海岸,是苏联南部的工业、文化中心之一,又是黑海舰队的主要基地。从 1941 年 10 月 30 日至 1942 年 7 月 4 日,苏军在这里进行了 250 个昼夜的英勇保卫战。在此期间德军先后发动 3 次进攻。苏军于 1941 年 10 月 30 日至 12 月 31 日击退了德军对塞瓦斯托波尔的第 1、2 次进攻。

10 月 30 日,苏军粉碎了德军和罗军从行进间攻占塞瓦斯托波尔的企图后,为了加强该地区的防御,于 11 月 4 日成立了塞瓦斯托波尔防区,黑海舰队司令员奥克佳布里斯基海军中将兼任防区司令员,滨海集团军司令员彼得罗夫少将兼任防区副司令员。防区守军共 5 万余人、飞机 90 至 100 架。德军占领克里木机场后,开始空袭驻泊在塞瓦斯托波尔的舰队。10 月底,黑海舰队分舰队的主力转移到高加索沿岸各基地,只有 2 艘巡洋舰和 3 艘驱逐舰留在塞瓦斯托波尔对陆军进行炮火支援,以后又加强 1 艘巡洋舰和 2 艘驱逐舰与原有舰只组成固定火力支援队。11 月 11 日,德军集中 4 个加强师约 150 辆坦克,在 300 至 350 架飞机支援下,由东南、东和北面向塞瓦斯托波尔发起第 1 次进攻。苏军在黑海舰队和海岸炮兵积极支援下打退了德军多次冲击。经过 10 天激战,至 11 月 21 日,德军付出了惨重代价,其第 1 次进攻失败。

12 月 17 日至 31 日,德军 6 个步兵师和罗军 2 个山地旅从东和东南向塞瓦斯托波尔发动第 2 次进攻。苏军 5 个步兵师、1 个骑兵师、2 个海军陆战旅进行防御。12 月下旬,苏军用舰艇由海上运来 2 个步兵师、1 个海军陆战旅和 1 个坦克营。塞瓦斯托波尔防御力量得到加强后,在岸炮和舰炮火力支援下击退德军多次冲击。

当塞瓦斯托波尔保卫战打得最激烈的时候,根据苏军最高统帅部的指示,外高加索方面于 12 月 25 日至 1942 年 1 月 2 日,在刻赤半岛实施了卫国战争中第 1 次大规模登陆战役(后称刻赤—菲奥多西亚登陆战役)。战役目的是为了改善被围的塞瓦斯托波尔的态势,并为尔后进攻整个克里木创造条件。参加这次战役的有:第 51、第 44 集团军共 6 个步兵师、1 个步兵旅、1 个海军陆战旅共 4.2 万人,黑海舰队、亚速海区舰队的各型舰艇 97 艘,飞机 600 多架。苏军登陆获得成功,收复了刻赤半岛,攻占了德军在克里木的重要支撑点刻赤和菲奥多西亚,并向西推进 100~110 公里,迫使德军从塞瓦斯托波尔调出部分兵力到菲奥多西亚方向。12 月 31 日,德军被迫停止了对塞瓦斯托波尔的第 2 次进攻。此后德军有 5 个月未能对塞瓦斯托波尔采取积极的进攻行动,直到 1942 年 6 月初才发动了第 3 次进攻。

苏军在克里木及其要塞塞瓦斯托波尔进行了防御战,击退了德军第 1、2 次进攻,打破了德军 1941 年秋占领克里木的计划,牵制了德军和罗马尼亚军队,使德军统帅部不能使用第 11 集团军从刻赤海峡进攻高加索,或加强罗斯托夫地域的坦克第 1 集团军,为苏军在罗斯托夫近郊发起反攻创造了条件。

莫斯科会战

至 1941 年 9 月底,苏军面临的战略形势仍极为严重。德军已进至摩尔曼斯克、安德烈波尔、布良斯克、波尔塔瓦、扎波罗热一线;在北方包围了列宁格勒,在南方进逼哈尔科夫、顿巴斯和克里木,中部战线距莫斯科 300 至 400 公里。德军自入侵以来虽伤亡 53.4 万多人,但在兵力兵器上仍占据优势。

德国及其仆从国在苏德战场的武装力量共有 207 个师(平均每个步兵师 1.52 万人、坦克师 1.44 万人、摩托化师 1.26 万人),其中陆军兵力 430 万人、坦克 2270 辆、火炮和迫击炮 4.3 万余门、飞机 3050 架。

此时苏军作战军队共有 213 个步兵师、30 个骑兵师、5 个坦克师、2 个摩托化师、18 个步兵旅、37 个坦克旅和 7 个空降旅。平均每个步兵师约为 7500 人,每个骑兵师或坦克师约有 3000 人。作战军队总兵力 324.5 万人、坦克 2715 辆、火炮和迫击炮 2.058 万门、飞机 1460 架。

双方兵力对比表明,德军及其仆从军的人数为苏军的 1.3 倍,火炮和迫击炮为 1.9 倍,

莫斯科会战

飞机为 2.1 倍。苏军莫斯科保卫战就是在这种劣势条件下进行的。

莫斯科是苏联首都,战前 1939 年人口 413 万,是全国最大的政治经济中心和交通枢纽,又是全国的战争指挥中心,具有重要的战略地位。

德军陆军总部一直认为消灭西方向的苏军,占领莫斯科,具有特殊意义,关系到战争的前途和命运。攻占这座城市,标志着德国政治上和军事上的决定性胜利,足以向全世界显示"闪击战"的成功。陆军总司令布劳希奇和总参谋长哈尔德曾向希特勒建议,必须在秋天对莫斯科发动决定性的突击,但是希特勒想在西南方向夺取乌克兰、顿巴斯,在西北方向攻占列宁格勒,因此德军未能集中兵力在攻占斯摩棱斯克后直取莫斯科。

1941 年 9 月初,希特勒认为,在西南方向对苏军的作战已获初胜,在西北方向围歼列宁格勒地域的苏军即将成功,这就为在西方向上对苏军进行一次毁灭性打击,一举攻占莫斯科创造了条件。为此,希特勒于 9 月 6 日发布第 35 号训令,向莫斯科、列宁格勒和罗斯托夫 3 个方向发起进攻,以夺取莫斯科为主要目标。进攻莫斯科的战役代号为"台风"。训令规定:9 月底以前,"中央"集团军群应为消灭斯摩棱斯克以东苏军作好进攻准备;"北方"集团军群在完全合围列宁格勒之后,应不迟于 9 月 15 日将大部快速军队调归"中央"集团军群使用;第 2 集团军和坦克第 2 集群在基辅方向上完成任务后,也转向莫斯科。

"中央"集团军群在准备"台风"战役过程中,得到"北方"集团军群的坦克第 4 集群(4 个坦克师和 2 个摩托化师)和空军 1 个军以及"南方"集团军群的 2 个坦克师和 2 个摩托化师的加强。军队的调动主要在夜间秘密进行。9 月 16 日,基辅附近的交战正在进行,"中央"集团军群司令部向所属军队发出关于直接准备进攻莫斯科的指令。由于冬季即将来临,德军统帅部要求部队加速准备,以便不迟于 10

月初转入进攻。

德军"中央"集团军群(司令博克元帅)辖第9、第4、第2集团军和坦克第3、第4、第2集群,共74.5个师(其中14个坦克师和8个摩托化师),180万人、坦克1700辆、各种火炮1.4万门、飞机1390架。德军企图从斯摩棱斯克东北、罗斯拉夫利和绍斯特卡3个地区,各以1个集团军和1个坦克集群分别向加里宁、维亚兹马和奥廖尔、图拉方向实施突击,从北、西、西南3个方向分割围歼维亚兹马地域的西方面军、预备队方面军及布良斯克地域的布良斯克方面军,然后以强大的快速集团从南北两面包围莫斯科,步兵兵团从正面进攻,在入冬前占领苏联首都。

苏军利用德军被迟滞在斯摩棱斯克地域的2个多月时间,在莫斯科以西750公里宽和300余公里纵深内建立了纵深梯次的多道防御地带。总的防御企图是:阻止德军进攻,歼灭和消耗德军,争取时间集中预备队,为反攻创造条件。担任防御的苏军共3个方面军计15个集团军和1个战役集群,75个师125万人、坦克990辆、各种火炮7600门、飞机677架,莫斯科市民也做好了战斗准备。

苏军西方面军(司令员科涅夫上将)辖第22、第29、第30、第19、第16、第20集团军,在奥斯塔什科夫、叶利尼亚西北340公里宽的地带担任防御。预备队方面军(司令员布琼尼元帅)以第24、第43集团军在罗斯拉夫利方向100余公里宽的地带占领防御,另以第31、第49、第32、第33集团军配置于西方面军后方,在谢利扎罗沃、斯帕斯—杰缅斯克一线300公里宽的地带占领防御。布良斯克方面军(司令员叶廖缅科上将)辖第50、第3、第13集团军和1个战役集群,防守布良斯克以西和以南约300公里宽的地带。

1941年9月30日至1942年4月20日,苏德双方进行了举世瞩目的莫斯科会战。这次会战按苏军行动性质分为防御、反攻和总攻3个阶段。

莫斯科会战的防御阶段 9月30日,德军坦克第4和第2集群向尤赫诺夫和谢夫斯克方向发起局部进攻。10月2日,德军在安德烈阿波尔至谢夫斯克广大战线发动总攻。苏军进行了艰苦的防御战斗和一系列反突击,但未能阻止德军前进。

在莫斯科正面维亚兹马方向,苏军将基本兵力集中在维亚兹马以西,但德军坦克第4、第3集群分别从罗斯拉夫利和杜霍夫希纳进攻,突破了维亚兹马防线,于10月7日从南北两面迂回包围了西方面军第19、第20集团军和预备队方面军的第24、第32集团军。被围苏军进行了顽强抵抗,牵制了德军28师,坚持到10月13日大部被歼,一部退守莫扎伊斯克防线,其余在敌后进行游击战。

西方向的情况极端严重,法西斯德军向莫斯科逼近。10月10日前后,苏军火速向莫扎伊斯克防线增调大本营预备队14个步兵师、16个坦克旅、40多个炮兵团及其他部队。国防委员会和最高统帅部代表莫洛托夫、伏罗希洛夫和华西列夫斯基来到各作战地域,协助西方面军和预备队方面军组织作战。10月7日,朱可夫大将奉斯大林之命,从列宁格勒乘飞机返回莫斯科,任最高统帅部代表到西方面军协调作战。10月10日,西方面军和预备队方面军合并为西方面军,由朱可夫任司令员。为削弱德空军力量,苏军航空兵按最高统帅部命令,于10月11和12日对德军机场实施了袭击。10月12日,国防委员会决定在首都的近接近地建立防线。莫斯科市和莫斯科州的人民积极参加了防线的工程构筑。莫斯科军民在危急时刻,决心奋战到底消灭敌人。

10月中旬,苏军西方面军的几个集团军已被严重削弱,第16、新编第5、第43、第49集团军分别防守沃洛科拉姆斯克、莫扎伊斯克、小雅罗斯拉韦茨、卡卢加几个重要方向。德军企图沿最短途径扑向莫斯科,坦克第4集群从西面经莫扎伊斯克向莫斯科突击。在博罗季诺这个古战场上,苏军第5集团军与德军进行了英勇的搏斗,4昼夜内击退德军多次冲击。10月18日,在德军坦克猛攻之下苏军放弃莫扎伊斯克。

莫斯科已成为靠近前线的城市,市内的国防工厂和政府机关紧急东迁。10月15日,莫洛托夫通知各国外交使团随苏联政府部分机关迁到古比雪夫。以斯大林为首的党中央政治局、国防委员会、最高统帅部和由总参谋部人员组成的作战组仍留在莫斯科。根据国防委员会的决定,从10月20日开始在莫斯科及其附近地区宣布戒严。

10月底至11月初,德军攻占了莫扎伊斯防线的沃洛科拉姆斯克、卡卢加等要地。苏军经过顽强战斗,将德军阻止在纳拉河、奥卡河至阿列克辛一线。

在布良斯克方向,德军坦克第2集群(10月6日改称坦克第2集团军)向奥廖尔和布良斯克进攻,10月3日攻占奥廖尔后沿公路向图拉推进。苏军最高统帅部以大本营预备队近卫步兵第1军在姆岑斯克地域迎击德军,并以预备队第6机群和方面军航空兵进行支援。该军坦克第4旅配合1个步兵师抗击德军2个坦克师和1个摩托化师的进攻,以伏击和短促出击8天内击毁德军坦克133辆。德军坦克第2集团军于10月6日攻占布良斯克后,与南进的德军第2集团军在布良斯克以南包围了苏军第13集团军和第3集团军一部,在布良斯克以北包围了苏军第50集团军的部分兵力。10月下半月,布良斯克方面军阻止了德军的推进。被围的苏军向东和东南突围,10月下旬,退至别廖夫和波内里附近。10月30日,德军坦克第2集团军在攻占姆岑斯克后向图拉进攻,苏军第50集团军与图拉居民誓死抵御,德军进攻受挫。11月10日,苏军最高统帅部撤销布良斯克方面军,其第3、第

13集团军转隶西南方面军,第50集团军转隶西方面军仍防守图拉。11月上半月,德军进攻受阻,在图拉以西和以南转入防御。

在加里宁方向,德军第9集团军一部和坦克第3集群向西方面军右翼进攻,于10月14日突入加里宁市。为了防止德军从西北突向莫斯科,苏军最高统帅部于10月17日以西方面军右翼第22、第29、第30、第31集团军组成加里宁方面军,任命科涅夫为司令员。10月中、下旬,苏军固守谢利扎罗沃、加里宁、图尔吉诺沃一线,并以有力的反突击,迫使德军转入防御。

在全国人民支援下,苏军经过1个多月的奋战,阻止了德军从北、西、西南3个方向对莫斯科的进攻。德军付出重大损失后,向莫斯科推进了230至250公里,但攻占苏联首都的战略企图未能得逞。

在德军向莫斯科进攻的头9天中,西方面军航空兵、防空军航空兵第6军和远程轰炸航空兵共出动飞机3500架次,支援地面作战,击毁德军大量飞机、坦克,消灭德军许多有生力量。苏军在莫斯科组成严密的环形对空防御。歼击航空兵的机场分布在距莫斯科150至200公里的半径之内。10月份德空军对莫斯科进行了31次空袭,共出动飞机约2000架次,但窜入目标区的仅72架,苏军飞机和高射炮共击落德机278架。

在德军兵临莫斯科城下的严重时刻,苏联首都人民于11月6日,在地铁马雅可夫斯基车站举行了纪念伟大十月社会主义革命24周年庆祝大会,第2天,11月7日,在红场举行了传统的阅兵式,苏军指战员直接从红场开赴前线。斯大林在纪念会和阅兵式上发表演说时指出,希特勒德国已消耗殆尽,人员后备枯竭,德国帝国主义者必然灭亡。斯大林号召苏联军民彻底粉碎德国侵略者,消灭德国占领军。莫斯科人在生死存亡的危急关头,在战火硝烟中举行纪念十月革命的庆祝活动,在苏联国内和国际上产生了重大影响,鼓舞了苏联人民和世界人民,使一切正义的人们坚信,苏联一定会战胜德国侵略者。

10月上旬,希特勒及德军统帅部对攻占莫斯科的前景盲目乐观,他们错误地判断苏军已接近山穷水尽的地步,攻陷莫斯科已指日可待。德国宣传机构吹嘘东线战争已经取胜,苏军已基本被歼。希特勒下令禁止接受莫斯科投降,并建立一个特别工程指挥部,准备炸毁克里姆林宫。但是10月中旬,德军发觉苏军的抵抗更加顽强,战斗日益艰苦。苏军防线不断加强,并不断发起猛烈的反突击;从后方源源不断地开来新的预备队;莫斯科民兵英勇参战,在首都周围筑起防御工事。苏联军民的顽强斗志和抗敌决心有增无减。

与苏军相比,德军伤亡惨重,每个步兵师平均已减员到2500人左右,相当于编制兵力的 1/3,很多连队只剩 60 至 70 人,坦克师平均只有编制兵力的 35% 左右。自 10 月中旬天气转坏,先是雨雪后是冰冻,道路状况极差,空中支援和后勤补给都很困难。部队在泥泞中跋涉,重装备深陷泥潭,冰冻同样使车辆难于运行。德军前进速度骤然下降。补给线越来越长,运输工具不足,后勤供应无法满足前线部队的基本要求。严冬来临,德军的冬装尚未运到。这一切都严重地影响德军的士气和战斗力。

11 月 13 日,德军参谋总长哈尔德在第聂伯河畔的奥尔沙召集各集团军群和各集团军参谋长开会,讨论冬季进攻问题。会上,"南方"和"北方"集团军群都反对进一步发动攻势。哈尔德和"中央"集团军群则主张作最后一次攻击莫斯科的尝试。德军统帅部认为,年底前还有攻占莫斯科的一线希望,于是决定做最后一搏,在隆冬到来之前再次向莫斯科发动进攻。

至 11 月 15 日,"中央"集团军群 3 个集团军、1 个坦克集团军和 2 个坦克集群,共 73 个师(其中 14 个坦克师、8 个摩托化师、3 个警卫师、1 个骑兵师)又 4 个旅,其第 9、第 2 集团军被苏军加里宁方面军和西南方面军牵制,不能参加 11 月份的进攻,德军可用于进攻莫斯科的兵力为 51 个师(其中 13 个坦克师和 7 个摩托化师)。德军的企图是,同时用 2 个快速集团分别从北面的克林、索尔涅奇诺戈尔斯克,和南面的图拉、卡希拉对莫斯科实施深远的迂回突击,在莫斯科以东封闭合围圈;同时实施正面进攻,在莫斯科以歼灭西方面军主力。

苏军最高统帅部判断德军将拼死夺取莫斯科,便做好防御和反击准备,11 月上半月给西方面军补充了 10 万人、300 辆坦克和 2000 门火炮,并增调了反坦克炮兵和火箭炮部队,计划在 12 月初集中 6 个集团军,作为机动兵力。苏军还在莫斯科附近集中 1000 多架飞机,使飞机数量超过德军。

抗击德军北突击集团的为加里宁方面军左翼第 30 集团军和西方面军右翼第 16、第 5 集团军,抗击德军南突击集团的为西方面军左翼第 50、第 49 集团军。

11 月 15 日和 16 日,德军北突击集团坦克第 3、第 4 集群(共 14 个师)先后向苏军第 30 集团军和第 16 集团军实施突击,开始了对莫斯科的第 2 次进攻。苏军第 30 集团军(11 月 17 日编入西方面军)未能防止德军坦克第 3 集群 300 多辆坦克的突击,向伏尔加河东北岸撤退。

在西方面军右翼,德军坦克第 4 集群集中 400 辆坦克向第 16 集团军猛攻。苏军进行顽强的抵抗,虽被迫缓慢后撤但给德军造成很大伤亡。德军于 11 月 23 日占领克林和索尔涅奇诺戈尔斯克,27 日占领伊斯特拉,至 12 月初前进了 100 公里,进至距莫斯科西北不到 30 公里的亚赫罗马、克留科沃。德军 1 个侦察营进抵莫斯科近郊,已经看到克里姆林宫尖顶。12月2日,柏林各报奉命留下版面,准备登载攻克莫斯科的消息。莫斯科西北接近地的情况十分危险。11月底和12月初,苏军以大本营预备队第1突击集团军和第20集团军以及第16集团军,实施多次反突击,终于挫败了德军的进攻,迫使敌转入防御。德军从西北和北面突入莫斯科的企图破产。

在西方面军左翼,德军南路突击集团坦克第2集团军(共12个师)于11月18日沿图拉、卡希拉方向实施主要突击,25日前出到卡希拉接近地,图拉被从东面迂回包围。12月初,德军切断图拉以北的铁路和公路,并在第49和第50集团军接合部由西对图拉发起猛攻,战斗达到白热化程度。11月底和12月初,苏军先后以近卫骑兵第1军和第50集团军在卡希拉和图拉地区对德军实施反突击,德军消耗殆尽被迫向南退却。至12月4日,德军由南迂回莫斯科的企图也被粉碎。

在西方面军正面,德军第4集团军于11月30日向纳罗福明斯克地域实施突击,12月初突破苏军防御。苏军中线部队第5、第33集团军和方面军预备队对突入之敌实施了反突击,至12月5日,将德军击退至库宾卡以北、纳罗福明斯克以南一线,尔后又将其击退至纳拉河对岸出发阵地。至此,德军对莫斯科的最后一次进攻失败。莫斯科会战防御阶段结束。

苏军在莫斯科近接近地的防御中,虽不时出现险情,但经过英勇顽强的抵抗和在战略预备队协同下的反突击,给德军造成了重大杀伤。仅从11月16日至12月5日,德军死伤15.5万人,损失坦克约800辆、火炮300门、飞机约1500架。德军伤亡惨重,士气急剧下降。苏军愈战愈强,战役的主动权开始转入苏军手中。苏军在莫斯科附近转入反攻的条件已经具备。

莫斯科会战的反攻阶段 至1941年12月5日,德军"中央"集团军群已失去进攻能力,被迫在加里宁、克留科沃、图拉以南至叶列茨宽达1000余公里正面上转入防御。这时,德军已精疲力竭,缺乏过冬准备,补给困难,而且没有预备队。

11月底,苏军最高统帅部的反攻企图已考虑成熟,决定在莫斯科附近以3个方面军共15个集团军的兵力实施反攻,同时在苏德战场南北两翼罗斯托夫和季赫温方向继续进攻,以牵制德军兵力,阻止敌向莫斯科方向增援。歼灭莫斯科以北和以南德军集团的任务主要由西方面军担任。加里宁方面军配合西方面军右翼部队歼灭德军克林集团,尔后歼灭德军加里宁集团。西南方面军歼灭德军叶列茨集团,然后向德军坦克第2集团军后方推进,配合西方面军左翼军队的行动。

1941年12月5日和6日,苏军在加里宁、克林—索尔涅奇诺戈尔斯克、图拉和叶列茨等方向发动了具有历史意义的反攻,实施了一系列进攻战役。

12 月 5 日,加里宁方面军首先转入反攻,先后以 3 个集团军实施加里宁进攻战役,解放了加里宁,重创德军第 9 集团军主力,在加里宁、尔热夫方向前进了 100 至 120 公里。

12 月 6 日,西方面军转入反攻,方面军右翼军队共 5 个集团军实施克林—索尔涅奇诺戈尔斯克进攻战役,解放了伊斯特拉、索尔涅奇诺戈尔斯克、克林等地,击溃德军坦克第 3、第 4 集群 13 个师,向西推进 90 至 100 公里,解除了德军由北迂回莫斯科的威胁。方面军左翼军队 3 个集团军和 1 个骑兵军实施图拉进攻战役,解放了阿列克辛等地,将德军坦克第 2 集团军向西击退 130 公里,解除了图拉之围。此后方面军左翼军队继续实施卡卢加进攻战役,从德军坦克第 2 集团军和第 4 集团军接合部实施突破,收复了卡卢加等地,向西推进了 120 至 130 公里。

12 月 6 日开始,西南方面军右翼军队 1 个战役集群和 3 个集团军实施叶列茨进攻战役,解放了叶列茨,向前推进了 80 至 100 公里,重创德军第 2 集团军,并吸引了德军坦克第 2 集团军部分兵力,支援了西方面军左翼军队的反攻。12 月 24 日,苏军最高统帅部以第 61、第 3、第 13 集团军重新组成布良斯方面军,并以该方面军向西北方向展开进攻,向前推进了 30 至 110 公里。

至 1942 年 1 月 7 日,苏军在西方向的反攻阶段结束。这次反攻将德军向西击退了 100 至 250 公里,前出至尔热夫、博罗夫斯克、莫萨尔斯克、别廖夫、韦尔霍维耶地区,消除了德军对莫斯科的直接威胁,德军 38 个师(其中 15 个坦克师和摩托化师)遭到重创。

在苏军反攻时,没有足够冬季装备的德军伤亡惨重,无力阻止苏军的攻势,被迫撤退。德军"中央"集团军群司令博克说他"已到了山穷水尽的地步"。12 月 7 日,日本帝国主义偷袭美国在太平洋的海军基地珍珠港,发动了太平洋战争。8 日,美国对日本宣战。此时,苏联宣布对太平洋战争保持中立。12 月 11 日德国向美国宣战。在苏德战场面临困境的德军将领对日本和苏联没有相互宣战。担心苏联远东的兵力仍可西调对德作战。德军坦克第 2 集团军司令古德里安忧心忡忡地说:"战争现在真正成了难于承担的'总体'战,世界大部分经济军事力量正联合起来,与德国及其脆弱的盟友作战。"

12 月上旬,"中央"集团军群准备撤往库尔斯克—奥廖尔—尔热夫一线作为德军的"冬季阵地"。12 月 13 日,德国陆军总司令布劳希奇来到斯摩棱斯克"中央"集团军群司令部,他认为德军应该逐步撤退。希特勒拒绝了他的意见,并于 12 月 16 日下令德军死守阵地,不准后撤。为了寻找战争失利的替罪羊,12 月 19 日,希特勒免去布劳希奇陆军总司令的职务并自兼该职。他还免去"中央"集团军群司令博克的职务,由第4集团军司令克鲁格元帅接任;免去"南方集团军群司令龙德施泰特的职务,由第6集团军司令赖歇瑙元帅接任。古德里安也因与希特勒意见分歧于12月26日被免职。坦克第4集团军司令赫普纳因下令部队撤退而被免职。1942年1月初,"中央"集团军群(共63个师又3个旅)的防线多处被苏军突破,但德军仍企图坚守斯摩棱斯克以东地区,以便伺机再次转入反攻。

莫斯科会战的总攻阶段　苏军在西方面的反攻取得了积极战果,在西南和西北方向以及在罗斯托夫和季赫温附近的攻势也取得胜利,在克里木实施的登陆战役获得成功。1942年1月5日,苏军最高统帅部决定利用有利形势,在德军得到补充以前在全线发动总攻。其任务在西方面是粉碎德军主要集团,在西北方面是解除德军对列宁格勒的封锁,在西南方向是收复顿巴斯和南方工业区。

在西方向,苏军以4个方面军共20个集团军实施战略进攻战役,以围歼德军"中央"集团军群主力。战役企图是:以加里宁方面军右翼军队向瑟乔夫卡、维亚兹马,以西方面军左翼军队向尤赫诺夫、维亚兹马方向分别实施包围突击;西北方面军突击集团的任务是歼灭德军奥斯塔什科夫集团,由北深远迂回"中央"集团军群;布良斯克方面军由南掩护西方面军,并在布良斯克和奥廖尔方向以积极行动牵制该地区的德军。

总攻中,加里宁方面军和西方面军在西北方面军和布良斯克方面军配合下实施尔热夫—维亚兹马进攻战役,西北方面军左翼军队实施托罗佩茨—霍尔姆进攻战役。当面德军为"中央"集团军群第9、第4集团军和坦克第3、第4集团军。

总攻以加里宁方面军(5个集团军、1个骑兵军)于1月8日实施瑟乔夫卡—维亚兹马进攻战役开始,这一战役是尔热夫—维亚兹马进攻战役的一部分。进攻第1日,方面军第39集团军在尔热夫以西突破德军防御,至1月21日挺进80至90公里,前出至德军第9集团军尔热夫集团后方。26日前,方面军第22、第29集团军在奥列尼诺包围了德军约7个师,骑兵第11军由北突至维亚兹马,切断了维亚兹马—斯摩棱斯克公路。2月5日,德军第9集团军从尔热夫方向和奥列尼诺地域向苏军第29集团军实施反突击,切断了第39集团军和骑兵第11军的主要交通线,对第29集团军造成反包围,并将其大部歼灭。尔后,德军坦克第3集团军、第9集团军一部退至斯摩棱斯克以西地区。3、4月间,加里宁方面军继续进攻,但未能突破德军防御,4月20日奉命转入防御。

西方面军以9个集团军和2个骑兵军实施尔热夫—维亚兹马进攻战役,1月10日转入进攻。方面军右翼第1突击集团军、第20、第16集团军突破德军沃洛科拉姆斯克防线,17日切断了莫斯科—尔热夫铁路。方面军中央部队第5、第33集团军发展进攻,于1月20日收复莫扎伊斯克;第43集团军向尤赫诺夫方向进攻。方面军左翼第49、第50集团军、近卫骑兵第1军、第10集团军,从南、北两面迂回了由德军第9集团军约9个师组成的尤赫诺夫集团,从而使第33集团军和近卫骑兵第1军分别在尤赫诺夫以北及其以南突入德军后方,并向维亚兹马发展进攻。为配合正面部队围歼维亚兹马的德军,苏军从1月中旬至2月中旬先后在维亚兹马东南地域,空降了空降第201旅、第8旅、第4军主力共1万余人。2月1日和2日,第33集团军突击群3个师和近卫骑兵第1军从东南和西南向维亚兹马进攻。德军统帅部从西欧调来12个师和2个旅,于1月底至2月初实施了数次反突击,切断了苏军在尤赫诺夫以北和以南的交通线。苏军第33集团军等部队被德军坦克第4集团军和第4集团军合围,第43、第49、第50集团军继续与德军激战,至3月初攻占尤赫诺夫,但未能达成与第33集团军会合的企图。此后第33集团军、近卫骑兵第1军及空降兵在敌后维亚兹马西南森林地区,与游击队一起坚持战斗。进入4月,德军在维亚兹马地区集结兵力,向被围苏军发起进攻,苏军近卫骑兵第1军和空降部队部分突围,到达第10集团军地段。第33集团军司令员叶菲列莫夫中将突围时受伤,自杀身死。至4月20日,苏军进攻能力已经削弱,春季泥泞时期已经开始,遂转入防御,在此次战役中,苏军向西推进80至250公里,但未能围歼德军维亚兹马集团。

西北方面军(司令员库罗奇金中将)左翼军队3个集团军(1月22日起为加里宁方面军右翼),为配合西方面军和加里宁方面军的进攻,于1942年1月9日至2月6日实施托罗佩茨—霍尔姆进攻战役。1月21日第4突击集团军收复托罗佩茨。1月22日前,第3突击集团军合围了霍尔姆市德军第218师。2月初,德军以预备队4个师加强防御,阻止了苏军的进攻。此次战役,苏军在维捷布斯克方向推进约250公里,深深楔入德军"北方"和"中央"集团军群的接合部,并从南面迂回了德军第16集团军杰米扬斯克集团。

在布良斯克方面军当面,德军坦克第2集团军和第2集团军于1月底退至奥廖尔地区。此时苏军第16集团军从莫斯科正面调到布良斯克方向,与第61集团军协同向南进攻,威胁德军运输线罗斯拉夫利—布良斯克—奥廖尔铁。

苏军通过1至4月的总攻,向西推进了80至250公里,击溃德军16个师又1个旅,但因兵力兵器不足,又没有实施大规模进攻的经验,因而未能歼灭德军"中央"集团军群的主力。朱可夫在评价这次总攻时认为:苏军过高地估计了自己的能力,而过低地估计了敌人。这个"胡桃"比我们事先设想的还要坚硬。

苏军的反攻和总攻,是苏联卫国战争中第1次大规模进攻。结果,苏军向西推进 100 至 350 公里,收复了莫斯科州、加里宁州、图拉州、梁赞州全部及斯摩棱斯克州、奥廖尔州各一部。德军损失 50 余万人、坦克 1300 辆、火炮 2500 门、汽车 1.5 万余辆及其他许多技术装备。

苏军在莫斯科防御战中,通过顽强扼守重要地域,结合实施反突击或局部进攻战役,与其他战略方向的进攻配合,至 1941 年 12 月初终于阻止了德军的战略进攻,达成了战略防御的目的,为尔后转入战略反攻创造了条件。

苏军在莫斯科防御作战中,为了增强防御的稳定性,事先建立了战略防线和纵深梯次防御,先后构筑了尔热夫—维亚兹马防线、莫扎伊斯克防线和莫斯科防御地域,防御纵深约 300 公里,共 3 道防线 9 道防御地带和地区,设置了各种障碍物配系,形成了大纵深多地带的防御体系。

苏军最高统帅部成功地完成了建立、保持和隐蔽集结战略预备队的任务,并向主要方向及时机动兵力,保证了苏军防御与反攻作战的顺利实施。1941 年夏秋,苏军最高统帅部先后向莫斯科方向调来 18 个合成集团军,加强了防御和反击力量。苏军在激烈的防御交战过程中,又集中预备队 6 个集团军作为反攻的新锐兵力,此外还补充加强了在莫斯科作战的各方面军,仅从 1941 年 11 月 27 日至 12 月 3 日,就向莫斯科附近调来 30 个师和 12 个步兵旅。

苏军在莫斯科会战中加强了对坦克的斗争,建立了反坦克支撑点、反坦克地域和反坦克炮兵预备队,组织坦克设伏和坦克歼击组,组织航空兵和炮兵(包括高射炮兵)打敌坦克,并广泛设置防坦克障碍物。由于采取了各种有效措施,加强了对坦克防御,仅在 11 月下半月至 12 月初的 20 天防御中,就击毁和缴获德军坦克约 800 辆。

苏军还加强了对空防御,各种防空兵器密切协同,城市防空与野战防空互相配合。1941 年 11 月 9 日,苏联国防委员会通过了关于加强和巩固苏联国土防空的建议,建立了国土防空军,把对空防御明确分为军队防空和国土防空。在莫斯科组建了军级防空地域,并从空军拨出一部分歼击航空兵在作战上归国土防空军指挥,空军司令员下设立一个专门作战组,负责协调各方面军航空兵、莫斯科防空军和统帅部预备队航空兵,以便集中使用有限的航空兵,夺取莫斯科方向的制空权。莫斯科会战开始时,苏军参加莫斯科防御的作战飞机只有 677 架,而德军第 2 航空队有飞机 1390 架。至 11 月中旬,苏军在莫斯科地域作战的飞机增至 1058 架,而德军飞机则减少为 670 架。苏军航空兵在几月和 12 月初就出动飞机 1.6 万架次,其中 75% 用于支援地面作战。苏军远程航空兵还多次突击德空军在维捷布斯克、斯摩棱斯克和奥尔沙等地的机场。突击德军机场与空战相结合,成了苏军夺取制空权的主要作战方法。据苏军材料,从 9 月底至 11 月中旬,德空军第 2 航空队损失的 1020 架飞机中,在机场上被击毁的占 54%,在空战中被消灭的占 30%,被高射炮击落的占 16%。这是苏军从战争以来第 1 次取得战役制空权。

在莫斯科会战中,苏联人民响应苏联国防委员会关于保卫首都、消灭敌人、支援苏军的号召,将兵员、弹药、装备和粮食从全国各地运到首都。莫斯科市和莫斯科州组建了民兵和游击队,担任各种战勤任务,配合或参加战斗,开展游击战争,先后有 16 个民兵师共 16 万人编为作战部队。9、10 月份,莫斯科市和莫斯科州约有 50 万居民参加构筑维亚兹巴和莫扎伊斯克的防御地区。图拉市民冒着德军的轰炸和炮击,奋不顾身地在图拉各接近地和市区构筑防御阵地,组成歼击营和民兵队参加战斗。人民群众积极参战支前,对取得会战的胜利起了积极作用。

苏军莫斯科会战的胜利,粉碎了希特勒闪击速胜的战略企图,使德军遭受到自第二次世界大战以来的第 1 次重大失败,为根本扭转战争进程奠定了基础。这一胜利使德军“不可战胜”的神话破灭了,苏联人民坚定了夺取最后胜利的信心,同时也给反法西斯斗争的各国人民以巨大鼓舞,使反法西斯统一战线更加巩固,使法西斯国家集团更为削弱。

德军莫斯科会战失利的主要原因是,希特勒及其统帅部低估了苏联军事潜力及苏军的战斗力和士气。他们认为莫斯科以东没有大量的苏军。同时,希特勒与陆军总部对战略打击重点存在严重分歧,在全战指挥上犹豫不定,造成德军兵力分散,延误了进攻莫斯科的时间。德军兵力消耗得不到补充,严冬天气,后勤补给极差,削弱了战斗力。入侵苏联时德军后备兵员只有 40 万人,到 9 月 26 日德军伤亡总数已达 53.4 万人。至 12 月 5 日伤亡总数增至 80 多万人。11 月 19 日,哈尔德给希特勒的一份报告中一再提到由于天气恶劣“补给品供应中断”和“兵力不足”。“中央”集团军群每日至少需要 31 列火车运送补给品,但实际上只得到 16 列。10 月下旬,德军坦克第 2 集团军因油料短缺,其坦克第 24 军只能用部分兵力向图拉推进。11 月中旬,该坦克集团军的兵力只有 12 个师,其中一半是步兵师。前线德军由于得不到兵员补充,往往从司令部和后勤部门抽调,或把工兵、空军地勤人员和警卫分队组成应急部队。12 月,德军不得不将师的实力由 9 个营缩编为 7 个营。德军前线高级将领承认:“在这个冰天雪地当中,所有部队都忍受着极困难的供应情况”,“俄军有冬季作战的训练和装备,而我们却完全没有。”

莫斯科会战,使德军在第二次世界大战中首次遭到挫败,德国的“闪击战”宣告破产。德国侵略军开始由盛而衰,写下了失败的第一章。

中国抗日战争战略相持阶段

日军占领广州、武汉后,被迫停止战略进攻,转入战略持久作战。中国抗日战争进入战略相持阶段。

日军攻占广州、武汉后,因占地甚广,战线过长,兵力不足,速战速决的企图破产,国内危机也日益严重。中国国民党政府和军队虽受到沉重打击与一系列失利,但仍坚持抗战,不向日本屈服。八路军、新四军进行的敌后抗日游击战争猛烈展开,抗日武装力量和根据地蓬勃发展与扩大。在此情况下,日军被迫停止战略进攻。但是,日本帝国主义灭亡中国的方针并无丝毫改变。一年多的侵华作战,日军使用了陆军一半以上兵力和相当数量的海、空军投入中国战场,企图速战速决。结果,日军的企图破灭了,日本陆军主力陷于中国战场不能自拔,对苏、对美英作战计划受到严重障碍。日本政府感到,单靠军事进攻解决中国问题已不可能,遂改变策略,对国民党政府采取以政治诱降为主、军事打击为辅的方针,并加紧培植亲日政权,以谋求早日结束战争。

1938 年 11 月,日本政府发表声明,提出所谓"建设大东亚新秩序"。在声明中,日本政府一面进行军事威胁,扬言国民党政府若不放弃抗日政策,日本"决不收兵",要"一直打到国民党政府崩溃为止";一面大谈所谓"中日亲善""共同防共""经济合作"等,引诱国民党政府投降。同时,日军大本营、陆军省和参谋本部制订新的侵华战争指导方针,确定放弃速战速决,改为持久战略,采取"以华制华""以战养战"。为了坚持在中国的持久作战和准备对苏联实行入侵,决定加速军备动员,完成陆军 90 个师团、空军 300 个中队的组建与作战准备。

12 月,日本陆军省、参谋本部决定,攻占武汉以后,如无重大必要,"不企图扩大占领区"。确定从包头连接黄河下游、新黄河、庐州(今合肥)、芜湖、杭州一线以东已占领区为治安地区,以西为作战地区。在治安地区配备相当兵力以"确保占领",特别要"确保"河北省北部、包头以东蒙疆地方、山西省正太线以北、太原平原、山东省重要部分,及上海、南京、杭州三角地带的"安定",及对津浦线、平汉线北段、同蒲线的"控制"。在此区域内,要"剿灭"一切抗日武装,夺取人力、物力资源,使日军实现"长期自给"。对作战地区,即正面战场,日军要保持最小限度的兵力,"力戒扩大缺乏准备的战线"。在不扩大占领的原则下,对国民党政府军实施有限的局部进攻。同时,加强航空作战,轰炸国民党政府军队的大后方及中国国际补给线,消灭国民党空军,打击中国的抗战意志,促使国民党政府崩溃。在施加军事压力的同时,加强对国民党政府的诱降活动,为此日军不断降低"和解"条件。如"放弃"赔款要求,"撤出"华南等。在此期间,日军将进攻的重点,转向坚持敌后抗战的八路军、新四军。日军颁布"治安肃正"计划,推行"治安强化"运动,使用军事、政治、经济、文化相结合的手段,妄图消灭中国共产党及其领导下的抗日武装力量。

1939 年,日军侵华作战在关内的总兵力为 86 万人,占当时日本陆军总兵力 155 万人的一半以上,作战单位约 23 个师团、20 个旅团,飞机 500 余架。

在抗日战争第 1 阶段(战略防御阶段)中,国民党政府军遭到一系列失利,作战能力大为降低,加上日本不断诱降,内部发生分化。1938 年 12 月,国民党副总裁汪精卫由重庆潜逃,经昆明、河内去香港投日,国民党内一批党政要员公开投降日本。汪精卫投敌后,发表"和平反共救国"声明,主张按照日本政府所提"和平条件"结束中日战争。1940 年 3 月,汪在南京成立汉奸政府。国民党宣布汪为叛逆,将其永远开除出党。国民党内许多人士声讨与谴责汪逆。国民党政府军队的一大批将领,包括师长、军长、集团军总司令也陆续率部公开投敌,背叛国家与民族,鼓吹"曲线救国",组成伪军,和日军一起进攻八路军、新四军,残害中国人民。蒋介石、国民党内亲英、美势力、国民党内爱国人士与爱国将领坚持了抗战。

武汉失守后,国民党政府军事指挥中心已移到四川。英、美等国开始向国民党政府提供经济、军事援助。国民党政府军事委员会重新划分战区,部署兵力,整顿军队,检讨作战得失,简化指挥层次,减掉兵团、军团、旅 3 级指挥机构,指挥系统改为军事委员会、战区、集团军、军、师至团以下。蒋介石判断,日军占领汉口以后,已不可能对正面战场再行大举进攻,因此仍继续实施持久作战的战略与作战方针;在日军进攻时,采取阻滞、牵制与消耗战术,以空间换取时间,不和日军决战;待日军战斗力削弱时,发动有限的攻势与反击。同时,利用日军停止进攻的有利条件,整训军队,以待国际形势的转变。抗战进入战略相持阶段时,国民党政府军队总数已达步、骑兵 241 个师、39 个旅,军力与侵华日军总兵力大体相等。

在抗日战争第 1 阶段,八路军、新四军在华北、华中敌后,初建抗日根据地,积极开展抗日游击战争,得到广大人民群众的热烈欢迎与拥护,军民之间情同鱼水。各界爱国人士与爱国侨胞也行动起来,以各种方式参加和支持抗战。根据中共中央六届六中全会确定的方针和中央军委的决定,在战略相持阶段,八路军、新四军将更广泛地开展敌后游击战争,进一步发展抗日武装力量,巩固和扩大抗日根据地,克服一切困难,经过游击战争,积蓄力量,使自己成为粉碎日本帝国主义的决定因素之一。由于日军停止对正面战场的大举进攻,而将进攻重点指向敌后战场,抗击日军的主要任务落到了八路军、新四军肩上,敌后军民在敌伪顽夹击之中坚持抗战,敌后战场转化为中国抗日战争的主要战场。

一、中国抗日战争的正面战场

日军攻陷南昌 日军原拟在进攻武汉的同时攻占南昌,但因受第9战区军队抗击,被阻于修水河一线。日军为掩护长江航运,切断浙赣铁路,于1939年3月,集中约4个师团兵力,进犯南昌。在南昌方向防御的第9、第3战区部队,共约34个师。3月中旬,日军2个师团从永修(涂家埠)以西强渡修水河,攻陷义安、奉新,直逼南昌,日军一部并在南昌以南渡过赣江,实施迂回。第9战区急从涂家埠前线撤兵回防南昌,并调驻长沙、浏阳的第1集团军增援南昌,均未到达。3月29日,日军攻陷南昌。4月下旬,第9战区使用4个集团军各一部共约10个师兵力,对南昌、奉新、高安、武宁之日军实施反击,一度克复奉新,第32集团军经过约10日战斗,逼近南昌东南郊,一度占领飞机场和火车站,但未能继续前进。5月上旬,反击行动停止。但反击作战中,第29军军长陈安宝中将殉国。

日军进犯随(县)枣(阳) 日军侵占武汉后,第5战区一部曾攻击武胜关,并调驻湖南省的主力一部至湖北省北部的枣阳地区。日军为巩固武汉外围,于1939年5月,集中3个多师团兵力,进犯随县、枣阳地区。在随、枣地区的第5战区部队共16个军约40个师兵力。5月初,日军分由钟祥进犯枣阳,由信阳、应山进犯随县,先后占领枣阳、桐柏、唐河、新野各城。第5战区军队退到南阳一线。5月中旬,日军退回原地,双方恢复原态势。

第1次长沙保卫战 武汉会战中,日军占领岳阳台,在新墙河一线,与第9战区军队对峙。1939年9月,德国进攻波兰,欧战爆发,日军在中国也加紧发动攻势,企图进占长沙,歼灭第9战区主力,打开入侵中国西南大后方的门户,动摇国民党政府的抗战意志,结束侵华战争,同时掠夺丰富的财产资源,以战养战。日军使用约6个师团、10余万兵力进攻长沙。在长沙方向作战的第9战区军队共6个集团军(第19、第1、第30、第27、第15、第20)、18个军、49个师。战区计划利用新墙河、汨罗江等有利地形,逐次抗击,待日军进至长沙附近时,以幕阜山为基地,实施侧击。9月中旬,日军开始进犯,以2个师团由江西靖安、奉新向高安进犯,1个师团由湖北咸宁、崇阳向通城进犯,主力3个师团由岳阳正面向长沙进犯,并以一部兵力越过洞庭湖在湘阴以北之营田登陆。在高安方向的第19集团军和通城方向的第27集团军,经抗击后阻止了日军的进犯。在岳阳正面,日军强渡新墙河,第9

战区部队步步后撤,直至长沙市郊。蒋介石令战区放弃长沙,战后司令陈诚主张坚守长沙,并以部分兵力实施反击。10月上旬,日军战力不支,败退北撤,第9战区各部追击至新墙河南岸,日军退回北岸,双方恢复原态势。

桂南战役　国民党政府军在天津、上海、青岛、福州、广州等海港城市失守后,剩下主要的陆上国际交通线是由南宁至河内的铁路线及唯一的出海口北部湾。日军为了切断这一交通线,封闭中国与外界联系,并为进占印度支那及广西的柳州、桂林夺取有利出发阵地,决定在广西省南部的钦州湾实施登陆。日军用于登陆的兵力约2个多师团、舰艇50余艘、飞机100余架。在桂南作战的桂林行营部队共5个集团军(第16、第26、第35、第37、第38)、9个军、25个师、飞机100余架,约15万人。1939年11月15日,日军在钦州湾登陆,海防部队未坚决抵抗即向后撤退,24日放弃南宁。日军占领南宁后,继续向宾阳、武鸣进犯,进占昆仑关一线。12月中旬,桂林行营实施反攻,第5军从正面反击昆仑关,该军一部及第99军第92师楔入昆仑关与南宁之间,阻止南宁援敌。经数日激战,歼敌大部,收复昆仑关。1940年1月,日军调来援兵,再度发起进攻。桂林行营部队在昆仑关反击胜利后,对日军再犯没有准备,在日军进攻下,措手不及,退至上林一线。武鸣、宾阳相继沦陷。1940年9月,英、法在欧战中战败以后,入侵广西之日军乘机转去占领印支北部,放弃了南宁及桂南各地,桂林行营部队进兵收复桂南。

枣(阳)宜(昌)战役　日军占据武汉后,第5战区主力驻防大洪山、桐柏山一带,威胁到武汉的日军。日军为巩固武汉,威逼四川,决定进攻湖北省的枣阳、襄阳、宜昌。日军使用兵力共4个多师团,飞机10余架,坦克200余辆。在该方向作战的第5战区部队6个集团军(第2、第31、第11、第29、第22、第33)共21个军、56个师。战区计划在宜昌、长沙、钟祥、大洪山、随县西、桐柏山东麓至明港一线组织防御。1940年5月初,日军分别由信阳、明港向桐柏山、唐河进犯;由随县向襄阳进犯;由钟祥向枣阳进犯。日军企图在枣阳附近合围歼灭第5战区主力。日军进犯后,第5战区各部实施阻击,逐次后撤。5月8日,日军合击枣阳扑空,第5战区主力转到枣阳外围各地,反对枣阳形成包围态势。日军为寻歼第5战区主力,由枣阳向南进犯,第5战区一部实施追堵,日军受阻后,又北窜枣阳。第5战区部队未料及日军回窜,枣阳又陷。5月底,日军渡过汉江,陷襄阳。6月中旬,占宜昌。日军大本营令日军"确保"宜昌等地,以威胁重庆,并彻底切断湘鄂间交通。6月中旬,第5战区反击收复襄阳。在枣阳南追堵日军战斗中,第33集团军总司张自忠中将(追认上将)殉国。

日军进犯上高　日军占领南昌后,第9战区军队在南昌西南的高安、上高等地驻训。日军为巩固南昌外围,掠夺资源并为再犯长沙创造条件,决定进犯上高。日军使用兵力约 2 个多师团。1941 年 3 月中旬,日军由南昌、安义分路进犯上高与高安。第 9 战区第 19、第 30 集团军(共约 13 个师)抗击日军进犯,日军受挫。4 月中旬日军向南昌、安义撤退,第 19、第 30 集团军追击,恢复原态势。

中条山战役　日军占领太原和山西大部地区后,第 2 战区主力一部退守山西省南部中条山区。中条山地势险要,能瞰制黄河,屏障潼关和西安。日军为创造条件南渡黄河、出潼关、进犯洛阳与西安,切断陇海铁路,于 1941 年 5 月上旬,集中 4 个多师团兵力进犯中条山。驻中条山区的国民党政府军共 9 个军 19 个师,松弛无备,日军进攻开始后,除少数部队稍事抗击外,其余全被打散,有的突围,有的溃散,仅 20 天时间,日军全部占领中条山区。第 98 军军长武士敏中将在坚持中条山战中以身殉国。

第 2 次长沙保卫战　在第 1 次长沙保卫战 2 年之后,日军于 1941 年 9 月,再次进犯长沙。日军使用兵力约 4 个多师团,飞机 100 余架、江河舰艇 100 余艘,总兵力约 10 万人。在长沙方向作战的第 9 战区(薛岳接任司令)第 19、第 30 集团军等部共 14 个军 36 个师、飞机 30 余架,总兵力约 37 万余人。战区计划在鄂南、赣北力求各个击破日军进攻,在湘北拟将日军诱至汨罗江南岸后,实施反击与日军决战。9 月 17 日,日军渡新墙河南犯,第 9 战区各部阻击后南撤,日军迅速南进。战区原计划在汨罗江南岸反击,但未能实施。9 月 27 日,日军便衣队一部进入长沙市内,日军另一部进至株洲,孤军深入约 150 公里,战线延长、兵力不足,后方空虚。第 9 战区调集约 10 个军兵力于平江、浏阳一线,进逼进犯长沙日军左翼,对日军造成威胁。10 月上旬,日军向北撤退,第 9 战区实施追击。中旬,双方恢复原态势,在新墙河对峙。

经过战略相持阶段近 2 年作战,国民党政府军总兵力已达正规军步、骑兵 407 个师、63 个旅和数百支游击部队。师、旅数目很多,但部队状况却十分恶劣。据国民党政府档案资料记载,每师兵员平均不足 5000 人,弹药缺乏,粮食不够,医药奇缺,士兵冬缺棉衣,夏缺单衣,疾病流行,病者占十之二、三,因病弱死于战场者甚多。捕抓之壮丁(新兵)因病弱、死亡、逃亡甚多,无法补充部队之需要。出现这种状况的原因,一是日本侵略战争对中国造成的严重破坏;二是国民党统治集团领导极端腐败,消极抗战,积极反共,脱离人民。国民党内主持正义,心怀民族利益者有之。但其统治集团内很多人乘机发国难财,营私舞弊,导致了军民关系与官兵关系都很恶劣。上层生活极为奢华,欺压士兵,鱼肉人民,兵民则处于饥寒交迫之中。在作战时,仅有一些空洞的计划,并无切实的措施与部署。

1941 年 12 月 7 日，日军突袭珍珠港，日本对英、美宣战，太平洋战争爆发。美、加、澳、英等国相继对日宣战。中国国民党政府也正式对日宣战。国民党政府对日宣战后，蒋介石表示，誓与英、美等盟国并肩作战，打败日本。1941 年 12 月，罗斯福致电蒋介石，建议成立中国战区最高统帅部，由蒋介石担任中国战区盟军最高统帅。据此，蒋介石担任了英、美、加、澳等 26 国联军中国战区（包括印度支那和缅甸）最高统帅。

太平洋战争爆发后，国民党政府认为中国单独抗战局面已经结束。中国抗日战争在战略上仍需采取持久作战的方针，巩固重庆及陕、川、湘、桂、黔、滇、康七省抗战基地，力求打通国际交通线，争取运进大量外援物资，以充实军力，实施局部攻势，牵制日军，策应盟军作战，并同意派兵入缅作战，准备尔后反攻，争取抗战胜利。

第 3 次长沙保卫战　日军为配合太平洋战争，牵制国民党政府军使其无力向缅甸与香港进军，决定第 3 次进攻长沙，打通粤汉线，增兵广州，占领香港，解除在太平洋上南进日军的右翼威胁。日军用于进攻长沙的兵力约 4 个多师团，12 万人。在长沙方向的第 9 战区兵力为 4 个集团军、13 个军、37 个师及其他部队。战区计划集中主力于湘北，阻击消耗日军，待日军进至浏阳河、捞刀河之间，再行包围歼灭之。1941 年 12 月 24 日，日军强渡新墙河南犯，第 9 战区部队逐次抵抗并后撤。日军进展很快。战区预定围歼日军计划落空。1942 年 1 月 1 日，日军主力逼近长沙，并向长沙展开猛烈进攻。防守长沙市区的第 10 军及第 73 军一部，抗击日军进攻，使日军连攻 3 天未下。此时，战区调集主力向日军翼侧反攻。日军发现态势不利，即停止进攻后撤。第 9 战区各部实施追击、堵击。当时，正值天雨泥泞，道路难走。撤退日军极为狼狈。1 月 15 日，日军退过新墙河，双方又恢复原态势。

第 3 次保卫长沙战斗胜利后，国民党政府与军队上下均非常乐观，认为抗战胜券在握，国民党政府已着手准备军队复员，任命各省主席，物色省级官员，准备接收事宜，一派等待摘取抗战胜利果实的气氛，继续作战的意志与准备更加松懈。

长沙保卫战

日军打通浙赣线　1942 年 4 月中旬，美军轰炸机 1 个中队对日本东京、名古屋等地实施轰炸。美机在日本投弹后飞至中国浙江省的机场降落。对此,日本国内引起一片恐慌。为破坏美军轰炸计划,日军大本营命令侵华日军,尽速开始浙赣线作战,消灭国民党政府军主力,占领与破坏浙、赣两省境内丽水、衢县、玉山等主要机场,以制止同盟军再次使用。日军计划由杭州、南昌两个方向,东西对进打通浙赣线,主力置于杭州方向。日军使用兵力共6个多师团,约17万人。在杭州方向部署4个师团,南昌方向2个师团。在浙赣线作战的第3战区(司令顾祝同)与第9战区一部共4个集团军、14个军、41个师。战区部署主力于杭州方向,采用正面阻击与侧后袭扰牵制相结合,计划在衢县附近与日军进行决战。5月15日,杭州方向日军分3路开始进犯,右路向富阳、桐庐、建德、衢县方向进犯;中路向诸暨、义乌、金华、衢县、上饶方向进犯;左路向衢县、东阳、武义方向进犯。第3战区部队在桐庐、诸暨、新昌一些阵地稍事抵抗后,即不断撤退。蒋介石又命令放弃衢县"决战"计划,继续后撤。南昌方面日军于5月底开始东犯。至7月1日,两路日军在江西省东部的横峰会合,全部打通浙赣线。这次进攻,日军共侵占城市41座,打通浙赣线长600多公里、宽约300公里的一个走廊地带。7月下旬,日军大本营命令部队停止进攻,彻底破坏衢县、丽水、玉山等机场,尔后控制金华等地,其余全部撤回原地。8月,日军加紧破坏机场、铁路等各项设施,劫运各种物资,国民党军也未采取任何行动。8月下旬,日军除控制金华等14座城市外,全部撤回杭州、南昌等地。第3、第9战区部队收复了日军撤离的地区。

中国远征军入缅作战　日军占领印度支那、泰国后,企图进一步占领缅甸,以保障其进攻南洋军队之右翼安全,夺取缅甸资源,切断中国国际交通线,再由缅甸入侵中国云南,逼使国民党政府屈服。当时,英军在欧战中失利,远东军事力量薄弱,在缅英军只有2个多师,由于英国在缅甸长期执行殖民政策,驻缅英军受到缅甸人民的反对。英国政府企图借助中国的军事力量,支援其缅甸、印度战区的防御作战,希望中国出兵缅甸。国民党政府为保持滇缅公路畅通,以便运进外援物资,同意派兵入缅。1941年12月,中、英两国政府签订《中、英共同防御滇缅路协定》后,国民党政府军事委员会决定以第5、第6、第66共3个军,组成中国远征军,以卫立煌(后罗卓英)为司令,杜聿明为副司令代司令。部队组建后集结保山、芒市、大理地域,进行入缅作战准备。

1942年3月初,日军在仰光登陆。登陆后,日军以4个多师团兵力,分3路向缅甸腹地进犯,西路由仰光沿伊洛瓦底江向北进犯;中路沿仰光至曼德勒铁路向北进犯;东路沿泰、缅边境北犯。中国远征军在云南人民欢送下入缅,士气较高,不少官兵决心痛击日军。入缅后,受到在缅爱国侨胞及缅甸抗日人士与群众的欢迎与支持。3月中旬,第6军进抵东枝、景栋一线。第5军进至彬文那、东吁(东瓜)地域。两军分别接替了英军的防务。第 66 军进至曼德勒、腊戌地域,担任预备队。下旬,日军进攻东吁,第 5 军实行抗击,以集束手榴弹、汽油瓶与日军坦克搏斗,战斗十分激烈,双方伤亡很重,东吁防御战持续两周之久,有力地打击了日军的侵略气焰。日军承认这是进入南洋作战以来第 1 次受挫。

4 月中旬,日军侵占仁安羌,数千名英军及数百名记者、教士等被日军合围。英军要求远征军救援。第 66 军一部奉命驰援,经两昼夜激战,突破日军包围圈,将被围英军、记者、教士等悉数救出。日军西、中两路受阻,改由东路北犯。英国军队早已撤走,第 6 军一部未能阻止日军进犯。4 月底至 5 月上旬,日军连陷腊戌、瑞丽、畹町镇与密支那,切断了远征军的后路。日军一部渡过怒江,受国民党政府军阻击,在滇西对峙。尚在缅甸境内的远征军各部,实施突围作战。突围部队连续作战,克服山高林密,雨季道路泥泞难行种种困难,终于突破日军堵击,主力分股退回国内,一部退入印度东北部的利多。突围中,官兵伤亡巨大,曾在台儿庄、昆仑关战役中抗日有功的第 200 师师长戴安澜将军,在率部突围时牺牲。周恩来称这位革命烈士为"黄埔之英,民族之雄"。1942 年 8 月,第 1 期入缅作战结束,远征军遭到了失利。

远征军一部退入印度后,接受美国装备与训练,至 1943 年初,兵力已达 2 个军以上,改称中国驻印军。同时,在云南境内,国民党政府又以第 11、第 20 两个集团军,重新编组中国远征军。为重新打通中印公路和滇缅公路,国民党政府军委会计划由印度东北部的利多及滇西 2 个方向对进,由中国驻印军与中国远征军在部分美、英军协同下完成。1943 年 9 月,驻印军由利多出动,向新背洋、孟拱推进,克服沿途日军抵抗。1944 年 6 月,攻克孟拱。8 月,攻克密支那。12 月,攻克八莫。1945 年 1 月攻克南坎。中国远征军由滇西进击,强渡怒江,越过高黎贡山,攻克腾冲、龙陵,两支军队在畹町会师。以后,继续攻克维新、腊戌等要地,中印、滇缅公路重新打开。

日军进犯鄂西、常德 1943 年 5 月,日军为抢粮抢船,打通长江上游航线,从湖南省的岳阳至湖北省的宜昌间,以约 1 个师团兵力(后增至 3 个师团)向鄂西进犯。第 6 战区共约 41 个师,在安乡、公安、枝江一线进行防御。5 月上旬,日军开始进犯,国民党军队边打边退。日军进至宜都西南之渔洋关南北一线,因兵力不足,无力再进,于 6 月上旬退回原驻地。1943 年 9 月,中国驻印军及远征军开始实施打通中印、滇缅公路的战斗行动。日军为牵制国民党向云南和缅甸增派兵力,确定攻击常德,消灭湘北国民党政府军主力,打击中国的抗战意志。日军使用兵力约 5 个师团、飞机 100 余架。在湘北作战的第 6 战区约 31 个师、第 9 战区约 11 个师,共 42

个师。战区计划将主力控制在慈利附近，与日军决战。11月初，日军由华容、松滋一线分别向常德进犯。第6战区军队边打边退。中旬，日军约万人围攻常德。进攻中日军施放了毒气，并以飞机火炮猛烈轰击，常德城内一片火海，守城的第74军第57师坚守阵地，反复争夺达半月之久。此时，战区主力已在慈利附近集结，向常德迫近。12月底，日军因久攻不下，遂停止攻击，退回原地。双方恢复原态势。

日军打通大陆交通线及寻歼空军基地战　1943年，美军在太平洋上展开反攻，日军节节失利，海上交通日益受到威胁。日军大本营确定打通中国大陆交通线，开辟一条由日本本土，经中国东北、华北、华中、华南直通印支的陆上交通线，以保持日本本土与东南亚之间的联系。日军实施这次作战，计划打通平汉铁路南段（新乡至信阳）、粤汉及湘桂铁路全线，歼灭国民党军主力，占领3条铁路沿线重要城镇，消灭沿线空军基地，修复铁路以便通车。日军大本营预定这一作战分3个阶段实施：第1阶段，打通平汉线南段，由华北方面军实施，使用4个师团兵力，预定1944年4月开始作战，1个半月完成；第2阶段，打通粤汉线，由华中方面军实施，使用兵力8至10个师团（包括打通平汉线南段后华北日军转用兵力在内），预定6月开始作战；第3阶段，打通湘桂线，由华南日军实施，使用兵力2个师团，预定7月开始。第2、3阶段作战预定5个月时间完成。

日军打通平汉铁路南段作战，于1944年4月17日开始。日军分别由河南省新乡以南渡黄河后占中牟，由开封越黄泛区西犯，22日占郑州。随后，分两路进犯，一路沿陇海线西犯洛阳，一路沿平汉线南犯。5月1日，日军攻陷许昌、禹县。接着，日军连占郏县、宝丰和临汝。5日，日军直逼洛阳，四五天前进200余公里，如入无人之境。25日，洛阳失守，日军直叩潼关。同时，沿平汉线南犯之日军，继陷漯河、西平。5月初，日军由信阳北犯，占确山、遂平。5月8日，南北两路日军在西平会合，打通了平汉线。这次河南作战，第1战区部队约40个师、第8战区约9个师、第5战区策应作战约5个师，总共参战部队达54个师以上兵力，只有少数部队进行较顽强作战，但对全局溃败不起扭转作用。整个战区部队未进行有力作战，21天时间，失掉开封至潼关间约400余公里，新乡至信阳间约350多公里广大地区。日军预计1个半月实现的目标，仅21天就实现了。

这次失败引起全国极大不满与愤慨。国民党三届三次参政会有103位参政员联合提案指责第1战区正副司令长官不是抗日备战，而是经商发财，上行下效，大小军官腰缠累累，斗志耗尽。担任前线指挥作战的战区副司令汤恩伯，当日军渡黄河进犯中牟之际，不指挥作战，却到远离前线300公里以外的鲁山县下汤温泉寻欢作乐。他没有见到日军，却不时向上发报，谎称战区部队如何与日军激战，如何反击日军等等。河南人民称"水旱蝗汤"是河南"四害",把汤恩伯当作一害。日军侵占河南大部后,又烧杀抢掠,无恶不作,使河南人民遭受空前浩劫。

日军打通粤汉线作战,于1944年5月26日开始。日军分3路由河南省北部向南进犯,右路由湖南省华容向益阳、湘乡进犯;中路(主力)由湖南省岳阳越过新墙河沿粤汉线向长沙、衡阳进犯;右路由湖北省南部的通城向湖南省的浏阳、茶陵进犯。第9战区部队共约47个师,计划按照前3次长沙保卫战办法,边打边退,阻滞、消耗日军,撤至纵深有利地区再行决战。6月1日,蒋介石下令:第4军死守长沙,第10军死守衡阳,第44军死守浏阳,第58军死守醴陵,第2军死守株洲,第3、第32军死守湘潭,凡丢失阵地者必实行"连坐法"(蒋介石用于控制内部、镇压下属的手法,按这种方法,一人"出事",左右人要受株连,借以互相监视)。6月中旬,日军围攻长沙,国民党阵地相继被突破。18日,守长沙之第4军分批突围,日军于19日攻陷长沙。长沙失守后,国民党军队接连又放弃萍乡、醴陵、株洲、湘潭等地。日军继续急速南犯。23日,包围衡阳。战区企图调集各路援兵,增援衡阳,并拟在衡阳与日军决战。但未有一个部队能到达解围。第10军在衡阳坚守40多天,终因兵疲粮缺,伤亡极大,又无援军,至8月8日,放弃衡阳。1945年春,日军全部打通粤汉铁路。

日军打通湘桂线作战,于1944年8月16日开始。日军分兵3个方向,一路由衡阳向西进犯邵阳;一路由衡阳向西南进犯桂林;一路由广东向梧州、柳州进犯。在湘桂线作战的是第4战区部队共约16个军39个师及特种兵,飞机217架(内美机百余架)。日军进攻开始后,国民党接连失利后撤。11月上旬,日军逼近桂林,同时由桂林以西迁回柳州。在桂林一线防御的第170、131共2个师,突围后撤。11月10日,桂林失守,柳州放弃。战区在撤出柳州时,拟在宜山一线以第27、第16、第35共3个集团军组织防御,但防御准备尚未完成,日军追击已至,便继续后撤,拟在南丹一线再组织防御,又未成。12月初,日军追至贵州独山,国民党军在混乱中撤离都匀。日军追至独山后,由于孤军深入,兵力不足,即由独山回撤。双方在南丹、河池之间阵地上对峙。至此,日军从4月开始,至11月共7个月时间,全部打通了平汉线南段、粤汉线和湘桂线,但没有歼灭国民党主力,亦未摧毁空军基地。这一阶段国民党军队防御作战能力,较之抗战初期大为下降,较之中期也相差甚远。

为了摧毁国民党空军基地,不使美国空军利用这些基地轰炸日本本土,日军于1945年春进犯江西省赣州及广东省南雄等地,以破坏国民党空军基地;继又进犯河南省方城、南召、内乡、南阳、浙川,湖北省光化(老河口)、襄阳、樊城、湖南省新宁、武岗、武阳等地,均未达到目的。

二、八路军、新四军反围剿反扫荡

1941 年和 1942 年两年(华中包括 1943 年),是敌后抗日游击战争最艰苦、最残酷、抗日根据地最困难的 2 年。这是敌后战场坚持艰苦斗争、渡过极端困难的阶段。

1940 年 8、9 月,日本政府与日军大本营决定在太平洋和东南亚对英、美军发动进攻,为此加紧进行作战准备。为适应发动太平洋战争需要,日军大本营要求迅速解决中国问题,一面加紧逼使国民党政府屈服,一面加紧巩固已占领地区,作为南进作战基地。

日军在整个 1940 年,除了 6 月间实施进攻襄阳、占领宜昌作战以外,未对正面战场发动进攻,1941 年春季亦未有军事行动,处于"消极等待"的状态。按照日军大本营 1940 年 7 月 23 日大陆命令,侵华日军的任务是"确保"蒙疆、山西北部、河北、山东重要地区、南京、上海与杭州间地区、长江下游地区的"安定"。侵华日军华北方面军司令多田根据日军大本营的企图,在关于《昭和十六年(1941 年)度治安肃清工作》报告中提出:"治安第一主义"是 1941 年指导各种政策的"方针"。在作战行动上,"主要对共产党根据地进行毁灭战"。"剿共是肃清的主要目标"。多田宣称,单用武力讨伐不能获得如期的效果,要有机地综合发挥军事、政治的全部力量,破坏敌人(指八路军、新四军)的组织,阻止其获得民众的支持。这个刽子手表示,他具有"剿灭"共产党及八路军、新四军的"自信"。

在华北,日军 5 次推行"治安强化运动",把华北地区分为"治安区"(日军占领区)、"准治安区"(双方争夺的游击区)、"非治安区"(抗日根据地)。在"治安区",日军以清乡为主,强化保甲制度,组织反共"自卫团",设置特务情报网,加强殖民统治,加紧掠夺资源。在"准治安区",以蚕食为主,恐怖与怀柔政策兼施,建立伪政权,设置"爱护村",修公路,挖筑封锁沟(墙),筑据点、岗楼,步步紧逼,阻止八路军活动,使之逐步变为"治安区"。对"非治安区",则集中兵力,以扫荡为主,反复扫荡、驻剿、清剿、袭击,实行烧光、杀光、抢光的"三光政策",制造"无人区",以及派汉奸、特务渗入根据地进行破坏,企图将根据地彻底摧毁。日军将军事进攻,政治欺骗、经济掠夺、文化麻痹结合使用,称为"总力战",以摧毁抗日根据地。太平洋战争爆发后,日军为加紧"完成大东亚兵站基地,建立华北参战体制",对抗日根据地的进攻更加疯狂、毒辣和残酷。

日军上述"确保""安定"的广大地区,均为八路军、新四军的抗日根据地,日军企图加以彻底摧毁。而八路军、新四军则在中国共产党领导下,依靠人民群众,坚持敌后抗战,克服一切困难,巩固内部,积蓄力量,准备将来反攻,彻底打败日本侵略者。敌后战场成了中日战争双方殊死决斗的主要战场。八路军、新四军成为中国抗日军队中最坚决、最积极的武装力量。坚持抗日根据地的斗争是最残酷、最艰巨和最困难的斗争。共产党领导的八路军、新四军,不仅要对付强大残暴的日本侵略军,而且要反对国民党的反共摩擦活动,坚持抗日民族统一战线,抗战时期,国共合作,形成抗日民族统一战线共同抗日,但国民党始终坚持反共立场,统一战线内部存在尖锐、复杂的斗争,发生过3次反共高潮。第1次是1939年12月至1940年3月;第2次是1940年10月至1941年3月;第3次是1943年3月至10日。都在共产党的正确决策指导下,经过斗争得以解决。在这严重困难时期,各根据地根据党中央和毛泽东制定的对敌斗争方针,深入发动和依靠群众,发扬光荣传统,广泛开展游击战争,采取灵活机动的作战方法,打击敌人,坚持斗争,渡过难关,粉碎了日伪的清乡扫荡。

晋察冀 晋察冀抗日根据地(军区司令员兼政治委员聂荣臻、副司令员肖克)包括北岳、平西、平北、冀中、冀东各根据地,对占领北平、天津、保定、石家庄、张家口、唐山、承德、山海关及其间各交通线之敌,形成重大威胁。日军为巩固其占领区,掠夺资源,对晋察冀展开疯狂进犯。1941年3月开始,日军对冀中实行蚕食、扫荡和清剿。3月至8月,连续扫荡68次,最大兵力一次达2万余人。在扫荡中,修筑据点、碉堡1000余个、修公路4200余公里,挖筑封锁沟(墙)1700余公里。冀中军民进行坚决的斗争,展开游击战、地雷战,创造平原地道战,不断打击日伪。但冀中根据地受到严重分割与封锁,活动地区日渐缩小。

8月,日军集中华北全部机动兵力,号称"百万大战",以7万多兵力对北岳、平西根据地实行分区扫荡,采用"铁壁合围""梳篦式清剿""分进合击"等战法。日军3万多兵力后击晋察冀军区及党政领导机关,北岳、平西军民进行了英勇的反扫荡斗争,主力及时转至外线打击敌人,一部坚持原地斗争。北岳、平西两区全部城镇一时均为日军占领,根据地处于被分割状态。两区军民经过9、10两个月艰苦斗争,不断开展游击战,伏击、阻击和诱歼敌人,共歼敌5500余人,逼使敌人从根据地中心撤走。但北岳、平西根据地已大为缩小,斗争更为艰苦。在9月份的反扫荡战斗中,第1分区1团7连6班,在易县狼牙山抗击日军3500多人的进攻,掩护分区主力、政府和群众转移,班长马宝玉等5名战士将日军引上悬崖绝路,与敌拼杀,宁死不屈。狼牙山五壮士的英勇献身精神,表现了人民军队的高尚品质和中华民族不可征服的英雄气概。为打破日军封锁,北岳区于年底前展开了对易县、满城、涞源间公路的破袭战。

1942年4月,日军集中3万多兵力扫荡冀东。冀东主力转移至热河南部开展新区游击战争,一部坚持原地斗争,冀东平原全部变为游击区。5月1日起,日军5万余人在飞机、坦克配合下,对冀中进行大扫荡,经敌伪几次扫荡,冀中被敌全面分割。区内据点林立,公路、封锁沟、墙纵横交错,密如蛛网,在这块6万多平方公里、8000多村镇的土地上,日军共建据点碉堡1635个,封锁沟、墙1700多公里,公路3000余公里。冀中根据地反扫荡斗争异常艰苦、残酷,冀中主力一度转至邻区活动,根据地成为游击区。为配合冀中反扫荡斗争,北岳、冀东军民积极打击敌人,以为策应。8月,日军4.6万余人,又对冀东进行扫荡,在独石口至山海关之间实行集家并村,制造东西350余公里、南北40余公里广阔的无人区。平北根据地粉碎日军4次扫荡,根据地虽被分割,但坚持了龙关、延庆、赤城中心区的斗争。日军频繁扫荡,使用极其残酷的手段摧毁抗日根据地,奸淫烧杀无恶不作。潘家峪惨案即为一例。1941年1月,日军1000余人包围了丰润县潘家峪,将30多名年轻妇女逼人白薯窖里奸污后,将柴草填入窖内将她们全部烧死。随后,将全村群众赶进一个大院,用机枪扫射,并放火焚烧,有的人不屈不挠与日军拼斗均被残杀。日军在此一地就惨杀群众1035人,烧毁房屋1100多间,有30多户全家被杀尽。至1942年底,晋察冀各抗日根据地都大为缩小。

晋冀鲁豫　晋冀鲁豫抗日根据地(由第129师师长刘伯承、政治委员邓小平领导)位于同蒲铁路以东,汾阳、太原、石家庄、德州以南,津浦铁路以西,徐州至开封间陇海铁路两侧,开封至风陵渡间黄河以北。根据地对日军企图巩固华北占领,威迫中原与进攻西安是严重障碍。在这一地区,除1941年5月以前有国民党军主力一部驻中条山区外,均为第129师等部创建的根据地。第18集团军总部亦在该区指挥作战。1941年4月,日伪万余人对冀鲁豫地区八路军第2纵队反复实行合围扫荡,该主力一部坚持原地斗争,大部突出敌人合围,到外线打击敌人。7月,冀鲁豫与鲁西合并,成立冀鲁豫军区,统一领导该区对敌斗争,并由第18集团军总部实行直接领导。10月,日军3万余人对太岳区进行"铁壁合围""反转电击"大扫荡。第129师粉碎了日伪扫荡,开辟了岳南根据地。10月底,日军7000余人对太行区实行"捕捉奇袭"扫荡,企图消灭首脑机关及摧毁兵工厂,根据地军民广泛开展游击战、麻雀战、地雷战,不断打击敌人。11月,日军4000余人围攻梨城北黄烟洞、水腰地区,第129师等部实施黄烟洞保卫战,坚守阵地,血战8昼夜,打退日军数十次冲击,歼敌1000余人,最后胜利转移。为配合晋察冀反扫荡,该区军民发动邢(台)、沙(河)、永(年)战役,攻克据点,破坏交通,歼日伪1300余人。年底,为反封锁、反分割,展开了对平汉线高邑、邯郸段的破击战。

1942年春,日军对太行、太岳进行扫荡,采用了"捕捉奇袭、铁环合击、纵横扫荡、辗转清剿、反转电击、夜行晓袭"等战法。2月,日军1.2万余人,首先奔袭太行第2、第3、第4分区。随后,对第18集团军总部所在地麻田进行"铁环合击"扫荡。太岳之敌奔袭唐城地区,扑空后又进行"辗转清剿"。八路军积极打击敌人,使敌每天遭到袭击和伏击,死伤很多,其多次合击第18集团军总部的企图均告失败。5月,日军2.5万余人对集团军总部首脑机关进行"铁壁合围",第129师主力灵活转移至外线,少数部队被敌合围,经英勇战斗胜利突围。在指挥突围作战中,第18集团军副参谋长左权同志,不幸光荣牺牲。

5月底,太行、太岳武装分别向辽县、黄漳、潞城、黎城、武安、偏店和主要交通线进行破击,采用"敌进我进",深入敌占区,实施外线作战,奇袭长治机场,攻据点,摧毁伪组织,配合中心区反扫荡。6月,日军以20路之梳篦队形向石城第129师合击。刘伯承师长指挥部队,杀伤敌3000余人后巧妙突围。9月,日军万余人分兵8路对濮县、范县、观城进行大扫荡,并对湖西区进行扫荡,根据地被分割,斗争更加艰苦。10月,日军1.6万余人同时对太行、太岳区进行扫荡,两区军民展开反扫荡作战,坚持内线与外线结合,主力、游击队与武装群众结合,以游击战不断消灭敌人,经800余次战斗,粉碎了敌伪扫荡。

日伪对冀南进行多次扫荡,该区军民进行反扫荡斗争。1942年上半年,日伪平均每天对该区扫荡两次,千人以上扫荡平均每月1~2次。4月,日军万余人对武城地区军区党政军领导机关实施合击,机关及主力大部突围,一部被打散。6月,敌1.2万余人对冀县、枣强地区军区党政军机关实行"铁壁合围",机关分散突围而出。6月,冀南根据地大部被敌所占。9月,日军万人再次袭击枣(强)南扑空。随后,该区派出数十支武工队、游击队展开恢复、开辟根据地的工作。

山东 1941年,日军集中兵力先后开始对鲁西、湖西、鲁南、冀鲁边、清河、胶东及鲁中根据地展开大扫荡。11月,日军侵华军总司令指挥5万余人。对鲁中根据地进行大扫荡,企图一举消灭鲁中主力及领导机关。5日,日军分兵11路,并以飞机坦克配合,合击第115师指挥机关。在罗荣桓(第115师政治委员)指挥下,军民进行反合围、反清剿斗争,经过艰苦斗争,粉碎了敌伪扫荡,使敌合击指挥机关企图落空。但是,日军打通了临沂、蒙阴、沂水间公路交通,增修据点70余处,并挖封锁沟(护路沟),对根据地进行严密封锁与分割,斗争更加困难。

1942年,日军由连续频繁扫荡,发展为"拉网合围"。10月,鲁中军民经过20天战斗,粉碎了日军约1.5万人对鲁中进行的"拉网合围"。11至12月,日军1.5

万多人对胶东进行 40 天的"拉网合围"也被粉碎。与此同时,敌不断对根据地实行蚕食。至 1942 年底,根据地大部变为游击区,仅剩鲁南、胶东、滨海被分割的几小块基本区域。

晋绥　晋绥抗日根据地(第 120 师师长兼晋绥军区司令员贺龙、政治委员关向应)包括晋西北、大青山广大地区,是陕甘宁革命根据地东北方的重要屏障,对占领太原、大同、集宁、归绥(今呼和浩特)、包头之日军及其间交通线是严重威胁。1942年春季,日军扫荡晋西北,该区军民实施反扫荡,经过 180 余次战斗,取得反扫荡的胜利。5 月,日伪 700 余人奔袭军区领导机关,第 120 师主力对敌实行伏击,杀伤敌人过半,余部又被包围在兴县的田家会,除数十人逃窜外,均被消灭。日军在扫荡同时,对根据地不断蚕食。仅 1942 年上半年,日军增修据点 300 余个,根据地缩小1/3。该区军民展开反蚕食斗争,摧毁伪政权、伪组织,加强锄奸、游击活动,恢复抗日政权,不断打击敌人。大青山根据地虽大部被日军占领,部分成为游击区,但在艰苦条件下坚持了抗日游击战争。

1942 年 5 月,中央军委决定成立陕甘宁晋绥联防军(司令员贺龙、政治委员关向应、副司令员徐向前、副政治委员林枫),统一领导与指挥陕甘宁、晋西北的作战与军队建设。1942 年 10 月以后,根据地得到恢复与发展。

整个华北(晋察冀、晋冀鲁豫、山东、晋绥)抗日根据地,经过 1941 至 1942 两年艰苦、残酷斗争,人口由 6000 万降至 2500 万,八路军由 40 万降至 34 万,只保留 10座县城,其中 4 座是废墟。财政经济极为困难。日军使用了最大限度的兵力及一切残暴的手段,企图消灭华北八路军,但终于失败。华北广大军民经过这两年的锻炼,抗日意志更加坚定,斗争经验更加丰富,为开创抗日新的局面建立了坚实的基础。1942 年下半年,由晋冀鲁豫开始,继之晋绥、晋察冀形势开始好转。

新四军坚持敌后艰苦斗争　1941 至 1943 年,新四军在敌伪顽夹击之下,在敌我友三角斗争复杂形势下,克服艰难困苦,胜利坚持了敌后艰苦斗争,保卫华中抗战阵地。

1941 年 1 月,新四军在盐城重建军部,整编部队,并确定新四军的任务是坚持华中敌后抗战,阻止日军进攻,迅速加强根据地建设,积聚力量,准备与敌伪进行长期斗争,待条件成熟后再向西、南发展。

1941 年春,日军为歼灭新四军军部和主力,首先向苏中地区扫荡,苏中军民积极对敌作战,取得反扫荡作战胜利。同时,日军对淮南地区进行扫荡,先扫荡淮南路东,后以 7000 余人扫荡路西。5、6 月,日军 5000 余人扫荡淮南路东,新四军第 2师粉碎了敌人扫荡。7 月,日军 1.7 万余人,分兵 4 路合击新四军军部成立地盐城,第3师进行反扫荡作战。为配合第3师反扫荡，苏中第1师积极发动攻势，破击敌交通，攻克黄桥等据点，有力地牵制了日伪。8月，日军转向苏中进行报复扫荡，第3师及盐阜军民乘机收复阜宁等地，并按军部指示，展开攻势，配合苏中反扫荡。苏中、盐阜军民经130多次战斗，歼日伪3800余人，粉碎了日军的扫荡。1942年冬，日伪6000余人在飞机、坦克配合下，反复合击扫荡淮北根据地洪泽湖西岸之第4师，不断进行分割与搜剿。同时日伪对淮南根据地又行扫荡。11月，日伪军万余人分14路向鄂中、鄂南新四军第5师大小悟山（今大悟山）中心区合击，企图歼灭第5师机关与主力。淮海、淮北、鄂中、鄂南和淮南军民积极反扫荡，主力与地方武装配合，内线与外线配合，灵活地打击敌伪，粉碎了敌人的计划。日军对上述各区扫荡后，即调整部署，向苏中、盐阜增兵。军部判断日伪将进行大扫荡，遂指示加强反扫荡准备。军部亦转移至淮南地区，苏中、盐阜部分主力预先转至外线。

1941年2月，日伪1.4万余人开始对盐阜区大扫荡，从陆上向黄海之滨实行拉网大合围，进行梳篦式进攻和反复搜剿，在海上以舰艇封锁盐阜区各出海口，企图歼灭新四军军部和第3师主力。日军所到之处，惨杀群众，奸淫妇女，烧毁房屋，掳掠物资，无恶不作。第3师主力一部及地方武装与民兵在内线积极打击敌人，另一部在外线发动进攻。第1、第2、第4师也对当面之日军发动攻势，配合第3师作战。随后，日军又进行分区扫荡，推行伪化政策。第3师主力、地方武装、民兵互相结合，不断打击敌人。在作战中，出现不少英勇顽强、可歌可泣之事迹。第7旅第19团第4连，在淮阴县刘老庄，被日军千余人包围，全连英勇顽强，使日军在该连阵前遗尸170多具。最后，全连指战员82人全部壮烈牺牲。第3师一批干部乘船去山东转延安，在航行至连云港外海面时，遇敌船袭击，在与敌顽强奋战中，第3师参谋长彭雄，旅长田守尧等数十名干部壮烈牺牲。

1941年3月，日军扫荡皖中。皖中部队一面粉碎日伪扫荡，一面继续收容皖南事变突围人员。第7师成立后，继续在皖中、皖南发动组织群众，开展游击战争，创建抗日根据地，并分别与第2、第5、第6师沟通了联系。第6师在苏南日伪顽夹击下，坚持艰苦斗争。1941年7月，日伪1.5万余人对苏常太地区进行"清乡"，采用所谓"闪电战术"反复进行梳篦式清剿与搜索。该地军民以内线和外线结合打击敌人，由于力量差距过大，不断遭受损失，主力遂转移至江北，留部分兵力坚持原地斗争。11月，日伪3000余人扫荡溧阳地区，第16旅旅部被包围，经终日奋战，反复冲杀，仅部分同志突围，第6师参谋长兼16旅旅长罗忠毅及政委廖海涛以下270余人全部壮烈牺牲。在皖南事变中被俘的部分新四军战士，在茅家岭集中营和转移途经赤石附近时，组织暴动进入武夷山。闽东、闽南、浙东、浙南各地抗日游击队,在远离华中基本地区,敌情严重、条件极为艰苦的情况下,坚持了敌后抗战,保持了浙东战略支点。

日军为摧毁与占领抗日根据地,使用军事、政治、经济、文化和特务等各种手段,对华中各根据地不断进行蚕食与推行伪化,尤其对淮海、盐阜、淮北和苏中,活动最为频繁。针对日伪的蚕食伪化,各抗日根据地层开反蚕食反伪化斗争:以群众武装斗争为主,民兵地方武装就地坚持斗争,武工队深入敌后,主力机动作战,不断发动攻势。同时,积极破坏交通,改造地形,围困孤立据点,开展政治攻势瓦解伪军,坚决镇压汉奸敌探。经过艰苦奋斗,各根据地胜利地坚持了斗争。

从1941年起,日军由苏南开始对根据地实行"清乡"。1943年,日伪清乡重点转到苏中第4分区(南通、如皋、启东、海门4个县)。日军从江南调来"有清乡经验"的主力一部及大批警察、宪兵、特务、政工人员共1.5万余人。新四军军部对苏南、苏中反清乡及时做出指示,苏中军区确定就地坚持、以武装反清乡为主。第4分区军民进行深入动员,充分准备。日军"清乡"开始,先进行军事清乡2个月。每次分后十几路、几十路,采用梳篦、拉网战术,分进合击,突然包围,昼夜搜剿。军事清乡以后,接着进行4个月"政治清乡",编保甲、查户口,建情报网,实行伪化统治。该分区军民艰苦斗争,不断打击敌人,清乡区外各根据地也积极打击敌人予以支援。在连续9个月的反清乡斗争中,根据地军民共作战2100余次,歼敌4000余人。该分区也付出了重大代价,仅县、区、乡干部牺牲被捕者达200多人,群众生命财产损失无法计算。1943年末,华中根据地已经度过困难时期,进入新的发展阶段。

华南人民抗日武装粉碎敌人进攻,胜利坚持了广东、海南岛等地的抗日武装斗争。东北抗日联军在日军疯狂的军事进攻、严密的经济封锁和残酷的殖民压迫与统治下,保存了一部分力量,坚持了秘密抗日活动的艰苦斗争。

在1941年与1942年,为适应形势,坚持敌后抗日战争,克服严重困难,争取新的胜利,各根据地实行了一系列新的政策与策略,主要有:

1、实行精兵简政 精简机关,减少指挥层次,整编部队,减少非生产、非战斗人员,增加战斗人员,减轻人民负担。主力军实行精兵主义,主力兵团实行地方化。加强地方武装、民兵建设,地方兵团实行群众化,以便适宜于开展敌后游击战争。

2、厉行生产节约 坚持自力更生,发展生产,厉行节约,克服困难。第359旅在南泥湾开展大生产运动,屯田开荒。各敌后根据地在坚持游击战争的同时,普遍发动群众,开展生产运动,保证了供给,保证了作战,减轻了人民负担,密切了军政、军民关系,为积蓄力量准备反攻创造了条件。

3、实行"三三制",加强抗日根据地民主政权建设 为巩固共产党的领导,扩大抗日民族统一战线,联系广大群众,抗日根据地在民主政府人员分配上,实行"三三制",采取共产党,非党进步人士与中间人士各占1/3的比例。

4、实行减租减息 为使农民获得经济利益,抗日根据地普遍实行减租减息,同时实行交租交息。

5、开展整风运动 从1942年起,全党全军开展整风运动,进行马列主义的群众性自我教育,以提高马列主义水平,坚定无产阶级立场,树立实事求是作风,提高斗争艺术,克服军阀主义与教条主义,增强军政、军民团结。

6、加强政治攻势,进行广泛的群众游击战争 针对日军"治安强化""清乡""蚕食"与推行伪化等活动,各根据地加强政治攻势,对敌展开军事、政治、经济、文化相结合的全面斗争,广泛组织武工队、锄奸组深入敌占城市与据点,有力地打击敌人,坚持了抗日斗争。

7、加强党的一元化领导 这是坚持敌后艰苦斗争,克服种种困难的最重要的保证。加强党的领导的最高原则是"一切服从战争",在党领导下,党政军民同甘共苦、同心同德进行战争与建设。终于在渡过艰难困苦时期之后,迎来了新的胜利局面。

敌后抗日根据地的创建、发展、扩大,渡过艰难困苦,走上新的胜利发展阶段。主要依靠了中国共产党的正确领导,依靠党中央、中央军委、毛泽东主席的英明决策,依靠敌后根据地各级政府和人民的全力支援,依靠八路军、新四军及华南抗日武装全体指战员英勇奋战,不怕流血牺牲,不怕艰难困苦所取得的。敌后战场实行了真正的人民战争,民兵是胜利之本。同时,全世界反法西斯人民对中国抗战给予了同情与支持。伟大的国际主义战士白求恩为中国人民的抗日解放事业流尽了鲜血,柯棣华、斯诺等许多国际友人也都为中国人民的抗日解放事业做出了贡献。在敌后抗战中与我们并肩战斗牺牲的还有朝鲜、日本等国同志。国内许多著名人士同情、支援敌后抗战,如宋庆龄同志,她除了介绍一些国际友人来敌后帮助抗战外,还募集了敌后军民最缺乏的医疗器械、药品和其他器材等,对敌后抗战的胜利,做出重要贡献。中国人民对国内和国外以各种方式帮助过敌后军民进行抗日的朋友们,将永远不会忘记。

三、敌后抗日根据地的恢复、发展和局部反攻

第二次世界大战进入1943年,在苏德战场和太平洋战场上,苏军和英、美盟军均已转入反攻,国际形势对中国抗战是有利的。在中国战场上,日本没有改变迫使

中国国民党政府屈服的企图,进攻的重点仍然放在敌后战场。1941年与1942年,日军对敌后的残酷进攻,不但未达到消灭八路军、新四军的目的,相反遭受了惨重损失。由于太平洋战场失利,日军又不得不从中国战场抽兵,侵华日军大为削弱。

敌后抗日根据地经过2年艰苦斗争,虽然面积缩小、人口下降了,但广大军民锻炼得更为坚强,难关已经渡过,华北、华中形势相继好转,走上恢复和再发展阶段。1943年,华北各根据地军民继续贯彻党中央"敌进我进"的方针,积极粉碎敌伪蚕食、扫荡,并利用有利时机,积极发动攻势,扩大解放区。1944年,苏军、英、美盟军展开了强大攻势。日军为打通大陆交通线,从敌后抽走部分兵力,各根据地展开新的攻势作战,开始局部反攻,扩大解放区。1945年,敌后军民响应毛泽东的号召,扩大解放区,缩小沦陷区,继续展开更大规模的攻势作战。中国共产党第七次全国代表大会所通过的正确的路线、纲领和政策,为准备战略反攻,取得抗日战争最后胜利,作了政治、思想和组织上的充分准备。

晋绥 1943年初,日军对晋绥仍疯狂进行蚕食。晋绥军民根据中央"敌进我进"的斗争方针,根据毛泽东关于"挤敌人"的指示,派出100多支武工队、游击队,深入敌后,展开游击战争,围困据点,打击敌人,同时积极开展反蚕食斗争,先后攻克据点70多个,收复村镇1000多个。8月,发动秋季攻势,进行大小近300次战斗,克据点40多个,歼敌约2000人,解放村镇440多个,人口5万余。9月,粉碎日伪的全围扫荡。1944年,继续展开攻势,收复大批村镇,解放大片领土。1945年2月发起春季攻势,至4月,共进行530余次战斗,克据点50余处,歼敌2400余人。6月至7月,又展开夏季攻势,根据地大为扩大。

晋察冀 1943年,斗争形势出现新局面,4月,日军集中1.2万余人,对北岳区东部进行持续近1个月的分区辗转扫荡,企图消灭军区指挥机关。军区军民以灵活的战术,展开游击战、地雷战,粉碎敌伪扫荡,歼日伪军2700余人。秋冬,晋察冀根据地又粉碎了日伪大规模合围扫荡;至年底,收复与开辟村镇1万多个。被敌伪蚕食最严重的冀中,经1年斗争,拔除据点1000余处,基本恢复到1942年"五·一"大扫荡前的局面。被关在平北龙关监狱的干部、群众暴动成功,回到根据地。1944年4月,北岳区围攻涞源等地之敌,开辟了雁北、察南地区。冀中攻克据点815个,围攻任丘、肃宁等县城。冀东开辟了通州以南地区。平北发展了宝源、张北地区。全年,晋察冀共作战4400余次,歼敌伪4.5万余人,攻克据点1600余个,扩大了北岳,巩固了平西、平北,坚持了冀东。1945年春季,各根据地发动春季攻势,攻克据点,解放城市,粉碎日伪小规模扫荡,进行战斗650余次,克据点460多处,收复县城7座,歼敌9000余人。5月,晋察冀根据地开始夏季攻势。5月至7

月,晋察军区向察南、平北之敌展开进攻,攻克和逼退怀安、涞源、崇礼3座县城及60多个据点的敌人,解放了赤城周围地区。6月,冀热辽军区主力北出长城作战。6月至7月,冀中军区实施子牙河战役、大清河战役。7月,冀晋军区开辟桑乾河两岸地区。在夏季攻势中,全区大量歼灭了敌伪军,扩大了解放区。

晋冀鲁豫　还在1942年下半年,日军对晋冀鲁豫根据地的蚕食已被基本制止。1943年,该区继续贯彻"敌进我进"方针,派出成千支武工队与小部队,深入敌后,开展游击战,发动群众围困敌据点,展开政治攻势,瓦解敌人。5月,日军集中1.5万余人,对太行区实施"铁壁合围""抉剔清剿"相结合的扫荡,企图消灭第18集团军总部和第129师师部,摧毁根据地领导机关。基干部队适时跳出了敌合围圈,主力在外线打击敌人,游击部队在内线坚持斗争。经半个月斗争,粉碎了日军的扫荡。7月,冀鲁豫军区进行卫南战役,歼敌伪5600余人。8月,太行主力等部歼伪军7000余人。10月,日军集中兵力对太岳区进行"铁滚式三层阵地新战法扫荡"(集中主力分三线配置滚进扫荡)。太岳军区杀伤敌3500余人。在临汾韩略村附近战斗中,日军组织1个由中队长至旅团长共120余名军官参加的"战地参观团",被我赴延安途经该地的第16团全部歼灭,有力地支援了反扫荡战斗。至年底,晋冀鲁豫已完全恢复了原有根据地并有所扩大。1944年,该区军民乘日军抽走部分主力去打通大陆交通线之机,积极展开攻势作战。从2月至8月,太行、太岳、冀鲁豫主力分别向榆社、武乡、潘龙间交通线,并向林县、凌川、辽县、邢台、沙河、新乡、辉县、临城、内丘、济源、垣曲、清丰等地敌伪展开猛烈进攻,全年共歼敌7.3万余人,克县城11座,解放国土6万余平方公里,人口500多万。太岳区沁源军民从1942年10月起,围困以沁源县城为中心的各据点之敌,至1944年底杀伤日伪军4000余人,至1945年4月终于迫使驻沁源城的日军两个大队及伪军弃城而逃,这是实施围困战的一个范例。1945年,晋冀鲁豫军民更广泛地展开攻势。在春季攻势中,实施首清战役、豫北战役、南乐战役,收复据点120多个,歼敌伪1万余人。在夏季攻势中,实施了东平战役、安阳战役、同蒲铁路南段攻势,阳谷战役等,大量歼灭日伪,缩小沦陷区。

山东　1943年,山东军民继续展开反蚕食、反扫荡斗争,粉碎日伪蚕食和扫荡。11月,日军6000多人扫荡鲁中区、清河区。鲁中军区第11团第8连坚守沂蒙山区南北岱崮阵地18天,抗击日伪军2000余人在飞机、火炮支援下的进攻,以伤亡9人的代价,毙伤敌300余人。同时,鲁南主力展开讨伪战役,歼伪军1个师。滨海军民进行赣榆战役,歼伪军1个旅,解放赣榆城。至年底,山东共收复村镇7000余个。1944年,鲁中、鲁南、渤海、滨海、胶东军民发动攻势作战。3月,实施了讨伪战役,打通了沂山、鲁山、泰山、蒙山间的联系。5月,鲁南、鲁中、渤海等军区发动夏季攻势。8月,胶东、渤海、鲁南等军区发动秋季攻势。11月,滨海、鲁中、鲁南等军民发动冬季攻势。在秋、冬季攻势中,歼敌伪2万余人,克据点200多处,解放人口500余万。1945年的春季攻势中,胶东进行讨伪战役,歼敌近万,攻克莱阳城。鲁南军区全歼泗水附近的敌伪军。鲁中军区进行蒙阴战役。4月,发动夏季攻势,滨海军区军民粉碎日伪对沿海的扫荡,歼敌伪5000余人,克据点140余处,打破了日军控制沿海的企图。鲁中军区对昌潍伪军进行讨伐,歼日伪7300余人,拔除据点60余处,接着又进行了临(沂)费(县)边战役,扩大了鲁中与鲁南的联系。胶东军区歼敌伪军5400余人。滨海军区歼诸城伪军5000余人。渤海军区歼伪军1个旅又3400余人。鲁南军区歼日伪军3000多人。经过夏季攻势,山东解放区进一步扩大。

华中　1944年起,华中军民积极主动地向敌伪发动进攻。苏中军区在1、2月连续攻克10余处据点后,于3月实施了车桥战役,攻克车桥,歼灭援敌,共歼敌800余人。5至9月,苏中军区又克据点30余处,彻底粉碎了日伪对苏中的"清乡"。苏北军民发动攻势,歼敌数千人,最后粉碎了日军"治安肃正"计划,开辟了广大地区,使淮海、盐阜两地连成一片。淮北军民于3至6月发动连续攻势,克据点50余处,歼日伪2300多人。1944年全年,华中军民共作战6500余次,歼日伪5万余人,解放人口160余万,大大改善了斗争形势。1944年冬与1945年初,日军为垂死挣扎,在华东沿海,北起连云港,南至温州,实行所谓"决战措施"防御部署,调集重兵,增修工事。新四军为打破敌人企图,展开攻势作战。4月,第3师进行阜宁战役,解放城市村镇580余个,歼敌伪2300余人。6月,淮北军民进行睢宁战役,歼伪军2200余人。与此同时,苏中军区主力一部进行三垛、河口伏击战,4小时战斗歼敌伪1800余人。淮南、淮北军民从1945年年初开始,展开粉碎日军打通淮河交通线的计划,4月组织有力反击,使敌计划彻底破产。5至7月,淮北军民展开强大攻势,歼敌伪7000余人。同时,各区军民广泛展开政治攻势,瓦解敌人。1至8月,华中军民共歼敌伪3.4万多人,攻克重要据点100余处,解放区迅速扩大,新四军愈战愈强,日伪愈战愈弱。

开辟河南,恢复豫皖苏抗日根据地　1944年4月,日军实施打通大陆交通线作战,驻河南的国民党军队不战而逃,日军占领平汉铁路南段及豫西数十个县。为打击日军,开展河南抗战局面,从战略上将陕北、华北、华中连结起来,中共中央决定进军河南,开辟河南抗日根据地,恢复豫皖苏和淮北路西抗日根据地,由晋冀鲁豫之太行、太岳、冀鲁豫军区及新四军第5师各一部、第4师主力遂行这一任务。

1944 年 8 月至 1945 年 2 月，太岳、太行军区主力各一部挺进豫西，开辟了洛阳、新安等地，建立 2 个军分区。1945 年 2 月王树声率主力一部进至豫西，成立河南军区，统一领导豫西抗日斗争。为策应开辟豫西和南援新四军第 4 师主力西进，冀鲁豫军区主力一部挺进豫西，加强睢（县）杞（县）太（康）地区。第 5 师一部沿产汉线北上，进入豫南豫中。由彭雪枫率领的新四军第 4 师主力，于 1944 年 8 月 15 日，在第 2、第 7 师的策应下，开始西进，越过津浦铁路，进入豫皖苏边区，向日伪展开攻势作战，经紧张连续作战，基本上恢复了豫皖苏边区。9 月 11 日，在夏邑以东八里庄战斗中，第 4 师师长彭雪枫不幸光荣牺牲。继由张爱萍任师长，韦国清任副师长赴路西指挥作战。

第 359 旅挺进湘赣边　1944 年秋，日军打通粤汉、湘桂线，中共中央决定发展华南，指示第 359 旅挺进湖南，逐步将鄂豫和广东抗日根据地联系起来。1944 年 11 月，第 359 旅第 1 梯队 4000 余人，改称国民革命军第 18 集团军第 1 游击支队（简称南下支队），在王震、王首道率领下，由延安出发，东渡黄河，越过同蒲铁路，再南渡黄河，越过陇海铁路，于 1945 年 1 月，进入鄂豫根据地，与新四军第 5 师会合。2 月，南下支队由鄂东渡过长江，沿途击退日伪顽军的进攻，进入大幕山，开辟湘鄂赣根据地，由新四军第 5 师 1 个旅坚持斗争。4 月，南下支队改称湖南人民抗日救国军。7 月，开始向湘粤赣边进军。8 月渡过湘江，到达衡山南湾地区。8 月 9 日，日本政府发出投降照会。11 日，中共中央指示该部迅速到达湘粤边与广东部队会合，创建根据地。由于国民党军队的进攻和围堵，该部转战江西崇义、广东南雄、始兴各地，处境日益困难，遂于 8 月底毅然挥师北返。11 月，返回鄂、豫根据地，按中央指示，加入新四军第 5 师序列。

开辟苏浙皖　中共中央在确定发展华南同时，重申发展东南的方针，指示新四军主力一部南下，首先发展苏浙皖及浙江沿海，继而争取控制苏、浙、皖、闽、赣五省。根据中央指示，新四军第 1 师主力南下部队在粟裕指挥下渡过长江。1945 年 1 月，在长兴地区与坚持江南斗争的第 6 师会师，成立苏浙军区，开辟了莫干山区。在军区主力向敌伪进攻时，国民党顽固军于 2 月和 3 月先后两次向天目山区进犯，均被打退。此时，新四军第 1 师主力另一部继续南下，打通了与浙东的联系。6 月，国民党顽固军第 3 次进攻天目山区，军区主力撤出天目山区，并粉碎了顽军的进攻，巩固了苏浙根据地，扩大了在江南的反攻阵地。

当 1945 年 4 月中国共产党七大召开时，华北、华中、华南 16 个省范围内之敌后抗日根据地已建立 678 个县政权，人口 9500 万。八路军由抗战初期 3 个师 4.2 万人发展到主力 65 万人，新四军由 1.03 万人发展到 26 万人，华南抗日武装由几乎白手起家,发展到主力2万余人。至此,共产党领导的主力军达93万人,民兵达220万人,抗击了侵华日军5/6的兵力和几乎全部伪军。中国共产党领导下的抗日武装在同日伪的作战中成长壮大;侵华日军所占领的大城市及其间的交通线,大部处于八路军、新四军和华南抗日武装的战略包围之中,对日举行战略总反攻的形势正在形成。

ABC 会谈和租借法案

虽然三国同盟条约的签订对德意日的关系并没有实质上的加强,但对英美关系的进一步发展却是个促进。日本南进的速度之快使远东防御力量不足的英、美迫切需要相互配合行动。特别是在远东有着巨大领土利益的英国,更是希望借美国的力量遏制和打击日本,为自己看守远东门户。美国则感到自己早晚要介入战争,那么采取什么样的战略才能保证既能彻底打败法西斯,又能保卫和最大限度地发展美国的利益,便成了美国在参战前必须认真考虑的问题。于是罗斯福和丘吉尔决定把两国之间已经进行的非正式参谋会谈升格为三军参谋长级会谈,为一旦美国参战制定正确的战略原则。

正式会谈前,双方军事首脑决定了各自的立场。美国的看法集中体现在海军作战部长斯塔克写的一份重要备忘录,即"猎犬计划"之中。其中心思想是,一旦美国参战,在保卫西半球的同时,应在大西洋和欧洲积极援助英国,取得打败纳粹德国的胜利,然后再回过头来打败日本。这就是"在大西洋取攻势,在太平洋取守势"的原则,这是最符合美国国家利益的政策。英国的立场与美国不完全相同。处于德意激战中的英国自然要把保卫本土、保卫大西洋和欧洲放在第一位,但它不肯放弃它的远东帝国并指望由美国来保卫它。这个要求英国已讲过多次,美国全未应允,这一次英国三军参谋长决定要亲自对他们的美国同行提出来。

1941年1月29日会谈在华盛顿正式开始,参加者除美英两国外,还有英国自治领的代表,因此又称"ABC会谈"。双方对保卫英国和太平洋,首先解放欧洲看法一致,无须太多争论;但在太平洋方面意见分歧严重。英国代表团长贝莱尔斯海军上将力陈远东及作为远东之关键的新加坡对英国的重要性,声称如果失去星洲,英联邦的整个凝聚力将随之荡然无存;但目前英国又不能以牺牲大西洋和地中海为代价去增援新加坡以防日本,因此要求美国派主力舰队去保卫这个远东要塞。然而美国坚持在大西洋担当重要角色,坚决反对在次重要地区做出代价昂贵的力量转移。美海军主要发言人特纳将军一针见血地说,如果英国人希望帝国得到保卫,你们就得自己去做这件事。对此英国人无言以对。

出于共同抗击法西斯的需要,两国军事专家们终于在 3 月 29 日签订了会谈协议,即"ABC—1 协定",明确规定一旦美国参战,两国联合作战的总战略是"先欧后亚"原则。这个原则成为以后指导同盟国实际进行全球联合作战的基本战略。因此 ABC 会谈也成了两国建立军事同盟的关键一步。

就在参谋会谈进行过程中,罗斯福在力争扩大经济援助英国方面又取得重大进展,3 月 11 日他终于签署了由国会批准的"租借法案"。

何谓"租借法案"?原来这是总统和他的顾问们想出的不须英国付钱就可得到美国大量战略物资的援英办法。到 1940 年 11 月,英国财政已十分拮据,驻美大使洛西恩曾坦率地对一群美国记者说:"朋友们,英国破产了,现在希望你们给点钱。"12 月 8 日丘吉尔给罗斯福发去一封 4000 字长信,陈述英国财政困难,说明英国已无力支付所有在美国订购的战略物资清单,要求美国帮助。第二天正在加勒比海作巡航旅行的罗斯福收到此信,颇感形势紧迫。但由于英国一直欠着一战时借美国的战债不还,美国法律不允许借钱给赖账者,所以罗斯福不得不冥想苦索其他办法。这办法便是"租借"。总统曾在他回国后的一次记者招待会上用一个生动的例子说明了他的"租借"思想。他说,如果他邻居的家着了火,他将把自己花园中的浇园水管借给邻人使用,如果灭火后水管完好如初,邻居便把水管还给他,还会对他表示十分感谢;如果有损坏,便换一个新的来代替。这个办法既绕过了法律障碍,又可把大宗物资运到英国。在总统和其他政府主要官员的一致努力下,终于促请国会批准了这一法案,随后又批准了为执行该法案拨款 70 亿美元的议案。

"租借法案"的通过标志着美国终于放弃了中立,以后该法案的实行扩大到中、苏等 30 多个国家,美国先后为实施"租借法案"拨款 500 多亿美元,以自己的强大经济实力支持着抗击法西斯的斗争。

珍珠港事件

1941 年 12 月 7 日早晨,一群涂有"太阳"机徽的日本轰炸机铺天盖地直冲珍珠港飞来,接着传来闷雷般的爆炸声,战列舰好像受惊吓一样,被炸得一蹦老高。霎时间平静的珍珠港变成了一片火海。美国海军作战部很快收到电报:"珍珠港空袭"。

珍珠港受到日本的偷袭是日美矛盾发展的必然结果。

美国和日本都是太平洋地区的国家。长期以来，美日两家为了争夺亚洲太平洋地区的霸主地位尔虞我诈，矛盾重重。第一次世界大战期间，日本趁美国忙于欧战无暇东顾之机，在亚洲地区竭力扩张，伤害了美国在这一地区的利益，引起它的极大不满。战后，美国立

珍珠港事件

即开始反攻，特别是在华盛顿会议上，它迫使日本放弃了一部分在中国的特权，并重申了门户开放，机会均等原则。日本受到这样的打击后一直在寻机报复。

1936 年，日本广田内阁上台不久炮制了所谓"基本国策"，提出"北进"和"南进"并行的侵略方针，即在确保东亚大陆霸权的同时，向南方海洋发展。为此，日本帝国主义拼命扩充军备，尤其是扩充海军力量，一再颁布"舰队补充计划"。到 30 年代中期，日本在太平洋上的海军实力已经与美国旗鼓相当，形成对美国的威胁，从而使日美竞争不断激化。

第二次世界大战爆发后，法西斯德国横行一时，这进一步激发起日本的扩张野心。但是，当时它在中国战场上已经陷入泥潭，对苏联的几次挑衅又遭失败，"北进政策"日趋破产。日本统治阶级为了摆脱这种内外交困的状况，指望于一场新的军事冒险。

这时候，日本扯起了"大东亚新秩序"的旗号，目的是想在它提出的"大东亚共荣圈"内，建立起日本的独霸秩序。不仅中国、朝鲜，就连澳大利亚和西南太平洋所有岛屿都被日本圈了进去。1940 年 9 月，德、意、日三国签订了同盟条约，德意承认并尊重日本在建立"大东亚新秩序"中的领导地位，并且保证缔约国之一倘被目前尚未参加欧战或中日冲突的一国所攻击时，三国应以政治、经济、军事手段互相支援。很明显，条约重点打击的目标是美国。日本的这一举动激怒了美国，它也不甘示弱，立即宣告"日美通商条约"失效，并限制向日本出口军用物资。美日双方你争我斗，使已经很紧张的关系再升一级。这时，日本法西斯已经感觉到必须用武力来解决问题了。

1941 年 7 月初，日本帝国御前会议通过了"帝国国策纲要"。为了独霸亚洲太

平洋地区,"跨出南进的步伐",日本声称"不辞对英美一战"。要进军南洋,首先必须拔掉美国钉在太平洋上的楔子——太平洋舰队基地珍珠港,日军头目山本五十六把偷袭视为锦囊妙计。为了实现他的偷袭方案,日本一方面向檀香山派遣间谍,收集美国舰队情报;一方面不惜血本进行偷袭的技术准备。

为了偷袭成功,日本还使用外交谈判的手段迷惑对方。事发前夕,日美友好谈判搞得热火朝天。日本新任驻美大使野村娓娓动听地告诉记者,日美之间没有任何理由开战,不管两国间存在什么问题,都能够以友好的态度加以解决。

在这友好谈判的背后,日本正在磨刀霍霍。他们加紧改装鱼雷,使其下潜深度不超过十米;航空队拼命进行飞行高度二十米的攻击训练。到9月初,日本陆军"南方登陆作战"训练接近完成;海军全面完成了战时编制,偷袭准备工作日趋完善。

对于日本的举动,美国已有察觉。但是,美国垄断资产阶级醉心于绥靖政策,企图借以牺牲中国和其他国家的利益换取太平洋上的平静。他们倚仗手中那张对日实行经济制裁的王牌,过分盲目自信。1940年6月,美国制订了"新彩虹计划第四号",规定美军在太平洋上不越过东经180度线向西作战。后来美国总统还批准了海军作战部长斯塔克制订的"大西洋攻势,太平洋守势"的战略方针。在美国绥靖政策影响和防御战的思想指导下,珍珠港的防御简直是一纸空文。他们根本不相信日本会偷袭珍珠港。事后太平洋舰队司令金梅尔承认:"我知道那种渡洋远征是有困难的。我知道日本的航空母舰续航距离和限度。……我认为,不仅我们,海军部所有的人都对日本航空队取得的战果及攻击方法感到极为震惊。"正是美国自己的战略性错误给日本偷袭珍珠港提供了一个良好的机会。

1941年12月7日早晨,住在檀香山的一个美国人正在教儿子驾驶飞机。上午7时前后,他突然发现两架日本飞机,便急忙飞回机场向美国军方报告,而舰队司令部没有采取任何措施。在这同一时刻,瓦胡岛东北角雷达站的两个新兵在雷达屏上也发现该岛东北132里外的上空出现大批飞机,他们当即向陆军基地作了紧急报告,而得到的回答却是值班中尉的一番嘲弄。他们只得眼睁睁地看着飞机步步飞近,直到巨大的轰鸣声压住了岛上的一切响动。

天色已经大亮了,瓦胡岛的人们还在睡梦中。谁曾料到,日本的51架俯冲轰炸机,40架鱼雷机,49架水平轰炸机和43架战斗机共183架飞机已经迅速飞临瓦胡岛上空。总指挥官渊田美津雄中佐,在座机里通过话筒向驾驶员喊道:"瓦胡岛左上空可能出现敌机。注意观察"!可是他们见到的只有云层,看来偷袭是不成问题了。渊田美津雄举起信号枪,向机外打了一发信号弹。一条火龙拖着硝烟划破了长空,这是命令机队展开的信号。机队刚一展开,渊田中佐就迫不及待地向东京发出奇袭成功的暗码"虎!虎!虎!"

7点55分,日本俯冲轰炸机突临希卡姆陆军机场上空,轮番轰炸扫射。机场上浓烟滚滚,烈火熊熊,转眼间飞机就变成了一堆废铁。岛上其他几个机场也遭受了同样的厄运。在短短的5分钟之内,美国空军在瓦胡岛上的战斗力量全部陷于瘫痪。

3分钟过后,珍珠港上空出现了大批日本鱼雷机。此刻,港内航道上停泊着美国太平洋舰队98艘各类舰只。日本偷袭的主要目标是8艘美国战列舰,其中7艘停泊在所谓战舰大街的航道上。另外一只是旗舰"宾夕法尼亚"号因临时进坞小修,它的原来位置停上了轻巡洋舰"海伦娜"号。日本鱼雷机猛然俯冲下来,在离水面20米左右发射经过改装带有安定尾鳍的鱼雷。战舰周围水柱四起,舰上火光冲天,其中一只战列舰的弹药舱中弹发生爆炸,一时火柱高达1000多米。

这时,太平洋舰队司令金梅尔海军上将正在山腰别墅前等车。战舰爆炸的气浪把他撞在柱子上,他这才如梦初醒,意识到日军的袭击。金梅尔举目望去,到处是浓烟、火海和爆炸声。被炸毁的舰只东倒西歪,他自己的旗舰也在船坞中喷吐着火舌。碧蓝的海水变成一片黑红,到处可见死尸,到处可闻伤兵的呻吟声,这一派惨景代替了原来的恬静。

这次冲击波经历了半小时,稍微平静十几分钟,第二次冲击波又开始了。这次由54架水平轰炸机和81架俯冲轰炸机构成进攻的主体。这时的珍珠港已经笼罩在一片硝烟之中,目标难以辨认,一直到9点45分,日机全部撤离。

日本偷袭珍珠港历时110分钟,美国军事实力遭受严重损失。港内八艘战列舰,一艘彻底破坏,一艘倾覆,另外3艘受重伤沉没海底。另有19艘军舰中弹,3艘驱逐舰被打得百孔千疮;此外,有250多架飞机被击毁,美军官兵死伤4500多人。珍珠港事件带给美国的损失几乎比美国海军在第一次世界大战中所受损失的总和还要大,自此以后,美国太平洋舰队一蹶不振了。

珍珠港的炸弹声,在全世界引起不同的回响。战报传到东京,整个民族似乎都沉浸在胜利的狂热中。无疑,日本偷袭珍珠港获得了巨大成功。从军事角度讲,这场偷袭无论从计划的制订、军事行动的组织和协调、时间的选择、情报的收集和外交的配合上讲,都是相当精确和出色的。但这是战术上的胜利。从战略分析,日本在珍珠港之得,正是它全局之失的开始。它没有能消灭美国的航空母舰,因为在袭击前夕出港了。此后,美国航空母舰成了日本远洋作战的联合舰队的心腹之患。即使美国太平洋舰队的航空母舰被消灭了,日本也未必能稳操胜券,因为美国的庞大生产能力不是任何偷袭所能消灭掉的。从全局上看,日本袭击珍珠港之举得不偿失,还因为它帮助罗斯福完成了他几乎是难以完成的工作——让美国人民心甘情愿地参加战争。

反观美国,珍珠港事件从战术上来看,是完全的失败,舰毁人亡,损失惨重。但是从战略上看,却是一次意义重大的转折。在珍珠港事件以前,罗斯福在太平洋上的回旋余地很小。他明确表示不打第一枪,他期待日本自己犯"错误",从而把美国推进战争。什么才叫犯"错误"?日本如果攻打泰国或克拉半岛算不算"犯错误"?据美国舰队司令理查逊海军上将在战后美国国会珍珠港事件调查委员会上作证说,日本攻打上述地方,罗斯福不会因此参战;如果打荷属东印度,罗斯福也不会参战;甚至打菲律宾,罗斯福也拿不准美国会不会参战。可是罗斯福认为战争可能扩大,日本人会犯错误,美国就要参战了。日本却出乎罗斯福意料之外,奔袭美国在太平洋的大本营,这是罗斯福求之不得的。罗斯福对国会的千言万语,上百次对全国发表的"炉边谈话",用尽心机的政治手腕,也顶不过日本人的一阵炸弹。史汀生在他的日记中欣喜地写道:"由于现在日本佬直接在夏威夷进攻我们,整个问题都解决了","日本进攻我们的消息传来,我的第一个感觉就是如释重负,优柔寡断已是过去的事了,危机以使我全国人民团结起来的方式到来了。"

从第二次世界大战开始到珍珠港事件前的两年,是罗斯福从政生涯中最感到进退维谷的时期,战不能,和不得,现在一举摆脱了困境。

如果说罗斯福对珍珠港空难感到如释重负的话,那么丘吉尔则是乐不可支,珍珠港遭到攻击时,英国已是星期天晚上。在伦敦首相别墅契克斯,丘吉尔正在用霍普金斯送给他的手提式收音机收听九点钟的新闻。他一点也不知道珍珠港的事。英国广播公司广播员用像平日一样平静沉着的音调报告了夏威夷受到日本攻击的新闻。当时在丘吉尔那里做客的美国总统特使哈里曼和美驻英大使怀南特听了以后目瞪口呆。在一片沉寂中,丘吉尔迈步进入他的私人办公室,拿起电话与罗斯福通话。丘吉尔问罗斯福:"日本是怎么回事?"确实是那样。他们在珍珠港揍了我们。""我们是风雨同舟了",罗斯福回答说。"事情倒变得干脆了。""上帝保佑你,总统先生。"丘吉尔的声音有些颤抖。美国报纸上还说这位英国首相高兴得老泪往下淌。他为了要把美国拖进抗德战争费了九牛二虎之力,也只搞到了一个《租借法》,想不到竟是日本帮了这个大忙。

有讽刺意味的是,日本的最大盟友希特勒听到日本袭击珍珠港的消息并不高兴。他在欧洲战场上没有取得决定性胜利之前,是宁愿不给美国以参战借口的。当日本向里宾特洛甫暗示日美战争的可能性时,里宾特洛甫以希特勒在东线为借口,拖了两天才答复。而墨索里尼则相反,他一得到日本大使的通报时,表示非常高兴。

珍珠港袭击后的第三天,日本老百姓还没从奇袭的胜利陶醉中清醒过来,美国老百姓也还没有从震惊中恢复过来,罗斯福在对全国发表的广播讲话中以冷静的语调宣告:"我们本不想卷入,可是现在我们卷入了,我们将用我们所能得到的一切去进行战斗。"

珍珠港事件,使美国卷进了第二次世界大战,从而使反法西斯的盟国一边增添了一支极重要的力量。

世界反法西斯联盟

希特勒德国对苏联的进攻,使英、美,特别是英国松了一口气。一年多来,英国承受着纳粹军队从空中到海上的凌厉攻势,但现在,正如丘吉尔所说,"由于俄国参战,转移了德国对大不列颠的空袭,并且减少了入侵的威胁。"这使英国在地中海区域得到了重大的解救,但是,希特勒"进攻俄国,只不过是企图进攻不列颠诸岛的前奏",所以,在德国进攻苏联的当天晚上,丘吉尔在广播演说中说,"俄国的危难,就是我们的危难,也是美国的危难,正是俄国人为保卫家乡而战的事业,是世界各地的自由人民和自由民族的事业一样"。"我们将要对俄国和俄国人民进行我们能够给予的一切援助"。

罗斯福领导的美国政府眼看美国面临的基本现实是"作为一场欧洲战争开始的已经发展成为一场企图征服世界的世界战争",而法西斯德国对苏联的进攻,只不过是希特勒"统治世界的真正目的和计划"的"进一步的证明"。"德国迅速地战胜俄国,既是英国的也是美国的灾难,因为这种胜利将使德国有可能从大西洋和太平洋来威胁美国"。6月23日,美国政府在《谴责德国侵略苏联的声明》中说,"任何防御希特勒主义的办法,任何集中力量——不论这种力量来自何方——的行动都将加速德国现在领袖逃不掉的失败,并因而有利于我们自己的国防和安全"。次日,罗斯福进一步声明,"美国决定在可能范围以内,全力援助苏联"。

希特勒的进攻和苏联的参战,进一步推动欧、亚、美洲各国共产党和各国人民积极投入反对希特勒、建立反法西斯统一战线的斗争。苏德战争爆发第二天,毛泽东指出,"苏联抵抗法西斯侵略的神圣战争,不仅是保卫苏联的,而且也是保卫正在进行反法西斯奴役的解放斗争的一切民族的。目前共产党人在全世界的任务是动员各国人民组织国际统一战线,为着反对法西斯而斗争,为着保卫苏联、保卫中国、保卫一切民族的自由和独立而斗争"。中国共产党要"同英美及其他国家一切反对德意日法西斯统治者的人们联合起来,反对共同的敌人。"英国共产党发表宣言,提出"我们要求同社会主义的苏联团结一致。我们要求英国同苏联立即签订军事和外交协定……让我们建立起英国人民同世界上第一个社会主义国家人民的强大统一战线"。美国共产党发表了"让我们以全面援助苏联、英国及所有同希特勒战斗的各国人民的行动来保卫美国"的宣言。被德国法西斯占领的欧洲各国人民也积极开展抵抗运动,以实际行动援助苏联和推动世界反法西斯统一战线建立。

苏联、英国、美国和其他反法西斯国家面对共同敌人,产生了联合抗敌的共同愿望。斯大林指出,希特勒原来还想进攻苏联来吸引英美参加反苏同盟,但是,"英国和美国不仅没有参加德国法西斯侵略者的反苏进军,反而同苏联站在一个阵营里来反对希特勒德国。苏联不仅没有被孤立,反而有了新的盟国,如英国、美国以及其他被德国人占领的国家。苏德战争的爆发,加快了反法西斯力量的联合。

苏、英、美在战争中的合作关系迅速发展。1941 年 7 月 12 日,英国和苏联签定《为对德作战采取联合行动的协定》,相互承担"彼此给予各种援助和支持"、并且"除经彼此同意外,既不谈判也不缔结停战协定或和约"的义务。这个协定使得苏联和英国在反对希特勒德国的斗争中结成战斗的盟国。7 月底,罗斯福总统派霍普金斯访问莫斯科,了解苏联的抵抗能力和前途。霍普金斯的访问帮助美国政府最后确定了采取实际措施援助苏联抗击德国法西斯的方针。在这基础上,苏美两国于 8 月 2 日互换照会,美国政府决定"给予一切可以提供的经济协助,加强苏联反对武装侵略的斗争"。苏美互换照会正式肯定了美苏合作关系,是 1941 年 7 月 12 日苏英协定的一种"美国等价物"。

与此同时,苏联和其他一些宣布对希特勒德国作斗争的国家进行了广泛合作。1941 年 7~9 月间,苏联政府和欧洲被占领国家驻伦敦的流亡政府——波兰、捷克斯洛伐克、南斯拉夫、挪威、比利时,以及"自由法国"运动建立了联系并商定相互给予支援和合作。当德国在伊朗加紧渗透,阴谋通过政变建立一个亲德政权,以策动伊朗站在德国一方参与对苏、英作战时,苏联和英国采取联合措施,派出军队进入伊朗,和伊朗缔结了保证伊朗在第二次世界大战时期同反希特勒盟国合作的条约,打乱了德国在中近东的计划,由此向全世界表明英国和苏联的军队已经实际上携起手来。

1941 年 8 月,英、美两国首脑在大西洋纽芬兰的阿金夏海湾举行会议。这次会议通过的著名的《大西洋宪章》,在建立反法西斯联盟的过程中占有重要的位置。

这是当时名义上仍属中立的美国和已经作为一个对德交战国的英国发表的联合宣言。《大西洋宪章》在当时历史条件下,起到了进一步动员和团结各个反法西斯国家,促进世界反法西斯联盟形成的作用。中国共产党在 1941 年 8 月 19 日发表声明指出:《大西洋宪章》"表示了英美打倒法西斯主义的决心,这种决心是完全有利于苏联,有利于英美,有利于中国,有利于世界的",它"决定了英美苏三大强国坚固联合这种具有政治远见的政策。"1941 年 9 月,苏联、英国、比利时、捷克斯洛伐克、希腊、波兰、荷兰、挪威、南斯拉夫、卢森堡和"自由法国"等国家的代表在伦敦举行同盟国会议,一致赞同《大西洋宪章》的基本原则。苏联代表团在会议上发表声明,进一步明确反希特勒战争的性质和任务是"要集中爱好自由各国人民的全部经济和军事资源,以便把呻吟于希特勒强盗压迫下的各国人民彻底地、尽可能迅速地解放出来"。

根据大西洋会议的建议,苏、英、美三国代表于 1941 年 9 月 29 日至 10 月 1 日在莫斯科举行会议研究互相援助和物资分配问题。这是已经参战的英、苏和尚未参战的美国在经济上、军事上联合起来的一次同盟国会议。会议达成了关于从 1941 年 10 月 1 日到 1942 年 6 月 30 日这一期间美、英向苏联提供援助的协定。10 月 30 日,罗斯福写信给斯大林,表示美国已同意莫斯科协定的援助项目,并宣布向苏联提供 10 亿美元的无息贷款。11 月 7 日,罗斯福说,苏联的防务,"对美国的防务来说,是至关重要的"。他宣布把苏联列入有资格享受租借援助的国家之内。莫斯科会议及其做出的决定,表明了苏、美、英三国决心用联合的力量来击败希特勒匪徒。苏联外长莫洛托夫在莫斯科会议的闭幕词中说,"爱自由的各国人民,由苏英美作先锋,已形成了反希特勒的强大阵线。"这样的大联合"预定了我们对希特勒匪徒的斗争必然能取得最后的胜利"。莫斯科会议以后,"英国、美国和苏联结成了一个旨在粉碎希特勒帝国主义者及其侵略军的统一阵营",这已经是一个毋庸置疑的"事实"了。

法西斯集团扩大侵略的行径,促进了反法西斯国家的联合,推动了世界反法西斯联盟的最后形成。从 1941 年下半年起,由于德国潜艇加强在大西洋的活动,罗斯福政府采取一系列果断措施来加强对德"不宣而战的战争"。日本在太平洋地区虎视眈眈,准备南进。英国表示,如果美国同日本处于战争状态,英国就将"毫不犹豫地站在美国一方",甚至"在一小时之内"对日宣战。假如说,直到 1941 年 12 月,罗斯福的行动多少还受到国内孤立主义者的掣肘,那么 1941 年 12 月 7 日,日本进攻美国的珍珠港海军基地,挑起太平洋战争以后,就使美国彻底地和英国"风雨共舟"了,珍珠港事件导致英、美对日宣战,接着德、美互相宣战。澳大利亚、荷

图文珍藏版

兰、加拿大、新西兰、南非联邦、哥斯达黎加、古巴、尼加拉瓜、巴拿马、萨尔瓦多、"自由法国"民族委员会和波兰政府相继对日宣战,中国也向德、日、意宣战。战争波及世界五分之四人口。

1941年12月11日,德、日、意签订联合作战协定,声称三国"有毫不动摇的决心",在把这场战争"胜利结束前决不放下武器",并"紧密合作"建立法西斯"新秩序"。罗斯福说,德国和日本"把不帮助轴心国家的一切民族和国家都当作全体和每个轴心国家的共同敌人,这就是他们简单明确的总战略。所以,美国人民必须认识到,只有类似的总战略才能够抗衡它。"

1941年12月末,英、美首脑在华盛顿会晤(阿卡迪亚会议)。罗斯福倡议由所有对轴心国作战的同盟国家签署一项共同宣言。美国提出的宣言草案经与英国和苏联政府讨论修改后,又通过频繁的函电往来和会晤,通知给各同盟国政府。1942年1月1日,美国、英国、苏联、中国等二十六个反法西斯国家在华盛顿签署《联合国家宣言》,签字国政府赞成《大西洋宪章》所载之宗旨与原则。签字国政府宣告:

(一)每一政府各自保证对与各该政府作战的三国同盟成员国及其附从者使用其全部资源,不论军事的或经济的。

"(二)每一政府各自保证与本宣言签字国政府合作,并不与敌人缔结单独停战协定或和约。"

《联合国家宣言》把代表五大洲绝大多数居民的二十六个自由国家的决心和意志联合起来了。它的发展标志着世界反法西斯联盟经过曲折发展的道路,终于正式形成。随之,在英、美、苏、中等盟国之间签订了一系列双边协定,如《英美关于在进行反侵略战争中相互援助所适用原则的协定》(1942年2月23日)、《苏英对希特勒德国及其欧洲与国作战的同盟和战后合作互助条约》(1942年5月26日)、《美中抵抗侵略互助协定(租借协定)》(1942年6月2日)和《美苏关于在进行反侵略战争中相互援助所适用原则的协定》(1942年6月11日)等,这些协定是《联合国家宣言》的具体化和进一步发展。

这样,反对法西斯侵略国家和人民经过正反两方面的教训,特别是经过战争的洗礼,终于结成广泛的反法西斯统一战线,汇成不可抗拒的历史洪流。

世界反法西斯联盟的建立,标志着在希特勒德国强加于各国人民的战争的过程中,力量发生了根本的划分,形成了两个对立的阵营:以德、日、意同盟为核心的法西斯阵营和以英、美、苏同盟为核心的反法西斯阵营。在这个反法西斯阵营中,包括不同的民族和阶层、不同的社会制度和意识形态、不同的战争目的。这个阵营内部,也有各种矛盾和斗争——既有不同社会制度的国家、不同意识形态的矛盾,也有帝国主义国家为争夺海外市场和殖民地而引起的矛盾以及它们和弱小国家的矛盾,但是,这丝毫也不排斥他们采取共同行动,去反对使它们受奴役威胁的共同敌人。打败法西斯,就是他们斗争的共同目标,就是他们团结的共同旗帜。

世界反法西斯联盟的建立,其影响"不仅仅是在精神上和决心上,并且还在全面作战的各个阶段上"(罗斯福语)。它使得所有联合国家在人口、资源、生产能力、人心向背和团结互助方面协调合作,从而远远压倒与世界各国人民为敌的法西斯轴心国。反法西斯联盟建立以后,盟国军队在欧、亚、非战场发起的斯大林格勒会战,北非"火炬"战役、太平洋上中途岛和瓜岛战役的胜利,使第二次世界大战各个战场的形势发生了有利于同盟国的根本转折;而盟国首脑的开罗会议、德黑兰会议、雅尔塔会议和波茨坦会议对推动反法西斯战争的胜利前进和加速最后胜利的到来,都起了重要作用。世界反法西斯联盟的建立和巩固发展,是反法西斯战争取得最后胜利的决定性因素之一。

世界反法西斯联盟建立的影响,甚至还不仅仅限于第二次世界大战。《大西洋宪章》所确立的民主原则,通过《联合国家宣言》而建立起来的由同等尊严和同等重要的独立民族组成的联盟,是战后国际和平与安全组织——联合国的范本和雏形,对战后国际关系产生了深远的影响。

罗马尼亚建立反德联盟

第二次世界大战前,罗马尼亚工农业非常落后,地主、资本家和外国帝国主义几乎掌握着国家的全部财富,广大工农极端贫困。1938年建立的国王卡罗尔二世的独裁专政,取消了过去宪法中的民主条款,解散工会,取缔政党,议会名存实亡。而1930年成立的法西斯组织"铁卫军"的活动却十分猖獗,他们扩充队伍,搜集大批武器弹药,加紧与德意法西斯秘密勾结。国王虽然在国内对"铁卫军"采取了严厉的镇压措施,但在对外政策上却屈服于德国法西斯的淫威。

德国利用1938年9月慕尼黑协定签订后对它有利的国际形势,向罗马尼亚施加很大压力。1938年11月,罗马尼亚国王卡罗尔二世访问德国时,希特勒要他"现在就决定是跟德国走还是反对它"。1939年3月法西斯德国逼迫罗马尼亚政府与德国签订了《关于加强罗马尼亚王国和德意志帝国经济关系的协定》和协定的秘密附件,规定罗马尼亚的工业(尤其是石油)、农业和畜牧业要根据德国进口的需要规划，罗马尼亚所需机械、军备和军工设备须从德国进口，罗德建立各种合营公司，等等。罗共总书记乔治乌—德治(1944～1965)指出，这一协定"把罗马尼亚的自然资源交给纳粹德国支配，这是使我国丧失民族独立的第一个决定性的步骤。"这样，罗马尼亚在外交上迈出了疏英法亲德意的重要一步。

慕尼黑协定

1939年8月23日，苏德签订互不侵犯条约。当时外国报纸披露条约附有一个秘密议定书，涉及从波罗的海到黑海之间的东欧国家的边界，其中"苏联方面强调它对比萨拉比亚(罗马尼亚东部领土)表现的兴趣"。罗马尼亚感到它的领土有被分割的危险，对苏联充满了疑惧。罗马尼亚政府以为"只有希特勒德国能够停止苏联的进攻"，因此更加依附于德国。1940年5月29日，罗马尼亚政府决定放弃中立政策，"适应现实"，与德国结盟。

1940年6月28日，苏联出兵占领了罗马尼亚的领土比萨拉比亚和北布柯维纳。8月30日，德国强迫罗马尼亚接受"维也纳裁决"，将罗马尼亚的特兰西瓦尼亚东北部割让给匈牙利，把多布罗查南部给保加利亚。罗马尼亚前后两次共丧失99.738平方公里的土地，占全国领土面积的33.8%。卡罗尔对内专制独裁，对外软弱无能，激起全国上下的极大愤怒，卡罗尔政权摇摇欲坠。原国防大臣约恩·安东内斯库将军趁机在希特勒支持下发动政变，上台稳定政局，于1940年9月5日出任首相，废黜卡罗尔，拥立王子米哈伊为傀儡国王，建立了安东内斯库政权。

安东内斯库自称"元首"，安插法西斯组织"铁卫军"首领西马为副首相。他废除宪法，攫取颁布法令的大权，宣布"铁卫军"为唯一合法的政党。他到处设立监狱和集中营，用极端残酷的手段迫害共产党人和进步人士。1940年11月26日夜，"铁卫军"竟闯入拉瓦堡监狱枪杀70多名政治犯。安东内斯库还追随希特勒，杀害犹太人。第二次世界大战期间，50万罗马尼亚犹太人遇难。

安东内斯库上台后，罗马尼亚同德国签订一系列新的经济协定，规定罗马尼亚按照德国的需要和希特勒的"欧洲新秩序"发展本国经济，改造本国交通，聘请德国专家管理经济,降低罗币同马克的比价。这样,罗马尼亚经济便更加依附于德国。

1940 年 9 月 20 日,在安东内斯库同意下,德国军事使团和军队进入罗马尼亚,占领了罗马尼亚的石油矿区和最重要的战略据点。11 月 23 日,罗马尼亚正式加入德日意三国公约,声明"罗马尼亚的军团运动、国家社会主义和法西斯主义是有机地、自然地相联系在一起的"。从 1941 年 11 月起,半年内安东内斯库四次拜见希特勒,向希特勒保证罗马尼亚将参加反苏战争。战后安东内斯库供认,"由于希特勒关于共同对苏联发动战争的建议符合我的侵略意图,我说我同意参加进攻苏联。"1941 年 5 月 11 日,希特勒在与安东内斯库的会谈中,同意"罗马尼亚占领并管理苏维埃乌克兰南部地区,直到第聂伯河"。希特勒的诱惑满足了罗马尼亚部分上层统治者收回比萨拉比亚和继续向东扩张领土的欲望。1941 年 6 月 12 日,安东内斯库答应希特勒无条件地参加反苏战争。6 月 22 日,罗军同德军一道对苏联发动进攻,从而写下了罗马尼亚历史上最黑暗的一页。

安东内斯库推行的内外政策是违背人民意愿的。1942 年 2 月,安东内斯库对里宾特洛甫说:"是我自己宣布我必须实行与轴心国站在一起的政策,我仅仅得到了米哈伊·安东内斯库的支持。"米哈伊是他的弟弟,"铁卫军"叛乱被镇压后任副首相兼外交大臣。

罗马尼亚主要资产阶级政党国家农民党和国家自由党领导集团在德国压力面前怯懦退缩,容忍并支持安东内斯库军人集团,使其得以巩固政权。这两个党虽然声明反对维也纳裁决,但同时反对人民起来斗争,担心这样做会引起德国军事干涉,因此认为向德国屈辱妥协是迫不得已的。两党主席尤·马尼乌和康·勃拉蒂亚努认为军事独裁是当时特殊国际形势下的产物,是"维持秩序"所需要的,幻想将来军事独裁政府能过渡到议会制民主政府,因此对安东内斯库当政表示支持,允许本党党员参加政府的"技术工作"。1941 年 7 月 18 日,马尼乌在给党组织的指示中,要党员不要给"国家首脑"制造任何困难。1942 年 5 月,他在党的干部会议上首次声明,谁也不应该妨碍安东内斯库"继续领导国家"。安东内斯库把国家农民党和国家自由党看作自己政治上的后备队,默认两党事实上的存在。

安东内斯库的独裁统治和亲德政府把罗马尼亚拖入了苦难的深渊,激起了罗马尼亚人民的反抗。

罗马尼亚共产党与资产阶级政党的立场迥然不同。安东内斯库刚刚上台,罗共中央就于 1940 年 9 月 10 日在《我们的观点》的决议中明确指出,安东内斯库是一个"军团主义的军事独裁者",揭露他出卖民族利益的政策,号召人民坚决与之进行斗争。10 月 17 日,罗共中央机关报《火花报》载文指出,只有通过革命斗争才能获得和平、面包、土地和自由。当时罗共受到共产国际错误指示的影响,比如,共产国际要罗共把英法当作国际上的主要敌人,把国家农民党和国家自由党当作国内的主要敌人;要罗共服从苏联当时的需要,不要反对德国的斗争;要罗共拥护苏联对比萨拉比亚的兼并等。在组织上,罗共还受到共产国际纪律的束缚。虽然如此,在世界各国人民与法西斯之间的矛盾成为主要矛盾的时候,罗共领导认识到法西斯是本国无产阶级和广大人民的主要敌人。1940 年 11 月 7 日,罗共不顾共产国际关于不要把斗争矛头指向德国的错误指示,在布加勒斯特奥博尔广场组织了反法西斯示威。在"铁卫军"叛乱被平定后,罗共中央通过了《从军团政权到军事独裁》的决议,表明了继续反对安东内斯库政权的态度。

罗马尼亚参加反苏战争后,罗共中央立即于 1941 年 6 月 27 日发表谴责反苏战争的声明。从这时起直至 1944 年 8 月 23 日武装起义,罗马尼亚共产党在政治、思想和组织上进行了两个方面的努力。一是坚持不懈地谋求工人阶级在反对法西斯,争取民族解放、民主自由和社会主义斗争中的团结一致,实现两个主要的工人政党共产党和社会民主党的统一行动,建立工人阶级的统一阵线。二是通过实现工人阶级的团结,达到全民族各爱国民主力量的团结,即实现工人政党、其他劳动者的组织与主要的资产阶级政党国家农民党和国家自由党的联合行动,建立广泛的反法西斯统一战线。1941 年 9 月 6 日,罗共中央公布了本党关于反法西斯斗争的行动纲领,明确提出了建立"民族统一阵线"的号召。行动纲领共八条,主要点是:停止反苏战争,与国际反法西斯同盟一道进行斗争;停止为希特勒战争服务的军事生产,赶走占领军,争取民族独立;推翻安东内斯库军事法西斯政府;建立所有爱国力量组成的民族独立政府;废除"维也纳裁决"……。

罗共的号召在群众中产生了深远的影响,爱国力量积极行动起来参加抵抗运动。他们炸毁敌人军火库、油轮、军用列车等,军工厂的工人消极怠工或举行反战罢工,使军火生产下降。甚至敌人统治的心脏地区布加勒斯特也发生了爱国者武装袭击德军司令部的事件,出现了"打倒安东内斯库"的标语。罗共还在罗马尼亚军队中做工作,号召士兵倒戈反对希特勒法西斯,站到爱国斗争的行列中来,以至大量前线士兵逃亡,有的向苏军投诚。1942 年,代表农民利益的反战反独裁组织农民阵线以及由知识分子组成的反法西斯组织爱国者同盟相继建立。

为建立反法西斯统一战线,罗共做出了不懈的努力。1942 年初,罗共中央与社会民主党中央执委会建立联系，多次提议建立工人阶级统一阵线。1943年1月，罗共中央向社会民主党中央提出，希望两党在罗共1941年9月行动纲领的基础上联合起来。虽然左派社会民主党人对罗共的建议做出了积极的反应，但是，由于以社会民主党主席佩特雷斯库为首的右派社会民主党人认为，没有两个资产阶级政党参加的合作，阵线将是单方面的、软弱无力的。他们不同意罗共对专制政权采取"破坏"、即用暴力反抗的策略，借口说"我们没有组织起来，我们太弱了"，拒绝了罗共的提议。

同时，罗共不断地探询与国家农民党和国家自由党合作的可能性。1942年1月26日，罗共中央致信马尼乌，提出建立民族统一阵线的建议。马尼乌指出合作必须在得到苏联对罗马尼亚1940年以前边界承认的条件下才可能，实际上予以拒绝。1942年12月和1943年1月，罗共中央两次致信马尼乌，信中写道："如果我们不立即断绝与希特勒的可耻联盟，与苏联、英国和美国单独媾和，我们民族的存在就面临危险。"1943年春，罗共中央代表米哈伊·马盖鲁和珀特雷·约恩与马尼乌进行谈判，双方澄清了各自的观点，但仍没有达成协议。

1943年春斯大林格勒战役胜利后，苏德战场上出现了不利于法西斯军队的转折，1943年5月共产国际解散，6月，罗共中央通过《共产国际的解散和罗马尼亚共产党的任务》的决议。决议认为，"由于共产国际的解散，在反对德国占领者的斗争中，罗马尼亚所有民族力量与共产党联合道路上的最后障碍已经消除。我党不再受共产国际的规章和决定所赋予它的责任的束缚。"这促进了罗马尼亚国内反法西斯力量的接近。

1943年7月底和8月初，罗马尼亚共产党与格罗查为首的农民阵线建立合作关系。同年秋，在罗共1941年9月6日行动纲领的基础上，成立了反希特勒爱国阵线，包括罗共、爱国者联盟、农民阵线、马扎尔劳动人民联盟、农民社会党以及社会民主党的一些地方组织。阵线的成立显示了罗共在统一战线工作上的进展，但阵线还没有包括主要的工人政党社会民主党和两个主要的资产阶级政党。

1943年11月7日，罗共中央再次致信马尼乌，认为政治观点的分歧不应妨碍争取民族解放的斗争。在信中，罗共重新修订了1941年9月关于联合行动的纲领，删去了争取社会改革的内容，仅仅剩下争取民族解放的目标，包括如下三条：1、推翻安东内斯库政府，建立所有反法西斯力量代表组成的政府；2、退出法西斯战争，加入英美苏同盟；3、动员军队和人民参加反对占领者的斗争。

国际形势的发展迫使资产阶级政党迅速做出抉择。罗马尼亚参加反苏战争后,罗军在苏德战场上伤亡惨重。1943 年 10 月,安东内斯库致信希特勒抱怨说,罗马尼亚已损失了 25 万士兵,支出了 3000 亿列伊军费。在战争期间,德国肆意掠夺罗马尼亚的石油和粮食等物资。1941 年、1942 年和 1943 年运往德国的石油分别为 400 万吨、346.4 万吨和 311.4 万吨。罗马尼亚出口德国的粮食价格只相当于国际市场的 1/3。到 1944 年 8 月,德国欠罗马尼亚的债务达 900 亿列伊,德驻罗占领军消耗罗物资 670 亿列伊。由于经济上受到破坏性的掠夺,罗工农业生产大幅度降低。工人工资只能够维持一日两餐,居民购买力 1943 年底比战前降低 3 倍。战争将要把罗马尼亚完全拖垮。形势迫使马尼乌和勃拉蒂亚努考虑和探索与英美苏单独媾和的问题。

但是,根据 1943 年 10 月莫斯科会议和 1943 年 11 月德黑兰会议的精神,在解决毗邻苏联的德国附庸国的问题上,英美承认苏联有优先权。马尼乌得知这一消息,表示同意立即停战,但对比萨拉比亚的归属问题仍持保留态度,而苏方则拒绝讨论涉及比萨拉比亚的任何问题。面对苏联的强硬态度和战场上无法阻止苏军西进罗马尼亚的实际状况,国家农民党和国家自由党不得不做出新的抉择:一方面继续敦促安东内斯库悬崖勒马,另一方面寻求与共产党和社会民主党的合作。

1944 年 4 月,共产党与社会民主党达成了建立工人阶级统一阵线的协议,在五一节散发的传单中公布了统一阵线的行动纲领,号召工人阶级和各阶层人民投入反法西斯的"决定性斗争"。

在苏军即将进攻罗马尼亚之际,马尼乌和勃拉蒂亚努非常担心自己被现实摒弃于国家政治生活之外,最后勉强地同意与共产党合作。

1944 年 6 月 20 日,帕特拉什卡努、佩特雷斯库、马尼乌和勃拉蒂亚努代表共产党、社会民主党、国家农民党和国家自由党,签署了成立民族民主同盟的协议。协议规定:立即同苏英美缔结停战协定;转到国际反希特勒同盟一边;解放祖国,恢复国家独立和主权;推翻独裁政权,在给予所有居民以公民权利和自由的基础上建立立宪民主政府;在实现共同目标的前提下,各党保持自己思想和政治上的独立性。同盟的建立标志着广泛的反法西斯民族统一战线的形成。

罗共中央还加强了争取国王米哈伊和具有反法西斯情绪的高级军官的工作。随着形势的发展,以王宫军事署长官康·萨纳特斯库为首的一批高级军官认为,由于苏联在国际反法西斯同盟中的地位及其对东欧的重大影响,王室和资产阶级政党必须与共产党合作。米哈伊也看到了共产党的潜在力量和发展前途,希望从共产党方面得到对其君主地位"保障"。共产党认为,由于国王是国家的象征,对军队和政府的去向具有极大影响,加强了争取国王和军队的工作。1944年4月,罗共著名政治活动家帕特拉什卡努作为共产党代表与国王代表萨纳特斯库等会谈时保证:"尽管共产党原则上将坚持共和的立场,但认为实行君主制还是共和制的问题还不是一个迫切问题,如果国王采取行动使罗马尼亚退出希特勒的战争,共产党的中央委员会将给国王以全力支持。"这样,双方达成了合作的协议。

于是,罗马尼亚形成了一个反安东内斯库独裁政权,反希特勒德国占领的最广泛的联盟,为后来全民族武装起义的胜利打下了坚实的基础。

斯大林格勒战役

1942年春天,苏军虽取得了莫斯科保卫战的胜利,但急需整顿,无力继续反攻;德军虽严重受挫,筋疲力尽,但未全线溃败。随着泥泞季节的到来,漫长的苏德战线以极其犬牙交错的状况相对沉寂下来,但双方都在秣马厉兵,准备迎接更大规模的战斗。

希特勒虽野心勃勃,但无奈德军在莫斯科城下损失惨重大伤元气,不得不到仆从国招兵买马,但仍无力组织全线进攻,因此便把赌注押向南方。他打算集中优势兵力,向南方突破苏军防线,向西向南分两路攻击斯大林格勒和高加索,切断莫斯科与南方重要经济区的联系,夺取顿巴斯的煤炭、库班的粮仓和高加索的石油,使他的战争机器继续运转。然后既可沿伏尔加河北上向西迁回莫斯科,又可由高加索南下中亚波斯湾,还可进一步染指中东和印度洋,打开德日联系的通道。因此若夺取了斯大林格勒,便夺得了一个纵横驰骋的战略天地。

斯大林

然而,苏军更清楚斯大林格勒和高加索的价值,它不仅战略地位极其重要,而且它的得失还将对苏军和全国人民产生巨大的政治影响。但由于苏方尚未准备好足够的兵力兵器展开大规模进攻战役,故在初期主要实行战略防御,并在一些地区实行进攻。

1942 年 4 月 5 日希特勒签署了第 41 号指令,决定发动以南方为目标的夏季攻势。5 月 3 日,德军攻下刻赤。5 月 12 日苏军在哈尔科夫对德军主动进攻,但招来德军致命还击,5 月底,24 万多红军被俘。7 月 4 日塞瓦斯托波尔要塞落入德军手中,整个克里米亚半岛也随之失陷。这一系列扫除南线德军障碍的战斗行动,揭开了斯大林格勒之战的序幕。

6 月 28 日德军集结于南方的部队共 90 多个师近 100 万人,分 A、B 两个集团军群,似潮水般冲向顿河河曲和库班的坦荡平原,苏军被迫分两路边战边退至斯大林格勒和高加索。这时元首的自信心骤然增强,认为红军的确不堪一击,于是命令李斯特指挥的 A 集团军群去夺取高加索的油田,由魏克兹代替包克指挥 B 集团军群,目标指向斯大林格勒。

A 集团军群最初进展迅猛,8 月初便攻下石油中心迈科普。但这次猛冲来得快去得也快,德军已成扇形敞开在广大地域,面对燃料的缺乏和连绵的高加索山岭巨峰,终于失去了猛攻的强劲势头。在苏军的顽强抵抗以及斯大林格勒方向战役的牵制下,A 集团军群在到达距高加索石油中心格罗兹尼 50 英里的莫兹多克之后,即使竭尽全力也无法再前进一步。

攻打斯大林格勒的 B 集团军群主力部队——保卢斯的第 6 集团军最初似乎也进展顺利,7 月中旬便进抵距该城仅 60 公里的顿河河曲。7 月 17 日与苏军交火,从而开始了斯大林格勒战役。尽管苏联最高统帅部已做出重大决定,坚决保卫斯大林格勒,并迅速把莫斯科的预备队调往南方,但苏军初期在进行了顽强抵抗后仍且战且退。7 月 28 日斯大林发出"寸步不退"的命令,使抵抗更加顽强。德军统帅部看到保卢斯拿不下斯城,便派第 4 坦克集团军从高加索调头北上,配合保卢斯从顿河西岸发起攻势。8 月 19 日保卢斯发动首次攻击,德军在付出重大伤亡之后,于 25 日渡过顿河河曲,逼近斯城。23 日德军已出动飞机 2000 架次轰炸市区。经过 20 多天的近郊恶战,德军才得以从东北和西南方向直接迫近该城市区。9 月 13 日保卢斯对斯城发动猛攻,3 天之后德军坦克终于进入城内,并占领了 1 号火车站和制高点马马耶夫岗。战争转入市区争夺战阶段。守城军民以誓死保卫家国的勇敢精神,利用熟悉的每一寸土地,与德军展开逐区逐街、逐屋逐楼的拼死争夺,仅 1

号火车站在一周内便 13 次易手,直到 11 月初,苏军仍坚守城中。希特勒大怒,严令保卢斯在寒冬到来之前拿下斯城,但无济于事。到 12 月下旬,希特勒的部队战线过长,既未攻下高加索,也未占领斯大林格勒,反而因兵力不足而不得不把掩护斯大林格勒侧翼的任务交给战斗力远不如德军的仆从国军队。

就在斯大林格勒的保卫者与敌鏖战的过程中,苏联红军秘密完成了大规模的反攻准备,他们调集了 100 多万军队,1500 辆坦克,15000 多门火炮和 1350 架飞机。在德军仍茫然不知的情况下,11 月 19 日代号为"乌拉纽斯"的苏军大反攻终于开始了!他们从南北两侧展开钳形攻势,来势之凶猛使保卢斯立即命令停止斯城市区的战斗,而元首本人也神经紧张,方寸大乱,不知所措。23 日苏军便包围了德军第 6 集团军。这时希特勒一面派在塞瓦斯托波尔立下大功的曼斯坦因来解救保卢斯,一面命令保卢斯坚守阵地,不得后退。然而救援德军在苏军的强大抵抗下难于前进,为躲避南下的苏军形成对救援军队的包围之势,切断南线德军退路,曼斯坦因只得后撤。

当 1943 年新年钟声敲响之后,在斯大林格勒只剩下保卢斯和他的第 6 集团军固守阵地,等待着命运中悲剧一幕的到来。此时抵抗已是多余,即使希特勒对保卢斯的封官晋爵也不能挽回这支部队的命运。2 月 2 日在战场被擢升为元帅的保卢斯和他的 23 名将军以及 9 万多残余部队全部向苏军举手投降。入侵高加索的德军也担心落入关门打狗的下场,便丢弃了已占领的部分油田,仓皇后撤,至此希特勒的南线作战计划彻底破产。

举世瞩目的斯大林格勒战役历时 200 天,不仅是苏德战场上历时最长战斗最激烈的一次战役,也是希特勒自发动侵略战争以来最大的失败。从此苏德战场上双方的战略攻势换了位置,苏军夺得了战略反攻主动权。这对整个二战的进程产生了不可忽视的影响。

珊瑚海、中途岛和瓜岛之战

日军偷袭珍珠港的当天,同时对中太平洋和东南亚发起进攻,在不到 4 个月的时间里,先后占领了关岛、威克岛、吉尔伯特群岛、泰国(以所谓"同盟条约"的形式)、香港、马来西亚、菲律宾、荷属东印度群岛、缅甸,以及太平洋中的一些小岛,达到了日军计划中的全部目的,即建立所谓的"大东亚共荣圈"。

日军在南方战场上的进军如此势如破竹轻易取胜,盟军在战斗中如此连遭败绩威信扫地,这不得不归咎于英美长期以来对日本的绥靖政策。然而当穷兵黩武的日本军队让太阳旗在如此广大的地区处处飘扬之时,也正是日军战线拉得太长就快要断裂之时,但骄狂的胜利者却看不到这一点,他们还要继续扩大战果,只是为"如何扩大"争论不休。1942 年 4 月 18 日美军 16 架 B25 型轰炸机对东京、横滨、名古屋和神户等城市的轰炸,使日本举国震惊,军方的争论也有了结果:要向西南太平洋和中太平洋两个方向同时推进,摧毁美国舰队,扩大日本本土的"防御圈",使轰炸日本本土之事不再发生。为此必须占领萨摩亚、斐济、新喀里多尼亚以及莫尔兹比港。

但是日本打算进一步夺取的地区正是美国要极力保护的地区。太平洋战场初期的失利,使美国在"先欧后亚"的战略总原则下重新部署太平洋上的军队。3 月 17 日原美远东陆军总司令麦克阿瑟上将被任命为西南太平洋地区盟军总司令,统帅该地区的陆海空三军;4 月,美太平洋舰队司令尼米兹海军上将被任命为太平洋地区总司令(不包括西南太平洋)。尼米兹的任务虽是牵制性的,但他要守住阿留申群岛——夏威夷——中途岛——萨摩亚——斐济——新喀里多尼亚——莫尔兹比港——新几内亚一线,确保美国与澳大利亚的交通线。日美两国的战略如此针锋相对,冲突自然不可避免,而两国在西南太平洋的第一仗就发生在珊瑚海。

珊瑚海海战的直接起因是日军企图夺取新几内亚东南部的澳大利亚海空军基地莫尔兹比港,其目的在于确保已在日军之手的新不列颠岛的良港腊包尔的安全,并为以后进攻新喀里多尼亚、斐济和萨摩亚打下基础,珊瑚海则是从腊包尔到莫尔兹比的必经之路。

日军大本营决定于 5 月 10 日前后坚决攻占莫尔兹比。5 月 4 日运输船队满载准备登陆的士兵,在轻航空母舰"祥风"号和巡洋舰队护送下从腊包尔向珊瑚海驶去。为保证船队在盟国空军威力圈之内安全横穿 3 昼夜,日军还以最新航空母舰"瑞鹤"号和"翔鹤号"为主力的特遣舰队紧随其后担任掩护。但日军的行动计划已为美军知晓,尼米兹立即把航空母舰"列克星敦"号和"约克敦"号派往该水域,搜索日舰以便进攻。5 月 6 日敌对舰群曾一度仅相距 70 英里,却戏剧性的擦肩而过,互未接触。

5 月 7 日日本搜索飞机报称发现美军航空母舰和巡洋舰各一艘,日机立即从舰上起飞全力轰炸,但当战斗轻松结束时,才发现不过是一艘油船和一艘驱逐舰。与此同时,美机也出现同样侦察错误,但在阴错阳差之中却击沉日军"祥凤"号航空母舰,从而使日军不得不推迟对莫尔兹比的登陆。第二天,双方的索敌机几乎同时发现了对方的目标,于是战争史上第一次完全由舰载机攻击对方船只的海战拉开战幕。双方大致出动数目相同的舰载飞机(日方 121 架,美方 122 架),在两支舰队未曾相见之前开始了空中交锋,互炸对方战舰。其结果是美舰"列克星敦"号中弹爆炸葬身海底,"约克敦"号仅中一弹立即撤出战斗。日方"翔鹤"号亦遭重创。

珊瑚海之战,双方损失相当,但美国从此挫败日军占领莫尔兹比港的战略目标,阻止了日军对澳大利亚的进攻。日军虽出师不利。却并未罢手,它还要在中途岛再来一次规模更大的海空大战。

进攻美海空军基地中途岛的计划是在日美珊瑚海交火之前的 5 月 5 日决定的,因为气焰嚣张、踌躇满志的山本五十六决心消灭美国舰队。山本手中的王牌是他的数量上占优势的海军,他要把整个联合舰队。包括 8 艘航空母舰的总计约 200艘军舰全部投入战斗,外加 600 多架飞机助战。与此相比,尼米兹当时只能凑集包括 3 艘航空母舰在内的 76 艘军舰。看来山本是胜券在握了。

然而美军情报部门已破译了山本的五位数密码,使尼米兹了解了日本的全部计划,于是他决定暂时放弃日本佯攻目标阿留申群岛,把 3 艘航母和 223 架飞机停泊于日军准备偷袭的中途岛东北,这样既不易被日军发现,又可以在侧翼攻击日本舰队。

5 月 27 日——为纪念日本海军在日俄战争中大败沙俄海军而定下的海军纪念日,进攻中途岛的作战开始实施,南云中将麾下的 4 艘航空母舰从濑户内海启航,向中途岛方向驶去。6 月 3 日到达距该岛以西 600 英里处。山本和南云根本没有想到,在中途岛东北 350 英里处美舰已进入阵地。

6 月 4 日凌晨,南云派出 108 架飞机去轰炸中途岛,企图一举把美军飞机全炸毁于地。然而在日机接近目标 30 英里之处,岛上的 119 架飞机已腾空而起,去迎击敌机和逃避轰炸,于是日机偷袭不成。但前去轰炸日舰的美军飞机亦未命中目标,并被日机击沉多架。

美机对日舰的轰炸,使南云认为还需进一步摧毁中途岛的机场,加上返航回来的日机指挥官也认为对该岛要进行第二次轰炸,因此南云命令已装上鱼雷准备攻击美舰的第二批飞机卸下鱼雷改装重磅炸弹。正当舰上人员又装又卸一片忙乱之时,南云又接到发现美舰的报告,于是又是一阵手忙脚乱:卸下炸弹装上鱼雷。当人们还未来得及把卸下的炸弹送走,飞机尚未起飞之时,美军轰炸机已呼啸而来,从天而降,俯冲而下,对准南云的旗舰"赤城"号首先开火,刹时火舌四处蔓延,爆炸声震耳欲聋,舰身被炸得东倒西歪,舰上飞机不是烧毁就是落入大海……呆若木鸡的南云不得不离开他心爱的旗舰。"加驾"号和"苍龙"号航母也遭同样命运。不久这三个煊赫一时的庞然大物便缓缓沉入太平洋之中,只有"飞龙"号因距离较远才免遭此难。它立即实施报复性进攻,派出飞机对"约克敦"号狂轰滥炸,使这艘在珊瑚海战中负伤而尚未完全复元、又在炸毁"苍龙"号中立下大功的航母遍体鳞伤,于7日早晨消失在大洋深处。但"飞龙"号的死期也将来临,在美机轮番轰炸下很快变成一片火海。6月5日凌晨该舰指挥官同"飞龙"号一同沉入海底。山本见败局已定,只得于5日清晨取消了占领中途岛的行动。

6月4日的中途岛之战是海军史上成败瞬息万变的一战,是美国海军以少胜多的一个战例。美军以1艘航母,1艘巡洋舰,140多架飞机的代价,换来日军损失了4艘航母,1艘巡洋舰,400多架飞机和大批一流飞行员的巨大胜利,使日军从此失去了在太平洋的战略主动权。中途岛之战成为太平洋战场上的战略转折点。

中途岛的惨败,并未制止日本在西南太平洋的进攻,他们仍然要占领莫尔兹比港,并要在所罗门群岛南部的瓜达尔卡纳尔岛修建基地,以阻碍美澳交通线。但瓜岛也是美国为遏制日军南下而必须控制的地方。因此当日军先发制人于7月初登上瓜岛并着手修建机场时,争夺该岛的战斗便不可避免了。

瓜岛,长约90英里,宽25英里,北离腊包尔550英里,岛上是树木茂密的山岭,雨量极大,气候恶劣,有着五花八门的热带昆虫,不是个适宜打仗的地方。8月7日美军在南太平洋司令、海军中将罗伯特·戈姆利的指挥下,对瓜岛进行猛烈轰炸。然后海军陆战队开始登陆,8日即占领该岛。日军以为美军的行动不过是一次侦察性进攻,并不是反攻的开始,因此回击虽很迅速,但派来增援的部队并不多,以为夺回瓜岛轻而易举。但是没有想到一次次少量增援的部队又一次次被岛上的美军击败,使这场双方原来都想象的快速战争变成了一场真正的持久战,几乎与斯大林格勒保卫战同步进行。

日军在瓜岛一再受挫之后,才认识到美军并非侦察,而是要永占瓜岛。他们自然不肯罢休,遂开始用驱逐舰把陆军一批批运到岛上,这种运输被日军称为"鼠式运输",因为主要是趁黑夜像老鼠那样行动,而美军则称之为"东京特快"。美军虽已准备在北非登陆,但仍尽最大可能增援该岛,于是从10月起,两国在岛上的兵力都保持在2万~3万左右。然而美军士兵在给养的不断供应下,一直坚守阵地,而日本经济此时已每况愈下,侵略战线的过长使他们无法维持对瓜岛日军的及时后勤供应,加上热带丛林病毒流行,日军死于疾病与饥饿者数以千计,因此终使夺回瓜岛的努力化为泡影。

瓜岛之战并非只是岛上争夺。由于两国的增兵和供给全要靠海上运输,因此海战时有发生。在持续半年的交战中,较大规模的海战有6次,其中既有双方以空战为主的战斗,又有巨大战舰之间的直接交锋。在海战中,日美各有一艘航空母舰被击沉,日本联合舰队总损失一半以上,飞机损失约900架。瓜岛一战,打断了日本联合舰队的脊梁骨。

1943年1月4日,日军大本营不得不下达了从瓜岛撤退的"K号作战"命令,但双方战斗并未停止,直到2月1日,日军败将残兵才开始在300架飞机掩护下由20艘驱逐舰运送撤离该岛,在7天的撤退中共撤出约1万人。

历时半年的瓜岛争夺战,在日美双方各付出上万人的生命之后,日军终因力竭而败退。这是日本陆海军协同作战的第一次大败北,也是盟军在西南太平洋诸岛登陆作战的首次告捷。从此盟军在西南太平洋也掌握了战略主动权,盟军手握制空权和制海权,在太平洋上的反攻只是时间问题了。不过山本五十六并未看到他的联合舰队的彻底失败,4月13日他因其座机遭到美军伏击而身亡。

鏖战大西洋

大西洋是第二次世界大战的又一重要战场,在它浩瀚的洋面上忽起忽落的战事几乎与6年的大战同时并进,因为德国人明白,只要切断这条大英帝国的海上命脉,帝国的大厦就会倾覆,英国的抵抗就难以支撑。因此德国在发动大战前便已做了与英国争夺大西洋制海权的准备。然而由于德国在大型水面舰只方面无法与英国抗衡,仅在潜艇方面与后者相差无几,所以在大西洋海战中,德国除了以分散使用大型水面舰只,以1~2艘战列舰或巡洋舰组成小编队,把商船改装成袭击舰与盟军正面交火实行破袭战之外,还展开潜艇战,在广阔的大西洋海域对英国航运实行"打了就跑"的战术。

1939年9月3日,英法对德宣战。当天德国的早已进入大西洋的潜艇U-30号便初战告捷,击沉英邮轮"雅典娜"号,由此大西洋海战拉开序幕。9月19日德潜艇U-29号又击沉英航空母舰"勇敢"号,使英国朝野震惊;10月中旬德潜艇U-47号单艇驶入英海军斯卡帕湾基地,击沉战列舰"皇家橡树"号,而U-47号却安然无恙。除袭击战舰外,德国潜艇更攻击商船,仅9月一个月,被德潜艇击沉的盟国和中立国船只就有41艘,达15.4万吨。尽管英国于9月5日便建立起护航制度,但损失仍然惨重。大西洋海战之初,英国就尝到了当年绥靖德国、愚蠢地允许纳粹发展潜艇的苦果。

为了更好地封锁破坏盟国交通线,德国还利用水面军舰不断骚扰攻击盟国运输船队,一度牵制了盟国海军很大一部分力量。从1939年10月起,盟国不得不派出大批战列舰、巡洋舰和航空母舰在辽阔的海面上搜索德舰,予以打击。这种打击取得的第一个重大成果便是英国攻击在南大西洋的德国袖珍战列舰"格拉夫·施佩海军上将"号,该舰受伤后被困于乌拉圭蒙得维的亚港。由于乌拉圭政府不允许它在港内维修并限期令其离港,该舰走投无路,被迫于12月自行凿沉。

1940年德国在欧陆的胜利使它的海上形势也为之一新:希特勒获得了离大西洋更近的大陆西海岸的海港和潜艇基地,英国则失去了法国这一保卫大西洋航道的得力伙伴。一时间英国的护航力量薄弱得不堪一击,而德国海军却咄咄逼人,准备控制大西洋航线。仅战略形势骤变的第一个月,德国潜艇便击沉英船58艘,计28.4万吨。丘吉尔急呼罗斯福援助驱逐舰,直到达成"战舰换基地"的协定后,英国在大西洋的护航形势才得以改观。

但是1940年9月德国开始使用一种潜艇战新战术——"狼群战术",即多艘潜艇结群协同作战,一旦发现盟国护航队,便由一艘搜索追击,并用无线电引导其余潜艇到场集合,抢占护航队上风,然后在水上连续数日夜袭,直到歼灭猎物为止。这种新战术初试锋芒便显示威力。9月21~22日夜,德5艘潜艇首次结群在北海攻击从加拿大驶往英国的HX-72护航运输队,击沉12艘货船;10月17~20日夜,8艘潜艇在同一水域再次袭击盟国护航队,击沉货船31艘;12月1~2日夜,又有10艘货船和1艘护航巡洋舰葬于7艘德国潜艇之手,而在这些攻击中德艇无一损失。只是冬季到来大西洋风大浪险,加上英国护航力量的增强,以及美国扩大泛美安全巡逻区并把获悉的德国舰只的地点通报英国,使英国多次击沉德王牌潜艇,才使"狼群"受到限制而一度收敛。

1941年春天,随着气候的回温,不仅"狼群"再度出现,而且德国大型水面舰只也再次活跃起来。刚过5月中旬,德国新造的航速最快的巨型战列舰"俾斯麦"号便随带新巡洋舰"欧根亲王"号驶入大西洋,以图扩大战果。5月24日晨光初现之时,即与出击拦截的英舰"胡德"号和"威尔士亲王"号遭遇,于是在间距仅14英里之处四舰同时开火。德国两舰集中对付虽为最大但最不堪一击的"胡德"号,使其爆炸起火,几分钟内便沉入海底,"威尔士亲王"号也重弹撤离战场。随后英国派出多艘舰只和飞机搜索追击已受伤的"俾斯麦"号,终于在5月26日使其受到致命伤害,27日这艘坚固的钢铁之躯终于在鱼雷、重炮、炸弹的轰击下成为一团火焰,缓缓沉入波涛之中。"俾斯麦"号的沉没,标志着德国计划并努力用大型水面舰只赢得大西洋之战的战略的失败,从此潜艇成为盟国航运的主要威胁。

1941年12月美国参战后,德国即开始实行全面无限制潜艇战,在大西洋活动的潜艇平均每天75艘。1942年,盟国船只被击沉1160艘,总吨位达769.9万吨,超过了英美建造的新舰吨位。1943年3月,上百艘德潜艇集中于北大西洋中部盟国护航兵力薄弱环节,其中40多艘集中攻击2支盟国运输队,击沉21艘盟国船只,而德方只损失1艘潜艇,这是"狼群战术"最成功的运用。从英国参战到1943年4月,盟国共损失约1000万吨船舰,其中80%为潜艇击沉,德国则损失155艘潜艇。

"狼群"的肆虐,不仅影响到1942年同盟国的一切战略计划,也影响到对1943年的战略安排。为确保大西洋航路安全,1942年夏天盟国调整了大西洋护航体系,英国成立了以丘吉尔为首的反潜艇战委员会,调集和投入1000多艘舰艇和2000多架飞机进行反潜艇作战,并广泛使用护航航空母舰、新式雷达、高频投影仪及深水炸弹,将护航由消极防御转为积极进攻。

盟国的战略调整在1943年5月终见成效。当月盟国以牺牲5艘船只的代价,击沉31艘德国潜艇,使大西洋潜艇战出现了根本转折,"狼群"不得不暂停在北大西洋的活动。9月~10月,"狼群"虽再度出现但又遭惨败。至此潜艇战实际已降帷幕。直到大战胜利,继续在大西洋上忽隐忽现的德国潜艇不过是为牵制盟军而进行的垂死挣扎罢了。

1943年5月大西洋战局的根本转折,与中途岛之战、阿拉曼之战和斯大林格勒战役一起,使战争局势更为明朗,盟国在全球各条战线已掌握了战略主动权。在做出新的战略决定之后,盟国将开始1944年的大反攻。

开罗宣言

1943年是世界反法西斯战争的转折之年,随着世界反法西斯战争进程的推进,如何尽快结束战争,解决战后遗留问题被提上了议事日程。在这一年中,召开了几次重要的国际会议。1943年1月14日~24日,罗斯福和丘吉尔在摩洛哥的卡萨布兰卡会谈结束时,罗斯福宣布了要德、意、日"无条件投降"的原则。举世瞩目的开罗会议和德黑兰会议也在这年年底召开。1943年11月22日~26日中、美、英三国首脑在开罗就对日作战、战后中国问题、朝鲜问题等进行会谈。蒋介石、罗斯福、丘吉尔在开罗的会谈结束后,由霍普金斯起草会议宣言。11 月 28 日,蒋介石离开罗回国,罗斯福和丘吉尔则于 27 日赴德黑兰,同斯大林会晤。斯大林对中美英的宣言稿表示完全同意。1943 年 12 月 1 日,宣言在开罗正式发表。

开罗宣言宣布,中美英"三国军事方面人员,关于今后对日作战计划,已获得一致意见"。实际上,关于对日作战计划,三国分歧很大,所谓"已获一致意见",应该打很大折扣。不过,必须看到,开罗宣言是在对德战争出现了根本转折的形势下,由中、美、英三国最高领导人发表的,它宣布三大盟国"将坚持进行为获得日本无条件投降所必要的重大的长期作战",并"表示决心以不松弛之压力,从陆海空诸方面加诸残暴的敌人"。这对于鼓舞人心,威慑敌人,仍有其积极作用。

开罗宣言宣布,"三大盟国此次进行战争之目的,在于制止及惩罚日本之侵略。三国决不为自身图利,亦无拓展领土之意。三国之宗旨在于剥夺日本自 1914 年第一次世界大战开始以后在太平洋所夺得的或占领之一切岛屿,……日本亦将被逐出其以暴力或贪欲所攫取之所有土地"。这就是说,无论是日本在第一次世界大战中从德国夺得的马绍尔、加罗林、马里亚纳群岛,或是它在太平洋战争爆发前后所占领的法、英、荷、美的殖民地,都必须放弃;至于战后这些领土将如何处理,宣言里未见提及。从上文所述开罗会谈中可以看出,罗斯福是反对殖民地重归旧主的。但他的意见,只同蒋介石谈,而没有向丘吉尔提出。看来,这是为了维护盟国之间的关系,有意回避可能引起同丘吉尔争论的敏感问题。

开罗宣言宣布,"我三大盟国轸念朝鲜人民所受之奴役待遇,决定在相当期间,使朝鲜自由独立。"这表明,长期以来,朝鲜人民反抗日本侵略、争取民族独立的正义斗争,已经得到三大国承认,这是开罗会议的一项积极贡献。但是,日本所占领的原法、英、荷、美殖民地,是否也将获得独立,开罗宣言未置一词。这是一个重大缺陷。人们知道,罗斯福、丘吉尔在 1941 年大西洋宪章中虽曾宣布"各国人民有权选择自己的政府形式",但丘吉尔很快就声明,这个宪章不适用于英国殖民地。可见,同样是殖民地,只可许诺日本的殖民地朝鲜独立,而不能同意让英国的殖民地马来亚和缅甸独立。开罗宣言中虽然载有"决不为自身图利"的堂皇词句,实际上并未打算彻底付诸实施。

开罗宣言还宣布,将"使用日本所窃取于中国之领土,例如满洲、台湾、澎湖群岛等,归还中华民国"。这一条具有重大意义。第一,它谴责了日本自甲午战争和"九·一八"事变以来对中国的侵略;第二,它承认了东北和台湾、澎湖都是中国固有领土,第三,它肯定了中国收复包括上述领土在内的全部失地,恢复国家领土主权完整的正当权利。后来,1945 年 7 月 26 日,美、英、中促令日本投降的波茨坦公告重申,"开罗宣言之条件必将实施"。日本投降后,当时的中国政府收复了东北和台湾、澎湖。开罗宣言的有关规定,已经变成了事实。中华人民共和国成立后,国际上有些人无视国际文件和历史事实,制造"台湾地位未定论",阻挠台湾回归祖国,破坏中国统一大业。在同他们斗争时,开罗宣言是中国政府和中国人民手中一个有力的法律武器。

德黑兰会议

　　1943 年 11 月 28 日至 12 月 1 日,苏、美、英三国首脑斯大林、罗斯福、丘吉尔在伊朗首都德黑兰举行会议。这是第二次世界大战期间反法西斯联盟三大国首脑的第一次会晤。会议就加速击溃德国法西斯,尽早开辟第二战场和战后世界的安排问题交换了意见。这次会议对大战的进程及战后国际关系的发展产生了重大影响。

德黑兰会议

　　1943 年是反法西斯国家捷报频传的一年。苏联红军接连取得震惊世界的斯大林格勒战役和库尔斯克战役的胜利。美英联军占领北非后,又在西西里岛登陆,迫使意大利投降。美国在太平洋战场上也夺回战争的主动权。这一切标志着第二次世界大战已经发生了根本转折,德、日法西斯的覆灭已不可避免。在这种形势下,美、英、苏三国为了尽快结束对德、对日战争,商讨战后世界安排问题,都希望举行首脑会议,其中罗斯福尤为积极。

罗斯福认为,第二次世界大战是美国建立世界霸权的大好时机。早在大战初期,罗斯福就下令成立专门机构,研究如何"从美国的最大利益出发","建立一个理想的世界秩序"。1943 年以后,罗斯福更明确地表示:美国"已经取得的权力——道义、政治、经济和军事的权力","给我们带来领导国际社会的责任和随之而来的机会",为了美国的"最高利益",美国"不能、不应、也不要回避这种责任"。同时,罗斯福看到,随着希特勒德国临近崩溃,苏联在国际舞台上的地位将日益重要。而美英在军事战略方面存在严重分歧,在战后世界安排方面也潜伏着深刻矛盾。为了实现美国的战略目标,罗斯福急于同斯大林和丘吉尔会晤,以便协调对德作战部署,争取苏联早日参加对日作战。他特别希望能在有关战后世界安排和处理德国问题方面取得斯大林的支持与合作。

还在 1942 年 12 月,当苏军在斯大林格勒和顿河战线完成对德军的包围之后不久,罗斯福即一再向斯大林提议:他和斯大林、丘吉尔"应当早日会晤",共同"作出重大的战略决定",并"对德国一旦崩溃时应当采取的处置办法获致某种初步谅解",还可讨论"有关在北非和远东未来政策的其他事项"。

1943 年 5 月初,罗斯福派前驻苏大使约瑟夫·戴维斯专程前往莫斯科,把他的一封"私人信件"送交斯大林,提出要跟斯大林进行几天"不带参谋人员""不拘形式的极其简单的会晤"和"谈心"。罗斯福还建议会晤地点可在白令海峡两岸的苏联或美国一边,而不要在英国属地或冰岛。因为那样做"很难不同时邀请"丘吉尔。斯大林复电罗斯福,表示同意两人会晤,但因苏联"正在准备击退德国人的攻势",所以他不能离开莫斯科。

英国首相丘吉尔从维护大英帝国的利益出发,既要依靠美国,联合苏联,以抗击德国,又要提防美国挖英国的墙脚;还担心苏联称雄欧洲。他看到美苏在第二战场问题上,观点比较接近,因而他不愿举行"三巨头"会议讨论这一类问题;但他又怕美苏撇开英国单独就重大问题达成协议。因此,他在 1943 年 7 月建议举行美、英、苏三国首脑会议。这一建议得到罗斯福和斯大林的赞同。

1943 年 8 月,三国商定在首脑会议前先举行外长会议。英美两国提出外长会议在英国或某个中立地点举行,但斯大林坚持要在莫斯科开会。9 月 10 日,英美做了让步。

10 月 19 日至 30 日,苏、美、英三国外长莫洛托夫、赫尔、艾登在莫斯科举行会议。参加会议的还有苏联元帅伏罗希洛夫、美国驻苏大使哈里曼、英国国防部参谋长伊斯梅将军等人。

外长会议的第一项议程是缩短战争时间的措施和开辟第二战场问题。这是反法西斯联盟内部争论的焦点。1941 年希特勒进犯苏联后,德军主力投入苏德战场,使苏联蒙受巨大牺牲。为了减轻战争压力,尽快打败希特勒,苏联一直要求英美两国在西欧开辟第二战场。但是,丘吉尔首先关心的是英国本土和整个大英帝国的安全。他坚持在北非登陆,以维护大英帝国从直布罗陀经苏伊士到远东的生命线;然后进军意大利和巴尔干,恢复英国在那里的势力范围,阻止苏联进入东南欧,因而借故拖延开辟第二战场。在 1943 年 1 月的卡萨布兰卡会议上,美国军方力主横渡英吉利海峡,在法国北部登陆,直捣德国。但罗斯福的态度不够坚决,以致第二战场的开辟被一再推迟。8 月间的魁北克会议虽批准了登陆西欧的"霸王"计划,并决定给予优先地位。但由于英国的掣肘,攻击日期又一次推迟。

在莫斯科外长会议上,苏联代表主张明确规定开辟第二战场的日期。英美代表对此不愿承担明确义务,反而提出了种种条件:(1)"如果英吉利海峡的气候有利";(2)"在西北欧的德国空军力量大量缩减",(3)发起进攻时,德军在法国的预备队不得超过 12 个师,而且两个月内德国没有可能从其他战场向法国调遣 15 个师以上的兵力;(4)最后根据苏联的建议,会议公报只笼统地提到三国的"首要目标是尽快地结束战争"。

外长会议接着讨论了由美国起草、得到英国同意的《苏、美、英、中四国关于普遍安全的宣言》。最后决定这个文件用四大国名义发表,中国驻苏大使傅秉常代表中国政府签署了这个宣言。四国宣言宣布四国战时的"联合行动将为组织及维持和平与安全而继续下去"。它们将尽速"根据一切爱好和平国家主权平等的原则,建立一个普遍性的国际组织,所有这些国家无论大小,均得加入会员国,以维持国际和平与安全"。

外长会议着重讨论了德国问题,并根据艾登的建议,决定在伦敦成立"欧洲咨询委员会"。其任务是研究与战事发展有关的欧洲问题,首先是德国问题。

会议还发表了关于意大利、奥地利、德国暴行的三个宣言。宣布盟国对意大利政策必须根据彻底消灭法西斯主义的基本原则,并决定成立由苏联、美国、英国、法兰西民族解放委员会、希腊、南斯拉夫代表组成的意大利问题咨询委员会。宣布1938 年德国对奥地利的强迫兼并无效,表示"希望看到重新建立一个自由和独立的奥地利"。对"负责或同意参加暴行的德国官兵和纳粹党徒,将押回犯罪地点进行审判,对于罪行不限于某一地区的首要罪犯则将由各盟国政府共同决定加以惩处"。

会上,英国提出战后欧洲小国建立联邦或邦联的方案,英美代表提出苏联与在伦敦的波兰流亡政府恢复外交关系问题,均遭到苏联的反对。美国还向会议提出了三个文件,包括战后各国经济关系的指导原则宣言和关于附属国人民托管的宣言,主张实行"自由贸易"原则,把殖民地变为国际托管。英国断然拒绝了这些主张。

10月30日外长会议结束时,斯大林设宴招待美、英代表。他在宴会上对赫尔表示:在打败德国后,苏联将参加对日作战。

在筹备首脑会议过程中,美苏两国为会议地点问题进行了激烈的争论。斯大林提出以伊朗首都德黑兰作为会议地点。罗斯福从他个人和美国的"威望"考虑,不愿跑到苏联的家门口同斯大林会晤。他说,"我决不考虑这样的事实:我必须从美国领土旅行到离俄国领土不到600英里的地方"。他建议到伊拉克的巴士拉去开会。他最后说,"如果只是由于几百英里"而使三国首脑会晤不能举行,"后代子孙将认为这是一个悲剧"。但斯大林强调"由于前线极其复杂","我身为最高统帅,不可能到比德黑兰更远的地方去"。罗斯福急切希望同斯大林会晤,最后只好让步。

德黑兰会议涉及协调军事行动和战后世界安排等广泛的重大问题。

1、关于在西欧开辟第二战场问题。德黑兰会议开始时,罗斯福在第二战场问题上既想取悦斯大林,又不愿得罪丘吉尔,因而模棱两可,不愿明确表态。11月28日下午,罗斯福在第一次全体会议上表白说,他同丘吉尔一直考虑如何减轻德国对苏联的压力问题;但又说,"英吉利海峡是一个难于对付的水域",在1944年5月份以前开始渡海战役"是不安全的"。他提到"让地中海的盟军能最大限度地支援东线的苏联军队",也许会使横渡英吉利海峡的战役推迟几个月;但又说,渡海战役"不应当因次要的军事行动而推迟"。

丘吉尔坚持英国的"地中海战略",但他并不公开反对在法国北部登陆。他首先表白,英国"很早就同美国商定从法国北部或西北部向德国进攻,为此正进行大规模的准备"。接着话锋一转,说现在距实行"霸王"战役的"期限尚远",在此期间应该"更好地使用我们在地中海的兵力来帮助俄国人"。他强调"首要的任务是占领罗马"。

斯大林认为,丘吉尔的地中海战役会破坏"霸王"计划,而且抱有难以告人的政治考虑。但斯大林并不想揭穿丘吉尔的政治意图,只是从军事观点上阐明意大利战场"进一步对德作战并无意义"。他主张放弃攻占罗马。他说,"最好是把'霸王'战役作为1944年一切战役的基础","进行两个战役:一个是'霸王'战役,一个是支援它的在法国南部的登陆战役"。

罗斯福对丘吉尔的意图也看得很清楚。他表示,"如果不进行地中海战役,我们就能按期实施'霸王'战役";如果进行地中海战役,那么势必推迟'霸王'战役,而他"是不想推迟'霸王'战役的"。丘吉尔仍然坚持"不能确定5月1日作为开始发动'霸王'战役的日期",说"确定这个日期将是一个很大的错误,我不能仅仅为了确保5月1日这个时期而牺牲地中海战役"。最后只好决定这个问题交军事专家讨论。

会后,罗斯福对他的儿子伊利奥说,"当丘吉尔为他的巴尔干战役辩护的时候,屋子里每一个人都明白他的真正用意何在。大家都知道他很迫切地想在欧洲中部打进一个楔子,使红军无法进入奥地利和罗马尼亚,如果可能,甚至匈牙利也不让红军进入。斯大林知道这一点,我知道这一点,每个人都知道这一点"。"问题是丘吉尔太关心战后世界与英国的地位了。他怕苏联变得太强大"。

29日上午,三国军事代表举行会议。英国布鲁克将军基本上重复了丘吉尔前一天的论点,为"霸王"战役不能在5月1日前进行辩解。苏联伏罗希洛夫元帅说,"美国人认为'霸王'战役是主要战役","布鲁克将军作为英国的总参谋长是否也认为这个战役是主要战役"?是否认为"在地中海或其他某个地区进行的某个其他的战役能够代替这个战役"?布鲁克含糊其词地承认"霸王"战役"非常重要",但又强调横渡英吉利海峡的困难。于是,伏罗希洛夫列举英美在北非和意大利的胜利、对德国的空袭、英美军队的组织程度和海上威力、美国雄厚的技术装备。然后指出:这一切说明,只要有决心,"霸王"战役是能够成功的。他希望会议就通过哪些决议达成协议。但布鲁克不同意,要求11月30日继续开会。

就在这天上午参谋长们讨论军事问题的时候,丘吉尔派人送信邀请罗斯福共进午餐。罗斯福估计丘吉尔是想同他单独商谈地中海战役问题,为了避免这场不愉快的会面,便谢绝了邀请。

当天下午举行第二次全体会议,斯大林和丘吉尔短兵相接,争论十分激烈。三国军事代表简要地汇报了上午会议的情况以后,斯大林问,"谁将被任命为'霸王'战役的总司令?"罗斯福说,"还没有决定"。斯大林说,"如果这点都不明确,'霸王'战役不过是一场空谈"。丘吉尔继续鼓吹进行地中海战役。斯大林紧紧抓住"霸王"战役不放,强调"霸王"战役是"主要的决定性的问题"。他建议给军事委员会做出三点指示:第一、"霸王"战役的日期不得拖延,五月份为最后期限;第二、配合"霸王"战役,在法国南部发动一次辅助性战役;第三、抓紧任命"霸王"战役的总司令。他要求在德黑兰会议期间解决这些问题。

在斯大林和丘吉尔争论过程中,罗斯福的态度逐渐明朗。他表示,"霸王"战役的日期"已在魁北克确定",他反对推迟"霸王"战役。丘吉尔仍坚持"莫斯科会议上提出的条件"。这时,斯大林陡然从座位上站起,对莫洛托夫和伏罗希洛夫说,"我们走吧!我们在这里没有什么事好干了。我们在前线还有许多事要做呢!"罗斯福赶忙打圆场,提议休会,让军事人员次日继续开会。在这种情况下,丘吉尔提议他和罗斯福商量一下,然后提出共同意见。斯大林追问:第二天丘吉尔和罗斯福能否把方案准备好。罗斯福无法回避,只能表示:"方案能准备好"。当晚罗斯福派霍普金斯去英国大使馆,劝说丘吉尔改变态度。

11月30日是决定性的一天。丘吉尔看到罗斯福已明确表示支持苏联的主张,他不得不放弃拖延战术。上午,英美参谋长们开会,英国方面终于同意确定"霸王"战役开始的日期,还同意在法国南部发动一次配合性进攻。不过美国对英国也做了让步,同意单独设立地中海战区司令部,由英国人担任统帅。

午餐时,罗斯福告诉斯大林,英美联合参谋长委员会通过决议:"'霸王'战役定于1944年5月进行,并将得到法国南部登陆作战的配合"。斯大林表示对这个决定很满意,并声明,在"霸王"战役开始时,苏联"将准备好给德寇以沉重打击"。至此,美、英、苏终于就长期争论的第二战场问题达成协议。几天来德黑兰会议上的紧张气氛一下子缓和下来。三国首脑商定第二天开始讨论政治问题。

2、关于苏联参加对日作战问题。斯大林在11月28日第一次会议上正式表示,"一旦德国最后垮台,那时苏联就有可能把必要的增援部队调到西伯利亚,然后我们将联合起来打击日本"。11月30日午餐时,在罗斯福宣布美英两国同意于1944年5月开始"霸王"战役后,三国首脑在比较融洽的气氛中,就苏联参加对日作战的条件进行了试探。丘吉尔问斯大林对《开罗宣言》有何看法。斯大林提到希望达达尼尔海峡的管制放松一点。罗斯福则提出波罗的海入口和基尔运河的通航自由问题。然后斯大林问:在远东能够为俄国做些什么。丘吉尔说,正是为了这个理由,他特别愿意听听斯大林对《开罗宣言》的看法,"因为他对于弄清楚苏联政府对远东和那里的不冻港问题的看法感兴趣"。斯大林回答说,这也许等到我们参加远东战争时再说比较好些。不过,他又说,苏联在远东没有一个完全不冻的港口。罗斯福因大连成为自由港问题已在开罗会议期间取得蒋介石的同意,便说"自由港的主张"也许还适用于远东,大连就有这种可能性。斯大林说,他认为中国人不会喜欢这样的方案。罗斯福用肯定的语气回答说,他认为,他们会喜欢在国际保证之下的自由港的主张。斯大林立即称赞说,"那将是不坏的"。据后来罗斯福在太平洋战争委员会上讲话中透露,当时斯大林还表示希望归还整个库页岛,并得到千岛群岛。

3、关于建立国际组织问题。在德黑兰会议期间,罗斯福努力争取斯大林支持他的关于建立国际组织的计划。11月29日,罗斯福向斯大林提出,未来国际组织包括三个独立的机构。一个是由大约35个联合国家组成的庞大机构,这个组织要定期在不同的地方开会,进行讨论,并向一个较小的机构提出建议。第二个是由苏联、美国、英国和中国,再加上欧洲两个国家、南美一个国家、近东一个国家、远东一个国家和英帝国一个自治领所组成的执行委员会,这个执行委员会应处理所有非军事问题,诸如农业、粮食、卫生和经济问题。第三个机构是由苏、美、英、中组成的"四国警察"。他提出和平受到威胁时的两种对付办法。一种情况是,威胁起因于一个小国的革命或扩张,可能采取隔离办法,封锁有问题国家的边界和实行禁运。第二种情况是,如果威胁更为严重,四大国要以"警察"身份行事,向有问题的国家发出最后通牒,要求停止危及和平的行动。如被拒绝,就会导致对那个国家立即进行轰炸,甚至占领。

斯大林建议建立两个组织;一个是欧洲组织,最好有美、英、苏三国或者还有一个欧洲国家参加;另一个是远东组织或世界组织。罗斯福说,斯大林的建议在某种程度上和丘吉尔的建议相吻合,"但问题是美国不能成为欧洲组织的成员"。后来斯大林在12月1日最后一次同罗斯福会谈时,表示同意罗斯福的意见,即新的国际组织应当是世界性的,而不是地区性的。

4、关于处置德国问题。德黑兰会议就战后如何处置德国问题进行了初步讨论。三国首脑在这方面存在着严重分歧。罗斯福从称霸世界的全球战略考虑,主张削弱德国,分割德国,提出把德国分成五部分的方案:(1)普鲁士,尽可能缩小和削弱;(2)汉诺威和德国西北部地区;(3)萨克森和来比锡地区;(4)黑森——达姆斯达特、黑森——卡塞尔和莱茵河南部地区;(5)巴伐利亚、巴登和符腾堡地区。这五个地区应当自治。此外,还有基尔运河区和汉堡市、鲁尔和萨尔,这两个地区应当由联合国家管制或采取某种国际共管形式。

丘吉尔另有考虑。他既想适当地削弱德国,分割德国;又想在西欧建立某种联邦,以抗衡苏联。他提出两点意见。第一,把普鲁士同德意志的其他部分分开,将普鲁士置于十分苛刻的条件下。第二,让巴伐利亚、巴登、符腾堡同德国的其余部分脱离关系,使它们成为多瑙河联邦的一部分。

斯大林不同意丘吉尔的看法。11月29日,他与罗斯福单独会晤时表示,如果对德国不加任何控制,德国会在15年至20年内完全恢复过来。在12月1日举行的第四次会议上,斯大林明确表示,不赞成建立联邦的计划,主张让匈牙利、奥地利、罗马尼亚、保加利亚重新独立。他认为,"把德国的几个地区包括在庞大的联邦体制内,只会给德国佬提供复活一个强大国家的机会"。他强调任何维护和平的国际组织的全部目标都是要抵消德国人的这种倾向,要采取各种措施,包括使用武力来防止德国的重新统一和复活。他说,如果德国人敢于发动战争,战胜国必须有力地打击他们。

由于意见不能取得一致,三国首脑决定把这个问题提交欧洲咨询委员会研究。

5、关于波兰问题。1943年3月,居留在苏联的波兰爱国人士,以共产党人为骨干,组成了"波兰爱国者同盟"。4月,苏联政府指责在伦敦的波兰流亡政府"对苏联采取了敌对态度",宣布与其断绝外交关系。这时,英美两国担心波兰民主力量在波兰国内建立政权机构,不得不改变态度,打算用边界问题上的让步,换取苏联同波兰流亡政府恢复外交关系,以保障流亡政府将来在波兰国内的统治地位。基于上述考虑,丘吉尔和罗斯福在德黑兰会议期间都力图调解苏联与波兰流亡政府的关系。丘吉尔强调英国对波兰十分关注。他说,"我们对波兰做了保证","我们对德国宣战就是因为德国进攻波兰"。他用三根火柴代表德国、波兰和苏联,主张这三根火柴都向西移动,以确保苏联的西部边界,至于波兰的要求,"应该由德国来满足",然后苏联与波兰流亡政府开始谈判和恢复关系。罗斯福表示,他赞成丘吉尔的主张。不过由于政治上的理由,他不能参与关于这一问题的任何决定。

斯大林表示"赞成恢复波兰,加强波兰,让德国做出牺牲。不过,苏联把波兰和伦敦流亡政府分开","如果波兰流亡政府能和游击队合作,如果能向我们保证他的代理人将不与在波兰的德国人勾结,那我们准备与他们谈判"。关于边界问题,斯大林坚持苏波边界"应是1939年的边界线"。

在德黑兰会议快要结束时,丘吉尔又提出波兰问题,并宣读了他的提案:"原则上通过,波兰国家和人民的领土应该位于寇松线和奥得河之间,包括东普鲁士和奥别尔省。但边界的最后划定还需要仔细研究,有些地区可能进行移民。"斯大林说:

"俄国人在波罗的海没有不冻港。因此,俄国人需要哥尼斯堡和默默尔这两个不冻港及东普鲁士相应的部分领土"。"如果英国人同意移交给我们上述领土,我们将同意丘吉尔的提案"。丘吉尔表示"一定要加以研究"。

6、关于芬兰问题。1939年至1940年苏芬战争后,两国签订和约,芬兰将卡累利阿地峡及维堡等地割让给苏联,汉科半岛租给苏联30年作海军基地。1941年6月,芬兰参与希特勒侵略苏联的战争。到1943年苏德战局发生根本转折后,芬兰又通过美国、瑞典向苏联进行和平试探。

12月1日,罗斯福在午餐会上提出,他愿意帮助芬兰退出战争,他建议让芬兰人派一个代表团去莫斯科去谈判。丘吉尔表示,首先要考虑"保证列宁格勒的安全","保证苏联作为波罗的海的一个主要海军和空军强国的地位";但他"对损害芬兰独立的任何行为,将感到非常遗憾"。他不赞成"向芬兰这样贫穷的国家要赔款"。

斯大林表示,不反对芬兰人到莫斯科谈判;但是,以1939年边界作为基础是无法接受的。最后他提出了苏联的条件:(1)恢复1940年条约,可能以贝柴摩换汉科,贝柴摩将为苏联永久占有;(2)芬兰赔偿给苏联造成的损失的一半,其确数另作讨论;(3)芬兰同德国脱离。把德国人逐出芬兰;(4)改编芬兰军队。

7.关于殖民地和战略据点问题。斯大林和罗斯福第一次会晤时就讨论了英法殖民地的问题。罗斯福告诉斯大林,他曾同蒋介石讨论"在印度实行托管的可能性"。他认为这个原则同样适用于其他殖民地。他说:"丘吉尔不愿意在实现关于托管制的建议方面采取坚决行动,因为他怕不得不对其他的殖民地也实行这个原则"。罗斯福希望将来同斯大林谈谈印度问题,说"在印度问题上局外人比有直接关系的人能更好地解决这个问题"。斯大林表示同意。

11月29日,斯大林和罗斯福又单独会晤,在谈过未来的国际组织问题后,斯大林提出为了防止德国和日本再次走上侵略道路,他认为除了建立国际组织外,还必须要德国境内靠近边界处、甚至更遥远的地方,控制某些牢固的据点。为维护和平而成立的任何委员会或机构应有权占领这种用以对付德国和日本的牢固据点。罗斯福表示"百分之百地同意"。

当天下午八时,三国首脑晚餐时,斯大林再次提出,为了防止德国和日本重新发动战争,盟国必须占领上述的重要战略据点。罗斯福主张对靠近德国、日本的基地和战略据点实行托管制。丘吉尔表示,"英国不想得到任何新的领土或基地,但打算保持原来他们所有的一切"。他甚至说,"不通过战争,就不能从英国夺去任何东西"。

　　第二天，11 月 30 日，霍普金斯、艾登、莫洛托夫共进午餐时，霍普金斯又提出了战略据点问题。莫洛托夫说，斯大林认为，战后为了保证将来不再有大的战争，那些在保证和平方面负有特殊责任的国家，应该做到使重要的战略基地处于他们控制之下，他说，法国与德国合作，因而应当受到惩罚。艾登表示，从德国和日本取得的战略据点，可以由英美联合控制或由联合国家控制。艾登认为对法国的基地要慎重考虑。霍普金斯谈到使用比利时的战略据点和空军基地的可能性。他还希望在菲律宾独立和台湾交还中国后，美国在那里应有海陆空基地。艾登表示同意。最后霍普金斯说三大国应当对有关战略基地和由谁控制这些战略基地的基本问题做出决定。

　　德黑兰会议的最后成果是签订了《苏美英三国德黑兰宣言》和《苏美英三国德黑兰协定》。三国还发表了关于伊朗的宣言，表示完全赞成伊朗政府维持独立、主权和领土完整的愿望，并期望伊朗在战后参加建立国际和平、安全和繁荣的工作。

　　德黑兰会议是在世界反法西斯战争进程中极为重要的一次会议。这次会议对战争的进程和结局产生了巨大的作用和影响，因而是一次成功的会议。

　　罗斯福认为：他"确信它是一件历史性的事件"。斯大林说，"德黑兰会议关于对德共同行动的决议以及这个决议的光辉实现，是反希特勒联盟战线巩固的鲜明标志之一。"这次会议本身以及在这之前举行的外长会议，反映了三大国继续合作打败法西斯的愿望。这对正在反对法西斯侵略和奴役的各国人民是一个巨大的鼓舞。会议就对德作战，尤其是开辟第二战场问题达成了协议，从而结束了苏、美、英之间一场长达两年多的争论，协调了三国的军事战略行动。会议还就建立国际组织及其他政治问题交换了意见。这对于维护和加强盟国间的团结与合作，加速反法西斯战争的胜利，具有重大意义。然而这次会议也有消极的一面。美、英、苏三国在会议期间从各自本身利益考虑，达成了一些损害他国利益的妥协或默契，给战后国际关系的发展造成了不良影响。